Lutz Hachmeister
Der Gegnerforscher

Lutz Hachmeister

Der Gegnerforscher

*Die Karriere des SS-Führers
Franz Alfred Six*

Verlag C. H. Beck München

Mit 22 Abbildungen

Die Deutsche Bibliothek – CIP-Einheitsaufnahme

Hachmeister, Lutz:
Der Gegnerforscher : die Karriere des SS-Führers Franz
Alfred Six / Lutz Hachmeister. – München : Beck, 1998
ISBN 3-406-43507-6

ISBN 3 406 43507 6

© C. H. Beck'sche Verlagsbuchhandlung (Oscar Beck), München 1998
Satz: Janß, Pfungstadt. Druck und Bindung: Ebner, Ulm
Gedruck auf säurefreiem, alterungsbeständigem Papier
(Hergestellt aus chlorfrei gebleichtem Zellstoff)
Printed in Germany

Inhalt

I. Vorbemerkung 7

II. „Durch Tod erledigt"
Das „Einsatzkommando Österreich": Wien 1938 10

III. „Als gäb' es nichts Gemeines auf der Welt"
Die Studentenzeit des Gegnerforschers:
Heidelberg 1930–1934 38

IV. „Abends Zusammensein im ‚Blutgericht'"
Von der Zeitungskunde zur politischen Geistesgeschichte:
Königsberg und Berlin 1934–1940 77

V. „Der Todfeind aller rassisch gesunden Völker"
Franz Alfred Six im SD-Hauptamt: Berlin 1935–1939 . . 144

VI. „Möglichst als Erster in Moskau"
Von der Gründung des RSHA bis zum „Osteinsatz":
1939–1941 199

VII. „Ad majorem Sixi gloriam"
Im Auswärtigen Amt: 1942–1945 239

VIII. „In a state of chronic tension"
Die Verhöre und der Nürnberger Prozeß: 1945–1948 . . 271

IX. „Das Wesen des Marketing"
Die Jahre in der Bundesrepublik: 1952–1975 294

Exkurs: Zur Frühgeschichte des „Spiegel" 316

Anmerkungen 343
Abbildungsnachweis 386
Quellen und Literatur 387
Personenregister 405

I.
Vorbemerkung

„*Ja, vielleicht verhält es sich sogar so, daß dieser völlige Mangel an Kontakt mit der Nazi-Mentalität es mir zunächst schwer oder unmöglich machte, eben diese Mentalität wirkungsvoll zu bekämpfen. Unser Haß wird wohl nur dort aktiv und militant, wo wir eine gewisse Nähe zum Gegner spüren. Man bekämpft nicht – oder doch nicht mit vollem Einsatz –, was man durchaus verachtet ... Diese Nazis – ich verstand sie nicht. Ihre Journale – ‚Stürmer', ‚Angriff', ‚Völkischer Beobachter' oder wie der Unflat sonst noch heißen mochte – hätten ebenso gut in chinesischer Sprache erscheinen können. Ich kapierte kein Wort.*"

Klaus Mann (1906 –1949)[1]

Der SS-Brigadeführer Franz Alfred Six, Jahrgang 1909, war der Vorgesetzte Adolf Eichmanns. Einige Jahre lang galt er als der bevorzugte „junge Mann" Reinhard Heydrichs im SD, dem mysteriösen „Sicherheitsdienst des Reichsführers SS". Viele sahen in Six den Idealtyp des *SS-Intellektuellen* im nationalsozialistischen Reich. Im Nürnberger Einsatzgruppen-Prozeß zu zwanzig Jahren Haft verurteilt, aber vorzeitig wieder in die Freiheit entlassen, avancierte er in den 60er Jahren zu einem der führenden bundesdeutschen Marketing-Experten.

Diese Untersuchung beschäftigt sich mit den Karrierestufen eines Mitglieds der *genuin nationalsozialistischen Elite*. Six war ein SS-Führer und NS-Wissenschaftler, dessen gesellschaftlicher Aufstieg sich vollständig aus dem sozialen und kulturellen Kontext des „Dritten Reiches" ergab. Seine Laufbahn ist exemplarisch und einzigartig zugleich. Er gründete als NS-Studentenpolitiker in jungen Jahren das Institut für Zeitungswissenschaft an der Universität Königsberg, organisierte im Auftrag Heydrichs den Aufbau der Auslandswissenschaftlichen Fakultät an der Universität Berlin und baute im SD-Hauptamt eine effiziente Presseabteilung auf. Sein Spezialgebiet war die Erkundung der „weltanschaulichen Gegner" des NS-Regimes.

Seine Schüler und Kollegen aus dem SD-Netzwerk nahmen in der Bundesrepublik wichtige Rollen in der Industrie, beim Management-

Training und in der praktischen Publizistik ein – unter anderem als Ressortleiter beim „Spiegel". Obwohl Six in der Bundesrepublik unter vollem Namen (und unter Beibehaltung seiner akademischen Titel) lebte und arbeitete, wurde ihm kaum jemals zeithistorisches Interesse zuteil[2] – seine Funktion bei der Expansion des Heydrich'schen Apparates, vor allem im Vorfeld der Judenvernichtung, war weniger spektakulär und schwerer zu fassen als die Aktionen Eichmanns, aber nicht weniger bedeutsam. Die Studie wird zeigen, daß *ideologisches Projektmanagement*, gekoppelt an die Chance, in einer neuen Machtsphäre agieren zu können, bei der Stabilisierung der NS-Herrschaft eine zentrale Rolle spielte. Die dabei erzielten kommunikativen Erfahrungsgewinne konnten dann, ihrer nationalsozialistischen Besonderheit entkleidet, in der Bundesrepublik für neue Karrieren in der *freien Wirtschaft* genutzt werden.

Die Untersuchung über Six, über seine Mentalität, sein Denken und seinen durch viele Krisen gekennzeichneten Lebensweg, berührt Schnittfelder der Kommunikations-, Wissenschafts- und Zeitgeschichte und ist daher von vornherein interdisziplinär angelegt. Sie beruht im wesentlichen auf neu erschlossenen Quellen aus dem US-Holocaust Research Institute, dem „Sonderarchiv" Moskau (Osobiy), dem Staatsarchiv Nürnberg, Protokollen des US-State Departments, Materialien aus verschiedenen Universitätsarchiven, Befragungen von Zeitzeugen sowie Ergebnissen staatsanwaltschaftlicher Ermittlungen.

Die Arbeit ist in den Jahren 1990 –1997 entstanden, als der Verfasser unter anderem als Direktor des Adolf Grimme Instituts in Marl und als Leiter des Internationalen Fernsehfests Köln tätig war. Daß die in vielerlei Hinsicht komplexen Recherchen in eine geschlossene Darstellung münden konnten, ist den Freunden, Mitarbeitern und Ratgebern zu verdanken, die den Autor während dieser Zeit beim Aufspüren von Quellen und Zeitzeugen unterstützt haben: Eva Thirring (Marl); Sabine Wagner, Gerd Fittkau, Christoph Jackel (Berlin); Stefanie Oehmen, Dorothee Schmidt, Malika Rabahallah, Dieter Anschlag, Sylke Hachmeister, Stefanie Sobola, Wout Nierhoff, Jan Lingemann, Steffen Grimberg (Köln), Michael Münch (Münster), Judith Schulte-Loh, Armin Stauth (Moskau), Bettina Wagener (London), Oktavia Brugger (Rom) und Christian Buxot (Würzburg).

Ulrich Herbert, dem Verfasser einer Studie über den Gestapo-Organisator Werner Best, und Michael Wildt, der eine wichtige Dokumentation zur „Judenpolitik des SD" ediert und die Strukturen des Reichssicherheitshauptamtes (RSHA) erforscht hat, verdanke ich wertvolle Ratschläge zur Forschungssituation und zu konzeptionellen

Fragen. Ein Gespräch mit Hans Abich, der bei Six in Berlin studierte, hat mich dazu bewogen, nach der ersten Recherchephase das Buch auch tatsächlich zu schreiben. Klaudia Brunst und Michael Rediske ermöglichten als Chefredakteure der „taz" die Publikation eines Textes zur Frühgeschichte des „Spiegel"[3], der als Teilergebnis der Six-Studie offenkundig an manche Tabus der bundesdeutschen Mediengeschichte rührte und deutlich gemacht hat, daß die hier verhandelte Biographie mehr mit der deutschen Gegenwart zu tun hat, als sich noch beim Angang der Untersuchung ahnen ließ.

L. H., Köln, im Herbst 1997

II.
„Durch Tod erledigt"

Das „Einsatzkommando Österreich": Wien 1938

Am frühen Morgen des 25. April 1938 barg der Oberstrommeister Karl Franz in der Donau bei Hainburg, fünfzig Kilometer stromabwärts von Wien, eine unbekannte männliche Leiche. Ihrem äußeren Zustand nach zu urteilen, mußte sie bereits mehrere Wochen im Wasser gelegen haben. Im Beschauprotokoll des Stadtpolizeiamtes Hainburg wurde das Alter des Mannes auf etwa 45 bis 50 Jahre geschätzt. An Kleidungsstücken und Effekten, so das Protokoll, waren vorhanden: Stoffweste und Hose vom Wiener Schneider Josef Prix, ein blaugeblümter Selbstbinder Marke „Jacouet", ein goldener Siegelring mit Familienwappen und „1 goldener Ring mit caluschonartig geschliffenem blauen Saphir mit 2 Brillanten, innen graviert: 30. VI. 1934".[1]

Aufgrund dieser Angaben und der auffälligen Goldarbeiten im Zahnbestand des Leichnams konnte der tote Mann rasch identifiziert werden. Es handelte sich um Wilhelm Emanuel Freiherr von Ketteler, geboren in Ehringerfeld bei Lippstadt, 31 Jahre alt, zuletzt Attaché an der Deutschen Botschaft in Wien. Lebend war von Ketteler zuletzt gegen Mitternacht des 13. März 1938 gesehen worden, einen Tag nach dem Einmarsch der deutschen Wehrmacht in Österreich. Sein spurloses Verschwinden hatte zunächst für beträchtliches Aufsehen gesorgt. Botschafter Franz von Papen war zum Chef des Sicherheitsdienstes der SS (SD), Reinhard Heydrich, geeilt und hatte um Aufklärung darüber gebeten, „ob Herr von Ketteler nicht etwa versehentlich verhaftet wurde". Papen unterrichtete, wie er in einem Vermerk am 5. April 1938 festhielt, auch den „Führer und Reichskanzler kurz über die Sache" und verständigte den Reichsführer SS Himmler, Feldmarschall Göring sowie den Staatssekretär für das Sicherheitswesen in Österreich, SS-Gruppenführer Kaltenbrunner.[2]

Am 25. März gab der Reichsführer SS folgenden Erlaß heraus: „Mit sofortiger Wirkung weise ich den Chef der Ordnungspolizei und den Chef der Sicherheitspolizei an, eine besonders sorgfältige und umfassende Fahndung nach dem seit Sonntag, den 13. März, vermißten Wilhelm Emanuel Freiherrn von Ketteler einzuleiten. Ich ersuche, daß die nachgeordneten Dienststellen mit besonderem Nachdruck auf das vorliegende Fahndungsersuchen hingewiesen werden ..."

Nach all diesen Aktivitäten mußte es merkwürdig erscheinen, daß von Kettelers Leichnam zwei Tage nach seinem Auffinden ohne Benachrichtigung der Angehörigen auf dem städtischen Friedhof von Hainburg, Grabstätte D 17, Nr. 14, bestattet wurde. Auch der Geheimen Staatspolizei in Wien kamen Zweifel, ob diese eilige Aktion die Gerüchte um den Tod von Kettelers nicht erst recht verstärken mußte. Die Gestapo regte bei der Wiener Staatsanwaltschaft mit Schreiben vom 18. Mai an, eine gerichtliche Exhumierung anzuweisen, „um eine zweifelsfreie Agnoszierung der Leiche und die Feststellung der Todesursache zu ermöglichen".

Am 25. Mai begab sich die Exhumierungskommission in Anwesenheit des Bruders Goswin Freiherr von Ketteler und des Wiener Zahnarztes Dr. Rudolf Friese auf den Hainburger Friedhof. Die Leiche wurde zweifelsfei als Wilhelm von Ketteler identifiziert. Im anschließenden Gutachten des Professors Dr. Werkgartner hieß es:

„Der untersuchte Leichnam befand sich bereits im Zustand vorgeschrittener Fäulnis. Er zeigt in den verschiedenen Geweben und Eingeweiden noch reichlich Fäulnisgasbildung, im Bereich der Gesichtsweichteile aber auch schon den ersten Beginn der Leichenwachsbildung. Dieser Zustand steht sehr gut in Übereinstimmung mit der Annahme, daß der Tod bereits vor 2–3 Monaten eingetreten ist... Die in nicht sehr reichlicher Zahl festgestellten Fremdkörper in den Luftwegen der Lungen rechtfertigen ... die Erkenntnis, daß der Tod durch Ertrinken eingetreten sei. Verletzungen sind bei der Leichenöffnung nicht festgestellt worden. Es kann also mit Sicherheit ausgeschlossen werden, daß der Tod etwa durch Hiebe mit stumpfen Werkzeugen oder durch Stich-/Schnittverletzungen herbeigeführt worden sei. Es ist auch mit Sicherheit eine Schußverletzung auszuschließen. Ebenso liegt für die Annahme einer gewaltsamen Tötung durch Erdrosselung, Erwürgen oder Erstickung durch Knebelung nicht der geringste Anhalt vor".

In einem Brief an die Mutter des Verstorbenen versicherte Gutachter Professor Werkgartner noch einmal („bei meinem Manneswort"), daß keine Spuren eines gewaltsamen Todes nachgewiesen werden konnten. Auch die Erkenntnisse aus chemischen Gutachten hätten nicht zum Nachweis einer möglichen Vergiftung geführt. Der Leichenbestatter Anton Grabenhofer aus Hainburg überführte den toten Attaché zum Familiensitz derer von Ketteler nach Geseke, wo er am 31. Mai 1938 zum zweiten Mal beigesetzt wurde.

Vier Jahre zuvor war der Jurist Wilhelm von Ketteler noch knapp dem Zugriff der deutschen Sicherheitspolizei entkommen. Er gehörte damals zum Mitarbeiterkreis der „Vizekanzlei" des Franz von Papen, die Ende Mai 1933 mit Sitz im vormaligen Palais Borsig in der Berliner Voßstraße, Ecke Wilhelmplatz, eingerichtet worden war.[3] In diesem „Büro des Stellvertreters des Reichskanzlers" befand sich die Zentrale einer rechtskonservativen, monarchistisch gesinnten Opposition gegen das nationalsozialistische Regime. Die reaktionären Regimegegner hatten sich den timiden Ex-Kanzler Papen als Aushängeschild für ihre Umsturzpläne erkoren. Zu den treibenden Kräften dieses Papen-Kreises gehörten der ehemalige Freikorps-Kämpfer Edgar Julius Jung, Verfasser der bekannten antirepublikanischen Monographie „Die Herrschaft der Minderwertigen", Herbert von Bose, preußischer Oberregierungsrat und Leiter der Presseabteilung in der Vizekanzlei, und Fritz Günther von Tschirschky, Papens persönlicher Referent, der mit guten Beziehungen zu Reichsfinanzminister Schwerin von Krosigk für die Etatisierung und den personellen Ausbau der „Vizekanzlei" gesorgt hatte.

Durch ihre finanziellen und organisatorischen Möglichkeiten koordinierte die Vizekanzlei die regimekritischen Bestrebungen all derer, die einst Hitler gegen die Republik hatten agieren lassen und ihn zugleich „zähmen" wollten.

„Es würde mehrere Seiten füllen, die Namen alle derer zu nennen, die zu unseren Vertrauensleuten und Informanten zählten", schrieb der spätere Adenauer-Diplomat Tschirschky in seinen 1972 publizierten Erinnerungen.[4] Er nannte Großindustrielle wie Robert Bosch, Otto Wolf, Friedrich Springorum und Paul Reusch, Kirchenleute wie die Kardinäle und Bischöfe Graf Galen (Münster), Gröber (Freiburg), Bertram (Breslau) und Schulte (Köln), katholische Konservative und Zentrumsleute wie Brüning, Treviranus, Joos oder Publizisten wie Fritz Klein („Deutsche Allgemeine Zeitung") und Franz Mariaux („Kölnische Zeitung"). Tschirschky resümierte:

„Auf Grund all dieser Bekanntschaften und langjährigen Beziehungen bauten wir in der Vizekanzlei eine Art Nachrichtennetz aus, das ausgezeichnet funktionierte. Wir erhielten aus dem ganzen Reich Informationen über das, was sich in der Partei, bei der SA und der SS, im Stahlhelm und den verschiedenen Behörden abspielte. Ketteler, Bose und ich kannten viele Oberpräsidenten, Regierungspräsidenten und einige Polizeipräsidenten, und natürlich hatte auch Papen seine Beziehungen."[5]

In diesem „Nachrichtennetz" wurden Informationen, aber mehr

noch Gerüchte über eine drohende „zweite Revolution" durch Röhms plebejische SA, und Meldungen über die terroristische Macht der vereinigten Sicherheitspolizei unter Heydrich, also den SD/Gestapo-Komplex, eifrig registriert und weiter gestreut. Als Franz von Papen am 17. Juni 1934 ans Podium der 14. Jahresversammlung des Marburger Universitätsbundes trat, hatte ihm Edgar Julius Jung auch folgende Passage in die Rede geschrieben:

„Eine offene und männliche Aussprache frommt dem deutschen Volke mehr als beispielsweise der ventillose Zustand einer Presse, von welcher der Herr Reichsminister für Volksaufklärung und Propaganda festgestellt hat, daß sie ‚kein Gesicht mehr' habe … Die Presse wäre ja eigentlich dazu da, die Regierung darüber zu unterrichten, wo sich Korruption eingenistet hat, wo schwere Fehler gemacht werden, wo ungeeignete Männer am falschen Platze stehen, wo gegen den Geist der deutschen Revolution gesündigt wird. Ein anonymer oder geheimer Nachrichtendienst, mag er noch so trefflich organisiert sein, vermag nie diese Aufgabe der Presse zu ersetzen."[6]

Der Schriftleiter stehe, so ließ Jung durch den Mund des einstigen Präsidialkanzlers von Papen (in dessen Amtszeit die Presse kräftig gemaßregelt worden war) verlauten, unter gesetzlicher und „gewissensmäßiger" Verantwortung, während die anonymen Lieferanten von Nachrichten unkontrollierbar und außerdem „der Gefahr des Byzantinismus" ausgesetzt seien. Dies ging nun direkt gegen Heydrichs SD, der sich nach dieser Marburger Rede den klerikal-konservativen NS-Gegnern mit besonderer Intensität widmete. Papen war bei seiner Rede auch nicht ganz wohl gewesen; noch auf der Zugfahrt von Berlin nach Marburg hatte er versucht, die härtesten Passagen abzumildern. Referent Tschirschky mußte ihm freilich eröffnen, daß die Rede bereits vorab vervielfältigt und vertrauten Journalisten der Auslandspresse übergeben worden sei.

Kein Volk könne sich den ewigen Aufstand von unten leisten, hatte Papen in Marburg proklamiert, und wenn die berufenen Organe der öffentlichen Meinung „das geheimnisvolle Dunkel, welches zur Zeit über die deutsche Volksstimmung gebreitet scheint", nicht lichten dürften, dann müsse eben der Staatsmann selber eingreifen und die Dinge beim Namen nennen.

Der Staatsmann griff ein. Schon am Abend des 25. Juni erhielten die Tschirschkys, von Boses und Ketteler davon Nachricht, daß Edgar Julius Jung von der Gestapo verhaftet worden war. Noch am Vortage hatte von Bose ein Dossier zusammengestellt, das aus Sicht der Papen-Kanzlei „alle uns bekannten Einzelheiten der einerseits von Röhm und der SA, anderseits von Göring und Himmler geplanten Aktionen sowie der Präventivmaßnahmen der Reichswehr" enthielt, sowie „Einzelheiten der Pressekampagne Goebbels' gegen die ‚Reaktionäre' und eine Aufzählung der uns bekannt gewordenen Verhaftungen". Mit dem Dossier sollte Papen zu Hindenburg nach Neudeck fahren, um den 86jährigen Reichspräsidenten zu Aktionen gegen die NS-Führung zu veranlassen. Präsidialstaatssekretär Meißner ließ jedoch telefonisch verlauten, der Gesundheitszustand Hindenburgs erlaube keine Visite, und der zaudernde Vizekanzler ließ sich abweisen.

Bedrängt von Göring, Himmler, Heydrich und dem Reichswehr-General von Reichenau, entschloß sich Hitler zum Staatsstreich von oben und griff damit Edgar Julius Jungs Empfehlung auf, der „Revolution in Permanenz" ein Ende zu machen, umfassender und brutaler freilich, als es sich der Papenkreis vorgestellt hatte. Am Samstag, dem 30. Juni 1934, wurde die Vizekanzlei zwischen zehn und elf Uhr vormittags von einem SS-Trupp besetzt. Pressechef Herbert von Bose hatte gerade ein Aufsichtsratsmitglied des Stinnes-Konzerns zu Gast, als SS-Leute und Kriminalbeamte in Zivil um eine Unterredung baten. „Wilhelm Ketteler und ich", erinnerte sich der junge Kanzleimitarbeiter Kurt Josten später, „dachten, daß nun ein Verhör stattfände. Nach ganz wenigen Augenblicken hörten wir dann aber im Nebenzimmer zehn laute Schüsse und mit einem gewissen Abstand dann noch einen letzten Schuß. Wilhelm wollte sofort in das Zimmer stürzen, da wir beide sogleich die schreckliche Vermutung hatten, daß Herr von Bose ermordet worden war. Die Tür zu dem Zimmer war jedoch verriegelt".

Ketteler und Josten nutzten nach einem kurzen Gespräch mit Papen die Gelegenheit, zusammen mit dem Stinnes-Gast unerkannt die Vizekanzlei zu verlassen. Sie hielten sich zunächst einige Zeit im Friseurladen des Hotels „Kaiserhof" auf, fuhren dann mit dem Taxi in Papens Privatwohnung, Lennéstraße 9, wo der Vizekanzler schon unter strengen Hausarrest gestellt worden war, schließlich zu Frau von Tschirschky in die Liechtensteiner Allee. Ketteler nahm sich vor, den Reichspräsidenten über die Vorkommnisse zu unterrichten, wurde jedoch nicht in das Gutshaus von Neudeck vorgelassen und landete schließlich beim Gutsnachbarn Hindenburgs, dem Freiherrn von Oldenburg-Januschau. Dort kam es immerhin zu einem Treffen mit dem militärischen Adjutanten Hindenburgs, der „dem Generalfeldmarschall Vortrag (hielt) über das, was Ketteler erzählt hatte, insbesondere, daß Herr von Papen in Schutzhaft säße".

Hindenburg hatte nur noch wenige lichte Momente, aber daß sein langjähriger Vertrauter Papen von dem „böhmischen Gefreiten" arretiert worden war, mochte er doch nicht durchgehen lassen. Am 2. Juli um 21 Uhr wurde Papens Schutzhaft aufgehoben. Gänzlich ungewollt hatten Papen und Jung, der am 30. Juni in Oranienburg erschossen worden war, dazu beigetragen, daß die SS durch Erlaß Hitlers am 20. Juli 1934 zur „selbständigen Organisation im Rahmen der NSDAP" erhoben wurde. Dies brachte auch Reinhard Heydrichs Sicherheitsdienst, personell bis zum „Röhm-Putsch" eher unterentwikkelt, in eine stärkere Position.[7]

Wenn Wilhelm von Ketteler dem SD bislang nicht näher bekannt geworden war, dann in jedem Fall nach seiner Hindenburg-Aktion. Als Papen sich von Hitler als Gesandter nach Österreich delegieren ließ, um dort die Wogen zu glätten, die nach dem mißglückten SS-Putsch vom Juli 1934 entstanden waren, war von Ketteler dem lädierten Ex-Vizekanzler nach Wien gefolgt. Vom deutschen SD und seinen österreichischen Vertrauensleuten wurde die Papen-Gesandtschaft in mehreren Referaten überwacht. Im Berliner SD-Hauptamt, das im Januar 1935 aus dem bisherigen „Sicherheitsamt" hervorgegangen war, beschäftigte sich die Inlands-Abteilung II 123 mit der „Rechtsbewegung" und behielt deutsch-österreichische, als „reaktionär-monarchistisch" eingestufte Verbindungen im Auge. Das Amt III mit den Zentralabteilungen III 1 (Fremdländische Lebensgebiete) und III 2 (Außenpolitische Abwehr) unterhielt zwei Österreich-Referate, in der Zentralabteilung I 3 („Presse und Museum") analysierte ein Sachbearbeiter die Gegner-Presse in Österreich und der Schweiz, und schließlich kümmerte sich die Hauptabteilung „Kulturelles Leben" (II 21) auch um mißliebige politische und geisteswissenschaftliche Strömungen an österreichischen Hochschulen.[8]

Im Zentrum dieser weltanschaulichen Gegnerstudien stand vor allem der Soziologie Othmar Spann, dessen weitverbreitetes Buch „Der wahre Ständestaat" einst den NS-Finanztheoretiker Gottfried Feder beeinflußt und passagenweise sogar auf Hitlers „Mein Kampf" abgefärbt hatte. Als sich der Führerstaat freilich etabliert hatte, waren universalistisch-christliche Modelle der Ständeherrschaft nicht mehr gefragt und galten den SD-Kulturforschern gar als gefährliche Umformungen der NS-Lehre.

Die Analyse und Auflösung des Spann-Kreises in Österreich und Deutschland, referierte der später hingerichtete SD-Leitabschnittsführer in Prag, Walter Jacobi, in einem Nachkriegsreport, habe als „Schulbeispiel für die SD-Arbeit" gedient und sogar bei „den Führungsstellen des Reiches eine öffentliche Beachtung und Anerkennung dieser neuen Arbeitsrichtung des SD-Hauptamtes bewirkt".⁹ Spann selbst, so Jacobi, sei ein Mann „nur wissenschaftlichen Ehrgeizes" gewesen, seine Lehre jedoch von seinem Mitarbeiter und Schüler, dem Wiener Privatdozenten Dr. Walter Heinrich, einem gebürtigen Sudetendeutschen, politisiert worden. Heinrich und der Spann-Sohn Raffael hätten den Nationalsozialismus innerlich abgelehnt und mehr zum italienischen Faschismus tendiert, über den Heinrich „eine viel beachtete wissenschaftliche Abhandlung verfaßt" habe. Heinrich habe nun zwar den Nationalsozialismus „äußerlich anerkannt", jedoch die „gekünstelte Konstruktion" aufgestellt, es gebe im Nationalsozialismus „zwei Schulen und Lehrmeinungen, nämlich die Münchenerrichtung und im Gegensatz zu ihr die Wienerrichtung, letztere im Sinne der Gedankengänge Spanns". Bei diesem Sachstand setzte laut Jacobi im Jahre 1935 die SD-Arbeit ein, nachdem sich gezeigt habe, daß der Spann-Kreis eine bewußte und planmäßige Personalpolitik an den Hochschulen betrieb. Jacobi weiter:

„Von diesen führten personelle Fäden und Einflüsse in die verschiedenen Stellen des öffentlichen Lebens in Deutschland bis in die einzelnen Reichsministerien hinein. Der Führer des NS-Juristenbundes, Dr. Hans Frank, späterer Generalgouverneur in Krakau, Leute aus der Umgebung von Dr. Ley in der Deutschen Arbeitsfront oder von Walter Darré in der Führung der Reichsbauernschaft neigten stark zum Spann-Kreis. ... Es setzte eine Aufklärung im Wege systematischer Berichterstattung an alle in Frage kommenden Reichsstellen ein, was dazu führte, daß diese sich selbst mit dem Fragenkreis zu beschäftigen begannen und auch dieserseits auf bisher ungeklärte personalpolitische Fäden und Cliquenbildungen in ihren Reihen kamen".

Im Jahre 1974, mehr als dreieinhalb Jahrzehnte nach dem mysteriösen Tod von Ketteler und dem deutschen Einmarsch in Wien, kamen die Zerschlagung des Spann-Kreises und der Fall Ketteler in staatsanwaltschaftlichen Untersuchungen auf seltsame Weise zusammen. Ein Cousin Kettelers, der Freiherr von Fürstenberg aus Detmold, hatte sich 1970 bei der „Zentralen Stelle der Landesjustizverwaltungen der Länder" in Ludwigsburg gemeldet. Die Zentralstelle, seit 1958 mit der Aufklärung von NS-Gewaltverbrechen befaßt, sollte sich nach dem Begehren des Freiherrn noch einmal mit den Indizien beschäftigen, die auf eine Ermordung seines Verwandten hindeuteten. Daraufhin wurden die sicherheitspolizeilichen Aktionen beim „Anschluß" Österreichs von der Ludwigsburger Stelle unter Leitung von Oberstaatsanwalt Artzt und – auf Anregung der Ludwigsburger Juristen –

auch von den österreichischen Strafverfolgungsbehörden erstmals intensiver recherchiert.

Am 11. Juni 1974 verhörte Staatsanwalt Wiesemann von der „Zentralen Stelle" in Kiel den Angestellten Werner Göttsch, Jahrgang 1912, einstmals Hauptabteilungsleiter im Reichssicherheitshauptamt (RSHA) und einer der Spezialisten Heydrichs für besondere Einsätze gegen Regimegegner im Ausland. Im SD-Hauptamt, einer der RSHA-Vorgängerinstitutionen, hatte der damals 25jährige Göttsch die Hauptabteilung II 12 („Gegnerformen") geleitet.[10]

Beim Anschluß Österreichs, so erzählte Göttsch, sei er zunächst als Leiter eines „Führerschutzbegleitkommandos" eingesetzt worden, das im wesentlichen aus Angehörigen einer Kriminalassistentenschule bestanden habe. Kurz hinter Salzburg habe Hitler das Kommando eingeholt und ihm, Göttsch, zu verstehen gegeben, daß er das Kommando nicht benötige. Man sei dann ohne Hitler in Wien eingetroffen und im Hotel „Union" einquartiert worden. Nach Göttschs Erinnerung habe seine Gruppe eine Nacht lang die Reichsinsignien bewacht, „da man befürchtete, daß diese von national eingestellten Österreichern geraubt werden könnten".[11]

Am nächsten Tag sei dann der Professor Dr. Franz Alfred Six im Hotel erschienen und habe Göttsch den Auftrag erteilt, „den sogenannten ‚Spann-Kreis' zu zerschlagen. Insbesondere sollte ich nach seinen Anweisungen den Führer dieser Gruppe Prof. Dr. Othmar Spann und seinen Sohn Dr. Raffael Spann erschießen. Mir waren die Vorstellungen dieses Kreises schon früher von einem Bekannten nähergebracht worden und ich hielt diesen Befehl für unqualifiziert und, nachdem ich die Familie Spann näher kennengelernt hatte, auch für unmenschlich. Ich habe daraufhin veranlaßt, daß Dr. Raffael Spann in ein Konzentrationslager in der Nähe von Wien überstellt wurde und ich habe Prof. Dr. Six gleichzeitig unterrichtet, daß ich Prof. Dr. Othmar Spann nicht hätte auffinden können".

In Sachen Ketteler sagte Göttsch aus, er könne sich dunkel erinnern, daß sich der spätere SS-Standartenführer Horst Böhme zur damaligen Zeit in Wien aufgehalten und „einen Sonderauftrag ausgeführt habe", ohne daß er mit Sicherheit behaupten könne, „daß es sich hierbei um die Ermordung des Attachés von Ketteler gehandelt hat. ... Meiner Ansicht nach müßte zu diesem Komplex Prof. Dr. Six weitere Angaben machen können, da er die exekutive Oberleitung der damaligen Unternehmungen in Wien hatte. Dies folgere ich u. a. daraus, daß er mir den bereits erwähnten Auftrag erteilen konnte, die beiden Spanns zu erschießen, ein Auftrag, von dem ich bis zu meiner

Ankunft in Wien nichts erfahren hatte. Auftraggeber von Six ist im Zweifel Heydrich selbst gewesen. Six müßte insbesondere Angaben machen können, in welcher Funktion sich Böhme in Wien aufgehalten hat. Böhme war mir bekannt aus meiner Tätigkeit in Berlin, wo er später – meiner Erinnerung nach – meine Abteilung ‚weltanschauliche Gegner' im RSHA übernommen hat."

Franz Alfred Six – das war der neue Name im Verfahren. Über die Biographie dieses Universitätsprofessors, Amtschef im SD-Hauptamt wie im RSHA, zeitweise einer der fünf institutionell mächtigsten SD-Führer (neben Heydrich, dessen Stabsführer Wilhelm Albert, dem Gestapo-Organisator Werner Best und SD-Auslandschef Heinz Jost), wußte auch Oberstaatsanwalt Artzt nur wenig. Während Horst Böhme, Jahrgang 1909, zuletzt im Range eines SS-Standartenführers Befehlshaber der Sicherheitspolizei und des SD in Ostpreußen, 1954 vom Amtsgericht Kiel mit dem Todestag 10. April 1945 für tot erklärt worden war, lebte Six nach letzten Informationen 1974 als freier Industrieberater in Essen.

Oberstaatsanwalt Artzt ging der Six-Spur nach. In einem Brief an das österreichische Bundesministerium für Inneres, z.Hd. von Herrn Ministerialrat Dr. Kothny, bat Artzt darum, zu ermitteln, ob Dr. Raffael Spann noch lebe („und ihn in diesem Falle zur Aussage von Göttsch vernehmen zu lassen"[12]). Er selbst wolle Six und einen weiteren SD-Führer, Dr. Herbert Mehlhorn, vernehmen und vorher gern die Aussage von Spann haben: „Allerdings hat die Vernehmung bis Ende Juli Zeit, da eine Vernehmung der beiden benannten ‚Zeugen' erst im August erfolgen könnte".

Am 8. Juli 1974 wurde Raffael Spann, wohnhaft in Wien, Vegagasse 7, dann tatsächlich vernommen. Er bestätigte die Aussage von Göttsch, der sich „so aus der Affäre gezogen (habe), daß er von Prof. Six einen schriftlichen Auftrag verlangt(e), den dieser nicht erteilt habe".[13] Bei Göttsch handele es sich seiner Ansicht nach „um einen engagierten und pflichtbewußten SD-Angehörigen, der aber Willkürakte, wie z. B. Mord, ablehnte".

Artzt fragte beim Düsseldorfer Landeskriminalamt nach Erkenntnissen über Six an (dort war man aber nicht einmal in der Lage, über den derzeitigen Beruf Six' Auskunft zu geben) und ließ sich sogar die Scheidungsakte Franz Alfred Six versus Sybille Six vom Landgericht Essen (9 R 387/73) kommen, um nach Hinweisen auf den Österreich-Einsatz zu suchen. Ein knappes Jahr später war Franz Alfred Six freilich verstorben, ohne jemals über das SD-Österreich-Kommando befragt worden zu sein.

Am 22. Dezember 1976 wurde das Vorermittlungsverfahren gegen Unbekannt in der Angelegenheit Ketteler, angereichert um ein Ermittlungsverfahren wegen erfolgloser Anstiftung zum Mord an Prof. Dr. Othmar Spann, an die Staatsanwaltschaft Braunschweig abgegeben. Dieses Verfahren wurde zwölf Jahre später, am 4. April 1987 eingestellt, „weil verdächtigen bekannten Personen strafrechtlich relevantes Verhalten nicht nachgewiesen und ggf. noch lebende Täter oder Teilnehmer nicht ermittelt werden konnten. Soweit inzwischen verstorbene Personen als Täter oder Teilnehmer in Betracht kamen, ist das Ermittlungsverfahren durch Tod erledigt".[14]

Am 13. Juni 1994 wurde der damalige Einstellungsvermerk – nach einer Anfrage des Verfassers dieser Studie – von der Staatsanwaltschaft Braunschweig noch einmal um eine 42seitige Akte zur Geschichte des sogenannten „Einsatzkommandos Österreich" ergänzt. Damit hatten sich die Strafverfolgungsbehörden 24 Jahre lang mit einem politischen Mord aus dem Jahre 1938 beschäftigt – allerdings auch nicht ganz ohne Aufklärungserfolg.

Der Journalist Walter Bochow, geboren am 9. September 1889 in Leipzig und vermutlich 1946 in russischer Gefangenschaft verstorben, 1933/34 Mitarbeiter der Papenschen Vizekanzlei, in Wien dann als Journalist im Büro des „Daily Express" und zugleich als Nachrichtenmann in freier Mitarbeit für Ketteler tätig, habe Ketteler an den SD verraten, so die Braunschweiger Ermittler. Die Tätigkeit „des Herrn Bochow vor und im Zusammenhang mit dem Zugriff auf Ketteler" sei „offenbar", heißt es im anschließenden Vermerk der Staatsanwaltschaft, die auch SD-Belege für die Kooperation zwischen Böhme und Bochow beibrachte. Am 22. Juni 1938 hatte Böhme über Bochow schriftlich festgehalten, dem Papenkreis sei „in irgendeiner Weise klargeworden, welche Rolle Bochow zuletzt gespielt hat". Bochow solle künftig vom Deutschen Nachrichtenbüro (DNB) fest angestellt werden, schlug Böhme vor. Der Zuträger habe „in den vergangenen Monaten seine Arbeit für den Sicherheitsdienst Reichsführer SS unentgeltlich geleistet", diese Arbeit sei „gut und für den SD außerordentlich wichtig gewesen". Gruppenführer Heydrich habe angeordnet, übermittelte Böhme drei Wochen später an das SD-Hauptamt, „daß Bochow wegen seiner Wichtigkeit in der bekannten Sache weiter unterstützt werden" solle.[15]

Bochow hatte dem SD offenkundig vor allem übermittelt, daß Ketteler kurz vor dem „Anschluß" in die Schweiz gefahren war, um dort wichtige Dokumente des Papen-Kreises und Botschaftsunterlagen zu deponieren. Der SD fürchtete sogar, bei diesen Dokumenten könne sich auch ein im Besitz Papens vermutetes, für Hitler gefährliches Testament Hindenburgs befinden. Böhme hatte Ketteler am 13. oder 14. März 1938, so die These des Tatherganges, mit Helfershelfern in einer Badewanne ertränkt und dann in die Donau geworfen. Gegenüber dem SS-Sturmbannführer Wilhelm Höttl, Autor der SD-Historie „Die geheime Front", hätten mehrere Zeugen diese Version bestätigt, so Dr. Hans-Ulrich Geschke, Befehlshaber der Sicherheitspolizei beim Höheren SS- und Polizeiführer Ungarn, Friedrich Polte, der Leiter des SD-Leitabschnitts Wien, und auch SD-Auslandschef Walter Schellenberg, der Höttl zufolge eine entsprechende Vollzugsmeldung Böhmes an Heydrich gesehen haben wollte.

Heydrich habe den Mordbefehl an Six vorbei direkt seinem engen Vertrauten Böhme erteilt, folgerte die Braunschweiger Staatsanwaltschaft. In Sachen Anstiftung zum Mord an den beiden Spanns könne man weitere „Anhaltspunkte zur Aufklärung des Sachverhaltes nicht erlangen – der geäußerte Verdacht gegen Professor Six sei aber wohl „so nicht aufrecht(zu)erhalten".

Dieses war das letzte in einer langen Reihe von juristischen Verfahren und Prozessen, in die sich nach 1945 der SS-Brigadeführer Franz Alfred Six verwickelt sah. Er war ein Mann ohne eigentlichen Beruf, aber mit vielen Funktionen im nationalsozialistischen Herrschaftsapparat. Im Jahre 1938 leitete der damals 29jährige Six die SD-Aktionen beim Einmarsch in Österreich, er war außerordentlicher Professor für Zeitungswissenschaft an der Universität Königsberg und Leiter des dortigen Zeitungswissenschaftlichen Instituts, das er selbst gegründet hatte, Hauptschriftleiter der Zeitschrift „Volk im Werden", Chef des Amtes II (Inland) des SD-Hauptamtes in Berlin; er hatte als hauptamtlicher NS-Studentenfunktionär gearbeitet und sollte noch zum Leiter der Kulturpolitischen Abteilung des Auswärtigen Amtes avancieren. Vor allem aber wurde er Ende 1938 von Heydrich persönlich zum Staatskommissar für den Aufbau einer „Auslandswissenschaftlichen Fakultät" an der Universität Berlin bestimmt und später dann zum Dekan auf Lebenszeit ernannt – ein in der deutschen Universitätsgeschichte einmaliger Fall.

Als erwachsener Mann maß Franz Alfred Six 1,78 Meter. Er hatte graublaue Augen, die sich hinter einer runden Nickelbrille mit dicken Gläsern verbargen. Schon früh setzte bei Six die Glatzenbildung ein, das verbliebene, schüttere dunkelblonde Haar war straff nach hinten gekämmt. Auf Fotografien aus der Zeit im Sicherheitsdienst fällt sein stets düsterer, zergrübelter Gesichtsausdruck auf. Er war ein nervöser Mann, von starken Stimmungsschwankungen heimgesucht, ein zwanghafter Arbeiter, der sich eine ungeheure Last von Projekten und Arbeitsbereichen aufbürdete, mit denen er schließlich kaum noch fertig werden konnte. Wir verfügen über eine Reihe von Charakterisierungen des Gegnerforschers durch Zeitzeugen, die sich natürlich je nach persönlicher Nähe und zeitlicher Perspektive unterscheiden, aber eine bemerkenswerte Konsistenz in der Beurteilung von Six' Arbeitswut zeigen.

Der Diplomat Gottfried von Nostitz sah ihn „von einem fast unheimlichen Dynamismus erfüllt".[16] Adolf Eichmann referiert den Spitznamen „Betriebsrübe".[17] Fritz Hippler, einer der radikalen Heidelberger NS-Studentenführer und später „Reichsfilmintendant" im Goebbels-Ministerium, war in der Studentenzeit mit Six nach eigener Aussage „ganz gut bekannt" und erinnert sich: „Er war immer sehr verschlossen und zurückhaltend. Auch sehr ernst und penibel in allem, was man heute als political correctness bezeichnen würde. Für ‚unbotmäßige Späße' oder Spötteleien hatte er also nicht den geringsten Sinn".[18]

Six sei überhaupt keine Figur gewesen, die das Rampenlicht gesucht habe, urteilt Hans Abich, Anfang der 40er Jahre studentischer Fachgruppenleiter in Six' Auslandswissenschaftlicher Fakultät: „Er war ein schüchterner Mann, noch ziemlich jung, hatte eine besorgte Stirn, eigentlich ein kontaktschwacher Mann. Er war also überhaupt nicht drakonisch oder grob, eher schüchtern bis bedenklich – es gab damals natürlich Lehrer, die den Mund sehr positivistisch für den Nationalsozialismus auftaten. Ihn hätte man aber immer für einen kritischen Geist gehalten, der eine Art Verschlossenheit in sich trug ... Sein Fleiß war ungeheuerlich, also schonungsloser Fleiß bei sich selbst".[19]

Leopold von Caprivi, Mitarbeiter im „Deutschen Institut für Außenpolitische Forschung" des zeitweiligen Ribbentrop-Protegés Professor Friedrich Berber, traf den jungen Six 1935 „in irgendeinem Vorzimmer in der Wihelmstraße", also dem neuen SD-Hauptquartier im Berliner Regierungsviertel. Six schien ihm „hungrig und verbissen zu sein". Er habe damals wohl den Auftrag erhalten, eine neue Abteilung des SD-Hauptamtes aufzubauen und sich mit derartigem Feuereifer darauf gestürzt, „daß ihn seine Mitarbeiter den ‚Stachanow' nannten. Nach kurzer Zeit stand sein Laden. Stolz ließ Six ihn von anderen Amtschefs und Referenten inspizieren. Wir gingen durch mehrere Räume, angefüllt mit Schränken voller systematisch numerierter Leitzordner. An den freien Wandflächen hingen Soziogramme, auf denen die Querverbindungen weltanschaulicher Gegner im Bereich des politischen Schrifttums, von Kommunisten, Freimaurern, jüdisch Versippten und Katholiken mit geraden Linien unterschiedlicher Dikke und Farbe markiert waren".[20]

Es bedarf keiner gewundenen methodologischen Begründung für eine Karrierestudie über diesen Typus des SD-Planers, der in der bisherigen kommunikations- und zeithistorischen Forschungsarbeit kaum angemessene Berücksichtigung gefunden hat. Six war der direkte Vorgesetzte und Promotor von SD-Führern wie Adolf Eichmann, Herbert Martin Hagen, Helmut Knochen und Erich Ehrlinger, die allesamt eine tragende Rolle bei der Entrechtung und Ermordung der europäischen Juden gespielt haben. In seinen nachgelassenen Erinnerungen hat Eichmann durchaus glaubwürdig geschildert, daß er Six damals als vorbildlichen, fähigen wissenschaftlichen Analytiker und Organisator erlebt habe, und man darf davon ausgehen, daß Six' Denkweise und Arbeitsstil seine Untergebenen in der operativen „Gegnerarbeit" nachhaltig beeinflußt haben.

Während seiner Aufbauarbeit im SD-Presseamt koordinierte Six den Kontakt zum „Schwarzen Korps", dem einflußreichen Wochenblatt unter Gunter d'Alquen, das aus SS-Sicht die reine Linie des wahren Nationalsozialismus zu definieren suchte. Gemeinsam mit Reinhard Höhn kann Six als der wesentliche SD-Hochschulpolitiker gelten, Organisator einer neuen Fakultät und Begründer der – wenn auch kurzlebigen – „Auslandswissenschaft" nationalsozialistischer Provenienz. Six war, wie kaum ein anderer SD-Führer, an nahezu sämtlichen Auslandseinsätzen des SD planend und exekutiv beteiligt. Und schließlich beschäftigte sich der Zirkel um Six, seine Mentoren, Kollegen und Assistenten, in hohem Maße mit der Rekonstitution von Unternehmensplanung, Marketing, Werbung und kommerzieller Publizistik in der Bundesrepublik. Sein Mentor Höhn gründete die „Akademie für Führungskräfte der Wirtschaft" in Bad Harzburg, eine Art Zentralstelle für das „old boys network" des SD; Professor Albert Prinzing, Italienkundler an der Auslandswissenschaftlichen Fakultät, war Geschäftsführer von Porsche in Zuffenhausen; der Six-Assistent Horst Mahnke wurde Ressortleiter Ausland beim „Spiegel" in Hamburg – um an diesen Beispielen vorab nur die Bandbreite der Beschäftigungsfelder aufzuzeigen.

Bei diesem institutionellen und organisatorischen Gewicht, das der Arbeit von Six und seinem SD-Netzwerk zukommt, ist eher zu fragen, warum seine Karriere bislang nicht intensiver aufgearbeitet wurde. Die „verstreuten biographischen Angaben zu Six sind widersprüchlich, besonders in Datierungsfragen", hat Jürgen Matthäus in einem jüngst publizierten Essay über das von Six geleitete RSHA-Amt für „Weltanschauliche Forschung und Auswertung" festgestellt[21] – und das ist eher milde formuliert.

In Christopher Simpsons Monographie „Blowback", einer gewiß insgesamt aufschlußreichen Studie aus dem Jahr 1989 über die Rekrutierung von NS-Führern und Experten aller Art durch US-Regierungsstellen nach dem Zweiten Weltkrieg, ist Six „still alive at last report".[22] In Hans-Jürgen Döschers Arbeit über die SS und das Auswärtige Amt stirbt Six 1975 in Essen, vorher war er als „Automobilvertreter der Firma Porsche" tätig.[23] Bei Serge Klarsfeld („Vichy – Auschwitz") hat Six das „Institut für außenpolitische Forschung" geleitet.[24] Robert Kempner läßt den Gegnerforscher am 9. Juli 1906 das Licht der Welt erblicken und gibt ihm die sehr niedrige SS-Nummer 1676.[25] Götz Aly und Susanne Heim machen Six gar zum „Leiter des Auslandsnachrichtendienstes".[26] Keine dieser Angaben stimmt mit der Realität überein.

Ohnehin ist die Beschäftigung der etablierten deutschen Fachhistorie mit dem SD, unstrittig *der* Kernorganisation einer radikalen nationalsozialistischen Ordenskonstruktion und polizeistaatlichen Planung, eher dürftig ausgefallen und erst in letzter Zeit auf angemessenem Niveau in Gang gekommen. Die erste integrierte Arbeit über die SS und den SD stammt von Heinz Höhne, einem „Spiegel"-Ressortleiter, der zum Beginn seiner Studie notierte: „Für die Masse der deutschen Historiker blieb das Thema SS tabu. Kein Werk über die Schutzstaffel, keine größere Arbeit über die Ostpolitik Himmlers, keine Studie über den NS-Polizeiapparat verriet, was die Erben Rankes und Treitschkes über die schauerlichste Organisation dachten, die Deutsche je erfanden."[27]

Die erste Untersuchung über die Frühgeschichte des SD und die Biographie Reinhard Heydrichs schrieb der israelische Doktorand Shlomo Aronson 1967, immerhin an der Freien Universität Berlin.[28] Und die bislang einzige ausführliche Arbeit zur Konstruktion eines sicherheitspolizeilichen „Staatsschutzkorps" durch Himmler und Heydrich publizierte 1990 George C. Browder, Associate Professor an der State University of New York, ergänzt um eine Nachfolgestudie 1996, in der Brodwer festhält, Sicherheitspolizei und SD seien „more significant in its totality than the Gestapo, a component that has overshadowed it in popular and scholarly attention".[29]

Es gibt bis heute keine integrierten wissenschaftlichen Biographien über Heinrich Himmler und Reinhard Heydrich.[30] Ähnliches gilt für führende Köpfe des SD und des Reichssicherheitshauptamtes wie

Reinhard Höhn, den SD-Auslandschef Walter Schellenberg (hier liegt nicht einmal eine wissenschaftliche Edition seiner Memoiren vor), den in Landsberg gehenkten Inlandschef Otto Ohlendorf, den Kripo-Führer Arthur Nebe oder jüngere SD-Staatsterroristen wie Franz Walther Stahlecker und Erich Ehrlinger.

Ulrich Herbert hat in seiner Habilitationsschrift über den Heydrich-Stellvertreter Werner Best für diese desolate Forschungslage einige Gründe benannt. Eine systematische Analyse der Führungsgruppe des NS-Terrorapparates sei ausgeblieben, so Herbert, „weil die Forschungsdiskussion seit Ende der 60er Jahre in zunehmendem Maße von den ... stark politisierten Großdebatten um Totalitarismus und Faschismus, schließlich um ‚Hitlerismus', ‚Intentionalismus' und ‚Funktionalismus' bestimmt und überwölbt" worden sei.[31]

Gegenüber den generellen, „in der Struktur des NS-Herrschaftssystems angelegten Faktoren" von Terror und Vernichtung sei die „politische Eigenbedeutung" des SS- und SD-Apparates in Zweifel gezogen worden. Bei der Beurteilung der SD-Führer habe sich pauschalierend „das Bild vom kalten Machttechniker, vom ‚Technokraten des Terrors'" entwickelt, „der keinerlei politische Überzeugungen mehr besitze und von der ‚Macht an sich' fasziniert sei".[32]

Es muß hinzugefügt werden, daß es innerhalb der (west-)deutschen Historikerzunft natürlich auch kein gesteigertes Interesse an biographischen Konkretionen gab, weil viele Täter bis in die 80er Jahre hinein bedeutsame Stellungen in Behörden, Publizistik und (vor allem) Industrie einnahmen und personale Auseinandersetzungen nicht opportun erschienen. Man wollte sich schon gar nicht mit jener häufig vom Staatssicherheitsdienst gesteuerten DDR-Publizistik gemein machen, die mit ihren „Braunbüchern" darauf abzielte, die bundesdeutsche Kanzlerdemokratie als „klerikalfaschistoiden" Nachfolgestaat des Dritten Reiches zu identifizieren. Zudem schien mit dem Eichmann-Prozeß und der Kontroverse um Hannah Arendts These von der „Banalität des Bösen" die Psychologie der SD-Täter hinreichend erklärt zu sein.

Der neue Schub an konkreten Forschungen in den 90er Jahren ergab sich schließlich durch einen Generationswechsel in der Historikerschaft (mit dem ein gesteigertes Interesse an den Konstitutionsbedingungen der Bundesrepublik einherging), die Öffnung bislang unzugänglicher Archive in der Sowjetunion, Polen und der Ex-DDR und ein neues Interesse an den Ermittlungsergebnissen jener Staatsanwälte, die sich häufig gegen große gesellschaftliche und politische Widerstände mit NS-Kriegsverbrechen beschäftigt hatten – besonders in der 1958 errichteten Ludwigsburger Zentralstelle. Gestützt auf solche Materialien, enstanden etwa die erwähnte Habilitation Ulrich Herberts zu Werner Best, der als Idealtypus einer *Generation der Sachlichkeit* mit ihrer „Kombination aus Radikalismus, weltanschaulichem Antrieb und einer spezifischen Form der Vernunft" geschildert wird, Michael Wildts Dokumentation über die zuvor weithin unterschätzte Bedeutung der SD-„Judenpolitik"[33], ein von Gerhard Paul und Klaus-Michael Mallmann edierter Sammelband über die Gestapo[34] und die Arbeiten von Ulrich Brochhagen und Norbert Frei[35] über die Behandlung der NS-Kriegsverbrechen durch die Alliierten und in der frühen Bundesrepublik. Zum Nachleben der NS-Elite in der Nachkriegsrepublik lag allerdings schon seit 1967 eine voluminöse zweibändige Untersuchung des amerikanischen Historikers Kurt P. Tauber vor, die bezeichnenderweise bis heute nicht ins Deutsche übersetzt wurde und wohl auch nur wenigen Fachhistorikern überhaupt bekannt war.[36]

Im Gefolge der ausgedehnten Debatte um Daniel Goldhagens Studie „Hitlers willige Vollstrecker" hat Ulrich Raulff in der „Frankfurter Allgemeinen Zeitung" festgestellt, daß sich unter deutschen Akademikern verdächtig mache, „wer gut schreibt", und daß in der Geschichtswissenschaft nach wie vor „der Zerkleinerer von Argumenten, der Kärrner von Materialbergen gepriesen" werde, während derjenige, „der die Synthese unternimmt, den spekulativen Gedanken wagt, argwöhnisch beäugt" und am Weiterkommen behindert werde.[37]

Das mag im Grundsatz und für einige Sektoren der akademischen Zeitgeschichtsforschung sicher stimmen. Für unser Thema und die Geschichte der NS-Herrschaft ist dies allerdings die falsche Dichotomie. Für eine zureichende Analyse von SS und SD geht es tatsächlich zunächst einmal ganz profan um das Sichten von Material, das Erschließen neuer Quellen und vor allem die Rekonstruktion von Mentalitäten und Biographien. Gerade diese Arbeiten sind in der Bundesrepublik aus den naheliegenden Gründen lange verhindert und überhaupt nicht gefördert worden, während an Großtheorien und steiler Zusammenschau nun wahrlich kein Mangel herrscht. Zudem ist aus der Wissenschaftsforschung bekannt, daß sich der diskussionsfördernde „spekulative Gedanke" nur in seltenen Fällen auf reine Neugier, Wissensdurst und Bekennermut gründet, sondern mindestens ebenso sehr aus dem Verlangen nach akademischer Unterscheidung und Profilierung entsteht. Dies soll gar nicht beklagt werden – schließlich können sich wissenschaftliche Systeme nur durch Wettbewerb, Konkurrenz und Distinktion weiter entwickeln. Aber die akademischen

Abgrenzungs- und Definitionsrituale wirken gerade im Zusammenhang mit dem Holocaust, den Massenexekutionen und dem Leid der Opfer peinlich und unangemessen, und allzu häufig entfernt sich die Interpretation aus binnenakademischen Gründen von originären Recherche-Ergebnissen.

Als im Mai 1984 in Stuttgart führende Zeithistoriker über das Thema „Der Mord an den europäischen Juden im Zweiten Weltkrieg – Entschlußbildung und Verwirklichung" debattierten und es über weite Strecken einmal mehr um den Zwist von „Hitleristen" und „Strukturalisten" ging, bat Saul Friedländer am Schluß des Kongresses noch einmal um das Wort, um sein Unbehagen über solche Positionierungsmuster zu äußern: „Die Debatte war wissenschaftlich, weil wir wissenschaftlich sein müssen. Aber es war eine Debatte über Massenmord, über die Technik und die Entschlußbildung eines Massenmordes. Das ist etwas surrealistisch, und ich selbst fühle mich auch nicht sehr wohl dabei. Wie könnte ich auch? Wir präsentieren verschiedene abstrakte Theorien über Massenmord. Man kann eine Stunde darüber sprechen oder zwei Stunden. Aber sich zwei oder drei Tage mit der Mechanik eines Massenmordes zu beschäftigen, das ist ein Problem. Wenn wir zum Beispiel ein Kolloquium über jüdischen Widerstand hätten, wäre das ein normales Thema, weil es von etwas Menschlichem handelte. Aber abstrakt über Massenmord zu sprechen, das muß bei jedem hier eine tiefe emotionale Distanz wecken und hat es wahrscheinlich auch getan".[38]

Das in Deutschland von der „Zeit" ausgelöste Medienritual um Daniel Goldhagens bereits erwähntes Werk, ein grotesker Fall von *shoa business und history marketing*[39], ist ein besonders prägnantes Beispiel für einen akademischen *Deutungskrieg*. Goldhagen betont zu Recht, daß dem *Spektrum* der Täter, ihren Beweggründen und Intentionen, in der bisherigen Forschung über den Holocaust zu wenig Beachtung geschenkt wurde. Er selbst möchte nun zu „einem neuen Verständnis zentraler Aspekte des Holocaust"[40] beitragen, indem er sich mit bislang vernachlässigten Tätergruppen, wie den Angehörigen der Polizeibataillone, beschäftigt. Dabei kommt Goldhagen zu dem Schluß, daß die Mordexzesse nicht primär durch Gruppendruck, situative Muster oder Befehlsstrukturen zu erklären sind, sondern durch die Ideologie des „eliminatorischen Antisemitismus", von dem die gesamte deutsche Gesellschaft lange vor dem Beginn der NS-Herrschaft infiziert worden sei.

Verblüffenderweise stellt man bei der Lektüre von „Hitlers willige Vollstrecker" fest, daß sich Goldhagen mit konkreten Täterbiographien gar nicht beschäftigt – aufgrund der schwierigen Quellenlage, wie er selbst betont. Die Polizeibataillone erscheinen als abstrakte Terrormaschinerien, von denen wir wenig mehr – von der Aufzählung der Grausamkeiten abgesehen – erfahren, als daß sie keine genuin nationalsozialistischen Institutionen waren und daher als weitgehend repräsentativ für die deutsche Gesellschaft und deren Disposition zur Judenvernichtung gelten müssen.

Bekanntlich hat 1992 Christopher Browning eine Studie über das in Polen marodierende Reserve-Polizeibataillon 101 publiziert – zu einem Zeitpunkt, als Goldhagen bereits seit längerem an seiner Dissertation arbeitete, aus der schließlich „Hitlers willige Vollstrecker" hervorging. Goldhagen hat nun einen ausgedehnten Fußnotenkrieg gegen Browning geführt, dem er vorhielt, die Quellen in der Ludwigsburger Zentralstelle nur oberflächlich oder falsch interpretiert zu haben.[41]

Ansonsten besteht Goldhagens Monographie aus einer soliden und ganz brauchbaren Zusammenfassung der Forschungslage, soweit sie die (durchaus diskutable) These vom „eliminatorischen Antisemitismus" als gesellschaftlichem Projekt stützt, sehr redundanten Exklamationen seiner erkenntnisleitenden Thesen und steten, fast spirituellen Hinweisen auf *das einzige Motiv*, den einen wirklichen Erkenntnisschlüssel zum Verständnis des Genozids, über den die konkurrierenden Holocaustforscher bislang nicht verfügten. „Wenn es eine einzige Tatsache gäbe", heißt es in einer Fußnote, „und zwar eine, die das gemeinsame Motiv erkennen und sich auf die meisten der zu untersuchenden Phänomene anwenden ließe, dann wäre dies jedem mühsam zusammengebauten Erklärungsmosaik vorzuziehen."[42]

Und im Rahmen dieser Thesenbildung erklärt Goldhagen mit großer Schlichtheit: „Dieses Buch stellt nicht die Deutschen in den Mittelpunkt der Betrachtung, die in den Vernichtungslagern arbeiteten, auch nicht die ‚Schreibtischtäter' oder jene, die die Kategorie der Täter nur am Rande berühren. Die folgende Untersuchung wird deutlich machen, daß solche Menschen trotz ihrer enormen historischen Bedeutung für die Forschung nicht von brennendem Interesse sind".[43]

In solchen Abgrenzungsmustern wird die Geschichte des staatsterroristischen Massenmords, die Geschichte der Täter und Opfer, zum Beutegut des Historikers, der sich im akademischen Gefüge seinen Platz sucht, und nähert sich damit strukturell dem Wettbewerb der „Gegnerforscher" an, der in dieser Untersuchung geschildert werden soll.

In der vorliegenden Arbeit wird die Karriere des Franz Alfred Six aus den weit verstreut liegenden Quellen und Zeitzeugenaussagen rekonstruiert. Darüber hinaus beschäftige ich mich mit den Biographien derjenigen, die Six förderten, und derjenigen, die von Six für die akademische und operative Gegnerforschung herangebildet wurden. Six begriff sich selbst als nationalsozialistischen Aktivisten *und* als Wissenschaftler. Daher berührt diese Studie auch die Genese einer Fachdisziplin, die heute an Universitäten unter den Bezeichnungen Journalistik, Publizistik- und Kommunikationswissenschaft firmiert. Six gehörte zu den SA-Studenten, die am vergleichsweise gut ausgestatteten Institut für Zeitungswesen an der Heidelberger Universität erfolgreich für eine nationalsozialistische Hochschulrevolution fochten und damit, ohne es zu ahnen, dafür sorgten, daß man dort heute – trotz der beachtlichen Heidelberger Tradition der Journalismus- und Presseforschung – Journalistik oder Publizistik- und Kommunikationswissenschaft nicht mehr studieren kann. Spätestens seit seiner Promotion im Jahr 1934 galt Six als Experte für Presse- und Propagandafragen, und diesem Ruf, auf welchem mäßigen intellektuellen Fundament er auch beruhen mochte, verdankt sich auch seine Karriere in der SD-Hochschulpolitik. Es wird zu zeigen sein, daß seine bundesdeutsche Laufbahn als „Verlagskaufmann" und Marketingspezialist an das zeitungskundliche Lernfeld der „Revolutionsjahre" und die Systematik der SD-Presseabteilung erstaunlich bruchlos anschließen konnte.

Nach der Röhm-Aktion 1934 wechselte Six von der SA zu Heydrichs SD. Er gehört damit zu den prägenden Figuren in einer Phase der SD-Geschichte, in der personelle Konsolidierung, Verfeinerung der Arbeitsorganisation und zunehmendes Elitebewußtsein einhergingen mit großer Unsicherheit über die Zielperspektive und die staatlich-institutionelle Verankerung der Parteiformation „Sicherheitsdienst". Das Nebeneinander von Elitebewußtsein und institutioneller Unsicherheit förderte die von Heydrich gewünschte Radikalisierung der SD-Arbeit und trug wesentlich dazu bei, daß sich der SD neue Arbeitsfelder eroberte, vor allem in der operativen Auslandsarbeit, bis hin zu den Exzessen des Massenmordes in der Sowjetunion. Dagegen sank der Wert der halbwissenschaftlichen „Gegnerforschung", zumal die Zahl der relevanten „Gegner" im Inland ständig abnahm und man die wesentlichen weltanschaulichen Gegnerströmungen letztlich auch identifiziert und zur Genüge beschrieben hatte. Dieser Bedeutungsverlust einer spezifischen SD-Forschungsarbeit läßt sich an der Biographie Six' und an der Konstruktion des „Reichssicherheitshauptamtes" im Jahr 1939 präzise nachweisen.

Schließlich gilt Six als „SS-Intellektueller", und damit stellt sich für diese Untersuchung die Frage nach den Erscheinungsformen und Bedingungen einer *affirmativen Intellektualität* in einem totalitären politischen System. Generell galt der „Intellektuelle" den NS-Führungsschichten als wurzellose, schwankende, per se „jüdische" Existenz, die den Reichsaufbau und den völkischen Kitt durch unnützes Reflexionshandeln zu zersetzen suchte. „Wenn ich die intellektuellen Schichten bei uns ansehe, leider, man braucht sie ja", so proklamierte Hitler im November 1938 in einer Rede vor 400 Verlegern und Journalisten, „sonst könnte man sie eines Tages ja, ich weiß nicht, ausrotten oder so was".[44]

Goebbels wandte sich in zahlreichen Reden und Artikeln – mit steigender Intensität dann im Krieg – gegen jeden „Intellektualismus", der durch „ein zu starkes Inerscheinungtreten der Kräfte des reinen Intellekts gegenüber den Kräften des Charakters"[45] gekennzeichnet sei. Der ohne Verbindung zum völkischen Ganzen frei räsonierende Intellektuelle galt als Nörgler und „gewerbsmäßiger Neinsager" (Goebbels).[46] Andererseits wollten die NS-Führer – und dafür steht die Biographie Goebbels' an erster Stelle – nicht darauf verzichten, klassisch intellektuelle Techniken (Rhetorik, Publizistik) zu verwenden und sich mit den Insignien intellektueller Herrschaft zu schmücken. „Wie Stalin, hielt auch Hitler wenig von den Intellektuellen", hat Alan Bullock[47] beobachtet, „legte aber zugleich großen Wert darauf, sich selbst als intellektuelle Autorität zu profilieren".

An den Universitäten wurden zwar die intellektuellen Gegner des NS-Regimes ausgeschaltet, die akademischen Rituale jedoch – entgegen den ersten radikalen Ankündigungen von NS-Wissenschaftsideologen – weiter tradiert. Gesucht wurde also der Typus des fachlich qualifizierten Nationalsozialisten[48], der sich vorbehaltlos zu Führerstaat und völkischer Neugliederung bekannte – ein intelligenter Jasager, der die Binnenmoral der SS akzeptierte.

Der SD, der diesen affirmativen Typus für sich zu gewinnen suchte, begriff sich aber zugleich als systemstabilisierende Wächter- und Analyseinstitution und konnte daher auf traditionelle Formen des kritischen Räsonnements nicht völlig verzichten. Mit der Akquise jüngerer Gefolgsleute an den Universitäten und der Verbindung zu renommierten akademischen „Fachleuten" grenzte sich der SD gegenüber plebejischen Traditionen der NS-Kampfzeit ab. Zugleich stand der Sicherheitsdienst damit in der latenten Gefahr, selbst als intellektuelle, überhebliche und volksfremde Fraktion denunziert zu werden. Als Dekan der Auslandswissenschaftlichen Fakultät, in der Kulturpolitischen Abteilung des Auswärtigen Amtes und anhand seiner eigenen Gesamtbiographie erfuhr Six zusehends die Widersprüche und Ambivalenzen zwischen intellektueller Reflexion, affirmativer Intelligenz und Systemtotalität, ohne daß diese Erfahrung über subjektives Unbehagen hinaus zu irgendeiner Form oppositionellen Handelns geführt hätte. Der NS-Staat und der völkische Kanon blieben Lebensinhalt und geschlossener Bezugsrahmen seines Denkens: „Gesandter Six, genau wie ich", erläuterte seine Chefsekretärin Gerda Scholz den US-Vernehmern im November 1945, „hat an die NSDAP wie an das Evangelium geglaubt".[49]

Die Affinität der Geheimdienste zum „campus", zur akademischen Welt, ist kein nationalsozialistisches Spezifikum.[50] Auch die „Gegnerforschung" ist, über den reinen Begriff hinaus, Grundmuster jeder geheimdienstlichen Arbeit. In den parlamentarischen Demokratien wird eine „freiheitlich-demokratische Grundordnung" definiert, die von Geheimdiensten gegen mögliche Gegner dieser Ordnung zu schützen ist.

Die operativen Arbeiten setzen dabei immer eine Erforschung und Definition des Gegners voraus. In totalitären Staaten mit starker Orientierung auf einzelne Führerfiguren nimmt die Gegnerforschung fast immer paranoide Züge an: Eine radikale Weltanschauung mit messianischen Elementen evoziert per se eine Vielzahl von Gegnergruppen; überdies gilt es, interne Fraktionierungen zu beobachten oder auch aktiv zu definieren, um die Verfolgung vormaliger Gesinnungsfreunde einzuleiten, die aus verschiedenen Gründen in Mißkredit geraten sind und denen unterstellt wird, die reine Lehre zu unterminieren. Im Fall des SD kommt hinzu, daß seine hauptamtlichen Mitarbeiter zugleich SS-Führer waren und damit zumindest formal der germanozentrischen und okkulten Lehre des schwarzen Ordens unterstanden. Da sich das nationalsozialistische Reich von Juden, Freimaurern, Plutokraten, Monarchisten, Emigranten und politischen Kirchen umzingelt und bedroht sah, bearbeitete die Gegnerforschung im NS-Staat ein prinzipiell entgrenztes Feld.

Gegnerforschung bestand zum einen aus Kartei- und Aktenarbeit (auf eine Ordnungslehre der Aktenführung wurde im SD viel Mühe verwandt), zum anderen verstand sie sich als kulturwissenschaftlich-historische Hybriddisziplin, mit deren Hilfe der Gegner „im Innersten" erkannt, rational definiert und schließlich vernichtet werden sollte. Indem sie sich als Hilfswissenschaften einer allgemeinen Gegnerforschung unterordneten, suchten die einzelnen Teildisziplinen ihre Existenzberechtigung im Führerstaat nachzuweisen. Der Soziologe Andreas Pfenning, Dozent am Institut für Sozial- und Staatswissenschaften der Heidelberger Universität, schrieb in diesem Sinne 1939 in dem zeitweise von Six redigierten Organ „Volk im Werden": „In einer stark differenzierten Gesellschaft, wie es die moderne ist, kann eine Gesamtordnung unter einheitlicher Führung auf die Dauer nur aufrechterhalten werden, wenn diese Führung über ein durchgebildetes Sicherheitsinstrument verfügt, das von den ökonomischen und ideologischen Teilgruppen des Ganzen vollkommen unabhängig ist. Die Staatssicherheit nach innen ist nun ohne tiefe Kenntnis und Beachtung der soziologischen Faktoren nur um den Preis einer brutalen Gewaltmethode zu bewahren – und eben das nur bis zur nächsten Revolution! Die politische Einsicht und Intelligenz hingegen erfordert geradezu Sicherheitsorgane, welche mit den gegebenen soziologischen Faktoren zu rechnen wissen. Eine Sicherheitssoziologie oder Polizeisoziologie wird für eine moderne Gesamtordnung zur unabwendbaren Notwendigkeit".[51]

In ähnlicher Manier boten Historiker, Psychologen, Volkskundler, Germanisten, Bevölkerungswissenschaftler, Statistiker, Sprachforscher und nicht zuletzt die Zeitungswissenschaftler den NS-Behörden ihre kulturwissenschaftlichen Beratungsdienste an – sofern sie sich nicht ohnehin, wie Six, als NS-Generalisten mit fachlicher Spezialqualifikation verstanden. Den SD-Hochschulpolitikern Höhn und Six ging es freilich darüber hinaus um neue supradisziplinäre Einheiten, die auf aktuelle politische und sicherheitsdienstliche Erfordernisse zugeschnitten waren – Höhns „Staatsforschung" und Six' „Auslandswissenschaft" stehen für solche Konstruktionen. Inhaltliche Entgrenzung und außerordentliche operative Kompetenzen entwickelten sich dabei parallel. Beim SD-Einsatz in Österreich wurde die gesammelte „Gegnerforschung" praktisch umgesetzt – ins Extrem getrieben bei Heydrichs Auftrag an Six, den alten, berühmten Soziologen Spann liquidieren zu lassen, weil dessen Ständestaatslehren zu Fraktionierungen im NS-Spektrum geführt hatten.

Six hatte sich für Heydrich als so unentbehrlich erwiesen, daß der SD-Chef ihm im Zusammenhang mit der Besetzung Österreichs eine weitere sicherheitsdienstliche Aufgabe übertrug, über deren Vorgeschichte bislang nur wenig bekannt geworden ist. Die Tätigkeit der „Historischen Kommission des Reichsführers SS" ist sowohl für den konkreten Organisationszusammenhang der SD-„Gegnerforschung" als auch für die Position des Projektmanagers Six bedeutsam.

Es begann am 25. April 1938 mit einer im Stil typischen Anordnung Himmlers an Heydrich:

„1.) Ich ersuche Sie um den Vorschlag eines höheren SS-Führers aus Ihrem Dienstbereich, der von mir beauftragt wird, zusammen mit einem Vertreter des SS-Gerichtes und einem Vertreter des SS-Hauptamtes eine Kommission zu bilden, deren Vorsitz in Händen des Führers des Sicherheitsdienstes liegen soll. Diese Kommission erhält von mir den Auftrag, in aller Ruhe die Begebenheiten der unglücklichen Erhebung des 25. Juli 1934 in Österreich festzustellen, durch Zeugenaussagen zu belegen und Schuldige, sowohl auf nationalsozialistischer wie auf gegnerischer Seite, nach ernster Prüfung zu benennen.
2.) Die Kommission soll folgende Bezeichnung tragen: Kommission zur geschichtlichen Feststellung der Begebenheiten der Erhebung des 25. Juli 1934 in Österreich".[52]

Die von Himmler erwähnte „unglückliche Erhebung des 25. Juli 1934" war beim Reichsführer als traumatisches Erlebnis haftengeblieben. Damals hatte, beseelt von den Erfolgen der Röhm-Aktion in Deutschland, die in Österreich illegale SS-Standarte 89 unter dem Sturmbannführer Fridolin Glass einen Staatsstreich in Wien inszeniert – unterstützt von der in München residierenden Landesleitung der österreichischen NSDAP und wohl auch mit dem Einverständnis der Reichsführung SS. Bei der Besetzung des Wiener Bundeskanzleramtes – die SS-Truppe hatte sich mit Uniformen des Deutschmeister-Regiments soldatisch maskiert – war der klerikal-konservative österreichische Kanzler Dr. Engelbert Dollfuß von dem SS-Mann Otto Planetta tödlich verwundet worden. Während Dollfuß, der im Sommer 1933 die NSDAP in Österreich hatte verbieten lassen, langsam verblutete, war es zwischen dem verwirrten Kanzler und den Putschisten noch zu skurrilen Dialogen gekommen. „Bringt mir einen Priester und einen Arzt", so bat der todgeweihte Dollfuß nach Aussagen des SS-Aufrührers Steastny, „und sorgt dafür, daß für meine Frau und meine Kinder Mussolini sorgt". Damit kam Dollfuß bei den SS-Männern schlecht an. SS-Zeuge Steastny: „Darauf antworteten einige von uns, daß er keinen Priester mehr brauche ... Andere riefen, daß es eine Schweinerei sei, daß er gerade jetzt an Mussolini denke. Der habe von Deutschland noch nie etwas wissen wollen, was auch der Führerbesuch ganz deutlich zeigte. Dieser sei eine große Blamage für den Führer gewesen. Dollfuß erklärte hierauf: ‚Kinder, das versteht ihr nicht, ich habe es von jeher mit Euch gut gemeint und für Euch gesorgt'. Daraufhin riefen wir alle durcheinander, daß wir das schon kennen, wir seien schon seit Jahren arbeitslos und ausgesteuert, andere sitzen im Anhaltelager, wieder andere hätten Selbstmord aus Not begangen.

Dollfuß solle doch nicht so blöde Sachen behaupten. Planetta sagte auch, daß er schon lange arbeitslos sei und daß das die Schuld von Dollfuß sei."[53]

Die österreichische SA, eigentlich bei dem Putschplan als Kombattant vorgesehen, unterstützte die SS bei dem eher dilettantisch vorbereiteten Unternehmen kaum, und noch am Nachmittag des 25. Juli brach der NS-Aufstand zusammen. Otto Planetta und sechs weitere Aufrührer wurden hingerichtet, die anderen erhielten Kerkerstrafen. Nach der Aktion war in SS-Kreisen viel darüber spekuliert worden, wer die „Erhebung" verraten haben könnte und welche SA-Führer die Zusammenarbeit verweigert hatten. Nun, nach der Eroberung der „Ostmark", wollte Himmler, zunächst im Einklang mit Hitler, die Ereignisse aus SS-Sicht rekonstruieren lassen und die Verantwortlichen aus der „Systemzeit" zur Rechenschaft ziehen. Dabei ging es besonders Heydrich darum, dem Berliner SD-Hauptamt bei der weiteren sicherheitspolitischen Entwicklung in Österreich eine gewichtige Rolle zu verschaffen und im laufenden Kompetenzgerangel um die Neuordnung der ostmärkischen Verhältnisse angemessen berücksichtigt zu werden. Hitler war von dem „Heim-Ins-Reich"-Taumel seiner einstigen Landsleute einigermaßen überrascht worden – er verfügte über kein im einzelnen definiertes Konzept für den Anschluß.[54] So fochten „Reichskommissar" Josef Bürckel, der „Reichsstatthalter" Arthur Seiss-Inquart, Wilhelm Keppler als Görings „Reichsbeauftragter für Österreich", auf der Ebene der Sicherheitspolizei Ernst Kaltenbrunner als österreichischer „Staatssekretär für das Sicherheitswesen" und Sipo-Führer wie Franz Walther Stahlecker, Franz Josef Huber, Friedrich Polte und Erich Naumann, zum Teil noch im Nebeneinander mit österreichischen Alt- und Restinstanzen, um Terrain und Einfluß.

Anfang Mai 1938 suchte Heydrich im SD-Hauptamt hektisch nach einem geeigneten Führer für die historische Österreich-Kommission. Am 2. Mai erfuhr Six von Heydrich, daß der „Führer" entschieden habe, einen Prozeß gegen Schuschnigg zu führen. Dafür werde Hitler einen „außerordentlichen Staatsgerichtshof" bestimmen, der das Verfahren und – das Ergebnis stand bereits fest – die „Verurteilung Schuschniggs nach österreichischen Gesetzen" vorzunehmen habe. Nach der Aburteilung des Ex-Kanzlers sollten „alle wichtigen politisch belasteten Personen und Führer des christlichen Ständestaates auf Grund dieser Verurteilung ebenso vor ein solches Gericht gestellt und verurteilt werden". Die neue Österreich-Kommission sollte laut Heydrich folgendes untersuchen:

„a.) das Verschulden der Regierung und der ordentlichen Gerichte am Tod der hingerichteten (SS-)Männer;

b.) zugleich ist zu klären: Personenkreis des Juli 1934, welche Fehler begangen wurden usw."[55]

Six beauftragte seinerseits den gelernten Juristen SS-Oberscharführer Hellmuth Patzschke („Geheim Persönlich!") aus dem neuen Österreich-Referat II 225, „durch selbständige Verbindung mit den einzelnen Abteilungen und durch Verbindung mit SS-Obersturmführer Polte, Wien, die erforderlichen Unterlagen zu beschaffen und gegebenenfalls Vorschläge zu machen".[56]

Mitte Mai meldete Patzschke, daß Reichsstatthalter Seiss-Inquart in dieser Angelegenheit ebenfalls aktiv geworden sei und Vertreter des Justizministeriums geäußert hätten, „daß die Durchführung der Untersuchung des Planetta-Urteils nach der Verreichlichung der Justiz allein die Aufgabe der Justiz" sei. Es bestehe die dringende Gefahr, daß die Justiz bei der Behandlung „dieser Angelegenheiten politische Notwendigkeiten zu wenig berücksichtigt und formale Gesichtspunkte in unnötiger Weise voranstellt", mahnte Patzschke.[57] Die vom Reichsführer SS befohlene Kommission müsse jetzt also unverzüglich zusammentreten, um vor allem das beim SD-Oberabschnitt Österreich lagernde Aktenmaterial über den Juli-Putsch vor dem Zugriff konkurrierender Stellen zu sichern.

Derweil hatten sich in der Berliner SD-Zentrale die entscheidenden SD-Führer gegenseitig die Verantwortung für die offenbar wenig begehrte Kommissionsleitung zugeschoben. Stabsführer Wilhelm Albert brachte den von Heydrich kaltgestellten SS-Standartenführer Herbert Mehlhorn ins Gespräch, der sich seit geraumer Zeit auf ausgedehnter Recherchetour durch Asien und Amerika befand. Albert wies darauf hin, „daß mit Rücksicht auf die allgemein bekannte Tatsache des Mangels an brauchbaren Kräften die Überlegungen nach nunmehr bald einjähriger Abwesenheit des SS-Standartenführers Mehlhorn dahingehend angestellt werden dürfen, ob nun eine weitere Ausschaltung einer brauchbaren Kraft als tragbar angesehen werden" könne.

Six bekam am 23. Mai von Heydrich zu hören, die Konstituierung der Kommission solle „sofort vorgenommen werden", bat aber seinerseits darum, „von seiner Ernennung wegen Arbeitsüberlastung" abzusehen. Einen Tag später gab Heydrich Weisung, Stabsführer Albert die sofortige Aufstellung der Kommission zu übertragen, weil „SS-Obersturmbannführer Dr. Six durch die Auswertungsarbeiten Österreich schon mit Sonderarbeiten in Anspruch genommen" sei, wie Six selbst in einer Aktennotiz festhielt. Heydrichs Stellvertreter Werner Best schlug überdies noch seinen Freund Professor Reinhard Höhn als Kommissionschef vor, „der aufgrund seiner juristischen Kenntnisse und zugleich seiner SD-mäßigen Erfahrungen geeignet sei, eine solche Aufgabe zu erledigen". Nachdem sich in Wien mittlerweile eine weitere Kommission unter Vorsitz des dortigen Polizeipräsidenten, SS-Standartenführer Dr. Steinhäusl, gebildet hatte, die sich gleichfalls anschickte, die „kriminellen Vergehen der Männer des vergangenen Systems" festzustellen, dekretierte Heydrich am 27. Mai:

„1.) Als Leiter der Untersuchungskommission wird SS-Gruppenführer Koppe bestimmt.

2.) Der Geschäftsführer für den Arbeitsablauf ist SS-Obersturmbannführer Dr. Six.

3.) Die Bearbeitung der Vorgänge übernimmt SS-Standartenführer Steinhäusl, Wien, mit seinen engeren bereits bestimmten Mitarbeitern.

4.) Die Obengenannten sollen möglichst umgehend zu einer Besprechung in Berlin zusammengezogen werden, die bei C. stattfinden wird."

Der Gruppenführer Wilhelm Koppe, Jahrgang 1896 und gelernter Kaufmann, war zu jenem Zeitpunkt Chef der Stapo-Leitstelle Dresden und für den Vorsitz der Österreich-Kommission weder fachlich noch institutionell qualifiziert – wenn man einmal davon absieht, daß er als SS-Hardliner galt, der später dann auch als Höherer SS- und Polizeiführer Warthegau für die Errichtung des Vernichtungslagers Chelmno (Kulmhof) verantwortlich zeichnete.[58] Die eigentliche Koordinierung der Kommissionsarbeit lag also wieder bei dem „Geschäftsführer" Six. Nach der avisierten Gesamtbesprechung – Six war auf Dienstreise und konnte nicht teilnehmen –, hielt Obersturmführer Wilhelm Spengler im Protokoll fest, warum „C" (Heydrichs Kürzel nach Secret-Service-Vorbild) auf Six nicht verzichten wollte: „(Six) habe die Liquidation der geistigen Gegner in Österreich durchgeführt und kenne die Verhältnisse. Abgesehen von allem Juristischen käme es darauf an, ein objektives Geschichtsbild über die Gesamtvorgänge zu gewinnen. Die Erarbeitung dieses Geschichtsbildes sei Aufgabe von SS-Obersturmbannführer Dr. Six. Es käme C. auf eine straffe Geschäftsführung an".

Unter der Geschäftsführung von Six nahm ein „Arbeitskommando" der Österreich-Kommission im Wiener Hotel „Metropol", dem Sitz der dortigen Stapoleitstelle, die Arbeit auf. Oberscharführer

Patzschke übernahm die juristische Seite der Untersuchung, für die „geschichtliche Bearbeitung" wurde Oberscharführer Dr. Rossberg, ein Freimaurer-Forscher aus Six' SD-Bereich, abkommandiert. Später wurde noch ein halbes Dutzend jüngerer SD-Leute für das Wiener Kommando dienstverpflichtet. Assessor Patzschke ging mit gewohnter Gründlichkeit vor: „Es ist eine Kartei eingerichtet worden, die Nationalsozialisten und Gegner scheidet und durch Karteireiter besonders hervorhebt: 1. die zu vernehmenden, 2. die zu verhaftenden und 3. die in Haft befindlichen Personen. Außerdem werden Einzelkarteien über bestimmte Einzelvorgänge (z. B. ‚25. Juli 1934 Bundeskanzleramt') angelegt. ... In den nächsten Tagen soll festgestellt werden, welche Gegner, die sich in den Verfahren gegen Teilnehmer der Erhebung vom 25. Juli 1934 besonders hervortaten, noch nicht in Haft sind".

Am 4. Juli 1938 kam Six mit Koppe nach Wien und gab neue „Richtlinien für die künftige Arbeit". Er machte Gliederungsvorschläge für den historischen Gesamtbericht und kündigte die Entsendung eines neuen SD-Mitarbeiters an, der „die Entwicklungslinien des Schuschniggsystems" analysieren sollte, „um zu den Ereignissen des 12. März 1938 hinzuführen". Zwar kam es im Verlauf der Kommissionsarbeit nicht, wie ursprünglich vorgesehen, zu einer Exhumierung oder „Durchröntgung" der Leiche Dollfuß oder zu einem Schauprozeß gegen Schuschnigg (Hitler hatte inzwischen andere außenpolitische Prioritäten), aber die Akten- und Verhörarbeit der Kommission gab doch zahlreiche operative Anregungen für die „Gegnerarbeit" in Österreich. Am 25. Januar 1939 gab Six schließlich fernschriftlich die Auflösung des Arbeitskommandos Wien bekannt; SS-Unterstumführer Patzschke solle am 1. Februar zum Dienstantritt beim Geheimen Staatspolizeiamt (Gestapa) nach Berlin zurückkehren.

Der Vorgang zeigt, daß Six eher gegen seine Intention mit einer zusätzlichen Aufgabe betraut worden war, weil er im stark selbstbezüglichen SD-System als kulturwissenschaftlicher Experte *und* effizienter Projektorganisator galt – und Heydrich gerade wegen dieser seltenen Kombination auf unbedingte Verfügbarkeit drang.

Für die Untersuchung des Juli-Putsches wurden keine NS-Universitätshistoriker oder etwa Walter Franks „Reichsinstitut für die Geschichte des neuen Deutschland"[59] herangezogen; für Himmler und Heydrich garantierte nur der innere Kern des SD die Verbindung von fachlicher Binnenrationalität und radikaler Durchsetzungskraft im Wettbewerb mit anderen NS- und Staatsinstitutionen. Six und sein Mitarbeiterstab sollten für Heydrich den personellen Einfluß des SD im neu eroberten Territorium Österreich sichern – und diese Arbeit zog sich en detail bis in den Herbst 1939 hin.

Am 22. August 1939 notierte Six' Stabsführer Albert Rapp[60] von der Abteilung II 2 („Geheime Reichssache. 5 Ausfertigungen!"), der Reichsführer SS habe kürzlich dem SS-Gruppenführer Heydrich mitgeteilt, daß er die „geplante Einsetzung des früheren Ministers von Glaise-Horstenau zum Präsidenten der sämtlichen deutschen Archive für sehr gut halte".[61]

Heydrich hatte freilich schon am 10. Mai 1939 an Innenstaatssekretär Stuckart geschrieben, daß „er eine derartige Ernennung für äußerst unzweckmäßig halte". Six hatte Heydrich zuvor einen „umfassenden Bericht über die Person von Glaise-Horstenaus" geliefert. Dieser Report, so Rapp, enthalte „Material darüber, daß Glaise-Horstenau mit Seipel und Kienböck in Beziehung gestanden hat, daß er Mitglied der Leo-Gesellschaft gewesen war, außerdem Mitarbeiter des volksdeutschen Arbeitskreises österreichischer Katholiken, daß er ferner der Vereinigung österreichischer Edelleute angehörte und Obmann der Vereinigung katholischer Akademiker war. Weiter war festgestellt, daß v. Gl.-H. enger Duzfreund des Legitimistenführers von Werkmann war, sich mit führenden Legitimisten wegen der Verleihung einer Uniform an Otto von Habsburg besprochen hat und für den Fall einer Machtübernahme Otto von Habsburgs, in einer im Auftrage Ottos hergestellten Personalliste, als Direktor des ‚Haus-, Hof- und Staatsarchivs' sowie als Direktor der Hofbibliothek vorgeschlagen war". Daraus folgte die dringende Empfehlung der Six-Abteilung: „Zum Zwecke der Schaffung einer einheitlichen Stellungnahme der SS wird vorgeschlagen, daß der Gruppenführer RFSS über seine Einstellung zu v. Gl.-H. unterrichtet."

Es sollte sich indes ganz allgemein erweisen, daß der SD für die Konstruktion eines „wissenschaftlichen Nationalsozialismus", gepaart mit hoher Vernichtungs- und Säuberungsenergie, personell wie organisatorisch nur unzureichend ausgestattet war. Ein NS-Studentenrevolutionär wie Six war als Führungsfigur im SD so lange tragbar, wie er formale Qualifikation und akademische Organisationskompetenz mit dem Radikalisierungsdruck eines totalitären Geheimdienstes synchronisieren konnte. Dies verlangte auf Dauer nicht nur den Glauben an Führerstaat und völkische Sendung, sondern Opportunismus und Geschick im Intrigenspiel. Von seinen frühen Studentenjahren an lagen aber Franz Alfred Six diese Eigenschaften fern.

III.
„Als gäb' es nichts Gemeines auf der Welt"

Die Studentenzeit des Gegnerforschers: Heidelberg 1930–1934

Aus dem nahegelegenen Mannheim begab sich der 20jährige Franz Alfred Six im April 1930 nach Heidelberg und schrieb sich an der dortigen Universität für Sozial- und Staatswissenschaften, Neuere Geschichte und Zeitungswissenschaft ein. Welchen dieser Disziplinen er sich an der Ruperto Carola in den folgenden acht Semestern mit besonderem *fachlichen* Interesse zuwandte, ist nicht belegt. Er scheint auch juristische Vorlesungen bei Walter Jellinek[1] gehört zu haben (der dann zu seinen Prüfern im Rigorosum gehörte), und seine *Präsenz* in den Instituten für Sozial- und Staatswissenschaften und Zeitungswesen lag schon deshalb über dem Durchschnitt, weil er dort nach wenigen Semestern der tastenden Gewöhnung zu den Häuptern des studentenpolitischen Kampfes gegen stigmatisierte Vertreter des Weimarer „Systems" gehörte.

Den Studienort des späteren Gegnerforschers haben Dichter und Schriftsteller über Generationen hinweg mit monotoner Herzlichkeit geschildert; „Heidelberg ist selbst eine prächtige Romantik", schrieb Joseph von Eichendorff 1857, „da umschlingt der Frühling Haus und Hof und alles Gewöhnliche mit Reben und Blumen, und erzählen Burgen und Wälder ein Wunderbares Märchen der Vorzeit, als gäb' es nichts Gemeines auf der Welt".[2] Die Natur sei dort „wunderschön, die Menschen froh, Tanz und Sang vor allen Türen, es wird uns sehr wohl werden", übermittelte fünfzig Jahre zuvor Clemens Brentano an seine Frau Sophie Brentano-Mereau.[3] Jean Paul erinnerte sich am 18. Juli 1817, als ihm Professor Hegel und Hofrat Creutzer gerade im Namen der Universität „das pergamentene Doktordiplom in einer langen roten Kapsel" überreicht hatten, er habe in Heidelberg „Stunden erlebt, wie ich sie nie unter dem schönsten Himmel meines Lebens gefunden".[4]

Doch der ganze Mythos, die ewigschöne Topographie, die ragende Schloßruine und die romantische Tradition konnten so manches leidende Gemüt auch doppelt depressiv stimmen. „Eine Hoffnungslosigkeit bricht mit elementarer Gewalt über mich herein. Ich hasse dieses sanfte Heidelberg", läßt Joseph Goebbels, der als Germanistikstudent drei Semester in Heidelberg verbrachte und dort bei dem jüdischen Gelehrten Max von Waldberg 1922 promovierte, seinen Dramenhelden „Michael Voormann" mit starker autobiographischer Note sagen.[5]

1934 wählte sich Six ein Goebbels-Zitat als Motto für seine Heidelberger Dissertation. Die Propaganda, so hieß es darin, habe „an sich keine eigene grundsätzliche Methode". Sie kenne nur ein Ziel, wie die Politik überhaupt: „Eroberung der Massen". Jedes Mittel, das diesem Ziel diene, sei gut, und jedes Mittel, das an diesem Ziel vorbeigehe, sei schlecht. Und weiter: „Der Propagandist der Theorie ist vollkommen untauglich, der sich eine geistreiche Methode am Schreibtisch erdenkt und dann am Ende aufs Höchste verwundert und betroffen ist, wenn diese Methode vom Propagandisten der Tat nicht angewandt wird oder, von ihm in Anspruch genommen, nicht zum Ziel führt. Die Methoden der Propaganda entwickeln sich ursprünglich aus dem Tageskampf selbst heraus. Keiner von uns ist zum Propagandisten geboren worden. Wir haben die Mittel und Möglichkeiten einer wirksamen Massenpropaganda aus der täglichen Erfahrung gelernt und sie erst in der immer sich wiederholenden Anwendung zu einem System erhoben".[6]

Dieses Motto der Doktorarbeit war nicht nur eine pflichtschuldige Huldigung an den mächtigen Propagandaminister. Der Doktorand Six fand sich selbst in diesem Zitat wieder. Er sah sich als Prototyp des idealistischen Revolutionärs, der permanent aus dem Tageskampf lernte und die Quellen seiner Reflexion nicht im tradierten akademischen Bücherwissen fand, sondern sein praktizistisches System *by doing* und abseits komplexer geisteswissenschaftlicher Rituale entwickelte.

Den Heidelberger Kontrast zwischen dem polyglotten akademischen „Weltdorf" (Camilla Jellinek) liberaler Tradition und krisenhafter Lebenswirklichkeit wird gerade Six gespürt haben. Ohnehin entwickelte sich die radikale NS-Studentenbewegung in Heidelberg seit dem Ende der 20er Jahre explizit gegen die intellektuelle Auflading, gegen die wohlhabenden akademischen Zirkel, Mandarine und Clans.[7]

„Ich habe mein Studium in Heidelberg vier Jahre lang mit 20 Mark im Monat verbracht – 11 Mark brauchte ich zum Wohnen in einer Mansarde – und damit blieben 9 Mark, das sind 30 Pfennig am Tag, 10 Pfennig für das Mittagessen in der Armenvolksküche, 10 Pfennig für vier Schrippen am Abend und 10 Pfennig für Zigaretten. Und das habe ich vier Jahre lang inmitten einer Heidelberger Studentenromantik erlebt, deren wesentlichste Probleme Stifungsfeste und Kommerse waren", erläuterte er als Angeklagter beim Nürnberger Tribunal gegen die Führer der „Einsatzgruppen" im Krieg gegen die Sowjetunion.[8] Er habe sich die Frage vorgelegt, „ob eine bürgerliche Gesellschaft noch in Ordnung sei, wenn sie so viel Selbstgefälligkeit mit so viel Not vereinbaren konnte". Seine Antwort darauf sei der Beitritt zur NSDAP gewesen. Doch diese Chronologie konnte das amerikanische Juristenkollegium in Nürnberg nicht recht überzeugen.

Denn Franz Alfred Six, der sich zunächst bei den Pfadfindern engagiert hatte, war schon als überzeugter Nationalsozialist nach Heidelberg gekommen. Im November 1929 gehörte er zu den Pionieren des NS-Schülerbundes in Mannheim (der dann drei Jahre später insgesamt in Schirachs Hitlerjugend integriert wurde), und am 1. März 1930 trat er der Mannheimer NSDAP bei, wo er in der kleinen NS-Truppe gleich zum Zellenleiter avancierte – der erste Posten in einer enormen Häufung noch folgender Titel und Ämter.[9]

Daß Six noch in Mannheim die von Harro Schulze-Boysen edierte Zeitschrift „Gegner" vertrieben haben soll (in der sich „kämpferische Menschen aus allen Lagern", von Mahrauns „Jungdo", Strassers „Schwarzer Front" bis hin zu NS- und KPD-Anhängern, einen bunten Dialog zur Überwindung formal-ideologischer Gegensätze lieferten), wie in Hans Coppis Schulze-Boysen-Biographie[10] zu lesen ist, erscheint aus zeitlichen Gründen eher unwahrscheinlich – den „Gegner" gab es erst seit Juni 1931. Für die kaleidoskopisch-antikapitalistische Tendenz des Blattes wird sich Six in Heidelberg aber gewiß interessiert haben.

Wenige Wochen vor der Geburt Franz Alfred Six' im Sommer 1909 war die Kanzlerschaft des Reiches von Bernhard Fürst von Bülow auf den bisherigen Staatssekretär des Inneren Theobald von Bethmann Hollweg übergegangen, den wiederum der mächtige Reeder Albert Ballin als „Bülows Rache" zu titulieren pflegte.[11] Six' Kindheit fällt in die poröse Endphase des Wilhelminismus und vor allem in den Ersten Weltkrieg; er war neun Jahre alt, als Kaiser Wilhelm II. nach Holland ins Exil ging und 23, als Hitler die Regierungsgewalt übernahm. Dazwischen lag die Republik, als ungemütlicher Wartesaal erlebt, negative Projektionsfläche einer politischen Kultur, die es, so oder so, zu überwinden galt: bürgerlicher Attentismus, „Erfüllungspolitik", Sedimente reaktionärer und klerikaler Herrschaft, „Wirtschaftskrise" als Lebensform. Ein Schulunterricht mit den Parametern und Ideologien des Wilhelminismus, in seinen Wirkungen nicht zu unterschätzen, prallte auf das zähe demokratische Geschäft.

Es gibt einige Versuche, die *politische Generation* derjenigen, die zwischen der Jahrhundertwende und dem Ende des Weltkrieges geboren wurden, durch bestimmte Handlungsmotive und Stilmerkmale zu definieren – mit allen Vorbehalten, die der Datierung von generationellen Gruppen und der Bestimmung konsistenter Lebenswelten von vornherein entgegengebracht werden müssen.

„Die Fähigkeit, sich wenigstens bis zu einem Grad vorzustellen, was Hitler und die seinen alles ‚tun' könnten, hatte eine erste Erschütterung der Vertrauensgrundlage als Voraussetzung", so hatte schon die Publizistin Margret Boveri konstatiert: „Die ‚Jungen' hatten als Kinder oder junge Leute den Krieg, die Revolution, das Versagen des Staatsapparates, den Hunger, die Inflation kennengelernt. Dazu kamen, individuell verschieden: Enttäuschung, Skeptizismus, Zynismus, manchmal sogar eine gewisse Gefühlsverrohung angesichts der Dinge, die sich hinter oder neben den immer so edlen und gutmeinenden Äußerungen der Staatsmänner abspielten".[12]

Das Handlungsmuster der emotionalen Verkapselung, als Gegenreaktion und Schutzmechanismus, findet sich auch in der Autobiographie des Publizisten Herbert Reinecker, Jahrgang 1914, der als „Kriegsberichter" der Waffen SS unter anderem im „Völkischen Beobachter" publizierte und in der Bundesrepublik dann mit TV-Serien wie „Der Kommissar" und „Derrick" Furore machte: „Zu lange hatten sich so viele Leute ihre Gegnerschaft beteuert, sich ihre Gegnerschaft gleichsam um die Ohren geschlagen. So hatte sich so etwas wie eine Distanz eingestellt, Distanz zu anderen, auch Distanz zu einem anderen Schicksal – um es auf einen Nenner zu bringen: Es gab eine allgemeingültige Distanz zu fremdem Leid, als Folge auch eines Wehr-, eines Abwehrinstinktes zum Nutzen, zum Schutze auch der eigenen Person".[13]

Reinecker betont seine Kindheitswahrnehmungen von „Fremdheit und Bedrohung" („Die Franzosen, die die Züge kontrollierten, das Auf- und Zuschmettern der Abteiltüren an den sogenannten Grenzstationen sind mir heute noch in Erinnerung."[14]) und empfindet die nationalsozialistischen Aufbaujahre bis 1939, die er als Mitarbeiter des Presseamts der Reichsjugendführung in Berlin verbrachte, noch heute als „die schönsten, die glücklichsten meines Lebens".[15]

Ganz abgesehen von seinen messianischen, millenaristischen und parareligiösen Komponenten war der Nationalsozialismus aus Sicht seiner jüngeren Anhänger „eine Jugendbewegung, welche die vermufften Verhältnisse durcheinanderbrachte ... Gerade für die Jüngeren sah die Bewegung straff, effektiv und zukunftsweisend aus. Der soziale Modernisierungswille kam darin zum Ausdruck, daß Besitz nur aufgrund von Leistung und nicht aufgrund von Herkunft gerechtfertigt sei" (Heinz Bude).[16]

Ulrich Herbert hat in seiner Studie über Werner Best ausführlich den Habitus einer „Generation der Sachlichkeit" beschrieben[17], die von den sozioökonomischen und propagandistischen Auswirkungen der Weltkriegs-Niederlage geprägt wurde, „ein hartes, nüchternes Geschlecht mit tief im Herzen verkapselten Idealen, mit einem zähen Willen und bester Beherrschung der Kampfmethoden und Waffen im Ringen um Dasein, Geltung und Erfolg"[18], mit besonderer Anfälligkeit für das Grundrauschen der völkisch-antisemitischen Publizistik der Weimarer Jahre.

Die „Verhaltenslehren der Kälte"[19], die für Six' Biographie Geltung haben, finden sich auch in der schneidigen und dezisionistischen Vernichtungsrhetorik der Heidelberger NS-Studenten. Für generationelle Erklärungen ist allerdings die Gleichzeitigkeit von kanalisierten Emotionen,[20] männerbündischer Gefühlswelt und „stählerner Romantik" (Goebbels) auf der einen, und stilisiertem Verlangen nach Kategorisierung, Meß- und Beherrschbarkeit und permanenter raumzeitlicher Entgrenzung auf der anderen Seite zu berücksichtigen.

„Gefühle, Gefühle, viele im ständigen Rauschzustand", so erlebte Reinecker die politische Kultur der Weimarer Republik, „in Überhitzung und dadurch extrem übertrieben, eine Übertreibung, die sich zum Stil jener Tage machte, ein Stil, der sich als Normalität anbot und wohl auch als Normalität angenommen wurde. Fast ekstatisch wurde gefordert: Du mußt Deine Stimme abgeben, für wen bist Du, für was bist Du? Du mußt Dich entscheiden. Du mußt für etwas sein oder gegen etwas."[21] Schließlich hat die „völkische Prägung" bei Angehörigen der Jahrgänge, sagen wir, 1903 (Werner Best), 1909 (Six) oder 1914 (Reinecker) ihre Nuancen; die älteren Jahrgänge dieser Gruppe waren in der Regel direkter durch kulturkritische Autoren wie Oswald Spengler, Edgar Julius Jung, Arthur Moeller van den Bruck oder Houston Stewart Chamberlain beeinflußt, die jüngeren gerieten eher schon in die Sphäre der spezifisch nationalsozialistischen Definition und Interpretation.[22]

Franz Alfred Six, *F. A.* Six, wie er sich in jenen Jahren zu nennen pflegte, kam aus dem gesellschaftlichen Nichts. Die Berufe seines Vaters Alfred Six, Jahrgang 1879, altkatholisch, werden in den diversen Unterlagen mit Möbelhändler, Polsterer, Dekorateur oder gar „paperhanger" angegeben, der Großvater väterlicherseits, Johann Ferdinand Six, ein Theatermusiker, war bereits 1894 im Alter von 50 Jahren verstorben. Die Vorfahren der Mutter Anna Maria, geborene Schwindt, waren Kleinlandwirte im Pfälzischen gewesen.[23]

Die finanzielle Lage im Elternhaus Six war typisch für den pauperisierten unteren Mittelstand, Vater Six konnte mit seinem stark konjunkturabhängigen Kleingewerbe die schulische Ausbildung seiner drei Kinder (die immerhin später sämtlich ein Studium absolvierten) kaum finanzieren. Der ältere Sohn Six, der 1921 auf das Mannheimer Lessing-Realgymnasium gekommen war, mußte vom Januar 1927 an für zwei Jahre den Besuch der Schule unterbrechen, um als Maurer zu arbeiten. Der erhalten gebliebene Personalakt Six der Lessingschule bestätigt seine späteren Angaben: „Eintritt zum Beruf" wird als Grund für den Abgang aus der Unterprima angegeben. Six war, dem Notenspiegel nach zu urteilen, ein ganz durchschnittlicher Oberschüler, gut in Deutsch und Geschichte, schlecht im naturwissenschaftlich-mathematischen Bereich – die Bestnote erzielte er durchgängig mit einer Eins in „Betragen". Sein letztes Zwischenzeugnis vom Dezember 1926 verzeichnet je eine „Fünf" in Mathematik und Englisch. Vom 16. April 1929 an erneut auf den Schulbänken, verbesserte sich sein Notendurchschnitt wieder, und er bekam am 2. April 1930 das Zeugnis der Reife.[24]

„Wie viele meiner Generation", erinnerte er sich in Nürnberg, „stand ich ... vor der Entscheidung, entweder Kommunist oder Nationalsozialist zu werden. Ich bin Nationalsozialist geworden, weniger aus Gründen des Programms, als aus der Erkenntnis der potentialen Kraft des Nationalsozialismus, der mir versprach, daß er die soziale Frage nicht von einer Klasse, sondern vom gesamten Volk her lösen würde".[25] Für diese Entscheidung reichten ihm die allgemeinen Grundsätze der „Bewegung", die nationale Erneuerung, die Abschaffung des bürgerlichen Parteiensystems und wirtschaftliche Gesundung verhießen.

Anders als noch Goebbels in der Mittelphase der Weimarer Republik, hatte sich Six kaum mit den Richtungskämpfen, den eher sozialistischen oder konservativen Konstruktionen der NS-Lehre auseinanderzusetzen; im Gegenteil – er gehörte zu denen, die eine *synthetische* NS-Weltanschauung herbeiführen wollten, mit der sich die jüngeren Parteieliten bewußt von älteren Fraktionen und Parteisekten abgrenzen konnten.

In seinen späteren Schriften finden sich kongruente Referenzen zu den „kanonischen" Aussagen Hitlers und Goebbels', vornehmlich zur Macht von Propaganda und Organisation oder zur Bekämpfung des Judentums, die in der Bewegung selbst am wenigsten strittig waren.

Zentrale Bedeutung hatten Definition, Erforschung und Entmachtung der diversen *Gegnergruppen*, nicht die Arbeit an einer bis in die Details möglichst konsistenten politischen Doktrin. Gerade mit diesem Hintergrund wurde er zum Idealtypus der jungen, funktionalen Elite des NS-Staates. „Für mich und meine ganze Generation", so Six in Nürnberg, „bedeutete das Programm der NSDAP in jenen Jahren nichts oder nicht viel ... Es gab den Interpreten Feder, und es gab eine Interpretation von Rosenberg, es gab eine Schule von Spann, und es gab eine Schule von Krieck, es gab Westideologen, und es gab Ostideologen, es gab Anhänger eines germanischen Gottglaubens und es gab positive Christen".[26]

Vom paramilitärischen Gepräge, von der Ämter- und Organisationsstruktur der NSDAP und ihrer Gliederungen zeigte sich Six hingegen stärker beeindruckt; im November 1932 wurde er Mitglied der SA, einige Monate später war er Truppführer und wurde schließlich im November 1933 mit der Führung des Sturmes 32/110 beauftragt. 1932 beginnen auch seine vielfältigen studentenpolitischen Aktivitäten. Er redigiert vor allem die gänzlich unter den Einfluß des Nationalsozialistischen Deutschen Studentenbundes (NSDStB) geratene Zeitschrift „Heidelberger Student" und wird im Sommersemester Leiter der Fachschaft Zeitungswissenschaft; er übernimmt die Pressearbeit sowohl der Hochschulgruppe Heidelberg des NSDStB als auch der Südwestdeutschen Studentenschaften.

Schon bevor Six in die badische Universitätsstadt gekommen war, hatte dort die NS-Bewegung an Dynamik und vor allem an Wählerstimmen zugelegt. Während bei den Landtagswahlen vom 27. Oktober 1929 die NSDAP in Mannheim-Stadt nur 3,6 % der Stimmen erreichen konnte, wählten in Heidelberg 14,5 % nationalsozialistisch. Bei den Reichstagswahlen vom 14. September 1930 wurde die NSDAP mit 30,16 % der Stimmen stärkste Partei (reichsweit: 14,9 %). In der vom Tourismus, Kleingewerbe und nicht zuletzt dem Hochschulbetrieb lebenden Stadt schlug die ökonomische Krise voll auf das Wählerverhalten durch.[27]

Die Radikalisierung der Studenten kann als Medium und wesentlicher Faktor dieser Rechtswendung gelten. Im Sommer 1931 stellte Hitler im Gespräch mit dem NSDStB-Führer Baldur von Schirach fest, daß „die nationalsozialistische Hochschulbewegung sich ... schnell entwickle, während die anderen nationalsozialistischen Organisationen in ihrer Entwicklung zurückblieben".[28]

Der Grund lag zum einen darin, „daß die Studenten seit dem Ende des ersten Weltkrieges in einem chronischen Zustand ökonomischer und sozialer Existenzgefährdung lebten"²⁹, zum anderen – und damit untrennbar kombiniert – in der wachsenden Verachtung einer Republik, die den stabilen Statusgewinn, der vom Studium als wichtigste Gratifikation erwartet wird, nicht mehr garantieren konnte.

Michael Katers Studie über „Studentenschaft und Rechtsradikalismus in Deutschland 1918–1933" beschreibt eine „Wechselwirkung von übernommenen irrationalen Tendenzen und frischem, emotional fundiertem Aktivismus, der sich seinerseits wiederum destruktiv auf die rationalen Lehrinhalte der nachfolgenden Jahre auswirken mußte".³⁰

So kam es am Neckar zu einem merkwürdigen Dualismus zwischen dem vielbeschworenen liberalen „Heidelberger Geist" und der immer kräftiger auftretenden völkisch-radikalen Studentengruppe, der schließlich dazu führte, daß sich in den Jahren 1933 bis 1935 studentische NS-Aktivisten von Professoren prüfen ließen, die jeweils kurze Zeit später aufgrund der NS-Rassen- und Hochschulgesetze ihrer Ämter und Dozenturen entledigt wurden.

Die Heidelberger Professorenschaft war in der Weimarer Zeit „vernunftrepublikanisch" geprägt, sie wählte mehrheitlich DDP, DVP, das Zentrum oder DNVP – einen Wahlaufruf der DDP zur Reichstagswahl im Dezember 1924 („Ein Bekenntnis 115 deutscher Geistesführer") unterschrieben gleich 14 Heidelberger Gelehrte.³¹ Radikalvölkische oder nationalsozialistische Professoren wie der Physiknobelpreisträger Philipp Lenard, der gegen die „jüdische Relativitätstheorie" focht und 1922 „wegen eines toten Juden" (gemeint war der ermordete Walter Rathenau) an seinem Institut die Flagge nicht halbmast hissen wollte, blieben randständig.³² Biographische Studien über Heidelberger Geistes- und Sozialwissenschaftler zeigen freilich, wie schnell der zumeist kulturkritisch fundierte „Vernunftrepublikanismus" in eine grundsätzliche Symphatie für die nationalen Ziele der NS-Bewegung umschlagen konnte – so auch bei Six' späterem Doktorvater Arnold Bergsträsser.³³

„Die Mehrheit auch der Heidelberger Professoren", so der Universitätshistoriker Eike Wolgast, „schwieg angesichts der Entwicklung in den letzten Jahren der Republik – resignierend gegenüber der wachsenden Radikalisierung, die sich besonders drastisch gerade bei den Studenten zeigte, oder uninteressiert an den politischen Vorgängen überhaupt oder auch in Erwartung und Hoffnung auf das Kommende, das die Universität dann mit der Wirkung eines Erdbebens traf. Nach Ludwig Curtius besaß Heidelberg seit 1933 zwei Ruinen, das Schloß und die Universität".³⁴

Während also Karl Jaspers über den „sublimen Zauber" des „geistigen Capua" (Max Weber) philosophierte, Karl Mannheim über den freischwebenden Intellektuellen nachdachte und der Sozialdemokrat Gustav Radbruch die Jurisdiktion von ihrem obrigkeitsstaatlichen Gepräge befreien wollte, wurden im Wintersemester 1929 alle zehn Kandidaten des NSDStB in den Heidelberger AStA gewählt. Zusammen mit den Korporierten und Deutschnationalen, von denen sie ideologisch nur wenig trennte, bildeten sie die absolute Mehrheit. Die Zeit des Typus Six war gekommen.

Die rechtsradikale Gesinnungsgemeinschaft hatte ihren *public enemy* in dem Pazifisten und Statistiker Emil Julius Gumbel gefunden[35], dessen Name in der Agitation der völkischen Studenten paradigmatisch und synonym für die jüdisch-liberale Systemherrschaft stand. Gumbel wurde in Heidelberg unter seinem Namen ex negativo mediatisiert, so wie es Goebbels später in Berlin verstand, den Polizei-Vizepräsidenten Bernard Weiß als „Isidor" lächerlich zu machen.

Der Statistiker Gumbel war den rechten Gruppierungen schon deshalb verhaßt, weil er mit seinen Publikationen „Zwei Jahre Mord", „Vier Jahre politischer Mord" und „Verschwörer" auf die Unfähigkeit der Weimarer Justiz aufmerksam gemacht hatte, dem politischen Terrorismus der rechten Freikorps wirksam zu begegnen. 1924 hatte der Privatdozent auf einer Kundgebung in Heidelberg anläßlich des zehnten Jahrestages des Kriegsausbruchs von den Toten gesprochen, „die – ich will nicht sagen – auf dem Felde der Unehre gefallen sind, aber doch auf gräßliche Weise ums Leben kamen" – die Äußerung, die alle am Versailles-Syndrom leidenden Nationalen ins Mark traf, löste ein Disziplinarverfahren in der Philosophischen Fakultät aus.

Zwar blieb Gumbel in seiner Stellung, aber die Fakultät versandte ein denunzierendes „Gutachten" zu Gumbels Persönlichkeit an alle deutschen Universitäten und die Presse. Karl Jaspers, damals Mitglied der „Untersuchungskommission" in Sachen Gumbel, erinnerte sich 1961: „Es war zu unterscheiden, erstens die Auffassung der Worte und Schriften Gumbels und zweitens die Bedeutung der Lehrfreiheit. Man konnte die Veröffentlichung und Äußerungen Gumbels mißbilligen und doch zum Schutz der Freiheit der Universität gegen die Entziehung der venia legendi sein".[36] In der Fakultät blieb Jaspers mit diesem Sondervotum allein.

Einige Jahre schlummerte die Sache Gumbel, bis dieser vom badischen Kultusministerium 1929 zum nicht etatisierten außerordentlichen Professor ernannt wurde – „gegen hinhaltenden Widerstand der Universität, unter Mißbilligung durch den Senat".[37] Im Wintersemester 1930/31 erreichte die studentische Kampagne gegen den Statistiker mit lärmenden Kundgebungen und Protestaktionen ihren Höhepunkt, unter Akklamation des „Hochschulverbandes der deutschen Professoren", der durchaus Verständnis dafür äußerte, daß die Ernennung „bei zahlreichen Studenten eine starke Erregung veranlaßt" habe.

Gegen diese Verbandserklärung protestierten wiederum achtzig Hochschullehrer, darunter Albert Einstein, Max Horkheimer, Emil Lederer und Gustav Radbruch: „Wir vermissen insbesondere auch die pflichtgemäße Schärfe, mit der der Hochschulverband von den unerhörten Übergriffen und Methoden der Heidelberger Studenten hätte abrücken müssen". Zwei Jahre später sah sich Gumbel erneut einer universitären Untersuchungskommission gegenüber, nachdem er auf einem sozialdemokratischen Vortragsabend erklärt hatte, statt der üblichen leichtbekleideten Jungfrauen mit den Siegespalmen in den Händen sei wohl eher die Kohlrübe als „Hauptnahrungsmittel dieser Zeit" als Kriegerdenkmal adäquat. Dieses hatten einige NSDStB-Studenten mitgehört und nunmehr die Chance gesehen, den verhaßten Pazifisten endgültig zu Fall zu bringen. Berichterstatter der Kommission war Arnold Bergsträsser, der gerade auf die Eberhard-Gothein-Stiftungsprofessur für Staatswissenschaft und Auslandskunde berufen worden war.

Bergsträsser befand, der „Demagoge Gumbel" habe sich in einer Form geäußert, welche „die innere Auflösung der Gemeinschaft, in der sich auch der Vortragende befand, zur Folge haben muß". Am 2. Juli 1931 empfahl der Untersuchungsausschuß einstimmig, Gumbel die Lehrbefugnis zu entziehen, wenig später wurde dieses Votum durch das Kultusministerium vollzogen – die Angelegenheit Gumbel war zur großen Zufriedenheit der nationalsozialistischen Studenten erledigt.

Stabilisiert durch solche Kampagnen, erschuf sich der NS-Studentenbund eine universitäre Nebenwelt mit „Kernschulungen", Wehrübungen und Lagern, gesteigert und begleitet durch den aktiven Dienst in den SA-Trupps und Stürmen. Hinzu kamen die mit imposanten Titeln aufgeblasenen Ämter im NSDStB und an der Universität. So übernahm Six im Sommersemester 1933 – nach der erfolgreichen lokalen und reichsweiten Machtübernahme – das NSDStB-Hauptamt für politische Erziehung und damit, wie er selbst betonte, „die gesamte politische Schulung der Heidelberger Studentenschaft". Im Wintersemester kam das Hauptamt für „Werbung und Aufklärung" hinzu. „Um alle Faulheit und Tatenlosigkeit auszuschließen", dekretierte Six im Hochschulführer 1934, „wird der Besuch von Arbeitsgemeinschaften und ihre Bescheinigung zur Pflicht gemacht werden müssen".[38]

Erst zu jener Zeit verzeichnete der NS-Studentenbund übrigens einen größeren Zulauf an Mitgliedern – vor 1933 waren die selbsternannten „Träger der Hochschulrevolution" tatsächlich eine kleine, verschworene Minderheit. Im Januar 1933 verfügte der Heidelberger NSDStB nur über 59 Mitglieder[39], im Wintersemester 1933/34 waren es dann, dem reichsweiten Trend folgend, schon 950. Bei den Heidelberger AStA-Wahlen am 19. Januar 1933 hatte der NSDStB 1098 Stimmen erhalten, rund die Hälfte der abgegebenen Stimmen.[40]

Diejenigen, die schon in der „Kampfzeit" gestürmt und agitiert hatten, bildeten zum Großteil auch in der Folge ein personelles Netzwerk, brachten ihre einstigen Kommilitonen in einflußreiche Stellungen, halfen sich in der Polykratie des NS-Staates mit Gutachten und Stellungnahmen weiter – und häufig überdauerten diese Verbindungen das Jahr 1945.

Die prägenden Töne für die Dogmatik der aktiven NS-Studenten hatte Andreas Feickert angestimmt. Feickert, Jahrgang 1910, war 1931 Hochschulgruppenführer des NSDStB in Hamburg geworden, dort auch Initiator der ersten studentischen Arbeitslager und von Juli 1934 bis Februar 1936 Reichsschaftsführer der Studierenden an den deutschen Hoch- und Fachschulen.[41] Feickerts vielgelesene Broschüre „Studenten greifen an. Nationalsozialistische Hochschulrevolution", die 1934 von der Hanseatischen Verlagsanstalt veröffentlicht wurde, beeinflußte bis in Struktur und Wortwahl auch Six' studentenpublizistische Texte.

Feickert ging davon aus, daß wissenschaftliches Arbeiten mit „Wahrheitssuche" im eigentlichen Sinne nichts zu tun habe: „Wahrheit kann niemals bewußt werden, sie kann nicht gesagt werden, sie kann nur erlebt werden; was immer ist, fühlen wir, wir wissen es nicht".[42] Wahrheit könne nur auf dem Weg der „Deutung" vermittelt werden. Zwar könne es auch Wissenschaftler geben, die „große Deuter" sind, aber nur, „weil sie irgendwie Künstler sind ... Für den Nationalsozialismus verschwinden in der Aufgabe die Unterschiede zwischen Wissenschaft und Kunst".

Wissenschaft hatte demnach die völkische Wahrheit, die nach Feickert ohnehin nicht an der Hochschule zu erzeugen war, nachzuvollziehen und zu interpretieren. Man könne nicht einfach „dem System des Liberalismus ein System des Nationalsozialismus entgegensetzen", gab Feickert freimütig zu.[43]

Während der Nationalsozialismus von Feickert als System ewigen völkischen Werdens begriffen wurde, war die alte Hochschule als „Hort des Liberalismus" bereits klar identifiziert: „Hier liegt ein Staat im Staate vor uns, der zu vernichten ist. Es ist typisch, daß eine Abgrenzung gegenüber der bisherigen Hochschule im wesentlichen von der Studentenschaft dieser Hochschule getragen wird. Es ist das ein Beweis, daß Nationalsozialismus eine Sache der Jugend ist, die Sache eines neuen Lebensalters, das zwar nicht einfach generationsmäßig zu fassen ist, das aber in den jungen Kräften seine Wurzel hat".[44]

Die Angehörigen des „neuen Lebensalters" hätten aber dann erst endgültig gesiegt, „wenn unsere Generation, die heute in der SA und im Arbeitsdienst das Braunhemd trägt, die Lehrstühle dieser Hochschule besetzt haben wird". Deshalb forderte Feickert die NS-Studenten dazu auf, sich nicht mit dem SA-Dienst und den Arbeitslagern zu begnügen, sondern „ran an die Facharbeit" zu gehen, „hinein in die Zahlen, hinein in die Daten, damit sie einen fachlichen Nachwuchs stellen kann, der sich aber nun nicht allein mit diesem Fachwissen begnügt, sondern das Fachwissen nationalsozialistisch ordnet".[45]

Dem blutleeren, stets lebensfremd problematisierenden Liberalismus sollte der Student neuen Typs durch männerbündische Zucht in den gerade von Feickert stark propagierten „Kameradschaftshäusern" entfremdet werden, durch Ernteeinsatz und Arbeitsdienst. Die Studentenrolle war im nationalsozialistischen Sinne nur zu legitimieren, wenn die Studenten den idealisierten „Arbeitern der Faust" Antworten auf „ganz bestimmte, ganz konkrete, ganz lebendige Fragen"[46] geben konnten.

Das Studium sei ganz auf den späteren Beruf und die landsmannschaftliche Verankerung der Universität auszurichten, der Arbeitsdienst wiederum müsse das schwindende Fronterlebnis des SA-Kampfes ersetzen: „Er stellt jeden einzelnen vor die Entscheidung, die dieser für sich zu treffen hat: Bist Du ein Kerl, oder bist Du keiner? Bestehst Du neben dem Arbeiter oder bestehst Du nicht? Er biegt die Leute zurecht, die Großschnäuzigen macht er klein und die Wankelmütigen kann er hart machen".[47]

Feickerts Schrift zeigt in pathetischer Diktion und hilfloser Verschwommenheit die Sehnsucht nach formierter Lebensführung, sozialistisch-bündischem Gemeinschaftserlebnis und lebensweltlicher Totalität auf. Die Negation der akademischen Sonderrolle und die Forderung nach einem nationalsozialistischen „Über-Studenten" erwies sich auch im NS-Staat als unerfüllbar; schließlich sprach sich selbst der „Führer" gegen eine Kasernierung der jungen Semester und die totale Disziplinierung des studentischen Tagesablaufs aus.[48] Feickert wurde im Februar 1936 amtsenthoben, nachdem er in betrunkenem Zustand mehrere Autounfälle verursacht hatte. Seit 1938 lebte er in Königsberg und diente als Unteroffizier in der Wehrmacht; Anfang der 50er Jahre organisierte er, inzwischen SPD-Mitglied, als pädagogischer Mitarbeiter der Heimvolkshochschule Jagdschloß Göhrde, vielbeachtete „Europa-Seminare". Von 1972 bis 1975 war er, nach Aussagen von Kollegen, ein überzeugter Demokrat, Leiter der HVHS Göhrde.

In einem Aufsatz über die „Studentenschaft als Träger der Hochschulrevolution" war Six 1934 den Feickertschen Vorgaben zunächst ohne Abweichungen gefolgt. Die Hochschulrevolution, so Six, sei „in erster Linie weniger die Ablösung des bestehenden Gebildes Hochschule, noch die Wandlung der Wissenschaft oder ihres Begriffes", sie sei vielmehr „die umstürzende, radikale Veränderung des sie tragenden Menschentums".[49]

Als die breite Masse der Dozenten und Studenten noch über Krise und Begriff der Wissenschaft geredet habe, hätten die aktiven NS-Studenten „neben dem Arbeiter und Bauern in der SA und im Arbeitsdienst gestanden und ... sich fernab der intellektuellen Kaste das einfache Erlebnis der Gemeinschaft errungen ... Sie konnten aus der Frage des Arbeiters der Faust und Arbeiters der Stirn mehr Einsicht in die Morschheit der Hochschule, ihre geistige Falschmünzerei nehmen, als dies in Vorlesungen und Seminaren möglich war".

In Arbeitsdienst und Kameradschaftshaus vollziehe sich die Auslese für den künftigen nationalsozialistischen Nachwuchs an den Hochschulen. Auch der begabte Jungarbeiter, so Six, müsse durch Aufnahme in das studentische Kameradschaftshaus nach einer Zulassungsprüfung die Chance auf einen Studienplatz haben. Abzustoppen sei die Loslösung der Hochschule von der Dynamik und dem „Arbeitsrhythmus" des Landschaftsraums: „Die volkswirtschaftlichen Forschungsinstitute werden sich nicht mehr mit den Theorien der Weltwirtschaftslehre oder Konstruktionen im leeren Raum, sondern mit nüchternen, praktischen wirtschaftlichen Aufgaben ihres politischen Raumes zu beschäftigen haben. Die medizinische Fakultät, die Natur- und Kulturwissenschaft wird in dem Gesamtrahmen Aufgaben und Arbeit finden und in der Heranführung aller Gliederungen der Hochschule an die Landschaftsaufgaben aller Wissenschaften wird die deutsche Hochschule ein neues totales Gesicht erhalten". Six propagierte die Etablierung von fächerübergreifenden „Hochschulkreisen", um die „Landesplanung in Beratung und Lösung praktischer Aufgaben zu unterstützen". „Phrasen oder Arbeit" und „Front junge Wissenschaft" hießen zwei weitere Kurztexte Six' aus seinen Jahren als Studentenpolitiker, in denen der Feickertsche Ansatz variiert wurde.

Das paramilitärische Milieu und der kommunikative Alltagszusammenhang führten zu einem stark selbstbezüglichen System, das für eine gewisse Zeit die traditionelle fächerorientierte, wissenschaftliche Arbeit marginalisierte. Idealistische Forderungen nach der Aufhebung traditioneller akademischer Kasten und Fächergrenzen oder nach der Verbrüderung von Arbeitern, Bauern und Studenten, in ihrer Tendenz durchaus mit den Postulaten der 1968er Revolte zu vergleichen, mischten sich mit der Etablierung eines neuen, monströsen studentischen Funktionärswesens und militantem Vernichtungswillen gegenüber allen „liberalen" Strömungen und dem „jüdischen Geist".

Von den vernunftrepublikanischen bis deutschnationalen Ordinarien waren die bündlerisch agierenden jungen Rechtsradikalen mit mildem Erschrecken, zumeist aber klammheimlicher Faszination und offenem Wohlwollen wahrgenommen worden. In der Immatrikulationsrede des ebenfalls nach rechts gedrifteten Rektors Willy Andreas vom 14. Mai 1933 – er war ein Jahr später als Historiker ebenfalls an Six' Rigorosum beteiligt – finden sich charakteristische Passagen:

„Hitlers Bewegung ist hervorgewachsen aus dem tief verletzten Gefühl der deutschen Ehre, und weil ein solches Anliegen höchster Art zu einer ihrer Haupttriebfedern wurde, fiel ihr besonders die Jugend in ihrer Empfänglichkeit für die idealen Güter der Nation zu ... Mutiger und entschlossener als bisher werden wir uns in den entfesselten Lebensstrom der Nation hineinstellen, freudig werden wir bis in die letzten Gründe unserer akademischen Existenz und die feinsten Verästelungen des Universitätslebens hinein uns durchglühen lassen von dem machtvollen Gedanken der Volksgemeinschaft ... Die Zeit des verstiegenen heimatlosen Intellektualismus ist gründlich vorbei, und einer weltfremden bloßen Anhäufung von Kenntnissen wird keiner von uns verfallen dürfen, der in Fühlung mit der Wirklichkeit bleiben will ... Es wird sich ein neuer Typus des politischen Menschen bilden müssen, und den Universitäten kommt bei seiner Herausbildung eine wichtige Aufgabe zu".[50]

Von solcher Phraseologie war es nicht mehr weit zu konkreteren Aufforderungen des NS-Studentenbundes, „in geschlossener Front gegen die Reaktion, gegen das Judentum, gegen die Freimaurerei, gegen den Jesuitismus und gegen den politischen Katholizismus" zu kämpfen.[51] Vor allem aber war die Rede Andreas' von der berechtigten Angst geprägt, von den neuen Herren nicht mehr ernstgenommen zu werden. So mahnte er hilflos: „Als aufgeschlossene Menschen gönnen wir gern der Jugend ihr Recht zu drängen, selbst auf die Gefahr hin, daß sie uns einmal allzu stürmisch bedrängt. Aber unsere Erfahrung werden sie auf die Dauer nicht ganz entbehren können, und für unsere selbsterkämpfte Lebensleistung und Führerstellung beanspruchen wir, zumindest in dem wissenschaftlichen Bereich, wo sie uns zukommt, nach wie vor volle Achtung."

Wenige Monate später gab es schon einen neuen Rektor, den NS-Juristen Wilhelm Groh, der den neuen Sitten gemäß als „Führer der Universität" amtierte und sich einen „Führerstab" zulegte, mit dem er die „Brücke von der Universität zur Bewegung" herzustellen gedachte.[52] Wesentlich schlechter als Willy Andreas, der schlicht nicht mehr wiedergewählt wurde, erging es den Dutzenden jüdischer oder „politisch unzuverlässiger" Dozenten, die in rascher Folge per Gesetz exmittiert wurden.[53] Als ersten traf es den Leiter des Instituts für Zeitungswesen, Hans von Eckardt, den die Mannschaft um Six zwei Jahre lang unbarmherzig attackiert hatte.

Der 1890 als Sohn eines Kaiserlich-Russischen Staatsrates in Riga geborene Institutsdirektor[54], formal wie intellektuell ein Schüler des Heidelberger Kulturtheoretikers Alfred Weber, hatte am 23. Februar 1933, so jedenfalls die fable convenue, im Institut für Zeitungswesen bei der Radioübertragung einer Frankfurter Rede des Führers und Reichskanzlers Hitler die versammelte Fachschaft aufgefordert, den Radioapparat auszuschalten – mit der Bemerkung, er fürchte, sonst würde die Autorität der Reichsregierung darunter leiden. Dieser Akt der Resistenz, vergleichbar mit der kurz darauf folgenden Flaggenaktion Alfred Webers (dieser ließ Anfang März vom Hausmeister des Instituts für Sozial- und Staatswissenschaften die Hakenkreuzflagge einholen), brachte ihm wütende Angriffe des örtlichen NS-Kampforgans „Volksgemeinschaft" ein.

Am 12. April meldete das Blatt mit Genugtuung, von Eckardt sei durch den kommissarischen Kultusminister Badens, Pg. Dr. Wacker, seines Dienstes „mit sofortiger Wirkung enthoben worden". Seit Jahren, so die „Volksgemeinschaft", „haben wir in unserer Zeitung einen scharfen und sachlichen Kampf gegen diesen Professor geführt. Seine unwissenschaftliche und seichte Art, seine von platten Verallgemeinerungen oftmals strotzenden Vorlesungen waren direkt eine Gefahr für die jungen Semester an unserer Universität".[55] Einige Tage vor seiner Entlassung waren Kriminalbeamte in Begleitung von NS-Studenten in von Eckardts Haus eingefallen und hatten dessen Korrespondenz beschlagnahmt. Dabei seien, schilderte die „Volksgemeinschaft", auch

Briefwechsel mit dem Freimaurerbund „Zur aufgehenden Sonne" und mit „sowjetrussischen Stellen" aufgefunden worden, wobei letzterer „besondere Beachtung" verdiene – bedauerlicherweise werde sich von Eckardt in diesem Punkt aber „immer mit dem Hinweis auf seine wissenschaftlichen Interessen für russische Propaganda und Publizistik verteidigen".

Tatsächlich war dies ein Forschungsschwerpunkt des gebürtigen Balten, der vor dem Ersten Weltkrieg für kurze Zeit Jura an der Universität Moskau studiert hatte, Redakteur der „Deutschen Moskauer Zeitung", dann Korrespondent der „Deutsch-Russischen Blätter" in Berlin gewesen war. Seine vielfältigen kulturwissenschaftlichen und soziologischen Interessen lassen sich anhand seiner wesentlichen Publikationen nachweisen: der Promotion bei Alfred Weber über den „politischen Führer, seine Gestalt und seine Form in der Geschichte" folgte eine Habilitation an der Universität Hamburg (wo er auch als Referent für Osteuropa am dortigen Weltwirtschaftsarchiv gearbeitet hatte) über „Staat und Ernährung", seine „Grundzüge der Politik" (Leipzig 1926) erfuhren eine ebenso bemerkenswerte fachliche Rezeption wie die Monographie über „Rußland" (Leipzig 1930), die zwei Jahre später auch bei Alfred Knopf in New York erschien. Mit diesem Hintergrund blieb er in der sich konstituierenden Disziplin „Zeitungswissenschaft", wie noch zu zeigen sein wird, eine randseitige Erscheinung.

Am 24. März 1933 leitete von Eckardt dem Rektor Willy Andreas eine zehnseitige Stellungnahme zu[56], mit der er sich gegen den Vorwurf „undeutscher Gesinnung" zu verteidigen gedachte; er könne es, schrieb er einleitend, „persönlich nicht zulassen, in irgendeiner Hinsicht als schlechter Patriot zu gelten". Die Stellungnahme verdient nähere Betrachtung, weil sie als signifikantes zeithistorisches Dokument aus der Feder eines gefährdeten Nationalliberalen gelten kann, der in seiner Bedrängnis versuchte, Treue zum Vaterland und antisozialistische Gesinnung nachzuweisen. Er sei „völlig aus eigenem Entschluß" im April 1915 Kriegsfreiwilliger geworden, im Oberelsaß durch einen Gewehrschuß aus nächster Nähe in den Oberschenkel schwer verwundet worden und unter Lebensgefahr von seinen Kameraden gerettet worden, nachdem er zuvor selbst die Rettung und Bergung verwundeter Kameraden durchgeführt habe:

„Da meine Kriegserlebnisse mein Denken aufs Weitgehendste bestimmt haben, so möchte ich mir erlauben, zwei Briefe von mir hier beizufügen, die meine sich damals formende Gesinnung beweisen. Die Briefe sind s. Zt. ohne mein Zutun, als ich schwer verwundet im

Kriegslazarett lag, von Kameraden von mir in unserer Kriegszeitung zum Abdruck gekommen. Es scheint berechtigt zu sein, auf diese Dokumente zu verweisen und wenn es gestattet ist hinzuzufügen, dass manche der Briefe, die in dem Werke Otto Brauns ‚Aus nachgelassenen Schriften eines Frühvollendeten' der deutschen Jugend als eines der besten Ausdrücke jugendlichen Kriegserlebnisses gelten, an mich gerichtet sind, da ich seit dem Sommer 1914 mit ihm befreundet war".

Von Eckardt verwies auf die „weitgehendste Pflege und Anteilnahme", die er im Lazarett durch Ihre Königliche Hoheit, die Großherzogin Luise erfahren habe und vor allem auf eine „große Rede", die er am 8. November 1918 im Berliner Norden gehalten habe, wobei er die Jugend und die geistigen Arbeiter „zu einem Entschluß erneuter Volksverteidigung zur Abwehr der Waffenstillstandsbedingungen" aufgerufen habe: „Es war die einzige große Versammlung Berlins, in der unter Vorsitz von Alfred Weber und Gustav Wynneken, für eine Fortsetzung des Krieges und zu einer letzten Verteidigung Deutschlands geworben werden sollte".

Anschließend habe sich seine politische Haltung immer durch das Bestreben ausgezeichnet, „Mäßigung und Verteidigung unserer Kultur und der staatlichen Ordnung zu verbinden". Sein Werk über Rußland sei gerade auch von rechtsgerichteten deutschen Blättern wie von einer Reihe grundsätzlich antibolschewistischer Zeitschriften des In- und Auslandes als „grundlegend und vorbildlich objektiv" bezeichnet worden. Mit der Deutschen Demokratischen Partei habe er sich zerstritten und sei dann in Heidelberg in ständigen Konflikt mit Vertretern des Sozialismus geraten: „Die Angriffe von sozialistischer Seite haben mich schließlich in außerordentlich schwierige und bedrückende Konflikte mit den sozialistischen Dozenten der Universität gebracht. Eine scharfe Zurückweisung bestimmter Behauptungen des Herrn Gumbel, die ich im sachlichen Zusammenhang des Kollegs über Rußland vorbringen mußte, trugen mir eine Reihe von Protesten aus sozialistischen Kreisen ein. Die Haltung der sozialistischen Studenten erschien mir schließlich als eine Bedrohung der inneren Einheit der Universität. Ich konnte nicht umhin, Herrn Dr. Mannheim, Herrn Prof. Lederer und anderen Herren entgegenzutreten. Von diesem Zeitpunkt an bin ich mehrere Semester lang von allen sozialistischen Studenten gemieden worden. Ebenso wie auch das Institut für Zeitungswesen eine zeitlang von Sozialisten grundsätzlich nicht besucht wurde."

Schließlich verwies der Institutsleiter noch darauf, daß sich „insbesondere im letzten Semester" die Zusammenarbeit mit der Fachschaft zufriedenstellend gestaltet habe, was der „nationalsozialistische cand. phil. Franz Six" auch in jeder einzelnen Fachschaftsversammlung ausdrücklich betont habe. Aber der Rekurs auf Ihre Königliche Hoheit, die Auszeichnungen im Ersten Weltkrieg, die erlittenen Angriffe der Sozialisten und F. A. Six nutzten nichts mehr. Zwar hielt es Rektor Andreas, der an seine eigene Unterzeichnung des DDP-Appells von 1924 denken mochte, für seine Pflicht, die Erklärung von Eckardts dem Hochschulreferenten im Badischen Ministerium für Kultus und Unterricht, Professor Fehrle, „nebst Anlagen zur Kenntnis zu bringen". Auch trat das noch nicht völlig gleichgeschaltete „Heidelberger Tageblatt" den Anwürfen der „Volksgemeinschaft" entgegen, die es für „überflüssig" gehalten hatte, daß am Institut für Zeitungswesen „Leute wie der Heidelberger Literaturpapst Dr. Goldschmidt (!) für 500 Mk. als Hilfsdozenten angestellt werden". Goldschmidt sei, so das „Tageblatt", auf einstimmigen Beschluß der Fakultät als Lehrbeauftragter berufen worden, die übliche Semestervergütung habe zudem das Ministerium festgelegt.[57]

Das badische Kultusministerium ließ sich nicht beeindrucken: Auf von Eckardt wurden die §§ 4 und 15 des „Gesetzes zur Wiederherstellung des Berufsbeamtentums" angewandt, das jede Handhabe für Willkürakte gegen politisch mißliebige Hochschullehrer bot. Er blieb suspendiert, vom Juli 1933 an erhielt er keine Bezüge mehr, am 20. Februar 1934 wurde ihm endgültig die Lehrbefugnis entzogen. Von Ekkardts Gesuch an das Reichsinnenministerium mit der Bitte um eine Bestätigung, daß sich aus seiner Entlassung „über sein politisches Verhalten nichts Negatives ergibt", gelangte über das Karlsruher Ministerium an den neuen Rektor Groh, und dieser ließ sich von dem Soziologen Carl Brinkmann eine Antwort formulieren. Sie ist für unseren Zusammenhang interessant, weil sie die Rolle des Fachschaftsleiters Six klarstellt.

Über von Eckardts Lehrtätigkeit lasse sich sagen, hieß es darin, „daß er die objektiv gewiß nicht leichten Aufgaben des Leiters eines Zeitungswissenschaftlichen Instituts mit einem ganz besonderen, weiteste Kreise der Studentenschaft und Bevölkerung erbitternden Mangel an Verständnis und Takt" verwaltet habe. Insbesondere sei die Studentenschaft seines eigenen Institutes „schon lange in Kampfstellung gegen ihn" gewesen: „Im Juli 1932 war es den nationalsozialistischen Institutsmitgliedern gelungen, F. A. Six zum Fachschaftsleiter zu wählen. Dr. v. E. legte ihm jedoch alle erdenklichen Schwierigkeiten in den Weg und versuchte, seine Fachschaftsarbeit in v. E.'s Richtung umzubiegen. Es kam während der Amtstätigkeit von Six zu fünfzehn bis zwanzig Auseinandersetzungen mit der Institutsleitung, die ständig in die studentische Selbstverwaltung einzugreifen suchte". Als nach der bereits geschilderten Radio-Aktion von Eckardts „weitere Zumutungen des Herrn v. E. an die N. S.-Mitglieder des Instituts" erfolgt seien, hätten diese unter Führung von F. A. Six erklärt, „das Institut solange nicht mehr zu betreten und den Besuch der Vorlesungen und Übungen zu verweigern, als v. E. Leiter sei. Erst nach der Amtsenthebung des Herrn v. E. hat die N. S. Studentenschaft diesen Beschluß aufgehoben".[58]

So endete die Amtszeit Hans von Eckardts unter dem Druck der Hochschulrevolutionäre. Des Rektors Konzession, seine Arbeit sei „objektiv nicht leicht gewesen", mochte sich auch auf die komplizierte Gründungsphase des Instituts für Zeitungswesen beziehen. Diese war indes typisch für die Spannungsverhältnisse, die auf die Konstitution der universitären Medienkunde in der Weimarer Phase einwirkten. Im Grundsatz gab es wohl keine Abneigung des universitären Milieus gegen die Etablierung von Instituten, die sich dem Pressewesen, oder, weiter gefaßt, der „öffentlichen Meinung" widmen sollten. Der Weltkrieg mit seinen erstmals in dieser Deutlichkeit aufscheinenden Propaganda-Phänomenen hatte als Katalysator für das gelehrte Interesse an den Wirkungen der Medientechnologie und der sozialen Institution Presse gewirkt.

Häufig verbunden mit den Versuchen, die Niederlage des wilhelminischen Reichs auf massenpsychologische und publizistische Vorgänge zu gründen, gab es unter Historikern, Nationalökonomen und Kulturtheoretikern aller politischen Couleur ein gesteigertes Interesse an den Zusammenhängen von Publizistik und politischem Einfluß, „Gruppenbewußtsein" und Demokratie, vor allem aber an der Professionalisierung hauptberuflicher Zeitungsjournalisten, um deren gesellschaftliches Prestige und die probaten Wege der Berufsbildung sich auch die neuen berufsständischen Verbände verstärkt Gedanken machten.[59]

Vor allem die ständischen Agenturen suchten durch die Bindung des Journalistenstandes an die universitäre Sphäre, um deren rechte Form und Institutionalisierung jahrzehntelang heftig gestritten wurde, die Berufsgruppe der Zeitungsschreiber, Redakteure und Verlagsmanager gesellschaftlich zu nobilitieren. Das Amalgam aus dem akademischen Interesse an Propagandaforschung und dem ständischen Drängen auf universitäre Bildung für Journalisten führte zu problematischen Institutskonstruktionen, weil die Teilfinanzierung solcher

Einrichtungen durch die Verleger ein praktizistisches Vorgehen indizierte, während die methodischen und curricularen Voraussetzungen für eine „Zeitungskunde" noch kaum geklärt waren.

So bildeten sich schnell zwei Richtungen für die universitäre Presselehre heraus: eine *integralistische* Option, die den gesamten staats- und sozialwissenschaftlichen Fächerkanon für die Aus- oder Vorbildung der Journalisten nutzen wollte, und eine *separatistische* Variante, die auf der Herausbildung einer „Zeitungswissenschaft" beharrte, die man „eigenständig und eigengesetzlich" (Emil Dovifat) wähnte, obwohl dafür weithin kein wissenschaftliches Fundament zu erkennen war. Die separatistischen Verfechter einer Zeitungswissenschaft waren in der Regel deutschnational und konservativ-klerikal geprägt, verfügten über geringe sozialwissenschaftliche Grundkenntnisse, dafür umso mehr über ständische Kontakte und Bindungen, und verwandten einen Großteil ihrer publizistischen Aktivitäten auf Legitimationsbehauptungen ihrer neuen Disziplin.

Sie kamen über begriffliche Taxonomien, historische Sammlungen und statistische Aufbereitungen selten hinaus. Etablierteren Vertretern der Geisteswissenschaften galten sie zudem als feuilletonistische Existenzen, die modebedingt in die universitäre Sphäre eingedrungen waren.

Idealtypisch für diese Richtung stehen der eifrige Zeitungskundler und -sammler Karl d'Ester, der sich 1919 in Münster als erster für „Zeitungskunde" habilitiert hatte und seit 1924, dann für einige Jahrzehnte und über alle politischen Umbrüche hinweg, das zeitungswissenschaftliche Institut an der Münchener Universität leitete, und sein persönlicher Freund Walther Heide, zusammen mit d'Ester Gründer des einschlägigen Periodikums „Zeitungswissenschaft" (1926–1944) und fatal einflußreicher Präsident des „Deutschen Zeitungswissenschaftlichen Verbandes" (DZV) im NS-Staat.[60]

Der später als „Gründervater" der Disziplin gefeierte Nationalökonom Karl Bücher zeigte sich hingegen ausgeprägt skeptisch gegenüber einer eigenständigen Zeitungswissenschaft, seine hellsichtige Definition der „Neuigkeitenfabrik" Presse stieß bei den Separatisten denn auch auf kaum verhüllte Ablehnung: Der Unternehmer, so Bücher, bezwecke nicht, „wie naive Leute glauben, (in der Zeitung) öffentliche Interessen zu vertreten und Kulturerrungenschaften zu verbreiten, sondern aus dem Verkauf von Anzeigenraum Gewinn zu ziehen. Der redaktionelle Inhalt der Zeitung ist für ihn bloß ein kostensteigerndes Mittel zu diesem Zweck und es gehört zu den auffallendsten Erscheinungen der Kulturwelt, daß sie diesen Zustand noch immer erträgt".[61]

Solche harschen Töne waren für eine harmonische Zusammenarbeit mit den Verlegerorganisationen kaum zu gebrauchen. Über alle methodologischen und nomenklaturischen Streitigkeiten hinweg waren sich die Gelehrten und Administratoren freilich einig, daß es schon wegen der Relevanz der Gegenstände „Presse" und „Propaganda" spezifische Universitätsinstitute für die Behandlung des sperrigen Themenkomplexes geben sollte. Die unter den kargen öffentlichen Haushalten leidenden Universitätsverwaltungen waren für Stifter und Sponsoren außerordentlich dankbar, wenngleich auch ständig auf die Unabhängigkeit der universitären Lehre gepocht wurde.

Selbst dem „Kathedersozialisten" Bücher gelang 1916 die Etablierung des ersten deutschen Institutes für Zeitungskunde mit Hilfe einer Stiftung des Leipziger Verlegers Edgar Herfurth. Dem völkischen Münsteraner Soziologen Johann Plenge bot der Bremer Kaffeeröster Ludwig Roselius 1921 die enorme Summe von 380 000 Reichsmark für ein Institut zur Erforschung aller Fragen der Organisation und Propaganda[62], und an der Gründung des Berliner „Deutschen Instituts für Zeitungskunde" (DIZ, 1924), einer mit der Universität zunächst kaum verbundenen wissenschaftlichen Einrichtung, beteiligten sich die Zeitungsverleger und der „Reichsverband der Deutschen Presse" mit erheblichen Dotationen.

In Heidelberg hieß der Promotor eines Instituts für Zeitungswesen Wilhelm Waldkirch (1870–1942). Er war Verleger des „General-Anzeigers für Ludwigshafen" und der „Pfälzischen Rundschau", der beiden größten Blätter in der Pfalz.[63] Sein akademisches Engagement speiste sich „ebenso aus einer tief empfundenen staatspolitischen und nationalen Verpflichtung wie sein Kampf gegen die separatistische Bewegung der ‚Autonomen Pfalz' und seine Plädoyers für die Erneuerung und Gesundung des Staatswesens in der Weimarer Republik".[64]

Sein Einsatz ging noch über das bloße finanzielle Engagement hinaus: Nach der Realisierung seiner Pläne 1927 überließ er das Verlagsgeschäft seinen Söhnen und widmete sich der Ko-Direktion des Instituts für Zeitungswesen. Waldkirch animierte den „Verein südwestdeutscher Zeitungsverleger" zu zwei Denkschriften (1923/24) an den badischen Kultusminister Willy Hellpach, die für ein Presseinstitut an der Universität Heidelberg votierten, das sich der praktischen Journalistenausbildung, der Presseforschung und natürlich der Auslotung und Abwehr vor allem der französischen Propaganda annehmen sollte – am 19. Januar 1924 war es zu einem Generalstreik der pfälzischen Zeitungen gegen die Pressezensur der Besatzer gekommen. Nach einer längeren Verhandlungsphase, in deren Verlauf sich der neue Kultusminister Adam Remmele ausbat, daß das Institut „lediglich den Zwecken freier wissenschaftlicher Forschung und Lehre zu dienen habe"[65], nahm die Philosophische Fakultät am 25. Juli 1926 den Gründungsplan für das Institut einstimmig an. Die neue Einrichtung sollte eng an das Institut für Sozial- und Staatswissenschaften gebunden werden. Die InSoSta-Professoren Lederer, Brinkmann und Alfred Weber entwickelten auch ein erstes inhaltliches Konzept und führten die weiteren Verhandlungen mit den Verlegern. Schließlich war es Weber, der seinen Schüler von Eckardt auf das Extraordinariat für staatswissenschaftlich-historische Publizistik lancierte. Die Finanzierung, um die es in der Folge zahlreiche Querelen geben sollte, bestand aus dem von den Verlegern nach vollmundigen Ankündigungen nur unter Mühen aufgebrachten Grundstockvermögen von 200000 Reichsmark und lediglich jeweils 5000 Reichsmark vom Reichsministerium des Innern und der Badischen Regierung jährlich.

Außerordentlich kompliziert gestaltete sich die Organisationsstruktur: Die „Oberleitung" lag bei einem Arbeitsausschuß, dem Weber, Lederer, von Eckardt und die beiden fachwissenschaftlichen Leiter Waldkirch und Alfred Scheel (1877–1932, ein Standespolitiker und Ex-Chefredakteur der Neuen Badischen Landeszeitung) angehörten, es gab einen Verwaltungsrat mit Vertretern der Ministerial- und Universitätsbehörden, Förderern und Standesvertretern, ein „repräsentatives Kuratorium aus hervorragenden Männern der Wissenschaft und des öffentlichen Lebens", schließlich auch noch eine 1932 inaugurierte „Gesellschaft für Zeitungswesen an der Universität Heidelberg", die im wesentlichen finanzielle Beihilfen für Vortragsreihen und studentische Stipendien bereitstellte.

Schon vor der feierlichen Eröffnung des Instituts am 14. Mai 1927 machte der „Reichsverband der Deutschen Presse" seinem Unmut Luft. Im Verbandsorgan „Deutsche Presse" hieß es, daß gewisse Verlegerkreise unter Ausschaltung der Mitwirkung des Reichsverbandes einen maßgeblichen Einfluß auf die von ihnen finanzierten Institute in Dortmund und eventuell in Heidelberg gewinnen wollen. Als wissenschaftliche Institute würden derartige Einrichtungen nicht gelten können, sondern nur als Institute „zur Förderung der Interessen der Zeitungsverleger unter Vorspiegelung objektiver Wissenschaftlichkeit".[66]

Die interessierten RDP-Kreise, schon bald indes zur tatkräftigen Mitarbeit an der Institutsgründung eingeladen, bekrittelten unter dem Einfluß Emil Dovifats auch die fachliche Qualifikation des vorgesehenen Direktors von Eckardt. Schließlich schien es im November 1926 zu einer Lösung zu kommen, die zwei gleichberechtigte Direktoren für das neue Institut vorsah; einer davon sollte nach dem Willen des RDP Emil Dovifat sein. Aber RDP-Vorstandsmitglied Dovifat hatte sich derart ungeniert von seinem Verband protegieren lassen, daß Alfred Weber den Vorschlag als eine Einmischung in die Personalhoheit der Universität zurückwies.[67] Dovifat wurde zwei Jahre später Direktor des „Deutschen Instituts für Zeitungskunde" in Berlin und zugleich außerordentlicher planmäßiger Professor an der dortigen Universität.

Im Gegensatz zu Dovifat gehörte von Eckardt zu den entschiedenen Gegnern einer wie auch immer gearteten „Zeitungswissenschaft"[68], publizierte freilich in den folgenden Jahren auch nichts Nennenswertes über das Pressewesen. Zwar verlief der Instituts- und Vortragsbetrieb rege – die Zeitungsinstitute zogen unabhängig von ihren diffusen Curricula zahlreiche Studenten an, weil die Medienberufe schon seinerzeit hoch attraktiv erschienen –, aber das Institut entfaltete keine Dogmatik im wissenschaftssoziologischen Sinne, und gelegentliche Praxisübungen durch Lehrbeauftragte bereiteten auf die späteren Berufe nur sehr rudimentär vor.

Das „Zeitungswesen" war zudem kein Promotionsfach – den Erfolg, es dazu gemacht zu haben, hefteten sich später die NS-Studenten ans Revers. Immerhin verdient es einige Aufmerksamkeit, daß Karl Mannheims Vorlesungen zur „öffentlichen Meinung" in das Lehrangebot integriert waren – ein früher Konnex der eigentlich unabdingbar aufeinander angewiesenen Disziplinen Wissenssoziologie und Kommunikationswissenschaft.

Ihre wesentliche Bedeutung für die Historie der Kommunikationswissenschaft hat die Heidelberger Universität ohnehin durch zwei Vorgänge gewonnen, die mit dem „Institut für Zeitungswesen" nur sehr mittelbar attachiert sind: Der jüdische Professor Adolf Koch hatte bereits 1897 begonnen, „praktische Übungen zur Einführung in die Journalistik" zu veranstalten, ein Novum für deutsche Universitäten, und Max Weber hatte dem ersten deutschen Soziologentag im Oktober 1910 (in Frankfurt) den Plan für eine großangelegte empirische Presse-Enquete vorgelegt, mit der die ökonomischen und publizistischen Konstituenten des Pressegewerbes analysiert werden sollten („... wir werden nun, deutlich gesprochen, ganz banausisch anzufangen haben, ... zu messen, mit der Schere und dem Zirkel, wie sich denn der Inhalt der Zeitungen verschoben hat im Lauf der letzten Generation").[69]

Im Oktober 1912 gerieten der Großsoziologe Weber und der akademische Außenseiter Koch vor dem Großherzoglichen Amtsgericht aneinander – Koch hatte Weber verklagt, weil er sich nach komplexen, an anderer Stelle ausführlich dokumentierten Vorgeplänkeln[70] durch diesen, nicht ganz zu Unrecht, beleidigt fühlte. Der in akademischen Händeln erfahrene Weber ging zum Gegenangriff über und nahm schließlich als Ankläger an einem Disziplinarverfahren der Philosophischen Fakultät gegen Koch teil, in dessen Verlauf dem Journalistik-Dozenten die venia legendi entzogen wurde – Kochs Karriere war ruiniert.

Seltsamerweise würdigte der „Heidelberger Student" unter Six' Hauptschriftleitung in seiner Presse-Sondernummer vom 16. Februar 1934, über die noch ausführlicher zu berichten sein wird, daß „vor fast 40 Jahren zum ersten Mal an einer deutschen Hochschule von Adolf Koch die Journalistik in den Kreis wissenschaftlicher Betrachtung und Übung gezogen wurde" – hier also stand die wissenschaftshistorische Legitimation noch vor rassekundlicher Schärfe, es mag sich aber auch um bloße Vergeßlichkeit gehandelt haben. Nachdem der seit längerem kränkelnde Alfred Scheel 1931 von seinem Lehrauftrag entbunden worden und damit auch aus der Leitung des Institutes ausgeschieden war, wurde nach längerer Kandidatensuche der Feuilletonchef der Breslauer „Schlesischen Zeitung", Hans-Hermann Adler, Jahrgang 1891, auf dessen Stelle berufen.

Adler, ein fachlich völlig unauffälliger, angepaßter Nationalsozialist, übernahm nach von Eckardts Vertreibung dann die Gesamtleitung des Instituts; der deutschnationale Geheimrat Waldkirch wurde Zug um Zug kaltgestellt, nachdem der regionale NS-Pressetrust Begehrlichkeiten auf sein Verlagsgeschäft entwickelt hatte. Adler konnte sich der Unterstützung durch die NS-„Volksgemeinschaft" sicher sein: „Wir begrüßen ihn an dieser Stelle", schrieb das Blatt am 12. April 1933, „und sehen es vor allem als unsere Pflicht an, gewisse Gerüchte zu widerlegen, die besagten, Professor Adler sei jüdischer Abstammung. Adler entstammt einer Egerländer Familie und dort ist dieser Name im Gegensatz zu Wien und Umgegend als alter deutscher Familienname bekannt".

Nach dieser Klarstellung konnte Adler unbelastet daran gehen, den Studenten Franz Alfred Six zu belohnen, dem er schließlich sein neues Amt verdankte. Mit Wirkung vom 1. Mai 1933 wurde Six per Privatdienstvertrag von Adler als Hilfsassistent am Institut für Zeitungswesen angestellt.[71] Die Vergütung betrug 100 Reichsmark monatlich. Der ärgsten materiellen Sorgen ledig und im Hochgefühl des Sieges über den liberal-intellektualistischen Wissenschaftsgeist, wird Six an der pompösen Maifeier der nunmehr nationalsozialistisch inspirierten Heidelberger Universität teilgenommen haben, „als 20 000 Heidelberger im Festzug mitmarschierten, die Professoren im Talar, die Korporationen im Vollwichs und vor ihnen her der NSDStB und die Studenten-SA".[72]

Gut zwei Wochen später wurden im Rahmen der reichsweiten studentischen Aktion wider den „undeutschen Geist" auch auf dem Heidelberger Universitätsplatz Bücher verbrannt, und die Zuschauer, berichtete das gleichgeschaltete „Heidelberger Tageblatt", „drängten sich um den abgesperrten Platz in unübersehbaren Mengen, im übrigen vollgeladen mit Schaulust, Freude und in Pfälzer Ausgelassenheit". Der Führer der Heidelberger Studentenschaft, cand. med. Gustav Adolf Scheel (1907 –1979), ein bulliger Pfarrerssohn und persönlicher Six-Freund, von 1936 an Reichsstudentenführer und im Testament Hitlers noch als Kultusminister vorgesehen, hielt die Ansprache zum Autodafé und somit „gegen jüdisch-zersetzende, gegen marxistisch-bolschewistische, gegen gemein-frivole Schriften"; auch Hans von Eckardt kam noch einmal zu Ehren: „Wir Studenten der deutschen Revolution müssen hier ausdrücklich feststellen, daß leider auch teilweise an unserer Universität schwer gesündigt wurde. So hat Herr Prof. von Eckardt, der heute wieder versucht, sich ein nationales Mäntelchen umzuhängen, in der letzten Zeit für nicht weniger als 320 RM Bücher des Bolschewisten Lenin angeschafft, während er für die notwendigsten Handbücher der Zeitungswissenschaft nichts übrig hatte".[73]

Freilich hätte es für die 320 Mark auch gar nicht genug Handbücher der Zeitungswissenschaft zu kaufen gegeben, denn die Disziplin hatte solche Standardwerke noch kaum hervorgebracht, und das vierbändige Opus „Die Zeitung" von Otto Groth (der Münchener Korrespondent der „Frankfurter Zeitung" war nun auch jüdischer Abstammung und erhielt keine Chance, an einer deutschen Universität zu dozieren) wird gewiß in der Bibliothek des Instituts für Zeitungswesen vorhanden gewesen sein. Das „Hauptamt für Presse und Propaganda" der Deutschen Studentenschaft in Berlin, in das Six von Heidelberg aus wechseln sollte, hatte zur Bücherverbrennung 12 Kern- und Merksätze entwickelt, die von der radikal antisemitischen Einstellung der akademischen NS-Eleven kündeten: „Unser gefährlichster Widersacher ist der Jude und der, der ihm hörig ist", hieß es in Satz vier; „Wir fordern die Auslese von Studenten und Professoren nach der Sicherheit des Denkens im deutschen Geiste", lautete Merksatz elf.

Während in diesem Geiste die Werke Gumbels und Remarques, Kerrs und Tucholskys verbrannt wurden, war das unterentwickelte Fach „Zeitungswissenschaft" in die Hände des Geheimrats Heide gefallen. Der gebürtige Iserlohner, Herausgeber des Sammelbandes „Wieder empor! Ein Wegweiser für das deutsche Volk" (Essen 1922), in der Weimarer Zeit Mitglied in Stresemanns DVP, seit 1927 an leitender Stelle in der Presseabteilung der Reichsregierung im Auswärtigen Amt tätig, hatte 1932/33 den Transfer der Regierungs-Pressearbeit vom Auswärtigen Amt ins neue Reichministerium für Volksaufklärung und Propaganda (RMVP) mitorganisiert.[74]

Obwohl Heide nicht Mitglied der NSDAP war, mochte Goebbels auf den wendigen Verwaltungsfachmann nicht verzichten und gliederte diesen mit einem speziellen „Ausland-Presse-Büro" in sein Ministerium ein, das unter anderem deutsche Blätter im Ausland mit Agentur- und Featurematerialien belieferte, deren direkte Herkunft aus dem Goebbels-Apparat nicht sofort kenntlich werden sollte. Heide ging nun tatkräftig daran, die Aufwertung der Propaganda im NS-Staat zur offiziellen „Staatskunst" (so auch der Titel einer der raren Heide-Vorlesungen an der Technischen Hochschule Berlin, die ihn im Mai 1933 zum Honorarprofessor für Zeitungswissenschaft ernannt hatte) für die institutionelle Festigung seiner „Zeitungswissenschaft" zu nutzen. Der Geheimrat, schon in der Weimarer Republik einer der eifrigsten Lobbyisten für das Fach, trat in einer Art Zangenbewegung als „Treuhänder" auf: Er vertrat die angeblichen Forderungen des RMVP gegenüber den Einzelinstituten und zugleich die Belange der Disziplin bei der NS-Wissenschafts- und Propaganda-Administration.

Damit war das Führerprinzip auch in der Zeitungswissenschaft verwirklicht. Dem sozialwissenschaftlich völlig unbelasteten Heide galt das fachliche Niveau der Presseforschung nicht viel; ihm ging es um institutionelle Fortschritte und staatliche Anerkennung seines Steckenpferdes. „Am Donnerstag", so teilte er am 20. Juni 1933 einem Kollegen mit, „werde ich übrigens die in Deutschland bestehenden Zeitungswissenschaftlichen Vereinigungen zu einem Verbande zusammenschließen. Nach allem glaube ich, daß wir in der Zeitungswissenschaft gut vorwärts kommen. Die Verbindung zum Propagandaministerium ist derartig, daß ich sie für die neue Disziplin außerordentlich nutzbar machen kann".[75] Mit seiner Formel „Von der Presse kommen wir, und bei der Presse bleiben wir!", die sich gegen die Ausweitung der Pressekunde auf die von Heide als „Randgebiete" ausgewiesenen Felder Rundfunk und Film richtete, galt er bei radikaleren NS-Publizistikwissenschaftlern freilich bald schon als bürgerlicher Reaktionär;

in zähen Stellungskriegen diverser Fraktionen versandete die universitäre Medienkunde im NS-Staat. Reichsminister Goebbels brachte für sie ohnehin nicht das geringste Interesse auf.

In den Gefilden von Heides „Deutschem Zeitungswissenschaftlichen Verband" mit Sitz in der Berliner Brückenallee herrschte vor allem deutsche Vereinsmeierei, der selbsternannte Präsident Heide führte die skurrile Wissenschaftsorganisation wie einen privaten Herrenclub. Das bekam recht schnell auch Franz Alfred Six in Heidelberg zu spüren, der nun aber als regionale studentische Größe von, zumindest in Kreisen der NS-Studentenschaft, nationalem Bekanntheitsgrad, einiges Selbstbewußtsein entwickelt hatte.

Heide ging es darum, daß sich an möglichst allen Universitäten mit zeitungswissenschaftlichen Instituten sogenannte „Zeitungswissenschaftliche Vereinigungen" aus studentischen, berufsständischen und akademischen Förderern der Disziplin bilden sollten, die dann wiederum Mitglieder des DZV werden konnten. Der Geschäftsführer von Heides Club, Josef Wilkens, wandte sich im Dezember 1933 an Six mit der Frage, wie weit denn die Sache in Heidelberg gediehen sei. Six hatte daraufhin mitgeteilt, er wolle erst im Mai 1934 zur Gründung einer Vereinigung schreiten; er müsse zunächst seine Dissertation fertigstellen, außerdem sei die umfassende „Reichsreform" abzuwarten. Das erboste den Geheimrat: „Beide Gründe sind mir unverständlich", schrieb er am 20. Dezember 1933, „da wir die Gründung von Vereinigungen nicht von persönlichen Gründen abhängig machen können und die Reichsreform, deren Termin zunächst noch nicht feststeht, mit zeitungswissenschaftlichen Fragen nichts zu tun hat". Nachdem in allen anderen Universitätsstädten schon Zeitungswissenschaftliche Vereinigungen ins Leben gerufen worden seien, müsse er, Heide, „Wert darauf legen, dass jetzt auch in Heidelberg eine Vereinigung gegründet wird. Falls Sie selbst nicht in der Lage sind, die Gründung einer Vereinigung vorzubereiten, bitte ich um geeignete Vorschläge anderer Studierender der Zeitungswissenschaft, unter denen ich eventuell einen mit der Gründung beauftragen könnte. Das Beispiel ihrer Nachbar-Universität Freiburg hat bewiesen, wie schnell eine Vereinigung auf die Beine gestellt werden kann. Die Gründungsversammlung hat bereits über 40 Mitglieder ergeben, darunter auch führende Männer, nicht nur aus der Presse". Da er die Vorsitzenden der Vereinigungen im Februar 1934 nach Berlin einladen wolle, lege er Wert darauf, daß bis dahin auch eine Organisation in Heidelberg entstanden sei. „Nötigenfalls", drohte Heide, werde er seinen DZV-Geschäftsführer Wilkens nach Heidelberg senden.[76]

Six fühlte sich in seiner Organisatorenehre gekränkt, überdies scheint ihn die unverhüllte Übernahmetaktik des Berliner Verbandschefs unangenehm berührt zu haben. „Mein jahrelanger Kampf", antwortete er eine Woche später, „gegen die alte Führung des Instituts, hinter dem die gesamte Heidelberger Studentenschaft stand, war ebenso erfolgreich wie das Vertrauen und der Einsatz für die neue Führung. Die Studentenschaft der Universität Heidelberg hat durch ihr förderndes Interesse einen großen Anteil an dem neuen Erfolg, der die Zeitungskunde lt. ministeriellem Erlaß zum Promotionsfach erhebt. Aus der Fülle unserer Arbeit und den eigenen Erfolgen schien uns eine Gründung der zeitungswissenschaftlichen Vereinigung bisher nicht notwendig".

Überdies sei eine „Formalgründung" unsinnig, solange die Vereinigung nicht den Rückhalt „aller Redaktionen und Betriebe unseres Gaugebietes" habe. Und diesen Rückhalt hätte er, Six, aufgrund seiner umfassenden Verbindungen im Mai organisieren können. Da nun aber Heide Wert auf eine rasche Gründung lege, habe er diese Aufgabe seinem Nachfolger als Leiter der Fachschaft Zeitungswissenschaftler, stud. phil. Rudolf Tipke, übergeben. Trotzig und grammatikalisch eher unbeholfen schloß Six seinen Brief: „Ich habe den Kreisleiter der südwestdeutschen Studentenschaften, Herrn Gustav Adolf Scheel, als einem Freund des Instituts und meiner Auffassung von diesem Brief in Kenntnis gesetzt".[77]

Nun ging es doch zügig voran: Tipke, zusammen mit Six auch Hauptschriftleiter beim „Heidelberger Student", legte den 17. Februar 1934 als Termin für die Gründung fest. Das Verhältnis zwischen dem Geheimrat und Six blieb noch für geraume Zeit gespannt; im unsignierten Schreiben eines zeitweiligen Tipke-Vertreters vom 1. August 1934 findet sich die Passage: „Über das Verhältnis Six-Heide ist mir nur bekannt, daß die beiderseitigen Beziehungen abgebrochen wurden durch die Weigerung Heides in Freiburg sich mit Six über die laufenden Fragen zu unterhalten; die Rolle des Amts für Wissenschaft in Berlin ist noch ungeklärt. Auf der anderen Seite ist mir von irgendwelchen Aktionen von Six nichts bekannt. Er ist gestern nach Bayreuth abgefahren, Rückkehr voraussichtlich Dienstag".[78]

Die Sitzung des „Präsidialausschusses des Deutschen Zeitungswissenschaftlichen Verbandes" am 5. Februar 1934 hatte noch ohne offizielle Heidelberger Beteiligung stattgefunden. Immerhin scheint aber Tipke doch teilgenommen zu haben, da er ein Gedächtnisprotokoll anfertigte. Beglückt über die Anrechnung des Zeitungswissenschaftlichen Studiums gemäß § 18.2. des Schriftleitergesetzes auf die journalistische Ausbildungszeit ließ Heide Dankestelegramme an Reichsminister Dr. Goebbels, Staatssekretär Dr. Funk und an den Sachbearbeiter des Schriftleitergesetzes, Dr. Schmidt-Leonhardt, absenden. Das Leipziger Institut, vermerkt das Tipke-Protokoll, wollte die Bezeichnung „stud. publ." einführen; Heide war davon nicht erbaut, und sein Adlatus Wilkens erklärte schon bei dieser Gelegenheit, „dass die eigentliche Zeitungswissenschaft immer gegenüber der Rundfunkforschung usw. im Vordergrund bleiben müsse". Zudem wünschte Heide eine einheitliche Nomenklatur der Fachinstitute und äußerte die Ansicht, „dass auch hierbei der Ausdruck Zeitungswissenschaft durchgesetzt werden muss"[79].

Tatsächlich kam es am 17. Februar 1934 zur Gründung der Zeitungswissenschaftlichen Vereinigung Heidelberg durch stud. phil. Rudolf Tipke. Man beging den bedeutsamen Tag mit einem Eröffnungsvortrag von Dr. Adler („Entwicklung und Aufgaben der Zeitungswissenschaft") im Institut an der Hauptstraße 232 selbst, dann trat in der Aula der Alten Universität Ministerialrat Jahnke, Leiter der Presseabteilung im Propagandaministerium, ans Rednerpult, um eine Standardrede über die „Presse im neuen Staat" zu halten. Abends gab es im ersten Haus am Platze, dem „Europäischen Hof", ein geselliges Beisammensein der Teilnehmer mit ihren Damen.

Die Edition einer Presse-Sondernummer des „Heidelberger Student" zur Vereinigungsgründung stellt auch den Höhepunkt von Franz Alfred Six' studentenpublizistischem Wirken in Heidelberg dar.[80] Der Aufmacher über die „Struktur und Entwicklung der nationalsozialistischen Kampfpresse" und ein weiterer Artikel über das politische Plakat kamen von Six selbst – Früchte seiner in Arbeit befindlichen Dissertation. „Die Zeitung ist Mittel der Propaganda", hieß es schon da in glatter Kongruenz von Definition und Praxis, „sie hat der Bewegung zu dienen und ohne sie ihre Berechtigung verloren". Und die Spannweite seiner kulturtheoretischen Einsichten hat Six damals schon auf das Genaueste vorgestellt: „Wir sahen überhaupt unsere agitatorische Aufgabe weniger darin, in Vielfältigkeit zu schildern, als vielmehr ein paar ganz große politische Leitgedanken zur Darstellung zu bringen, ein paar ganz große politische Forderungen zu formulieren und die dann allerdings in hundert und mehr Variationen dem Leser mit zäher Folgerichtigkeit einzuhämmern und aufzuzwingen".

Ansonsten konnten Six und Tipke, der sich jetzt den Titel „Beauftragter des Präsidenten des Deutschen Zeitungswissenschaftlichen Verbandes" zugelegt hatte[81], eine ansehnliche Autorenliste für die Sondernummer zusammenbringen. Der Freiburger Institutsleiter Wil-

Presse-Sondernummer

Heidelberg, 16. Februar 1934 Nr. 6

Winter-Semester 1933/34 (73. Halbjahr)
Auflage 4500

Der Heidelberger Student

HERAUSGEGEBEN VON DER STUDENTENSCHAFT DER UNIVERSITÄT HEIDELBERG

Schriftleitung: F. A. Six, Rudolf Tipke, beide Heidelberg, Heidelberger Studentenschaft, Seminarienhaus, Augustinergasse 15.
Zuschriften für die Schriftleitung nur an diese Anschrift. — Nachdruck verboten!
Verlag, Druck und Anzeigenannahme: Druckerei Winter, Heidelberg, Lutherstr. 55, Fernsprecher 4957/4958. Postscheck-Konto Nr. 4117 Karlsruhe in Baden.
Die Abgabe an die Studenten und Dozenten der Universität Heidelberg erfolgt unentgeltlich. Im übrigen Bezug durch den Zeitungs- und Buchhandel. Preis dieser Nummer RM. 0.20

Presse und Propaganda

Struktur und Entwicklung der nationalsozialistischen Kampfpresse

Von F. A. Six
Hauptamtsleiter für Werbung und Aufklärung. Assistent am Institut für Zeitungswesen

Die Presse ein Mittel der Propaganda!

Die Geschichte der nationalsozialistischen Presse ist eng verbunden mit der Geschichte der nationalsozialistischen Bewegung. Wenn der Nationalsozialismus die Ansicht vertrat, daß aus ehemaligen

sehen, keine Verminderung der Bedeutung der Presse, aber es steht ihr nicht zu, die Politik des Staates zu zerpflücken, bevor sie überhaupt in den Zustand der Verwirklichung gekommen ist. Die Zeitung ist Mittel der Propaganda, sie hat der Be-

die Partei ausgesprochen hatte, mußten neue Mittel getroffen werden, die eine Fortsetzung ihrer Werbearbeit bedeuteten. Es entsteht die nationalsozialistische Kampfzeitung, der Agitator der Straße.

Der nationalsozialistischen Presse sind aus diesem Grunde andere Aufgaben zugewiesen als der übrigen Presse. Während diese Nachrichten- und Informationsorgane darstellen, die sich zum Teil bemühen, objektiv die politischen Organe darzustellen, oder wie die jüdischen Boulevardblätter sich wenigstens

schrieben und gleich in den Anfangssätzen von einer agitatorischen Schärfe, daß keiner, der mit dem Lesen begann, ihn ungelesen beiseite legte.

Der Leser sollte den Eindruck gewinnen, als sei der Schreiber des Leitaufsatzes eigentlich ein Redner, der neben ihm stünde und ihn mit einfachen und zwingenden Gedankengängen zu seiner Meinung bekehren wollte. Das Ausschlaggebende war, daß dieser Leitaufsatz in der Tat das Gerippe der ganzen Zeitung abgab, um das sich alle

Artikel von Six im „Heidelberger Student“

helm Kapp handelte über die „kämpferische Zeitung einst und jetzt", Carl Brinkmann beschrieb die „Aufgaben des Wirtschaftsteils im neuen Staat", Geheimrat Heide wiederum die „Zeitungswissenschaft im neuen Staat", Karl d'Ester enttarnte französische „Spottbilder als politische Kampfmittel", und selbst der Greifswalder Privatdozent Hans Traub, dem 1937 aus den bekannten „rassischen Gründen" die Lehrbefugnis entzogen wurde, steuerte einen Artikel über die Notwendigkeit einer disziplinären Erforschung von „Zeitung, Film, Rundfunk" bei.

Daß in dem Heft auch Männer wie Helmut Hammer, Kulturschriftleiter am „Führer", und Hans Herbert Reeder, Theaterreferent der „Volksgemeinschaft", nicht fehlen durften, ergibt sich aus der Natur der Sache – schließlich war es wohl jener Reeder gewesen, der Professor von Eckardt mit seinen Pamphleten attackiert und aus dem Amt gejagt hatte. Daß deutsche Studenten ihre Marsch- und Arbeitsstiefel sowie sonstige Schuh-Waren beim SS-Mann „Schuhhaus Schütte" in der Heidelberger Hauptstraße 69 kaufen sollten und es im Restaurant „Zur Reichskrone" gutbürgerliches Mittagessen ab 60 Pfennig gab, war dem Anzeigenteil zu entnehmen, und Führer Scheel mahnte unter der 28-Punkt-Überschrift „Gegen Pomadenjünglinge und Modepimpfe":

„Längst überholte, doch leider noch nicht verschwundene, *dekadente Gestalten* machen sich in letzter Zeit wieder recht bemerkbar. Wir nationalsozialistischen Studenten verbitten uns, daß derartige Jünglinge den Ruf der Studentenschaft wieder in Frage stellen. Wir verzichten darauf, an Stelle des alten Saufstudenten nun *geschniegelte Modepuppen und Lakaientypen* herumlaufen zu sehen, die es nicht fertig bringen, mit unseren Volksgenossen ein paar vergnügte Stunden zu verleben, sondern sich mit der Pflege der Gesellschaftlichkeit *bewußt aus der Volksgemeinschaft ausschalten* wollen. Durch den Dienst in der Hitlerjugend, im Arbeitsdienst und in der SA wächst eine neue deutsche Jugend heran, die mit der betonten Form einer volksfremden Gesellschaftspflege nichts mehr zu tun hat. Umso bedauerlicher und gefährlicher ist das bewußte Verharren in einem unserm Volke zum Verhängnis gewordenen Standesbewußtsein, weshalb wir deutschen Studenten mit allen uns zur Verfügung stehenden Mitteln gegen solche renitenten Salonerscheinungen vorgehen werden".

Zehn Tage nach dieser fulminanten Abrechnung mit den nicht-uniformierten bürgerlichen *followers of fashion* dankte Scheel dann dem Schriftleiter Six, der aufgrund seiner Examensvorbereitungen die Redaktion des „Heidelberger Student" habe niederlegen müssen. Das Blatt habe durch das Engagement von Six einen „ungeheuren Aufschwung" nehmen können, lobte der Studentenführer. An seiner Dissertation hatte Six seit dem Winter 1933 in seiner Mansarde am Oberen Faulen Pelz 14 gearbeitet. Seine zahlreichen studentenpolitischen Verpflichtungen ließen für eine solide und ausgedehnte akademische Studie keine Zeit, aber solche Muße war, wie sich zeigen sollte, auch nicht mehr unbedingt nötig, um den begehrten Doktortitel zu erlangen.

Was Six schließlich unter dem Titel „Die politische Propaganda des Nationalsozialismus" im April 1934 seinem Gutachter Arnold Bergsträsser vorlegte, liest sich zum einen als affirmativer Erfahrungsbericht über die rüde Methodik des rechtsradikalen Kampfes, zum anderen als pure Exegese der in der politischen Realität bewährten Praktikertheoreme von Hitler und Goebbels zu Fragen der politischen Organisation und Propaganda – in den entsprechenden Kapiteln aus „Mein Kampf" oder in den diversen Goebbels-Reden lag ja tatsächlich ein höherer Grad an Präzision und handwerklichem Realismus als in der hilflosen Spätscholastik der Zeitungswissenschaftler.

Neben den kanonischen Schriften der NS-Propaganda hatte sich Six, glaubt man dem knappen Literaturverzeichnis, auch mit Plenges „Deutscher Propaganda", Kurt Baschwitz' „Massenwahn", Wilhelm Bauers „Die öffentliche Meinung und ihre geschichtlichen Grundlagen" und Schulze-Pfaelzers „Propaganda, Agitation, Reklame" vertraut gemacht. An soziologischer Referenz im engeren Sinne findet sich nur Robert Michels' Aufsatz „Zur Psychologie der antikapitalistischen Massenbewegungen". Die Doktorthese hatte im Pflichtdruck, der erst 1936 bei der Druckerei Winter in Heidelberg erschien, 75 Seiten Umfang.[82]

Da Franz Alfred Six sich im Sinne des Goebbelsschen Vorspruchs ohne Zweifel in Heidelberg als Propagandist der Tat bewährt hatte, wollte er sich auf die Schilderung jener Methoden und Aktionen beschränken, die den Erfolg herbeigeführt hatten. Der politische Kampf, der persönliche Einsatz und die Regeln der Propaganda waren ein untrennbarer Gesamtkomplex, und so beanspruchte Six' Dissertation, wie er freimütig in der Einführung bekannte, „nichts anderes (zu) sein als die Zusammenfassung der Erkenntnisse nationalsozialistischer Propaganda".[83] Nach einer Schilderung des nationalsozialistischen Vormarsches „in das zerspaltene Volk" gab Six des „Führers" klassische Definition der Aufgaben von Organisation und Propaganda wieder: „Die erste Aufgabe der Propaganda ist die Gewinnung von Menschen für die spätere Organisation, die erste Aufgabe der Organisation ist die Gewinnung von Menschen zur Fortführung der Propaganda. Die zweite Aufgabe der Propaganda ist die Zersetzung des bestehen-

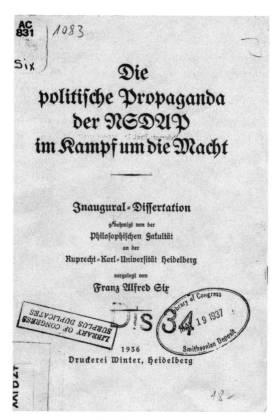

Six-Dissertation

den Zustandes und die Durchsetzung dieses Zustandes mit der neuen Lehre, während die zweite Aufgabe der Organisation der Kampf um die Macht sein muß, um durch sie den endgültigen Erfolg der Lehre zu erreichen".

Die Propaganda mußte, so Six frei nach Hitler, „volkstümlich und einfach sein", und ihre geistige Höhe nach dem Wissen des einfachsten Mannes bemessen – schließlich kam es zunächst auf die Massen an, und wie man später mit störrischen Intellektuellen fertig werden konnte, hatten Six und seine Kameraden in Heidelberg vorexerziert. Neben den stereotypen massenpsychologischen Slogans („gleichbleibende Beharrlichkeit und Wiederholung"), wie sie für die Kunstlehren aller nach Totalität strebenden Bewegungen typisch sind, nimmt die Fixierung, Definition, Beschreibung und Herabwürdigung der verschiedenen Gegnergruppen schon in Six' Doktorarbeit breiten Raum ein. Daß der Nationalsozialismus als Weltanschauung bei seiner Gegnerbekämpfung immer einseitig bleiben mußte und nie auf „sture Eigensinnigkeit" verzichtete, wird dabei von Six freimütig konzediert, wie man überhaupt der Arbeit mangelnde Ehrlichkeit nicht vorwerfen kann.

Wer in den jüdischen Zeitungen nicht „bekämpft und verlästert" werde, hatte schon Hitler in einem „Mein Kampf"-Theorem verkündet, sei „kein anständiger deutscher und kein wahrer Nationalsozialist", und Six präzisierte: „Ausgehend von der weltanschaulichen Grundlage der nationalsozialistischen Bewegung und ihrer daraus folgenden antijüdischen Einstellung mußte das ganze Volk davon überzeugt werden, daß der Jude und bei seiner Stellung damit die Führer der gegnerischen Verbände lügen". Schon hier taucht die von Six später zur Profession gemachte Vernetzungstheorie auf: Der Jude war nicht nur als solcher zu bekämpfen, sondern vor allem in seinen konkret-gesellschaftlichen „Tarnungen" und institutionellen Verzweigungen.

Das Ziel einer vorwärtsdrängenden politischen Bewegung sei, schrieb Six vorausahnend, „die Schwächung und endgültige Vernichtung des Feindes". Dabei sei die Konzentration auf einen Gegner unbedingte Voraussetzung, um eine „Zersplitterung des Kampfeswillens" zu vermeiden. Um aber dennoch möglichst breite Wirkungen zu erzielen, habe die NS-Propaganda „in ihren einzelnen politischen Richtungen ursprünglich auseinanderliegende, in ihrer Weltanschauung jedoch verwandte Gegner in Einheitsgruppen wie Marxismus und Liberalismus zusammengefaßt und alle Nebenbestrebungen und Seitenbestrebungen in sie hineingepreßt" – wobei der Jude als wesentlicher Gegner bestimmt war. Zur Konkretion ein letztes Zitat aus der Six-Arbeit: „Der Ostgalizier, der dicke fette Jude, der Bonze, die Ballonmütze des Sozialdemokraten hatten sich dank der zielbewußten Aufklärung der nationalsozialistischen Bewegung bald in das Gedächtnis der Massen eingegraben. Wo früher das Wort Bourgeois klang, kam jetzt der Widerhall von Bonze. Wo die Pickelhaube als Kennzeichen brutaler Willkür gesetzt war, zeigte sich der Gummiknüppel als das Wahrzeichen des Weimarer Staates, und wie einstmals das Einglas dargestellt war, enthüllte sich jetzt das unverkennbare Antlitz des Juden. So wurde dem Spott und Hohn der Gegner die Spitze abgebrochen und seine eigenen Mittel gegen ihn selbst verwendet".

Im weiteren Verlauf seiner Arbeit schilderte Six noch die einzelnen Medien und Formen der NS-Propaganda – vom Kampfblatt bis zum Klebezettel – und wies zudem darauf hin, daß nunmehr die Zeit der

Staatspropaganda eingesetzt habe, nachdem der evidente Gegner mit der Zerschlagung der Parteien ja endgültig lahmgelegt worden sei. Eine Darstellung der Organisationsstruktur des Reichsministeriums für Volksaufklärung und Propaganda bildet darum folgerichtig den Abschluß dieses akademischen Werkes. Es ist nicht zu ermitteln, welche Gedanken dem Staatswissenschaftler Bergsträsser bei der Lektüre dieses Textes durch den Kopf gingen; er war „Vierteljude" in der NS-Rassenterminologie, im August 1936 wurde ihm, vermutlich aufgrund akademischer Intrigen, die Lehrbefugnis auch deshalb entzogen, weil er entgegen einer Anordnung des Reichsministeriums für Wissenschaft, Erziehung und Volksbildung Doktoranden angenommen und bei der Themenstellung die „von einem Nichtarier zu erwartende notwendige Zurückhaltung" außer acht gelassen habe.[84]

Tatsächlich promovierten bei Bergsträsser, in der Bundesrepublik nach der Rückkehr aus dem US-Exil einer der führenden Politikwissenschaftler, zahlreiche NS-Studenten wie der kommende „Reichsfilmintendant" Fritz Hippler, der SA-Scharführer Friedrich Wagner, unter Dekan Six später Professor an der Auslandswissenschaftlichen Fakultät der Universität Berlin, und auch Kurt Walz, der als Assistent oder Dozent den Weg seines Freundes Six durchs „Dritte Reich" getreulich begleitete.[85]

Bei Bergsträsser wog die Faszination für die kommende Führergeneration offensichtlich schwerer als das bittere Räsonnement über das moribunde und dann ja auch untergegangene parlamentarische System. Auch ihm lag viel daran, daß „die Überwindung der Vorherrschaft rationaler Daseinsformen in der Gesellschaft durch die Erkenntnis und Neubelebung der Kräfte der Gemeinschaft zu einem Grundgedanken des neuen Staates geworden ist"[86].

Bei den traditionellen „Hochschulvorträgen für die Zeitungspraxis" des Instituts für Zeitungswesen, die am Ende des Sommersemesters 1933 ganz vom neuen völkischen Geist erfüllt waren, hatte Bergsträsser, der über die „Stellung des politischen Redakteurs" referierte, erklärt, „die sich vollziehende Umwandlung von dem dualistisch-demokratischen Staat mit Trennung von Staat und Gesellschaft in den autoritären Staat, der alle Sphären des menschlichen Daseins" umfasse, müsse als Beginn eines großen Erziehungswerkes aufgefaßt werden – „zu dessen Vollendung alle positiven Kräfte unseres Vaterlandes unter der Führung des neuen Staates aufgerufen sind, und das nichts ausläßt, weder die Verwaltung, noch die Willensbildung, noch die Außenpolitik, noch die Sphäre der Wirtschaft". Wahrscheinlich sah sich Bergsträsser auch politisch gefährdet und kompensierte dieses Grundgefühl durch spezielle Ergebenheitsadressen an die neuen Machthaber, auch Motive der Tarnung und des kulturwissenschaftlichen Doppelagententums sollte man nicht so vorschnell beiseite schieben, wie es die Kritik post festum nahelegt.[87]

Die Six-Dissertation, die in Zeiten normaler wissenschaftlicher Bewertungssysteme kaum als Proseminararbeit durchgegangen wäre, fand Bergsträsser jedenfalls beachtlich. Sie sei, heißt es in seinem Gutachten, „interessant durch die Verbindung äußerster Realistik und analytischer Kühle (vor allem in der grundsätzlichen Darstellung des Wesens der Propaganda)"[88] und liefere einen „wertvollen Beitrag zur Analyse des Gesamtproblems".

Six' Arbeit sei eine „in dieser Klarheit nicht vorhandene begriffliche Erfassung der Propaganda". Insgesamt könne man die Arbeit als „methodische Bereicherung der wissenschaftlichen Literatur über die Dynamik des neuen Staates" werten, wenn auch – so klarsichtig war Bergsträsser immerhin doch – eine vergleichende Untersuchung auch anderer Formen der „Massen-Propaganda" noch wesentlich weiterführen würde.[89]

Zwar habe der Text in seiner Ausfertigung „etwas unter der Festsetzung eines Abschluß-Termins gelitten, ebenso unter der starken dienstlichen und politischen Inanspruchnahme des Verfassers" – umso höher aber sei die Leistung als solche zu bewerten. Bergsträsser vergab die Note 2 (–3). Am Dienstag, den 8. Mai 1934, wurde Six von Bergsträsser, Walter Jellinek, Andreas und Adler im Rigorosum geprüft, und danach war der Sohn des Polsterers Dr. phil. mit dem Prädikat „magna cum laude".

In seiner Tendenz ist das Six-Werk mit einigen anderen frühen Affirmationen der NS-Medienlenkung und ihrer Bedeutung für die Formung der neuen Volksgemeinschaft zu vergleichen, etwa mit Eugen Hadamovskys „Propaganda als nationale Macht" (Oldenburg 1933), Karl Bömers „Die Freiheit der Presse im nationalsozialistischen Staat" (ebenda), Theodor Lüddeckes „Die Tageszeitung als Mittel der Staatsführung" (Hamburg 1933) oder Friedhelm Kaisers Münsteraner Dissertation „Die Zeitung als Mittel der Nationalerziehung" (1934). Es trägt allerdings stärkeren personalen Bekenntnischarakter, hebt sich trotzdem durch seinen kühl-technokratischen Grundton ab, der schon dem Gutachter aufgefallen war, und verrät überdies, daß sich Six selbst als Machttechniker begriff, der die Methoden nationalsozialistischer Meinungslenkung auch in der weiteren politischen Praxis anzuwenden gedachte. Six hatte gelernt, daß die von NS-Wissenschaftsideologen wie Ernst Krieck (dem Heidelberger Rektor von 1936–1940) pronociert formulierte Abkehr von einer distanziert-intellektualistischen Sozialwissenschaft – die ohnehin von den wenigsten deutschen Gelehrten je praktiziert worden war – eine Homologie von persönlichem Erleben, Staatsdoktrin und ganz traditionellen akademischen Ehren erlaubte.[90]

Alles in allem waren die Heidelberger Studentenjahre für Six eine Zeit erstrangiger Sozialisation: Er entwickelte sich zum jungen politischen Kämpfer, dem selbst etablierte bürgerliche Professoren Respekt entgegenbrachten. Die Kameraderie in der SA und im NSDStB gab ihm soziale Wärme, und er hatte mitbekommen, wie schnell das antiquierte Universitätswesen durch rabiate studentenpolitische Aktivitäten zu unterminieren war. Geprägt durch diese positiven Verstärkungen, setzte er auf die ja dogmatisch schon formulierte inhaltliche Umwälzung des traditionellen Hochschulsystems, ohne sich seinen althergebrachten Mechanismen im Geringsten zu verweigern. Sein nächstes Ziel war konsequenterweise eine möglichst schnelle Habilitation. Auch der Zeitungswissenschaft blieb er zunächst verbunden. Bereits im Februar 1934 hatte man ihn zum Leiter der Reichsfachschaft Zeitungswissenschaft in der Deutschen Studentenschaft gemacht, und in dieser Position versuchte er sogleich, Fachschaftsleiter an den einzelnen Instituten von oben herab einzusetzen.

Seine Dissertation blieb zunächst unpubliziert (weshalb er auch den Titel eines Dr. phil. nicht führen durfte), weil sie angeblich „der parteiamtlichen Prüfungskommission und dem Propagandaministerium vorlag" und einige Zeit lang nicht freigegeben wurde, wie Six vorgab. Geldmangel und die übliche Überlastung bei neuen Aktivitäten und Ämtern werden aber wohl der eigentliche Grund für die Verzögerung gewesen sein.

Nachdem das Badische Kultusministerium am 28. Mai 1934 dem Ansinnen des Institutsleiters Adler stattgegeben hatte, den Hilfsassistenten Six nunmehr als außerordentlichen Assistenten beschäftigen zu dürfen, erhielt Adler am 13. August ein Schreiben von Max Liebe, der seinerzeit das Hauptamt für Aufklärung und Werbung der Deutschen Studentenschaft leitete.[91]

Dieser bat „im Einvernehmen mit dem Führer der Reichsschaft der Studierenden, Pg. Feickert" um Freigabe des Pg. Six für seine Nachfolge, da er in ein anderes Tätigkeitsfeld berufen worden sei: „Aus der Arbeit heraus habe ich die Überzeugung gewonnen, dass von allen meinen Mitarbeitern als mein Nachfolger nur Pg. Six in Frage kommt. Kamerad Six hat die Übernahme des Amtes abhängig gemacht von ihrem Einverständnis".⁹² Adler stellte daraufhin gern „das persönliche und das Interesse des Instituts zurück", weil er von der Notwendigkeit überzeugt sei, „daß der Reichsschaftsführer die Nachfolge ihres wichtigen Amts mit der eben besten Kraft besetzt".⁹³

Six wurde zunächst für ein Jahr von seiner Assistentenstellung beurlaubt, im September trat er sein neues Amt in der Berliner Friedrichsstraße 235 an. Bald verlief die weitere Karriere des Franz Alfred Six auf drei – wie in einem mehrdimensionalen Modell verschachtelten – Feldern: Er belieferte aus der Berliner Zentralstelle die einzelnen Hochschulen mit studentischer Propaganda, begab sich an den Aufbau eines Zeitungswissenschaftlichen Instituts an der Universität Königsberg und avancierte zum Chef des Presseamtes in Heydrichs SD-Zentrale. Unbändigen Ehrgeiz und zielgerichtete Strebsamkeit hatte ihm schon eine unsignierte, nicht datierte Beurteilung eines seiner Heidelberger Lehrer attestiert, die sich in den Akten des Universitätsarchivs findet.

Herr Franz Six sei „lebhaft bemüht, von starkem Ehrgeiz und sachlichem wissenschaftlichen Eifer erfüllt", erläutert das Testat. Seine Leistungen hätten noch vor einigen Semestern kaum zu befriedigen vermocht, seitdem aber habe er „in weitgehendem Maße dazugelernt und einige Arbeiten aufweisen können", die zeigten, „dass Herr Six im Laufe des Semesters aller Voraussicht nach zu bestimmten Kenntnissen und gewissen Leistungen kommen dürfte". Seine geistige Regsamkeit und die vielfältigen Interessen, die ihn immer wieder zu neuen Bemühungen und Versuchen trieben, verdienten sicherlich Anerkennung. Ebenso besorgt wie zuversichtlich schloß die Bewertung mit den Sätzen: „Herr Six ist augenscheinlich in einer außerordentlich drückenden und schwierigen Lebensphase. Sein Verhalten ist infolgedessen ganz ausserordentlich ungleich, schwankend und zu Zeiten deutlich erregt. Außerdem zerreiben ihn seine politischen Betätigungen und zahlreiche studentische Ehrenämter, die er übernommen hat. Persönlich sympathisch und leidenschaftlich bestrebt, offen und ehrlich zu sein, bedarf Herr Six besonderer Förderung und dauernder geistiger Aufmunterung. Ich könnte mir denken, dass er bei zunehmender Reife, ein ebenso geistig interessierter wie brauchbarer, sehr kameradschaftlicher Mensch werden dürfte".⁹⁴

Six, der seine Disseration nicht etwa seinen Eltern, sondern seinen „alten Kameraden von der Hochschulgruppe Heidelberg des NSD-Studentenbundes" gewidmet hatte, behielt die Heidelberger Jahre in guter Erinnerung. Heidelberg, das sei die „deutsche Schule für Soziologie" gewesen, erzählte er den Nürnberger Richtern, und er habe dort Lehrer und Persönlichkeiten kennengelernt, die ihn stark beeindruckt hätten: „Sie verschafften mir eine umfassende Kenntnis der gesamten Theorie der Staats- und Sozialwissenschaften und gaben mir vor allem ein Bild des modernen Weltstaatensystems". Schon damals sei ihm die Idee gekommen, einst auch im Reich einen der „organischen Lehr- und Forschungskörper" zu schaffen, wie er unter dem Rubrum der Politikwissenschaft in den angelsächsischen Ländern schon seit langem bestanden hätte.[95]

Auch erinnerte er sich daran, daß die beiden Hauptreferenten seiner Dissertation – wahrscheinlich meinte er neben Bergsträsser noch Jellinek – Juden gewesen seien, die ihn sogar in ihre Privatwohnungen eingeladen und für die er eine tiefe Verehrung empfunden hätte. Mit dem einen habe er sogar noch lange Jahre in engster Fühlung gestanden und ihn genauso verehrt wie früher, und er habe es deshalb als „nicht angenehm" empfunden, daß sie von der Judengesetzgebung des NS-Staates betroffen worden seien.

In den Nürnberger Versicherungen des alten studentischen Syndikates scheint ohnehin ein ganz anderer Franz Alfred Six auf, der mit dem realen Aktivisten nur wenig gemein hatte: Six, der ihm als aktiver Nationalsozialist gar nicht erinnerlich sei, habe ohne Vorbehalte die Vorlesungen und Übungen demokratisch gesinnter Personen wie Alfred Weber, Arnold Bergsträsser, Walter Jellinek oder Hans von Eckardt besucht, ließ Ernst Wilhelm Eschmann aus Locarno dem Tribunal übermitteln.[96]

Kurt Walz legte klar, daß „Six weder Antisemit noch dogmatischer oder aktivistischer Nationalsozialist war"[97], und Rudolf Müller, Six-Nachfolger als Assistent bei den Zeitungswissenschaftlern und zeitweise persönlicher Referent des Amtschefs I im Reichssicherheitshauptamt, wies darauf hin, daß es der Angeklagte „mit seiner Einstellung für vereinbar" gehalten habe, „mit jüdischen Studenten zu verkehren und bei jüdischen Professoren zu studieren und Examen abzulegen".[98] So wollte man sich an jenen Franz Alfred Six erinnern, der nur drei Jahre nach seinem Heidelberger Examen die „Judenpolitik" des SD nachhaltig prägen sollte.

IV.
„Abends Zusammensein im ‚Blutgericht'"

*Von der Zeitungskunde zur politischen Geistesgeschichte:
Königsberg und Berlin 1934–1940*

Im Sommer 1936 hatte sich Hitler in einer geheimen Denkschrift über den Vierjahresplan einmal mehr dezidiert seinem politischen *cantus firmus* gewidmet: Ein drohender Sieg des Bolschewismus über Deutschland werde unweigerlich zur „endgültigen Vernichtung, ja Ausrottung des deutschen Volkes führen", daher müsse es primäres Staatsziel sein, die deutsche Wehrmacht in allen technischen und geistigen Gegebenheiten „zur ersten Armee der Welt zu entwickeln". Es gehe zudem um die „Erweiterung des Lebensraumes bzw. der Rohstoff- und Ernährungsbasis unseres Volkes", der nun zunächst jener „Mehr-Jahresplan der Unabhängigmachung unserer nationalen Wirtschaft vom Ausland" vorgeschaltet werden solle.[1]

Ein knappes Jahr später trafen sich die deutschen Presseforscher in Königsberg, um darüber zu beraten, welche Rolle ihr umstrittenes Fach zumindest bei der geistigen Aufrüstung des deutschen Volkes spielen könnte – „Zeitungswissenschaft und Vierjahresplan", so war die Kundgebung in der alten Aula der Albertina überschrieben. Walter Heides Geschäftsstelle hatte die ausgedehnte DZV-Reichstagung präzise – „generalstabsmäßig", wie man zu sagen pflegte – durchgeplant.[2]

Am 10. Juni 1937 traf man sich im Stettiner Bahnhof zu Berlin, eine Gemeinschaftsfahrt führte dann mit dem Eilzug nach Swinemünde, von dort aus mit dem Motorschiff Preußen nach Pillau, schließlich erreichte man wiederum mit dem Zug um 13 Uhr des folgenden Tages den Königsberger Hauptbahnhof. Eine Besichtigung des Schlosses und eine Hafenrundfahrt gingen der Sitzung der Vereinigungsleiter im Institut für Zeitungswissenschaft voraus. Am Sonnabend wurden nach der erwähnten Kundgebung die Königsberger Zeitungsbetriebe und die Buchhandlung Gräfe & Unzer besichtigt. Am Sonntag gab es eine Wanderung nach Warnicken und Rauschen, abends traf man sich zum Umtrunk in der Schenke „Zum Blutgericht". Am Montag war um sechs Uhr früh eine Autobusfahrt durch Ostpreußen angesetzt, mit Zwischenstopps in Tannenberg (Vortrag über die Schlacht), Marienwerder (Vortrag über die Grenzlandpresse) und Kurzebrack (Darstellung der Versailler Grenzziehung). Am Dienstag wurden die Zeitungskundler schließlich in ihre Heimatdienststellungen entlassen.[3] Die Zeit in Königsberg verlief freilich nicht harmonisch; mehr als über die Implikationen des Vierjahresplanes wurde über die Grenzen und Kerngebiete des disparaten Faches gestritten. Mit seinem Merksatz „Von der Presse kommen wir, und bei der Presse bleiben wir!" votierte Präsident Heide – der allerdings niemals als Pressemann gewirkt hatte, wie seine Gegner hämisch konstatierten – in Königsberg gegen eine Wissenschaft von der Publizistik, die vor allem von dem Leipziger Institutsleiter Hans Amandus Münster verfochten wurde. Den „Willen zu überzeugen", nach Münster „ein germanischer Wesenszug in der Volksführung des neuen Staates", könne man nur gewinnbringend erforschen, wenn man das Zusammenspiel der verschiedenen „publizistischen Führungsmittel" hinreichend berücksichtige, insistierte der Leipziger NS-Wissenschaftler, der später pflichtbewußt auch noch im SD als Vertrauensmann wirkte. Heide hingegen warnte vor einer übereilten Ausweitung der Disziplin, mit wohlbedachtem wissenschaftspolitischen Hintergrund: Die stärkste Protektion für eine staatspolitisch wertvolle Zeitungswissenschaft erhoffte er sich von Reichspressechef Otto Dietrich, dem als Konkurrenten von Propagandaminister Goebbels Pläne für ein eigenständiges „Presseministerium" nachgesagt wurden.[4]

Heide mag gefürchtet haben, daß durch eine erweiterte Publizistikwissenschaft, in der auch Administratoren des Rundfunks und der allgemeinen Propaganda erheblichere Mitsprache gesucht hätten, seine Präzeptorenrolle gefährdet worden wäre.

Goebbels jedenfalls notierte am 9. Februar 1938 im Hinblick auf Heides „Ausland-Presse-Büro": „Geheimrat Heide und seine Organisation sind zu gut dotiert. Abstoppen!", am 3. Juni 1938 heißt es in Goebbels' Tagebuch, Heide müsse „auf seine eigentlichen Aufgaben beschränkt werden", am 24. Juni: „Heide fügt sich nun. Ich reorganisiere sein Büro".[5] Im Dezember wurde das Büro Heide dann der Aufsicht der Auslandspresseabteilung des RMVP unterstellt, der mit Karl Bömer gleichfalls ein Zeitungswissenschaftler vorstand.[6]

Bis zur Königsberger Tagung hatte der DZV-Präsident eine ganze Reihe von institutionellen Erfolgen verzeichnen können. Es ging ihm vor allem darum, den Einfluß der Disziplin, die bislang von den meisten Journalisten und Verlegern nicht ganz ernst genommen worden war, auf die Ausbildung des künftigen Schriftleiter-Nachwuchses geltend zu machen. Und da der „Weg zum deutschen Journalismus" (so ein Broschürentitel von Otto Dietrichs Stabsleiter Helmut Sündermann) spätestens seit der Verkündigung des Schriftleitergesetzes am 4. Oktober 1933 vollständig unter der Obhut des Staates stehen sollte, strebte Heide die enge Kooperation mit der zuständigen Ministerialbürokratie zwecks Aufwertung der gesamten Zeitungswissenschaft an.

Zunächst gelang es, in einer Durchführungs-Verordnung zum Schriftleitergesetz vom 19. Dezember 1933 zu verankern, daß ein sechssemestriges Studium der Zeitungswissenschaft zur Verkürzung des Pressevolontariats führe – allerdings sollten auch die Studenten der Zeitungswissenschaft die 1935 in Berlin inaugurierte „Reichspresseschule"[7] absolvieren, wie sich später zum Mißvergnügen Heides herausstellte. Auf Heides Initiative erarbeitete 1935 ein DZV-Ausschuß, dem die Institutsleiter d'Ester (München), Schwaebe (Köln), Dovifat (Berlin) und Münster (Leipzig) angehörten, einen reichseinheitlichen Lehrplan für die Zeitungswissenschaft, der vom Reichserziehungsministerium im Einvernehmen mit dem RMVP gebilligt wurde und mit dem Wintersemester 1935/36 in Kraft trat.

Heide ließ in dem Lehrplan, der einen sechssemestrigen Vorlesungsturnus mit festgelegten Oberthemen vorsah, sogar eine einführende Vorlesung zur „Psychologie und Technik der publizistischen Führung" zu – mit der Maßgabe, daß die Beschäftigung mit „Randgebieten" (wie Kinofilm, Rundfunk) die eigentliche historische, statistische und betriebswirtschaftliche Zeitungskunde nicht in den Hintergrund drängen dürfe. Schließlich kontrollierte Heide noch die vom RMVP an die einzelnen Institute vergebenen Finanzzuschüsse, die er eigenwillig und nach dem Maßstab verbandlicher Linientreue verteilte.

Der örtliche Gastgeber der Königsberger Reichstagung hieß Franz Alfred Six, nunmehr SS-Sturmbannführer und habilitierter Leiter des Königsberger Instituts für Zeitungswissenschaft. Im scholastischen Streit um eine mögliche Publizistikwissenschaft bezog er keine Stellung: Zum einen beschäftigte er sich, gerade zum Chef der weltanschaulichen Gegnerbekämpfung im SD-Hauptamt befördert, mit gewichtigeren Problemen, zum anderen hatte er seinen alten Zwist mit dem DZV-Präsidenten Heide schon seit längerem beigelegt. Heide war im Feld der Zeitungswissenschaft eine zweifelsohne einflußreiche Figur, verfügte über weitverzweigte, undurchsichtige Verbindungen sowohl im RMVP als auch im REM, so daß eine fachlich begründete oppositionelle Haltung für Six nur lästige Ärgernisse hätte bringen können. Und als Six dann seine akademische Karriere durch die Macht seiner SD-Stellung steuern konnte, hatte er sich von zeitungskundlichen Dogmenfragen bereits so weit entfernt, daß sich ein Streit mit Walter Heide nicht mehr lohnte.

1934 hatte es im Fachorgan „Zeitungswissenschaft" noch etwas kühl geheißen: „Wie uns aus Heidelberg mitgeteilt wird, hat der Amtsleiter für Wissenschaft den Kameraden cand. phil. F. A. Six, Heidelberg, zum Reichsfachschaftsleiter der Zeitungswissenschaftler ernannt. In seinem neuen Amt unterstehen dem Kameraden Six die zeitunswissenschaftlichen Fachschaften sämtlicher Einzelstudentenschaften ... Auch seine tätige Mitarbeit im Deutschen Zeitungswissenschaftlichen Verband dürfte Gewähr für ein kameradschaftliches Zusammenarbeiten zwischen den Zeitungswissenschaftlichen Vereinigungen und Fachschaften ... bieten".[8]

Doch schon in der November-Nummer jenes Jahrganges zeichneten Heides Geschäftsführer Wilkens und Six gemeinsam einen Artikel unter dem Titel „DZV und DSt in gemeinsamer Arbeit"; Six entwarf seine reichsweiten Arbeitspläne für die zeitungswissenschaftlichen Fachschaften offenkundig im Einvernehmen mit dem DZV.[9] Besonders herzlich feierte das Fachblatt 1938 dann die Ernennung des damals 29jährigen Six zum außerordentlichen Professor an der Universität Königsberg: „Mit Dr. Six wird einer der rührigsten Vertreter der deutschen Zeitungswissenschaft zum Professor ernannt. Der Präsident des Deutschen Zeitungswissenschaftlichen Verbandes, Geheimrat Heide, sandte Professor Six ein herzliches Glückwunschtelegramm, in dem er darauf hinwies, daß mit dieser Ernennung der ständige Einsatz von Dr. Six in der studentischen wie in der Forschungsarbeit seine Anerkennung gefunden habe, die zugleich eine Ehrung für die gesamte zeitungswissenschaftliche Disziplin bedeute".[10]

Das zeitungswissenschaftliche Institut in Königsberg, dessen Personal nur aus dem Leiter, einem Assistenten und einem oder zwei Lehrbeauftragten bestand, hatte Six als studentischer *Selfmademan* gegründet – ein selbst für das Hochschulsystem des NS-Staates ungewöhnlicher Vorgang, der indes die Fähigkeiten des rastlos dynamischen Ideologie-Managers Six kennzeichnet. Seinen Plan zur Institutsgründung machte Six zuerst bei der Freiburger Semestertagung des DZV im Januar 1935 öffentlich. Six hielt hier ein Grundsatzreferat über „Hochschule und Wirklichkeit", in dem er die These verfocht, studentisches Handeln beweise sich letztlich in der Partizipation am eigentlichen wissenschaftlichen Betrieb: „Der Arbeit, die von den Fachschaften der Deutschen Studentenschaft getragen wird, sind zwei Gesichtspunkte vorangestellt worden: die Erneuerung der deutschen

Wissenschaft kann nicht erreicht werden durch Wissenschaftsprogramme oder durch Aufstellung grossartiger Ideen der deutschen Universität, sondern durch den tatsächlichen und wirksamen Einsatz in der Hochschule selbst. Diesem Willen musste eine enge Zusammenarbeit mit den nationalsozialistischen Dozenten zur Seite stehen. Aus diesen Grundsätzen heraus ist die Wissenschaftsauffassung der Deutschen Studentenschaft zu verstehen, welche die Parole prägte: Hinein in die Hörsäle, hinein in die Seminare, heran an die Arbeit der Deutschen Wissenschaft!"[11]

Das richtete sich gegen die verbreitete Wissenschaftsfeindlichkeit der NS-Bewegung, vor allem gegen die verschwommenen Pläne einer extrauniversitären „Hohen Schule", die der Parteimystiker Alfred Rosenberg hegte. Praktisch bedeutete es den Anspruch der NS-Studentenschaft auf fachliche und institutionelle Mitbestimmung auch in den Einzeldisziplinen.

Ganz in diesem Sinne forderte Six, angesichts der „Wichtigkeit der wissenschaftlichen Aufgaben der Disziplin und bei dem Umfang des erst noch zu erobernden Neulandes" eine „großzügige Planung" der zeitungswissenschaftlichen Aufgaben, und machte gleich selbst eine konkrete Vorgabe: „Auf einer Besprechung der zeitungswissenschaftlichen Dozenten zum Studienplan wurde ... die Notwendigkeit eines neuen und den modernen Ansprüchen genügenden *Handbuches der deutschen Zeitungswissenschaft* besprochen. Es hatte den Anschein, als ob dieser großzügige und großartige Plan eines Gemeinschaftswerkes aller zeitungswissenschaftlichen Dozenten und Studenten scheitern sollte an der Frage der wissenschaftlichen Herausgeberschaft und Leitung. Die R.F.Z. der D.St. macht den Vorschlag, dass Herr Prof. Dr. Heide namens der Deutschen Studentenschaft als auch der Untergliederung des D.Z.V. gebeten wird, im Interesse unserer Disziplin die Herausgabe und wissenschaftliche Leitung dieser Enzyklopädie selbst zu übernehmen und die Vorarbeiten einzuleiten."[12]

Der neue Bund mit dem Verbandspräsidenten war ein Koppelgeschäft. Six schlug Heide für die Leitung des Handbuchprojektes vor, und Heide unterstützte den Plan einer Institutsgründung in Königsberg, der, wie Six in Freiburg referierte, von der Reichsfachabteilung „bereits in (seinen) ersten Ansätzen vorbereitet und in Angriff genommen worden sei". Dabei sei man von der Einsicht ausgegangen, daß mit den bestehenden Instituten in Berlin, München, Leipzig, Heidelberg, Köln, Münster, Halle, Freiburg und Hamburg jeweils ein bestimmter landschaftlicher Raum erfaßt werde, während im Osten des Reiches ein solcher Schwerpunkt bislang völlig fehle. Einer bereits existenten zeitungswissenschaftlichen Fachabteilung in Königsberg, so Six, gehörten bereits 25 Mitglieder an, außerdem solle in Kürze ein „Fachkreis Presse" innerhalb des Hochschulkreises Königsberg gegründet werden. In Freiburg mahnte Six nun an, daß „als Vorarbeit und bis zur Lösung der Dozentenfrage" jedes zeitungswissenschaftliche Institut aus seinen Bibliotheks- und Archivbeständen alle nur irgend entbehrlichen Doubletten sowie sonstiges Material" nach Königsberg schicken sollte, „um für die zeitungswissenschaftlichen Studenten die ersten Arbeitsmöglichkeiten zu schaffen".[13] Die Dozentenfrage hatte Six natürlich auch schon gelöst: Niemand anderes als er selbst sollte das Institut aufbauen und leiten.

Dies alles betrieb Six neben seiner Hauptverpflichtung als Studentenfunktionär. Als Chef der reichsweiten studentischen Werbung und Propaganda oblag ihm „die Überwachung sämtlicher Hochschulzeitungen, die Hauptschriftleitung eines Pressedienstes, die Bearbeitung der Tagespresse, sowie die Verbindung zum Rundfunk".[14] Den größten Teil der Arbeit nahm dabei die Edition des „DSt.-Pressedienstes" ein, der von der Berliner Friedrichstraße aus die einzelnen Studentenblätter im Reich mit hochschul- und nationalpolitisch wichtigen Texten beliefern sollte. Es wurde zur „Saarspende der Deutschen Studentenschaft" aufgerufen, man bat um die Einsendung von Fotomaterial für einen Bildband zum „geistigen Umbruch in der deutschen, insbesondere studentischen Jugend seit Ausbruch des (ersten) Weltkrieges", Reichsstudentenführer Feickert sprach ernste Worte „zur Korporationsfrage"; die Leser erfuhren, daß der Lehrkörper der Universität Prag bis zum Jahr 1384 „rein deutsch" gewesen sei, und auch sein Freiburger Referat über die studentischen Aufgaben in der Zeitungswissenschaft plazierte Six noch einmal im Pressedienst der Deutschen Studentenschaft. Überdies war er auch als Autor des offiziellen DSt.-Blattes „Der deutsche Student" aktiv: Er behandelte dort den „politischen Rundfunk", die „Wandlungen der deutschen Presse", machte sich über „Nachwuchs und Auslese auf den deutschen Hochschulen" ebenso Gedanken wie über die „Streitbare Wissenschaft gegen die Feinde unserer Weltanschauung" – lauter Variationen seiner in der Heidelberger Kampfzeit erworbenen Dogmatik.[15]

Als Hauptamtsleiter war Six auch mit der Aufsicht über den neuen „Reichsberufswettkampf der deutschen Studenten" (RBWK) beauftragt, der 1935/36 im Rahmen des „Reichsberufswettkampfs der deutschen Jugend"[16] wie ein fachliches Preisausschreiben organisiert und als „Olympiade der Arbeit" gepriesen wurde. Im Rahmen einer Propagandaaktion für den „RBWK" erläuterte Six im „Rundschreiben

Nr. 5", der Berufswettkampf diene dem „Bündnis der werktätigen und der studentischen Jugend durch die gemeinsame Tat ..., nicht mehr durch Proklamationen und Marschieren auf den Straßen, sondern durch gemeinsame praktische Arbeit".[17] Dozenten und Studenten hätten gemeinsam erkannt, „daß die Einheit und Geltung der deutschen Universität im gesamtvölkischen Aufbau nur erreicht werden kann durch die strenge wissenschaftliche Forschung, deren Wesensmitte in dem Rahmen der Nation liegt". Die Propaganda für den Wettkampf solle, so Six in typischer Diktion, „von anspruchslosem Ernst" geleitet sein und „eine Kampfstellung gegen die Hoch- und Fachschulen vermeiden" – schließlich war Six jetzt selbst habilitierter Dozent. Den Studenten wurden Rahmenthemen wie „Das deutsche Dorf", „Der Betrieb als Einheit" oder „Einfluß der Juden in Kunst und Wissenschaft" vorgegeben, die sie mit konkreten Beschreibungen aus ihren jeweiligen Disziplinen ausfüllen sollten. Im RBWK 1936/37 wurde als Zentralthema „Lebensordnung des deutschen Volkes" benannt. Arbeitsgruppen, die ideologisch Konformes ablieferten, durften sich mit dem Prädikat „Reichsbeste" schmücken. Der RBWK brachte für Six eine erhebliche Arbeitsbelastung mit sich, auch wenn er vieles an seine Assistenten in der Reichsstudentenführung delegieren konnte: Er wurde um zahlreiche Reden bei NS-Studententagungen und Aufsätze für studentische Blätter gebeten, so daß er kaum noch nachkam. Six' detaillierte Propagandaanweisungen für den wenig populären RBWK, an dem 1935/36 nur 3,8 % der Universitätsstudenten teilgenommen hatten, lasen sich so: „Lieber Schmoll! Anliegend übersende ich Dir die Broschüre ‚Studenten bauen auf'. Ich bitte Dich, gemäß unserer Verabredung, diese sofort nach Weihnachten als wissenschaftliche Auseinandersetzung in Blättern wie: Berliner Tageblatt, DAZ und Berliner Börsen-Zeitung aufzunehmen. Die Grundtendenz und den Grundgehalt kennst Du. Gleichzeitig wäre ich Dir dankbar, wenn Du eine Besprechungsnotiz in ‚Wissen und Dienst' und für die allgemeine Presse eine 1 Schreibmaschinenseite starke Besprechung machen könntest. Die ‚Bewegung' sowie die ‚Münchener Neuesten Nachrichten' werden durch Rudolf Müller versorgt".[18]

Ende 1937 gab Six die belastende Aufgabe des RBWK-Beauftragten an seinen einstigen Heidelberger Kommilitonen Fritz Kubach ab.[19] Sein Amt als Leiter der Reichsfachschaft Zeitungswissenschaft hatte schon ein Jahr zuvor der neue DZV-Geschäftsführer Karl Oswin Kurth[20] übernommen, der zunächst in Leipzig als studentischer Parteigänger Hans Amandus Münsters gewirkt hatte, sich dann aber auf die Seite des DZV-Präsidenten Heide schlug und von diesem mit Institutsdirektoraten in Königsberg (1940) und Wien (1942) belohnt wurde – auch diese Personalie belegt die funktionale Kooperation zwischen Heide und Six.

Bei seiner Aufsichtstätigkeit im Rahmen des Berufswettkampfes 1937 geriet Six auch an einen Text der damals 21jährigen Münchener Studentin Elisabeth Noelle. Hatte Six (oder einer seiner Adlaten) schon das gesamte Werk der Münchener zeitungswissenschaftlichen Fachschaft zum Thema „Der Kampf um die Weltanschauung im Leitartikel einiger führender deutscher Tageszeitungen" mit der schlechtesten Note „unbrauchbar" abgefertigt, bekam Elisabeth Noelle den besonderen Unmut der Bewerter zu spüren.

Zwar habe sie die Leitartikel der „Deutschen Allgemeinen Zeitung" – bei der sie dann später auch volontierte – mit „studentinnenhafter Gründlichkeit" durchgearbeitet. Ihr Referat weise sie indes als „kleine Reaktionärin" aus, die den „der DAZ aus ihrer Tradition noch anhaftenden Charakter der Auffassung des großdeutschen Problems im Bismarckschen Sinne einschliesslich der Verteidigung des Protestantismus mutig mit Nationalsozialismus" identifiziere, wie es mit starkem Genitivüberhang in der Bewertung hieß. Noelle sei „gründlicher und fleißiger als die anderen Bearbeiter", aber ihre Kommentierung der „DAZ" verrate „mehr Begeisterung und weniger Mißtrauen ..., als erforderlich gewesen wäre".[21]

Ohnehin war Six enttäuscht, daß die Münchener Studenten an den jeweiligen Zeitungen – außer der DAZ waren noch der „Völkische Beobachter", die „Germania" und der „Angriff" analysiert worden – nur wenig auszusetzen hatten: „Keiner erwähnt, vielleicht aus Gründen persönlicher Ängstlichkeit, die deprimierende Gleichförmigkeit der Blätter, oder, wie es in einer stilkritischen Arbeit, die vom aus der Weltanschauung geborenen Kampfstil spricht, am Platze gewesen wäre, von der Phrasenhaftigkeit so vieler Leitartikel". Solche trüben Gedanken vertraute bisweilen auch der Propagandaminister seiner engeren Umgebung an, wenn er sich in raren Momenten über die deprimierenden Ergebnisse seiner Presselenkung klarwurde. Und woher die „persönliche Ängstlichkeit" rührte, mußte Six als einer der engeren Mitarbeiter des SD-Chefs Heydrich eigentlich wissen.

Im Ausland mußte das famose System der NS-Propaganda anders verkauft werden. Dazu hatte Six Mitte Juli 1937 Gelegenheit, als er bei einem internationalen Kursus für Journalisten und Studierende des Journalismus, den das Weltstudentenwerk in Genf veranstaltete, als deutscher Vertreter sprechen durfte. Es sollte sein einziger größerer

Auftritt als Zeitungswissenschaftler bleiben. Thema war die „Freiheit der Presse in Deutschland".[22] Six ließ die Rede als Broschüre von der Hanseatischen Verlagsanstalt vertreiben; auch den „deutschen interessierten Kreisen" solle die Entgegnung „auf die mannigfaltigen Mißdeutungen der deutschen Presse durch das Ausland vermittelt werden".

Der reglementierte Journalismus im NS-Staat, so die kühne These, könne auch der internationalen Zusammenarbeit besser dienen als jene Presse vor 1933, die lediglich dem „Kommando der Parteiinteressen" und den „Forderungen der Geldgeber" gehorcht habe. Der Begriff „Pressefreiheit" sei zeitgebunden und „stets abhängig von der ihn umschließenden Volksstruktur und Staatsverfassung". In England füge sich die sogenannte *serious press* („Times", „Daily Telegraph") aus eigenem Antrieb im allgemeinen dem Staatsinteresse, während „Gesicht und Tendenz der sogenannten englischen Massenpresse vornehmlich durch den schwankenden und unkontrollierbaren Geschmack der Leser bestimmt" seien und „des weiteren ein innerer Zusammenhang zwischen der Auflagenhöhe und der Anzeigenplantage" bestehe, wie Six mit dem Hintergrundwissen des gelernten Zeitungsforschers feststellte. Die französische Meinungspresse wiederum werde durch verdeckte Zahlungen jeweiliger Parteien, Weltanschauungs- und Wirtschaftsgruppen beherrscht.

Six suchte nun nachzuweisen, daß es angesichts der Beliebigkeit, mit der die „Pressefreiheit" jeweils ins Spiel gebracht werde, doch ehrlicher sei, die Gebundenheit des Schriftleiters an den Staat und das Volksganze gesetzlich zu regeln, wie dies in Deutschland mit dem Schriftleitergesetz („das man wohl als das modernste seiner Art ansprechen kann") geschehen sei. Das Paradox der „gebundenen Freiheit" wurde von Six in Genf als subjektives Wohlbefinden des Schriftleiters definiert, der die Vorgaben der Staats- und Parteiführung publizistisch möglichst variantenreich an die Leser weitergeben dürfe – und schließlich habe schon Reichsminister Goebbels in seiner Rede zur Verkündung des Schriftleitergesetzes am 4. Oktober 1933 ausgeführt, es läge nicht im Interesse der Regierung, „Schreibkulis zu erziehen, sondern sie hat im Gegenteil ein Interesse daran, aufrichtige Männer zu besitzen, die die Feder zu handhaben verstehen und die auf ihre Art an den großen nationalen Aufgaben mitzuarbeiten entschlossen" seien. Das aber waren, wie selbst Six wußte, fast ausschließlich die bürgerlichen Redakteure und Autoren, die sich nolens volens mit ihrer „Tanzmausexistenz"[23] einrichteten, und nur ganz selten stieß Goebbels auf einen wenigstens stilistisch begabten NS-Journalisten wie den „Angriff"-Chefredakteur Hans Schwarz van Berk. Im Dickicht von Presseanweisungen, Tagesparolen, Berufslisten und Durchführungsverordnungen war wenig Platz für „aufrichtige Männer", lediglich der professionelle Zynismus fand einen guten Nährboden.

Das artige Lob im „Völkischen Beobachter" für den Six-Auftritt in Genf war denn auch nur eine pflichtschuldige öffentliche Akklamation, die mit den wirklichen Problemen der NS-Medienpolitik wenig zu tun hatte: „Wenn heute uneingeweihte Ausländer gelegentlich noch von einer Uniformität der deutschen Presse sprechen, so hält ihnen Dr. Six entgegen, daß diese Auffassung in den meisten Fällen nichts anderes ist, als der ihnen unbekannte Ausdruck einer gleichen Weltanschauung und politischen Haltung".[24]

Bei der Genfer Rede und auch bei einer Miszelle in der „Zeitungswissenschaft" (1934) über die „erste Zeitschrift für Studenten" – in einem Vorspruch kündigte die Redaktion noch eine dann natürlich nicht realisierte „Geschichte der studentischen Presse" aus Six' Feder an – kann davon ausgegangen werden, daß der Nachwuchs-Presseforscher die Texte allein erarbeitete. Bei seinen folgenden Veröffentlichungen zu Presse, Politik, Freimaurertum und Geistesgeschichte verließ er sich hingegen, darin manchem bürgerlichen Großprofessor nicht unähnlich, auf Recherchefleiß und Sachkunde seiner Assistenten, Referenten und Hilfskräfte, die ihm in seinen Funktionen als SD-Führer und Universitätslehrer in erheblicher Zahl zur Verfügung standen.

Eine 42-seitige, 1938 veröffentlichte Studie über „Die Presse in Polen"[25] liest sich als nüchterne, statistisch-ökonomische Faktensammlung mit kurzen historischen Herleitungen und einer aktuellen politischen Katalogisierung des polnischen Pressewesens und paßte damit sowohl in das Programm der Königsberger Zeitungsforschung, die sich besonders um die Presse des europäischen Ostens kümmern wollte, als auch in die Untersuchungen der SD-Gegnerforschung über die publizistische Struktur der potentiellen Eroberungsgebiete. Ähnlich verhält es sich mit Six' Habilitationsschrift aus dem Jahre 1936, die sich mit der „Presse der fremdvölkischen Minderheiten in Deutschland" auseinandersetzte. Six' Arbeit für den SD und seine universitären Aktivitäten waren von 1935 an nicht mehr zu trennen, und so enthält selbst seine Verteidigungsaussage in Nürnberg eine Spur Wahrheit: „Ich war im Jahre 1935 als junger Pressewissenschaftler und Pressefachmann bekannt. Ein Hochschulkollege machte mir den Vorschlag, in einer SS-Dienststelle eine Presseabteilung aufzubauen. Damit verbunden war die Zugänglichmachung des Materials der Weltpresse. Damit war mir der Weg oder die Einsichtnahme zum gesamten Material der Weltpresse ermöglicht, die auf anderem Wege nicht mehr zu erreichen war. Aus diesem Grunde entschied ich mich, diese Abteilung nebenamtlich zu übernehmen, und dies war im Jahre 1935."[26]

Nun war Six von Beginn an *hauptamtlicher* SD-Amtschef, wie neben vielen anderen Dokumenten der Lebenslauf ausweist, den Six zur Prüfung seiner Heiratsabsichten 1940 beim Rasse- und Siedlungshauptamt der SS einreichte („Im Jahre 1935 wurde ich hauptamtlicher Angehöriger des SD-Hauptamtes als Amtschef und am 20. 4.1935 von der SA, der ich als Sturmführer angehörte, als SS-Ustuf. übernommen. Gleichzeitig war ich nebenberuflich von 1935–1939 Dozent in Königsberg").[27]

Es war auch nicht *irgendein* „Hochschulkollege", der ihn zu Himmlers und Heydrichs schwarzer Truppe lotste, sondern der Professor Reinhard Höhn, immerhin SD-Abteilungschef II/2 (zuständig also für „Lebensgebiete" wie Kultur, Hochschule, Wirtschaft, Volksgesundheit) und enger Berater des Reichsführers SS selbst. Der Name Höhn habe genügt, resümiert Helmut Heiber, um unter den Ministerialreferenten des REM, „die er zum Besprechen von Dreierlisten und sonstigen Personalfragen in sein SD-Büro an der Wilhelmstraße zu bestellen pflegte, Angst und Schrecken zu verbreiten".[28]

Der „ameisenhaft produktive" (Heiber) Staatsrechtler Höhn, Jahrgang 1904, war im Gegensatz zu Six erst nach der NS-Machtübernahme in die Partei eingetreten, hatte aber sogleich oder sogar schon davor auf Vermittlung des Standartenführers Hans Kobelinski Kontakt zur SS gefunden. In Weimarer Tagen war Höhn – wie auch Kobelinski – führend in Arthur Mahrauns „Jungdeutschem Orden" tätig. Höhn und Six kannten sich aus Heidelberg; Höhn hatte dort, aus Jena kommend, im Sommersemester 1934 habilitiert und sollte schon ein Semester später von Rektor Groh auf den Lehrstuhl für Öffentliches Recht (Nachfolge Anschütz) lanciert werden. Dies wurde vom REM abgelehnt – offenkundig war Höhns Einfluß dort noch nicht stark genug –, aber das Ministerium stimmte der Verleihung eines planmäßigen Extraordinariats an Höhn zu, der allerdings schon zum Wintersemester 1935/36 an die Universität Berlin wechselte.

Dort war er zum einen dem SD-Hauptamt näher als in Heidelberg und konnte zum anderen die Leitung des „Instituts für Staatsforschung" übernehmen, die durch den Unfalltod Friedrich Poetzsch-Heffters vakant geworden war.[29] Unter Höhn erledigte das Institut diverse staatstheoretische und großraumanalytische Sonderaufgaben für den Reichsführer SS, und alles in allem kann das „Modell Höhn", also die Synergie zahlreicher geheimdienstlicher, politischer und akademischer Funktionen, als Vorbild auch für die Karriere des Franz Alfred Six gelten. Daß Six sich mit Übernahme des SD-Presseamtes die Chance ausrechnete, auch in der universitären Parallel-Laufbahn noch schneller voranzukommen, ist einsichtig – und dies sicherlich nicht nur, weil beim SD das „Material der Weltpresse" einfacher zu haben war.

Vorab *geplant* war der Einstieg in die Welt des NS-Geheimdienstes allerdings nicht. Die institutionelle Entwicklung des SD vollzog sich, wie noch zu zeigen sind wird, zu sprunghaft und okkasionell, als daß eine *systematische* Suche nach qualifiziertem Nachwuchs hätte Platz greifen können.

Six selbst hatte ursprünglich wohl vor, nach erfolgreicher Habilitation entweder in Heidelberg oder in Königsberg einen Lehrstuhl anzustreben. Erst im Herbst 1935 teilte er dem Heidelberger Institutsleiter Adler mit, er gedenke nicht, nach Ablauf seiner Beurlaubung (1. Oktober 1935) wieder als Assistent ins Badische zurückzukehren, wobei Adler die Gelegenheit nutzte, Six „nochmals ausdrücklich Dank zu sagen im besonderen Gedenken an die Schwierigkeit des Neuaufbaus des Instituts nach der Revolution". Der Name Six, dessen war sich Adler sicher, werde „mit der neueren Geschichte des Instituts immer verbunden bleiben".[30]

Six wandte sich nun mit gewohnter Verve dem Institutsaufbau in Königsberg und seinem Habilitationsprojekt zu. Bei beiden Projekten konnte er die Beziehungen des DZV und des SD zum 1934 etablierten Reichsministerium für Wissenschaft, Erziehung und Volksbildung (REM) nutzen, an dessen Spitze Hitler den wenig durchsetzungsfähigen Minister Bernhard Rust gesetzt hatte. Das Ministerium, dessen Kompetenzbereich sich ursprünglich Goebbels hatte einverleiben wollen, galt allgemein als von SD und SS dominiert. Heydrichs Kulturpolitiker Höhn spielte dabei, wie gesagt, eine wesentliche Rolle – im Falle Six kam noch hinzu, daß entscheidende Stellungen im REM mit einstigen Heidelberger Förderern besetzt waren. Eckhardt, Engel und Harmjanz, jeweils SD, Groh und Wacker, beide aus dem Badischen, das waren die für Six' Avancement zuständigen Ministerialreferenten.[31]

Am 8. Mai 1935, Six hatte sich gerade mal eine Woche in seinen neuen SD-Pressebereich eingearbeitet, ging beim REM ein Gesuch von Professor Heide ein, dem Dr. phil. Franz Alfred Six einen Lehrauftrag für Zeitungswissenschaft an der Universität Königsberg zu verleihen.³² Der Kurator der Königsberger Universität signalisierte wenige Wochen später sein Einverständnis, so daß der Erteilung des Lehrauftrages, die ja in diesem Falle einer Startgenehmigung für eine Institutsgründung gleichkam, nichts mehr im Wege stand. Vom Wintersememester 1935/36 an fuhr Six von Berlin aus jeweils wöchentlich auf ein oder zwei Tage nach Königsberg, um seine Vorlesungen (gemäß reichseinheitlichem Lehrplan der Zeitungswissenschaft) und Übungen abzuhalten.

Die Habilitation war ein Kraftakt anderer Art. Das Werk über die Presse der fremdvölkischen Minderheiten war der Heidelberger Staats- und Wirtschaftswissenschaftlichen Fakultät – dorthin war die Zeitungswissenschaft im Juni 1934 von der Philosophischen Fakultät übergesiedelt – zugegangen, obwohl nicht einmal die Six-Dissertation im Druck vorlag. „Sehr eilig" ließ das REM am 15. Mai 1936 dem Hochschulreferat des Badischen Kultusministeriums die Ermächtigung zugehen, das Habilitationsverfahren Six vor Druck der Doktorarbeit einzuleiten. Zehn Tage später bat der Dekan der StaWi-Fak., der Jurist Eduard Bötticher, den Zeitungswissenschaftler Adler um die Erstattung des Referates, während der Soziologie Carl Brinkmann und der Volkswirtschaftler Ernst Schuster die Korreferate übernehmen sollten. Zudem holte Bötticher bei Dr. Hagenbuch, dem stellvertretenden Leiter der Dozentenschaft, eine „kurze Äußerung" ein.

Hagenbuch brauchte kaum Zeit zum Nachdenken: Six müsse „im Hinblick auf seinen harten Lebenskampf und die dabei unter Beweis gestellten Werte als ein außerordentlich befähigter und wertvoller Mensch" gekennzeichnet werden. Da sich Six schon bislang den ihm übertragenen wissenschaftlichen Aufgaben gewachsen gezeigt habe, halte die Dozentenschaft, „trotzdem sie die eigentliche Habilitationsschrift noch nicht kennt", seine wissenschaftliche Qualifikation „für eindeutig gegeben". Auch Dekan Bötticher, dem Kandidaten Six offenkundig politisch wie menschlich wohlgesonnen, hegte am Erfolg des Habilitationsverfahrens wenig Zweifel: Er legte am 28. Mai den Termin für die wissenschaftliche Disputation auf den 3. Juni fest, obwohl ihm überhaupt noch kein Gutachten zur Habilitationsschrift vorlag: „Die Habilitationsakten mit den Gutachten der Referenten über die Arbeit des Antragstellers können leider erst in den nächsten Tagen umlaufen. Ich darf um beschleunigte Einsicht bitten", beschied er knapp die Mitglieder seines Fakultätsrates.

Nun sahen sich auch die Referenten genötigt, ihre Stellungnahmen im Eiltempo abzugeben. Der Zeitungswissenschaftler Adler war selbstverständlich des Lobes voll; der zeitungskundliche Wert der Arbeit liege schon in der „äußerst schwierigen Beschaffung und Ordnung des Materials", doch auch das typologische Vorgehen, mittels dessen 36 Organe, die sich auf fünf Minderheitengruppen erstreckten, festgestellt werden konnten, sei höchst bemerkenswert. Von besonderer Bedeutung seien die Ausführungen „über Konzentration und Besitztarnung, und die Feststellung der Auflage, wobei sich die interessante Tatsache ergibt, daß eine Reihe dieser Organe sich inmitten unserer Presseordnung eine Auflagenanonymität zu bewahren imstande sind". Stilistische Unebenheiten seien zwar „mit der durch besondere Verhältnisse bedingten Eile der Niederschrift nicht zu entschuldigen", Adler wollte sie aber „nicht als Belastung anrechnen". Auch dem Soziologen Brinkmann waren die „Spuren einer etwas eiligen äußeren Entstehung" aufgefallen, die Arbeit zeige indes mit „außenpolitisch mutigem Ernst", wie sich unter Führung aktivistischer „Minderheitsminderheiten" und dem Deckmantel der Fremdsprache „unzweideutige Feindschaft gegen die Staatsform des Wirtslandes" ausbreiten könne.

Einzig der Volkswirtschaftler Schuster mochte die SD-Tätigkeit des Bewerbers nicht zur Grundlage seiner Bewertung machen; die Arbeit sei zwar „sehr interessant hinsichtlich ihres Materials", leide aber schon unter der mangelnden Schärfung des Begriffes „Minderheiten". Als eine „ausgereifte wissenschaftliche Arbeit" wollte Schuster das eilige Elaborat nicht klassifizieren, es mache „viel eher den Eindruck einer Denkschrift als den einer wissenschaftlichen Untersuchung". Solche Mäkelei, so treffend sie auch die Qualität des Habilitationstextes beschrieb, schadete dem Kandidaten nicht. Aus der wissenschaftlichen Disputation, zu der sich auch Rektor Groh am 3. Juni um die Mittagsstunde ins Juristische Fakultätszimmer in der Augustinergasse bemüht hatte, nahmen die seinerzeit Anwesenden die Überzeugung mit, daß sich „der Bewerber über Fragen seines Fachgebietes befriedigend zu äußern" vermöge.

Six hatte das Eilverfahren beim Dekan wohl mit dem Hinweis auf eine dringende Auslandsreise im SD-Auftrag durchgesetzt, wobei nach Aktenlage das Ziel der Reise nicht mehr zu klären ist. Einen Tag nach der Disputation ließ er dem Dekan brieflich seinen „ganz besonderen und herzlichen Dank für Ihre Bemühung und bevorzugte Erledigung des Verfahrens" zukommen. Das Habilitationsverfahren sollte Bötticher indes noch zwei weitere Jahre beschäftigen, denn Six kam wiederum nicht dazu, die Arbeit fristgerecht und ordnungsgemäß im Druck vorzulegen. Als Six im Oktober 1936 unmittelbar beim REM um die Verleihung einer Dozentur einkam und von diesem der

Universität Leipzig zur Ableistung der Lehrprobe zugewiesen wurde (die er dann Mitte November absolvierte), meldete sich irritiert das Karlsruher Kultusministerium, dem nicht bekannt geworden war, daß die Heidelberger Universität überhaupt eine Ermächtigung zur Habilitation erteilt hatte.

Dekan Bötticher erläuterte in einer länglichen Stellungnahme an das Rektorat noch einmal, er habe das ganze Verfahren ausgesetzt, bis die Six-Dissertation im Druck erschienen sei, und weil man damit in Kürze rechnen könne, wolle er jetzt den Antrag auf Ermächtigung zur Habilitation stellen, „mit dem Vorbehalt, dass die Habilitation erst nach Vorlage der gedruckten Dissertation ausgesprochen wird". In der Begründung für diesen Antrag kam einmal mehr die volle Sympathie des Dekans für den jugendlichen Habilitanden zum Ausdruck, der sich stets „durch seinen aktivsten Einsatz in der Front der Bewegung" ausgezeichnet habe. Das Kultusministerium ermächtigte schließlich die StaWi-Fak., die Habilitation auszusprechen, und am 21. Dezember 1936 erhielt Six den akademischen Grad eines habilitierten Doktors der Philosophie.

Im Mai 1937 meldete sich der Staatsrechtler Ernst Forsthoff in seiner Eigenschaft als Dekan der Königsberger Rechts- und Staatswissenschaftlichen Fakultät bei seinen Heidelberger Kollegen. Forsthoff, der in seiner bekannten Monographie „Der totale Staat" 1933 die „homogene Herrschaftsordnung" des NS-Staates gefeiert hatte, gehörte durchaus zu Six' Protektoren in Königsberg, wollte nun aber, nachdem seine Fakultät eine Dozentur für Six beantragt hatte, doch wissen, „ob Herr Six die Pflichtexemplare seiner Dissertation eingereicht und ein Diplom erhalten hat und wie das Habilitationsverfahren gelaufen ist".

Forsthoff wurde von Bötticher beruhigt, welcher sich aber im Oktober 1937 bei Six wieder nach dem Druck der Habilitationsschrift erkundigen mußte. SS-Sturmbannführer Six versprach daraufhin, das gedruckte Werk bis zum 1. Januar 1938 beizubringen, aber auch dazu kam es nicht. Six hatte eigenen Angaben zufolge seine Arbeit dem ihm wohlbekannten „Chef der Sicherheitspolizei im Reichsministerium des Innern" vorgelegt, und dabei seien „in Anbetracht der derzeitigen minderheitenpolitischen Lage und des taktischen Vorgehens in der Wendenfrage die stärksten Bedenken geäußert worden", die selbst eine auszugsweise Publikation unmöglich machten. Da Dekan Bötticher auf die Anfrage, ob eine entsprechende Bescheinigung des Reichsführers SS gleich an das REM oder an die StaWi-Fak. geschickt werden solle, nicht sofort reagierte, bekam er von Six am 31. Januar

1938 die Bescheinigung der allerhöchsten Instanz per Einschreiben zugeschickt. Am 23. März 1938 genehmigte schließlich das REM, daß die Drucklegung des nunmehr zum Staatsgeheimnis stilisierten Six-Werkes unterbleiben könne, und im April hielt Six sein endgültiges Habilitationsdiplom in Händen.

Doch diese lästigen Formalia, Indizien bürgerlicher Verwaltungsresistenz und abgesehen von Schusters Gutachten ja gar nicht gegen den Kandidaten persönlich gewendet, beeinflußten den zügigen Fortschritt von Six' Hochschulkarriere in keiner Weise. Der Königsberger Rechts- und Staatswissenschaftlichen Fakultät in der Ära Forsthoff war ein aufstrebender Geheimdienstmann als aufregende Erscheinung durchaus willkommen, persönliche Beziehungen zu Himmlers geisteswissenschaftlich ambitioniertem Apparat konnten nicht schaden. *„Wärmstens befürwortet!"* schrieb auch Rektor Georg Gerullis auf den Antrag der Fakultät an das REM vom Februar 1937, dem Herrn Dr. phil. habil. Alfred Six die Würde eines Dozenten mit der Lehrberechtigung für Zeitungswissenschaft zu verleihen. Die Fakultät erklärte sich bereit, dem Wunsch vieler Studenten, das zeitungswissenschaftliche Studium mit einer Dissertation abzuschließen, durch eine Neufassung der Promotionsordnung Rechnung zu tragen. Bislang sei das Institut lediglich dem Hochschulkreis der Studentenschaft angegliedert, aber es könne durchaus in den Fakultätszusammenhang aufgenommen werden, wenn Herr Dr. Six „auch äußerlich die Stellung" erhalte, die seiner Tätigkeit innerhalb des Lehrbetriebes entspreche. Drei Monate später war es dann soweit: Der Brief, mit dem das REM den jungen Presseforscher Six als Dozenten einsetzte, trug die Paraphe des ehemaligen Heidelberger Rektors Wilhelm Groh, der mittlerweile als Abteilungschef ins Wissenschaftsministerium gewechselt war. Schon im April 1938 trat die Königsberger Fakultät an das REM mit der Bitte heran, dem Dozenten Six den Professorentitel zuzueignen, den er im November, kurz vor seinem Wechsel in die Gefilde der politischen Auslandskunde, dann auch erhielt.

Keine der von Six in den fünf Jahren seiner medienwissenschaftlichen Laufbahn publizierten Arbeiten ist von dogmengeschichtlicher Bedeutung. Er suchte den akademischen Minimalanforderungen seiner Zeit Genüge zu tragen und setzte um so mehr Energie in sein institutionelles Fortkommen. Zugleich steht er paradigmatisch für eine *politische Geisteswissenschaft* nationalsozialistischer Prägung, die sich bewußt als Transmissionsriemen völkischer Propaganda begriff.

Die wissenschaftliche Effizienz dieser Strategie für die NS-Führung war zweifelsohne gering. Während sich die Zeitungswissenschaft im

NS-Staat institutionell festigen konnte, kam ex negativo zu den traditionellen akademischen Kabalen und Intrigen noch das Korsett rassenideologischer, weltanschaulicher und propagandistischer Vorgaben hinzu.[33] Von den NS-Herren aus Deutschland und Europa vertrieben, engagierte sich die jüdische sozialwissenschaftliche Intelligenz beim Aufbau einer empirischen Kommunikationsforschung in den USA, dort häufig vom Office of Strategic Services (OSS), dem State Department und den Psychological Warfare Divisions mit konkreter Gegneranalyse beschäftigt.

Strukturell kam dem der enge Konnex von universitärer Zeitungswissenschaft, Propagandaministerium und SD-Apparat durchaus nahe, aber Wissenschaftsorganisatoren vom Schlage Heide oder Six fehlte die Fachkompetenz zur Organisation methodisch anspruchsvoller Großprojekte, Himmler und Goebbels zeigten wiederum kaum Interesse an Politikberatung nach angelsächsischem Muster. Ansätze empirischer Kommunikationsforschung wurden aber auch nicht systematisch unterbunden, wie es manche Fama nach 1945 gern verbreiten wollte. Elisabeth Noelle-Neumann durfte ihre zeitungswissenschaftliche Dissertation über die Methodik US-amerikanischer Meinungsumfragen, die den Grundstein für ihre Nachkriegskarriere legte und deren Resultate sie zunächst dem Propandaministerium nahebringen wollte, 1940 unbehelligt publizieren, und auch der Leipziger Publizistik-Theoretiker Hans Amandus Münster konnte mehrere Lokalbefragungen über das Zusammenwirken der einzelnen publizistischen Mittel organisieren, bei denen freilich wenig mehr als die Erkenntnis herauskam, daß sich die Medien in ihrer Wirkung ergänzten.

So rankten sich die innerfachlichen Auseinandersetzungen auch nur sehr vordergründig um methodische und dogmatische Probleme. Zur Debatte standen in zunehmendem Maße Rolle und Einfluß des Verbandspräsidenten Heide, der seine Führerposition zäh und mit allerlei Winkelzügen zu verteidigen suchte. Im März 1934 hatte sich Emil Dovifat, als Leiter des bis dahin größten Fachinstituts schon ein natürlicher Konkurrent für Heide, mit einer 13seitigen Denkschrift zur Zentralisierung der Journalistenausbildung zu Wort gemeldet, die dann mittelbar zur Gründung der Reichspresseschule führen sollte – in Dovifats Ursprungsversion (er schlug ein überbetriebliches „Journalistisches Berufsbildungsjahr" vor) war eine führende Rolle des Berliner DIZ vorgesehen.[34]

Dovifat hatte sein Papier, wie Heide mißmutig zur Kenntnis nahm, am DZV-Präsidenten vorbei auch zum berufsständischen „Reichsverband der Deutschen Presse" lanciert. Der DZV-Führer sah später mit

Recht durch die vom RDP gesteuerte Etablierung der – freilich kurzlebigen und skandalgeschüttelten – Reichspresseschule mit ihrem Mischprogramm aus praktischen Übungen, Vorträgen und Wehrsport seinen Coup unterminiert, der Zeitungswissenschaft im Schriftleitergesetz Rang und Geltung verschafft zu haben. Als Dovifat wenig später eine vorzeitige Pensionierung nur mit Mühe rückgängig machen konnte, nutzte Heide die Chance zum Angriff auf den politisch geschwächten Gegner: Er beantragte am 20. März 1935 im Vorstand der „Deutschen Gesellschaft für Zeitungswissenschaft e.V.", die noch immer als Träger des Berliner „Deutschen Instituts für Zeitungskunde" fungierte, auch das DIZ müsse sich der reichsvereinheitlichten Namensgebung fügen und schlicht „Institut für Zeitungswissenschaft" heißen.

Dovifat retournierte mit einer ausführlichen Stellungnahme an Ministerialdirektor Vahlen, den seinerzeitigen Chef des Wissenschaftsamtes im REM: Der alte Name des DIZ habe im In- und Ausland „Firmenwert", Mitglieder des Instituts, „so der Unterzeichnete und der Leiter der Auslandsabteilung", Karl Bömer, seien wiederholt an ausländischen Universitäten als Vertreter des *Deutschen* Instituts für Zeitungskunde" eingeladen gewesen, und gerade Kollege Bömer habe die Auslandsbeziehungen des DIZ für den „Kampf für die deutsche Ehre und das deutsche Ansehen" nützlich machen können.[35]

Niemand würde verstehen, so schloß Dovifat mit erkennbarer Berechnung, „wenn das Institut der Reichshauptstadt plötzlich diese bedeutsame Änderung seines Namens vornähme und auf die Bezeichnung ‚Deutsch' verzichtete".

Jetzt holte Heide weiter aus und versandte eine eigene Aufzeichnung nebst Dovifats Stellungnahme zur Berliner Namensfrage an die Leiter sämtlicher zeitungswissenschaftlicher Institute mit der Bitte, „mir zu meiner Aufzeichnung die dortige Zustimmung bzw. evtl. Ergänzungen und Anregungen zu übermitteln, da die Sache jedes einzelne Institut betrifft und zu einer Angelegenheit der gesamten Disziplin geworden ist ... Daß ich in der Zurückweisung der Gründe etwas scharf geworden bin, hat seinen Grund darin, daß ich immer wieder Störungsversuche unserer einheitlichen und kameradschaftlichen Zusammenarbeit von Berlin her erleben muß".

In der „scharfen" Aufzeichnung materialisierte sich freilich nur jener Neidkomplex, den der politische Opportunist Heide im Umgang mit dem gleichfalls wendigen, aber etablierteren Kollegen Dovifat entwickelt hatte. Wenn Dovifat betone, daß es dem Berliner Institut erstmals gelungen sei, für „die wissenschaftlichen Zwecke seiner Arbeit die großen Berufsverbände der Presse aufzurufen und diese zu beachtlichen Leistungen für die wissenschaftliche und berufsbildende Arbeit zu gewinnen", dann war das eben laut Heide „bislang zum Schaden der anderen Institute geschehen. Durch die persönlichen Beziehungen Prof. Dovifats zu den Fachverbänden aus seiner Pressepraxis heraus, vor allem zum Reichsverband der Deutschen Presse und seiner früheren Leitung, ist dem Berliner Institut persönlich und sachlich eine Unterstützung gewährt worden, die heute nicht mehr in diesem Umfange besteht und teilweise auch einer Nachprüfung unterzogen werden soll".

Und einen Absatz später ging Heide zur direkten politischen Denunziation über, als er klarstellte, daß Karl Bömer lediglich aufgrund seiner persönlichen Qualifikation in Rosenbergs „Außenpolitisches Amt der NSDAP" berufen worden sei, wohl kaum aber als Mitglied des DIZ, „denn die Lage des Berliner Instituts, insbesondere seines Leiters" sei nicht derart gewesen, „daß gerade ein Amt der NSDAP geneigt sein konnte, enge Beziehungen anzuknüpfen".[36] Auch auf die „Entlassung Prof. Dovifats" kam er noch einmal direkt zurück, außerdem drückte er sein Bedauern darüber aus, daß es jemand „in der heutigen Zeit" als eine Frage der Ehre ansehe, die gemeinsame und geschlossene Haltung der Disziplin zu sabotieren – Dovifat hatte zuvor die Nomenklatur seines Hauses als Ehrensache deklariert.

Das Berliner Institut verlor tatsächlich seine angestammte Bezeichnung, und Heide konnte die einheitliche Namensgebung der zeitungswissenschaftlichen Institute durchsetzen. Dovifat, in Sachen akademischer Formalia ein zäher Kämpfer, setzte trotzig die angestammte Bezeichnung in den Untertitel des Briefkopfes.

So wie Heide seinen Konkurrenten Dovifat politisch verfemt hatte, traf es ihn im Publizistik-Streit allerdings selbst. Eine kleine, aber radikale Gruppe nationalsozialistischer Dozenten und Assistenten, zum Teil frühere Parteigänger Heides, begann Anfang der vierziger Jahre Material gegen den DZV-Präsidenten zu sammeln, weil er die Entwicklung einer schlagkräftigen nationalsozialistischen Propagandalehre mit seinem zeitungskundlichen Kurs verhindere. So arbeitete der Münstersche Institutsleiter Hubert Max 1943 ein zehnseitiges Gutachten zum Heideschen Führungsanspruch für den NSD-Dozentenbund aus, in welchem er dem DZV-Präsidenten zwar organisatorisches Geschick konzedierte, ihm ansonsten aber fachliche Qualifikation und politische Zuverlässigkeit rundweg absprach. Das las sich dann so: „Fachlich tiefere Gespräche lassen sich mit ihm gar nicht führen ... innerlich dem Nationalsozialismus um keinen Schritt nähergekommen ... hoch entwickelte persönliche Eitelkeit ... brutale Niederknüppelung des ehemaligen Münchener Assistenten Fischer ... abwegige Tendenz, die Zahl der Institute zu vergrößern ... in geradezu fahrlässiger Unkenntnis aufgestellte Dogmen ... ernste wissenschaftliche Streitfragen am Biertisch ‚bereinigt' ... Personalpolitik nach dem Grad der *persönlichen Hörigkeit*".[37] Nur noch Reichspressechef Dietrich persönlich, so Max, könne helfen, die Publizistikwissenschaft aus dem Würgegriff Heides zu befreien.

Kurt Walz, Weggefährte von Six aus Heidelberger Tagen, seit 1940 Dozent an dessen neuer Auslandswissenschaftlicher Fakultät in Berlin und kurzzeitig auch Leiter des Fachkreises „Presse, Film, Funk" im NS-Dozentenbund, gelangte im August 1944, eigenen Angaben zufolge, sogar ins „Vorzimmer Goebbels", um noch einmal „kurze Aufzeichnungen zur gegenwärtigen Lage der Zeitungswissenschaft" abzuliefern, in denen zusätzlich beklagt wurde, daß Heide seit Kriegsbeginn „noch nicht den Vorschlag eines gemeinsamen Kriegseinsatzes der Zeitungswissenschaft" gemacht habe. Außerdem seien aus dem Büro Heide die „auffallensten (sic) Gerüchte kolportiert worden", so von dem DZV-Geschäftsführer Dr. Hollmann während der Stalingrad-Krise, von dem man sich habe anhören müssen, „der Führer habe einen Nervenzusammenbruch erlitten und den Oberbefehl im Osten abgegeben".

So schien der NS-Dozentenbund die geeignete Institution, um die Opposition gegen den inzwischen ziemlich entkräfteten Heide in größerem Stil voranzutreiben. Hatte Heide am ersten „zeitungswissenschaftlichen Arbeitslager" des Dozentenbundes in Würzburg (Januar 1943, auch der stellvertretende Reichspressechef Sündermann war dabei), wo verworrene Diskussionen um die probate „Lehre von der Volksausrichtung" die Szenerie beherrschten, noch teilnehmen können, blieb er beim zweiten Arbeitslager im November 1943 ausgesperrt.

Doch die Kompetenzwirren zwischen den NS-Dozenten- und Studentenbünden (im Juni 1944 wurde Dozentenführer Walter Schultze entmachtet, und Reichsstudentenführer Scheel übernahm zusätzlich das Regiment über die NS-Dozenten) sowie die Irrelevanz der Zeitungswissenschaft gerade in diesen letzten Kriegsmonaten – Goebbels und der Reichspressechef hatten andere Sorgen – verhinderten die formelle Entmachtung des DZV-Präsidenten. Sein Periodikum „Zeitungswissenschaft" fiel ohnehin 1944 dem Papiermangel zum Opfer, das „Ausland-Presse-Büro" wurde im selben Jahr als „nicht kriegswichtig" aufgelöst. Am 29. November 1945 wurde der Cheforganisator der Zeitungswissenschaft in Berlin von den Russen gefangengenommen, seither fehlt von ihm jede Spur. 1957 wurde Walther Heide auch amtlich für tot erklärt.

Wenngleich die fachpolitischen Rivalitäten jede ernsthafte medienkundliche Theorienbildung im NS-Staat verhinderten, bildete das junge Fach, in dem Karrieren nicht von wissenschaftlichen Normalqualifikationen abhängig und Doktortitel ohne tiefere Anstrengungen zu erreichen waren, ein beachtliches personelles Reservoir für die NS-Propaganda und den Sicherheitsdienst. Beide Sektoren benötigten als systemfunktionale Wachstumsbereiche Nachwuchspotential in erheblichem Umfang, und die zeitungswissenschaftlichen Institute erwiesen sich als effiziente Transferagenturen, so daß der Disziplin durchaus eine bedeutsame Rolle für die Ideologiedistribution des NS-Regimes beigemessen werden kann. Die Personalrekrutierung des RMVP, der regionalen Propagandastellen, der NS-Presse und des SD aus den Vorräten der universitären Medienkunde war umfangreicher, als es der bisherige Forschungsstand indiziert.

Die Kongruenz zwischen der zeitungswissenschaftlichen und praktisch-propagandistischen Administration war nicht immer so evident wie beim Kölner „Internationalen Forschungsinstitut für Pressewesen", das seine Existenz wesentlich den kommunalen medienpolitischen Ambitionen des vormaligen Oberbürgermeisters Adenauer verdankte und Ende 1934 im neukonstituierten „Institut für Zeitungswissenschaft" der Kölner Universität aufging.

Hier hatte der neue Universitätskurator Peter Winkelnkemper, Hauptschriftleiter des NS-Blattes „Westdeutscher Beobachter", am 27. November 1933 seinen Stellvertreter in der WB-Redaktion, Martin Schwaebe, in die Institutsleitung gelotst. Der 23jährige Schwaebe, der über keinerlei akademische Vorbildung verfügte[38], avancierte im April 1934 auch noch zum Gaupressechef Köln-Aachen und hielt sich mit zeitungswissenschaftlichen Fachbeiträgen erst gar nicht auf.

Als Transferagenten für medienfachlichen Nachwuchs zwischen den Instituten und den NS-Behörden wirkten neben den Institutsleitern Hans Amandus Münster und Emil Dovifat (der sich durch solche Empfehlungen auch gegen seine stets drohende Kaltstellung zu schützen pflegte) vor allem Walther Heide, Franz Alfred Six und Karl Bömer (1900–1942). Dessen Aufstieg im Propagandaministerium – Goebbels schätzte ihn als einen seiner fähigsten Mitarbeiter – endete im Mai 1941 spektakulär. Der Propagandaminister konnte sich kaum von dem Schock erholen, den der England-Flug des Führer-Stellvertreters Rudolf Heß hervorgerufen hatte („Welch ein Anblick für die

Welt: ein geistig Zerrütteter zweiter Mann nach dem Führer. Grauenhaft und unausdenkbar"), da mußte er am 14. Mai seinem Tagebuch anvertrauen: „Dr. Dietrich ruft an: Bömer hat ganz tolle Quatschereien gemacht. Ich fürchte, ich werde ihn sehr hart maßregeln müssen. Das kommt von der Sauferei. Abends nach Lanke. Schöner, lauer Maiabend. Welche eine schöne Welt! Aber die Menschen. Die bösen Menschen! Doch auch mit ihnen muß man fertig werden".

Karl Bömer, am 7. September 1900 in Münster geboren[39], entstammte als Professorensohn einem gutbürgerlichen, katholischen Familienmilieu. Sein Vater stand seit 1915 als Direktor der münsterschen Universitätsbibliothek vor. In den Jahren 1909 bis 1915 hatte Bömer infolge einer dienstlichen Versetzung des Vaters in Breslau Privatunterricht genossen. Nach Münster zurückgekehrt, besuchte er das noble Gymnasium Paulinum bis zur Prima, meldete sich dann aber noch im März 1918 als Kriegsfreiwilliger. Er stand als Fahnenjunker beim Infanterieregiment 13 vom Juni bis November im Fronteinsatz.

Einem Nachruf Walther Heides[40] in der „Zeitungswissenschaft" zufolge hatte sich Bömer nach der deutschen Kapitulation im „Freikorps Münsterland" und später noch bei diversen Einsätzen im Ruhrkampf hervorgetan, was sich anhand der Aktenlage allerdings nicht verifizieren läßt. Im März 1919 holte Bömer das Abitur nach und schrieb sich in Münster als Student der Volkswirtschaft ein.

Schon 1920 begann er jedoch eine Banklehre und arbeitete danach als Bankbeamter in Bielefeld und Münster. 1924 nahm Bömer sein volkswirtschaftliches Studium wieder auf und promovierte am 12. Februar 1926 bei Werner Friedrich Bruck über „Die Entwicklung des münsterischen Bankwesens" zum Dr. rer. pol. mit dem durchschnittlichen Prädikat „cum laude". Bruck, der 1933 wegen seiner jüdischen Abstammung zwangspensioniert wurde, bot seit dem Wintersemester 1923/24 auch regelmäßig zeitungskundliche Seminare im Rahmen des wirtschaftswissenschaftlichen Studiums an, zu denen er auch journalische Praktiker als Gastreferenten einlud.[41]

Dies mag den Promovenden Bömer, der keine Absichten hegte, ins Bankfach zurückzukehren, animiert haben, eine berufliche Laufbahn im Pressewesen anzustreben. Er absolvierte ein Kurzvolontariat bei der „Münsterischen Morgenpost", aber schon am 15. Mai 1926, drei Monate nach seiner Promotion, fand Bömer durch Vermittlung seines Vaters als Volontärassistent beim *Deutschen Institut für Zeitungskunde* in Berlin Anstellung, wo er seit 1927 das Auslandsreferat verantwortete. Von nun an spezialisierte sich Bömer auf die Erforschung des internationalen Pressewesens und unternahm zahlreiche Auslandsreisen, von mehreren renommierten Universitäten (Cambridge, Oxford, Columbia, Den Haag) wurde der polyglotte Münsteraner zu Gastvorträgen eingeladen. Noch 1934 wurde er zum Vizepräsidenten des „Press Congress of the World" gewählt.

1929 hatte Bömer ein „Bibliographisches Handbuch der Zeitungswissenschaft" erstellt, mit dem er eine „kritische und systematische Einführung in den Stand der deutschen Zeitungsforschung" versuchte. Neben dieser für die damaligen Verhältnisse soliden und bemerkenswerten Leistung publizierte Bömer noch eine Studie zum „wirtschaftlichen Aufbau des deutschen Zeitungswesens" (1932, zusammen mit seinem Berliner Kollegen Friedrich Bertkau) und edierte vor allem das „Handbuch der Weltpresse" (1931 ff.), eine der Renommierpublikationen des DIZ.

Dies alles wies den ehemaligen Bankbeamten als einen überdurchschnittlich begabten und vor allem weltoffenen Medienkundler aus, auch im Vergleich mit den parawissenschaftlichen Aktivitäten des Franz Alfred Six – eine seltene Figur im Spektrum der nationalsozialistischen Dozenten. Schon in den Jahren 1931 und 1932 habe sich Bömer „in den Dienst der Partei gestellt", so bescheinigte es ihm jedenfalls der Reichsleiter Rosenberg[42], und wenn Karl Bömer erst nach der Machtübernahme Parteigenosse (Pg.) geworden sei, dann lediglich aus Tarnungsgründen im sensiblen internationalen Geschäft. Um so offener konnte Bömer nach 1933 seine Hingabe zum NS-Regime bekunden. Hauptberuflich nun Leiter des Presseamtes im Außenpolitischen Amt (APA) der NSDAP und damit so etwas wie Rosenbergs Pressechef (bald auch Beauftragter für Auslandsfragen in Otto Dietrichs Reichspressestelle), verfocht Bömer auf internationalem Parkett die angebliche „Freiheit der Presse im national-sozialistischen Staat", so der Titel einer 1933 in deutschen und englischer Sprache erschienenen Broschüre aus Bömers Feder.

Nachdem der einstige DIZ-Referent am 4. November 1935 für seine gesammelten Werke von der Berliner Universität bereits den Dr. phil. habil. erhalten hatte (Gutachter war Dovifat), wurde er am 14. Dezember 1936 auf Betreiben des Amtes Rosenberg zum nichtbeamteten außerordentlichen Professor ernannt und der Berliner Philosophischen Fakultät zugewiesen. Zum Verdruß der Kollegen tauchte er dort freilich selten auf, da ihm seine hauptberuflichen Aktivitäten für eine intensivere Lehrtätigkeit kaum Zeit ließen. 1940 findet sich Bömer zudem unter den Lehrbeauftragten („Auslandspresse") in Six' Auslandswissenschaftlicher Fakultät; „gegen Bömer bestehen weder politisch noch wissenschaftlich irgendwelche Bedenken", hatte Gaudozentenbundsführer Willi Willing in seiner Beurteilung der Personalvorschläge geschrieben.[43]

Als die Bedeutung des Amtes Rosenberg im NS-internen Machtkampf zusehends schwand, sah sich der zielstrebige Bömer nach lohnenderen propagandistischen Einsatzgebieten um. Seit Juni 1937 für kurze Zeit Legationsrat in der Presseabteilung des Auswärtigen Amtes, wechselte Bömer, der im übrigen seinem einstigen Vorgesetzten Dovifat in allen politischen Kalamitäten zur Seite gestanden hatte, zum 1. April 1938 als Ministerialrat und Chef der neugeschaffenen Abteilung IVb (Auslandspresse) in das Reich von Joseph Goebbels. In seiner neuen Funktion kam ihm die zeitungskundliche Sozialisation durchaus zugute. Goebbels schätzte die konziliante Art, in der Bömer als „aufgeklärter Nationalsozialist" die in Berlin akkreditierten Auslandskorrespondenten umsorgte. „Diese Arbeit ist ausgezeichnet und hat große Erfolge zu verzeichnen", notierte der Propagandaminister am 25. Januar 1940 in sein Tagebuch. Und Otto Dietrichs Referent Ministerialrat Stephan rühmte: „Es ist nicht übertrieben, wenn hier festgestellt wird, daß seine besondere Fähigkeit, gerade mit amerikanischen Journalisten zu sprechen, dem nationalsozialistischen Deutschland auch noch in Krisenzeiten ein ungewöhnlich hohes Maß von publizistischer Wirksamkeit in der uns feindlich gesinnten Presse ermöglicht hat."[44]

Anfang Mai 1941 fiel Bömer dann zum einen seiner Trunksucht, zum anderen den ständigen Grabenkämpfen zwischen dem RMVP und dem Auswärtigen Amt in Fragen der Auslandspublizistik zum Opfer. Bömer hatte in stark alkoholisiertem Zustand bei einem Empfang der bulgarischen Botschaft mehr oder weniger eindeutig auf den kommenden Einmarsch deutscher Truppen in die Sowjetunion hingewiesen (Zeitzeugen erinnerten sich an verwegene Sentenzen wie „Bald werde ich Gauleiter von der Krim"), und in Görings Forschungsamt war anschließend eine entsprechende Mitteilung des bulgarischen Botschafters an seine Heimatdienststelle abgefangen worden.

Zwar konnte später nie ganz geklärt werden, ob Bömers Hauptkonkurrent Paul Karl Schmidt, Leiter der Presseabteilung des Auswärtigen Amtes, die Affäre nutzte, um den lästig erfolgreichen Rivalen loszuwerden; sicher ist jedenfalls, daß Außenminister Ribbentrop den Vorgang dem Führer persönlich meldete. Nun halfen auch heftige Interventionen des Propagandaministers, der von einer „großangelegten Intrige" Ribbentrops ausging, für seinen Auslandsspezialisten nichts mehr: Bömer wurde nach einem Verfahren vor dem Volksgerichtshof zunächst zu zwei Jahren Haft verurteilt, nach sechs Monaten immerhin zur „Frontbewährung" in den Osten geschickt.[45]

Am 22. Mai 1942 bei Charkow schwer verwundet, siechte Bömer wochenlang in einem Krakauer Lazarett dahin, wo man ihm noch ein Bein amputierte. Am 22. August 1942 starb der wissenschaftlich vorgebildete Propagandist an den Folgen einer Sepsis, vom Propagandaministerium und dem DZV gleichermaßen betrauert. Bömers Name und seine Leistungen, „die der Geschichte der geistigen Kriegsführung angehören", so hieß es in einer von Goebbels und Dietrich gemeinsam gezeichneten Todesanzeige, „werden immer unvergessen bleiben".

Selbst der Generalgouverneur Frank – der ansonsten damit beschäftigt war, „die Juden (zu) vernichten, wo immer wir sie treffen und wo es irgend möglich ist"[46] – habe Zeit gefunden, an Bömers Beerdigung teilzunehmen, stellte Heide in seinem Nekrolog beeindruckt fest und sah die gesamte Disziplin in ihrer ohnehin soldatischen Tradition gleich mitgeehrt. Mit Bömers Tod war ihm freilich der ranghöchste zeitungswissenschaftliche Verbindungsmann zur NS-Administration abhanden gekommen, nachdem sich SS-Standartenführer Six schon seit längerem in die weitere Sphäre der politischen Auslandskunde vorgearbeitet hatte und für die Erforschung des Pressewesens kein Interesse mehr aufbrachte.

Auch wenn er nicht über die pressekundliche Qualifikation und die realen Auslandskontakte verfügte, durch die sich Bömer auszeichnete, gab es auch bei Six einen engen Zusammenhang zwischen zeitungswissenschaftlicher Sozialisation und nationalsozialistischer Behördenpraxis. Dies belegt ein Six-Bericht an Heydrich über den „Schulungskurs des Amtes Presse und Schrifttum in der SD-Schule Berlin in der Zeit vom 22. bis 29. September 1935".[47] Weil er die Hauptabteilung Presse im SD-Hauptamt (vom 9. Juli 1935 an wurde sie nach der Eingliederung der Leipziger SD-Schrifttumsstelle zum „Amt für Presse und Schrifttum" erhoben) neu habe aufbauen müssen, berichtete Six, sei es unumgänglich gewesen, „einerseits die vorhandenen Pressebearbeiter nachzuschulen und andererseits neue fachlich geeignete Kräfte zu gewinnen". Zudem habe er in den SD-Oberabschnitten, die das Pressewesen bislang nahezu vollständig vernachlässigt hätten, Pressereferenten einsetzen und diese „mit den zukünftigen Aufgaben von Presse und Schrifttum" bekannt machen müssen. Six erläuterte dem SD-Chef weiter: „Zur einwandfreien Bewältigung der Arbeit erwies sich eine systematische Schulung der alten und neuen Pressesachbearbeiter für (sic) erforderlich. Hierzu wurde folgender Weg gewählt:

1.) Lesen und Durcharbeiten der wichtigsten Werke über das Pressewesen, 2.) Einführung eines wöchentlichen Dienstabends, auf dem in festgelegter Folge Vorträge und Aussprachen über die jeweiligen Aufgaben gehalten werden".

Den Oberabschnitten ließ Six eine ausführliche Dienstanweisung für die Pressebearbeitung zukommen, außerdem gab er dort persönlich Unterricht, was sich mit seiner fast zeitgleich aufgenommenen Lehrtätigkeit in Königsberg sicherlich passabel verbinden ließ. Neben diesen „beiden ersten und grundsätzlichen Maßnahmen" diente der einwöchige Schulungskurs in der SD-Schule Berlin-Bernau der künftigen ideologischen Ausrichtung, an die sich die SD-Pressebeobachter halten sollten. Vor allem mußten die Referenten in den (Unter-)Abschnitten lernen, „ihre Arbeit von der rein mechanischen Anfertigung von Zeitungsausschnitten weg und auf die lebensgebietsmäßige Auswertung zu lenken".

Zu diesem Zweck vermittelte Six „zunächst einmal als Rüstzeug ... eine eingehende Kenntnis von den gesetzlichen Gebundenheiten in Presse und Schrifttum, von der geschichtlichen Entwicklung und den technischen Grundlagen des Zeitungs- und Verlagswesens usw." Dem Kursus habe ein „bis in alle Einzelheiten durchgearbeiteter Dienstplan" zugrunde gelegen, reportierte der Amtschef stolz, für jeden Vortrag seien große Wandtafeln „zur plastischen und lebendigen Darstellung des gesprochenen Wortes" hergestellt worden, auch habe der „Gefahr der Ermüdung" durch längere Pausen zwecks Aussprache und Ausspannung erfolgreich vorgebeugt werden können. In dieser pädagogisch wertvollen Atmosphäre erfuhren die Referenten vom nationalsozialistischen Medienrecht (ohne dessen Kenntnis „Presse- und Schrifttumsbearbeitung, insbesondere Feststellung von Pressevergehen, klare Bestimmung der Tages- und Kirchenpresse" nicht möglich sei) und auch einiges über „die kulturpolitische Aufgabe und Wirkung des Schrifttums, ... die darin schlummernde Möglichkeit tiefster Massenbeeinflussung und ... die Art der SD-mäßigen Überarbeitung und Erfassung".

Gerade bei der Beurteilung von Büchern und Broschüren erkannte Six – das Ergebnis des Kurses resümierend – noch einige „SD-mäßige" Schwierigkeiten: Ob der Bildungsstand der Referenten für die diffizile Erkenntnis des nationalsozialistisch Wahren und Guten wirklich ausreiche, erschien ihm zweifelhaft – zumal der SD sich hier in Konkurrenz zu zahlreichen anderen NS-Überwachungsstellen befand. Überdies bestehe die Gefahr, daß die „Sachbearbeiter der Schrifttumsstelle bei ihrer isolierten Schrifttumsarbeit in Leipzig einseitig literarisch gebildet werden und die Schrifttumsstelle selbst zu einem literarischen Seminar" werde.

Dieser Gefahr könne indes durch eine Eingliederung des Buchdepartments in das Berliner Hauptamt vorgebeugt werden – ein praxisferner Literatenclub fernab seines neuen Herzogtums kam dem Amtschef suspekt vor. Im allgemeinen aber sei die Aufnahmefähigkeit für Fragen der Presse und ihre „lebensgebietsmäßige Bearbeitung" (ein Spezialbegriff der Kollegen Höhn und Ohlendorf) sehr gut, und obwohl den meisten Referenten das in den Vorträgen Gebotene „völlig neu" gewesen sei, hätten sie doch aus eigenem Antrieb Fragen gestellt und sich an der Aussprache beteiligt.

So hatte die zeitungskundliche Systematik also doch praktischen Nutzen. Überdies hatte Six mit seiner Stellung zwischen SD und Hochschule seit dem Frühjahr 1935 ausgezeichnete Möglichkeiten, eine Entourage aus Hilfswerkern, Zuarbeitern und Ghostwritern aufzubauen – für den Konnex von Medientheorie und politischer Praxis stehen besonders die Biographien seiner zeitungswissenschaftlichen Assistenten Kurt Walz (Jg. 1908), Rolf Oebsger-Röder (Jg.1912) und Horst Mahnke (Jg. 1913); ganz abgesehen davon, daß Six selbst seinen späteren Judenreferenten Herbert Martin Hagen – über den im nächsten Kapitel ausführlicher zu berichten sein wird – zur akademischen Weiterbildung in Emil Dovifats Berliner Vorlesungen schickte.

Den aus Metz stammenden *Kurt Walz* hatte Six zum Sommersemester 1936 nach Königsberg geholt. Wie Six hatte auch Walz, seit 1931 NSDAP-Mitglied, in Heidelberg bei Arnold Bergsträsser promoviert. Die staatswissenschaftliche Dissertation, im Sommersemester 1935 eingereicht, befaßte sich unter dem kryptischen Titel „Rationalismus und Irrationalismus in der Staatsintegration" mit dem Gefüge des preußischen und österreichischen Staates zu Zeiten Friedrich des Großen und Maria Theresias und war selbst nach Ansicht Bergsträssers „nicht immer zur letzten Klarheit gediehen".[48] Nach Beendigung des Studiums beschäftigte sich Walz einige Monate lang ehrenamtlich als „Kreiskulturwart und Kreisamtsleiter" der Heidelberger NS-Kulturgemeinde, bis er dann Six' Vorlesungen und Übungen in Königsberg vorbereiten durfte. Nach 1945 erinnerte sich Walz dankbar an das Königsberger Engagement seines Vorgesetzten:

„Da Six in Berlin im SD-Hauptamt beschäftigt war, fuhr er wöchentlich auf zwei Tage nach Königsberg, um dort Vorlesungen, Übungen und Prüfungen zu erledigen. Auch an der Königsberger Universität unterhielt Six einwandfreie Beziehungen zu dem gesamten Lehrkörper und hat sich auch für eine Reihe von Kollegen eingesetzt, die mit dem örtlichen Dozentenbund Schwierigkeiten bekommen hatten. Sein Eintreten für solche Persönlichkeiten begründete er mit der Notwendigkeit einer Sonderstellung der Hochschule im Staat und einer freien Betätigung der Hochschullehrer innerhalb des deutschen Geisteslebens, da nur auf diesen Grundlagen die Individualität der deutschen Wissenschaft erhalten werden konnte".[49]

Am 15. August 1944 war Walz indes *diese* Individualität der deutschen Wissenschaft noch ziemlich egal gewesen, als er, frustriert vom Kampf gegen Heides DZV, an seinen münsterschen Gesinnungsfreund Hubert Max schrieb, er stehe nun seit 1929 im „Kampf der Studentenschaft" und habe auch später als Assistent und Dozent „stets die Kante der Studentenschaft gegen den liberalen Dozentenklüngel" gehalten.[50] Um den dadurch hervorgerufenen Ärger habe er sich nicht viel gekümmert, sondern sich „immer und immer wieder politisch eingesetzt zu aller möglichen Mitarbeit, sodaß ich selbst bisher nicht zum Schreiben bzw. zur endgültigen Fassung eines Buches gekommen bin. Meine Fakultät sagt nun: ich kann nicht Prof. werden, solange ich nichts geschrieben habe, d. h. also nicht mehr und nicht weniger, als dass der politische Einsatz bestraft wird".

Der Verweis auf eine „endgültige Fassung" mochte sich auf Walz' Königsberger Habilitation beziehen, über die im Periodikum „Zeitungswissenschaft" 1939 zu lesen war, sie sei „dem eigentlichen und engeren Forschungsbereich der ostpreußischen Hochschule entnommen" und als „eine erstmalige Gesamtuntersuchung der Entwicklungsgeschichte der ostpreußischen Presse" zu betrachten.[51] Als Teilergebnis aus der Frühperiode sei Walz unter anderem der Nachweis gelungen, „daß das ostpreußische Zeitungswesen bis auf das Jahr 1618" zurückverfolgt werden könne. Walther Heide, der Walz im Sommersemester 1937 auch zum Leiter der damals fundierten „Zeitungswissenschaftlichen Vereinigung Königsberg" ernannt hatte, gratulierte „aufs herzlichste zu diesem schönen Erfolg, der von ihm (Walz) zugleich auch für die gesamte Zeitungswissenschaft errungen" worden sei. Ende 1939 übernahm Walz anstelle des nach Berlin gewechselten Six die Königsberger Institutsleitung; ein knappes Jahr später zog Six ihn wiederum als Dozenten für Auslandspresse und -publizistik an die Auslandswissenschaftliche Fakultät der hauptstädtischen Universität nach, wo Walz noch im Sommersemester 1944 „Übungen zum System der geistigen Einkreisung Deutschlands durch die Feindmächte von 1870 bis zur Gegenwart" anbot.

Sein 1944 als „Nachkriegsplan" gehegter Traum, nach dem Sixschen Vorbild ein „Deutsches Institut für Nationalpolitische Publizistik und

Horst Mahnke

Propaganda" auf die Beine zu stellen, das „u.U. an die Stelle des aufzulösenden Dovifatschen Ladens" hätte treten können[52], ließ sich zwar nicht verwirklichen, immerhin konnte Walz aber seine reichhaltigen politik- und publizistikwissenschaftlichen Erfahrungen dann in der Bundesrepublik als Oberregierungsrat an der Koblenzer Bundeswehrschule für Innere Führung verwerten.[53]

In den Fällen Mahnke und Oebsger-Röder gibt es eine direkte Verbindung zum SD und zur Tätigkeit der Einsatzgruppen, wenn auch in unterschiedlicher Gradation. Der spätere „Spiegel"-Ressortleiter *Horst Mahnke*, am 28. Oktober 1913 als Kaufmannssohn in Berlin geboren, war über das Jahr 1945 hinaus einer der engsten Vertrauten des SS-Führers Six; „small, blond, losing hair on top of the head, which gives him the impression of a high forehead, average build, blue or light brown eyes", so beschrieb ihn Six' Sekretärin Gerda Scholz im November 1945 dem Rechercheteam des State Departments.[54] Nach dem Abitur an der Oberrealschule in Königsberg hatte Mahnke zunächst vom 1. Mai bis zum 15. Oktober 1934 im Freiwilligen Arbeitsdienst gewirkt und war danach für ein halbes Jahr als Hafen- und Tiefbauarbeiter tätig, um sich das Geld für sein Studium zu verdienen.

Als Student der Zeitungswissenschaft, Philosophie, Germanistik und Kunstgeschichte war der kleine und agile Mahnke seinem Institutschef so angenehm aufgefallen, daß er ihn nach dessen Königsberger Dissertation über die „freimaurerische Presse in Deutschland" (Note: „sehr gut") vom 1. Mai 1940 an als bevorzugten Assistenten an der Auslandswissenschaftlichen Fakultät beschäftigte. Wenn sich Mahnke nach dem Krieg auch gern als reiner Wissenschaftler ausgab, der nur ehrenamtlich und fast zufällig in den SD geraten sei, so spricht auch hier der Lebenslauf für das Rasse- und Siedlungshauptamt (Mahnke heiratete am 12. Oktober 1940 die aus Rämmershöfen, Ostpreußen, gebürtige Lotte Plew) eine andere Sprache: „Nach Beendigung meines freiwilligen Arbeitsdienstes trat ich in den NS-Studentenbund ein und wurde hier Fachgruppenleiter. Die von mir geleitete Mannschaft im Reichsberufswettkampf der deutschen Studenten 1937/38 wurde ‚Reichsbeste'. Am 1.10.1936 wurde ich *hauptamtlicher* Angehöriger des Sicherheitsdienstes des RFSS. Am 15.12.1937 wurde ich in die SS aufgenommen und zum Oberscharführer befördert. Am 20.4.1939 wurde ich zum Hauptscharführer befördert. Die Beförderung zum Untersturmführer erfolgte am 9.11.1939. Seit 1.6.1939 bin ich zum SD-Hauptamt kommandiert und habe dort neben meiner Tätigkeit an der Universität Berlin die Dienststellung eines Referenten inne. Bei der Eingliederung des Memellandes in das Großdeutsche Reich wurde ich im Rahmen meiner Königsberger SD-Dienststelle dorthin kommandiert. Mitglied der NSDAP bin ich seit 1.5.1937 unter Mitgliedsnummer 5.286.024".

Nach 1945 klang es dann etwas komplizierter. „Etwa Ende 1936" sei er vom Gaustudentenbundsführer Rother, so hieß es in einer Stellungnahme für das Spruchgericht, aus dem NS-Studentenbund ausgeschlossen worden, weil er gegen Rothers „politische Linie" Stellung genommen habe. Dies sei einem Dr. Schönebeck vom SD-Oberabschnitt Nordost zu Ohren gekommen, der ihn sogleich aufgefordert habe, „auf meinen Fachgebieten (Zeitungswissenschaft, Volkswirtschaft, Philosophie) für den SD zu arbeiten". So hatte Mahnke nach eigenen Angaben auch einen Fachbericht in Sachen „Auseinandersetzung Prof. Heisenberg – Prof. Lenard über die Atomphysik" abgeliefert (was dieser Zwist mit Mahnkes Fachgebieten zu tun hatte, bleibt freilich unklar).

Seinen Beitritt zum SD datierte Mahnke jetzt auf November 1937; ehrenamtlicher Mitarbeiter des RSHA-Amtes VII sei er im Mai 1939 nach seiner Übersiedlung nach Berlin geworden („lediglich eine Maßnahme von Professor Six, um mich für wissenschaftliche Aufgaben im Auslandswissenschaftlichen Institut freizustellen"). Mahnke bestritt, hauptamtlicher Referent im RSHA Amt VII für „Politische Kirchen, Marxismus und andere Gegnergruppen" gewesen zu sein, auch wenn sein Name in dieser Funktion im Geschäftsverteilungsplan des RSHA der Jahre 1941 und 1943 auftauche. Ebenso war ihm „im Rahmen der Verfolgung und Ausrottung des Judentums" nicht bekannt, „daß die deutschen Juden nach dem Osten deportiert wurden und dort zum größten Teil vergast oder auf andere Weise liquidiert" worden seien.

Mahnke hatte sich tatsächlich auf eine akademische Karriere konzentrieren wollen; „ich beabsichtige die Universitätslaufbahn mit der Fachrichtung Philosophie einzuschlagen", schrieb er 1940 in seinen Lebenslauf. Six deckte den Marxismus-Spezialisten mit akademischen Zulieferer- und Vertretungsaufgaben denn auch gehörig ein, Seminare zur fremdvölkischen Überlagerung des deutschen Geisteslebens mußten in der Regel von Mahnke selbständig ausgearbeitet werden. „Er war beauftragt mit der Einrichtung des Seminars für Geistesgeschichte und Kulturphilosophie, dem Aufbau der Bibliothek dieser Abteilung und der Erledigung aller anfallenden wissenschaftlichen Arbeiten, lehr-, prüfungs- und forschungsmäßiger Natur", bescheinigte Six seinem Assistenten am 14. Juni 1947 unter korrekter Einschätzung seiner eigenen (nämlich marginalen) inhaltlichen Präsenz.

Was aber die Judenverfolgung und die SD-Einsätze anlangte, so mochte sich Mahnke nach 1945 zunächst nur ungern daran erinnern, daß er im Auftrag Six' die vertraulichen „Informationsberichte zur Judenfrage" an einen streng selektierten Verteilerkreis verschickt hatte[55] und daß er unter der Führung seines Dekans im Sommer 1941 dem „Vorkommando Moskau" der Einsatzgruppe B angehörte, dessen Angehörige wohl kaum jegliche Kenntnis über die massenhaften Liquidationen von Juden, Partisanen und kommunistischen Kommissaren, die integraler Bestandteil des Rußlandfeldzuges waren, leugnen konnten. Überdies hatte Six seinen Assistenten als Stabsleiter in jenem Spezialteam beschäftigt, das die geplante Besetzung Großbritanniens („Operation Seelöwe") im August und September 1940 „gegneranalytisch" vorbereiten sollte.[56] Im April 1943 von Six als persönlicher Assistent in die Kulturpolitische Abteilung des Auswärtigen Amtes integriert (inzwischen im SS-Rang eines Hauptsturmführers), überkamen Mahnke schließlich Zweifel, ob Hitlers Zweifrontenkrieg zu einem für das Reich profitablen Ende führen würde – doch davon später mehr.

Der dritte pressekundige Six-Assistent, *Rudolf (Rolf) Oebsger-Röder*, hatte seine NS-Karriere ebenfalls als studentischer Aktivist begonnen.[57] An der Universität Leipzig amtierte Oebsger-Röder, der schon als 19jähriger in SA und NSDAP Aufnahme gefunden hatte, seit dem November 1933 als Pressewart des NS-Studentenbundes und

> II
>
> Berlin, 7. September 1940
>
> An die
> Englandkommandos
> im Hause
>
> **Betr.:** Erfassung des Englandmaterials.
>
> Sämtliche von den einzelnen Kommandos erfaßten Karteiblätter sind mit folgendem Wichtigkeitsvermerk in der unteren rechten Ecke des Formblattes zu versehen:
>
>   a) **Personalkartei**
>   1) Wichtigkeitsgrad: sofort festnehmen
>   2)   "   festnehmen
>   3)   "   sofort Haussuchung
>   4)   "   Haussuchung
>   5)   "   sonstige Vermerke (z.B.: Beobachtung)
>
>   b) **Organisationenkartei**
>   1) Wichtigkeitsgrad: sofort schließen
>   2)   "   schließen
>   3)   "   sofort Haussuchung
>   4)   "   Haussuchung
>   5)   "   sonstige Vermerke
>
> Sämtliche Parlamentsabgeordnete sind - falls nicht anderes belastendes Material vorliegt - grundsätzlich mit dem Wichtigkeitsgrad 4) zu bezeichnen.
>
>   gez. Mahnke

Mahnkes Englandanweisung

Leiter des Hauptamtes V (Presse und Propaganda) der Leipziger Studentenschaft, bis er 1935 dann zum NSDStB-Hochschulgruppenführer und Leiter der Studentenschaft aufstieg. Außerdem wirkte er als „Untersuchungsführer für Ehren- und Disziplinarfragen der Gaustudentenführung Sachsen" und Leiter der örtlichen Zeitungswissenschaftlichen Vereinigung.

Der Sohn eines Werkmeisters genoß die besondere Protektion des „Publizistik"-Theoretikers Hans Amandus Münster, der ihm zu einem Promotionsstipendium für eine statistische Untersuchung über den Bildungsstand der deutschen Journalisten („Vom Zeitungsschreiber zum Schriftleiter")[58] verhalf. Die Bearbeitung dieser heiklen Themenstellung, so Münster in seinem Promotionsgutachten, habe „nur einem Studierenden von besonderen Qualitäten, auch charakterlicher Art", anvertraut werden können, „der neben dem notwendigen Sachwissen auch über Verhandlungsfähigkeiten verfügte und dem die zuständigen Stellen unbedingtes Vertrauen entgegenbringen konnten, wenn sie ihm Einblick in Material genehmigten, das nur wenige zu sehen bekommen".

Jenes rare Material bestand aus den Berufslisten des Reichsverbands der Deutschen Presse (RDP), in die gemäß Schriftleitergesetz jeder Journalist und auszubildende Berufsaspirant eingetragen werden mußte, der im NS-Staat als hauptberuflicher Publizist arbeiten wollte, sowie aus den amtlichen „Fragebogen zur Durchführung des Schriftleitergesetzes vom 4. Oktober 1933". Münster und Walther Heide hatten sich – damals noch im Gleichschritt, was zeitungskundliche Fragen anlangte – im Propagandaministerium und beim RDP dafür verwandt, daß dem Promovenden Oebsger-Röder Einblick in diese Listen gewährt wurde. Schließlich wollte dieser den Nachweis führen, daß der „Beruf des Schriftleiters schon im dritten Jahre nationalsozialistischer Pressepolitik alles andere ist als ein ‚Sammelbecken gestrandeter Existenzen', die in anderen Berufen nicht zum Ziele gelangen".

Die Fleißarbeit – Oebsger-Röder wühlte sich „monatelang" (Münster) im Berliner Hauptquartier des RDP durch die Berufslisten (die Erhebung basierte schließlich auf der Zahl von 6025 Schriftleitern an Tageszeitungen und 663 Schriftleitern in der Ausbildung) – hatte freilich ihre Tücken. Im Vergleich zur „Berufsstatistik 1927 des RDP", also zur finstersten „Systemzeit", stellte sich nämlich heraus, daß zwar die Zahl der Schriftleiter mit höherer Schulbildung um rund zehn Prozent zugenommen hatte, die Zahl der Journalisten mit Hochschulbildung jedoch um acht Prozent gesunken war. Oebsger-Röder fand auch hierfür eine der nationalsozialistischen Bildungspolitik genehme Erklärung: Die Abnahme der Schriftleiter mit Hochschulbildung stehe zweifellos „im Einklang mit der in den letzten Jahren stattgefundenen Abnahme des Hochschulstudiums überhaupt, das in der Nachkriegszeit ganz ungesund angewachsen war und auf einen den Interessen der Gesamtnation angemessenen Umfang zurückgeführt werden mußte". Und überhaupt: Bei der Betrachtung des journalistischen Bildungsstandes sei auf jeden Fall zu bedenken, „daß ja auch ein ‚Nur'-Volksschulbesuch nicht mit ungenügender Bildung gleichzusetzen ist!" Für viele Schriftleiter ohne Hochschulbildung und ohne höhere Schulbildung gilt, was der Hauptschriftleiter einer norddeutschen Zeitung auf die Frage nach seinem Bildungsgang geantwortet hat: ‚Ein ganzes Leben rastloser Bildungsarbeit an mir selbst!'"

Aber auch wenn es Grenzen planmäßiger Bildungsarbeit im Zeitungs- und Zeitschriftenwesen gebe, habe der nationalsozialistische Staat doch gut daran getan, so schloß Oebsger-Röder seine 87seitige Untersuchung, mit der Reichspresseschule und durch die zeitungswissenschaftlichen Institute „den jungen Berufsanwärtern eine einheitliche Ausrichtung auf die Aufgaben des Berufsstandes zuteil werden" zu lassen, damit sich die Proklamation des RDP-Vorsitzenden Hauptmann Weiß bewahrheite: „Der Journalist von gestern, der Söldner einer gewissenlosen Presse, ist tot. Der Soldat einer neuen Zeit wird herangezogen."

Für diese „fleißige und kluge Arbeit" vergab Münster, inzwischen auch Dekan der Philosophischen Fakultät, im Juni 1936 die Note „sehr gut"; bereits zuvor hatte er Oebsger-Röder als Assistenten des Instituts für Zeitungswissenschaft verpflichtet. Die weitere Laufbahn Oebsger-Röders sollte indes zeigen, daß sich eine „summa-cum-laude"-Promotion und eine Affinität zu Himmlers Massenmordprogramm eben nicht ausschlossen. Bereits am 17. April 1935 war Münsters Assistent von der SA zur SS übergewechselt und zum Zeitpunkt seiner Promotion im Rang eines Untersturmführers als „Referent beim SS-Oberabschnitt Mitte" tätig. Von 1935 an lieferte Oebsger-Röder auch, zunächst ehrenamtlich, Berichte über die hochschulpolitische Lage in Leipzig an den SD.

Six, der mit Oebsger-Röder wohl schon 1934 über dessen studentenpolitisches und zeitungswissenschaftliches Engagement bekannt geworden war, holte den aufstrebenden Jungführer im Oktober 1937 für einen Monat zur Schulung ins SD-Hauptamt, bevor er ihn als Leiter der Hauptabteilung II (Gegnerforschung) des SD-Oberabschnitts Nordost nach Königsberg delegierte und dort auch (zumindest Roeders eigenen Angaben zufolge) als Assistenten am Institut für Zeitungswissenschaft einsetzte. Röder wurde von Six am 18. Oktober 1937 in einem Beförderungsvotum eine „tadellose soldatische Haltung" attestiert, „sicheres Auftreten in und außer Dienst, persönlich saubere Haltung"; er habe sich „stets mit seiner ganzen Person für den Nationalsozialismus eingesetzt" und verfüge über eine „tadellose Auffassungsgabe".[59]

Der Einsatz für den Nationalsozialismus nahm allerdings nach dem Kriegsausbruch noch ganz andere Dimensionen an. Im September und Oktober 1939 führte Röder ein SD-Einsatzkommando im Raum Bromberg; von dort aus machte er sich in einem Lagebericht für das Reichspropagandaministerium Gedanken über den „Willen des Führers", demzufolge „in kürzester Zeit" aus dem polnisch dominierten Pommerellen ein deutsches Westpreußen entstehen solle:
„Zur Durchführung dieser Aufgaben machen sich nach übereinstimmender Ansicht aller zuständigen Stellen folgende Maßnahmen notwendig (sic): 1) physische Liquidierung aller derjenigen polnischen Elemente, die a) in der Vergangenheit auf polnischer Seite irgendwie führend hervorgetreten sind oder b) in Zukunft Träger eines polnischen Widerstandes sein können. 2) Aussiedlung bzw. Umsiedlung aller ‚ansässigen Polen' und ‚Kongresser' aus Westpreussen. 3) Verpflanzung rassisch oder sonstig wertvoller Polen nach der Mitte des Altreiches, soweit es sich um untergegangenes deutsches Bluterbe handelt und anzunehmen ist, daß die Aufnahme in den deutschen Volkskörper reibungslos vonstatten geht".[60]

Mit Wirkung vom 25. Oktober 1939 wurde Oebsger-Röder vom RSHA im Rahmen der NS-„Umvolkungsmaßnahmen" zum stellvertretenden Leiter der Einwandererzentrale Gotenhafen bestimmt, wenige Wochen später avancierte er zum Leiter einer Nebenstelle der Posener Einwandererzentrale in Lodz. Aufgabe der Einwandererzentralstelle Nordost, so resümierte es Oebsger-Röders Vorgesetzter Martin Sandberger, „war die behördliche Erfassung (Einbürgerung, Untersuchung, Vermögenserfassung und arbeitseinsatzmässige Bearbeitung) der Umsiedler aus den baltischen Staaten, aus Wolhynien, Galizien und dem Narew-Gebiet".[61] Die weitere SD-Laufbahn verzeichnet folgende Stationen: 1. April 1940 kommandiert zum Amt VI, Abteilung B 4, des Reichssicherheitshauptamtes (Ausland), September 1941 bis zum Mai 1942 und dann wieder August 1942 bis Januar 1943 „Leiter eines Sonderunternehmens in Nordrußland und der Ukraine" (Unternehmen Zeppelin),[62] „26. 5. 1944–31. 7. 1944 Ungarn-Einsatz". In der Begründung des RSHA-Amtes VI, Gruppe E (der er zuletzt zugeteilt war), zum Vorschlag, Oebsger-Röder bevorzugt zum SS-Obersturmbannführer zu befördern, heißt es, daß sich dieser „in den sicherheitspolizeilichen Einsätzen ... stets durch Arbeitseifer, Entschlußkraft und persönliche Einsatzbereitschaft ausgezeichnet" habe, insgesamt könne Oebsger-Röder „zu den fähigsten und einsatzfreudigsten Männern des SD gezählt werden".[63]

Der Code für den ideologisch motivierten Massenmord bedarf hier keiner ausführlichen Interpretation, Rolf Oebsger-Röder wußte, warum er sich 1945 unter dem Aliasnamen Richard Ropp als Landarbeiter in Schleswig-Holstein versteckte (das State Department klassifizierte ihn seinerzeit als „collaborator of Mahnke in SS postwar underground").[64] Anfang 1946 wurde er zusammen mit Mahnke in Hannover festgenommen.

Das Spruchgericht Bielefeld verurteilte den ehemaligen Erforscher des Bildungsstandes der Journalisten im November 1948 zu einem Jahr und sechs Monaten Haft, verbüßt durch die Internierung in Bad Nenndorf. Als die Staatsanwaltschaft beim Landgericht München Anfang der 60er Jahre wegen des Bromberger Einsatzes gegen ihn ermittelte, lebte Oebsger-Röder, der 1992 in München starb, als BND-Resident und Korrespondent mehrerer renommierter Blätter in Djakarta/Indonesien. Unter anderem schrieb er für die „Süddeutsche" und die „Neue Zürcher Zeitung", und er fand auch Zeit, eine Biographie des Diktators Suharto (mit dem Titel „The Smiling General") zu publizieren.

Durch die späten Nachforschungen über seine SD-Vergangenheit, so fürchtete er seinerzeit, könnte sein „bisher ausgezeichnetes persönliches Verhältnis zu den leitenden Herren" der deutschen Botschaft in Djakarta abkühlen, da sein Engagement im NS-Staat dort bislang nicht bekannt sei: „Und selbstverständlich fürchte ich auch Gerede und Gerüchte, die möglicherweise ausserhalb der Botschaft dringen könnten (sic). Das müßte meine Tätigkeit in einem exponierten Lande zwischen Ost und West gefährden"[65].

Zum Wintersemester 1939/40 übergab Six die Leitung des Königsberger Instituts an Kurt Walz. Damit war sein zeitungswissenschaftliches Engagement beendet, er widmete sich nun mit großer Hingabe der sogenannten „Auslandswissenschaft", einer Gemengedisziplin aus „politischer Geistesgeschichte", „Geländekunde", „Lehre des Weltstaatensystems" und praktischer Fremdsprachenlehre. Es lassen sich mehrere Motive für diesen Fachwechsel benennen; im Schwerpunkt war es aber wohl die tägliche Erfahrung ideologischer Praxis im SD-Hauptamt – die „Gegnerforschung" und die erhebliche Rolle des SD in aggressiver NS-Außenpolitik –, die ihn zur Auslandskunde führte. Six war darauf aus, einen wissenschaftlichen Nationalsozialismus zu fundieren, wobei er die Universität als geeignete Stätte des Theorie/Praxis-Transfers ansah; galt es in der Frühphase der NS-Herrschaft, die Praxis der innenpolitischen Propaganda zu klassifizieren, rückten von 1937 an die Expansionsbestrebungen des „Dritten Reiches" und die sicherheitsdienstliche Festigung der erreichten

Machtbasis in den Mittelpunkt seiner akademischen Interessen. Die Hypothese, er habe die Zeitungswissenschaft lediglich als „Sprungbrett für eine rasche akademische Karriere"[66] benutzt, unterstellt hingegen eine rationale Karriereplanung, die in der Dynamik des nationalsozialistischen Staates kaum erfolgreich gewesen wäre.

Ausgehend von den Ergebnissen seiner SD-Abteilungen und geprägt durch die Doktrinen der völkisch-rassenideologischen Wissenschaftsphilosophie, hatte Six schon seit Januar 1937 versucht, sich als Hauptschriftleiter der Zeitschrift „Volk im Werden" (ViW) im Feld der „politischen Geistesgeschichte" zu profilieren. Six übernahm die Schriftleitung, um „Volk im Werden" zu einem „scharfen und kulturpolitischen Instrument"[67] zu entwickeln. Das Blatt war 1933 vom späteren Heidelberger Rektor und eminenten Six-Förderer Ernst Krieck (1882–1947) gegründet und dann auch weitgehend geprägt worden. Krieck war vom Unterlehrer an verschiedenen badischen Schulen zu einem der profiliertesten NS-Wissenschaftsideologen und seit 1934 nebenher auch zu einem der Hochschulberater des SD aufgestiegen, bevor sein Stern nach einem heftigen Zwist mit der Rosenberg-Fraktion um seine dreibändige „Völkisch-Politische Anthropologie" 1938 langsam erlosch. Heydrich ging auf Distanz; immerhin wurde Krieck als Sturmbannführer von der SS „ehrenvoll verabschiedet".

1936 waren auch noch Reichsdozentenführer Walter Schultze und Reichsstudentenführer Scheel zum Herausgeberkreis gestoßen, so daß „Volk im Werden" durchaus einiges Gewicht als eines der Foren nationalsozialistischer Wissenschaftspolitik zukam. Im Mittelpunkt der Zeitschrift stehe, so formulierte es Krieck 1937 an den „Freundes-Leserkreis", „weiterhin die Reform der Hochschule und das sehr weit gespannte Gebiet der Erneuerung der gesamten Wissenschaften auf nationalsozialistischer Weltanschauungsgrundlage".

Neben Aufsätzen des unvermeidlichen Höhn („Volk, Staat und Reich", „Das Heer als Bildungsanstalt"[68]) erschienen in „Volk im Werden" sehr disparate Kurztexte zur völkischen Soziologie und Rechtsordnung, aber auch schon Explorationen der Auslandskunde[69] und zahlreiche Aufsätze von Six' SD-Pressereferenten Walter von Kielpinski, der etwa über den „Einbruch des Katholizismus in die Wissenschaft"[70] referierte. Six hat Kielpinski wohl auch als eigentlichen Redakteur des Blattes eingesetzt.[71]

Der Hauptschriftleiter selbst erkundete 1937 in dem von ihm zwei Jahrgänge lang redigierten Blatt die „Aufgaben geistesgeschichtlicher Forschung" und das „Germanische Erbe im deutschen Geist"[72] – über letzteres hatte er auf der Arbeitstagung der Reichsstudentenführung am 27. Juni 1937 in Heidelberg (im Rahmen der 550-Jahr-Feier der Ruperto Carola) referiert. Mit der Auflage von „Volk im Werden" wollte es freilich nicht vorangehen, obwohl Six seine Kollegen in der Reichsstudentenführung wiederholt um effizientere Werbeaktionen anging. An seinen alten Kameraden Fritz Kubach, den Amtschef Wissenschaft in der Studentenführung, schrieb Six am 25. April 1938: „Wie immer trete ich nach einer Reihe von Monaten wieder an Dich heran, um Dein Amt wieder einmal für die Werbung für ‚Volk im Werden' zu interessieren. Ich wäre Dir sehr verbunden, wenn Du möglichst noch in der ersten Hälfte des Monates Mai ein Rundschreiben an alle Fachschaften ergehen lassen könntest mit der Anweisung, dafür Sorge zu tragen, daß jedes Hochschulinstitut Bezieher ist und die Schrift auslegt. Wenn wir es endlich mal fertig bekommen, daß jedes Institut Bezieher ist, wäre es ein einmaliger publizistischer Erfolg."[73]

Aber der einmalige publizistische Erfolg wollte sich nicht einstellen, so daß Six bei Kubach drei Monate später noch einmal intervenierte und auch den Reichsstudentenführer Scheel und dessen Stellvertreter Ernst Horn über den Vorgang informierte. „Ich glaube kaum", entgegnete Kubach, „daß Du mir den Vorwurf machen kannst, daß mir das Bestehen der Zeitschrift gleichgültig ist. Ich muß Dir hierzu mitteilen, daß ich z. B. mehr für ‚Volk im Werden' unternommen habe als für meine eigene ‚Zeitschrift für die gesamte Naturwissenschaft'."[74]

An Ernst Horn hatte Six noch im Juli 1938 geschrieben, die Steigerung der Auflage von 3000 auf 4000 Exemplare sei „an sich eine lächerlich geringe Spanne, die ohne Aufheben in kürzester Zeit erledigt sein könnte": „Für mich wäre dies, insbesondere auch ideell gesehen, der schönste Erfolg meiner Arbeit, da ich weiß, daß der gesamte junge Nachwuchs sich mit unseren Problemen und Angelegenheiten beschäftigen würde. ... Ich wäre Dir sehr verbunden, wenn Du bei Deiner altbewährten Durchsetzung auch dieses Problem in den nächsten 3–4 Wochen lösen und durchstoßen könntest".[75]

Als weder Kubach noch Horn „durchstießen", der Name Krieck nicht mehr unbedingt wohlgelitten war und außerdem größere Aufgaben Six' Arbeitskraft in Anspruch nahmen, gab Six zum 1. Januar 1939 die Zeitschrift wieder in die Hände ihres Gründers, der darin auch in den folgenden Jahren Aufsätze wie „Das manichäische Fünfblatt: Juden, Jesuiten, Illuminaten, Jacobiner und Kommunisten"[76] publizierte. Immerhin war der Text über das „germanische Erbe im deutschen Geist" dem jungen Geschäftsführer der SS-Forschungsgemeinschaft „Ahnenerbe", Wolfram Sievers, so positiv aufgefallen, daß er bei Six um Kooperation und ständige SD-Amtshilfe nachsuchte.

Unter dem Vereinssignum *Ahnenerbe* firmierte ein Sammelsurium pseudowissenschaftlicher, bisweilen wissenschaftlich durchaus ernstzunehmender, aber auch schwerkrimineller SS-Aktivitäten, die im Interesse des Reichsführers SS persönlich lagen – von vorgeschichtlichen Ausgrabungen über die indogermanische Sprachforschung bis hin zu todbringenden Kälteversuchen (unter anschließender Verwendung von „animalischer Wärme") mit Dachauer Lagerhäftlingen. Geistiger Vater der am 1. Juni 1935 gegründeten „Studiengesellschaft für Geistesurgeschichte ‚Deutsches Ahnenerbe'" war der deutsch-niederländische Privatgelehrte Hermann Wirth, der sich wie viele andere die „Neubelebung und Erstarkung reiner deutscher Geistigkeit" zum Ziel seiner germanenkundlichen Arbeit gesetzt hatte, aber 1933 durch eine Übersetzung der allgemein als Fälschung klassifizierten „Ura-Linda-Chronik" von der akademischen Germanistik als Scharlatan bloßgestellt worden war.

Im Spätherbst 1934 kam der „frustrierte Laienforscher, von der Fachwelt verlacht, von der Partei ignoriert und in zerrütteten finanziellen Verhältnissen lebend"[77] mit Heinrich Himmler ins Gespräch, der in dem umstrittenen Geistesurgeschichtler einen wissenschaftlichen Kombattanten für die Ahnenforschung auf der Grundlage eines völkisch-biologischen Weltbildes erkannte. Ebenso wie ein Baum verdorren müsse, dem man die Wurzeln nehme, so glaubte der Reichsführer SS, gehe „ein Volk zugrunde, das nicht seine Ahnen ehrt. Es gilt, den deutschen Menschen wieder hineinzustellen in den ewigen Kreislauf von Vergangenheit, Gegenwart und Zukunft, von Vergehen, Sein und Werden, von Ahnen, Lebenden und Enkeln".[78] Auch Reichsbauernführer Richard Walther Darré, durch Publikationen wie „Das Bauerntum als Lebensquell der nordischen Rasse" und „Neuadel aus Blut und Boden" züchtungstheoretisch einschlägig ausgewiesen, zählte zu den prominenten Förderern des „Ahnenerbes". Der Verein weitete sich nach seiner Gründung (mit Himmler als Kuratoriumsvorsitzendem) in zahlreichen Abteilungen und Forschungszweigen krakenartig aus, institutionell und finanziell kräftig nach vorn bewegt durch den im Sommer 1935 30jährigen SS-Anwärter Wolfram Sievers, als „Generalsekretär" und Geschäftsführer bald die „wirkliche Schlüsselfigur des Ahnenerbes".[79]

Diese Schlüsselfigur habe nun, so vermutet Michael Kater, der die Geschichte des „Ahnenerbes" ausgiebig erforscht hat, in dem SD-Führer Six, der 1938 als „Typ des jugendlichen SS-Intellektuellen schlechthin" gegolten habe, zweifellos ein Vorbild sehen müssen. Man kam sich jedenfalls schnell näher: Im Juli 1938 fand im SD-Hauptamt eine vertrauliche Besprechung zwischen „Ahnenerbe"-Kurator Wüst, Geschäftsführer Sievers und Six statt, in der neben allgemeinen Fragen einer SS-Hochschulpolitik auch debattiert wurde, ob man Six als Leiter einer neu zu gründenden Abteilung für „Politische Geistesgeschichte" in das „Ahnenerbe" integrieren könne. Zwar zerschlug sich dieser Plan, Six lieferte in der Folge jedoch zahlreiche SD-Gutachten über potentielle neue Mitarbeiter des „Ahnenerbes" ab.

Und noch bei den „Salzburger Wissenschaftswochen" des „Ahnenerbes" Ende August 1939 referierte er über die „Freimaurerei als geistesgeschichtliches Problem". Schon am 4. Februar 1938 hatte Six im Rahmen der Ausstellung „Der ewige Jude" ein von seinen Referenten im SD-Hauptamt vorbereitetes Referat über „Freimaurerei und Judenemanzipation" gehalten, im dem er die schon seinerzeit strittige These verfocht, die Freimauerlogen hätten dem Judentum den Weg zu gesellschaftlicher Anerkennung und Integration geebnet. Die Zersetzung der europäischen Völker und Staaten, so Six in München, zähle „zu den größten und seuchenartigsten Krankheitserscheinungen des letzten Jahrhunderts" und sei ohne die Freimaurerei nicht denkbar, die wiederum für die „Zersetzung des Bürgertums" die gleiche Bedeutung besitze wie der Marxismus für die Zersetzung des Arbeitertums. Die Rede erschien als Broschüre abermals in der Hanseatischen Verlagsanstalt, außerdem übernahm Six am Politischen Seminar der Königsberger Universität im Wintersemester 1938/39 einen Lehrauftrag über „Geschichte, Wesen und Ziele der Freimaurerei unter besonderer Berücksichtigung der publizistischen Einsatzmittel".[80]

Mit der akribischen Klassifikation der weltanschaulichen Gegner des nationalsozialistischen Staates und einer damit verbundenen Auslandskunde hatte Six also das Terrain bestimmt, auf dem er einen wesentlichen Beitrag zum „wissenschaftlichen Nationalsozialismus" erbringen wollte.

Ein Antrag an die Deutsche Forschungsgemeinschaft und das REM vom 12. Februar 1939 („gemäß vorausgegangener Besprechung") auf finanzielle Hilfe zur Errichtung eines „Instituts für politische Geistes- und Zeitgeschichte" zeigt, wie Six die neue Hybrid-Disziplin im Sinne einer Weltanschauungsberatung inhaltlich begründete.[81] Die kulturpolitischen Erfordernisse des NS-Staatslebens seien historisch „unvergleichbar", weil der Nationalsozialismus den „erstmaligen Anspruch" vertrete, „seine politischen Ziele im Raume einer totalen Weltanschauung zu verwirklichen". Die Entfaltung dieser Weltanschauung dürfe freilich nicht sich selbst überlassen bleiben; es gehe um die „erfolgreiche Sicherung weltanschaulicher Entwicklungen", wobei der Gegner nicht nur erfaßt und bekämpft werden müsse, sondern die „aufklärende Erkundung bis ins innerste Zentrum des Gegners" voranzutreiben sei. Nur dies ergebe die Möglichkeit, „den Gegner von innen her aktiv zu schwächen". Neben dieser von Six als „*destruktive* Aufgabe der Kulturpolitik" bezeichneten Vorgehensweise war natürlich auch die konstruktive Förderung der weltanschaulichen Entwicklung in Angriff zu nehmen, und zwar im Sinne einer „ständige(n) Klärungs- und Aufbauarbeit, um Verwirrung im eigenen Lager zu verhüten".

In diesen Punkten sah Six, selbst schwer geprüft durch die Rivalitäten und Revierkämpfe im NS-Weltanschauungswesen, die Notwendigkeit einer klar definierten Deutungselite, die durch eine SD-Wissenschaftspolitik in seinem Sinne aufgebaut werden sollte: „Es bedarf also einer umfassenden *politischen Geisteswissenschaft*". Dafür brauchte er, wie aus dem Antrag an die DFG hervorgeht, zunächst einmal drei Stellen für Forschungsassistenten und einen einmaligen größeren Beitrag zum Aufbau einer Institutsbibliothek. Womit sich das neue Institut, in Ergänzung zur SD-Arbeit, beschäftigen sollte, geht aus dem Antrag präzise hervor. Die entsprechende Passage sei deshalb ausführlich wiedergegeben:

„Von der heutigen Situation aus gesehen, gliedert sich der weltanschauliche Gegner in die Gruppen der eindeutigen Feindschaft und der problematischen Ideologie.
Die erste Gruppe schließt sich in der Feindschaft gegen das Volkstum und seine Idee zusammen; sie umfaßt: den Marxismus, das Judentum, die Freimaurerei und die mit politischem Anspruch ausgestatteten Religionsformen der christlichen Kirchen. Die politische Geisteswissenschaft hätte also zunächst jede dieser Erscheinungen bis in ihre letzte geschichtliche Wurzel zu destruieren. – Innerhalb der antivölkischen Front sammeln sich Marxismus, Judentum und Freimaurerei zu einem einhelligen Liberalismus, welcher daraufhin als Gesamterscheinung zu erfassen und im Ganzen aufzulösen wäre. So wird sich zeigen, auf welchen weltanschaulichen Ursprung die heutige Einheitsfront des Westens oder der sog. ‚großen Demokratien' zurückgeht.
Wie notwendig die Abgrenzung eines gesamtliberalen gegen den christlichen Internationalismus sei, zeigt andererseits Tag für Tag der weltanschauliche Meinungskampf: immer wieder wird die politische Kirche mit den Mitteln des Liberalismus bekämpft, während gegen den Liberalismus Waffen gebraucht werden, die eindeutig christlicher Herkunft sind. Es ist eines der dringlichsten kulturpolitischen Erfordernisse, daß nicht der eine Gegner mit den Waffen des anderen Gegners bekämpft, sondern daß gegen jeden Gegner eine autonome nationalsozialistische Front gebildet werde. Neben dieser destruktiven Arbeit war der politischen Geisteswissenschaft die konstruktive Aufgabe gestellt, in die weltanschauliche Entfaltung des Nationalsozialismus

klärend einzugreifen. Es handelt sich dabei um die als problematisch bezeichneten Geistesrichtungen, deren Verhältnis zum Nationalsozialismus noch zu klären ist. Hierher gehören etwa: der abendländische und der ständische Universalismus, die Ostideologien des Nationalbolschewismus, sowie diejenigen Theorien, die das Prinzip des autoritären Staates dergestalt ausweiten, daß die nationalsozialistische Souveränität des geführten Volkes in einen volksfremden Staatsabsolutismus umschlägt.

Gegen derartige Tendenzen hätte die Kulturpolitik die unverfälschte Eigenständigkeit des Nationalsozialismus konstruktiv herauszustellen und bewahrend zu fördern. Das kann sie – wie die geistesgeschichtliche Destruktion – nur leisten mit Hilfe einer umfassenden politischen Geisteswissenschaft, die den Nationalsozialismus zum absoluten Wertmesser des geistigen Gesamtgeschehens macht".

Demnach tarnt sich der Gegner und verbirgt sich hinter Theoremen, die der nationalsozialistischen Dogmatik gefährlich nahe kommen. Dies war nicht nur Six' stetes Argumentationsmuster, sondern durch Verschwörungstheorien Himmlers und Heydrichs vorgegeben. Es wäre wenig sinnvoll gewesen, dafür ein Interpretationsmonopol einzufordern, zumal der „ständische Universalismus" und die „Ostideologien des Nationalbolschewismus" schon aufgespürt und in den SD-Karteien bereits verortet waren. Das war auch Six bewußt. Unterscheidungskapital war für seine Gegnerforschung nur durch ihren internationalen Bezug anzusammeln, und so plädierte Six in seinem Antrag anschließend:

„Weil sich jedoch die Ausfallstellungen aller Gegnergruppen heute bereits jenseits der Grenzen befinden, ist die geisteswissenschaftlich vorgehende Kulturpolitik gleichzeitig genötigt, ihre Materialgrundlage international auszubauen: der liberale wie der christliche Internationalismus und ebenso die problematischen Ideologien des Universalismus und der Ostromantik weisen ringsum über das Reich hinaus auf den Umkreis der gegenwärtig geschichtstragenden Völker und Staaten. Eine zureichende kulturpolitische Bekämpfung des auswärtigen Gegners setzt wiederum eine geisteswissenschaftliche Erforschung aller einschlägigen Kulturideologien voraus: hier wären die Ideen der Latinität, der rational-humanitären Zivilisation (im französischen Sinne), des christlich-humanitären Konservatismus (im angelsächsischen Sinne), der slavischen Volksromantik und des Panslavismus in ihrem Verhältnis einerseits und zu den Gegnern des Nationalsozialismus andererseits zu erörtern".

Six sollte schon bald Gelegenheit erhalten, dieses beträchtliche Erörterungsprogramm mit zahlreichen Assistenten und Kollegen in die Praxis umzusetzen. Als er seinen Antrag an DFG und REM formulierte, war sein Transfer von der Königsberger Zeitungswissenschaft zur Berliner Geistesgeschichte bereits beschlossene Sache.

Im Dezember 1938 hatte Heydrich den 29jährigen beim REM schon telefonisch als Aufbau-Kommissar einer neuen „Auslandswissenschaftlichen Fakultät" an der Berliner Universität ins Gespräch gebracht, sicherlich auf Betreiben von Six selbst, der das universitäre Terrain für seine Zwecke genau sondierte.[82]

Daß Six schließlich 1940 als Ordinarius, Dekan der neuen Fakultät und auch noch Präsident eines eigenen „Deutschen Auslandswissenschaftlichen Institutes" (DAWI) den Höhepunkt seiner akademischen Karriere erreichen konnte, ist sicherlich auf seinen ausgeprägten Instinkt für institutionelle Geländegewinne zurückzuführen, hat aber wenig mit einer mittelfristig geplanten „SS-Hochschulpolitik" zu tun. Six konnte bei der Gründung der Auslandswissenschaftlichen Fakultät eine entscheidende Rolle spielen, weil mehrere Faktoren eher zufällig zusammenkamen:

– Zunächst hatte SD-Chef Heydrich seinen bis dahin profiliertesten Hochschulexperten Höhn aus der Schußlinie nehmen müssen, nachdem der intrigante Präsident des „Reichsinstituts für die Geschichte des neuen Deutschlands", Walter Frank, Höhn „liberalistische Tendenzen" in dessen Vergangenheit nachgewiesen hatte.[83] So war Höhn mit seiner eigenen Denunziationsmethode zu Fall gebracht worden. Six rückte damit, zumindest auf dem Feld der Geisteswissenschaften, in die Position des führenden SD-Wissenschaftsmanagers.

– Wegen der aktiven Rolle des SD bei den Annexionen Österreichs, des Sudetenlandes, des Memelgebietes, der „Rest-Tschechei", besonders aber Polens, stieg der Bedarf an „auslandskundlichen Spezialisten". Durch die Okkupation von wissenschaftlichen Instituten suchte Heydrich die Stellung des SD vor allem gegenüber den Ambitionen des Ribbentropschen Auswärtigen Amtes zu sichern.

– Der Einmarsch in Polen und die Kriegserklärungen Frankreichs und Englands beschleunigten das Projekt „Auslandswissenschaftliche Fakultät", so daß Six beim Aufbau von Fakultät und DAWI über ein selbst für den NS-Staat ungewöhnliches Maß an Handlungsfreiheit verfügen konnte.

Dem „Völkischen Beobachter" jedenfalls galt der neue Dekan als Prototyp des jungen Wissenschaftlers im „Dritten Reich". „Professor Dr. Six ist dreißig Jahre alt", berichtete VB-Reporter Karl-Horst Behrendt am 10. Januar 1940. „So wie Sie beim Lesen dieser Zahl ungläubig stutzen: Ein Professor mit dreißig Jahren? – so wenig überrascht schrieb ich diese Zahl auf. Franz Alfred Six verfügt über das Glück der Jugend und über das Können zugleich, über mitreißendes Temperament und erprobte Erfahrung, über vielfältige Aufgaben und die Kenntnis des Zieles seiner Arbeit ... Gegangen durch die soldatische Schule der Kampfzeit – bewährt auf den Gebieten der Hochschulpolitik – berufen zum Mann der Forschung."⁸⁴

Der „Völkische Beobachter" erläuterte seinen Lesern auch die Vorgeschichte der Fakultätsgründung. Sie gehe auf Bestrebungen in den „Jahren der Reichsgründung" zurück, eine wissenschaftliche Arbeitsstätte für die „Kunde von fremden Völkern und ihrer Sprachen" zu schaffen und „dabei besonders außenpolitisch und auslandskundlich ausgebildete Fachkräfte zu schulen". Bismarck selbst habe die Gründung des Seminars für orientalische Sprachen 1878 angeregt, das 1936 in die Auslandshochschule an der Universität Berlin umgewandelt worden sei. „Diese trug von Anfang an einen vorläufigen Charakter", wußte der Reporter nach der Belehrung durch Six; „ihre weitere Entwicklung schien zunächst auf Loslösung von der Universität und Erweiterung zu einer selbständigen Reichshochschule hinauszulaufen. Die Staatsführung hatte es jedoch nicht im Sinn, neben die Universität als erneuerte universitas literarum eine selbständige politisch-wissenschaftliche Hochschule zu stellen; es erschien vielmehr zur Lösung der gestellten Aufgabe zweckmäßiger, die Auslandshochschule zum Range einer besonderen Fakultät im Rahmen der Universität zu erheben". Zugleich habe sich bei den Studierenden der „Hochschule für Politik", die sich erfreulicherweise von einer „Anstalt von betontem Volkshochschulcharakter" hin zu mehr wissenschaftlichen Aktivitäten bewegt habe, der Wunsch nach einem akademischen Abschluß des Studiums artikuliert, so daß es nahegelegen habe, „das Schicksal der Hochschule für Politik mit dem Plane der Auslandswissenschaftlichen Fakultät zu verbinden".

Von all dem ahnte die erneuerte *universitas literarum* nichts, als am 15. Februar 1939, einen Monat vor dem deutschen Einmarsch in die Tschechoslowakei, beim Rektorat der Berliner Universität ein Schreiben des Reichsministers für Wissenschaft, Erziehung und Volksbildung unter dem Geschäftszeichen „– WP Six g –" eintraf. „Ich beabsichtige", so teilte Abteilungschef Groh mit der Bitte um Weiterleitung an die Philosophische Fakultät mit, „den nbao. Professor in der Rechts- und Staatswissenschaftlichen Fakultät Königsberg Dr. phil. habil. Franz Alfred Six, wohnhaft in Berlin W 15, mit dem Lehrauftrag für politische Geistes- und Zeitgeschichte gemäß § 17 der RHO der Universität Berlin zuzuweisen und ihn in die Philosophische Fakultät der Universität Berlin einzugliedern. Auch von anderer maßgeblicher Seite wird großes Gewicht auf seinen Einsatz in dieser Form in Berlin gelegt. Die Arbeit des Professor Six erstreckt sich auf die Erforschung der Freimaurerei, den politischen Katholizismus, das Judentum in der Politik, Presse usw. Aufgrund der ihm durch die Geh. Staatspolizei zur Verfügung stehenden Unterlagen ist Professor Six zugleich in seiner Eigenschaft als Chef des SD-Hauptamtes wie selten jemand fähig und befähigt für diese Dinge an der dortigen Hochschule zu arbeiten und zu lehren. Da Professor Six bereits am 1. 4. 1939 in Berlin lesen soll, ersuche ich mir Ihre Stellungnahme zu meiner Absicht umgehend zukommen zu lassen".[85]

Hinter der krausen Grammatik des ehemaligen Heidelberger Rektors und der irrtümlichen Beförderung des Six gleich zum „Chef des SD-Hauptamtes", verbunden mit dem dunklen Hinweis auf jene „andere maßgebliche Stelle" verbarg sich die eigentliche Botschaft: daß sich nämlich jeglicher Zweifel an dieser staatspolitisch wichtigen Maßnahme für die Universität verbiete.

Die Philosophische Fakultät wehrte sich dennoch nach Kräften gegen diesen „fähigen und befähigten" Geistesgeschichtler. Federführend im Widerstand gegen den SD-Professor wirkte der nationalkonservative Historiker Fritz Hartung (1883–1967), Autor der Standardwerke „Deutsche Verfassungsgeschichte der Neuzeit" und „Deutsche Geschichte von 1871 bis 1919". Hartung hatte zunächst einmal seinen Assistenten in die Staatsbibliothek geschickt, um die bisherigen wissenschaftlichen Arbeiten Six' überprüfen zu lassen. Der Assistent kam mit einem mageren Ergebnis zurück; außer einem Bericht über den ersten Reichsberufswettkampf der Studenten habe der Kandidat nur folgende Schriften verfaßt: „1.) Pressefreiheit und internationale Zusammenarbeit, 1937, 38 Seiten; 2.) Die Presse in Polen, 1938, 42 Seiten; 3.) Freimaurerei und Judenemanzipation, 1938, 38 Seiten".

Hartung las die Broschüre Nummer drei und fand darin „unter Heranziehung von einigen neuen Quellen im Wesentlichen bekannte Dinge, offenbar in Anlehung an Wichtl".[86] Obwohl er die Dissertation und die Habilitationsschrift nicht kenne, schrieb Hartung an den Dekan der Philosophischen Fakultät, den Germanisten Franz Koch, habe er den Eindruck, daß Herr Six nicht eine gelehrte, sondern eine unmittelbar aufs Politische gerichtete Natur sei. Und nun folgte ein bemerkenswerter Akt der Beharrung: „Wenn wir auch nicht berechtigt sind, an der durch das Ministerium erfolgten Verleihung der Dozentur Kritik zu üben, so müssen wir doch wohl einmal mit Nachdruck erklären, daß wir in Berlin gegenüber Leuten, denen die Dozentur offenbar nicht Lebensberuf, sondern nur ein mehr oder weniger dekoratives Anhängsel zu ihrer politischen Hauptstellung ist, eine ganz besondere Vorsicht nötig haben. Unseren Studenten ist nicht gedient mit Dozenten, die auf einem ganz eng begrenzten Sondergebiet Vorlesungen halten, die sie mit den Abfällen ihrer hauptamtlichen Tätigkeit kümmerlich nähren, sondern sie brauchen Dozenten, denen die Lehr- und Forschungsarbeit Lebensinhalt ist und die imstande sind, die Studenten in den Gesamtbereich der Geschichte einzuführen".

Hartung empfahl dem Dekan, diese Einstellung „einmal in aller Deutlichkeit, wenn auch in diplomatischeren Wendungen, als ich sie hier gebraucht habe", dem Ministerium nahezubringen. Dekan Koch, ein um das akademische Niveau besorgtes NSDAP-Mitglied, übernahm die Formulierungen des Historikers in seiner Antwort an das REM vom 27. Februar 1939 beinahe wörtlich und fügte an, er stelle im Einvernehmen mit einer Fakultätskommission (bestehend aus den Herren Bäumler, Dovifat, Elze, Günther, Hartung, Hoppe, A. D. Meyer, Rörig, B. Schering, Schüßler und Übersberger) den Antrag, von einem Lehrauftrag für „Politische Geistes- und Zeitgeschichte" abzusehen und Six statt dessen einen Lehrauftrag für Zeitungswissenschaft zu erteilen, „der noch gegenüber den durch die Herren Dovifat, Bömer und Lehmann vertretenen Lehrbefugnissen dieses Faches genauer abzugrenzen wäre". Am probatesten aber fände es die Kommission, wenn Six in die Staatswissenschaftliche Fakultät eingegliedert würde. Koch wies zudem darauf hin, daß bei Dozenten vom Typus Six Vorlesungen und Übungen nur mühsam zustande kämen und dann regelmäßig das Urlaubsersuchen einlaufe, „meist auch mit der Begründung, daß hauptamtliche Beschäftigung die Lehrtätigkeit unmöglich mache. Demzufolge sind derzeit die Herren Bömer, Decker, Groß und Ziegler beurlaubt."

Das Ministerium, der SD und Six selbst hatten weder Interesse an dem begrenzten und akademisch wenig profilierten Gebiet der Zeitungswissenschaft noch an der Staatswissenschaftlichen Fakultät. Gemäß § 20 der brandneuen Reichshabilitationsordnung (vom 17. Februar 1939) ordnete der Amtschef Wissenschaft, Otto Wacker, am 21. März 1939 den Übertritt von Six an die Philosophische Fakultät der Universität Berlin als Dozent für Politische Geistes- und Zeitgeschichte der Gegenwart mit Wirkung vom 1. April 1939 an. Die Philosophische Fakultät erhielt als Antwort auf ihr Petitum nur die karge

Abschrift der Wackerschen Anordnung. Dekan Koch sollte freilich recht behalten: Am 25. Mai 1939 entsprach der Reichserziehungsminister einem Antrag des Dozenten Six auf Beurlaubung für das Sommer-Semester 1939. Am 6. September 1939 erreichte den Rektor Willy Hoppe und Dekan Koch das nächste Urlaubgesuch; „die gegenwärtige politische Lage" war als Begründung angegeben – durch seine hauptamtliche Tätigkeit „in einem Stabe des Reichsführers SS", teilte Six mit, habe er sich „unter den obliegenden Umständen ausschließlich zu dessen Verfügung und für entsprechende Einsätze bereit zu halten". Da sich Six im April 1940 als Freiwilliger zur Waffen-SS meldete, bekamen ihn die Studenten der Auslandswissenschaft in Berlin erst Ende 1941 regelmäßiger zu Gesicht.

Die Kernzeit der Verhandlungen über die Konstruktion einer „Auslandswissenschaftlichen Fakultät", die dem NS-Gelehrten neuen Typs ein Dauerdekanat einbringen sollte, lag in den Sommermonaten des Jahres 1939, also in der Zeit intensiver Kriegsvorbereitungen. Die Entfesselung des Angriffskrieges gegen Polen im September 1939 gab dem Projekt zusätzliche Dynamik, so daß die Versuche der Berliner Universität, gegen die wilde Institutionalisierung der Fakultät einzuschreiten, am bloßen Machtpotential des SD scheiterten. Die Fakultät selbst existierte vom ersten Trimester 1940 bis zum Kriegsende, sie fand in Berlin nach 1945 keine institutionelle Fortsetzung und blieb damit ein mit dem NS-Staat amalgamiertes Zwischenspiel der Wissenschaftsgeschichte.

Mit ihr wurde indes weder eine nationalsozialistische Politologie begründet (das praktische Handeln des „Führers" blieb zentrales, metawissenschaftliches Dogma), noch stand sie so unstrittig in der Gunst und Aufmerksamkeit staatlicher Lenkungsinstanzen, wie es sich Six mit seiner geistesgeschichtlichen Politikbegleitung wohl vorgestellt hatte. Im Gegenteil, Six erfuhr hier mit zunehmender Verhärtung der Kriegsverhältnisse Opposition unterschiedlichster Stellen, von akademischen Konkurrenten über Heydrich bis zum Propagandaministerium – die Tage des unaufhaltsamen persönlichen Aufstiegs waren vorbei.

Schon die „Heterogenität der Personalrekrutierung", so Ernst Haiger[87], lasse ihre Charakterisierung als „gänzlich durch SS geprägt" oder „politisch eher unorthodox" fragwürdig erscheinen. Unstrittig ist der durch Six hergestellte kommunikative Zusammenhang von Reichssicherheitshauptamt, Fakultät und Auswärtigem Amt, dort vor allem zur Kultur- und Europapropaganda. Gerade deren Wert wurde aber von konkurrierenden NS-Instanzen vernichtend eingeschätzt;

Wilhelm Haegert, Abteilungsleiter im RMVP und dort in den letzten Kriegsjahren für Publikationsgenehmigungen zuständig, äußerte im September 1944 kühl: „Ihre Sachen liest ja doch kein Mensch. Wer liest denn schon das Jahrbuch für Weltpolitik? Sie brauchen gar nicht mit mir zu reden, ich lehne doch alles ab".[88] Die Dozenten und Assistenten arbeiteten und publizierten im Angesicht der Niederlage dennoch wacker weiter, noch Ende März 1945 gab es einen Institutsbericht an Six mit der Nachricht, „die fünf Arbeiten über die Ordnungsleistungen des Reiches 1940/44 in Europa" seien „angesetzt worden", außerdem arbeiteten die Kräfte des Deutschen Auslandswissenschaftlichen Institutes „in erhöhtem Maße an den Aufgaben des Reichssicherheitshauptamtes mit"[89] – *dessen* leitende Mitarbeiter dachten jetzt allerdings im wesentlichen über ihr Abtauchen in den Untergrund nach.

Vorläufer der Auslandswissenschaftlichen Fakultät war das 1887 gegründete „Seminar für Orientalische Sprachen" an der Universität Berlin, das seinerzeit dem Auswärtigen Amt und dem Preußischen Kultusministerium unterstellt war.[90] Es sollte den Beamten des Auswärtigen Amtes als Sprachlehrstätte dienen; das Lehrangebot wurde dann Zug um Zug um weitere Sprachgebiete und allgemeine auslandskundliche Wissensgebiete erweitert. So hatte auch der gelernte Wirtschaftsjournalist Otto Jöhlinger (1883–1924) dort mit Unterstützung des Staatssekretärs im Preußischen Kultusministerium, Carl Heinrich Becker, und des Seminardirektors Eduard Sachau, einen Lehrauftrag für Zeitungskunde erhalten.

Schon 1914 hatte Anton Palme, Russisch-Lehrer am Orientalischen Seminar, in einer Denkschrift die Umwandlung des Seminars in eine reichsunmittelbare „Deutsche Auslandshochschule" gefordert. Palme aktualisierte seinen Plan im NS-Staat, „erfolgreich erst 1935 nach Gewinnung Rusts und des an Einfluß auf die Diplomatenausbildung interessierten Schattenaußenministers Ribbentrop".[91] Dagegen wandten sich, aus unterschiedlich gelagerten Konkurrenzgründen, das Auswärtige Amt, das Amt Rosenberg, das Reichsfinanzministerium wie auch das Preußische Finanzministerium und die Berliner Universität.

Immerhin kam es 1936 zum Mißvergnügen der Universität schon zu einer Umbenennung des Orientalischen Seminars in „Auslands-Hochschule an der Universität Berlin", als Hitler auf Drängen Ribbentrops diesem erlaubt hatte, „alle erforderlichen Maßnahmen" einzuleiten, um eine „Reichshochschule zur Ausbildung des künftigen diplomatischen Nachwuchses" zu etablieren. Ribbentrop verlor spätestens das Interesse an dem zähen Projekt, als er selbst zum Außenminister avanciert war, dafür wurde nun dem im REM zuständigen Ministerialrat Herbert Scurla das „starke Interesse" des Reichsführers SS am Ausbau der Auslands-Hochschule vermittelt.[92] Es war wohl Six selbst, der in enger Kooperation mit dem ehrgeizigen Scurla die SS, oder genauer: den SD ins Spiel brachte. Schon 1937 war er auf die entwicklungsfähige Hochschule gestoßen, als er den Umzug des Exil-Georgiers Michael Akhmeteli und dessen „Rußland-Institut" von der Technischen Hochschule Breslau an die Berliner Universität im SD-Auftrag mitorganisiert hatte.[93]

Akhmeteli, der eine umfangreiche personen- und institutionenbezogene Sammlung über die Verhältnisse in Stalins Reich aufgebaut hatte, erhielt eine außerordentliche Professur und Mitte 1938 die Leitung des bereits existierenden Rußland-Forschungsinstituts an der Auslands-Hochschule, das bislang von deren kommissarischem Leiter, Clemens Scharschmidt, mitverwaltet worden war. Innerhalb des SD wurde Akhmetelis Institut 1940 von Six' Amt II (Gegnerforschung) zur SD-Auslandsabteilung (Amt VI) unter Heinz Jost transferiert und firmierte eine Zeitlang unter der Bezeichnung „Wannsee-Institut"; nach 1945 fanden die dort fabrizierten Dossiers und Studien begreiflicherweise das dezidierte Interesse der US-Geheimdienste. Akhmeteli stellte sich und sein Wissen der Organisation Gehlen zur Verfügung.

Noch verwirrender waren nach 1933 die Planungen für die „(Deutsche) Hochschule für Politik", die bei NS-Führern aufgrund ihrer Weimarer Vergangenheit als „fast rein demokratisch-marxistische"[94] Institution galt. Angeregt von dem Nationalliberalen Friedrich Naumann war sie, so ihr Gründervater Ernst Jäckh, nach dem Vorbild der Pariser *École libre des sciences politiques* errichtet worden, als freie Lehrstätte ohne klare Berufsorientierung und Bedeutungsdefinition ihres Abschlußdiploms.

Sie bot Weimarer Politikern, Industrieführern und Geisteswissenschaftlern die Möglichkeit zu Dozenturen und Gremieneinfluß, die Mitgliederliste des Kuratoriums 1926 las sich „wie ein Auszug aus dem Wer ist Wer? der deutschen Politik und Wirtschaft".[95] Die Spannweite der Kurse reichte von Max Hildebert Boehms „Deutschtumseminaren" und Adolf Grabowskys „Geopolitik" bis zu den sozialistischen oder linksliberalen Studienangeboten von Hermann Heller, Hajo Holborn und Sigmund Neumann.

1933 wurde die HfP dem Propagandaministerium zugeordnet; Minister Goebbels indes wußte damit kaum etwas anzufangen und klagte noch 1939: „Was mache ich nur damit? Ich will keine richtige Akademie verwalten".⁹⁶ Energisch hatten in den Jahren zuvor vor allem die Aktivisten des NS-Studentenbundes in mehreren Interventionen dafür gefochten, aus der gehobenen Volkshochschule nunmehr eine vollgültige akademische Einrichtung zu machen.

Im Januar 1939 forderte etwa eine Studentendelegation mit Unterstützung der Dozentenführung, die Hochschule als wissenschaftliche Institution dem REM zu unterstellen, avisiert waren eine Philosophische, Rechts- und staatswissenschaftliche, Auslandskundliche und sogar eine *Pressekundliche Fakultät*.⁹⁷ Im REM entschieden sich die zuständigen Fachreferenten, maßgeblich waren dabei wieder die zahlreichen Denkschriften von Oberregierungsrat Scurla, schließlich für den Einbau der „Hochschule für Politik" in das Projekt der Auslandswissenschaftlichen Fakultät. Innerhalb derer wurde auf Six' besonderen Wunsch auch noch ein „Deutsches Auslandswissenschaftliches Institut" gegründet, das den Lehr- und Publikationsbetrieb steuern sollte. 1942 wurde es zum Reichsinstitut umgewandelt, was Six die Möglichkeit eröffnete, auch nach seinem Wechsel ins Auswärtige Amt als dessen „Präsident" zu amtieren.

Im Juli 1939 hatte Universitätsrektor Willy Hoppe, selbst Dozent für Politische Geschichte an der HfP, zwar erkennen müssen, daß gegen den ungeliebten Six als Dekan der neuen Fakultät wohl nichts mehr auszurichten war, im Namen der Universität versuchte er aber immerhin zu verhindern, daß Six als „Staatskommissar" an den akademischen Ritualen vorbeiamtieren konnte. Am 21. Juli zitierte ihn Scurla ins REM, um „die Pläne des Ministeriums und der weiter beteiligten amtlichen und Parteistellen über die Bildung einer auslandswissenschaftlichen Fakultät" darzulegen, wie Hoppe in einer Aktennotiz festhielt.⁹⁸

Die Besprechung sei „insofern negativ verlaufen, als Herr Scurla eine definitive sofortige Entscheidung darüber verlangte, ob die Universität dem Plan zustimme". Es folgte ein hektische Serie weiterer Besprechungen mit Scurla, dem Prorektor und den Dekanen sowie Gaudozentenführer Willi Willing. Am 26. Juli erklärte Hoppe abermals, die Universität habe immer gegen die Fehlkonstruktion der Auslands-Hochschule Einspruch erhoben, gegen die geplante Eingliederung der Hochschule für Politik und die Schaffung einer eigenen Fakultät erhöben sich nach wie vor „die schwersten Bedenken". Da hier aber das Ergebnis der Einigung vieler entscheidender staatlicher und parteiamtlicher Stellen vorliege, sei die Universität bereit, „eine auslandswissenschaftliche Fakultät anzuerkennen".

Entgegen dem Plane des Ministeriums dürfe aber der neue Dekan „nicht durch die besondere Mission eines Staatskommissars herausgehoben" werden. Es sei eine „Promotions-Ordnung aufzustellen mit den gleichen strengen Bestimmungen wie bei den übrigen Fakultäten", außerdem sei es nicht einzusehen, warum Professor Six, den man doch „auf Grund seiner Persönlichkeit" für einen geeigneten Dekan halte, nicht vom Rektor ernannt werden könne.

Oberregierungsrat Scurla blieb ungerührt, weil es bei dem „Wagnis" der neuen Fakultät „auf die engste Zusammenarbeit unter straffster Führung des Dekans ankomme und weil zweitens es sich in der neuen Fakultät um eine Gruppe von Disziplinen handle, die in engster Beziehung zu dem politischen Leben ständen". Per Schnellbrief beauftragte das REM am 13. September 1939 den SS-Standartenführer Six mit der „Vorbereitung und Durchführung der Umgestaltung der Auslandshochschule zur Auslandswissenschaftlichen Fakultät" – unter explizitem Hinweis auf die „politische Entwicklung der letzten Wochen". Umfang und Tätigkeit der Fakultät seien nach „Maßgabe der vorhandenen Mittel ausschließlich durch die Bedürfnisse bestimmt, die durch die Kriegslage auf dem Gebiete der Forschung und Lehre als vordringlich anzusehen sind".

Am 2. Oktober wurde Six mit der Verwaltung eines Lehrstuhls für Außenpolitik und Auslandskunde in der noch existenten Auslands-Hochschule beauftragt, eine Woche später informierte das REM Rektor Hoppe darüber, daß die „Fortführung bestimmter Aufgaben der Hochschule für Politik, die als solche aufgelöst werden wird", beschlossene Sache sei; zudem habe Reichsminister Lammers als Chef der Reichskanzlei auf Rückfrage wissen lassen, daß es eines besonderen Erlasses zur „praktischen Durchführung der Überführung" nicht mehr bedürfe, nachdem die beteiligten obersten Reichsstellen und überdies der Stellvertreter des Führers ihre grundsätzliche Zustimmung zum Ausdruck gebracht hätten.

Die Zustimmung des RMVP (12. Oktober) war nur noch Formsache, wobei Ministerialrat Wilhelm Ziegler, gleichfalls HfP-Dozent, als zu beteiligender Sachbearbeiter genannt wurde. Dessen jahrelanger Wunsch nach akademischen Würden wurde später mit einer Honorarprofessur für „Politische Geschichte" an der AWI-Fak. erfüllt. Wiederum eine Woche später teilte Six dem Rektor mit, er müsse zwar „zur Erledigung eines Sonderauftrages abschließend noch etwa 8–10 Tage nach dem Osten", habe aber vor, sofort nach seiner Rückkehr die notwendigen Besprechungen über Stellenbesetzungen und Studienpläne einzuleiten.

Noch einmal, am 6. Dezember, protestierte Rektor Hoppe telefonisch bei Scurla: die versprochenen Vorschläge für die Besetzung der Lehrstühle habe Six noch immer nicht eingereicht. Er könne deshalb die Verantwortung für das rechtzeitige Zustandekommen der Fakultät (vom Ministerium war der 1. Januar 1940 avisiert) nicht tragen, da er nicht ausreichend Zeit habe, die Vorschläge zu prüfen. Daran war Scurla auch gar nicht gelegen – die Kräfte der beiden zu vereinigenden Institutionen würden, so der REM-Referent, „mit einem Lehrauftrag für das 1. Trimester 1940 angesetzt werden", wogegen sich Hoppe verwahrte, weil sich dadurch Anwartschaften auf eine Professur in der Auslandswissenschaftlichen Fakultät ergäben. Das Ministerium und Six hatten sich indes schon darauf verständigt, das Personal weitgehend überzuleiten, der Zeitdruck und die Kriegssituation ließen anderes auch kaum zu.

So hatte Six seine Vorschlagsliste auch just an dem Tag abgeschickt, als Hoppe bei Scurla intervenierte, einen Tag später lagen 48 Personalakten und eine Übersicht auf dem Schreibtisch des Rektors. Nummer 1 war Six selbst, mit einem Lehrstuhl für Außenpolitik und Auslandskunde. Am 30. Dezember lieferte Gaudozentenführer Willing, SS-Mitglied seit 1931, studierter Elektrotechniker und Direktor des Heinrich-Hertz-Instituts, von Heiber als „kleinwüchsiger Parteistreber" klassifiziert, seine Stellungnahme zur Vorschlagsliste ab – ein für die Wissenschaftsgeschichte des NS-Staates durchaus signifikantes Dokument. Der Ernennung von Six stimmte er „vorbehaltlos zu". Bruno Kiesewetter, der auf einen Lehrstuhl für Außenwirtschaftskunde berufen werden sollte, sei „politisch vollkommen in Ordnung" und „ein guter Kamerad", er müsse aber angehalten werden, „auch den Beweis zu erbringen, daß er einer Habilitation gewachsen ist". Ministerialrat Ziegler hingegen sei auch ohne Habilitation geeignet, da er Bücher wie „Volk ohne Führung" neben seiner Amtstätigkeit zustande gebracht habe, zudem bereits 48 Jahre alt und Schwerkriegsverletzter sei. Albrecht Haushofer, Sohn des bekannten Geopolitikers Karl Haushofer, sei kein Parteigenosse, seine wissenschaftliche Qualifikation reiche für das Gebiet „Politische Geographie und Geopolitik" ohnehin nicht aus, so daß Willing „von einer Nachprüfung des arischen Nachweises" Abstand nehmen konnte. Der Kulturphilosoph Klemmt sei schon zweimal mit einem Habilitationsversuch gescheitert; nach dem Studium der Akten kam Willing zu dem Schluß, „daß Klemmt entweder ein überragender Philosoph ist oder ein Nichtskönner, der sich einbildet, ein bedeutender Philosoph zu sein". Gegen die Ernennung von Ernst Wilhelm Eschmann erhob Willing Einspruch, auch dieser gehöre der Partei nicht an, und er habe „niemanden finden können, der gewußt hat, daß Eschmann über die Volks- und Landeskunde Frankreichs Bescheid weiß".

Eschmann und Kiesewetter wurde vom REM nahegelegt, sich alsbald zu habilitieren, Ziegler hingegen vom RMVP zunächst nicht freigegeben – Willings Kommentare zeitigten keine strukturellen Wirkungen.

Zur lehrenden und forschenden Prominenz an der Auslandswissenschaftlichen Fakultät zählten der Volkstumswissenschaftler Karl-Christian von Loesch, der 1940 zeitgemäß mit einer Schrift über den „polnischen Volkscharakter" hervortrat und in Six' Jahrbuch der Weltpolitik 1942 die verschiedenen Formen der „Umsiedlung" deklinierte[99], Bismarck-Interpret Egmont Zechlin (Ordinariat für Übersee- und Kolonialgeschichte), der zugleich an der Philosophischen Fakultät tätige Amerikanist Friedrich Schönemann, der schon 1923 die erste amerikanistische Habilitation an einer deutschen Universität vorgelegt hatte[100] und nicht zuletzt der Staatsrechtler Wilhelm Grewe, 1933 bis 1937 Assistent bei Forsthoff und 1941 in Königsberg mit einer Studie über die „Epochen der Völkerrechtsgeschichte" habilitiert.

Für die taktischen Rankünen und die institutionelle Verwirrung in der NS-Hochschulpolitik steht die Berufung des Juristen und langjährigen Ribbentrop-Vertrauten Friedrich Berber, der selbst das „Deutsche Institut für Außenpolitische Forschung" und die teilidentische „Deutsche Informationsstelle I" im Auswärtigen Amt leitete, deren publizistische und propagandistische Funktionen mit denen der AWI-Fak. nahezu deckungsgleich waren. So kam es zu laufenden Querelen zwischen Six und Berber; Six urteilte über Berber, dieser habe „keinen systematischen Verstand, wenig Energie, esse zu gut und schlafe zu viel"[101], Berber beschuldigte Six wiederum in seinen Erinnerungen, ihn wegen undogmatischer Ansichten brieflich bedroht zu haben.[102]

Schon im November 1939 war es zu einem Zusammenstoß zwischen dem neuen „Staatskommissar" und dem Völkerrechtler gekommen, weil Berber für eine ursprünglich in der alten „Hochschule für Politik" vorbereitete Schriftenreihe „Das britische Reich in der Weltpolitik" einen Erlaß Ribbentrops beibrachte, wonach die Reihe nunmehr im „Deutschen Institut für Außenpolitische Forschung" erscheinen solle. Six fertigte erbost einen Vermerk für den Chef des Reichssicherheitshauptamtes an; schließlich habe er „mit allen Kräften für die sofortige Drucklegung und Herausgabe sowie propagandistische Vorbereitung Sorge getragen".[103]

Der Blick auf die Personalstruktur der Auslandswissenschaftlichen Fakultät zeigt, daß sowohl Six als auch dem REM eher an einem gediegenen, traditionell szientistischen Habit gelegen war als an völkischer Stoßtrupp-Publizistik. Zwar ging es in den Vorlesungen, Übungen und Publikationen eindeutig um Gegner-Bestimmung und Nobilitierung großgermanischer Gebietsansprüche. Eigenständige Sachgebiete wie „Rassenkunde" oder plane Apologien zur Unfehlbarkeit des „Führers" vermied man jedoch weitgehend, zumal die AWI-Fak. und besonders das DAWI mit den internationalen Angeboten auf Wirkung zumindest im befreundeten und neutralen Ausland zielten.

Dies schloß harte antijüdische Propaganda nicht aus, für die vor allem Wilhelm Ziegler stand, der sich schon 1937 um die „Judenfrage in der modernen Welt" gekümmert hatte. Eine Analyse der Themen in der „Zeitschrift für Politik", seit 1940 vom DAWI, im besonderen von Six und Ziegler herausgegeben, belegt, daß sich die aktuelle Publizistik der Fakultät exakt korrespondierend zur jeweiligen außenpolitischen Konstellation bewegte. Im 30. Jahrgang 1940 ging es mehrheitlich gegen die britische Plutokratie („Arm und Reich in England", „Englische Inselpolitik und Kontinentalsperre", „Friedrich List und England", „Die geistigen Grundlagen des britischen Imperialismus", „Juden und Engländer", oder, auf den Punkt gebracht: „England – Europas Feind Nr. 1"), von 1942 an wesentlich um die ideologische Fundierung einer positiven Europa-Ordnung wider den heranrollenden Bolschewismus („Der Beitrag der europäischen Legionen im Kampfe gegen den Bolschewismus", „Grundlagen und Aufgaben der europäischen Zusammenarbeit", oder Six' eigene Aufsätze „Europäische Schicksalsgemeinschaft" und, darüber noch hinausweisend, „Der Wandel des europäischen Staatensystems zum Weltstaatensystem"). Dissertationsthemen entstanden aus empirisch-funktionalistischen Projekten („Die Entwicklung des sowjetrussischen Verkehrswesens im Zuge der Industrialisierung des Landes"), flankierten außenpolitische Dezisionen („Die grundsätzliche Stellungnahme der faschistischen Außenpolitik zum Völkerbund"), führten aber auch in die Tiefen biographisch-strategischer Historie („T. E. Lawrence. Wirkung und Einsatz nomadischer Lebensräume in der großen Politik am Beispiel Arabiens").

Ein solches dogmatisches und geopolitisches Spektrum, versehen mit dem Air von Weltläufigkeit, fanden nicht nur nationalsozialistische Studenten attraktiv, wie das bereits eingangs zitierte Urteil des studentischen Fachgruppenleiters Abich über Six' Amtsführung belegt. Der Lehrplan war einigermaßen offen gestaltet, schon aufgrund des raschen Zustandekommens der Fakultät war eine straffe Studienordnung entfallen. Die Studenten, mehrheitlich wegen der Kriegssituation Frauen, wurden nach dem sechssemestrigen Diplomstudium in zwei „Grundfächern", wie Außenpolitik und Auslandskunde, politische Geographie und Geopolitik, Rechtsgrundlagen der Außenpolitik, und zwei Fächern der „speziellen Auslandswissenschaften", also im wesentlichen landeskundlichen Fragen, geprüft. Nach acht Semestern war der Doktor der Auslandswissenschaften zu erwerben, außerdem vergab das „Institut für Sprachenkunde und Dolmetscherwesen" Sprachdiplome. Rund 20 Lektoren wurden für spezifisch sprach- und landeskundliche Angebote beschäftigt. Das DAWI veranstalte überdies, in der formalen Tradition der alten „Hochschule für Politik", Ferienkurse für Ausländer, bei denen hochrangige Politiker der „Achse" referierten, sowie repräsentative Vortragsreihen (so 1943 „Die Weltaggression der USA", wo am 9. Juni Six' alter Heidelberger Kommilitone Giselher Wirsing[104], nunmehr einer der Star-Publizisten des NS-Staates, über die „innere Krise Amerikas" dozierte), unterhielt eine Studien- und Fachberatungsstelle und einen ständig auf Hochtouren laufenden Publikationsapparat.

Six selbst nannte in einem Referat für die „Zeitschrift für Politik" 1941 als Vorbild für sein Institut, das die Fakultät bald an Bedeutung überschatten sollte, Einrichtungen wie das Instituto per relazioni internazionali in Mailand, das Londoner Royal Institute of International Affairs, den Council on Foreign Relations in New York und „die jung aufgebauten Forschungsinstitute an den Universitäten" in Amerika, ohne indes über Grundkenntnisse der dort betriebenen empirischen Sozialforschung zu verfügen. Obwohl für das DAWI die Erfahrungen anderer Völker vorlägen, so Six, sei die DAWI-Gründung „ohne Anschluß an ein fremdes Vorbild einem eigenständigen deutschen Denken und Sein entsprungen", das er in der engen Verbindung zwischen Lehre, Forschung und Einsatz in der praktischen Politik lokalisierte: „Im Kriege stehen selbstverständlich alle Mitarbeiter des Institutes in unmittelbarem politischen Einsatz und schaffen die Anlage zum planmäßigen Ausbau dieser arbeitsmäßigen Einheit".[105]

Erste und prinzipielle Aufgabe des DAWI sei „die Ausbildung landeskundlicher Spezialisten". Zweitens gehe es um „selbständige auslandswissenschaftliche Forschung, durch die eine Art politische Geländekunde für das Reich erarbeitet werden soll"; dabei sei es wiederum von entscheidender Bedeutung, „daß der aktive Einsatz in der Politik die Einsichten in das Forschungsgebiet" fördere und befruchte

(Horst Mahnke etwa sollte seinen Einsatz beim „Vorkommando Moskau" im Sommer 1941 auch dazu nutzen, Material für seine geplante Habilitation über „Probleme des wissenschaftlichen Sozialismus" zu sammeln – in den zu erbeutenden sowjetischen Archiven.) Drittens solle eine Ebene geschaffen werden, „auf der sowohl im Reich als auch über die Grenzen des Reiches hinaus politische Fragen mit wissenschaftlichem Ernst besprochen werden können". Dazu sollten neben der „Zeitschrift für Politik" die Veröffentlichungen in den zahlreichen Publikationsreihen und Handbüchern dienen, die im wesentlichen im Berliner Verlag „Junker und Dünnhaupt" erschienen. Six gab überdies die „Dokumente der Deutschen Politik" heraus, die linear von der „nationalsozialistischen Revolution 1933" und dem „Aufbau des deutschen Führerstaates 1934" über „Deutschlands Aufstieg zur Großmacht 1936" und „zur Weltmacht 1937" in den „Kampf gegen den Westen 1940" und „gegen den Osten 1941" mündeten. 1943 kam als eines von Six' Lieblingsprojekten noch die Edition einer neuen Zeitschrift, „Politische Wissenschaft", hinzu, in der vor allem „Auslands- und Politikwissenschaftler des Auslandes neben deutschen Vetretern dieser Fächer zu Wort kommen"[106] sollten.

Die Distribution der insgesamt sechs erschienenen Hefte erfolgte im wesentlichen über die Deutschen Wissenschaftlichen Institute; interessanterweise wurde noch im Dezember 1944 der Berliner Jurist Kohlrausch um einen Beitrag zum „Problem des Kriegsverbrechers" gebeten, wobei, wie Six-Assistentin Barbara Pischel formulierte, den Editoren „an der Anregung der internationalen Aussprache zu den brennenden Problemen der Gegenwartspolitik sowie gleichzeitig an der Herausarbeitung des deutschen Standpunktes und des wissenschaftlichen sowie politischen Führungsanspruches" gelegen sei.[107]

Six' Vorlesungen und die Übungen in dem von ihm geleiteten engeren Bereich „Außenpolitik und Auslandskunde, Politische Geistesgeschichte", beruhend auf den Ausarbeitungen Horst Mahnkes oder seines gleichaltrigen Assistenten und RSHA-Kollegen Rudolf Levin (1909–1945) und häufig auch von diesen abgehalten, deklinierten weiterhin die „Beziehungslehre der gegnerischen Volkstumsüberlagerungen" durch. Ein entsprechender Seminarkomplex, so Six und Mahnke in einem nicht mit Jahresangabe versehenen, aber wohl typischen Papier, müsse von folgenden Punkten ausgehen:

– „von der Klärung der philosophischen Grundlagen allgemein,
– der Klärung der geistigen Grundlagen und geistesgeschichtlichen Entwicklung des Judentums, seine vorderasiatische mediterrane Gei-

steshaltung, Fragen des Talmud, bis zur modernen jüdischen Geisteshaltung,
– (von den) politischen Kirchen aus der vorderasiatischen mediterranen Ursprungslage bis zu den früh in europäischen Wandlungsprozessen eingeschlossenen (sic) Reformation und sektiererische Entwicklung,
– (vom) politischen Liberalismus als Surrogat verschiedener philosophischer Verfallsprozesse und geschichtlich nachzuweisende Mischformen einzelner politischer Ausdrucksformen,
– (vom) Marxismus als geistige Mischform einer besonderen europäischen Situation mit der rassischen Voreingenommenheit der Gründer und ihre Entwicklung und Wandlungsweg zum Bolschewismus hin,
– (von der) Erstellung einer erkenntniskritischen Beziehungslehre der Gegner aus dem gewonnenen Material, (der) Thesen und Ergebnisse der vorausgegangenen Seminare".[108]

Etwas klarer war ein Mahnkescher Schnellkurs zur Geschichte der Nationalideen im Wintersemester 1942/43 gegliedert, der von der „Auflösung des mittelalterlichen Universalismus" bis zur „imperialen Idee des Faschismus" reichte.[109]

Während Six schon wegen seines Einsatzes in der Waffen-SS und seiner Konzentration auf organisatorische Arbeiten nicht dazu kam, die „Auslandswissenschaft" als Integrationsdisziplin dogmatisch zu fundieren, formulierte Karl Heinz Pfeffer, aus dem Geist der „Deutschen Soziologie"[110] Einblicke in „Begriff und Methode der Auslandswissenschaften".

Schon in seiner Programmschrift zur „Deutschen Schule der Soziologie" (1939) hatte der Freyer-Schüler zur soziologischen Methode erklärt, die Wissenschaft habe nicht die Aufgabe, „an den Grunderkenntnissen der nationalsozialistischen Bewegung herumzudeuten oder sie in gedankliche Scheidemünze umzusetzen".[111] Sie könne „diese Grunderkenntnisse nur in sich aufnehmen, sie kann sich nur ihnen unterstellen". Pfeffer sah in der völkischen Soziologie eine Art NS-Theologie, wenn er schrieb: „Die Theologie schafft nicht die Religion, aber sie sichert ihre Reinheit gegen die Ketzer, sie verkündet ihre Wahrheit gegen die Gottesleugner, und sie zeigt den Heiden ihre Größe".[112]

1942 definierte er die Aufgaben der gegen die „Heiden" gerichteten Auslandskunde: „Sie berichtet nüchtern über die fremde Welt, gegen die oder mit der sich ihr eigenes Volk durchsetzen muß. Sie erläutert die im fremden Volk herrschenden Gedanken aus der eigenen Wirklichkeit und erkennt die Überlagerung des fremden Volkes durch Gedanken dritter Mächte. Sie zeigt die deutschen Aufbaukräfte im fremden Land und prüft die Fremde, ob sie für deutsche Werte ansprechbar ist".[113]

Da es Six gerade um jene obskuren, überlagernden „dritten Mächte" zu tun war, hatte er mit dem drei Jahre älteren Pfeffer einen wertvollen Partner gefunden. Im September 1940 auf eine außerordentliche Professur für Soziologie, Volks- und Landeskunde Großbritanniens berufen, avancierte Pfeffer 1943 zum Ordinarius und Prodekan, und nach Six' Wechsel ins Auswärtige Amt zu dessen Nachfolger als Dekan. Er verfaßte Werke über „Begriff und Wesen der Plutokratie" (1940), „Der englische Krieg – auch ein jüdischer Krieg" (1942, nur für den Dienstgebrauch) und „Australien und Neuseeland". Derart qualifiziert, und anders als Six durch praktische Okkupationseinsätze nicht belastet, kam er auf Vermittlung Helmut Schelskys 1962 wieder auf ein Ordinariat für „Soziologie der Entwicklungsländer" an der Universität Münster. In den 50er Jahren hatte der einstige Rockefeller-Stipendiat, in engem Kontakt mit Six, die „Zeitschrift für Geopolitik" neu belebt und konnte 1951 die Leitung der Abteilung Auslandsforschung im Bremer Ausschuß für Wirtschaftsforschung übernehmen. In der Fakultät habe sich Six, so Pfeffer 1947 in einem Nürnberger Affidavit, „durch unermüdliches und unbestechliches Drängen auf ein wissenschaftliches Niveau" ausgezeichnet, „wissenschaftlich und politisch Andersdenkenden vollen Schutz" geboten und „Eingriffsversuche politischer Stellen bei Prüfungen erfolgreich" abgewehrt. Six sei nicht „der konventionelle Typ des deutschen Wissenschaftlers" gewesen, „sondern der eines Organisators wissenschaftlicher Arbeit, wie ich ihn vordem nur in den Präsidenten amerikanischer Colleges kennengelernt hatte".[114]

Solche Testate gab es nicht nur von intellektuellen NS-Tätern und engen Freunden wie Pfeffer. Tatsächlich lag Six daran, fähige Köpfe wie Albrecht Haushofer oder Wilhelm Grewe, die sich wegen „jüdischer Versippung" dem drohenden Zugriff der Gestapo ausgesetzt sahen, an der Fakultät zu halten. Akademisches Interesse ging mit einem begrenzten Verständnis von Toleranz einher. Six war extrem ehrgeizig, aber eben kein Denunziant. Selbst Alfred Baeumler, Rosenbergs Amtschef Wissenschaft, war im April 1944 in einer „Aktennotiz für den Reichsleiter" zu dem weitreichenden Schluß gekommen, daß es „eine parteiamtliche Weltanschauung oder eine parteiamtliche Wissenschaft" nicht geben könne.[115] Das Ziel, die „deutsche Wissenschaft nationalsozialistisch zu machen, ist auf dem Wege der Bildung kleiner, sich im besonderen Sinne nationalsozialistisch nennender Professorenkreise nach meiner Überzeugung nicht zu erreichen. Das bisherige Verfahren hat eine Frontenbildung hervorgerufen, die die Forschung in unserem Sinne nicht zu beleben, sondern zu hemmen droht". In diesem Sinne war auch Six daran interessiert, bürgerliche Nationalisten und liberale Fachleute in der Auslandswissenschaftlichen Fakultät zu halten.

Der Amerikanist Schönemann hielt Six „nicht für einen bedeutenden oder selbständigen Wissenschaftler, wohl aber für einen großzügigen wissenschaftlichen Organisator ... Menschlich und wissenschaftlich zeigte er Verständnis für ... Forschungsfragen und akademische Schwierigkeiten. In der Beschaffung wissenschaftlichen Quellenmaterials war ihm keine Mühe zu groß. Ebenso war er stets bereit, wissenschaftliche Leistungen anzuerkennen und vielversprechenden wissenschaftlichen Nachwuchs zu fördern. So mußte ich ihn – trotz unserer schließlich sachlichen Gegensätze – als Leiter der Fakultät und des Auslandswissenschaftlichen Instituts im großen und ganzen als Erfolg ansehen".[116]

Wilhelm Grewe bezeugte, er habe Six von seinem Schritt, sich 1943 mit seiner jüdischen Frau im Dezember 1943 in Weimar von einem Pfarrer der bekennenden Kirche trauen zu lassen, in Kenntnis gesetzt; Six habe alles getan, um ihn zu decken, und sei damit ein erhebliches persönliches Risiko eingegangen.[117]

Als die Gestapo im Spätsommer 1942 das von ihr als „Rote Kapelle" rubrizierte Widerstandsnetz um Schulze-Boysen und Harnack zerstörte, geriet die Auslandswissenschaftliche Fakultät in den Verdacht, einer der wesentlichen Kommunikationsorte der disparaten Organisation zu sein; Six behauptete sogar, von seinem RSHA-Kollegen Heinrich Müller, dem Chef der Gestapo, „stundenlang verhört" worden zu sein.[118] Harro Schulze-Boysen, „ein Bild dessen, was sich Militärs damals von einem jungen Offizier erträumten, gut gewachsen, blauäugig, kühn, Oberleutnant der Luftwaffe"[119], hatte sich als Student der Auslandswissenschaften mit dem Ziel einer Promotion eingeschrieben und leitete auch einige Seminarübungen. Mildred Fish-Harnack, geboren als Tochter eines Kaufmanns in Milwaukee, seit 1926 mit Arvid Harnack verheiratet, war 1941/42 Lektorin für amerikanische Sprache an der AWI-Fak. Für Harnack selbst war im Sommersemester 1942 ein Lehrauftrag vorgesehen. Harnack war zudem mit Egmont Zechlin und Albrecht Haushofer bekannt.

Horst Heilmann, Jahrgang 1923, Studienkollege und Freund Schulze-Boysens, zeitweilig Geliebter von Schulze-Boysens Gattin Libertas („Libs"), nach seiner freiwilligen Meldung zur Wehrmacht im Frühjahr 1942 mit dem Dechiffrieren sowjetischer Funksprüche beschäftigt, wurde am 5. September 1942 auf seiner Dienststelle am Berliner Matthäikirchplatz verhaftet und am 22. Dezember 1942 in Plötzensee durch das Fallbeil hingerichtet.[120] Herbert Gollnow, Jahrgang 1911, Oberleutnant der Luftwaffe und 1941 Student an der AWI-Fakultät, wurde am 12. Februar 1943 um acht Uhr morgens nach einem Todesurteil wegen „Ungehorsams im Felde und Preisgabe von Staatsgeheimnissen" erschossen.[121]

Eva-Maria Buch war 22 Jahre alt, als sie am 5. August 1943 in Plötzensee gehenkt wurde. Sie hatte nach der Obersekundarreife in der Kreuzberger Ursulinenanstalt das Seminar für Sprach- und Dolmetscherwesen an der Auslandshochschule belegt und ihr Studium dann an der neugegründeten AWI-Fak. fortgesetzt. Hitler lehnte ihre Begnadigung am 21. Juli 1943 persönlich ab, so wie das gesamte Verfahren von äußerster Grausamkeit geprägt war; 57 Mitglieder des schwärmerischen und häufig unvorsichtig agierenden Netzwerks wurden hingerichtet, darunter 19 Frauen.

Offenkundig war die hauptstädtische Auslandswissenschaft attraktiv für Studenten, die weniger an der NS-Dogmatik als an fremden Sprachen, Ländern und politischen Systemen interessiert waren. Die Six-Assistenten Walz und Levin beklagten im Februar 1942 „die Schwäche in der weltanschaulichen Grundhaltung bei den heutigen Studentinnen und Studenten"[122], obwohl doch die Mitgliedschaft im NSDStB die Voraussetzung für die Aufnahme des Studiums sein sollte. Von einer aktiven Förderung oppositionellen Verhaltens der Studenten und Dozenten durch den Dekan und Institutspräsidenten Six kann jedenfalls keine Rede sein. Im Dickicht verschiedener Zensurinstanzen und konkurrierender Institutionen verhielt sich Six vorsichtig und zurückhaltend.

Auf einer Sitzung der Handbuch-Herausgeber des DAWI im Januar 1943, bei der Six laut Protokoll anmerkte, trotz der unklaren Kriegslage geböten es Stellung und Führungsanspruch Deutschlands in der Welt, daß alle Handbücher wie geplant erscheinen sollten, ließ der Institutspräsident keinen Zweifel daran, daß Ausländer mangels Zuverlässigkeit „auf keinen Fall politische Beiträge schreiben sollen"[123].

Bei einem von Eschmann für die „Zeitschrift für Politik" verfaßten Artikel konnte Six, wie er seinem Freund und „ZfP"-Redakteur Wolff Heinrichsdorff vom RMVP mitteilte, „nach eifriger zweimaliger Lek-

Wolf Heinrichsdorff

türe nicht finden, wonach die Veröffentlichung dieses Artikels scheitern sollte". Es bestehe „weiß Gott kein Anlaß, eine solche prähistorische oder historische Darstellung zurückzustellen". Er empfahl aber doch, den ersten Abschnitt wegfallen zu lassen und den Artikel nicht „Zur Frage der deutsch-französischen Grenze", sondern „Geschichte der deutsch-französischen Beziehungen" zu betiteln.[124]

Die Zensurstellen im Auswärtigen Amt und im RMVP behinderten die Arbeit der Auslandskundler empfindlich, da halfen auch Six' SS-Rang oder seine spätere Beschäftigung im Auswärtigen Amt nichts. Dem Rußland-Spezialisten Akhmeteli wurde von Six empfohlen, bei einem Aufsatz über das „Ende der Sowjetunion" mit den zuständigen Herren im Auswärtigen Amt Fühlung aufzunehmen, „um nun diesmal von vornherein die Gefahr eines Vetos durch die Prüfstellen auszuschalten"[125].

Dem China-Experten Professor Pernitzsch fiel „die ungemeine Kleinlichkeit der Zensurstelle" auf: „Statt ‚China' und ‚chinesisch' muß ich überall ‚Tschungking' oder ‚Chiang Kai-shek' sagen, wenn die mit den Japanern im Krieg liegende Partei gemeint ist. Das führt zu stilistischen Schwerfälligkeiten, aus dem Zusammenhang geht klar hervor, welche Chinesen gemeint sind".[126]

Noch expliziter beschwerte sich der Abteilungsleiter Skandinavien, Dr. Verleger. Er zeigte sich im Juli 1942 „empört über die Form der Ablehnung" eines Textes für das „Jahrbuch der Weltpolitik", die sich

„in nichts von einer schlechten schulmeisterlichen Maßregelung" unterscheide. Der Skandinavist verlangte von Six, dieser solle beim Auswärtigen Amt intervenieren: „... halte ich es daher in meinem, wie zugleich im Namen des Institutes für unerläßlich, Beschwerde zu führen gegen die unakademische Art und Weise der Zurückweisung, zum anderen aber auch darzutun, daß Darstellungen, wie die anscheinend von der Zensurstelle gewünschten, in denen die Hälfte der tatsächlichen Vorgänge gestrichen ist, keineswegs mehr den Anspruch auf ernstzunehmende Wissenschaftlichkeit machen können ... Da in der wissenschaftlichen Welt nach dem Aufsatz der Autor (und nicht der Zensor) beurteilt wird, muß ich es ablehnen, den neueingereichten wunschgemäß verstümmelten Schwedenaufsatz mit meinem Namen zu zeichnen, sondern kann nur mit XXX dokumentieren, welchen Wert ich ihm beilege".[127]

Six hatte hingegen angeordnet, „den Beitrag in einer völlig neutralen und farblosen Form als rein nüchterne Darstellung abzugeben. Es sind nötigenfalls ihre Vorlesungen abzusagen, da von Ihrem Beitrag das Erscheinen des gesamten Jahrbuchs abhängt".[128] In vielen Fällen zensorischer Verzögerung ging es nicht um grundsätzliche politische Abweichungen, sondern um unterschiedliche terminologische und strategische Auffasungen der beteiligten Behörden. Entnervt schrieb Verleger Junker an den Institutspräsidenten: „Das Auswärtige Amt verlangt, daß der Beitrag v. Metzsch noch dem OKW vorgelegt wird und der Beitrag Frauendienst zur Prüfung der Führerzitate der Parteiamtlichen Prüfungskommission. Der Beitrag Schweden von Verleger soll völlig umgearbeitet werden und nach erfolgter Umarbeitung ebenso wie der Beitrag Indien von Lehmann nochmals dem Auswärtigen Amt eingereicht werden. Ferner schrieb uns Prof. v. Loesch, dessen Beitrag vor kurzem ebenfalls mit umfassenden Änderungswünschen vom Auswärtigen Amt genehmigt wurde, daß die Dienststelle des Reichsführers der SS, Dienststelle Greifelt, noch ihre Genehmigung erteilen müßte ... Vielleicht wäre es Ihnen möglich, besonders in diesem Falle eine Beschleunigung der Prüfung herbeizuführen".[129]

Band Acht der „Dokumente zur deutschen Politik" hatte gar mehr als sechs Monate bei Legationsrat Ullrich im Auswärtigen Amt gelegen, bevor die Druckmaschinen anlaufen konnten. Ungemach drohte dem rastlosen Herausgeber Six auch von Rolf Rienhardt, dem einflußreichen Stabsleiter beim NSDAP-Pressereichsleiter Max Amann. Rienhardt hatte die Papierzuteilung für wissenschaftliche Periodika einschränken lassen, so daß die „Zeitschrift für Politik" 1943 nicht mehr monatlich erscheinen konnte. Als Six im März 1943 bei Rienhardt intervenierte, belehrte ihn der Stabsleiter, er möge sich doch bitte vor Augen führen, daß die Freistellung von Arbeitskräften für die Rüstungsindustrie die Schließung eines großen Teils der Druckereien mit sich bringe. Außerdem würden große Papierkontingente für Druckaufträge der Wehrmacht und des Rüstungssektors gebraucht.[130]

Unbeeindruckt vom Papierengpaß und dem zunehmenden Bedeutungsverlust seiner NS-Auslandswissenschaft gab Six in manischem Publikationsdrang „Handbücher zur Auslandskunde", neue Editionsprojekte und Einzelstudien in Auftrag, um „diesen deutschen Wissenschaftszweig" (Six), als dessen institutioneller Gründer er sich sah, dogmatisch zu fundieren. Dem Göttinger Historiker Karl Brandi ließ er über Pfeffer im Januar 1942 antragen, „in umfassender und erschöpfender Darstellung das Thema ‚Gustav Adolf und das Problem eines nordischen Reiches in Deutschland'" zu behandeln.

Im selben Monat fand Pfeffer den Six-Vermerk vor: „An Birke, Breslau, schreiben, ob er nicht eine Geschichte des Ostdranges etwa ab 911 (oder 800) schreiben will, also was früher als Geschichte der Ostkolonisation betrachtet wurde. Dabei Verhältnis Reich–Osten, also etwa einmal die aktive Ostpolitik, dann die penetration pacifique (für Reich und Europa)".[131] Um die „Zeitschrift für Politik" kümmerte er sich, wie um den Zustand des DAWI überhaupt, auch nach seinem Wechsel ins Auswärtige Amt recht intensiv, im Oktober 1943 erhielt der „liebe Heinrichsdorff" die Korrekturfahnen der „Zeitschrift für Politik" (ZfP) mit „notwendigen Verbesserungen" wieder zurück, wobei Six besonders einen Artikel von Abteilungschef Hunke aus dem RMVP „von einer erfreulichen Offenheit" fand, aber vorsichtshalber dennoch zurückfragte, ob dafür auch die Genehmigung des Reichspressechefs vorliege.[132]

Um auch den eigenen Namen auf dem Feld der politischen Wissenschaften zur Geltung zu bringen, hatte Six, neben einer deutschen Textausgabe zum Westfälischen Frieden von 1648, einen 30seitigen Essay unter dem Titel „Reich und Westen" 1940 bei „Junker und Dünnhaupt" selbständig erscheinen lassen, in dem er die europäische Sendung des großgermanischen Reiches raumgreifend umriß. Seine Sprache war nun recht pathetisch; unterkühlt und von hoher Warte sollten, nach dem siegreichen Westfeldzug, die imperialen Ansprüche der NS-Außenpolitik auf das „mittelalterliche Reich der Deutschen" unter Heinrich I., den ottonischen Kaisern und schließlich Friedrich II., der nach Six' Ansicht die deutsch-italienische Achse bereits vorgezeichnet hatte, zurückgeführt werden. „Ehe noch die westlichen

Staaten Europas den Frieden störten und die Waffen als Mittel der Entscheidung wählten", so hob der Prinzipal aller Auslandskundler an, „dämmerte bereits über dem europäischen Kontinent das Wissen von der tiefen weltanschaulichen Auseinandersetzung der Epoche. Nicht nur dem deutschen Volk, sondern allen Völkern Europas und vielen der Welt war bewußt geworden, daß sich Veränderungen der bestehenden politischen und geistigen Kräfte ergeben würden, die mit ihrem neuen Erscheinungsbild an die Vergangenheit der deutschen Reichsidee und der deutschen Reichsherrlichkeit erinnerten".[133]

Da für Entwicklung und Wesen Europas als Keimzelle nichts anderes als „die aufbrechende staatsbildende Schöpferkraft germanischer Stämme" zu verorten sei, falle den Deutschen die historische Mission zur Formung einer neuen europäischen Gemeinschaft zu, so wie sich bereits das mittelalterliche Reich „in seiner Herrschaft über Europa als Garant des Friedens und Hort des Rechts" erwiesen habe. Mit der „anfallenden Reichsschwäche seit dem Hochmittelalter" verzeichnete Six dann den Aufstieg der britisch-französischen Dekadenz, also des westlichen Gesamtliberalismus, der sich auf der „Entdeckung und Verabsolutierung des theoretisch bindungslosen Einzelmenschen" begründe.

Dieser Liberalismus führt nach Six in die Verleugnung des historischen Denkens, weil er von einer „unterschiedslosen, von geschichtlichen, rassischen und völkischen Tatsachen unabhängigen Menschheit" ausgehe. Selbst die Bismarcksche Reichsgründung 1871 sei unter dem Deckmantel des Preußentums von den Kräften des liberal-demokratischen Westens überlagert worden, und habe mittelbar „zum Fäulnisprozeß unter der Regierung Wilhelms II." und zur „totalen Verwestlichung des Weimarer Staates" geführt. Der Nationalsozialismus schließlich, einem „geschichtlichen Befehl" gehorchend, überwinde die „rassische und geistige Dekadenz Europas", in dem er die westliche Hegemonie zerstöre, dadurch sei die europäische Geltung der deutschen Revolution „zu höchster Potenz gekommen".

Daran war nichts orginell – weder der Rekurs auf den von Himmler mystifizierten Sachsenkaiser Heinrich I., noch die Verbindungslinien zwischen SS (die in Six' Essay explizit allerdings nicht vorkam, er wollte schließlich nicht als Himmlers Funktionär, sondern als reiner Geisteswissenschaftler gelten) und Deutschem Orden, noch die These vom rassischen Nihilismus der westlichen „Plutokratien". Indem Six in getragenem Ton jeweils den kleinsten gemeinsamen Nenner der NS-Europaideologie aufgriff und an den aktuellen Erfordernissen der Gegnerkonstellation durchdeklinierte, galt er bald als „leading S. S.

intellectual and ... major literary populariser of the European New Order".[134] Zu einer konstruktiven Fundierung der neuen europäischen Gemeinschaft fiel indes auch dem Institutspräsidenten nichts ein, zumal Hitler in seinen Programmschriften und seinen praktisch-politischen Dezisionen keinen Zweifel daran ließ, daß es in Europa um unbedingte Germanisierung und ökonomische Ausbeutung für die Belange des Zentralreiches ging. Dem Europa-Thema blieb Six bis zum Ende des Krieges treu – 1943 publizierte er im Eher-Verlag eine „historisch-politische Skizze" unter dem Titel „Das Reich und Europa", in dem nun der „europäische Einigungskrieg" gegen Plutokratie und vor allem Bolschewismus beschworen wurde, ein Jahr später erschienen die gesammelten Europa-Aufsätze noch einmal als „Europa. Tradition und Zukunft" in der Hanseatischen Verlagsanstalt. Hier sah Six unter dem Eindruck des entgrenzten Krieges den „Wandel vom europäischen Staatensystem zum Weltstaatensystem" und endete ebenso ratlos wie nebulös: „Noch sieht der zweite Weltkrieg die großen Weltmächte im Kampf, noch zeichnete er erst die Umrisse der zukünftigen Machträume ab, noch löst er neue Kräfte aus den Untergründen der Kontinente. Unverwischbar sind jedoch bereits die Linien der weltpolitischen Entwicklung in die Weltgeschichte eingezeichnet. Das europäische Staatensystem hat dem Weltstaatensystem seine ordnende Konstruktion abgetreten ... In diesem entscheidenden Ringen um das zukünftige Gesicht der Erde steht Europa noch einmal im Kampf um seine Selbstbehauptung, im Kampf um seine weltpolitische Bestimmung darüber, ob es geschichtlich abtreten muß oder die Freiheit seiner Völker und die Einheit seines Raumes zu erhalten vermag, um sie in das epochale System der Crärume und deren künftige Gleichgewichtskonstruktion einzuführen".[135]

Six' für lange Zeit letzte Publikation war eine Notiz über den DAWI-Kursus „Europa in der Entscheidung", zu dem sich im Januar 1945 prominente Kollaborateure und NS-Expatriierte wie der rumänische Außenminister Manoilescu, der später hingerichtete Wlassow-General Malyschin, Vichy-Staatssekretär Marcel Déat gemeinsam mit Gauleiter Sauckel und DAWI-Professoren wie Pfeffer und Scurla zusammengefunden hatten, um sich wechselseitig sinnlose Referate anzuhören. Während in den früheren Jahren die deutschen Teilnehmer der Kurse bei ihren ausländischen Gästen um Verständnis hätten werben müssen, seien nunmehr „angesichts der tödlichen Bedrohung Europas die gemeinsamen Grundlagen selbstverständlich", resümierte Six. Vom germanischen Führungsanspruch war nun gar nicht mehr die

Rede, sondern von einer Absage an die „europafeindliche chauvinistische Hysterie" und einem Bekenntnis zur Vielfalt der europäischen Völker.[136] Konkrete Einblicke in die allgemeine Konzeptionslosigkeit der NS-Auslandswissenschaft angesichts des militärischen Debakels erlauben einige krause Protokolle der Arbeitsgemeinschaft „Europa-Ausschuß" des DAWI, an der Institutsmitarbeiter sowie fördernde Referenten des Auswärtigen Amtes, RMVP und REM mitwirkten. Am 23. November 1944 hatte Six laut Protokoll im Nachgang zu einem Artikel des SS-Kriegsberichterstatters Joachim Fernau realisiert, „daß der Krieg nicht in einem Durchzug durchlaufen wird, sondern Wendepunkte hat, an deren einem wir z. Zt. stehen". Hauptaufgabe der Kulturpolitik sei die „Gewinnung der Eliten bei den Völkern".[137] Beim Verlassen eines Landes müsse die Bibliothek in den Deutschen Instituten dort bleiben, derselbe Mann, der jetzt mit der Truppe habe zurückweichen müssen, müsse wieder hinausgehen, wenn es die militärische Lage ermögliche. Erfolge seien freilich nicht meßbar, es handele sich um eine „geistige Kapitalsinvestierung". Besonders betrüblich sei der „durch den Bolschewismus vorgenommene Liquidationsprozeß im Südosten". Für den 15. Dezember regte Six ein Treffen aller Präsidenten der deutschen Kulturinstitute an, soweit sie sich im Reich befänden, um „zehn Sätze" zu erarbeiten, nach denen die künftige Arbeit vonstatten gehen solle – worauf Pfeffer für diese Anordnung dankte, die mehr sei, „als man sich von der Zusammenkunft zu erhoffen wagte".

Man war sich über die Frage uneins, ob Thesen und Europa-Programme in der gegenwärtigen Situation Sinn machten, wies kryptisch auf die „Wichtigkeit des offenen Spieles" hin (so der DAWI-Kulturphilosoph Friedrich Wagner) und kritisierte vorsichtig verpaßte Chancen im Zusammenhang mit nationalistischen Bewegungen in der Sowjetunion. Scurla beklagte sogar das Fehlen einer „richtigen Auslandslehre, eine(r) Begriffslehre, daher auch Problematik zwischen Volk und Nation nicht gelöst", womit sich die gesamte auslandswissenschaftliche Arbeit der letzten Jahre relativierte. Am Endsieg wagte auch in den internen, „freimütigen" Aussprachen niemand zu zweifeln, auch Six sah ermutigende Anzeichen dafür („V-Waffen, soziale Fundierung, Volkssturmmänner-Vereidigung"), „daß wir unsererseits mit Bestimmtheit zum Zug kommen".

Am 22. März 1943 gab Six dem Rektor der Berliner Universität bekannt, er sei mit gleichem Datum in das Auswärtige Amt berufen worden, und bat um Entbindung von den Vorlesungen und Übungen der

Auslandswissenschaftlichen Fakultät. Auf dem Gebiet der Außenpolitik und Auslandskunde werde Dr. Rudolf Levin die Vertretung übernehmen, der sich zur Zeit in München habilitiere und Anfang Mai in der AWI-Fak. die Lehrprobe absolvieren werde. Im November wurde der nunmehrige Gesandte Erster Klasse Six zum Honorarprofessor ernannt.[138] Er blieb weiterhin Institutspräsident und engagierte sich kaum weniger für die Belange des DAWI als zuvor. Im „wissenschaftlichen Nationalsozialismus" hatte Six weit mehr als im Sicherheitsdienst professionelle Erfüllung gefunden, sein Einsatz für neue Lehrstühle und die Absolventen der Fakultät war beträchtlich.

Am 12. April 1940 hatte er, den man zuvor in Studentenkreisen ausschließlich mit seiner Arbeit liiert glaubte, die 25jährige Ellen Offenbach aus Hannover, geschiedene Kohrt, geheiratet, die ihre Tochter aus erster Ehe, Heide, mit in den Familienverband einbrachte.[139] Nach Erinnerung seiner Chefsekretärin Gerda Scholz lernte Six seine spätere Frau („dark blonde, medium height, turn-up nose, totally uninterested in politics") auf einer Mittelmeer-Kreuzfahrt mit dem Hapag-Dampfer „Milwaukee" im Herbst 1938 kennen.[140]

Einen Monat später meldete er sich freiwillig zur Waffen-SS, seine Tochter Elke kam am 25. Juni 1941 zur Welt. Dem Reichsführer SS, der kinderreiche Untergebene schätzte, ließ Six im Juli 1944 von einem Berliner Internisten mitteilen, daß seine Frau „im Juni 1941 wegen einer Nephartie mit Gefahr einer Eklampsie einen Kaiserschnitt durchgemacht"[141] habe. Daher sei nach einer im Dezember 1941 durchgeführten Behandlung durch den Geheimen Rat Prof. Vollhardt, Frankfurt/Main, eine weitere Schwangerschaft verboten worden.

Es waren freilich nicht nur die Sorgen um die Gesundheit seiner Frau, die Six 1941 bedrückten. Zwar bewohnte er nun standesgemäß eine Villa in Berlin-Dahlem, verfügte über einen Dienstwagen mit Fahrer sowie drei Sekretärinnen und war in der akademischen Welt weiter vorangekommen als jeder andere seines Jahrgangs, dafür fühlte er sich nun unbehaglich in jener Organisation, die ihm seinen Aufstieg erst möglich gemacht hatte: dem Sicherheitsdienst der SS.

V.
„Der Todfeind aller rassisch gesunden Völker"
Franz Alfred Six im SD-Hauptamt: Berlin 1935–1939

Im März 1935 hatte Six seinen Wechsel zum „Sicherheitsdienst des Reichsführers SS" (SD) vorbereitet. Einen Monat zuvor war ein neues Blatt erstmals auf dem Markt der NS-Wochenzeitschriften erschienen: das „Schwarze Korps".[1] In diesem Zentralorgan der SS publizierte SD-Chef Heydrich im Sommer 1935 programmatische Thesen zur künftigen Aufgabe des SD („Wandlungen unseres Kampfes"),[2] die dem Sicherheitsdienst als Legitimation und Perspektive dienen sollten. Auf der Parallelität dieser Ereignisse beruhte Six' rasche Karriere im Braintrust der SS.

Für den Heydrich-Stellvertreter Werner Best, Jahrgang 1903, hat Ulrich Herbert konstatiert, er habe vor einem Beitritt zur „proletarischen SA" zurückgeschreckt und die Mitgliedschaft in der als elitär geltenden SS vorgezogen.[3] Für den sechs Jahre jüngeren Six trifft das nicht zu, womit zugleich die Grenzen einer Verallgemeinerung generationeller Zusammenhänge aufgezeigt sind. Der Sohn des Polsterers hatte brav und verbissen seinen Dienst in der studentischen SA versehen und in Berlin noch ein dreiviertel Jahr in der dekapitierten Truppe verbracht, obwohl die SA nach den Ereignissen vom Juni 1934 im NS-Staat keine wesentliche Rolle mehr spielte. Zwar wird ihm aufgefallen sein, daß sich Himmlers Orden, einst der SA untergeordnet, zum beherrschenden Neuadel des NS-Staates entwickelt hatte. Aber sein Engagement beim Sicherheitsdienst resultierte eher aus der frühen, universitären Bekanntschaft mit SD-Mitarbeitern wie Reinhard Höhn, Ernst Krieck und Gustav Adolf Scheel, als aus einem anti-proletarischen Votum für die Eliteprinzipien der schwarzen Schutzstaffel.

Six kam zu einem Zeitpunkt zum SD, als sich Heydrichs Organisation institutionell gefestigt hatte, auf der Suche nach Spezialisten für bestimmte weltanschauliche Sachgebiete war und – auch oder gerade von Heydrich selbst – eine stärkere Rekrutierung akademischer Spezialisten für die SD-Arbeit angestrebt wurde.[4] Funktional gefordert war eine nach eindeutigen Freund-Feind-Schemata ausgerichtete Zweckforschung, mit der die herkömmliche geheimdienstliche Kartei-

und Überwachungsarbeit historisch wie ideologisch grundiert und überhöht wurde. Dabei befand sich der SD Mitte der dreißiger Jahre in einer komplexen Wettbewerbsituation: Man konkurrierte mit den Staatsbeamten der Gestapo, mit der normalen Universitätswissenschaft, mit zahlreichen weiteren Instituten und Parteiformationen, die sich um die Ausprägung der NS-Lehre kümmerten, mit Canaris' Abwehr in Fragen der Auslandsspionage ebenso wie mit dem Auswärtigen Amt oder Einzelaktivisten wie Goebbels und Streicher in der „Judenpolitik". Dieses kompetitive Muster führte zu einer pseudorationalen Radikalisierung der SD-Arbeit. Die Gegner des NS-Staates mußten vielgestaltiger, dämonischer, gefährlicher dargestellt werden, damit nur der SD als weltanschaulicher Geheimdienst *sui generis* für ihre Definition und Bekämpfung in Frage kam. Deshalb wurde von Six eine permanente *Professionalisierung* der Gegnerforschung gefordert und in Ansätzen auch betrieben.

Heydrichs idealer SD-Führer, jedenfalls Mitte der dreißiger Jahre, sollte ein junger Universitätsabsolvent sein, geschult in den Instanzen der NS-Bewegung, organisatorisch begabt, skrupellos, vielfältig einsetzbar, und letztlich sollte er auch nicht davor zurückschrecken, im „besonderen Einsatz" den Gegner töten zu müssen.

Es sollte sich zeigen, daß dieser Idealtypus, Wunschbild aller totalitären Geheimdienste, nicht ohne weiteres herzustellen war: Die SD-Wissenschaftler erschienen dem Nicht-Akademiker Heydrich spätestens nach Kriegsausbruch als zu weich, zu verliebt in Literaturstudien und akademische Intrigen, die Exekutoren waren wiederum für die weltanschauliche Planung, die mit fortschreitender Kriegsdauer ohnehin an Relevanz verlor, kaum zu gebrauchen. Es kam nie zu einem systematischen Aus- und Weiterbildungssystem für den Sicherheitsdienst, bedingt vor allem durch die rasante Ausweitung der SD-Kompetenzen bei gleichzeitig relativ schmaler Personalbasis.[5]

Bei der Gründung des „Reichssicherheitshauptamtes" (RSHA) 1939 und bei der Aufstellung von Einsatzgruppen in den Angriffskriegen gegen Polen und die Sowjetunion traten diese Defizite offen zutage, und Six ist ein gutes Beispiel für einen akademischen SD-Karrieristen, der mangels ausreichender Radikalität bei Heydrich nicht mehr die rechte Beachtung fand. Heydrich hatte festgestellt, daß die deutsche Universitätssphäre wenig mit der von ihm bewunderten Secret-Service-Aura zu tun hatte, und auch die praktizistische Kulturforschung, für die sich Six stark machte, war nun angesichts der umfassenden Vernichtungs- und Säuberungsaufgaben überflüssig geworden. Sie stahl lediglich Zeit und *manpower*.

Personelle Fluktuation und organisatorische Umstellungen waren freilich ein Kennzeichen des SD von seinen obskuren Anfängen an. Heydrich war kein Vorgesetzter, mit dem sichere Arbeitsbündnisse auf längere Sicht zu schließen waren, er verzichtete auf jegliche Form beruflicher Freundschaft[6], und so steht allein er selbst, bis zu seinem gewaltsamen Tod am 4. Juni 1942, für die Kontinuität des SD.

Daß er den SD als Hausmacht und als vorzügliches Instrument personeller Einflußnahme begriff und behalten wollte, sicherte der Organisation in Zeiten einer beinahe permanenten Legitimationskrise das Überleben. So gab er die parteifinanzierte Formation SD auch dann nicht auf, als er, von Bayern aus, an der Seite von Heinrich Himmler die politischen Polizeien der Länder und schließlich die preußische Gestapo in den Griff bekam. Im Gegenteil, er förderte die Rivalität zwischen SD, Gestapo und Abwehr, sorgte dafür, daß die Gestapo mit SD-Leuten durchsetzt wurde und sabotierte formelle Laufbahnrichtlinien für den Sicherheitsdienst. Der SD blieb *seine* Sache, und die häufigen Wechsel im engeren Führerkorps verhinderten, daß ihm jemand bei der Führung und Ausrichtung des SD den Rang streitig machen konnte.

Reinhard Tristan Eugen Heydrich blieb als „der Mann mit dem eisernen Herzen" (so Hitler beim pompösen Heydrich-Begräbnis) und präsumptiver Führer-Nachfolger im historischen Gedächtnis: „Blond, gutaussehend, eitel und von verzehrendem Ehrgeiz getrieben, war er paradoxerweise auch ein guter Musiker, ein meisterhafter Skifahrer und Fechter, ein wagemutiger Pilot und ein exzellenter Organisator".[7] Himmlers „Benjamin" Walter Schellenberg, Konkurrent und zeitweiliger Weggefährte Heydrichs, kam Heydrich „wie ein Raubtier vor – stets wachsam, stets Gefahr witternd und mißtrauisch gegen alles und jedes".[8] Heydrichs „ungehemmtes sexuelles Triebleben" sei die „einzige Schwäche" gewesen, die dieser nicht habe verbergen können. Das Bild des ansonsten wenig kontaktfreudigen Heydrich blieb auch innerhalb der engeren NS-Führung indes so nebelhaft, daß ihn Goebbels in seinen Tagebüchern permanent als „Heyderich" führte und ansonsten wenig über ihn zu berichten wußte, weil Heydrich es vorgezogen hatte, loyal und linientreu im Hintergrund zu wirken und allen geschwätzigen NS-Fraktionierungen umsichtig aus dem Wege gegangen war.

Am 7. März 1904 in Halle an der Saale als Sohn des regional berühmten Komponisten und Musikdozenten Bruno Heydrich und seiner streng katholischen Ehefrau Elisabeth Kranz geboren, wurde Heydrich wegen seiner Fistelstimme schon in der Schule als „Hebbe"

(Ziege) verspottet und galt als linkischer Streber. Nach dem Abitur begann er in Kiel eine Ausbildung zum Marineoffizier, wurde 1926 zum Leutnant zur See befördert, im April 1931 allerdings wegen einer eher peripheren Frauengeschichte nach einem Ehrengerichtsverfahren „wegen Unwürdigkeit" entlassen. Ein Bekannter der Familie, der SA-Oberführer Karl Freiherr von Eberstein hatte ihn dann an den Reichsführer der seinerzeit wenig bedeutsamen SS, Heinrich Himmler, vermittelt, der wiederum den 27jährigen Ex-Nachrichtenoffizier Heydrich am 16. Juni 1931 als ersten und zunächst einzigen Koordinator eines künftigen SS-Nachrichtendienstes (Ic-Dienst) verpflichtete.

Vom 14. Juli 1931 an tat Heydrich zunächst als Sturmmann einen Monat lang Dienst in der Hamburger SS, bevor er am 10. August sein neues Amt im Münchener „Braunen Haus" antrat. Dort mußte er sich Büro und eine Schreibmaschine mit dem Sturmbannführer Richard Hildebrandt[9] teilen. Mit Schere und Kleister begann er mit dem Aufbau einer „Gegnerkartei" nach Himmlers Vorstellungen. Weihnachten 1931 heiratete er die 19jährige Lina von Osten, eine begeisterte Nationalsozialistin. Er bekam zwei Bürozimmer in der Münchener Türkenstraße 23, bei Witwe Viktoria Edrich, die seine Frau, ihn selbst und drei stellungslose SS-Männer, die als Gehilfen tätig waren, des öfteren mit Eintopf versorgte. Die Entlohnung aus der Parteikasse war spärlich und unregelmäßig. Am 25. Dezember 1931 beförderte ihn Himmler zum Sturmbannführer, und als SA und SS verboten wurden, firmierte der Ic-Dienst als „Presse- und Informationsdienst des Reichstagsabgeordneten Himmler".

Heydrich hatte inzwischen begriffen, daß die von ihm nur schwer zu steuernde Ernennung von Ic-Abgesandten in den regionalen SS-Gliederungen kaum zu brauchbaren Ergebnissen führte, und nutzte die Verbotszeit, um im Reichsgebiet zuverlässigere Männer für ein nachrichtendienstliches Netz zu finden. Im Juli 1932 wurde er offiziell zum Leiter des SD ernannt, und im September bezogen er und seine Frau eine kombinierte Dienst- und Privatwohnung in der Nymphenburger Zuccalistraße 4.

Zugleich wurde in Berlin unter Hans Kobelinski eine SD-Gruppe Ost aufgebaut. Nach der Machtübernahme der NSDAP erhielten Himmler und sein Protegé zunächst nur regionale Machtbefugnisse in Bayern, eroberten aber mit Hilfe des Reichsinnenministers Wilhelm Frick Zug um Zug die politischen Polizeien der Länder, und so wurde Heydrich am 22. April 1934 nach längerem Widerstand Görings auch Chef des Gestapa in Berlin.[10]

Schon am 9. November 1933 war der SD, nun mit Dienstsitz im

Münchener Wittelsbacherpalais an der Briennerstraße, zum fünften SS-Amt erhoben worden, und am 9. Juni 1934 bestimmte Heß als Hitlers Stellvertreter den SD zum einzigen Nachrichtendienst der Partei. Den eigentlichen Durchbruch, nach drei Jahren parteiinterner Reibereien, erlebte Heydrichs disparate Truppe aber nach der exekutiven Beteiligung an der Säuberungsaktion gegen die SA und konservativklerikale Oppositionelle im Juni 1934. Im November jenes Jahres zog die SD-Zentrale nach Berlin um, in das ehemalige Palais Venezobre, Wilhelmstraße 102, jetzt auch räumlich verbunden mit dem Geheimen Staatspolizeiamt. Hier arbeiteten Himmler und Heydrich nun zielstrebig an der Etablierung eines „Staatsschutzkorps", in dem Sicherheitsdienst und Polizei zu einem repressiven und weltanschaulich geschlossenen SS-Universum verschmolzen werden sollten.

So konnte Reinhard Heydrich den jüngeren SD-Führern als Vorbild dafür dienen, wie man zäh, verschlagen und mit hintergründiger Brutalität ganz nach oben kommen konnte. Im Sommer 1932 hatte der sportive Staatsterrorist ein parteiinternes Gutachten „über die rassische Herkunft des Oberleutnants zur See a. D. Reinhard Heydrich" überstehen müssen, nachdem Gerüchte über seine angeblich jüdische Abstammung aufgekommen waren, und noch im Januar 1933 hatte SS-Gruppenführer Kurt Daluege, im preußischen Innenministerium residierend, den aus Bayern nach Berlin entsandten Standartenführer Heydrich nach mehrtägigen Kontaktversuchen nicht einmal vorsprechen lassen.

George Browder schätzt, daß der SD zu jener Zeit „wahrscheinlich weniger als vierzig Mitglieder" hatte, „von denen nur eine Handvoll bezahlt wurde". Der frühe SD war tatsächlich „eine bescheidene, dilettantische und gering dotierte Organisation" (Browder).[11] Als Himmler freilich im Juni 1936 den langen Titel „Reichsführer SS und Chef der Deutschen Polizei im Reichsministerium des Innern" okkupierte, stand Heydrich im neuen „Hauptamt Sicherheitspolizei" der Kripo und der Gestapo vor, vom SD ganz abgesehen, während sich Daluege mit dem „Hauptamt Ordnungspolizei", also im wesentlichen der Aufsicht über die Schutzpolizisten, begnügen mußte. Nach Schätzungen von Browder hatte der SD Ende 1935 rund 1000 Mitarbeiter, 1936 rund 3000 und Ende 1937 5000 Beschäftigte. Für das Berliner Hauptamt, in dem Six tätig war, verfügen wir über exakte Zahlen: Am 1. Januar 1937 arbeiteten dort 368 SD-Leute (einschließlich weiblicher Hilfskräfte), im Januar 1939 war diese Zahl auf 865 Mitarbeiter angestiegen, darunter allerdings nur 28 mit Rang Sturmbannführer und höher.[12]

Nach Heydrichs Tod vergaßen seine leitenden SD-Kombattanten schnell, daß sie ihre Machtpositionen dem skrupellosen Sicherheitslenker verdankten und erinnerten sich umso bereitwilliger an seinen ruppigen und unkommunikativen Führungsstil. Heydrich pflegte seine engeren Untergebenen, wie glaubwürdig testiert wird, „hochzunehmen", „fertigzumachen" und als intellektuelle Schwächlinge zu titulieren. Werner Best bestätigte 1947 aus seiner Kopenhagener Gefängniszelle gerne, „daß Dr. Six unter der schlechten Behandlung seitens Heydrich sehr litt und eine bis zum Haß gesteigerte Abneigung gegen Heydrich empfand".[13]

Es sei, so Best, „Heydrichs Art (gewesen), Untergebene einerseits schlecht zu behandeln, sie aber andererseits festzuhalten und auszunutzen. In gleicher Weise wie Dr. Six bin ich selbst von Heydrich als ‚mit Bedenken und Hemmungen beladener Jurist' bezeichnet, aber festgehalten worden, bis ich im Mai 1940 meine Freigabe zur Wehrmacht duchsetzte". Der Heydrich-Gefangene Six gab bei seinem Kriegsverbrecherprozeß gar kund, der SD-Chef habe ihn „drei Jahre lang wie einen Hund behandelt"[14], was allerdings auch hieß, daß die beiden zumindest in den Jahren 1935 bis 1938 leidlich miteinander ausgekommen sein müssen.

Die Akquisition von Führungspersonal für den SD vollzog sich in mehreren Sprüngen, wobei individuelle Zufälle, Verzahnungen und begrenzte Kontinuitäten berücksichtigt werden müssen (so stammte eine erstaunliche Anzahl von SD-Mitarbeitern aus Kiel, wo Heydrich als Marineoffizier gewirkt hatte). Eine erste Kohorte bestand aus den frühen Mitarbeitern Heydrichs in der Münchener Zeit, die im Berliner Hauptamt nur noch kurzzeitig oder gar nicht mehr gebraucht wurden – in der Mehrzahl gelernte Soldaten, Techniker, Ingenieure und kleine Selbständige, die in der ökonomischen Krise der Weimarer Republik in Schwierigkeiten geraten waren.

Der gebürtige Kölner Walter Ilges, von Best abschätzig als „Kölscher Tünnes" qualifiziert, Jahrgang 1870, war ursprünglich Ingenieur und versuchte sich nach dem Weltkrieg mit wechselndem Erfolg als nationalistischer Literat. Er hatte sich 1930, als 60jähriger, der NSDAP angeschlossen, und fungierte in der Münchener SD-Zentrale als Referent für Judenfragen. Seit 1935 in die Separatistenabteilung abgeschoben, schied er 1937 als SS-Obersturmbannführer aus dem SD aus.

Der zuständige Mann für Freimaurer-Angelegenheiten, Max Brand, Jahrgang 1888, hatte Landwirtschaft an der TH München studiert, diente bis 1920 im Heer und arbeitete dann als kaufmännischer Angestellter. Schon 1922 NSDAP-Mitglied, wurde er im Januar 1932 als

„besonderer Referent" dem Ic-Dienst zugeteilt. Kurz nach der Etablierung der Berliner SD-Zentrale übernahm er die hauptamtliche Führung der 60. SS-Standarte Insterburg, blieb aber, wie Eichmann in seinen Memoiren bezeugt, noch einige Monate als Chef des „Amtes Information" für den SD tätig. 1939 wurde Brand Polizeipräsident von Graz.[15]

Der Major a. D. Julius Plaichinger, Jahrgang 1892, bearbeitete in der Münchener SD-Zentrale Wirtschaftsfragen, während der Braunschweiger Ingenieur Paul Leffler, Jahrgang 1890, als Heydrichs erster Stabsleiter diente. Der gebürtige Hamburger Carl Albrecht Oberg, Jahrgang 1890, Organisationschef und Heydrichs rechte Hand, am Kapp-Putsch beteiligt, fungierte in den frühen 20er Jahren als Verbindungsmann zwischen der Reichswehr und den Vaterländischen Verbänden. 1926 arbeitete er in einer Versandfirma für Tropenfrüchte, wurde arbeitslos, erwarb 1930 in Hamburg einen Tabakstand und schloß sich 1931 der NSDAP an. 1938 wurde er hauptamtlicher Führer einer SS-Standarte in Mecklenburg und Anfang 1939 kommissarischer Polizeipräsident in Zwickau. Im August 1941 wirkte er als SS- und Polizeiführer in Radom, ein kappes Jahr später als Höherer SS- und Polizeiführer in Paris, wo er maßgeblich an der Judenverfolgung in Frankreich beteiligt war.[16]

Eine zweite Kohorte war bereits vor dem Aufbau der Berliner SD-Zentrale in München oder einer regionalen Stelle des SD tätig gewesen und wurde dann in bedeutenderen Funktionen eingesetzt. Dies trifft in erster Linie auf den völkischen Juristen Werner Best zu, der 1933/34 Leiter der SD-Oberabschnitts Süd-West und Süd gewesen war und zusammen mit Oberg die Röhm-Aktion im süddeutschen Raum koordiniert hatte. 1935 avancierte er zu Heydrichs Stellvertreter im Gestapa und damit zum „Organisator, Personalchef, Justitiar und Ideologe(n) der Gestapo".[17]

Best, der in einer Vielzahl von Traktaten die Aufgaben „der Politischen Polizei im völkischen Führerstaat unserer Zeit"[18] dezisionistisch zu fundieren suchte, nahm erheblichen Einfluß auch auf die Personalpolitik und Organisationsstruktur des SD und erhielt nach der Gründung des RSHA folgerichtig das Amt I (Verwaltung, Recht).

Der promovierte Ingenieur Wilhelm Albert, Jahrgang 1898, war seit Herbst 1933 als SS-Sturmführer hauptamtlicher Leiter der SD-Gruppe West mit Sitz in Frankfurt. Er übernahm im Berliner SD-Hauptamt die zentrale Funktion des Leiters der Stabskanzlei, bis er 1939 nach Konflikten mit Heydrich ausschied. Der Jurist Dr. Herbert Mehlhorn, Jahrgang 1903, hatte den SD in Sachsen vertreten, ehe er als Hauptabteilungsleiter I/11 in der Stabskanzlei eingesetzt wurde.[19] Und Dr. Hermann Behrends, Jahrgang 1907 aus Rüstringen bei Oldenburg, gleichfalls Jurist, war durch Bekanntschaft mit Heydrich seit dem 1. Dezember 1933 „zur Ausbildung im Sicherheitsdienst des Reichsführers SS", arbeitete in der Berliner SD-Gruppe Ost und übernahm im Rang eines SS-Standartenführers im SD-Hauptamt dann die Leitung der Zentralabteilung II/1 „Weltanschauliche Auswertung".[20]

Six gehörte einer dritten Kohorte an, die mit dem frühen SD nichts zu tun hatte, an der Röhm-Aktion nicht beteiligt war und einen institutionell bereits stärker strukturierten Sicherheitsdienst vorfand. Er zählte zu jenen studentischen Aktivisten, die zur Erforschung der weltanschaulichen „Lebensgebiete" beitragen und dem SD damit ein klares ideologisches Fundament verleihen sollten. Inspirator dieser *sozialwissenschaftlichen* Akademisierung war zweifelsohne Reinhard Höhn, der damit seinen eigenen Aufstieg zum Kultur- und Wissenschaftslenker des SS-Staates zu fundieren suchte. In Werner Best, der für die Akquisition des juristischen SD- und Gestapo-Nachwuchses zuständig war, hatte Höhn einen effizienten Verbündeten gefunden.

In seiner programmatischen Artikelfolge für das „Schwarze Korps" griff Heydrich das Konzept einer soziologisch und historisch untermauerten Gegnerforschung auf. Daß sich die SS mit der Definition, Auspähung und Vernichtung der Gegner des Nationalsozialismus beschäftigen und über diese Gegnerforschung auch zu einer positiven Definition des NS-Wertekanons gelangen sollte, hatte Heinrich Himmler schon 1927 als stellvertretender Reichsführer SS und Sekretär des NS-Propagandachefs Gregor Strasser erkannt.

Er forderte die lokalen SS-Einheiten zu Berichten über bekannte Freimaurer, Juden und Marxisten auf, aber auch über signifikante Vorgänge in der SA. „By this time", analysiert Browder, „Himmler had already manifested most of the characteristics and preoccupations that would shape his infamous SS".[21] Dieses Gegnerbild blieb über die Jahre konstant und war von Beginn an auf die Dimension internationaler Verschwörungen ausgerichtet – wodurch sich auch erklärt, daß sich bereits der frühe SD für die Auslandsspionage interessierte. Juden, Freimaurer, Sozialdemokraten und Bolschewisten waren in der NS-Sicht per se Gegner eines völkischen Nationalismus, also war ihnen auch nur mit einer über die Grenzen hinausreichenden Gegnerforschung beizukommen.

„Der Gegner hat für diesen Krieg ganz andere Bedingungen, als wir sie haben", erkannte Himmler noch im Oktober 1943, bei seiner Rede vor Reichs- und Gauleitern in Posen. „Er hat alle unsere weltanschaulichen Gegner als willige Soldaten unter uns (sic). Wir liegen im Kampf mit der Freimaurerei. Jeder überzeugte Freimaurer wird also ein Helfer des Gegners sein. Wir liegen im Kampf mit den Juden. Jeder Jude und Halbjude wird also gegen uns arbeiten. Wir liegen im Kampf mit den Bolschewisten und Demokraten der Welt, mit den Plutokraten, mit den politisierenden Kirchen."[22] Je stärker der SD in die Gegnerforschung investierte und sie formal mit zweckwissenschaftlichen Mitteln erforschte, desto monströser erschien die Gegnerkoalition, bis sie nur noch mit den Methoden physischer Vernichtung aufzulösen war. Die direkt nachfolgende Passage der Himmlerschen Rede ist deshalb für die selbstreferentiellen Wirkungen der Gegnerforschung bezeichend: „Wir dagegen haben in England für einen solchen Kampf sehr schlechte Bedingungen. Die einzige nationale Minderheit, mit der England im Kampfe liegt, ist die der Iren. Sie ist aber religiös-katholisch so gebunden, daß sie praktisch durch die Religion, die Kirche, neutralisiert wird, so daß wir sie zu einem wirklichen aktiven Sabotagekrieg und Partisanenkrieg nicht gegen die Engländer einsetzen können. Unsere Feinde haben außerdem dadurch, daß wir in Norwegen, Dänemark, Holland, Belgien, Frankreich, Polen, Rußland und der Tschechei ein Gebiet mit 200 Millionen Menschen fremder Völker und Rassen besetzt halten und dadurch, daß wir von diesen Menschen etwas verlangen müssen, ohne daß wir ihnen etwas bieten können, die Möglichkeit, auch nationale Idealisten gerade in den germanischen Ländern gegen uns zu mobilisieren. Sie völlig und innerlich zu gewinnen, wird erst möglich sein, wenn das große Ringen der beiden Weltreiche Deutschland und England entschieden ist. Dann werden wir diese 30 Millionen Germanen uns einmal angliedern können."[23]

Von der im Oktober 1943 schon recht krausen Einschätzung abgesehen, der Krieg werde durch das „große Ringen der beiden Weltreiche Deutschland und England" entschieden, erkannte Himmler hier hellsichtig, daß die Totalität des NS-Gegnerbildes die meisten Chancen für strategische und taktische Zweckkoalitionen unmöglich gemacht hatte.

Acht Jahre zuvor war es seinem Adlatus Heydrich darum gegangen, eine weltanschauliche Gegnerforschung mit internationaler Reichweite überhaupt erst zu institutionalisieren. Sein Werbetext im „Schwarzen Korps" sollte dem politischen Establishment des NS-Staates die eigenständige Funktion des Sicherheitsdienstes deutlich machen. Gern hätte sich Heydrich auch stärker von Himmlers Vorliebe für obskure Phantasten und Verschwörungsmystiker abgegrenzt. Doch die schmerzliche

Erfahrung mit dem Hinauswurf bei der Marine hatte ihn gelehrt, so eng wie möglich mit den vorgesetzten Autoritäten zu koopieren.

So mußte er auf Weisung des Reichsführers 1935 für einige Monate den „fanatischen Pamphletisten und okkulten Konspirologen" Gregor Schwarz-Bostunitsch als Leiter des Freimaurermuseums ertragen, der durch Schmähschriften wie „Doktor Steiner – Ein Schwindler wie keiner" (1930) oder „Die rätselhaften Zeichen im Zimmer des Zarenmordes" von sich reden gemacht hatte.[24]

Außerdem traktierte Himmler ihn mit allerlei Eingaben und Hinweisen: 1936 hatte der SS-Chef beispielsweise von einem gewissen Ludwig Riesch erfahren, daß jüdische Organisationen mit Hilfe von „Korn-, Kartoffel-, und Messingkäfern, die gleichzeitig über verschiedene Orte Deutschlands verteilt werden sollen", Verheerungen in der Landwirtschaft anzurichten gedachten. „Den Schädlingskrieg gegen Deutschland halte ich für sehr leicht möglich", schrieb Himmler an Heydrich, „ich bitte, sofort mit dem Reichsnährstand in Verbindung zu treten und diesen auf die Gefahr eingehend aufmerksam zu machen".[25]

Im Großen und Ganzen waren sich der Reichsführer und sein Sicherheitsdienst-Chef freilich einig. Das Leben der Völker, so hatte Heydrich im „Schwarzen Korps" angehoben, bestehe „aus ewigem Kampf zwischen dem Stärkeren, Edlen, rassisch Hochwertigen und dem Niederen, dem Untermenschentum".[26] Die Art des Kampfes jedoch sei einem dauernden Wechsel unterworfen. Im Kampf um die Macht habe sich die NS-Bewegung zwangsläufig der Mittel des Gegners bedient: Wahlen, Versammlungen, Organisieren der Massen, „und zwar straffer organisieren, als es der Gegner tat". Beim hohen Tempo dieses Kampfes um die äußere staatliche Macht habe die Kampfgemeinschaft der Partei nur über wenig Zeit verfügt, „die Grundsätze der vom Führer verkündeten Weltanschauung in ihrer ganzen Tiefe zu erfassen und den immer neu hinzugekommenen Mitkämpfern klarzumachen".

Nach erfolgreich gewonnenem Kampfe schien den meisten Kombattanten indes „mit einem Male mit der Zerschlagung der gegnerischen Organisationen der Gegner überhaupt verschwunden zu sein". Sie hätten nicht gesehen, daß die Parteien „nur die zur Zeit der Lage entsprechend günstigste Erscheinungsform geistiger Kräfte waren, die im Führer und der NSDAP Deutschland bekämpften, die Deutschland mit allen seinen starken Kräften von Blut, Geist und Boden ausrotten wollen". Die aversiven geistigen Kräfte brachte Heydrich auf die übliche Trias: „Weltjudentum, Weltfreimaurertum und ein zum großen Teil politisches Priesterbeamtentum, welches die Religionsbekenntnisse mißbraucht". Marxisten und Sozialdemokraten spielten zu dieser Zeit schon keine große Rolle mehr.

Weil die saturierten „Kämpen der Bewegung", so suggerierte Heydrich, die Tiefenstrukturen des Gegnerbildes aus Faulheit oder intellektuellem Unvermögen nicht erkennen könnten, brauche der NS-Staat mit dem jungen SD eine Institution, die die Gegner der Bewegung „mit ihren Querverbindungen in allen Zweigen unseres Volkslebens und des Staatsgefüges" aufspüre. Dazu würden noch „Jahre erbitterten Kampfes" benötigt, prophezeite der Chef des Sicherheitsdienstes. Heydrich wandte sich dann dem „sichtbaren Gegner" zu, wobei er das Freimaurertum als „Zweckorganisation des Judentums" abtat, so daß nur noch die Juden und politischen Geistlichen „als Grundlage aller Gegnergruppen" übrig blieben. Die Kirchen, so Heydrich, hätten durch Jahrhunderte hindurch sich bemüht, „blutliche und geistige Werte unseres Volkes zu vernichten", täuschten aber gerade vor, sie seien die Wahrer dieser Werte. Sie maßten sich eine „politische Durchdringung aller Gebiete unseres Volkslebens" an; bestes Beispiel sei der Versuch „der Sabotage des Sterilisationsgesetzes und der Rassengesetzgebung". Berge von Dokumenten zeigten indes, „wie lügenhaft vielfach die moralische und kulturelle Grundlage" des kirchlichen Führungskorps sei, womit Heydrich schon Hinweise auf die bald einsetzende Aufklärung des SD und des „Schwarzen Korps" über das Sexualverhalten von Mönchen, Priestern und Ordensschwestern gab.

Der Jude war nun für Heydrich, nicht anders als für Hitler, Himmler, Goebbels oder Rosenberg auch, „der Todfeind aller nordisch geführten und rassisch gesunden Völker". Jedes Volk, „das in Zeiten politischer und blutlicher Schwäche die Einwanderung und vor allem eine spätere blutliche Vermischung der Juden zuließ, wurde systematisch zersetzt". Es folgte nun im Heydrich-Aufsatz die ganze, streng biologistische Litanei der Zersetzung, Verbastardisierung und Tarnung, auch das „schauderliche, jüdische Brauchtum" wurde nicht ausgelassen, und es läßt sich am Beispiel Heydrichs aufweisen, daß der funktionale Antisemitismus, der sich kühl und rational gab, in seiner Diktion und seinen Konsequenzen mit dem Radau-Antisemitismus, dem er angeblich fern stand, zusammenfiel. Erst der funktionale Antisemitismus, der durch kompetitive Muster rivalisierender NS-Satrapien befeuert wurde, spitzte den konkurrenzgeleiteten Vernichtungsprozeß mit seinem bürokratischen Apparat wirklich zu, wie durch die Geschichte der SD-Judenpolitik zu zeigen ist[27].

Mit der Ariergesetzgebung, so legitimierte Heydrich die „Judenarbeit" des Sicherheitsdienstes, sei „die Gefahr des Judentums für Deutschland nicht gebannt", denn „all die Zweige unseres Volkslebens, wie Kunst, Wissenschaft, Wirtschaft usw., die der Jude fast restlos mit seinem Gedankengut durchsetzte, sind infolge der Erfüllung notwendigerer Nahaufgaben noch längst nicht frei vom Feinde. Hier sind die Schleichwege, auf denen er in Millionen von Kanälen seine Einflußgebiete Schritt um Schritt zu erweitern sucht".

Während schon zwei Jahre nach der nationalsozialistischen Revolution, wie Heydrich bedauernd feststellen mußte, „ein Teil des deutschen Volkes" beginne, „... dem Juden gegenüber gleichgültig zu werden", eröffnete sich für den SD ein weites Feld. Heydrich beschrieb auch den „getarnten Gegner", den er als „unsichtbaren Apparat der schon bezeichneten großen Gegner" definierte. Der getarnte Gegner trat für Heydrich besonders in Gestalt jener angeblich unpolitischen Fachleute auf, die den Fortgang der NS-Revolution durch „Hindern, Hemmen und Abbiegen unserer nationalsozialistischen Aufgaben" störten – in der staatlichen Verwaltung, auf den Hochschulen, in der Vorgeschichtsforschung (Himmlers Vorlieben sollten auch in diesem Traktat nicht ganz vergessen werden), durch systematische Gerüchtebildung und „Pressehetze". Dem SD jedenfalls, so ließ sich aus dem „Schwarzen Korps" unschwer dechiffrieren, maß der Gruppenführer folgenden Aufgabenbereich zu:

– Er sollte eine historisch fundierte, spezifisch weltanschauliche Gegnerforschung ausbilden, um das „Kanalsystem" der NS-Feinde ausfindig zu machen und ihre Methoden und Taktiken zu studieren.

– Er sollte in Schriften und Vorträgen eine Didaktik der Gegneranalyse erarbeiten, so „daß jeder über jeden Gegner gleichmäßig denkt, ihn gleich grundsätzlich ablehnt, ohne persönlich egoistische und mitleidige Ausnahmen zu machen". Daraus ergab sich, im Umkehrschluß, der Wunsch nach einem Deutungsmonopol für den kommenden SD-Typus des reinen Nationalsozialisten.

– Er sollte durch Leistungsauslese innerhalb der SS eine Elite bilden, und zwar geistig wie militärisch: „Um die Richtigkeit der Grundsätze unserer Gemeinschaft und unserer Auslese zu beweisen, müssen wir allmählich auf allen Gebieten die Besten werden. Wir müssen im Rahmen der Wehrpflicht dem Waffenträger der Nation die besten Rekruten stellen, wir müssen sportlich stets unter den Ersten sein. Auch in den Berufen müßte es zur Regel werden, daß der bewußt politische SS-Mann auch der beste Fachmann ist, in den Prüfungen sowohl, als in der Praxis".

Fritz Rang

Heydrichs Programmschrift ist hier so ausführlich referiert worden, weil sie zum einen auch das Arbeitsprogramm für Six darstellte, zum anderen das Heydrich-Bild eines „Technokraten der Sicherheit" widerlegt. Heydrich war eher ein *ideologischer Funktionalist*, zweifelsohne ein Mann mit großem Faible für Anordnungen, Karteien, Befehle, aber sein Aktionsradius wies über die staatspolizeiliche Technokratie, wie sie eher von Gestapo-Chef Heinrich Müller verkörpert wird, weit hinaus.

Six avancierte gleich nach seiner Übernahme in den SD im Offiziersrang eines SS-Untersturmführers am 1. Mai 1935 zum Leiter der Hauptabteilung Presse im SD-Hauptamt. Am 9. Juli 1935 wurde er, nach der Eingliederung der SD-Schrifttumsstelle Leipzig, Chef des „Amtes für Presse und Schrifttum".²⁸ Amts- und Organisationsbezeichnungen im SD hatten seit 1932 ständig gewechselt und die Zeithistoriker später in Verwirrung versetzt. Nach den von Browder recherchierten Dokumenten beschäftigte sich 1934 in der Münchener SD-Zentrale die Abteilung III Information (Innenpolitik) in ihren Referaten mit „1. N. S. völk. monarch. Opposition, gleichgesch. Organisationen. 2. Religion und Weltanschauung, einschl. Separatismus. 3. Marxisten. 4. Wissenschaft u. Erziehung. 5. Verfassung und Recht. 6. Verstärkung des weltanschaulichen Gedankens in der öffentlichen Meinung".²⁹

Die Abteilung IV („Spionageabwehr und Auslandsfragen") behandelte „1. Ausland. 2. Juden, Pazifisten, Greuelpropaganda, Emigranten im Ausland. 3. G.P.U., Landesverrat, Emigranten im Inland. 4. Spionageabwehr, militärisch, wirtschaftlich u. in den Werken. 5. Rüstungen. 6. Wirtschaft und Korruption".[30] Abteilung V war mit sechs Referaten gänzlich der Freimaurerei gewidmet. Die mitunter unlogische Zuordnung der Referate und die Heraushebung der Freimaurerei deuten darauf hin, daß die Organisation der Münchener SD-Zentrale von der Akquisition entsprechend interessierten Personals und jeweils aktuellen Schwerpunkten abhängig war.

So kamen 1933 die beschlagnahmten Archive der Freimaurerlogen mitsamt okkulter Insignien in die Hände des SD. Das Freimaurer-Museum und die Freimaurer-Kartei hatten als sichtbarer Ausdruck der SD-Gegnerforschung in den Anfangsjahren eine bedeutende Funktion.

Für viele junge SD-Forscher spielte die Beschäftigung mit den freimaurerischen Ritualen, dem schon von der Titelei her unheimlich anmutenden Logensystem („Große National-Mutterloge Zu den drei Weltkugeln", „Große Mutterloge des Eklektischen Freimaurerbundes", „Der Oberste Rat von Deutschland") eine wichtige Rolle bei der verschwörungstheoretischen Sozialisation.[31]

Adolf Eichmann, nach seinem Eintritt in den SD im Spätsommer zunächst in der Freimaurerkartei und später mit dem Ordnen von maurerischen Tempelsymbolen beschäftigt, erinnerte sich später: „Um jene Zeit kamen sehr viele Besucher zu uns, die teils vom Reichsführer, teils von Heydrich und teils von meinem unmittelbaren Vorgesetzten, Sturmbannführer Brand, geführt wurden ... Es bestand bereits eine Riesenkartei der Freimaurerei, als ich hinkam; also müssen meine Vorgänger fleißig gewesen sein. Trotzdem scheint es mir, daß damals die Freimaurerei bedeutend überschätzt wurde".[32] Six selbst hat sich dann bis in die 40er Jahre hinein mit Publikationen über die Freimaurerfrage zu profilieren versucht[33], als sich selbst in der SS-Führung für diese Gegnergruppe kaum noch jemand ernsthaft interessierte – vor allem Heydrich nicht.

Schon in der Münchener SD-Zentrale existierte ein selbständiges Referat „Presse", seit dem 10. Januar 1934 geleitet von dem SS-Hauptscharführer Dr. Fritz Rang[34]. Er war der direkte Vorgänger Six', auch wenn dieser ihn in seinem Report an Heydrich vom Oktober 1935 mit keinem Wort erwähnt und angibt, die Hauptabteilung Presse habe „neu aufgebaut" werden müssen.

Die gedruckte Publizistik hatte als Materialobjekt von der Gründung des SD an eine große Rolle gespielt; schließlich gab die zersplitterte Presse-, Broschüren- und Flugschriftenszenerie der Weimarer Republik deutliche Hinweise auf die Argumentationen und das führende Personal der Gegner des Nationalsozialismus (und auf Fraktionierungen der NS-Bewegung selbst). Das Gestapa verfügte von seinen Anfängen an über ein Pressereferat, das sich in Verbindung mit dem Propagandaministerium, dem Reichsverband der Deutschen Presse, dem Preußischen und dem Reichsinnenministerium sowie SA und SS an den Verboten, Beschlagnahmungen und Gleichschaltungen von publizistischen Institutionen beteiligte.[35] Die SD-Presseabteilung konzentrierte sich auf die Katalogisierung von Gegnergruppen anhand des veröffentlichten Materials, gab aber auch dezidierte Hinweise auf mißliebige Personen und Institutionen an die Politische Polizei weiter[36] und erstellte Presse-Lageberichte für Heydrich und Himmler.

Von 1934 an hatte *Wilhelm Spengler* in Heydrichs Auftrag eine „Schrifttumsstelle" in Leipzig aufgebaut, die eifrig Bücher und Broschüren sammelte, die dem SD für die Unterfütterung seiner Gegenargumente dienen konnten. Spengler, am 19. März 1907 in Rotholz/Allgäu geboren, hatte von 1926 bis 1933 in München und Leipzig Geschichte, Kunstgeschichte und Philologie studiert und 1932 mit einer „summa cum laude"-Dissertation über „Das Drama Schillers" promoviert.

1932/33 war er als Lehrer am Leipziger Carola-Gymnasium beschäftigt und hatte sich nebenher im Rahmen der „Akademischen Selbsthilfe" um die Abteilungen für „Arbeitsdienst, Siedlung, Arbeitsvermittlung, Junglehrerhilfe" gekümmert. Über die Bekanntschaft mit dem SD-Führer Lothar Beutel kam Spengler im März 1934 hauptamtlich zum SD und leitete dort zunächst die Referate für konfessionelle Strömungen der Oberabschnitte Mitte und Südost.[37]

Das Personal im Presseamt übernahm Six mehrheitlich von Rang und Spengler, während er „in den SD-Oberabschnitten, die größtenteils nicht besetzt waren", neue Pressereferenten installierte „und mit den zukünftigen Aufgaben von Presse und Schrifttum bekannt"[38] machte.

Der Wechsel von *Fritz Rang* zu Franz Alfred Six belegt den bereits geschilderten Strukturwandel des SD. Rang wurde am 9. April 1899 in Grottau/Böhmen als Sohn eines Kaufmanns geboren, war seit 1922 Mitglied im „Stahlhelm", studierte Landwirtschaft und Naturwissenschaften in Göttingen von 1924 bis 1928 und promovierte 1931 zum Dr. phil. 1932 trat Rang in die NSDAP ein, am 24. März 1933 kam er zur SS. Nach einer mehrjährigen „landwirtschaftlichen Fachlehre" in Oldenburg hatte er seit April 1933 als Geschäftsführer und Pressereferent des landwirtschaftlichen Gaufachberaters Weser-Ems und als Stabsleiter der dortigen Landesbauernschaft gearbeitet. Nach 14monatiger Tätigkeit als Pressereferent der SD-Zentrale wechselte er am 20. April 1935 als Regierungsrat in das Pressereferat des Gestapa und übernahm dort nacheinander die Aufgabengebiete „Auslandspresse" und „politisch-polizeiliche Behandlung der Presse". Im Juli 1940 zum Oberregierungsrat befördert, wurde er Gruppenleiter IV C des RSHA, drei Jahre später, nunmehr Regierungsdirektor und SS-Standartenführer, übernahm er die Gruppe IV D („Besetzte Gebiete").

Der studierte Landwirt Rang wurde also im Frühjahr 1935 zum Gestapa versetzt, der junge Ideologe und gelernte Zeitungskundler Six übernahm im Gefolge und in enger Kooperation mit Reinhard Höhn das SD-Presseamt. Dieses hatte mit der Gründung des „Schwarzen Korps" an Gewicht zugelegt, denn das SS-Wochenblatt war schon bald zum herausragenden Forum einer eigenständigen SD-Publizistik avanciert.

Die Gründungsidee für das „Schwarze Korps" stammte, so erinnerte sich in den 60er Jahren „SK"-Chefredakteur Gunter d'Alquen, von Curt Wittje, dem Chef des SS-Hauptamtes. Am 22. Mai 1935 erfuhren die Leser des „Schwarzen Korps" indes, daß Wittje „wegen Krankheit" aus seinem Amte geschieden war – Himmler hatte den Hauptamtsleiter wegen dessen homosexueller Orientierung aus der SS entfernt. Das „Schwarze Korps", Wittjes Projekt, war besonders hartnäckig in der Verfolgung von Homosexuellen. „Widernatürliche Unzucht ist todeswürdig", stellte in einer längeren historischen Etüde SS-Untersturmführer Professor Eckhardt in jener Mai-Ausgabe des „SK" fest. Das ging vom „Lebendbegraben und Verbrennen" im norwegischen Recht des 12. Jahrhunderts bis zur Gerichtsordnung Kaiser Karls von 1532 („und man soll sie der gemeynen Gewonheyt nach mit dem Feuer vom Leben zum Todt richten"). Hier hatte nach Ansicht des „Schwarzen Korps" der NS-Staat anzuknüpfen, der bei „der Beurteilung der rassevernichtenden Entartungserscheinung der Homosexualität" sich wieder dem „nordischen Leitgedanken der Ausmerzung der Entarteten" zuwenden sollte, so „SK"-Autor Professor Eckhardt.[39]

Pardon wurde ohnehin nicht gegeben im „Schwarzen Korps". Zwar deuteten Überschriften wie „Der Führer hat gehustet" oder „Parteibuch ist kein Versorgungsschein" auf eine subtile Form publizistischer Kritik am saturierten Nationalsozialismus hin, aber im Prinzip war das Blatt für die ständige Maßregelung und Bedrohung von Intellektuellen, Abweichlern und weltanschaulichen Gegnern zuständig. Bei gelegentlichem Spott für die „Goldfasane" und ständigem Lob der jungen SS-Garde kämpfte das Blatt „beckmessernd und nörgelnd, tadelnd und drohend"[40] gegen die Reste bürgerlicher Mode, gegen alles auffällig Extravagante und Mondäne. Besondere Spezialität des „SK" war der von Heydrich gelenkte Feldzug gegen den politischen Katholizismus. In Serie berichtete das „SK" 1936 über die Koblenzer Sittlichkeitsprozesse gegen Priester, Kaplane und Ordensbrüder.

Am 27. Februar 1936 lobte das „Schwarze Korps" den jüdischen Publizisten Kurt Tucholsky, weil „er sein Leben von sich warf, als es für ihn keinen Sinn mehr hatte". Ausgiebig zitiert das Blatt Tucholskys Kritik am Philosemitismus, die dieser kurz vor seinem Selbstmord in einem Brief an Arnold Zweig bitter formuliert hatte, und lobte „das Bekenntnis eines Menschen, der die Sinnlosigkeit des Tuns seiner Rassegenossen, die selbst in ihrer schwersten Stunde nicht zur Einsicht kommen wollen, daß ihr Spiel aus ist, erkannt hat". Die Botschaft war eindeutig: Den Juden wurde der kollektive Selbstmord empfohlen. Von da aus war es nur ein kleiner Schritt bis zu jenem „SK"-Artikel, betitelt „Juden, was nun?", der am 24. November 1938 forderte, die Juden zunächst sämtlich zu pauperisieren, um dann „die jüdische Unterwelt genau so auszurotten, wie wir in unserem Ordnungsstaat Verbrecher auszurotten pflegen: mit Feuer und Schwert". Das Ergebnis, so prophezeite das SS-Blatt, „wäre das tatsächliche und endgültige Ende des Judentums in Deutschland, seine restlose Vernichtung".

Dieses verantwortete (und schrieb es auch zum größten Teil) der SS-Sturmbannführer Gunter d'Alquen, Jahrgang 1910, Sohn eines Essener Wollhändlers. Er war ein SD-Dogmatiker wie Franz Alfred Six, wenngleich das ungleich größere publizistische Talent. Die beiden kamen gut miteinander aus: Während Six dem „SK" die Analysen seines Pressedezernats zuleitete, gab d'Alquen denunziatorische Leserpost an das SD-Hauptamt zwecks intensiverer Auswertung weiter. Themen wurden gemeinsam geplant und Kampagnen gegen Intellektuelle gestartet, die der Wissenschafts- und Kulturpolitik des SD im Wege standen. Im Fall des Staatsrechtlers Carl Schmitt, der sich etwas zu häufig als „Kronjurist" des Dritten Reiches hatte feiern lassen, legte Höhn mit seinen Adlaten eine 300seitige SD-Akte an, die belegen sollte, daß Schmitt als reaktionärer Katholik der NS-Bewegung nur als Konjunkturritter nahe gekommen war.[41] Am 27. Februar 1936 hatte das „SK" schon in Höhns und Six' Sinne den „Kampf um die Hochschulen" angekündigt und dann im Dezember 1936 in zwei Artikeln („Eine peinliche Ehrenrettung", „Es wird immer noch peinlicher!") ganz offen gegen Staatsrat Schmitt Front gemacht. Im August des olympischen Jahres berichtete Höhn, der den Aufstieg seines einstigen Förderers Schmitt mißgünstig beobachtet hatte, zusammenfassend „an den Stabsführer des SD-Hauptamtes m. d. B. um Vorlage bei C.": „Carl Schmitt sieht in der Arbeit der SS sehr klar den weltanschaulichen Gegner. Er versucht mit allen Mitteln ihr entgegenzuwirken. Folgende Äußerungen wurden bekannt:

a.) auf den Artikel des SS-Gruppenführers Heydrich im ‚Deutschen Recht' erklärte vor einigen Tagen der Reichsminister Frank, der Artikel habe sehr schlecht im Ausland gewirkt. Wenn ein so mächtiger Mann wie der SS-Gruppenführer Heydrich von Staatsfeinden und ihrer Bekämpfung reden müsse, so sehe es eben übel aus. Dass dahinter Schmitt steckt, ist bei der engen Beratung und Beeinflussung Franks durch Schmitt ohne weiteres klar.

b.) Gegenüber Äußerungen, die von seiten der SS über Volksgemeinschaft gemacht wurden, erklärte Schmitt: ‚Vorne Volksgemeinschaft und hinten Gestapa'.

c.) Dem Staatssekretär Stuckart versuchte Schmitt klar zu machen, daß die Wissenschaft beengt sei. Als Stuckart ihn fragte, warum, er fände nichts bei diesen Dingen, erklärte Schmitt: ‚Wissenschaft und Geheime Staatspolizei, das sei heute das Problem'. Die Linie ist ersichtlich, sie geht konform mit der Gesamtlinie, die vor allem jetzt auch in den Devisenausschüssen verfochten wird: Dadurch daß der Nationalsozialismus so scharf gegen die mißliebigen Professoren etc. vorginge, habe er eine der besten Devisenquellen verstopft".[42]

Einen Monat später kam in Sachen Schmitt auch explizit Six ins Spiel, wobei man annehmen darf, daß seine Abteilung schon von Beginn des Falles an Zuträger- und Ausforschungsdienste leistete. Verblüfft hatten die SD-Frondeure um Höhn feststellen müssen, daß ausgerechnet im NS-Kampfblatt „Der Angriff" am 1. September 1936 ein Interview mit „dem bekannten nationalsozialistischen Staats- und Strafrechtslehrer Staatsrat Prof. Dr. Carl Schmitt" zu lesen war, der „maßgeblich an der Schaffung der neuen Strafprozeßordnung beteiligt" sei.

Six wurde ausgeschickt, um zu eruieren, wer für diesen Schmittfreundlichen Fauxpas verantwortlich sei. Zwei Tage später meldete er an seinen Förderer Höhn: „Das Interview mit Carl Schmitt im ‚Angriff' Nr. 205 v. 1.9. 1936 stammt von einem freien Mitarbeiter des ‚Angriff' – Kulturpolitik, Jerosch. Der Schriftleiter für Kulturpolitik, nahm den Artikel angeblich in Unkenntnis der Sachlage auf. Bei Jerosch handelt es sich vermutlich um den Schriftleiter Ernst Jerosch, Potsdam. Vorgänge sind über ihn nicht vorhanden. Interessant ist, daß das Interview nur in einem Teil der Angriffausgabe erschien".[43]

So arbeiteten unter Heydrichs Ägide Höhn, Six und d'Alquen als SD-Geistespolizei. Gekämpft wurde mit Hilfe des „Schwarzen Korps" gegen den Geschichtsforscher Johannes Hohlfeld („Geschichtsschreiber, auf die wir verzichten"), den rechtskatholischen Publizisten Wilhelm Stapel („Herr Stapel entrüstet sich"), gegen den „Gesinnungsjuden" Werner Heisenberg („Weiße Juden in der Wissenschaft") und viele andere mehr. Am Sturz Höhns zeigt sich freilich, daß die Dynamik der permanten Denunziation auch auf ihre Urheber zurückschlagen konnte.

Die Arbeit im SD-Hauptamt verlief, was die Führungsebene anlangt, nicht nach einer strengen Ordnung der Sachgebiete. Mitunter gaben Heydrich oder gar Himmler selbst Weisungen für Sonderaufträge, deren Spektrum von zweckwissenschaftlicher Kompilation bis hin zu Einsätzen mit physischer Vernichtungsabsicht reichte – wie bei der Ermordung des Rundfunkingenieurs Rudolf Formis 1935 in der Tschechoslowakei durch die SD-Leute Göttsch und Naujocks oder dem berühmten „Venlo"-Zwischenfall im November 1939, an dem Schellenberg und der ehemalige Six-Mitarbeiter Hellmuth Knochen beteiligt waren.[44] Zwischen der Erstellung eines Dossiers und dem Auftrag zur Liquidierung lag beim SD nur ein schmaler Grat.

Ein Beispiel für Six' Tätigkeit über die reine Presseanalyse hinaus ist die Beschaffung der sogenannten „hessischen Separatistenakten", an denen der Reichsführer SS interessiert war. Nachdem der alternde Sturmbannführer Ilges im Sommer 1936 bei seinen Verhandlungen mit dem sperrigen Reichsstatthalter Jakob Sprenger offenkundig nicht weitergekommen war, setzte Heydrich den Gestapo-Chef Heinrich Müller und Six auf die „Separatisten-Forschung" an. Six entwarf einen neuen Brief für Himmler, in dem dieser mit der Anrede „Lieber Gauleiter Sprenger" nochmals um die Aktenübergabe gebeten werden sollte. Zudem sollte nach Heydrichs Weisung das Gestapa die „übrigen Akten"[45] anfordern. Schon in diesem Fall bildete sich die spätere Funktion des Multifunktionärs Six als Heydrichs Mann für Gegnerarchive und geheime Aktentransfers heraus – obwohl Six auf diesem Gebiet keinerlei Vorbildung besaß.

Ohnehin sollte die Arbeit des Six'schen Presseamtes nicht mit der konventionellen Tätigkeit von Ausschnitt-Sammlern und Pressespiegel-Redakteuren verwechselt werden. Six begriff sein Pressedezernat als zentrale publizistische Interpretation- und Überwachungsstelle, die aus der breiten Lektüre journalistischer und schriftstellerischer Äußerungen dem gesamten SD und anderen Partei- und Staatsstellen Hinweise auf Gegnerkonstellationen und weltanschauliche Nachlässigkeiten zu geben suchte.

Im „Leitheft Emigrantenpresse"[46] wurde etwa auf den „raffiniertruhigen Ton" und die „sich wissenschaftlich gebende Methodik des Arbeitens" in Konrad Heidens Buch „Die Geburt des Dritten Reiches" hingewiesen. Dorothy Woodmans Schrift „Hitler treibt zum Krieg" überraschte die SD-Presseanalytiker „durch ungemein präzise Angaben, durch den Abdruck von Osaf-Befehlen, Berichte über chemische Fabrikationen, Erfindungen, durch die listenmäßige Zusammenstellung aller Unternehmen, die sich mit der Herstellung von Kriegsmaterial befassen sollen".

Berthold Jacobs Arbeit „Das neue deutsche Heer und seine Führer" sei durch „die Fülle des Materials geradezu verblüffend"; mit dieser „mühevollen Kleinarbeit" habe sich die Pariser Éditions du Carrefour „als einer der wesentlichen Hetzverlage mehr und mehr in den Vordergrund geschoben". Die Beobachtung der Publizistik durch Six' Presseüberwacher entwickelte sich so extensiv, daß Walter Schellenberg, damals Referent in der SD-Stabskanzlei, für Heydrich Mitte Dezember 1936 einen SD-Befehl entwarf, der gegenüber der presseanalytischen Auswertung nunmehr energisch den „Aufbau einen Netzes von allgemeinen Beobachtungsposten" forderte, das sich „über sämtliche Erscheinungen und Einrichtungen des menschlichen Lebens" erstrecken solle. Das Ziel des Beobachtungsdienstes müsse es sein, „nicht nur das bereits erfolgte politisch wichtige Geschehen nachträglich festzustellen, sondern darüber hinaus auch alle Anzeichen zu sammeln, die auf eine künftige politische Entwicklung hindeuten".[47]

Am 19. Juli 1935, also kurz nach Six' Amtsantritt im SD, erließ Heydrich einen Befehl zur Neuordnung des SD-Hauptamtes, um eine straffere Organisation zu gewährleisten, von der verwirrenden Ämterbezeichnung loszukommen und die SD-Arbeit mit den entsprechenden Gestapo-Referaten stärker zu synchronisieren. Ein halbes Jahr später, am 15. Januar 1936, trat dann der neue Geschäftsverteilungsplan in Kraft.[48] Das SD-Hauptamt gliederte sich nun in die Stabskanzlei (zugleich Amt I) unter SS-Brigadeführer Siegfried Taubert, das Amt II mit den beiden Zentralabteilungen II 1 (Weltanschauliche Auswertung) unter Dr. Hermann Behrends und II 2 (Lebensgebietsmäßige Auswertung) unter Professor Höhn und das Amt III (Abwehr) unter Heinz Jost mit den beiden Zentralabteilungen „Fremdländische Lebensgebiete" und „Außenpolitische Abwehr". Six' Zentralabteilung I 3 rangierte in der Stabskanzlei und hieß nun „Presse und Museum". Six war damit auch das Freimaurer-Museum zugeschlagen worden, obwohl die Freimaurerei als Sachgebiet bei II 1 geführt wurde. Wie die anderen Zentralabteilungen war „Presse und Museum" in Hauptabteilungen, Abteilungen und Referate untergliedert. Jeder Mitarbeiter erhielt zur Identifikation eine bis zu vierstellige Nummer. Ein genauerer Blick auf die Struktur der Zentralabteilung I 3 zeigt, daß sie ein SD-Hauptamt *en miniature* darstellte. Pressefragen spielten in alle anderen Sektoren des SD-Hauptamtes hinein, und so war Six' Stellung in der SD-Zentrale schon strukturell gewichtig – er hatte eine Position erobert, wie sie heute einflußreichen „Medienreferenten" in Unternehmen und Behörden zukommt. So beschäftigten sich Six' Referenten mit der Publizistik des Auslands, mit der Presse weltanschaulicher Gegner (Freimaurer/Judentum, Konfessionelle Strömungen, Marxisten etc.), à la Höhn auch mit „der lebensgebietsmäßigen Auswertung von Presse und Schrifttum". Drei Referate analysierten die deutsche Tagespresse; überdies wurde das zentrale Pressearchiv des SD verwaltet.

Im Januar 1937 verfügte Six' Zentralabteilung über 47 Referenten und Hilfskräfte, ganz abgesehen von den Sachbearbeitern in den regionalen SD-(Ober-)Abschnitten. Sie war damit in der Personalstärke Höhns Lebensgebietsforschern in der Zentralabteilung II 2 gleichgestellt. In der Presseabteilung wurde, bedingt auch durch Six' raschen Aufstieg, so manche SD-Karriere begründet.

Die Hauptabteilung „Presse und Schrifttum" übernahm *Wilhelm Spengler*, der Schöpfer der eingegliederten Leipziger Schriftumsstelle. Er wechselte Ende 1937 in die Zentralabteilung II als Leiter der Hauptabteilung „Kulturelles Leben" (II 21) und stieg später zum Gruppenleiter „Kulturelle Gebiete" in Otto Ohlendorfs RSHA Amt III auf. 1943 räsonierte er in der Zeitschrift „Böhmen und Mähren" noch anerkennend über „Werk und Wesen" des ermordeten Obergruppenführers Heydrich. Im Frühjahr 1942 wurde Spengler „zur Durchführung von Sonderaufgaben im sicherheitspolizeilichen Einsatz im Nordabschnitt der Ostfront eingesetzt" und zeichnete sich hier „wiederholt bei der Bekämpfung von Partisanengruppen" aus.

Erich Ehrlinger, Jahrgang 1910, wurde im Juni 1936 Stabsleiter der Zentralabteilung I 3 und damit Six' unmittelbarer Vertreter. Der junge Jurist, Sohn des Bürgermeisters von Giengen/Brenz in Württemberg,

Erich Ehrlinger

war im März 1934 aus dem württembergischen Staatsdienst zum Chef des SA-Ausbildungswesens übergewechselt, wo er unter anderem als Schulleiter der SA-Sportschule Rieneck in Unterfranken fungierte.[49] Am 22. Juni 1935 hatte ihn Heydrich in den Sicherheitsdienst übernommen. Six testierte ihm im Personalbericht September 1936: „SS-Obersturmführer Ehrlinger hat seit der Zeit seiner Übernahme in den SD und seiner Kommandierung in das SD-Hauptamt-I 3 im September 1935 in aufopfernder und persönlicher Uneigennützigkeit zur vollständigen Zufriedenheit gearbeitet. Durch seine zuverlässige Mitarbeit konnte der Aufbau der Zentralabteilung I 3 im heutigen Maße erfolgen. Sowohl als Sachbearbeiter als auch als Vorgesetzter in seiner Tätigkeit als Stabsführer I 3 ist seine Haltung soldatisch und dienstlich einwandfrei. Seine persönliche Haltung ist untadelig (sic) und sauber. Als Vater zweier Kinder und eines kommenden dritten lebt seine Familie im Sinne der Gesetze der SS. Das Gesamtbild von SS-Obersturmf. Ehrlinger ergibt den Eindruck eines soldatisch, dienstlich und charakterlich einwandfreien Nationalsozialisten und SS-Führers und rechtfertigt seine Beförderung zum SS-Hauptsturmführer".

Im April 1937 nahm ihn Six als Stabsführer in die Zentralabteilung II 1 mit. In der Folge entwickelte sich Ehrlinger zu einer sicherheitspolizeilichen Allzweckwaffe. Der Beförderungsvorschlag zum SS-Oberführer vom November 1944, von RSHA-Chef Kaltenbrunner persönlich bei Himmler unterstützt, verzeichnet folgende Einsatzket-

Personal-Bericht

des Erich Ehrlinger	Hauptabteilungsl. II 11 SS-Hauptsturmführer
(Vor- und Zuname)	(Dienststellung und Einheit) (Dienstgrad)

Mitglied-Nr. der Partei: 541 195   SS-Ausweis Nr. 107 493
Seit wann in der Dienststellung: _____ Beförderungsdatum zum letzten Dienstgrad: 9.11.36
Geburtstag, Geburtsort (Kreis): 14. 10. 1910 in Giengen /Brenz
Beruf: 1. erlernter: Zur.Ref. 2. jetziger: Hauptabteilungsleiter
Wohnort: Berlin - Tempelhof Straße: Berlinerstr. 19
Verheiratet? ja Mädchenname der Frau: Anna Buggert Kinder? 3 Konfession: gottgl.
Wirtschaftliche Verhältnisse: geregelt
Vorstrafen: keine
Verletzungen, Verfolgungen und Strafen im Kampfe für die Bewegung: keine

Beurteilung:

I. Rassisches Gesamtbild: vorwiegend nordisch

1. Charakter: fest und gerade

2. Wille: Willensstark

3. Gesunder Menschenverstand: klares, zielsicheres Denken
Wissen und Bildung: ausgezeichnete Allgemeinbildung, Spezialausbildung für Rechtswissenschaft, Gerichtsreferendar
Auffassungsvermögen: rasch und ausgezeichnet

Nationalsozialistische Weltanschauung: alter, bewährter Parteigenosse, SA- und SS-Mann

III. Auftreten und Benehmen in und außer Dienst: ausgezeichnete soldatische Haltung sicheres Auftreten.
(Besondere Neigungen, Schwächen und Fehler)

Personalbericht Erich Ehrlinger

te: „Rückgliederung der Ostmark, Einsatz bei der Bildung des Protektorats, Einsatz in Polen von Sept. 1939 bis April 1940, von August 1940 bis Februar 1941 Sonderauftrag RFSS als Berater bei Quisling in Oslo, Führer des SK I b bei der 16. Armee im Osten, 20. 1. 1942 Kommandeur der Sipo und des SD Kiew, 6. 9. 1943 zum BdS Ukraine ernannt, 18. 10. 1943 bis 1. 4. 1944 BdS in Minsk".

IV. Ausbildungsgang, Kurse, Spezialausbildung:
Zugführer in der SA-Sportschule Schadenweilerhof bei Tübingen (Chef A.W) Schulleiter in der SA-Sportschule Burg Rienecke/Ufr.
Hochschulverbindungsführer Chef A.W. in Frankfurt/M.

V. Grad und Fertigkeit der Ausbildung:
1. durch den Dienst in der alten Armee, der Reichswehr oder Polizei:

2. im SS-Dienst:
3. in der Leichtathletik: guter Sportler, bronzene Reichs- und goldenes SA-Sportabzeichen, Reitersportabzeichen
4. im Unterricht: ausgezeichnet

VI. Eignung:
1. zur Beförderung: Sturmbannführer

2. für welche Dienststellung:

Berlin, den 1. 3. 1938

Unterschrift:

Dienstgrad: Dienststellung:

SS-Obersturmbannführer   Zentralabteilungsleiter II 1

Stellungnahme der vorgesetzten Dienststelle:

Das Auftreten von SS-Hauptsturmführer Ehrlinger ist in jeder Form
vorbildlich. Als alter Parteigenosse, SA- und SS-Mann verfügt er über
eine weltanschauliche Festigung und Sicherheit. Seine Kameradschaftlichkeit ist beispielgebend. Sein Verhalten innerhalb und außerhalb
des Dienstes ist gegenüber Vorgesetzten aber auch gegenüber den Mitarbeitern stets soldatisch, einfach und klar. Er hat innerhalb der
letzten Zeit durch die erhöhte Inanspruchnahme in den Zentralabteilungen II 1 und I 3 bewiesen, daß er in besonderm Maße den Aufgaben
eines Stabsführers gewachsen ist und die Arbeitsintensität seiner
Mitarbeiter anzuregen versteht. Er ist Besitzer des SA-Sportabzeichens, Reichssportabzeichens und des Reitersportabzeichens. Er ist
<u>Vater von 3 Kindern.</u> Seine Beförderung kann daher voll und ganz
verantwortet werden.

Danach kehrte Ehrlinger als Amtschef I ins Reichssicherheitshauptamt zurück. Den mit den Mordkommandos der Einsatzgruppen weit herumgekommenen „charakterlich einwandfreien Nationalsozialisten" nahm die deutsche Justiz Ende der 50er Jahre fest. Am 24. Juni 1964 schrieb Ehrlingers Ehefrau Elisabeth aus Karlsruhe an Werner Best: „Nun sitzt mein Mann im 6. Jahr in Untersuchungshaft, krank an Leib und Seele, verhandlungsunfähig, natürlich auch haftunfähig". Ihr Mann sei „zum Skelett abgemagert", so Elisabeth Ehrlinger, während Wehrmachtsgeneräle, die ebenfalls schwerer Kriegsverbrechen bezichtigt seien (wie Warlimont, Halder oder von Salmuth) es sich in Freiheit gut gehen ließen.[50] 1969 wurde das Verfahren gegen Ehrlinger wegen dauernder Verhandlungsunfähigkeit des Angeklagten unterbrochen.

Eine ähnlich steile Vernichtungskarriere wies *Herbert Martin Hagen* auf, den Six aus dem Münchener SD-Pressereferat übernommen hatte.[51] Hagen, 1913 in Neumünster als Sohn eines Feldwebels der Infranterie geboren, hatte nach dem Abitur „infolge der wirtschaftlichen Notlage" eine kaufmännische Lehre in Kiel begonnen, war dort im November 1933 zur SS gestoßen und kam im Mai 1934 zur Münchener SD-Zentrale. In Berlin übernahm der 23jährige die Abteilung „Pressezentralstelle" (I 311) und machte sich in der Folge durch seinen ideologischen Eifer und mannigfaltige Ghostwriter-Dienste bei Six so unentbehrlich, daß dieser ihm 1937 die Leitung des SD-Judenreferats (II 112) anvertraute. Dort stieg Hagen zusammen mit seinem Duzfreund Adolf Eichmann zum führenden Konzeptionisten der SD-Judenpolitik auf.[52] Hagen, den eine SS-Beurteilungsnotiz 1943 als „frisch und elastisch, ein Führer über dem Durchschnitt" beschrieb, wechselte 1940 aus Six' Einflußbereich in den Auslands-SD, wurde SD-Kommandeur in Bordeaux und im Mai 1942 persönlicher Referent des Höheren SS- und Polizeiführers in Paris, Carl Albrecht Oberg, mit dem er bereits aus der Münchener SD-Zeit vertraut war. Im September 1944 wurde Hagen noch mit der „Führung des Einsatzkommandos bei der z. b. V.-Gruppe Iltis" beauftragt, die in Kärnten gegen jugoslawische Partisanen kämpfte. Nach dem Kriegsende interniert, wurde Hagen wegen seiner führenden Rolle bei der Deportation von Juden 1955 in Frankreich zu lebenslänglicher Zwangsarbeit verurteilt. Die Bundesrepublik lieferte den Six-Schüler, der inzwischen als Geschäftsführer einer Apparatebaufirma in Warstein eine bürgerliche Existenz führte, freilich nicht aus. Erst 1979, nach einer langanhaltenden Rechercheaktion der Eheleute Klarsfeld, wurde Herbert Hagen zusammen mit den SS-Leuten Kurt Lischka und Ernst Heinrichsohn vor dem Kölner Landgericht angeklagt und im Februar 1980 zu zwölf Jahren Haft verurteilt.

Walter von Kielpinski, Jahrgang 1909, hatte in Halle Germanistik und Neuere Sprachen studiert.[53] Seit Juni 1933 SA-Mitglied, hatte Kielpinski 1934 in Leipzig sein Staatsexamen für das Lehramt bestanden und war kurz danach zu Spenglers Leipziger Schrifttumsstelle

Herbert Hagen im Kölner Prozeß 1979

gekommen. Er wurde von Six 1937 zur SD-Abteilung II 224 („Partei und Staatsorganisationen") unter der Stabsleitung Otto Ohlendorfs transferiert, und diente dort als Verbindungsmann zur NS-Presse, vor allem zum „Schwarzen Korps". Vom Herbst 1939 bis zum Frühjahr 1940 war er Pressereferent beim Kommandeur der Sicherheitspolizei in Warschau, bevor er als Abteilungsleiter „Presse und Schrifttum" nun wieder in der Spenglerschen Kulturabteilung des RSHA-Amtes III Dienst tat. Six attestierte ihm im Juli 1938 „hervorragende fachliche und persönliche Eigenschaften", aber 1943 lehnte der Reichsführer SS zweimal die Beförderung Kielpinskis zum Obersturmbannführer ab, „da v. K. bislang noch keinen Fronteinsatz gehabt hat". Außerdem mußte Kielpinski erklären, warum er und seine Frau es bislang nur auf zwei Kinder gebracht hatten. Am 30. Januar 1944 wurde der Pressereferent unter Hinweis auf seinen „Poleneinsatz" doch noch befördert, nachdem seine RSHA-Abteilung eindringlich argumentiert hatte: „Seine Fähigkeiten sind allgemein bekannt und ganz besonders in den Dienststellen, mit denen er zusammenarbeitet, aufgefallen, sodass ihm das Propagandaministerium eine Stelle anbot, die nach Rang und Gehalt weit über seiner Stelle im RSHA liegt. v. K. hat jedoch dieses Angebot aufgrund seiner Verbundenheit mit der SD-Arbeit ausgeschlagen".

Ebenfalls aus der SD-Schrifttumstelle kam der promovierte Geograph und Historiker *Paul Dittel*. Der 1907 in Mittweida/Sachsen als Sohn eines Volksschullehrers geborene Dittel war erst im Mai 1933 in die NSDAP eingetreten und vom 1. Juni 1935 an hauptamtlich beim SD beschäftigt.[54] Dittel leitete das Freimaurerarchiv, ordnete und analysierte die beschlagnahmten Logenmaterialien und bildete sich so zum Spezialisten für Archiv- und Museumsfragen aus. Dittel habe, wie Six im Dezember 1937 anerkennend konstatierte, „100e von Zentnern an wertvollem geschichtlichen Urkundenmaterial gesichtet und zur Aufstellung gebracht".

Es handele sich „sowohl was die Bedeutung als den Umfang der Materialien anlangt um einen Aufgabenkreis, der den größten deutschen Archiven gleichwertig" zur Seite stehe. 1943 wurde Dittel als Nachfolger von Six Chef des in seiner Bedeutung sehr geschmälerten RSHA-Amtes VII („Weltanschauliche Forschung").

Schließlich lernte Six in seinem Pressedezernat auch seinen langjährigen persönlichen Assistenten *Karl Burmester* (Jahrgang 1911) kennen, einen Pastorensohn aus Nordschleswig, der bereits als 21jähriger SS-Mitglied geworden war, und auch *Emil Augsburg*, später „Polenspezialist" des SD und mit Six 1941 im „Vorkommando Moskau", findet sich als „SS-Bewerber" unter den Hilfskräften der Zentralabteilung I 3.[55]

Anfang 1936 erarbeiteten Six und seine Adlaten eine größere Studie über den „Angriff auf die nationalsozialistische Weltanschauung im deutschsprachigen Schrifttum seit 1933", die wohl überwiegend auf Vorarbeiten der Spenglerschen Schrifttumsstelle beruhte. Die Studie erschien in verkürzter Form im „Schwarzen Korps" und folgte als Heft 2 in der „SK"-Broschürenreihe[56] den erwähnten Leitthesen Heydrichs. Zum ersten Mal wurde hier vom Six-Dezernat das dunkle Kollektiv-Pseudonym „Dieter Schwarz" benutzt, das später auch noch Traktate über das „Weltjudentum" und die „Weltfreimaurerei" zierte.

An der Schrifttumsanalyse läßt sich die SD-Dialektik von Selbstlegitimation, jakobinischer Sinngebung und Gegnerbestimmung genau aufweisen. Nach den Vorstellungen des SD sollte jeder Deutsche an die Grundwerte „der Rasse, des Führertums, der Gefolgschaft, des Deutschtums, der Gemeinschaft" von innen heraus glauben, nicht weil dies von „irgendwelchen Parteiführern" angeordnet werde, sondern weil „sie für ihn die selbstverständlichen sittlichen Richtpunkte seines Handelns und Lebens wurden – weil er gar nicht mehr anders handeln will und kann".

Im Ringen um Seele und Intellekt der Volksgenossen stehe man erst am Anfang, da der hydraförmige Gegner gerade die „Grundwerte" des Nationalsozialismus aufgreife, um sie zu verdrehen, umzudeuten und zu verfälschen. Dieses erschien den SD-Forschern einerseits gefährlicher als der „Angriff auf die nationalsozialistische Weltanschauung von direkten Gegnern", andererseits begründeten die subtilen Abweichungen ja erst das Supremat einer differenzierten und nur von SD-Spezialisten zu organisierenden Gegneranalyse. Six und seine Mitarbeiter suchten nun zu begründen, daß die NS-Bewegung das Führerprinzip, das Deutschtum und den Rassegedanken gegen gefährliche Trittbrettfahrer und lästige Opportunisten zu schützen hätte, um nicht schleichend ausgehöhlt und assimiliert zu werden. So wurde dem politischen Katholizismus – mit in der Tat oft peinlichen Zitaten – vorgehalten, den „Führerbegriff an die Deichsel der eigenen Politik zu spannen", und ebenso heftig wurde gegen „Konjunkturritter" Front gemacht, „die aus dem Rassegedanken Profit für eigene Zwecke und Interessen zu schlagen hoffen. Schriftsteller befinden sich unter ihnen, die beim Nationalsozialismus lieb Kind werden wollen, dann Phantasten und Eigenbrötler, die glauben, ihren schrulligen Privatspleen zur besseren Wirkung zu bringen, wenn sie ihn im Gewand der Rassenidee präsentieren; und nicht zuletzt ist es erstaunlicherweise der politische Katholizismus selbst, der mit dem modernen Rassenbegriff Politik für die eigene Sache treibt".

Schließlich wollte das Pressedezernat, der „SK"-Denunziantentradition folgend, auch auf NS-Gegner aufmerksam machen, die wegen der Laxheit anderer Partei- und Staatsstellen noch immer Chancen zu öffentlicher Wirkung hätten, wie der „Generalsekretär der Theosophischen Gesellschaft Adyar, Prof. Verweyen, der heute noch in Deutschland ungeschoren seine Vorträge hält" oder der Sozialwissenschaftler René König, der sich anmaße, „der deutschen Universität eine neue Gestalt zu geben" und „als George-Epigone zu dem sehr verdächtigen Kreis um den Berliner Verlag ‚Die Runde' gehöre".[57] Ins Fadenkreuz der SD-Rechercheure gerieten so unterschiedliche Intellektuelle und Emigranten wie der Jesuit Friedrich Muckermann, der Heidelberger Kulturphilosoph Richard Benz, der Literat Erich M. R. von Kühnelt-Leddhin, der Bischof von Debreczen, Desider Balthasar, der Germanist Julius Petersen, Ernst Niekisch und Heinrich Mann, Franziskanerpater und natürlich die Anhänger Othmar Spanns.

Wenn auch der nationalsozialistische Staat den Umdeutern und Vertretern „verantwortungsloser intellektueller Spielerei" bislang mit „Geduld und Großmut" zugesehen habe, „mögen doch diese Propheten nicht glauben, daß sie unbeobachtet ihr Handwerk treiben", droh-

> **Demnächst erscheint:**
>
> **Heinz Corazza**
>
> # Die Samurai
>
> ### Ritter des Reiches in Ehre und Treue
>
> Mit einem Vorwort
> des Reichsführers SS. und Chefs der
> deutschen Polizei Heinrich Himmler
>
> Sonderdruck aus dem
> „Schwarzen Korps"
>
> In dieser Broschüre wird das Schicksal einiger hervorragender Samurai geschildert. Männer aus jenen alten japanischen Kampfgemeinschaften, deren heldische und männlich-treue Gesinnung mit den Ehrauffassungen im neuen deutschen Staat verglichen werden kann. Auch der neue Staat stützt sich im wesentlichen auf den unbedingten Gehorsam und auf die unwandelbare Treue seiner Gefolgschaftsmänner
>
> **Preis etwa RM. 0,50**
>
> In allen Buchhandlungen erhältlich
>
> **Zentralverlag der NSDAP., Frz. Eher Nachf.
> G.m.b.H., München-Berlin**

Anzeige für Heinz Gorazzas „Die Samurai"

ten die SD-Gegnerforscher. Und konsequenterweise wurde am Schluß der Broschüre auf Heinz Gorazzas „Die Samurai" als nächste Publikation aus dem „Schwarzen Korps" hingewiesen, also auf „Männer aus jenen alten japanischen Kampfgemeinschaften, deren heldische und männlich-treue Gesinnung mit der Ehrauffassung im neuen deutschen Staat verglichen werden kann". Der Reichsführer SS steuerte höchstpersönlich ein Vorwort bei.

Noch im Jahreslagebericht 1938 mußten die SD-Presseexperten freilich feststellen, daß das Volk „nahezu in seiner Gesamtheit die Art und die Notwendigkeit des generalstabsmäßigen Einsatzes der Tagespresse (und des Rundfunks) nicht begriffen" habe. In den „entscheidenden Stunden des Septembers", gemeint waren die Vorgänge um das „Münchener Abkommen", hätten „Millionen von Volksgenossen sich ausländischen Nachrichtenquellen" zugewandt. Mit erstaunlicher Klarheit notierte das SD-Pressedezernat: „Das Wissen darum, daß die Presseberichterstattung einheitlich und bewußt gelenkt ist, hat im breiten Volk eine Vielzahl psychologischer Widerstände geschaffen. Innerhalb der Presse selbst wird daraus vielfach der Schluß gezogen, daß die Zeitung dadurch bis zu einem gewissen Grade als Führungsmittel entwertet ist. Als Beispiel berechtigten Mißtrauens wurde von der Leserschaft häufig die Berichterstattung über Spanien angeführt. Das schweigende Hinwegsehen der Zeitung über bestimmte, durch ausländische Sender verbreitete Vorgänge anderer Staaten oder des vom Leser im einzelnen übersehbaren Bezirks seiner Stadt wird immer wieder als Bevormundung ausgelegt".[58]

Konstruktive Schlüsse aus diesen Einsichten konnten natürlich angesichts des hermetischen NS-Kommunikationssystems nicht gezogen werden, und so bescheinigte der SD dem Goebbels-Apparat dann doch, daß sich die Presse „als zuverlässig arbeitendes Instrument der Führung erwiesen"[59] habe.

Die zentrale Handlungskompetenz in Sachen Kommunikationslenkung lag im NS-Staat ohne Zweifel beim Reichsministerium für Volksaufklärung und Propaganda und den von ihm kontrollierten Behörden und Verbänden. Goebbels hatte kein Interesse an einer publizistischen Beratung durch den SD. So waren die Möglichkeiten des Six-Referates im operativen Bereich begrenzt; man mußte sich auf Hinweise an die Gestapo-Kollegen, die Kooperation mit dem „Schwarzen Korps" und die Mitwirkung an Kampagnen gegen Abweichler und Intellektuelle beschränken. Im April 1937 erweiterte sich aber der Aktionsradius für den 27jährigen Franz Alfred Six ganz erheblich. Dr. Hermann Behrends, bislang Leiter der Zentralabteilung „Weltanschauliche Auswertung" (II 1), war am 27. Januar 1937 zum Stabsleiter der „Volksdeutschen Mittelstelle" bestimmt worden, und nach mehrwöchiger Vakanz wurde Six von Heydrich neben der Presseabteilung auch die „Weltanschauliche Auswertung" zugeteilt.

Im Behrends-Bereich befanden sich die Abteilungen für „Weltanschauungen", also Freimaurer (II 111), das Judentum (II 112), für „konfessionell-politische Strömungen" (II 113) und für „politische Gegner" – die „Linksbewegung" (II 121), die „Mittelbewegung" (II 122) und die „Rechtsbewegung" (II 123) mit den jeweiligen Referatsgliederungen. Behrends wurde 1948 in Jugoslawien gehenkt; auch seine Biographie steht für die Melange von SD und Gestapo, „Sondereinsätzen", Bewährung in der Waffen SS und Rivalitäten im SD-Führungskorps. Damit ähnelt sie der Karriere von Six, aber der gelernte

Hermann Behrends

Jurist Behrends hatte keine Interessen am „wissenschaftlichen Nationalsozialismus". Dafür war er wohl noch stärker von unbändigem Machtstreben beseelt als sein Nachfolger, was ihn sogar in ernste Konflikte mit dem Reichsführer SS brachte.

Der frühe Heydrich-Vertraute *Hermann Behrends*, geboren am 11. Mai 1907 als Sohn des Rüstringer Gastwirts Johann Behrends und seiner Ehefrau Annchen, hatte Jura in Marburg studiert und dort im Februar 1931 das Doktorexamen bestanden[60].
Während seines juristischen Ausbildungsdienstes war er am 1. Februar 1932 in die SS eingetreten und mit der Führung des Wilhelmshavener Sturmes 3 IV/24 beauftragt worden. Als ihn Heydrich für den SD anforderte, sperrte sich zunächst der SS-Oberabschnitt Nordwest, da eine Versetzung „aus Mangel an geeigneten Führern augenblicklich nicht möglich" sei und Behrends „als aktiver Führer der SS erhalten" bleiben müsse. Himmler verfügte im Januar 1934 persönlich die Versetzung Behrends' zum SD.
Behrends, der zwecks militärischem Training mehrere Kurse an der Küsten-Artillerieschule in Kiel absolvierte, spielte als SD-Führer Ost in der Folge eine entscheidende Rolle bei der Röhm-Aktion im Juni 1934 und kam rasch voran: Kurz vor der Mordaktion wurde er von Himmler zum SS-Sturmbannführer befördert, am 7. Juli 1934 dann zum Obersturmbannführer. Am 20. April 1935 war er bereits Standartenführer. Im Dezember 1936 wurde er zum Regierungsassessor

im preußischen Landesdienst (Gestapa) ernannt, bevor er als Adlatus des SS-Obergruppenführers Werner Lorenz zur neu gegründeten „Volksdeutschen Mittelstelle" (VOMI) wechselte.

Die VOMI koordinierte die Aktivitäten der verschiedenen „volksdeutschen" Bewegungen in Grenzländern wie Polen, Slowakei, Luxemburg und dem Elsaß, organisierte Mord- und Terroraktionen, erstellte „Volkslisten" und beaufsichtigte Ein- und Umwanderzentralen. Im Februar 1940 lobte das „Schwarze Korps": „Der (VOMI-) Einsatzstab Lodsch arbeitet mit sage und schreibe vier SS-Führern. Für seine 47 Lager stehen ihm 28 SS-Führer und Unterführer zur Verfügung. Ein einziges Beispiel: Das Lager Waldhorst, das täglich 6000 – 8000 Menschen beherbergt und betreut, wurde von einem SS-Führer und einem SS-Unterführer buchstäblich aus der Erde gestampft".[61]

Hermann Behrends, der auch noch ehrenamtlich Aufgaben als Fachamtsleiter für Fechten und Schwimmen in der Reichssportführung wahrnahm, strebte allerdings bald nach repräsentativeren Ämtern. Er brachte sich als Unterstaatssekretär im Auswärtigen Amt (Nachfolge Woermann), Rundfunk-Chef im RMVP und schließlich als Höherer SS- und Polizeiführer in Wien ins Gespräch. Als ihn der designierte RSHA-Chef Ernst Kaltenbrunner für diesen Posten bei Himmler vorschlug, reagierte der Reichsführer SS scharf und wandte sich am 16. Dezember 1942 in patriarchalischer Diktion an den Behrends-Vorgesetzten Werner Lorenz:

„Der Anlaß zu diesem Brief ist eine Empfehlung, die SS-Gruppenführer Dr. Kaltenbrunner mir zuschickte, B. als seinen Nachfolger nach Wien zu entsenden. Ich bin überzeugt, daß diese Anregung, wie alle derartigen Anregungen, die in letzter Zeit für eine besondere Herausstellung von B. an mich ergingen, von Behrends organisiert sind. Er vergißt dabei völlig, daß er, der im Alter von 34 Jahren Brigadeführer und Generalmajor wurde, eine geradezu sagenhafte Karriere hinter sich hat. Er ist sicherlich ein braver Nationalsozialist gewesen, hat jedoch nicht mehr oder weniger getan wie tausend von seinen SA- und SS-Kameraden. Zu seinem Examen als Jurist mußte er von Heydrich sehr stark angehalten werden. Er hat es dann mit gerade noch genügend bestanden. Dies sind alles Voraussetzungen, um Herrn B. wenn er nicht die Förderung von mir und Heydrich gehabt hätte, heute Regierungs- im besten Fall Oberregierungsrat sein zu lassen. Wäre Herr B. zum Militär gekommen wie irgendwer anderer, so wäre er heute im besten Falle Hauptmann der Reserve, wäre er aktiv geworden, so könnte er Major, höchstens Oberstleutnant sein. Demgegenüber ist er nun SS-Brigadeführer und Generalmajor und Stabsführer eines Hauptamtschefs. Dies müßte eigentlich genug sein, für den fressenden Ehrgeiz dieses jungen Mannes ist es nicht genug. Ich weiß genau, wie er seine ehrgeizigen Fäden zieht und Hirngespinste hat, über die er bei nüchternem Nachdenken erröten müßte. Er träumt – und hat es mindestens an einigen Stellen laut geträumt –, er hätte Nachfolger von Heydrich werden können. Hier kann man nur mit Bedauern aussprechen, daß ein fähiger anständiger SS-Führer durch das Fieber des Ehrgeizes und der Selbstüberheblichkeit so weit gekommen ist, so völlig die Maßstäbe zu verlieren. Teilen Sie bitte Behrends mit, daß er erst dann einmal von seiner heutigen Stelle an eine Höhere Stelle kommt, wenn ich die Überzeugung habe, daß er charakterlich gereift ist und seinen ungesunden Ehrgeiz und den damit verbundenen Hang, für sich selbst etwas zu organisieren, restlos überwunden hat. – Ich kenne Frau B. nicht und weiß nicht, ob sie vielleicht die Triebfeder dieses ungesunden Ehrgeizes ist. Sollte dies der Fall sein, so wäre Herrn Behrends mitzuteilen, bei aller Liebe zu seiner Frau die Führung in dieser Ehe allmählich zu übernehmen. Ich will, um auch den letzten Zweifel wegzuräumen, noch einen Fall klarstellen. Glaubt B., daß er von uns verkannt wird und ich in völliger Verelendung dem Aufstieg dieses Genies hinderlich im Wege stehen sollte, sodaß er gezwungen ist, außerhalb der SS, z. B. in der Wirtschaft oder sonst irgendwo große und lohnende Stellungen zu erwerben zu können, so wollen Sie ihm klarmachen, daß ich, trotz seiner Fehler ihn für so wertvoll halte, jedes Anstreben einer lediglich seinem Ehrgeizlaster genügenden Stellung zu verhindern. Dies werde ich tun, da ich weiß, daß eine solche Stellung dem ehrgeizigen Behrends sehr schlecht bekäme und eines Tages, wie bei jedem Mann dieser Art, einen absoluten Sturz in die Tiefe zur Folge hätte. Dies hat dieser im Grunde anständige Mensch nicht verdient und deswegen habe ich als sein Kommandeur klüger und hart zu sein".

Nach einer Unterredung mit Lorenz antwortete Behrends mit einem vierseitigen Rechtfertigungsbrief, in dem er sich zu „gesundem Ehrgeiz" bekannte, ansonsten aber den Vorwurf der ständigen Selbstprotektion entschlossen in Abrede stellte. Er bat Himmler „gehorsamst und inständig, mich von diesem Alpdruck zu befreien, damit ich unbelastet meine Arbeit forsetzen kann und ich in der Lage bin, Ihnen zu beweisen, daß ich versuche, Ihr vorbildlichster SS-Mann zu sein". Im April 1943 wurde Behrends, der 1940 bereits bei der Waffen-SS am Frankreichfeldzug teilgenommen hatte, zur kraftfahrzeugtechnischen Lehranstalt der Waffen-SS in Wien kommandiert, dann zur SS-Panzer-Grenadier-Division „Das Reich", anschließend zu einem Führerlehrgang der Panzertruppenschule Wunstorf, bevor er im Oktober 1943 als Abteilungsführer bei der 13. SS-Freiwilligen-Gebirgsdivision in Kroatien Dienst tat. Himmler war nicht nachtragend, zumal er ja Behrends ohnehin für einen „persönlich anständigen, fähigen und im Einsatz tapferen Mann" gehalten hatte. Am 15. März 1944 wurde Behrends zum Generalmajor der Polizei und Höheren SS- und Polizeiführer in Serbien ernannt, und im August avancierte er auch noch zum SS-Gruppenführer und Generalleutnant der Polizei.

Behrends, der seine vier Kinder „Hinrich-Meent", „Heiko-Tjark", „Hermann-Gerd" und „Hilke-Anne" genannt hatte, war nicht der Mann, der die weltanschauliche Zentralabteilung des SD-Hauptamtes systematisch und „wissenschaftlich" hätte führen können. In Eichmanns Verhören und Memoiren taucht er auch gar nicht auf, obwohl er eine Zeitlang der Vorgesetzte des späteren Endlösungsreferenten war. Umso deutlicher erinnerte sich Eichmann an seinen neuen Chef Franz Alfred Six, der von den Referenten als „Betriebsrübe"[62] oder „Stachanow" tituliert wurde:

„Dr. Six ... bearbeitete die weltanschauliche Gegnerbekämpfung auf rein wissenschaftlicher Basis. Er hatte seine Augen und Ohren überall und wußte genau, wer diese oder jene Institution leitete, wer dieser oder jener war. Es ist klar, daß wir unter einem solchen Amtschef Märchen wie ‚Die Weisen von Zion' oder Ritualmorde glatt von der Hand wiesen. Uns ging es darum, Erkenntnisse zu sammeln, und diese Aktivität ... lief vor dem Krieg auf vollen Touren. Nach Kriegsbeginn sank die wissenschaftliche Arbeit ab, zumal die Sachbearbeiter anderen, wichtigeren Kriegsaufgaben zugeführt wurden".[63]

Über den Schreibtisch von Six liefen nun zahllose Meldungen und Lageberichte der regionalen SD-Abschnitte; er forcierte im Einvernehmen mit Heydrich eine voluminöse Bürokratie der Gegnerforschung, ließ ausgedehnte Diagramme der realen oder vermeintlichen Gegnerkomplexe erstellen und trieb vor allem das SD-interne Aus- und Weiterbildungswesen voran.

Im September 1937[64], als Reinhard Höhn nach seiner Auseinandersetzung mit dem Historiker Walter Frank von Heydrich für einige Zeit außer Gefecht gesetzt werden mußte[65], übernahm Six auch noch die Leitung der Zentralabteilung II/2 und war damit de facto Chef des gesamten Inlands-SD. Im Januar 1939 gehörte er als Standartenführer zu den sieben ranghöchsten SS-Führern des SD-Hauptamts, neben Heydrichs Stabsleiter Wilhelm Albert, den Verwaltungsleitern Alfons Glatzel (I/2) und Arthur Bork (I/4), Auslandschef Heinz Jost (III/1), Herbert Mehlhorn (I/1) und dem SD-Chef Gruppenführer Heydrich selbst.

Im Januar 1939 sah die Leitungsstruktur in den drei von Six geführten Zentralabteilungen des SD-Hauptamtes so aus:[66]

I 3 (Presse und Museum)
I 3   Six
I 311   SS-U'stuf. Karl Haß

I 321   SS-U'stuf. Herbert Beyer
I 322   SS- O'scharf. Rudolf Richter

II 1 (Weltanschauliche Gegner)
II 1   Six
II 11   SS-Stubaf. Erich Ehrlinger
II 111   SS-Bewerber Erich Hengelhaupt
II 112   SS-O'stuf. Herbert Hagen
II 113   SS-H'Stuf. Albert Hartl
II 12   SS-H'stuf. Dr. Helmut Knochen
II 121   SS-H'stuf. Martin Wolf
II 121   SS-U'stuf. Karl-Julius Stübel
II 123   SS-O'stuf Hermann Seibold

II 2 (Lebensgebietsmäßige Auswertung)
II 2   Six
II 21   SS-H'stuf. Dr. Wilhelm Spengler
II 211   SS-H'Stuf. Justus Beyer
II 212   SS-U'stuf. Walter Jacobi
II 213   SS-H'stuf. Dr. Hans Ehlich
II 214   SS-U'stuf. Hans-Walter Ulrich
II 22   Vertr. SS-U'stuf. Walter Herdeg
II 221   SS-U'Stuf. Walter Herdeg
II 222   SS-Bewerber Wolfram Heinze
II 223   Vetr. SS-U'stuf. Gerd Schulte
II 224   SS-O'Stuf. Walter v. Kielpinski
II 225   SS- U'Stuf. Hellmuth Patzschke
II 23   Vertr. SS-O'Stuf. Willi Seibert
II 231   Vertr. SS-U'stuf. Kurt Steyer
II 232   SS-O'Stuf. Willi Seibert
II 233   Vertr. SS-U'Stuf. Erich v. Reden
II 234   SS-Stubaf. Dr. Gerhard Eilers
II 235   SS-U'Stuf. Heinz Kröger
II 236   SS-H'stuf. Dr. Hans Leetsch

Six kümmerte sich wesentlich intensiver um die weltanschauliche Gegnerforschung als um Höhns „lebensgebietsmäßige Auswertung", zumal dort ihm so fremde Gebiete wie Ökonomie, Staatsrecht und Verwaltung observiert wurden.[67] Indem Six freilich all seinen Referenten und Hilfskräften die Vorstellung vermittelte, sie arbeiteten an einem großangelegten wissenschaftlichen Programm mit, schürte er ihr Überlegenheitsgefühl im Wettbewerb der NS-Institutionen und förderte damit entscheidend die Binnenrationalität des weltanschaulichen Terrors.

„Aus verschiedenen Teilen des Reiches liegen Meldungen vor, daß sich Marxisten einer fremdvölkischen Minderheit anschliessen, um dort ungestörter gegen den Staat arbeiten zu können. Hierzu wird Sonderbericht der II/121 Referate bis zum 10. 9. erbeten", ließ Six im Juli 1937 an die SD-Oberabschnitte kabeln.[68] Die Abteilung II 113 überwachte 1937/38 im Auftrag von Six die „evangelische Jugendarbeit" und wies die Stapo-Leitstellen an, Bibelfreizeiten und Jugendlager zu untersagen.[69] Six war 1938 für die Auflösung der theologischen Fakultät der Universität Innsbruck ebenso zuständig wie im Januar 1939 für „Massnahmen gegen Prälat Schreiber", und verhandelte hier in direktem Auftrag Heydrichs mit Reichsleiter Rosenberg: „Reichsleiter Rosenberg teilte mit, daß er in der Absicht, Schreiber und sein Institut zu beseitigen, auf die Widerstände von Schulte-Strathaus, Stab Hess, dessen Bruder bekanntlich Abt sei, gestoßen wäre, da sich Prälat Schreiber ständig auf Schulte-Strathaus berufen habe. Er habe dabei Reichsminister Hess mitgeteilt, daß es doch eigentümlich sei, daß bei sämtlichen weltanschaulichen Auseinandersetzungen sich Ideen-Gegner immer wieder auf einen Mann seines Stabes berufen würden, sowohl Astrologen als auch Holisten usw ... Reichsleiter Rosenberg wurde gebeten, sein Einverständnis an Gruppenführer Heydrich schriftlich zu bestätigen. Bei der Verabschiedung teilte Reichsleiter Rosenberg mit, daß er erst der Auffassung gewesen sei, es handele es sich bei dem Vortrag um persönliche Angriffe oder sonst etwas ... Da nun inzwischen das Einverständnis von Reichsleiter Rosenberg eingeholt ist, wird vorgeschlagen: 1.) C. unterschreibt die anliegende Anweisung an die Stapoleitstelle Münster und SD-Unterabschnitt Münster, um noch heute die entsprechenden Maßnahmen zu veranlassen (durch Kurier). 2.) Der Kurier überbringt gleichzeitig den Brief an Gauleiter Meyer".[70]

Während der Feldzug gegen das Freimaurertum durch die erzwungene Selbstauflösung der Logen bereits entschieden war, nahm die Neuorganisation der SD-Judenpolitik einen breiten Raum in Six' operativer Arbeit ein. Six' Rolle im Vorfeld des Genozids, bei der Durchsetzung eines SD-Primats in der Judenpolitik und der Entwicklung einer Logistik der Judenverfolgung ist bislang deutlich unterschätzt worden. Dies läßt sich schon daraus ablesen, daß er in der „Enzyklopädie des Holocaust" nicht vorkommt – im Gegensatz zu den zahlreichen Gehilfen des seinerzeitigen Six-Untergebenen Eichmann. Six ersetzte den phlegmatischen Dieter Wisliceny in der Abteilungsleitung des Judenreferats durch den hungrigen Streber Herbert Hagen, er protegierte den Zionismus-Experten Eichmann und delegierte ihn im März 1938 nach Wien, wo Eichmann mit der „Zentralstelle für jüdische Auswanderung" ein rationalisiertes Bürokratiemodell für die Vertreibung der Juden entwarf. Es ist kein Zufall, daß gerade in Six' Amtszeit als Leiter des Inlands-SD sein Adlatus Herbert Hagen die „Zentralisierung der Bearbeitung der Judenfrage in Deutschland" mit dem Ziel forderte, „SD und Gestapo als einzig bestimmende Stelle einzusetzen".[71] In der Bestimmung, Beherrschung und Vertreibung der Juden kulminierte die Gegnerarbeit des SD. Der „Jude", dessen Verschwinden Kernziel aller nationalsozialistischen Bestrebungen war, garantierte als permanentes Stereotyp die „Einheit des Feindes".[72] Himmler galt er als „Urstoff des Negativen" – gerade für die SS fiel die physische Präsenz des orthodoxen Juden mit dem spirituellen Prinzip des „Jüdischen" (als Summe der zersetzenden geistigen Faktoren) bruchlos zusammen.

Die gewichtige Funktion der SD-Gegnerarbeit beim Staats- und Parteiterror gegen die Juden in Deutschland und Europa ist lange Zeit in der Forschung unbeachtet geblieben. In Raul Hilbergs Standardwerk über die Vernichtung der europäischen Juden aus dem Jahr 1961 wird zwar auf den Straßenterror, die ökonomischen Boykottaktionen und die antijüdischen Maßnahmen der Ministerialbürokratie hingewiesen, der SD kommt indes institutionell nicht vor.

Heinz Höhne konstatierte in seiner Geschichte der SS 1967, die „jungen Intellektuellen, die vor allem in den Kommandoposten des SD saßen", hätten „einen deutlichen Horror vor den primitiven Rezepten des parteiamtlichen Haut-den-Juden-Kurses"[73] gezeigt. Unter dem SD-Judenreferenten der Jahre 1935/36, Leopold Itz Edler von Mildenstein, sei ein zionistenfreundliches Konzept entwickelt worden, wonach „nur die Auswanderung nach Palästina die Judenfrage lösen könne".[74] Die „Extremisten der Partei" seien „verstimmt über die Interventionen des SD in die Judenpolitik" gewesen, und erst der Ausbruch des Zweiten Weltkriegs habe der „unfreiwilligen Partnerschaft zwischen SS und Zionismus" ein Ende gemacht: „Die autonome Judenpolitik des SD erlosch".[75]

Uwe Dietrich Adam hob in seiner Arbeit über die „Judenpolitik im Dritten Reich" 1979 hervor, daß die Arbeit des SD-Judenreferates stetig an Bedeutung gewonnen habe, weil der SD „als einzige Institution des Dritten Reiches seine Aufmerksamkeit ganz der Auswanderungsfrage gewidmet hatte" und damit eine praktikable Lösung des „Judenproblems" möglich schien: „Im Dickicht der zahllosen Zuständigkeitsüberschneidungen, der divergierenden Interessen und der allgemeinen Ziellosigkeit in der Judenpolitik wuchs der SD – und damit auch der RFSS – in eine Stellung hinein, die ihn in Fragen der Judenpolitik zu einer anerkannten Autorität machte".[76]

Tatsächlich erfüllten die SD-Gegnerarbeiter alle Kriterien für den „Vernunftantisemitismus", den ja Hitler selbst schon früh im Gegensatz zum planlosen „Gefühlsantisemitismus" gefordert hatte. Zwar lehnten Six, Hagen und Eichmann „Stürmer"-Methoden ab, was sie aber nicht hinderte, das „Stürmer"-Archiv für die eigenen Zwecke zu nutzen und mit den Redakteuren des Blattes in gewinnbringendem Kontakt zu bleiben.[77]

Straßenterror und gewalttätige Pogrome wurden im Prinzip kritisch betrachtet, insgeheim aber als Fermente für die Verschärfung des Verteibungs- und Entrechtungsprozesses begrüßt. Der funktionale, intellektuelle Antijudaismus war auf Zahlenkalkulationen, auf materiell sichtbare Erfolge aus, er wollte methodisch umsetzen, was andere nur verbalbrutal postulierten. Das praxisorientierte SD-Konzept der Vertreibung der „jüdischen Rasse" aus Deutschland, befördert durch eine „Zentralisierung der Judenfrage" als „Endziel" (Herbert Hagen) war damit die direkte und logische Vorstufe des Holocausts. Im Wettbewerb der NS-Instanzen um die Lösung der Judenfrage beanspruchte der Inlands-SD unter Six Generalkompetenz – das Operationsfeld des SD ging schon bald weit über bloße Auswanderungsfragen hinaus. Es reichte von ideologischen Schulungen und Publikationen über die konkrete, personenbezogene Kooperation mit der Gestapo bis hin zu antijüdischen Propagandakonzepten und historischer Zweckforschung. Dieser weitgespannte, militant-kompetitiv organisierte Theorie-Praxis-Komplex, der eben von vornherein auf „Endlösungen" in wandelbarer Gestalt zielte, war das Spezifikum der SD-Judenpolitik.

Erst Michael Wildt hat 1995 mit seiner Dokumentensammlung die Kontinuität und die Reichweite der SD-Judenpolitik in wesentlichem Umfang verdeutlicht. Der SD begriff sich demnach nicht „als arbeitsteilige, technokratische Organisation, die innerhalb eines größeren Apparates funktionale Aufgaben übernahm. Vielmehr begriff er sich als Elite, die nicht nur die besseren Analysen lieferte, sondern auch die erfolgreicheren politischen Konzepte. Weltanschauung galt nichts, wenn sie nicht praktisch wurde. Sachlichkeit und Rationalität verbanden sich mit äußerster Radikalität in der Zielsetzung, zentralistische Organisation und absolute Befehlsstruktur mit entgrenzter Destruktivität".[78]

Bei seiner Übernahme der Zentralabteilung II 1 konnte Six auf die ideologischen Vorarbeiten der SD-Judenreferenten Ilges, von Mildenstein und Schröder zurückgreifen. Er mußte deshalb nicht – und das fügt sich in seine Biographie als adaptiver Manager des „wissenschaftlichen Nationalsozialismus" nahtlos ein – grundlegend neue Konzepte der Judenpolitik entwerden. Im Rahmen dieser Arbeit ist aber zu klären, welche konkrete Funktion Six in der Forcierung der Judenverfolgung einnahm.

Bereits am 24. Mai 1934, also noch unter dem Patronat Walter Ilges', hatte ein Memorandum der Münchener SD-Zentrale an Heydrich festgestellt, das Ziel der Judenpolitik müsse „die restlose Auswanderung der Juden" sein. Daher sei „ein bestimmtes Gefälle" notwendig, das in Abhängigkeit von „dem draußen vorhandenen Platz und von den Verhältnissen in Deutschland" zu sehen sei:

„Es besteht die große Gefahr, daß das Gefälle geringer wird, daß die Judenabwanderung ins Stocken kommt und deren augenblicklich bestehender Zwischenzustand fixiert wird. Diese Fixierung würde zur Folge haben, daß bei Juden und Deutschen das Endziel der Judenauswanderung vergessen oder als undurchführbares Problem aus dem Auge gelassen würde. An Stelle des Auswanderungsproblems könnte ein Minderheitenproblem treten, der jetzige Übergangszustand könnte sich psychologisch und rechtlich zu einem Dauerzustand verfestigen. ... Platz für die Masse der auswandernden Juden läßt sich nur in bisher unerschlossenen Gebieten freimachen und hat die Gründung eines Judenstaates zur Folge oder zur Voraussetzung. ... Mit der Existenz Palästinas allein ist das Problem nicht gelöst, es ist ein Versuch mit durchaus untauglichen Mitteln. Palästina kann auch unter den günstigsten Voraussetzungen der übrigen Welt nur einen geringen Prozentsatz ihrer Juden abnehmen, die zurückbleibende Minderheit aber erhält an diesem jüdischen ‚Paradestaat' einen Vorwand, sich der endgültigen Lösung des Judenproblems zu widersetzen und einen rechtlichen Anspruch, sich als nationale Minderheit behandeln zu lassen ... Den Juden sind die Lebensmöglichkeiten – nicht nur wirtschaftlich genommen – einzuschränken. Deutschland muß ihnen ein Land ohne Zukunft sein, in der wohl die alte Generation in ihren Restpositionen sterben, nicht aber die junge leben kann, so daß der Anreiz zur Auswanderung dauernd wach bleibt. Abzulehnen sind die Mittel des Radau-Antisemitismus. Gegen Ratten kämpft man nicht mit dem Revolver, sondern mit Gift und Gas. ... Es müßte die Taktik aller in Frage kommenden Stellen sein, die Gegensätze zwischen den bestehenden Gruppen der Juden zu kennen, zu benutzen und durch verschiedene Behandlung dieser Gruppen zu vertiefen. Als durchaus falsch muß jede Äußerung oder Amtshandlung bezeichnet werden, die darauf hinausläuft, jüdische Dachorganisationen zu stützen oder gar anzuregen".[79]

Das Memorandum enthält bereits einige Paradoxa und Kontraktionen, die in der Folge für die Judenpolitik des SD kennzeichnend sein sollten. Zwar wurde stets die Maximalforderung („restlose Auswanderung") betont, zugleich aber auf die Gefahren hingewiesen, die durch die mögliche Gründung eines „Judenstaates" in Palästina drohten. Das SD-Judenreferat förderte die zionistischen Gruppierungen im Reich, blendete aber aus, daß die staatliche Souveränität eines künftigen Israel zur zionistischen Grundkonzeption untrennbar gehöre. Mit Vorliebe wurden Modelle ventiliert, wie man die Juden in unfruchtbare Gegenden Südamerikas oder Afrikas verfrachten könne, wo sie sich mit Rodungen oder dem Straßenbau zu beschäftigen hätten – bis hin zu jenem „Madagaskar-Plan", an dem das RSHA und der Judenspezialist des Auswärtigen Amtes, Franz Rademacher, 1939/40 ernsthaft arbeiteten.[80] Unablässig kämpfte der SD gegen die für ihn ungeheure Vorstellung an, daß aufgrund der objektiven ökonomischen und außenpolitischen Schwierigkeiten, die sich mit einer massenhaft erzwungenen Auswanderung von Juden verbanden, das „Judenproblem" in Deutschland ohne Erreichen des „Endzieles" zur Ruhe kommen könne.

Im Sommer 1935 übernahm Leopold von Mildenstein die Leitung des Judenreferats im SD-Hauptamt (damaliges Kürzel: „J I/6"). Der 1902 in Prag geborene Ingenieur, seit 1929 NSDAP-Mitglied, war Heydrich durch eine Artikelserie im Berliner NS-Kampfblatt „Der Angriff" aufgefallen, in der Mildenstein unter dem Titel „Ein Nazi fährt nach Palästina" über die Tendenzen des Zionismus berichtet hatte.

Mildenstein war mit seiner Frau von dem Berliner Zionistenfunktionär Kurt Tuchler zu einem ausgedehnten Palästina-Besuch eingeladen worden, und dieser erklärte später, es sei „im Einverständnis mit den maßgebenden zionistischen Stellen"[81] geschehen.

Mildenstein holte Adolf Eichmann aus der Freimaurer- in die Judenabteilung, wo er sich ausgiebig mit der hebräischen Presse und der komplizierten zionistischen Organisationsstruktur auseinanderzusetzen begann. Ein Schreiben an den seinerzeitigen Zentralabteilungsleiter Behrends vom 3. Februar 1936 zeigt freilich, daß sich Mildenstein die Betreuung des Sachgebiets „Zionisten" zunächst selbst vorbehalten hatte, Eichmann befaßte sich mit den „orthodoxen Gruppen", und SS-Scharführer Kuno Schröder übernahm die „Assimilanten".[82] Am 17. Oktober 1935 hatte Mildenstein überdies die SD-(Ober-)Abschnitte zur Benennung von „Sachbearbeitern für Juden" aufgefordert; der SD-Abschnitt III meldete am „31. Gilbhard 1935" den SS-Unterscharführer Waldemar Klingelhöfer, der sich gut zehn Jahre später mit Six auf der Anklagebank des Einsatzgruppen-Prozesses wiederfinden sollte.[83]

Unter Mildenstein und seinem kurzzeitigen Nachfolger Kuno Schröder, beraten von dem umtriebigen Kaufmann Otto von Bolschwing[84], arbeitete sich das Referat II 112 in die Verästelungen der assimilatorischen, orthodoxen und zionistischen Organisationen ein und erstellte auf Anordnung der Zentral-Abteilungsleitung „Leithefte" zur SS-internen Schulung, so über die „Zionistische Weltorganisation (ZO)", „Agudas Jisroel" und den „Ort-Verband".

Mitte 1936 wurde mit Aufbau einer „Reichswichtigen Personen-Kartei" begonnen, in der „ein Teil führender in- und ausländischer Juden erfaßt" sei[85]. Man beklagte sich über die Unterbesetzung des Referats und mangelnde Qualifikation sowie Fluktuation bei den Judenreferenten in den regionalen SD-Abschnitten. Ende 1936 plante Schröder den Aufbau eines V-Männer-Netzes, wobei er zu bedenken gab, daß „die Eigenart des Gegners größte Schwierigkeiten bei der Einrichtung von Verbindungsstellen zu den gegnerischen Organisationen" bereite. Überdies forderte er innerhalb der Geschäftsverteilung des SD-Hauptamtes für sein Referat größere Kompetenzen im Bereich „Juden in der Wirtschaft" und „Juden im Ausland". Die generelle Definition des Gesamtgegners Judentum verfestigte sich, wie aus dem Bericht Schröders vom 28. August 1936 hervorgeht: „Der Jude ist schon als Mensch, bewiesen durch den Unterschied seiner Rasse und damit seines Volkstums, 100-prozentiger Gegner des Nationalsozialismus. Dort, wo er versucht, seine Arbeit, seine Wirkung und seine Weltanschauung auf die nicht jüdische Welt zu übertragen, läuft er aus in gegnerische Weltanschauungen (sic), wie wir sie im Liberalismus, insbesondere in der Freimaurerei, im Marxismus und nicht zuletzt auch im Christentum wiederfinden. Diese Anschauungen entsprechen also im weiteren der jüdischen Mentalität. Zu dieser Erkenntnis ist eine sachliche Beurteilung Voraussetzung. Es mußte also in der Bekämpfung des Judentums zwangsläufig abgerückt werden von unsachlichen und abwegigen, oftmals geradezu phantastischen Ansichten sogenannter Antisemiten".[86]

„Sachlichkeit" im Sinne der SD-Gegnerarbeit war also kein Moment objektiv-rationaler Differenzierung, sondern Ausdruck eines überlegenen Gruppengefühls und Ausdruck einer militanten, pseudowissenschaftlichen Haltung. Die „sachliche" Judenverfolgung erwies sich damit als zäher und gefährlicher als die „geradezu phantastischen Ansichten sogenannter Antisemiten".

Von 1936 an beschäftigte sich das SD-Judenreferat zunehmend mit ökonomischen Fragen, besonders mit dem komplexen Modus des Kapitaltransfers beim Auswanderungsverfahren. Nachdem die formale

Entrechtung der Juden mit den Nürnberger Rassegesetzen vollzogen worden war, monierte der SD mit steigender Intensität, daß sich Juden nach wie vor erfolgreich am deutschen Wirtschaftsleben beteiligen könnten. In einem Memorandum vom Januar 1937, das Eichmann zugeschrieben wird[87], stellte das Judenreferat eine Prioritätenliste auf, mit der einer „Auswanderungsmüdigkeit" begegnet werden sollte: „weitgehende Verdrängung der Juden aus der Wirtschaft", wesentliche Verstärkung des „politischen und gesetzlichen Drucks" und Erweiterung der „technischen Möglichkeiten der Auswanderung". Das Memorandum gipfelte in dem Vorschlag, eine „Zentralstelle" einzurichten, deren Aufgabe es wäre, „die gesamten technischen innerdeutschen Arbeiten für die Auswanderung zu leisten, die Gebiete und Märkte genau zu überprüfen, in die Juden abgeschoben werden sollen" und vor allem „die Lösung des Gesamtproblems in nationalsozialistischem Sinne durchzuführen". Diese Idee wurde im Frühjahr 1938 präzise umgesetzt, als Six Eichmann nach Wien entsandte.

Bei aller Entschiedenheit der Postulate und dem Anspruch auf Führungskompetenz nahm sich die Alltagsarbeit des Referates II 112 eher skurril und verworren aus, so daß Herbert Hagen bei einer von Six für den 1. November 1937 einberufenen Konferenz der SD-Judenreferenten mißmutig kundtat, es habe dem SD „bisher an der großen Linie und dem Systematischen in der Arbeit gefehlt. Gewiß ist das einesteils auf die mangelhafte personelle Besetzung der Stellen auf den O. A., den U. A. und besonders bei den Außenstellen zurückzuführen. Der Hauptgrund scheint aber doch darin zu liegen, daß über die vielen Kleinigkeiten, deren Erledigung selbstverständlich wichtig ist und erst die Wichtigkeit zur Durchführung der großen Aufgaben gibt, die große Linie, die wir bei der Lösung der Judenfrage in Deutschland zu verfolgen haben, aus dem Auge verloren wurde".[88]

Herbert Martin Hagen war, wie aus den Akten unzweifelhaft hervorgeht, der eigentliche Motor der SD-Judenpolitik in den Jahren 1937 bis 1940. Six nutzte sein publizistisches Talent weidlich aus und trieb ihn zu immer neuen Stellungnahmen und Publikationen an. Mit Eichmann verband Hagen bald eine enge persönliche Beziehung.

Zu ihnen war im März 1937 der Tübinger Kaufmannssohn Theo Dannecker[89] gestoßen, Jahrgang 1913, der vom SD-Oberabschnitt Süd-West ins Hauptamt übernommen wurde. Hagen, der nach der Versetzung Wislicenys zum SD-Abschnitt Danzig im November 1937 offiziell die Abteilungsleitung II 112 wahrnahm, hielt den April 1937 für eine gewichtige Zäsur in der SD-Judenpolitik: „Nach dem Wechsel in der Zentralabteilung II 1 und der Leitung der Abteilung II 112 wurde sofort von der theoretischen Bearbeitung des Judentums abgegangen und die praktische Arbeit aufgenommen. Dabei wurde insbesondere Wert darauf gelegt, nicht nur über das zuständige Referat im Geheimen Staatspolizeiamt über die Lage im Judentum unterrichtet zu werden, sondern es wurde direkte Fühlung mit den leitenden Funktionären auf dem Wege von Vorladungen im Gestapa aufgenommen. Außerdem beschränkte sich die Arbeit nicht nur auf das in Deutschland ansässige Judentum, sie wurde vielmehr auch auf die Erfassung des Judentums im Ausland ausgedehnt".[90]

Sicherlich ist die Beobachtung Michael Wildts zutreffend, daß Hagen hier seinen eigenen Wechsel in das Referat II 112 als besonders förderlich für die Bekämpfung des zentralen NS-Gegners herausstellte und in dieses Selbstlob seinen Protektor Six einbezog. Dennoch nahm unter dem Patronat Six' die Handlungsdynamik, Systematik und Aggressivität der SD-Judenpolitik auch objektiv zu.

Six ordnete im Verbund mit Hagen zunächst an, die Arbeit an den Personalkarteien zu verstärken und dafür die allgemeine weltanschauliche Arbeit zurückzustellen. Diese konkrete Gegnererfassung diente – neben propagandistischen Zwecken – im Vorfeld der expansiven Außenpolitik des NS-Staates vor allem dazu, im Falle von Eroberungsfeldzügen personenbezogene Daten zwecks „Erfassung", Verhaftung und Liquidierung parat zu haben.

So hielt Hagen nach einer Besprechung mit Six am 7.6.1937 fest, die Abteilung II 112 solle „mit sofortiger Wirkung" mit der Erfassung aller wichtigen Juden beginnen, „insbesondere der in der internationalen Wissenschaft tätigen", einschließlich einer laufenden „Überprüfung der Ortsveränderungen", außerdem solle versucht werden, „ihre strömungsmäßige Bindung festzustellen". Besonders wichtig erschien Six und Hagen schon zu diesem Zeitpunkt eine „Erfassung der österreichischen Juden".[91] Zwei Tage später wurde in einer Abteilungsbesprechung noch einmal ausdrücklich fixiert, daß sich die Arbeit von II 112 „zukünftig auf restlose (sic) Erfassung der Juden in der Judenkartei" konzentrieren werde. Überdies schlug Hagen die „dauernde und systematische Beobachtung" der diversen NS-Institute zum Studium der Judenfrage („insbesondere desjenigen von Franck") vor, um deren Forschungsarbeit durch den SD zu bestimmen, was allerdings Six mit dem Randvermerk „kaum möglich" quittierte.[92]

Die einzelnen (Hilfs-)Referenten erhielten konkrete Arbeitsanweisungen. So sollte sich Hauptscharführer Eichmann um die Konzeption der Judenkartei kümmern, Oberscharführer Dannecker um die „Auswertung des B'nai B'rith-Materials", Scharführer Eisenmenger unter anderem um die Aufstellung „einer Liste ausländischer jüdischer Zeitungen, unter besonderer Berücksichtigung des österreichischen Judentums laut Befehl von SS-Stubaf. Six". Unterscharführer Hagelmann sollte die „jetzt bestehende Judenkartei" zu einer „Spitzenkartei" fortführen und Hauptscharführer Hartmann übernahm die „Überwachung der Aktenführung und des technischen Teils des Briefverkehrs".[93]

Besonders eindringlich drängte Six auf eine enge Zusammenarbeit des SD-Judenreferates mit dem korrespondierenden Fachreferat im Geheimen Staatspolizeiamt. Es seien acht- oder vierzehntägig Besprechungen festzusetzen, „die regelmäßig an einem bestimmten Wochentage und zu bestimmter Stunde stattfinden sollen und an denen der Abteilungsleiter immer teilzunehmen" habe.[94]

Nachdem Heydrich in seinem „Funktionstrennungserlaß" vom 1. Juli 1937[95] unter anderem festgelegt hatte, daß bezüglich des Judentums „alle allgemeinen und grundsätzlichen Fragen" vom SD und „alle Einzelfälle" vom Gestapa bearbeitet werden sollten, wurden die entsprechenden Sachakten vom Gestapa ins SD-Hauptamt übergeleitet, ohne daß der SD freilich die personenbezogene Arbeit aufgab.

Das wahre Kräfteverhältnis geht aus einem Tätigkeitsbericht Wislicenys vom Oktober 1937 hervor: „Die Zusammenarbeit mit der Geheimen Staatspolizei war bisher ein recht gute. Dies war besonders in der Person des bisherigen Leiters des Judenreferats im Gestapa, Ass. Flesch, begründet. Mit seinem Nachfolger, Ass. Freytag, wurde persönlich Fühlung genommen. Da Ass. Freytag noch keine Kenntnisse auf dem Gebiete des Judentums besitzt, bat er, ihn weitgehend zu unterstützen und vor allem auch bei Maßnahmen executiver Art ihn zu beraten ... Durch den Funktionsbefehl wurden die gesamten Sachakten des Gestapa der Abteilung II 112 zugeleitet. Aus diesem Grunde ist das Gestapa auf eine enge Zusammenarbeit mit dem SD-Hauptamt angewiesen".[96]

Schließlich wurden die direkten Kontakte zu Funktionären jüdischer Organisationen, vornehmlich zionistischer Vereinigungen, intensiviert. In enger Kooperation mit dem Zuträger Bolschwing kaprizierte sich vor allem Eichmann darauf, durch direkte Kommunikation Zweckbündnisse für die zionistische Auswanderung zu schließen. Durch Vermittlung Bolschwings und des Korrespondenten des Deutschen Nachrichtenbüros (DNB) in Jerusalem, Dr. Reichert, hatte sich Eichmann bereits Ende Februar 1937 mit Feivel Polkes, einem zwielichtigen Funktionär der militärischen Geheimorganisation „Haganah", im Berliner Restaurant „Zur Traube" getroffen.

Die Kosten für den Abstecher Polkes' nach Deutschland trug der SD, der auch gleich den Koffer des „Haganah"-Mannes durchwühlte. Hagen machte Six im Juni 1937 den Vorschlag, Polkes als „ständigen Nachrichtenzuträger für den Sicherheitsdienst" zu gewinnen, da dieser „über alle wichtigen Vorgänge des Weltjudentums" unterrichtet sei. Polkes habe sich bereit erklärt, „Dienste in Form von Nachrichten zu leisten, soweit sie nicht seinen politischen Zielen entgegenstünden. Er würde u. a. die deutschen außenpolitischen Interessen im vorderen Orient tatkräftig unterstützen, würde sich dafür verwenden, dem Deutschen Reich Erdölquellen im vorderen Orient in die Hand zu spielen, ohne dabei englische Interessensphären zu berühren, wenn die deutschen Devisenverordnungen für die nach Palästina auswandernden Juden gelockert würden".[97] Außerdem sei Polkes über die Hintergründe der Ermordung des NS-Funktionärs Gustloff und „insbesondere die zahlreichen Morddrohungen und Attentatspläne (Alliance israelite universelle, Paris) gegen den Führer" informiert. Im Moment sei Polkes aufgrund der Unruhen in Palästina allerdings unabkömmlich, so daß der einzige Weg zur Gewinnung Polkes „die direkte Fühlungnahme in Form einer Palästinareise" sei. Zu Tarnungszwecken müßten SS-Hauptscharführer Eichmann und „ein zweiter sachkundiger Begleiter" mit Schriftleiterausweisen der „Frankfurter Zeitung" oder des „Berliner Tageblatts" ausgestattet werden.

Six, beeindruckt von der Aussicht auf Ölquellen und Informationen über die Hintergründe von Attentatsplänen, gab Hagens Bericht an Heydrich weiter, der die Reise und das dafür notwendige Geld genehmigte, aber zugleich darauf hinwies, daß er für diese Aktion keine Verantwortung übernehme, sondern die ganze Verantwortung Untersturmführer Schellenberg und Six tragen müßten. „Es wären daher Hagen und Eichmann nochmals auf ein vorsichtiges und unauffälliges Verhalten hinzuweisen und aus Gründen der Verantwortung zu befehlen, sich nicht in schwierige Situationen zu begeben, sondern gegebenenfalls darauf zu verzichten. Im Notfalle ist die Reise verfrüht abzubrechen", notierte Six nach einer Unterredung mit Heydrichs Adlatus Schellenberg.[98] Auch das Verlangen Eichmanns nach der Finanzierung eines „leichten hellen und eines dunklen Anzugs, ... da bei meiner Reise unter anderem Verhandlungen mit arabischen Fürstlichkeiten vorgesehen sind", lehnte Six „grundsätzlich" ab.[99]

Eichmann und Hagen reisten am 26. September 1937 über Polen, Rumänien, die Türkei und Griechenland nach Haifa, wo sie allerdings von der britischen Mandatsmacht nur die Erlaubnis erhielten, sich dort für einen Tag aufzuhalten. Ein zweites Einreisevisum wurde den

Amateurspionen trotz ihres „Berliner Tageblatt"-Ausweises rundweg verwehrt, und so kam es lediglich in Kairo zu wenig ergiebigen Gesprächen mit Polkes, der im Luxus-Hotel „Mena House" Pläne wie die Einrichtung einer „deutschen Luftfahrtlinie nach Palästina" entwickelte. Am 19. Oktober reisten die SD-Judenreferenten wieder ab. Obwohl sich die teure Tour als Fehlschlag erwiesen hatte, enthielt der 50seitige Bericht, den Hagen und Eichmann am 4. November über Six an „C" sandten, einige bemerkenswerte Hinweise. So hieß es unter dem Punkt „Vorschläge für den Ausbau der nachrichtendienstlichen Tätigkeit": „Wie unser Aufenthalt in Ägypten gezeigt hat, sind gerade in diesem Land große Möglichkeiten für den Aufbau eines den gesamten vorderen Orient umfassenden Nachrichtennetzes gegeben. Es wurde deshalb auch schon mit Dr. Reichert und Herrn Gentz theoretisch die Möglichkeit besprochen, SD-Männer als Gehilfen in die dortigen Agenturen des DNB einzubauen. Beide hielten einen solchen Plan für durchführbar, wobei als Bedingung lediglich journalistische- und Sprachenkenntnisse gefordert werden müßten. Unter Anleitung der Auslandsfachmänner des DNB könnten die SD-Männer die nötige Auslandserfahrung sammeln und sich zudem ausgezeichnete Verbindungen zu Regierungsstellen und sonstigen wichtigen politischen Posten schaffen ... Dieses System ließe sich beim Einverständnis des DNB auch auf alle Auslandsagenturen übertragen".[100]

Den Zusammenhang von Sicherheitsdienst und Publizistik suchte Amtschef Six, angeregt durch einen Zufall, auch auf einem bislang wenig beachteten Gebiet zu fördern. Am 22. April 1938 wandte sich die Lexikonredaktion der „Bibliographisches Institut AG" in Leipzig an Six, um diesen zu bitten, für „Meyers Lexikon" das Stichwort „Hertz, Friedrich" zu bearbeiten.

Six hatte zuvor für „Volk im Werden" einen Artikel „Deutschenhaß – Judenhaß" verfaßt, in dem auch jener Hertz vorgekommen war. Six sah eine ganz unerwartete Wirkungsmöglichkeit und erklärte mit Ablieferung des Hertz-Beitrages seine Bereitschaft, „auch weitere Beiträge auf dem Gebiete der gegnerischen Weltanschauung zu übernehmen"[101], so über die Frage des internationalen Pazifismus, Emigration usw.; ebenso sei er in der Lage, „die entsprechenden Sachartikel über die Judenfrage, ihre geistigen Zusammenhänge und politischen Auswirkungen mit einzelnen Personenerweiterungen bis in die jüngste Gegenwart" zu beschaffen. Im Mai 1938 überprüfte dann Hagen Struktur und Inhalt des Artikels „Judentum", der dem SD-Hauptamt auf Six' Betreiben von der „Parteiamtlichen Prüfungskommission zum Schutze des NS-Schrifttums" übersandt worden war, und kritisierte die bislang vorliegende Stoffgliederung als „dürftig" und „nicht sinngemäß".

Die Bearbeitung des Artikels blieb einige Zeit liegen, und Hagen hatte für Six schon einen Brief entworfen, in dem dieser der Prüfungskommission mitteilen sollte, daß es „infolge einer wachsenden Arbeitsüberlastung nicht möglich sei, die Punkte 5 und 6 zum Artikel ‚Judentum' für ‚Meyers Lexikon' zu bearbeiten". Damit kam er bei seinem Vorgesetzen nicht an. „Was soll denn das sein? Das hätten Sie gleich ablehnen müssen", kritzelte Six an den Rand der Vorlage und befahl, den Artikel beschleunigt vorzulegen.[102] Zudem hielt Six seine Referenten zum Schreiben von Artikeln für NS-Organe wie „Der Hoheitsträger" an. Regelmäßig wurden Vertreter der NS-Presse durch das SD-Hauptamt geführt und durch Vorträge über die SD-Gegnerpolitik belehrt.

Gemeinsam intensivierten Six und Hagen die Kommunikation mit anderen NS-Instanzen, die sich maßgeblich mit der „Judenfrage" auseinandersetzten. Im Januar 1938 kam es zu Unterredungen der Abteilung II 112 mit Pg. Schubert vom Rassenpolitischen Amt der NSDAP, um über Zulieferungen des SD für den Informationsdienst des Amtes zu sprechen. Hagen sah darin eine „gute Möglichkeit" für die „Einflußnahme des SD auf die Ausrichtung der Parteipropaganda in der Provinz". Schubert habe, wie Hagen in einem Vermerk festhielt, „übrigens die gleichen Erfahrungen gemacht wie die Abteilung II 112 an anderen Ministerien und Dienststellen, daß nämlich geäußert wird, der Führer wünsche nicht die Auswanderung, sondern das Verbleiben der Juden in Deutschland, um Repressalien gegen die auswärtige Judenhetze zu haben. Der Leiter des Rassenpolitischen Amtes, Dr. Groß, der die Rede des Führers, in der er diese Äußerung getan hat, im Jahr 1935 gehört hat, habe jedoch auf Befragen von Schubert erklärt, daß diese Äußerung lediglich aus der damaligen Zeit zu verstehen sei und daß der Führer diesen Standpunkt unter den veränderten Verhältnissen nicht mehr vertrete".[103]

Ohne ideologische Differenzen verlief auch die Zusammenarbeit mit der Abteilung II A („Büro Hinkel") des Propagandaministeriums. „Reichskulturwalter" Hans Hinkel war selbst SS-Oberführer und bekannte stolz, daß in seinem Büro, das mit der „Reinhaltung" des deutschen Kulturbetriebs und der Überwachung jüdischer Kulturorganisationen beschäftigt war, „ausschließlich SS-Angehörige tätig" seien, die „die engste Zusammenarbeit mit dem SD Hauptamt und dem Gestapa" wünschten.[104] Am 30. Juli 1938 kam es zu einem Treffen zwischen Hinkel und Hagen in Anwesenheit einiger Hinkel- und Gestapa-Referenten, wo sich bald als gemeinsames Lieblingsthema die Verfolgung homosexueller Künstler herauskristallisierte. Hinkel beklagte, daß sich Goebbels in dieser Frage die letzte Entscheidung vorbehalten habe, so daß man die Homosexuellen nicht mehr automatisch aus den Kulturkammern entfernen könne. Außerdem habe der Rechtsanwalt Dr. Langbehn die Verteidigung zahlreicher straffällig gewordener Künstler übernommen, sich aber im Gespräch mit ihm, Hinkel, auf die anwaltliche Schweigepflicht berufen. Six merkte nach dem Vortrag dieses Sachverhalts durch Hagen an, daß es eventuell möglich sei, „durch eine Haussuchung (sic) belastendes Material über nicht genehme Künstler im Sinne des § 175" zu erhalten. Besonders bitter aber erschien es Hinkel, daß Reichsmarschall Göring seine schützende Hand über „175-Cliquen" in den Staatstheatern und in der Volksbühne halte: „SS-Oberführer Hinkel gab einen streng vertraulichen Bericht über seine vorjährigen Differenzen mit Generalfeldmarschall Göring wegen des Gründgenskreises (die interessierten Kreise wurden hiervon bereits mündlich durch II 112 unterrichtet). Nachdem er sich Generalfeldmarschall Göring gegenüber verpflichtet hat, sich um diesen Fall nicht mehr zu bekümmern, hat er festgestellt, daß ein ähnlicher Kreis in der Volksbühne existiert, zu dem auch Lesbierinnen gehören, die in sehr maßgeblicher Weise die Personalpolitik an verschiedenen Theatern bestimmen".[105]

Abschließend kam man auf „Einzelfälle" zu sprechen. Willi Forst heiße eigentlich „Frohs" und sei „wahrscheinlich" jüdischer Abstammung, Veit Harlan, der augenblicklich allerdings sehr in den Vordergrund gedrängt werde, vermutlich „Halbjude" (hier müsse man bei den Ermittlungen aber „mit äußerster Vorsicht zu Werke gehen", da andernfalls eine Diskriminierung der NS-Kulturpolitik zu erwarten sei), Paula Wessely und Attila Hörbiger unterhielten starke Beziehungen zu Juden, wobei letzterer „zur Unterstützung des jüdischen Schwimmvereins ‚Hakoah' 5000 Schilling gezeichnet" haben solle.

Am 27. Oktober 1938 kam es im Kameradschaftshaus der Deutschen Kunst zu einem erneuten Treffen, an dem dieses Mal auch Six teilnahm. Hinkel wurde belehrt, daß es nicht zweckmäßig sei, „den Auflösungsprozeß der Judenschaft in Österreich durch die Einrichtung einer Kulturorganisation aufzuhalten". Man kam überein, den Jüdischen Kulturbund des alten Reichsgebiets zu beauftragen, „die Kräfte für ein jüdisches Theater in Wien heranzuholen und diese aus eigenen Mitteln zu unterhalten, ohne daß dabei eine Organisation notwendig sei". Hinkel wurde eingeladen, sich bei einem für den November geplanten Besuch in Wien die dortige „Zentralstelle für jüdische Auswanderung" anzusehen.[106]

In der Gründung der österreichischen „Zentralstelle" war die Judenpolitik des SD unter Six und Hagen kulminiert, so wie überhaupt beim Anschluß der „Ostmark" am 12./13. März 1938 Six' SD-Karriere einen Höhepunkt erreichte. Himmler und Heydrich waren mit hoher Energie bestrebt, mit der Sicherheitspolizei und dem SD eine zentrale Rolle bei Hitlers Annexionspolitik zu spielen, und Österreich war der erste große Testfall für alle kommenden Einsätze im Sudetenland, der Tschechoslowakei, Polen, den westlichen Nachbarländern und schließlich in der Sowjetunion.

Nach dem Berchtesgadener Abkommen vom 12. Februar 1938 zwischen Hitler und dem auf dem Obersalzberg rüde drangsalierten österreichischen Bundeskanzler Schuschnigg gingen auch internationale Beobachter von einem nahe bevorstehenden „Anschluß" aus. „Die ersten Nachrichten über die Unterredung Hitler-Schuschnigg", notierte der italienische Außenminister Graf Ciano, „lassen an eine stillschweigende Nazifizierung Österreichs glauben. Der Anschluß ist unvermeidlich. Es gilt, ihn nur solange als möglich hinauszuschieben".[107] Spätestens zu diesem Zeitpunkt wurde die gesamte „Gegnerarbeit" im SD-Hauptamt auf den Anschlußfall umgestellt. Eichmann erinnerte sich an die hektische Betriebsamkeit: „Mehrere Wochen vor dem Anschluß hatten wir die Österreich-Aktion auf Karteikarten bearbeitet, soweit sie Amt VII (gemeint ist Amt II, L. H.) betraf. Ohne Rücksicht auf Dienstgrad oder Dienststellung gingen wir in vierundzwanzigstündiger Dreischichtenarbeit nach den Erkenntnissen von SD und Gestapo vor. Wir erfaßten die jüdischen Funktionäre und Freimaurer auf allen weltanschaulichen Gebieten. Wir saßen wie Schulbuben auf den Bänken und schrieben die Karteikarten; dann wurden sie nach Alphabet geordnet, buchstabenweise eingereiht und Dinge, die noch Zeit hatten, zur Seite gelegt. Mit diesem Karteikartenmaterial ‚rauschte' die erste Welle des SD nach Österreich ab".[108]

So vorbereitet, brach in den Tagen nach dem Einmarsch der deutschen Wehrmacht in Österreich eine Terror- und Verhaftungswelle über die Juden, Freimaurer, Marxisten und sonstige Oppositionelle herein, begleitet von Pogromen und eigenmächtigen Sonderaktionen von SD- und Gestapo-Angehörigen. Angefangen mit dem Einsatz in der „Ostmark", so notierte Heydrich am 2. Juli 1940 rückblickend, seien „gemäß Sonderbefehl des Führers besondere polizeiliche Einsatzgruppen (Sicherheitspolizei und Ordnungspolizei) mit den ... Truppen vorgegangen" und hätten dabei „auf Grund der vorbereitenden Arbeit systematisch durch Verhaftung, Beschlagnahme und Sicherstellung wichtigsten politischen Materials heftige Schläge gegen die reichsfeindlichen Elemente in der Welt aus dem Lager von Emigration, Freimaurerei, Judentum und politisch-kirchlichem Gegnertum sowie der 2. und 3. Internationale geführt".[109] Nach Aussage des späteren Linzer SD-Abschnittschefs Theo Gahrmann blieb Franz Alfred Six als Chef des SD-„Österreich-Kommandos" vom 12. März 1938 bis Anfang April in Wien. Während Best und Müller den direkten Gegner-Einsatz der Sicherheitspolizei in Österreich koordinierten, wurde Six von Heydrich vorrangig mit der Beschlagnahmung von Akten und Archivmaterialien sowie mit der Bekämpfung intellektueller Gegner beschäftigt. Mehrere Kommandos des Amtes II durchsuchten im März und April 1938 die Räume diverser Gegnergruppen.

Bei der „Österreichischen Völkerbundsliga" in der Wiener Krugerstraße 17 beschlagnahmte Obersturmführer Spengler 30 Kisten mit Akten und Büchern, die nach Berlin überführt wurden. Die „sehr herabgewirtschafteten Büroeinrichtungen" wurden großzügig der Nationalsozialistischen Volkswohlfahrt überlassen.[110]

In der Ebendorfer Straße 7 stieß Spengler auf die „Marxistenbibliotheken Pernersdorfer, Winarsky, Viktor Adler". Spengler erteilte die Anweisung: „Außer diesen Bibliotheken ist sofort mitzunehmen die Rußlandbibliothek, das Verkaufsmagazin der Arbeiterbank, das kommunistische Material hinter der Tapetentür. Das Wahlpropagandamaterial für Schuschnigg im Keller und in dem einen Büchermagazin ist einzustampfen". Das Privatzimmer des Grafen Coudenhove-Kalergi im Kreuzherrnhof sei „durch einen Sachkenner (Bücher, Manuskripte und Briefwechsel)" zu durchforsten. Am 9. April wurde, so meldete SS-Untersturmführer Seibert als zuständiger Wirtschaftsreferent, von Scharführer Stein die Bibliothek des Juden Dr. Gottfried Kunwald in der Schulerstraße 1 durchgesehen, „der sich vergiftet hat". Seiberts Anweisung: „Der Abtransport nach Berlin wird unter Aufsicht des Scharf. Stein durchgeführt. Die Wohnungsschlüssel, Schrank- und Kassenschlüssel werden dem Scharf. Stein übergeben. Zusammen mit der Bibliothek soll das gesamte bei Kunwald befindliche Aktenmaterial nach Berlin transportiert werden. Es handelt sich um *reichswichtiges* Material, da Kunwald Finanzberater verschiedener österreichischer Regierungen war." Und am 26. April 1938 meldete Staffelscharführer Günter Stein an den inzwischen zum Hauptsturmführer beförderten Spengler nach Berlin: „Verpackung und Abtransport der Marxistenbibliotheken und des sonstigen befohlenen Materials aus der Ebendorfer Straße beendet. Inzwischen auch Bibliothek Mises verpackt. Waggon 12 abgefertigt. Waggon 13 heute abgefertigt. Untersturmführer Kämpf sichtet und verpackt Buchhandlung Lanyi. Untersturmführer Eichmann verpackt Bibliothek des Hebräischen Pädagogiums. Scharf. Stein nach kurzer Einführung bei Lanyi mit Material für Waggon 13 beschäftigt. Unaufschiebbare Schreibarbeiten". Mit dem Einsatz in Wien war freilich die Österreich-Arbeit des Amtes II noch nicht beendet. Ein spezielles Referat II 1224 (Österreich) wurde etabliert und zur Bearbeitung der aus Österreich nach Berlin verbrachten Kisten mit Aktenmaterial ein „Österreich-Auswertungskommando" gebildet. In einer Abteilungsleiterbesprechung am 17. Juni befahl Six, daß zur „Durchführung des österreichischen Berufsbeamtengesetzes" noch einmal alles Karteimaterial durchzusehen sei. Als Leiter dieser Aktion wurde Paul Dittel eingesetzt. Außerdem seien „zur Durchführung der Vernehmungen der in Österreich Inhaftierten ... bis zum 27. 6. morgens genaue Fragebogen bei Richter" vorzulegen, „die bei der Vernehmung verwendet werden" könnten.[111] Bis zum 30. Oktober 1938, so kommandierte Six schließlich, sei die Auswertungsarbeit zu beenden – die Sachbearbeiter wurden nun für die „Nachbereitung" des SD-Einsatzes im Sudetenland und zur Vorbereitung der Gegnerarbeit in der Tschechoslowakei gebraucht.[112]

Herbert Hagen war mit dem Six-Kommando am 12. März 1938 nach Wien gelangt und blieb dort einen Monat lang. Er hatte sich, wie aus einem Aktenvermerk des Hauptabteilungschefs Knochen hervorgeht, mit einem „Sofort-Programm", einer „Personenkartei", Material über die „B'nai-B'rith"-Loge, die „jüdische Presse" und einer detaillierten Verbändekartei munitioniert.[113] Am 9. April legte Hagen seinem Amtschef „befehlsgemäß eine Aufstellung der auf Veranlassung von II 112 verhafteten Personen" vor.[114]

Am 16. März war auch Eichmann nach Wien gekommen, wo er zwei Tage später an der SD-Razzia „im Gebäude der Israelitischen Kultusgemeinde in der Seitenstettengasse (teilnahm), bei der Dokumente, wie unter anderem ein Beleg für die Bezahlung einer Wahlkampfspende für Schuschniggs Volksabstimmung, beschlagnahmt wurden".[115] Nach einer Phase der Kompetenzverwirrung ergriff Eichmann in der Wiener Judenpolitik die Initiative und setzte den bereits ein Jahr zuvor entwickelten SD-Plan einer Auswanderungs-„Zentralstelle" in die Tat um. Sein Referat im Berliner SD-Hauptamt übernahm Theo Dannecker, der die Abteilung während der Abwesenheit Hagens bereits kommissarisch geführt hatte.[116]

Am 16. Mai 1938 erhielt Six aus Wien die eilige Nachricht, daß der Leiter des neuen SD-Oberabschnitts Österreich, SS-Oberführer Erich Naumann, beabsichtige, SS-Untersturmführer Eichmann als Abtei-

Theodor Dannecker mit seinem Bruder Carl 1942 in Berlin

lungsleiter zum SD-Unterabschnitt Linz zu versetzen.[117] Six reagierte energisch. Er sei „leider genötigt", ließ er den „lieben Kameraden Naumann" wissen, hierzu festzustellen, daß er „den SS-Untersturmführer Eichmann nur unter der Voraussetzung an den Oberabschnitt Österreich gegeben habe, dort die zentrale Führung der österreichischen Judenfrage an Ort und Stelle an die Hand zu nehmen. Die Konzentration der Juden in Wien macht daher auch die Anwesenheit eines erfahrenen Praktikers, wie Eichmann, erforderlich. Eine Notwendigkeit, die noch verstärkt wird, durch den grossen Ausbau der Judenabteilung bei der Staatspolizeileitstelle in Wien. Falls es sich bei der Versetzung Eichmanns wieder um seinen Wunsch nach einer Abteilungsleiterstelle handeln soll, so kann ich nur darauf hinweisen, daß es unter diesen Umständen erforderlich ist, das Judenreferat in Wien zu einer Abteilung auszubauen und SS-Untersturmführer Eichmann entsprechend einzusetzen. Ich bin bereit, gemeinsam mit Ihnen diesen Plan beim Chef des SD-Hauptamtes zu vertreten und entsprechende Vorschläge zu unterbreiten. Ich bitte zu verstehen, daß ich einen Sachkenner und Spezialisten wie Eichmann nur ungern aus dem Hauptamt abgegeben habe und er mir heute unersetzbar fehlt, sodaß ich einer Unterbringung lediglich einer Dienststellung wegen nicht zustimmen kann. Ich müsste unter diesen Umständen Eichmann durch den Chef des SD-Hauptamtes nach Berlin zurückversetzen lassen".[118]

Das Dokument ist aufschlußreich. Es belegt Six' aktive Rolle in der SD-Judenpolitik, zumal Eichmann selbst nicht als „Referenterl" in Wien bleiben wollte, sondern die Aussicht auf eine Abteilungsleiterstelle in Linz durchaus attraktiv fand (wenn es ihm auch „ehrlich leid" tat, wie er in einem Brief seinen Kumpan Hagen wissen ließ, daß er von der Arbeit, in der er „gewissermaßen jetzt schon seit Jahr und Tag zuhause" sei, weggehen müsse[119]). Zum anderen scheint noch einmal deutlich die aus Six' Sicht besonders bedeutsame Konkurrenz von SD und Gestapo auf. Six fand die Angelegenheit so wichtig, daß er sie für den 20. Mai auf Wiedervorlage legen ließ. Man einigte sich schließlich nach einer Rücksprache mit SS-Oberführer Wilhelm Albert darauf, „daß eine Ausweitung in Form einer Abteilung nicht möglich ist; dagegen 1) Eichmann bevorzugt und schneller ein bis zwei Grade befördert wird, 2) Eichmann zwei Referenten dazu erhält".[120] Am 7. Juli wurde Eichmann bei einem Besuch der Berliner Zentrale dieser Zusage im Beisein Alberts noch einmal versichert.

Nach intensiven und eher fruchtlosen Verhandlungen zwischen Eichmann, seinem „Wirtschaftsberater" von Bolschwing, Vertretern der Reichsbank, des Wirtschaftsministeriums und der jüdischen Kultusgemeinde in Wien (in denen es den NS-Vertretern vor allem darum ging, wie die „Auswanderung kapitalistischer Juden" vorerst verhindert, die von „Minderbemittelten" hingegen beschleunigt werden könne) kam es am 22. August 1938 schließlich zur Gründung der „Zentralstelle für jüdische Auswanderung". Formell war dafür der „Reichskommissar für die Wiedervereinigung Österreichs mit dem Deutschen Reich", Josef Bürckel, zuständig, der die „Gesamtleitung" an den „SD-Führer des SS-Oberabschnitts Donau", SS-Standartenführer Dr. Stahlecker, weitergab.[121]

Dieser wiederum beauftragte Eichmann mit der praktischen Umsetzung. Es hätten sich in Wien die Fälle gehäuft, so formulierte Ideengeber Eichmann, „wo auswanderungslustige (sic) Juden tage- und wochenlang vor den zuständigen Dienststellen Schlange standen, um dort ihre Ausweispapiere in Ordnung zu bringen". Teils durch unfähige Beamte, teils durch das Organisationschaos, seien „Unzukömmlichkeiten" aufgetreten, „die entgegengesetzt unserem Interesse an einer forcierten Abwanderung von Juden aus Österreich standen", fuhr Eichmann im SD-Deutsch fort.[122] Die Zentralstelle mit Sitz im ehemaligen Palais Rothschild sollte für Rationalisierung des Vertreibungsverfahrens sorgen, einschließlich der Beschaffung von Devisen, Zusammenarbeit mit den Reisebüros und Schiffahrtsgesellschaften, Überwachung der jüdisch-politischen Organisationen „bezüglich ihrer Haltung in der Auswanderungsfrage" und der „ständigen Fühlungnahme mit allen für die Abwanderung von Juden aus Österreich in Frage kommenden Stellen".

Ökonomisch ausgeplündert, legislativ bedroht und häufig auch im Rothschild-Palais selbst schikaniert, wurden die Juden nun im Fließbandverfahren außer Landes getrieben. Eichmann, nunmehr ganz in seinem Element, gab ständig neue Erfolgszahlen nach Berlin durch, und schon Mitte September („Dienstreiseantrag 432 und Befehl II vom 29. 8. 1938") notierte der zur Besichtigung nach Wien entsandte Abteilungsleiter Hagen, daß durch „diese Gründung die Gewähr dafür gegeben (sei), daß absolut die Linie des Sicherheitsdienstes bei der Durchführung der Judenfrage in Österreich gewährleistet ist, ohne daß eine andere Stelle die Möglichkeit oder die Befugnis hätte, sich bestimmend einzuschalten".[123] Über die Möglichkeiten der „Ausdehnung der in Österreich gemachten Erfahrungen auf das Reichsgebiet" wollte Hagen „gesondert" berichten. Am 11. November 1938, kurz nach dem maßgeblich von Goebbels forcierten reichsweiten Judenpogrom, erhielt Standartenführer Stahlecker folgendes Telegramm des SD-Hauptamts: „Im Laufe des Sonnabend-Vormittag findet in Berlin eine grössere Besprechung statt, in welcher die mit den Aktionen gegen die Juden und der zukünftig einzuschlagenden Generallinie zusammenhängenden Fragen besprochen werden sollen. Da der Plan besteht, entsprechend der Regelung in der Ostmark, auch im Reich eine Zentralstelle zu gründen, erscheint es Gruf. Heydrich zweckmäßig, wenn Ostuf. Eichmann an der Besprechung teilnimmt, um zur praktischen Durchführung seine Erfahrungen mitzuteilen. Es wird demnach gebeten, SS-Ostuf. Eichmann sofort nach Berlin in Marsch zu setzen".[124] Eichmann solle sich vor Beginn der Sitzung bei SS-Sturmbannführer Ehrlinger, der das Telegramm auch unterzeichnet hatte, im SD-Hauptamt melden.

Die ausgedehnte Sitzung im Reichsluftfahrtministerium, an der unter Leitung Görings rund 100 Spitzenvertreter aller maßgeblichen NS-Instanzen teilnahmen, ist in der Forschungsliteratur bereits ausgiebig analysiert worden. Sie steht in ihrer strukturellen Bedeutung gleichrangig neben der späteren „Wannsee-Konferenz" und brachte im Ergebnis dem SD/Gestapo-Komplex „einen erheblichen Zugewinn an Macht" (Wildt). Heydrich schlug eine Auswanderungszentrale nach dem Wiener Vorbild auch für das Altreich vor, wobei er betonte, das die reicheren Juden für die Ausreise der Ärmeren sorgen müßten, und im „Tätigkeitsbericht der Abteilung II 112 vom 1.7.–31.12. 1938" hieß es triumphierend: „Aufgrund der Vorarbeiten der Abteilung

II 112 im alten Reichsgebiet und in Österreich wurde im Anschluß an die November-Aktion gegen die Judenschaft – während der laufende Ermittlungserfolge erzielt wurden – Vorschlag zur Vereinigung sämtlicher jüdischer Organisationen sowie die Errichtung von Zentralstellen für jüdische Auswanderung gemacht. Die Vorschläge sind vom Generalfeldmarschall Göring und allen beteiligten Ministerien ohne Änderung angenommen worden".[125]

Am 24. Januar gab Göring (als formell zuständiger Beauftragter des „Führers" für die Judenfrage) dem Reichsminister des Innern die Errichtung einer Zentralstelle für jüdische Auswanderung in Berlin bekannt. Die Leitung dieser „Reichszentrale" wurde Heydrich übertragen, der ihre Gründung zusammen mit Werner Best auch maßgeblich vorbereitet hatte. Zum Geschäftsführer bestimmte man freilich nicht Franz Alfred Six, sondern den Chef der Abteilung II im Gestapa, Heinrich Müller, der dann die Aufbauarbeit an den Gestapo-Judenreferenten Kurt Lischka delegierte. Dieser aufschlußreiche Vorgang ist im Kontext der (Vor-)geschichte des Reichssicherheitshauptamts und der beginnenden Entmachtung des am 11. September 1938 zum SS-Standartenführer beförderten Franz Alfred Six zu interpretieren. Six hatte bisher als Günstling Heydrichs und aus sicherer Warte die weltanschaulichen Gegner identifizieren und verfolgen lassen. Nun mußte er erfahren, daß *seine* konkreten Gegner in den Büros der Sipo und des SD-Hauptamtes saßen. Sie hießen Heinrich Müller, Heinz Jost, Arthur Nebe und Walter Schellenberg.

VI.
„Möglichst als Erster in Moskau"

Von der Gründung des RSHA bis zum „Osteinsatz": 1939–1941

Im Nürnberger Einsatzgruppen-Prozeß boten Six und sein Anwalt Ulmer ein halbes Dutzend Zeugen auf, die belegen sollten, daß sich das Verhältnis von Six zu Heydrich fortlaufend verschlechtert und nur der Tod Heydrichs den Professor vor ärgerer Drangsalierung bewahrt habe. In dieser Hinsicht sind die Aussagen konsistent. Bei der Frage, von welchem Zeitpunkt an Six bei dem SD-Chef in Ungnade gefallen sei, ergaben sich aber schon erhebliche Unterschiede.

Karl Wilhelm Albert, der Personal- und Organisationschef des SD-Hauptamtes (bis zum August 1939), wußte ohne genauere Datierung zu berichten, daß Six „sehr zum Ärger Heydrichs" seine Arbeit im SD-Hauptamt „vorwiegend von der wissenschaftlichen Seite und nicht von der politischen" erledigt habe. „Einmal" sei Six deswegen in aller Öffentlichkeit von Heydrich „in äußerst verletzender Form" angegriffen worden und habe dann sogar eine „Beschwerde" gegen Heydrich eingereicht.[1] Dem SS-General Hans Juettner, Chef des SS-Führungshauptamtes, war nur bekannt, daß Six „erhebliche Schwierigkeiten mit Heydrich" hatte und dieser (also Heydrich) ihn mit einem „Disziplinarverfahren wegen Ungehorsam und Disziplinlosigkeit" belegen wollte. Werner Best erläuterte, daß „Dr. Six um die Zeit des Kriegsausbruchs herum um seine Entlassung aus dem SD" nachsuchte, weil ihn Heydrich stets als „pedantischen Professor" geschmäht und in „unerträglich unerfreulicher Weise" behandelt habe.[2]

Ursula Scherrer, Sekretärin in der Adjutantur Heydrichs, versicherte an Eides statt: „Bereits im Verlauf des Jahres 1938 war es aber im RSHA allgemein bekannte Tatsache, dass Heydrich seine Einstellung zu Dr. Six offensichtlich geändert hatte. Verschiedene Zusammenstöße, die sich im RSHA herumgesprochen hatten, führten seit 1939 zu einer wachsenden Entfremdung, die im Sommer 1939 für die Ablösung des Dr. Six als Amtschef II mit maßgebend gewesen sein dürften. Wie ich später persönlich in der Adjutantur erzählt bekam, sollen sowohl sein Entlassungsgesuch aus dem SD 1939 als auch die Errichtung der Auslandswissenschaftlichen Fakultät und seine Übernahme als Dekan von Heydrich nicht positiv aufgenommen worden sein".[3] Sehr deutlich erinnerte sich die Sekretärin an ein persönliches Rencontre von Six und Heydrich auf der Prager Burg „etwa Anfang November 1941". Heydrich habe sich so sehr erregt, daß sein überlautes Sprechen und Toben im Vorzimmer deutlich zu vernehmen gewesen sei: „Nach Abschluß der Besprechung verließ Dr. Six sichtlich betreten das Arbeitszimmer und wurde von Dr. Ploetz aus dem Vorzimmer begleitet. Bei seiner Rückkehr bemerkte der Adjutant ziemlich ratlos etwa, Heydrich ginge entschieden zu weit in seiner Ablehnung des Dr. Six. Er hätte ihn beinahe verhaftet, Six hätte ausgespielt und könne froh sein, zum Auswärtigen Amt zu kommen".[4]

Six' persönlicher Referent Karl Burmester datierte den Bruch auf den August 1939, als die Gegnerforschung vom SD auf die Gestapo übergegangen sei; Six' persönliche Sekretärin Gerda Scholz erinnerte sich, daß ihr Chef „etwa Anfang 1939" bei Heydrich in Ungnade gefallen und im Sommer seiner Amtsstellung enthoben worden sei.

Nur Heydrichs zweiter Adjutant Hans-Hendrik Neumann wußte von einem konkreten Anlaß für die angebliche „Amtsenthebung". Six, in dessen Arbeit Heydrich zunehmend „eine Gefahr der Verintellektualisierung des SD" erblickt habe, sei im Frühjahr 1939 bei einer Arbeitstagung der Politischen Leiter des Gaues Essen aufgetreten und habe dort „offen" die Parteiarbeit kritisiert und die Forderung einer „öffentlichen Kontrolle des Staatslebens" erhoben. Daß Six auch weiterhin Amtschef im RSHA blieb, konnte sich Neumann nur dadurch erklären, daß Heydrich „keinen anderen Wissenschaftler für diesen Arbeitsbereich zur Verfügung hatte und letzten Endes auch der Fleiß von Dr. Six unersetzbar war".[5]

Über den Zweck solcher koordinierten und durchsichtigen Entlastungsfeldzüge vor den Schranken des Nürnberger Gerichts muß nicht weiter spekuliert werden. Für eine „Amtsenthebung" Six' gibt es nicht den leisesten Beleg, und schießlich war es ja Heydrich selbst gewesen, der seinen SD-Amtschef II für das Dekanat der Auslandswissenschaftlichen Fakultät vorgeschlagen hatte. Zudem ist es schlecht vorstellbar, daß Six einen gewichtigen Teil der Gegnerarbeit vor dem Abmarsch der Einsatzkommandos zur Liquidierung der „Rest-Tschechei" koordinierte, im Juli 1939 gemeinsam mit Gestapochef Heinrich Müller für die „staatspolizeilichen Vorbereitungen" des Polenfeldzuges nominiert wurde, während des Polenkrieges im „Stab Gruppenführer Heydrich" wirkte und an den bedeutsamen Amtschefbesprechungen teilnahm, sich aber zuvor als Kritiker des totalitären NS-Staates ausgewiesen haben sollte.

Ein Konflikt mit Heydrich muß dabei gar nicht in Abrede gestellt werden. Im Gegensatz zum Reichsführer, der für nahezu jeden mythologischen oder pseudohistorischen Unfug zu haben war, betrachtete Heydrich alle intellektuellen Profilierungsversuche mit zunehmendem Argwohn; außerdem unterschätzte er wohl, wieviel Zeit und Engagement Six für den Aufbau der Auslandswissenschaftlichen Fakultät würde investieren müssen. Daß Six nun Zug um Zug an Aufgabenfeldern und Kompetenzen im SD verlor, lag aber weniger am Zwist mit dem cholerischen Gruppenführer, als an den veränderten funktionalen Aufgaben der sicherheitspolizeilichen Gegnerarbeit, die sich im Zuge der radikalisierten Weltanschauungskriege gegen Polen und die Sowjetunion herauskristallisierten. Eine diffuse und pompös mit geisteshistorischen Studien untermauerte Gegnerbestimmung war nicht mehr gefragt, dagegen mußten die „harten" nachrichtendienstlichen Faktoren der SD-Arbeit ausgebaut werden, wenn sich der SD als „Generalstab" der Sipo- und Spionageagenturen weiter behaupten wollte. Daß Professor Six mit seinen weitgespannten publizistischen und kulturhistorischen Interessen der neuen Zielsetzung eines „Staatsschutzkorps" nicht eben förderlich sei, sah vor allem der damals 29jährige Walter Schellenberg, der im Auftrag Himmlers und Heydrichs am Konzept für eine Fusion von SD und Sicherheitspolizei arbeitete.

Walter Schellenberg, als siebtes Kind eines Saarbrücker Klavierfabrikanten geboren, Jahrgang 1910 und damit noch einige Monate jünger als Six, war erst kurz nach der NS-Machtübernahme in die Partei eingetreten. Seiner eigenen Schilderung zufolge hatte sich Schellenberg, während seines Bonner Jurastudiums Mitglied des waffenstudentischen „Kösener Verbandes", auch gleich der SS angeschlossen, weil er als junger Mensch „empfänglich für Äußerlichkeiten" gewesen sei, und Himmlers Eliteverband habe schließlich als die Parteiformation der „feinen Leute" gegolten.[6] Während des Studiums wurde Schellenberg von zwei Dozenten (einem „abtrünnigen Priester" und einem „Spezialist(en) auf dem Gebiet der Sanskritforschung") zum SD vermittelt, für den er zunächst Berichte über „fachliche, politische und personelle Zusammenhänge an den rheinischen Universitäten"[7] schrieb. Nach einer dreimonatigen Referendartätigkeit beim Frankfurter Polizeipräsidium siedelte Schellenberg nach Berlin um und stieg im SD-Hauptamt schnell auf. Im Januar 1937 firmierte er noch als Hilfsreferent I 1111 in Wilhelm Alberts Personal- und Verwaltungsabteilung, während Six längst als Amtschef wirkte, aber schon Mitte 1938 hatte sich Schellenberg auf den zentralen Posten I 11 („Dienstaufsicht") vorgearbeitet und diktierte seine stilistisch ungelenken, aber wendigen Dossiers und Memoranden direkt für Heydrich. Schellenberg war das genaue Gegenteil eines konventionellen Dienstaufsichts-Referenten. Eitel und mit ausgeprägtem Gespür für rasche Karrierechancen, für obskure und gefährliche „Einsätze" jederzeit zu haben, entsprach er eher dem Typus des intellektuellen Spions, den Heydrich sich aufgrund ausführlicher Lektüre entsprechender Kolportageliteratur nach „Secret Service"-Vorbild auch für den SD erhoffte. Als „Hauptmann Schemmel" hatte Schellenberg im November 1939, kurz nach dem „Bürgerbräu"-Attentat auf Hitler, gemeinsam mit Naujocks, Knochen und dem SS-Arzt Max de Crinis die beiden britischen Nachrichtendienstler Best und Stevens aus Venlo nach Berlin entführt. Bei der amateurhaft vorbereiteten Aktion war ein Begleiter der Briten, der niederländische Oberleutnant Klop, ums Leben gekommen, „was aber Schellenberg nicht daran hinderte, dem Toten ein schriftliches ‚Geständnis' über angebliche niederländische Generalstabsbesprechungen zu unterschieben, mit dem der Völkerrechtsbruch von Venlo bemäntelt werden sollte".[8]

In welcher Geheimdienstwelt Schellenberg gerne leben wollte und wohin sein Trachten schon früh ging, hat er in seinen Memoiren freimütig offenbart. Als er im Juni 1941, als Nachfolger Heinz Josts[9], endlich den Auslands-SD (Amt VI des RSHA) befehligen durfte, betrat er „mit nicht geringem Stolz" seinen neuen Arbeitsraum, der mit „allen Raffinements" der Technik ausgestattet war: „Unsichtbar waren in der Wandverkleidung sowie unter dem Schreibtisch und in der Lampe Abhörgeräte eingebaut, so daß jedes Gespräch und jedes Geräusch automatisch aufgenommen und registriert wurde ... Mein Schreibtisch selbst war wie eine kleine Festung: in ihm waren zwei Maschinenpistolen eingebaut, deren Läufe den Raum mit Kugeln bestreichen konnten. Sobald die Tür aufging, richteten sich die Läufe automatisch auf den Eintretenden ... Von meinem Dienstwagen aus konnte ich auf eine Entfernung von fünfundzwanzig Kilometern telefonieren und meinen Sekretärinnen fernmündlich diktieren. Wenn ich auf eine Mission in fremde Länder ging, mußte ich mir befehlsgemäß einen künstlichen Zahn einsetzen lassen, der eine genügende Menge Zyankali enthielt, mich innerhalb von dreißig Sekunden der Feindeshand zu entziehen".[10]

Schellenberg konnte weder mit akademischen Spielereien noch mit einer Figur wie dem dogmatischen und verbissenen Six etwas anfangen. Außerdem war Six mit seinem beträchtlichen Einflußbereich den Aufstiegsambitionen Schellenbergs schlicht im Wege. Schließlich war Schellenberg schon früh gelungen, was Six stets verwehrt blieb: Er gewann Himmlers persönliches Vertrauen und saß im Polenfeldzug als Ordonnanz fast täglich mit dem Reichsführer im selben Zugabteil.

Schellenberg war also der Mann, der in Heydrichs Auftrag prüfen sollte, wie man der Vereinigung von politischer Polizei, Kripo und SD zu einem homogenen, weltanschaulich geschlossenen und für die Annexionsfeldzüge tauglichen Elitekorps näher kommen könnte. Im Zuge dieser Aktion, so der Plan Heydrichs und Schellenbergs, sollte der SD „verreichlicht", also auf den Etat des Reichsfinanzministers genommen werden, seinen Status als personelle wie weltanschauliche Führungsinstanz der gesamten Sicherheitspolizei allerdings unabhängig davon weiter festigen und ausbauen können. Zugleich sollte die Doppel- und Dreifacharbeit, die sich aus dem weithin ungeklärten Verhältnis von SD und Gestapo ergab, durch eine neue institutionelle Verfassung der Sicherheitspolizei abgebaut werden. Auch der wolkige „Funktionstrennungserlaß" Himmlers und Heydrichs vom 1. Juli 1937, der die „Geschäftsverteilung" zwischen SD und Gestapo bestimmte, hatte hier keine Klarheit gebracht, weil sich bei den gemeinsam bearbeiteten Sachgebieten wie Kirchen, Pazifismus, Judentum etc. die „allgemeinen und grundsätzlichen Fragen" (zuständig: SD) von den „Einzelfällen" (zuständig: Gestapo) in der Praxis nicht trennen ließen.

Für Mißmut in SD-Kreisen hatte der Erlaß über die „Dienstgradangleichung" zwischen Sipo und SS gesorgt, der Sipo-Beamten erlaubte, bei einem Eintritt in die Schutzstaffel einen SS-Status zu erlangen, der ihrem Beamtenrang entsprach. „Die hier angelegten ... Rivalitäten zwischen Beamten und SD-Leuten", so hat Ulrich Herbert[11] analysiert, „führten jedoch dazu, daß zwischen beiden Gruppen eine scharfe Konkurrenz darum entstand, wer sich im Sinne der Führung von Staat, Partei, Polizei und SS als effizienter, zuverlässiger und radikaler erwies ... Diese Konkurrenz aber, die sich in modifizierter Form bis zum Kriegsende (und darüber hinaus) erhielt und mit mannigfaltigen persönlichen Rivalitäten verknüpft war, zog einen fortwährenden Radikalisierungsdruck nach sich, der innerhalb des Sicherheitsapparates kein eingebautes Widerlager besaß und sich zunächst sukzessive und dann bald rasch zunehmend verstärkte".

Während des ganzen Jahres 1939 hatte Six sich darum bemüht, dem drohenden Bedeutungsverlust seiner SD-Amtsstellung entgegenzuwirken. So suchte er sich weiterhin als einer der führenden „Judenexperten" zu profilieren. Von Hagen ließ er sich im Januar 1939 einen Grundsatzvortrag zum Judentum ausarbeiten, der die damalige Sicht des SD auf das Palästina-Problem recht gut kennzeichnet.

Auch im Ausland habe man nun einsehen müssen, formulierte Hagen, daß die Judenfrage im Moment „überhaupt das Problem der Weltpolitik" sei. Wenn man hier noch nicht zu einem „radikalen Versuch der Lösung oder Bereinigung" gekommen sei, dann liege dies an den vereinigten demokratischen Staaten, die im „jüdisch-menschheitlichen Denken" verharrten.[12]

Bei der Forderung nach einem jüdischen Staat in Palästina gehe es nicht so sehr um das Prinzip der Staatlichkeit, sondern um die „Bildung eines Aktionszentrums", eines „Vatikans des Weltjudentums"[13], wie Hagen den SD-Führer und Publizisten Giselher Wirsing zitierte.[14] Hagen hielt es für eine in der Geschichte bewiesene Tatsache, daß „die Judenheit" nicht in der Lage sei, einen eigenen Staat zu bilden und in ihm schöpferisch tätig zu werden. Von England müsse jetzt eine klare „Entscheidung gegen das Weltjudentum" verlangt werden. Jeder Versuch Englands „zur endgültigen Bestätigung des Judenstaates in Palästina", so drohten Hagen/Six, müsse früher oder später „zu einem Zusammenstoß der durch dieses Problem entstandenen außenpolitischen Fronten führen".[15]

Am 28. Februar kam es in Six' Amt, schon unter den Vorzeichen der SD-Umstrukturierungen, im Rahmen einer Abteilungsleiterkonferenz, auch zu einer Besprechung über die zukünftige „Arbeitsrichtung II 112". Six stimmte hier „der von II 112 vorgeschlagenen Konzentration der Juden in den Großstädten grundsätzlich zu"[16], außerdem könne das Judenreferat bei den SD-Oberabschnitten entfallen, in deren Bereichen Zentralstellen für jüdische Auswanderung gebildet würden.

Es sei jedoch notwendig, nach wie vor die sozialen und inneren Verhältnisse des Judentums sowie „neue Formen verstärkter Assimilation" zu überwachen. Offenkundig auf drängende Nachfragen seiner Referenten erläuterte der Amtschef zur allgemeinen Arbeitslage, trotz der „immer noch umgehenden Gerüchte" sei nie die Rede davon gewesen, daß eine Angleichung des SD an das Geheime Staatspolizeiamt „in Beamtenform" stattfinde, es sei auch nicht beabsichtigt, „Männer bei dem im April eintretenden festeren Anschluß an das Geheime Staatspolizeiamt aus ihren bisherigen Stellungen herauszunehmen. Auch werde die Innehaltung dieser Stellungen nicht von irgendwelchen akademischen Graden oder einer akademischen Bildung abhängig gemacht. Dieses Prinzip sei lediglich für die Zukunft festgelegt worden, d. h. also für die Nachrückenden".[17]

Den ganzen März über befand sich Six in einem – für die gespannte Lage verdächtig langen – Jahresurlaub, während sein Stabsleiter Erich Ehrlinger das „SD-Sonderkommando Prag" anführte und seine intensive Einsatzgruppen-Karriere begründete. Ehrlingers Sonderkommando wurde mit Wirkung vom 1. Juni aufgelöst; zur Abwicklung der weiterhin in der Tschechei anfallenden Gegnerfragen etablierte Six eine besondere Abteilung II B(öhmen) M(ähren) unter Leitung des SS-Obersturmführers Walter Jacobi („sämtliche das Protektoratsgebiet betreffenden Vorgänge gehen zukünftig über diese Stelle"[18]). Die Arbeit in Six' Amt wandte sich nun verstärkt der konkreten Länderanalyse zu. Im Vorfeld des von Hitler geplanten Überfalls auf Polen wurde das Referat II 212 („Deutsche in Polen") ebenfalls zu einem Sonderreferat unter Obersturmführer Germann ausgebaut. Jede Abteilung, so notierte Hagen über eine Besprechung der Abteilungsleiter II am 24. Mai, solle einen Mann benennen, der mit der „Bearbeitung der Vorgänge in Polen" beauftragt sei. Von jeder Hauptabteilung werde die Beistellung eines ausschließlich mit diesen Dingen beschäftigten Mannes erwartet.[19]

Am 22. Mai wurde die Zentralstelle II P (Polen) eingerichtet, die „unmittelbar" Six unterstand. Ihre Aufgabe war „die Zusammenfassung sämtlicher das Deutschtum in Polen berührenden Vorgänge weltanschaulich-politischer, kultureller, propagandistischer und wirtschaftlicher Art".[20] Die Polen-Sonderstelle baute eine Zentralkartei nach regionalen und personellen Gesichtspunkten auf. Da diese „einem eventuellen Einsatzkommando" mitgegeben werden sollte, hatten sich die einzelnen „Polen-Sachbearbeiter" des Amtes II um eine Doppelkartei zu kümmern, die im SD-Hauptamt verbleiben sollte. Für das Ost-Institut (Wannsee) wurde SS-Untersturmführer Emil Augsburg als Verbindungsmann zur Zentralstelle II P bestimmt.[21] Schon zwei Wochen vor der Einrichtung der Zentralstelle hatte Hagen mit Augsburg über „Verbindungsmöglichkeiten nach Polen" konferiert und ihn darauf hingewiesen, „daß es darauf ankomme, in Polen Personen zu kennen, die genaue Auskünfte zu einer vollständigen Erfassung des Judentums in Polen geben können".[22]

Emil Augsburg, geboren 1904 in Lodz, hatte von 1924 bis 1930 an der Universität Leipzig Philologie, Geschichte und Philosophie studiert, war anschließend Lektor und Übersetzer für Polnisch und Russisch, unter anderem im Leipziger Paul-List-Verlag, und kam nach gelegentlicher Zuträgerschaft im Mai 1936 hauptamtlich zum SD.[23] Am 1. Februar 1937 wurde er zu Akhmetelis Ost-Institut transferiert, wo er zum Oberassistenten und Abteilungsleiter Kultur und Nationalitäten aufstieg. Augsburg suchte sich auch durch Denunziationen zu profilieren – so ließ er die bekannten „Ostforscher" Ernst und Heinrich Seraphim bespitzeln, um ihnen jüdische Abstammung nachzuweisen.[24]

„In Polen", so urteilte SD-Auslandschef Jost im Juli 1941, „wurde Augsburg vom SD mehrfach bei der Durchführung spezieller Aufgaben eingesetzt. Gegenwärtig ist er dem Einsatzkommando für die UDSSR zugeteilt. Sowohl dienstlich als auch SS-mäßig war sein Verhalten stets korrekt und ohne Makel".[25] Im Dezember 1941 promovierte Augsburg noch an Six' Fakultät mit einer Arbeit über die Geschichte der russischen Presse, vier Jahre später war der Ost-Spezialist „als Privat-Sekretär eines hohen Vatikan-Beamten polnischer Herkunft im Benediktinerkloster Ettal untergetaucht"[26], nachdem ihn Zeitzeugen noch in den letzten Tagen des untergehenden Dritten Reiches zusammen mit Six und Mahnke auf der Flucht gesehen haben wollten.[27]

Am 26. Juni 1939 unternahm Six noch einmal den Versuch, die Bearbeitung der „Judenfrage" zentral in seinem Zuständigkeitsbereich zu verankern. Die jüdische Auswanderung im Altreich sei ins Stocken geraten, monierte Six in einem Schreiben an Heydrich, und dies habe ihn anläßlich seiner letzten Reise zu einer Überprüfung der Verhältnisse in Wien veranlaßt.[28] Dabei habe er festgestellt, daß Wien „durch Initiative und Druck der Staatspolizei seine Auswanderungsquote zu halten" vermochte. Six wies nach seiner Wiener Reise Hagen und Eichmann an, ein Dossier mit Vorschlägen zwecks Beschleunigung der Judenvertreibung zu erstellen, „um Ihnen, Gruppenführer, nach einem persönlichen Vortrag eine größere Besprechung in Anwesenheit von SS-Oberführer Müller, Regierungsrat Lischka, SS-Hauptsturmführer Eichmann, SS-Hauptsturmführer Hagen und mir vorzuschlagen".[29]

Dazu kam es offenbar nicht, statt dessen wurde das Judenreferat II 112 aufgelöst. Theo Dannecker bat Six am 25. August darum, die Versetzung des Oberscharführers Prößdorf zur Abteilung I 32 aufzuschieben, da die gegenwärtige Besetzung von II 112 („2 Referenten, keine Mitarbeiter, keine Schreibkräfte!") schon die Erledigung der Karteiarbeiten, die „im Zuge der Liquidation" nötig seien, unmöglich mache[30]. Schon zu diesem Zeitpunkt ging es also um das Ende der bisherigen „Judenarbeit", und eine Woche später notierte Schellenberg nach einem Gespräch mit Heydrich, daß die Errichtung des RSHA kurzfristig und „formell als ein Teil der Mob.-Maßnahmen" vonstatten gehen solle. Dabei sollten sämtliche Ämter Vorschläge unterbreiten, welche Sachgebiete „unter Berücksichtigung des Kriegsfalles sie vordringlichst bearbeiten müssen", gleichzeitig wurden die SD-Oberabschnitte angewiesen, den größten Teil ihres Personals auf die Unterabschnitte zu verlagern, um die „Tätigkeit des Nachrichtendienstes wirksam zu erweitern".[31] Heydrich wollte vor der offiziellen Gründung des RSHA, wie Schellenberg notierte, noch die Standartenführer Ohlendorf und Six zu einer Rücksprache bitten, damit diese „in sachlicher Hinsicht 100% die Arbeit unter der neuen Zielrichtung" ausführten und zum Erfolg brächten[32]. Für Six war nun aber endgültig vorgesehen, daß er sich im neuen Amt III „ausschließlich mit der weltanschaulichen Planung befassen" sollte, was eine „Befreiung des Nachrichtendienstes von dieser belastenden Form der mehr forschungsmäßigen Tätigkeit" bedeute, wie Schellenberg nicht ohne Befriedigung niederschrieb. Die „ausschließliche Gegnerbekämpfung" solle dem Gestapa II bereits jetzt zugeordnet werden. Mit dem Restteil des jetzigen Six-Amtes werde Standartenführer Ohlendorf den Ausbau des Nachrichtendienstes vor allem auf den Gebieten der Wirtschaft forcieren.[33]

Am 24. Februar 1939, drei Wochen vor der Besetzung der Tschechoslowakei durch deutsche Truppen, hatte Schellenberg bereits den Entwurf für die „Reorganisation des Sicherheitsdienstes des Reichsführers SS im Hinblick auf eine organisatorische und personelle Angleichung mit der Sicherheitspolizei" vorgelegt.[34] Als oberster Grundsatz der Zusammenführung, so hob Schellenberg an, sei zu beachten, daß die „SS als Gliederung der Bewegung, ausgerichtet nach ihren besonderen Gesetzen der militärischen Zucht und Haltung", den Sektor „Polizei" des Staatsapparates in sich aufnehme. Mit der neuen Bezeichnung „Staatsschutzkorps" müsse erreicht werden, daß ein auch „begrifflich gänzlich anders geformter Träger in die Vorstellungswelt des einzelnen Volksgenossen" vermittelt werde. Dies war nun sicherlich ganz im Sinne von Franz Alfred Six, aber in seinem konkreten Gliederungsvorschlag für das neue „Reichssicherheitshauptamt" kam Schellenberg klar zur Sache. Vorgesehen waren sechs Ämter, und zwar:

Amt I (Verwaltung und Recht)
Amt II (Forschungsamt)
Amt III (Nachrichtendienst Inland)
Amt IV (Nachrichtendienst Ausland)
Amt V (Abwehr und politische Exekutive)
Amt VI (Verbrechensbekämpfung)

Die nachrichtendienstliche Arbeit sollte nach dem Konzept Schellenbergs von der „weltanschaulichen Forschung" getrennt werden. Die von den Gegnergebieten „losgelöste" Betrachtung der Gegnerformen, so begründete Heydrichs RSHA-Planer, sei „praktisch überholt" und werde „nur noch mit Zugeständnissen mancherlei Art zur Zeit noch durchgeführt" – womit Schellenberg darauf anspielte, daß Six seine SD-Mitarbeiter regelmäßig für eigene Publikationen ausbeutete und damit der ND-Arbeit entzog. Für die bisherige, von Six befehligte Zentralabteilung II 1 sah Schellenberg nur „2 Möglichkeiten": entweder falle II 1 ganz weg und verschwinde „mit der bestehenden Restaufgabe" im neuen Forschungsamt, oder die Abteilung bleibe in ihrer äußeren organisatorischen Form erhalten, betreibe aber keine „bereichswichtige" Auswertung mehr, sondern wende sich „gemäß der Aufgabenstellung des Amtes III nur noch der praktischen Durchführung des Informationsdienstes im besonderen Maße zu und stellt darüber hinaus praktisch das Spezialbeobachternetz für das Amt II. Zusätzlich könnte II 1 als Sonderaufgabe – reichszentral gesehen – die Heranbildung einer Truppe ‚aktiver' SD-Männer erhalten, die vielgestaltig auch in beruflicher Hinsicht für alle Lebensgebiete und Gegnergebiete einsetzbar den Sicherheitsdienst unabhängig von einem zu schaffenden Beobachternetz machen müßten, um es ihm zu ermöglichen, in wichtigen Fällen in getarnter Form mit ‚beruflich geschulten' Männern in eine Aktion hineinzugehen".

Beide Varianten der Schellenbergschen Reformvorschläge gingen zu Lasten von Six. Die erste Möglichkeit lief darauf hinaus, Six zu marginalisieren, indem man ihm ein letztlich bedeutungsloses „Forschungsamt" überließ, im zweiten Fall wären auf ihn nachrichtendienstliche Aufgabenstellungen zugekommen, für die er nicht qualifiziert war, was Schellenberg genau kalkuliert haben dürfte.

Nachdem Schellenberg sein Memorandum vorgelegt hatte, kam es im März 1939 zunächst zu einem – anders gelagerten – Zusammenstoß zwischen Schellenberg und dem Gestapo-Verwaltungschef Werner Best über die Frage der notwendigen Vorbildung für die Beamten des „Sicherheitskorps". Best schlug in einem Entwurf für neue Laufbahnrichtlinien vor, jeder leitende Sicherheitsbeamte müsse ein abgeschlossenes Jurastudium vorweisen, ergänzt durch einen kriminalpolizeilichen Schulungskurs und eine „SS-mäßige Erziehung" vom Abitur an. Diese Perspektive eines von lauter Volljuristen dominierten RSHA brachte Schellenberg und Heydrich gleichermaßen in Rage, und als Best sein Konzept, mit autobiographischen Wegweisungen garniert, auch noch im „Deutschen Recht" und in der „Deutschen Allgemeinen Zeitung" verfocht, schlug Schellenberg im Auftrag Heydrichs mit einer Epistel gegen den Formalisten Best zurück. Das Verhältnis zwi-

Otto Ohlendorf

schen Heydrich und seinem Stellvertreter Best war nun zerrüttet; obwohl Best noch ein dreiviertel Jahr als Amtschef I im RSHA tätig war, war sein baldiger Abgang (er meldete sich im Juni 1940 zur Wehrmacht) vorauszusehen.[35]
Six befand sich bei dieser Auseinandersetzung zwischen allen Stühlen. Er war kein Jurist, aber immerhin Akademiker und sogar der einzige „Professor" im SD-Führungsstab, wenn auch zu jenem Zeitpunkt noch nicht beamtet. Zu Werner Best hatte er paradoxerweise ein gutes Verhältnis entwickelt (beide sahen sich als „Experten" gleichermaßen von Heydrich verkannt), während er sich von allen übrigen für das RSHA vorgesehenen Amtschefs bedroht fühlte.[36] Ihm wurde plötzlich vor Augen geführt, daß er über keine Hausmacht und keine wirkliche sicherheitsdienstliche Kompetenz verfügte – im Gegensatz zu dem Himmler- und Heydrich-Berater Schellenberg, dem rabiaten Kommunistenverfolger Heinrich Müller und dem profilierten Ökonomen Otto Ohlendorf, der im RSHA seinen Meinungsforschungs-Dienst aufzog, mit seinen Kulturexperten aber bald auch für physische Vernichtung von Juden, Kommunisten und Partisanen im großen Stil zur Verfügung stehen sollte.[37]
Am 5. Juli 1939 gab Heydrich in einem Rundschreiben an die „Amtschefs im Hause" sowie die „SD-Führer und Inspekteure" be-

kannt, nach Genehmigung durch den Reichsführer SS werde das Hauptamt Sicherheitspolizei „zur Erzielung der einheitlichen Verschmelzung von Sicherheitspolizei und Sicherheitsdienst" umgewandelt in die „Ministerialbehörde" RSHA.[38] Dieser Anordnung zufolge waren nun sieben Ämter vorgesehen:

Amt I: Verwaltung und Recht
Amt II: Nachwuchs und Erziehung
Amt III: Weltanschauliche Gegner
Amt IV: SD-Inland
Amt V: SD-Ausland
Amt VI: Geheime Staatspolizei
Amt VII: Reichskriminalpolizei

Gestapo, Kripo und das SD-Hauptamt („bzgl. SD-Ausland") sollten als „Reichsfachzentralen" allerdings bestehen bleiben. Vor der endgültigen Inkraftsetzung, so befahl Heydrich, „haben mir meine Amtschefs einen Geschäftsverteilungsplan, einen Organisationsvorschlag (sachliche Zuständigkeit, Mitzeichnungsrecht, Correferate pp.) sowie personelle Vorschläge für die Besetzung der neu geschaffenen Ämter bis zum 25. Juli 1939 vorzuschlagen, Amt V und VI dazu noch die entsprechenden Vorschläge für Rest SD-Hauptamt und Gestapa".[39]

Zu diesem Zeitpunkt war vorgesehen, daß dem neuen Amt III unter SS-Standartenführer Professor Dr. Six „die Aufgabe der großlinigen wissenschaftlichen Erforschung sämtlicher weltanschaulicher Gegner des Nationalsozialismus" obliege. Das Amt habe durch umfassende Ausarbeitungen den anderen Sachämtern „Blickpunkte für die Arbeit" zu geben. Das Material dafür erhalte es von Ohlendorfs Inlands-SD und den „von ihm selbst betriebenen Instituten". Immerhin sollte sich die Arbeitsmethodik auch auf das Ausland erstrecken, wofür – nach dem Vorbild des bereits unter Six' Verwaltung befindlichen „Wannsee-Instituts" – mehrere auslandskundliche Forschungsstellen eingerichtet werden sollten.[40]

Am 17. Juli 1939 reagierte Six auf den Befehl Heydrichs mit der Übersendung eines Organisationsentwurfs für das geplante Amt III.[41] Er machte Heydrich zwei Vorschläge für die Strukturierung des neuen Amtes; Entwurf eins sei der von Heydrich „selbst in grossen Zügen angedeutete", Entwurf zwei komme „von einigen kritischen Überlegungen zu einer anderen Konstruktion". Vor allem aber hatte Six, in einer Mischung aus Trotz und Rechtfertigungsdruck, eine Zusammenfassung über seine bisherigen vier Jahre im SD-Hauptamt beigefügt, die in Diktion und Aussage ein zentrales Dokument zur SD-Geschichte darstellt.

Six stellte zunächst klar, daß es in der Presseabteilung des SD-Hauptamtes vor seinem Amtsantritt nicht einmal gelungen sei, einen täglichen Pressespiegel zu erstellen „und eine irgendwie generelle Erörterung der deutschen Schriftleiter, der Zeitungsverlage und der Presseorgane durchzuführen". Dank seines Einsatzes könne aber nunmehr „von einer abgeschlossenen totalen Erörterung und nachrichtendienstlichen Auswertung, nicht nur der deutschen, sondern auch der Auslandspresse" gesprochen werden.

Durch die Integration der Spenglerschen Schrifttumsstelle und „durch die taktisch ausgewogene Fühlungnahme mit den sich gegenseitig befehdenden Schrifttumsstellen der Partei" hätten sich, schrieb Six, im Laufe des Jahres 1936 umfassende nachrichtendienstliche Materialquellen ergeben. Mehr noch: Im Gegensatz zu den „oft sehr unzuverlässigen Meldungen" der SD-Oberabschnitte gestalteten sich nach Six Schrifttum und Presse „als die wohl zuverlässigsten Nachrichtenquellen innerhalb des Sicherheitsdienstes". Des weiteren verwies Six mit Stolz auf den Ausbau der Freimaurer- und Verbots-Bibliothek in der Emser Straße und die nachhaltigen und planmäßigen Schulungen der Mitarbeiter in Sachen Lebensgebiets- und Gegnerarbeit, die in noch größerem Umfang Erfolge gezeitigt hätten, als ihm nacheinander auch die Zentralabteilungen II 1 und II 2 übertragen worden seien. Aufgrund der „in den vorvergangenen Jahren angeknüpften persönlichen Beziehungen innerhalb ganz Deutschlands" sei es möglich gewesen, „den Mitarbeiterkreis nach dem Grundsatz der fachlichen Eignung umzugestalten und etwa zahlenmäßig zu verdoppeln". Und dann wurde Six für seine Verhältnisse erstaunlich deutlich:

„Die Kulturlage in Deutschland ist heute dadurch gekennzeichnet, daß eine planmäßige Führung überhaupt fehlt. Der Dualismus zwischen Partei und Staat und die Spannung einzelner Parteistellen untereinander konnte sich deswegen in einem Ausmaß entwickeln, daß von einer absoluten Verkrampfung und Bindung aller schöpferischen Kräfte in gegenseitigen Spannungen gesprochen werden kann. Dieser Sachlage gegenüber wurde im Sicherheitshauptamt, entgegen dem früheren Zustand, mit aller Intensität darauf gedrungen, sich nachrichtendienstlich nicht etwa von einer Gruppe beeinflussen zu lassen, sondern einen absolut sachlich bestimmten neutralen Boden zu bewahren. Dieses Prinzip rechtfertigte sich im Laufe des Jahres 1938 insofern außerordentlich, als nun bei den einzelnen großen Streitlagen im Kulturgebiet gerade der Sicherheitsdienst als Schlichter aufgerufen wurde und in die objektive Haltung dieser Dienststelle nun entgegen dem früheren Zustand von den übrigen Dienststellen ein solches Vertrauen gesetzt wurde, daß sie das Sicherheitshauptamt auch ihrerseits als Mittler in den unerträglich gewordenen Spannungen anerkannten. Das galt z. B. für den Volkskundestreit, für den Streit innerhalb der Anthropologie, den Streit in der Physik, den Streit in der Medizin, für die Standesfragen der Zahnärzte usw. In den letzten Monaten hat sich diese Arbeitshaltung dahingehend bewährt, daß der Stab des Stellvertreters des Führers gebeten hat, ihn in einer planmäßigen Reihenfolge nun über die schwebenden Grundfragen in personeller, sachlicher und institutionsmäßiger Weise zu unterrichten, um auf Grund dieser nachrichtendienstlichen Unterrichtung zu einer parteieinheitlichen Meinungsbildung vorzustoßen."

In der Reminiszenz, die noch mit einer emphatischen Zusammenfassung aller Leistungen und Erfolge abschloß, offenbarte sich tatsächlich der ganze Six: Die Sehnsucht nach „totaler Erörterung" und Systematik ging einher mit der Betonung von Sachlichkeit und Neutralität. Das große Ziel war die Position des wissenschaftlichen Führer-Beraters. Six wollte als einflußreicher Consigliere in der unmittelbaren Machtsphäre wirken. Beim Führer-Stellvertreter kamen die Ratschläge und Schlichtungen immerhin schon gut an.

Jetzt aber ging es zunächst einmal um seine Stellung im Aufbau des neuen RSHA. Das Amt III könne sich nicht „weltanschauliche Gegner" nennen, übermittelte Six dem Gruppenführer in dem präferierten Entwurf zwei, da diese Bezeichnung nur einen kleinen Ausschnitt aller Forschungsaufgaben des Reichssicherheitshauptamtes treffe. Six dachte sich das Forschungsamt, wenn er schon Spenglers ganze Kulturabteilung an Ohlendorf[42] und Knochens weltanschauliche Verfolgung im Ausland an Jost abgeben mußte, als eine Art intellektuelle Lenkungsstelle, die den übrigen Ämtern aufgrund geistes- und kulturhistorischer Forschungen von hoher Warte Anregungen, vielleicht irgendwann auch Weisungen, geben könnte. Deshalb schlug er vor, daß sich die Struktur der übrigen Ämter in der „Gegnerforschung" in Form von Abteilungen abbilden sollte, um ein „reibungsloses Zusammenarbeiten der beiden Apparate, des Forschungsapparates einerseits und des SD- und Exekutiv-Apparates anderseits" zu garantieren.

Das Amt „Gegnerforschung" sollte demnach vier Abteilungen haben: Grundlagen-Forschung, Weltanschauliche Gegner, Inlands-Probleme, Auslands-Probleme. Unter Grundlagen-Forschung wurden wiederum a.) „Presse – Bibliothek – Archiv", b.) „Staatssicherung", c.) „Volkssicherung" und d.) „Politische Geschichte" subsumiert. Im Referat Staatssicherung, um ein Beispiel herauszugreifen, sollte es um die „forschungsmäßige Vertiefung" für die Reichskriminalpolizei gehen: „Werden z. B. umfassende Maßnahmen gegen die Homosexualität als Staatsgefahr, oder gegen die Zigeuner als Rassegefahr, oder gegen Asoziale usw. notwendig, stellt das Referat ‚Volkssicherung' das geschichtliche und außerdeutsche Belegmaterial als bisher verfügbare Erfahrungsgrundlage mit entsprechender Nutzanwendung bereit".

Die Abteilung „Auslands-Probleme" dachte sich Six mit sechs Referaten:

„a.) Erforschung der Entwicklung und Methodik ausländischer Nachrichtendienste
b.) Germanische Grenzländer (Schweiz, Holland, nordische Staaten) und Nordost- und Südost-Staaten
c.) Europäischer Westen und U.S.A.
d.) Romanischer Bereich und Latein-Amerika
e.) Ostraum
f.) Ferner Osten und Pazifischer Raum".

Mit der Schaffung eines solchen Forschungsamtes, so schloß Six mit einiger Berechnung, wäre der Chef der Sicherheitspolizei „von allen übrigen politischen Forschungsstellen unabhängig" und könnte „seine Erfahrungen auf eigene Forschungsarbeit aufbauen".

Ein solches Amt wäre bei vollem personellen Ausbau so etwas wie ein neuer SD im RSHA geworden, und tatsächlich gewann Heydrich der gegen Schellenberg gerichteten Six-Alternative zunächst auch einiges ab. Nach etlichem Hin und Her reichte Werner Best am 12. Oktober 1939 im Auftrag Heydrichs die einzelnen Vorschläge an die Amtchefs II, III, IV, V und VI zurück, versehen mit Anmerkungen des Gruppenführers und der Bitte, endgültige Papiere zum Geschäftsverteilungsplan spätestens bis zum 14. Oktober, 10 Uhr, einzureichen.[43] Six' Entwurf hatte Heydrich mehrfach mit den Randbemerkungen „ja" und „richtig" versehen. Ein eigenes Referat für „politische Geschichte" hielt er freilich für überflüssig, dagegen wollte er sofort eine detaillierte Kalkulation zum Aufbau einer Auskunftei mit Adress- und Nachschlagewerken des In- und Auslands haben.[44]

Die Verwirklichung des Six-Plans scheiterte mithin nicht am grundsätzlichen Widerstand Heydrichs, sondern an der zähen Konkurrenz durch Schellenberg, Ohlendorf, Jost, Müller und Nebe und am Mangel hinreichend qualifizierten Personals. Schließlich setzte der monströs ausgeweitete Weltanschauungskrieg dann andere Prioritäten für den SD und die Sicherheitspolizei.

Nachdem das RSHA am 27. September 1939 durch Erlaß Himmlers offiziell installiert war, begann ein monatelanges Gezerre der Amtschefs um Stellen, Personal und Geschäftsverteilungen. Schon das Gespräch zwischen Heydrich, Ohlendorf und Six am 8. September hatte mehr Fragen als konkrete Lösungen aufgeworfen: „C. will Entwurf zur Präzisionsarbeit von SS-Standartenführer Six und SS-Obersturmbannführer Ohlendorf ... C. will für sämtliche Probleme Gedanken darüber, wie und auf welcher Basis die Arbeit anlaufen soll", hatte Six protokolliert.[45]

Mitte Oktober hatte sich Sturmbannführer Dr. Knochen noch im Auftrag von Six zusammen mit dem neuen Judenreferenten Karl Döscher[46] und einigen niedrigrangigen SD-Chargen um die „Neuregelung der Judenarbeit" und die „Überführung der Akten in die Emserstraße" gekümmert[47], drei Monate später war Knochen dann Gruppenleiter für die „Bekämpfung weltanschaulicher Gegner im Ausland" (Gruppe VI H) in Heinz Josts Amt VI. Auch Six' wichtigster Zuarbeiter Herbert Hagen wurde als Referent VI H 2 („Judentum und Antisemitismus") dorthin versetzt.[48] Adolf Eichmann wechselte nach seiner Tätigkeit bei der Prager Zentralstelle für Jüdische Auswanderung in Heinrich Müllers Gestapo-Amt IV („Gegnerbekämpfung").

Der Personalkrieg reichte bis in die Ebene der Sekretariate. Die Schreibkraft der Judenabteilung, Fräulein Benecke, war im August an die damalige Zentralbteilung II 2 ausgeliehen worden, „ohne schriftliche Verfügung", wie Hagen im Januar 1940 anmerkte, und auch nur, weil dort für die tägliche Berichterstattung unbedingt Schreibkräfte benötigt worden seien. Trotz „wiederholter telefonischer Anfragen bei SS-Obersturmführer Turowski und SS-Sturmbannführer Spengler", in denen die beiden Kulturüberwacher auf die eigentliche Referatszugehörigkeit Fräulein Beneckes hingewiesen wurden, weigerte sich das neue Amt III, diese wieder zurückzugeben.[49]

Auf dem Sektor „Auslandsprobleme", den Six in seinem neuen Amt ursprünglich zu bearbeiten gedachte, geriet er schnell in Konflikt mit Jost.[50] In einer ungemütlichen Besprechung am 23. Februar 1940 erläuterte Six seinem Amtskollegen, er habe Auslandsberichte seines Amtes testweise für vier Wochen direkt dem Gruppenführer Heydrich vorgelegt, damit dieser sich ein Bild von der Arbeit des Amtes II machen könne. Es sei weder seine Aufgabe noch seine Absicht, gegenüber dem Amt VI eine koordinierende Tätigkeit auszuüben. Von solchen Erklärungen unbeeindruckt, wurde Jost schärfer im Ton: „SS-Standartenführer Six wurde darauf hingewiesen, daß Form und Inhalt dieser Berichte sowie die Vorlage bei C sowohl bei mir wie meinen Referenten den Eindruck erweckt hätten, als solle hier eine Tätigkeit ausgeübt werden, die der des Amtes VI entspricht. SS-Standartenführer Six erklärte hierauf, das sei nicht im geringsten der Fall, denn erstens würden in Zukunft diese Berichte unmittelbar an VI abgegeben, zweitens würde er in absehbarer Zeit mir geeignete Mitarbeiter aus der Auslandshochschule benennen, die für hauptamtliche Mitarbeit im Amt VI geeignet wären, drittens werde er mir Männer benennen, die als ehrenamtliche Mitarbeiter oder V-Männer in Frage kämen, mit der strikten Weisung, sich stets unmittelbar mit den Referenten des Amtes VI in Verbindung zu setzen, viertens wolle er nach dem Aufbau seines Institutes Archiv- und Pressematerial in jeder Form zu Verfügung stellen".

Der Hinweis auf die Auslandswissenschaftliche Fakultät löste offenbar neue Verdachtsmomente bei Jost aus, so daß er noch einmal präzisierte, daß Six' akademische Institutionen „unter keinen Umständen" mit den Aufgaben des Amtes VI kollidieren dürften. Außerdem sei der Gruppe „Auslandsprobleme" im Amt II nur zugestimmt worden, wenn man sich „z. B. auf die Rassenfrage in den Vereinigten Staaten oder die Rassen- und Kastenfrage in Indien und dgl. mehr" kapriziere und die „Aufgabenstellung zur Behandlung dieser Probleme durch das Amt VI" erfolge. Waren im Geschäftsverteilungsplan des RSHA vom 1. Februar 1940 für die Bearbeitung der „Auslandsprobleme" immerhin noch sechs Referate vorgesehen, finden sie sich im RSHA-Plan vom 1. März 1941 schon gar nicht mehr.

Im August 1940 hatte sich der neue RSHA-Personal- und Organisationschef Bruno Streckenbach an die endgültige Liquidation der ursprünglichen Six-Planungen begeben; das Amt VII (so die neue Numerierung) solle lediglich „zum wirklich zentralen Archiv der gesamten Sicherheitspolizei und des Sicherheitsdienstes ausgebaut werden."[51] Ein eigenes Forschungsinstitut, das organisatorisch unabhängig von den RSHA-Ämtern arbeiten solle, wurde allenfalls nebulös in Aussicht gestellt. Noch einmal wehrte sich Six gegen diesen neuen Angriff auf seinen Kompetenzbereich – Streckenbachs Ideen widersprächen „einer fünfjährigen Arbeit und Erfahrung des Amtchefs II auf diesem Gebiet". Der Protest nutzte nicht mehr viel: Das einstige Reich des Gegnerforschers endete in einem personell schmal besetzten Archiv-, Presse- und Auskunftsdienst, garniert mit zufälligen Zweckforschungen, die von den übrigen Amtschefs und Abteilungsleitern des RSHA kaum noch wahrgenommen wurden.

Offenbar ohne großes Bedauern hatte Six das „Wannsee-Institut" in den Zuständigkeitsbereich von Jost übergeben. Institutschef Akhmeteli war ohnehin Ordinarius für Volks- und Landeskunde der Sowjetunion an der Auslandswissenschaftlichen Fakultät, die Six auch zu einem neuen Zentrum der „Ostforschung" auszubauen gedachte. Im „Wannsee-Institut" waren von einst 40 Mitarbeitern und Hilfskräften, bedingt durch Einberufungen zum Kriegsdienst und zu den diversen SD-Einsätzen, nur noch 17 in Berlin geblieben. Deren Arbeitsbedingungen konnte man nur katastrophal nennen: Im strengen Winter 1939/40 waren fast sämtliche Heizkörper unbrauchbar geworden (was Jost für eine Schlamperei Six' hielt und auch sofort dem „Gruppenführer" meldete)[52], so daß der Institutsbetrieb am 2. Januar 1940 zum Erliegen gekommen war. Einem Aktenvermerk Josts zufolge arbeiteten zehn Mitarbeiter in ihren Privatwohnungen, zwei Arbeitskräfte in der Wilhelmstraße im SD-Hauptamt, während fünf Mitarbeiter sich in das Gartenhaus auf dem Institutsgrundstück einquartiert hatten – in „notdürftig mit Eisenöfen geheizten Räumen", wie Jost erzürnt aufschrieb. Schon am 15. Mai 1940 hatten sich Best, Six, Jost und Akhmeteli in einer Besprechung darauf geeinigt, daß das „Wannsee-Institut" in seiner augenblicklichen „wissenschaftlichen" Form erhalten bleiben, dem Amt VI unterstellt werden und in die Emser Straße umziehen solle (wozu es dann nicht kam). Die Umwandlung des Instituts zog sich indes noch fast zwei Jahre hin; in einem von Schellenberg am 21. Dezember 1941 an Six übersandten Entwurf für ein neues Organisationsstatut hieß es nun wieder, das „Ost-Institut des Reichsführers SS" – so die neue Firmierung – unterstehe direkt dem Chef der Sipo und des SD. Die Aufsicht solle ein „Institutsausschuß" aus Vertretern der Ämter III, IV, VI und VII sowie dem Institutsleiter übernehmen, womit sich Six in einem Antwortschreiben an Schellenberg auch einverstanden erklärte.

Im Frühjahr 1940 hatte Six begriffen, daß seine Stellung im RSHA unhaltbar geworden war. Man hatte ihm kaum noch „fähiges" Personal gelassen, die Aufgabenstellung seines Amtes II war völlig diffus[53], überdies nahmen ihn die Aufbauarbeiten der Auslandswissenschaftlichen Fakultät immerhin doch so in Anspruch, daß er nicht genügend Zeit hatte, seine Position im RSHA zu stabilisieren. Als überzeugter Nationalsozialist wollte er nun an den Eroberungsfeldzügen des Reiches nicht nur als Gehilfe Heydrichs beteiligt sein, sondern unmittelbar in der bewaffneten Truppe des Reichsführers SS dienen. Heroischer Einsatzwillen im Angesicht des nahenden Angriffs gegen Frankreich und der Wunsch, den Spannungen im RSHA zu entkommen, waren wohl der Anlaß für Six, sich als Freiwilliger zur Waffen-SS zu melden.

Am 19. April 1940 erhielt Six von Best, der sich ja gleichfalls auf dem Absprung befand, die Nachricht, Heydrich sei damit einverstanden, daß Six zum Wehrdienst freigegeben werde: „Sie wollen sich mit Ihrem zuständigen Wehrbezirkskommando in Verbindung setzen und das Weitere veranlassen. Ich ersuche Sie, mir den Zeitpunkt ihrer Einberufung zu melden".[54] Drei Wochen später meldete sich Six beim Ergänzungsamt der Waffen-SS (Ergänzungsstelle Spree) und bat, die Nachricht über seine Einberufung an seine neue Adresse in Berlin-Dahlem, Thielallee 12a, zu übersenden.[55]

Als schlichter „SS-Mann", wobei er seinen Rang als SS-Standartenführer im SD natürlich beibehielt, nahm Six vom 4. Juni 1940 an zunächst an einem Unterführerlehrgang bei der 1. Batterie des SS-Artillerie-Ersatzregiments (Verfügungstruppe) in Berlin-Lichterfelde teil. Kurz darauf mußte Six allerdings schon um Urlaub nachsuchen, da SS-Gruppenführer Heydrich vom 13. bis 16. Juli eine „Dienstreise nach Holland, Belgien und Frankreich" zu unternehmen gedachte, „um dort wichtige Materialen einzusehen" und dafür Six' Begleitung „zur Beurteilung und Aussuchung geeigneter Archiv-Materialien für unbedingt erforderlich" hielt.

Six ersuchte nun um eine persönliche Rücksprache mit Heydrich, in der er darum bat, ihn „für die Dauer des Krieges bei der Waffen-SS dienen zu lassen". Er habe seinen Wunsch damit begründet, schilderte Six dem Chef der 1. Batterie, daß er im Augenblick an einem Unterführerlehrgang teilnehme und Aussicht habe, „baldigst zum SS Unterscharführer befördert" zu werden. Weiterhin trug Six bei Heydrich seinen Wunsch vor, „dem allgemeinen Befehl des Reichsführers SS nachzukommen, als hauptamtlicher SS-Führer in der Reichsführung SS den Dienstgrad eines Reserveführers der Waffen-SS zu erwerben". Der Chef der Sicherheitspolizei habe sich „unter diesen Vorstellungen mit meiner weiteren Dienstleistung bei der Waffen-SS einverstanden erklärt, jedoch die Erwartung ausgesprochen, daß ich nach meiner Beförderung zum SS-Unterscharführer die nötige Beweglichkeit habe, um nach dem jeweiligen Abend-Appell die wichtigsten Eingänge in meinem Amt durchzusehen, und in seltenen und wichtigsten Fällen persönlich zu einer Rücksprache zur Verfügung stehe".

Nun wußten weder Six noch Heydrich, daß der Krieg noch fünf Jahre dauern würde, außerdem läßt sich der Meldung entnehmen, daß Heydrich nicht daran dachte, seinen Amtschef, in welchem Verhältnis er auch immer zu ihm stehen mochte, in reale Kampfhandlungen verwickeln zu lassen – sonst hätte Six wohl kaum die Chance gehabt, nach dem „jeweiligen Abendappell" die Akten zu studieren. Kurze

Zeit später erteilte Heydrich ihm auch schon den nächsten wichtigen Auftrag: Er beschäftigte ihn mit den SD-Planungen für die erwogene Besetzung Großbritanniens und nominierte ihn sogar für die Position des Sipo-Befehlshabers in London. Wenngleich Six' Einfluß im SD-Hauptamt und dann im RSHA auch eindeutig zurückging, so hieß dies nicht, daß er 1939/40 aus dem „inner circle" der SD-Mächtigen verstoßen worden wäre. Zwar nahm an der Besprechung vom 5. Juli 1939 in Heydrichs Privatwohnung, in der Werner Best die Planungen für die Tätigkeit der Einsatzgruppen in Polen präsentierte, nicht Six selbst, sondern sein Stabsleiter Knochen teil[56], aber Six wurde doch, wie bereits erwähnt, mit gewichtigen Teilen der Gegnerarbeit im Vorfeld des Überfalls auf Polen betraut. Knochen hielt in seiner Aktennotiz unter dem Punkt „Gegner-Bearbeitung" denn auch fest, daß „innerhalb von (Amt) II bereits von den einzelnen Sachgebieten aus Vorbereitungen getroffen werden (Erstellung von Karteien, Berichten usw.)".[57] Als Mitglied des „Stabs Heydrich" gehörte Six zu dem äußerst kleinen Verteilerkreis, dem über das „Sonderreferat ‚Unternehmen Tannenberg'" die Berichte der Sipo-Einsatzgruppen in Polen zugingen. Neben Heydrich selbst standen nur noch Best, Müller, Nebe, Jost, Ohlendorf und SS-Sturmbannführer Walter Rauff auf der Empfängerliste.[58]

Rauff, damals kommissarisch Leiter der Stabskanzlei des SD-Hauptamtes bzw. RSHA und dann Gruppenleiter für „technische Angelegenheiten" (unter seiner Ägide wurden schon bald die „Gaswagen" zur Judenvernichtung entwickelt), protokollierte auch die „Amtschefbesprechungen" während des Krieges gegen Polen, die über eine rapide Radikalisierung der nationalsozialistischen Germanisierungspolitik Aufschluß geben.

Die Protokolle sind auch deshalb ein monströses Dokument, weil in ihnen technische Details (an denen Rauff besonderes Interesse zeigte) und weitreichende Vertreibungsplanungen bruchlos ineinander übergehen.[59] Six nahm an allen Besprechungen teil und war somit umfassend über die Pläne Hitlers, Himmlers und Heydrichs informiert, die gesamte polnische Führungsschicht zu liquidieren und die übrigen Polen als „ewige Saison- und Wanderarbeiter zu verwenden", wie Heydrich am 27. September postulierte.

Für Polen sei „keine Protektoratsregierung, sondern eine völlig deutsche Verwaltung" vorgesehen, protokollierte Rauff auf der Sitzung vom 7. September. Dieses bedinge einen starken Einsatz von Stapo und Sipo, und damit dränge sich die „Nachwuchsfrage" auf. Die führende Bevölkerungsschicht in Polen solle „so gut wie möglich unschädlich gemacht werden", heißt es in Rauffs Notiz, während „die restlich verbleibende niedrige Bevölkerung" keine besondere Schulbildung genießen dürfe, sondern „in irgendeiner Form heruntergedrückt werden" müsse. Fünf Tage später ging es, nun unter der Leitung von Best, wieder um das „Nachwuchsproblem", wobei aufmerksam zur Kenntnis genommen wurde, daß General Daluege aufgrund eines Führerentscheides „trotz größten Widerstandes der Wehrmacht" 26 000 Mann zur Polizei einberufen könne; dies bringe, so Best, auch der Sicherheitspolizei Vorteile, weil die Männer nach Ablauf einer gewissen Dienstzeit bei der Ordnungspolizei doch zur Sicherheitspolizei übergingen und man dadurch jüngere Beamte gewinnen könne. Am 11. September fand die Amtschefbesprechung in Form eines Mittagessens bei Dr. Best statt („keine besonderen Ereignisse"), bei der nun auch wieder als Gast Standartenführer Höhn auftauchte, den Heydrich „mit der besonderen Nachrichtenerfassung aus Schweden und Dänemark" beauftragen wollte. Am 15. September ordnete Heydrich nach einer Rundreise an die Front an, daß den Einsatzkommandos Mäntel auszuhändigen seien, zudem müsse die Ausrüstung der Einsatzgruppen mit Feldküchen, Nachrichtenwagen, Waffen, Munition etc. sichergestellt sein, „sodaß man eine vollständige Truppe auf die Beine stellen" könne, wie Rauff notierte (mit dem Zusatz: „Es wird also wieder auf meinen bereits zweimal vorgelegten Vorschlag zurückgegriffen"). Außerdem heißt es in diesem Protokoll: „Der Chef ging ein auf das Judenproblem in Polen und legte seine Ansichten hierüber dar. Dem Führer werden vom Reichsführer Vorschläge unterbreitet, die nur der Führer entscheiden könne, da sie auch von erheblicher außenpolitischer Tragweite sein werden".

Am 19. September fuhr Heydrich den Obersturmbannführer Filbert vom SD-Ausland an, da „die Auslandsberichte schlecht seien und erheblich umgestellt werden müßten. In der vorliegenden Form seien sie eine schlechte Zusammenstellung von Zeitungs- und Rundfunkmeldungen ausländischer Sender". Heydrich hingegen wünschte verständlicherweise „nur Meldungen, die durch unmittelbare Nachrichtentätigkeit" entstünden. Allerdings wußte „C." auch zu berichten, daß bei der Ministerratssitzung vom 18. September unter Leitung Görings die Lageberichte des SD-Hauptamts Besprechungsgrundlage gewesen seien; der Generalfeldmarschall habe aus ihnen vorgelesen und sie im einzelnen erläutert. Dies bedeute „einen enormen Erfolg des SD in seinem Aufgabengebiet ‚*Nachrichtendienst des Staates*'". Außerdem berichtete Heydrich über seine Besprechung mit dem Generalquartiermeister des Heeres, Oberst Wagner, bei der festgelegt worden sei, daß die Einsatzgruppenleiter wohl den Armee-Oberkommandos unterstünden, ihre Weisungen aber unmittelbar von ihm, Heydrich, erhielten. Dies müsse „als ein sehr günstiges Ergebnis in der Zusammenarbeit mit der Wehrmacht" bezeichnet werden.

Zwei Tage später kam es zu einer gemeinsamen Sitzung der Amts- und Einsatzgruppenchefs, zu der auch Adolf Eichmann als Deportationsexperte geladen war. Heydrich hielt hier einen grundsätzlichen Vortrag zur „derzeitigen Lage". Politisch gesehen, wolle man England „die gesamte Kriegsschuld zuschieben", indem man Polen zwischen Deutschland und Rußland aufteile. Dadurch müßte England gezwungen werden, auch Rußland den Krieg zu erklären, da England ja „die Garantien von Gesamtpolen" übernommen habe. Was Polen anlange, sei nun geplant, daß aus den ehemaligen deutschsprachigen Provinzen deutsche Gaue würden „und daneben ein Gau mit fremdsprachiger Bevölkerung mit der Hauptstadt Krakau geschaffen wird. Als Führer dieses Gaues gegebenenfalls vorgesehen Seiß-Inquart. Dieser fremdsprachige Gau soll außerhalb des neu zu schaffenden Ostwalls liegen. Der Ostwall umfaßt alle deutschen Provinzen und man hat praktisch als Niemandsland davor den fremdsprachigen Gau. Als Siedlungskommissar für den Osten wird RFSS eingesetzt. Die Juden-Deportation in den fremdsprachigen Gau, Abschiebung über die Demarkationslinie ist vom Führer genehmigt".

Zur „Judenfrage" faßte Heydrich hier zusammen: „1). Juden so schnell wie möglich in die Städte; 2.) Juden aus dem Reich nach Polen, 3.) die restlichen 30 000 Zigeuner auch nach Polen, 4.) systematische Ausschickung der Juden aus den deutschen Gebieten mit Güterzügen". Auf der Sitzung vom 29. September präzisierte der Sipo-Chef, daß „in dem Raum hinter Warschau und um Lublin ein ‚Naturschutzgebiet' oder ‚Reichs-Ghetto' geschaffen" werden solle, in dem „all die politischen und jüdischen Elemente untergebracht werden, die aus den künftigen deutschen Gauen" ausgesiedelt werden müßten. Am 3. Oktober behandelte Heydrich „eingehend" den Einsatz der Sipo und des SD in Polen, „bei welchem das alte Problem SD-Polizei und Wehrmacht in seiner ganzen Schwere" wieder aufgetaucht sei. Am 14. Oktober führte er aus, daß „nach der Ablehnung der Friedensvorschläge des Führers in den Antworten Chamberlains und Daladiers zum Ausdruck gekommen sei, daß sowohl England als auch Frankreich gewillt ist, den Krieg fortzusetzen", und setzte hinzu: „Dies bedeutet für uns den totalen Krieg, dessen Ausgangslage für uns als gut bezeichnet werden muß".

Im Kontext gesehen, belegen die Rauff-Protokolle eine rasche Machterweiterung von SS und SD während des Krieges gegen Polen, die bereits in den Aktionen in Österreich, dem Sudetenland und der Tschechoslowakei angelegt war. Heydrichs Erläuterungen für seine Amtschefs, *der Reichsführer lege* Hitler Vorschläge zum „Judenproblem in Polen" vor, die Judendeportation über die Demarkationslinie in den „fremdsprachigen Gau" sei *vom Führer genehmigt*, zeigen eindeutig, wie sehr SS und besonders der SD in der „Judenfrage" die konzeptionelle Initiative übernommen hatten.

Mit der Ernennung Himmlers zum „Reichskommissar für die Festigung des deutschen Volkstums" (RKFDV)[60] konnte der Reichsführer SS nun mit Hitlers Legitimation sein inhumanes Germanisierungsprogramm umsetzen. Heydrichs Darlegungen zur Militär- und Außenpolitik waren mehr als nur Korreferate der Hitlerschen Entscheidungen. Sie indizieren bereits seine eigenen praktisch-politischen Ambitionen, die konsequent in seine Ernennung zum stellvertretenden Reichsprotektor für Böhmen und Mähren münden sollten.

Die Etablierung des RSHA und die von Best bearbeitete „Ausbildungsfrage" für SD und SIPO gingen mit diesen Entwicklungen einher. Die Gründungsgeschichte des RSHA, mit ihren Referats- und Personalverschiebungen, zeigt eindeutig, daß hier nicht von einem „Kuriosum" (Werner Best) gesprochen werden kann, nur weil es nicht gelang, auch den SD auf den Reichsetat zu nehmen und „die Ämter verwaltungsrechtlich und haushaltsrechtlich blieben, was sie waren, und deshalb nach außen weiter unter den bisherigen Bezeichnungen auftreten mußten".[61] Allein die Direktive zur Vereinheitlichung von Sipo und SD erzeugte einen Handlungsdruck, der die „weltanschauliche Forschung" marginalisierte und die exekutive Gegnerarbeit, erst recht im Gefolge des Polenkrieges, in den Vordergrund rücken ließ. Eichmanns Wechsel vom Six-Bereich in die Gestapo ist dafür ein klares Indiz.

Six selbst hielt sich während des Polenkrieges vornehmlich in den Amtsräumen der Wilhelmstraße auf und koordinierte die „Archivsicherungen" und Sondereinsätze seiner Referenten. So stellte der spätere Einsatzkommandoführer Friedrich Buchardt mit einigen Mitarbeitern des Wannsee-Instituts Materialien „polnischer Ostinstitute" in Thorn und Gotenhafen sicher[62], der Kirchenreferent Albert Hartl besetzte die Jesuiten-Niederlassung in Krakau[63], und Sturmbannführer Sievers vom „Ahnenerbe" erhielt von Six den bedeutsamen Auftrag „zur Sicherstellung der wissenschaftlichen Institute und Einrichtungen in Warschau".[64]

Hier kam es offenbar zu schweren Zerwürfnissen bei der Zusammenarbeit der Archivsicherer, die bis zu Heydrich drangen. Der Vorgeschichtler und Wikingerspezialist Professor Peter Paulsen hatte sich über Sievers und den gleichfalls beteiligten Professor Harmjanz beschwert, während Sievers und Harmjanz wiederum Paulsen bezichtigten, den „Abtransport des polnischen Archäologischen Museums aus dem Lazienki-Park" nicht in den Griff bekommen zu haben. Der SS-Hauptsturmführer Professor Schleif sekundierte: „Es bestand gar kein Zweifel, daß das gesamte Museum nach Deutschland zu überbringen war, zumal auch das Gebäude, in dem es ohnehin nur provisorisch untergebracht war, durch Artilleriebeschuß an mehreren Stellen gelitten hatte und andererseits durch die Versprengung des gesamten Personals eine weitere Pflege an Ort und Stelle völlig ausgeschlossen war. Trotz dieses klaren Tatbestandes, der zum sofortigen Handeln zwang, ist es SS-Untersturmführer Paulsen nicht gelungen, durchzusetzen, daß dieser Transport bewilligt wurde. Vielmehr kam er fast noch zu Beginn der Arbeit mit einem mündlichen Befehl von SS-Standartenführer Mühlmann, daß ab 22.11.1939 jeglicher Abtransport sofort zu unterbleiben hätte, da der Generalgouverneur verfügt hätte, es darf kein Stück polnischen Eigentums mehr ohne Genehmigung des Generalgouvernements bzw. ohne Bezahlung durch das Reich ausgeführt werden".[65]

Die Angelegenheit wurde nach einer Unterredung zwischen Sievers und Six im Mai 1940 schließlich „SS-mäßig" durch ein internes Kommuniqué geklärt: „1.) SS-Gruf. Heydrich hat nichts gegen SS-Stubaf. Harmjanz und SS-Stubaf. Sievers. 2.) SS-U'Stuf. Paulsen hat keine Berichte über SS-Stubaf. Harmjanz und SS-Stubaf. Sievers gemacht. 3.) Die von SS-Gruf. Heydrich SS-Obersturmbannführer Galke gegenüber gemachten Mitteilungen beruhen auf Mißverständnissen".[66]

Während sich die akademischen Usurpatoren in Polen um ideologisch verwertbare Fundstücke kümmerten, wurden in Berlin für das neue Amt II die beschlagnahmten Bibliotheken jüdischer Organisationen aus Hamburg, Frankfurt, Hannover, Breslau und Dresden zentralisiert. Bereits im Juni 1939 hatte Six vorgeschlagen, den Aufbau und den Transport dieser neuen Zentralbibliothek der „Judenforschung" mit 100 000 Mark aus dem Wiener „jüdischen Auswandererfonds" zu finanzieren, wozu es – nach einiger Verzögerung – im Oktober 1939 auch kam.[67]

Den Direktiven Heydrichs gemäß kümmerte sich das Amt II jetzt weniger um die weltanschauliche Gegnerforschung alten Stils, sondern beschäftigte sich verstärkt mit dem Aufbau einer Auskunftei für die übrigen Ämter des RSHA und der Sammlung und Katalogisierung erbeuteter Gegnermaterialien. Außerdem sollte Six für den SD auch weiterhin Terrain gegenüber den Archivkommandos anderer Staats- und Parteistellen sichern.

Wie diese Arbeit der „Archivkommandos" des Amtes II in praxi aussah und wie dabei „archivsichernde" und exekutive Aktionen gegen einzelne Personen und Institutionen ineinandergriffen, belegt ein Bericht der beiden Liberalismus- und Pazifismus-Referenten Mühler (SS-Obersturmführer) und Kunze (SS-Untersturmführer) über eine „Dienstreise nach Holland".[68] Am 29. Mai 1940 hatten die beiden SD-Referenten die Reise bei Six beantragt, da sich in Den Haag „die größte pazifistische Institution der Welt, der Friedenspalast" befinde, außerdem seien auch der Internationale Schiedsgerichtshof und die Carnegie-Stiftung zu untersuchen: „Die Entsendung einiger Sachkenner erscheint insbesondere deshalb geraten, weil dadurch vermieden werden könnte, mit neutralen Ländern, insbesondere den Vereinigten Staaten, diplomatische Schwierigkeiten zu bekommen. Unkundige Angehörige der Einsatzkommandos würden nicht in der Lage sein, die verschiedenen Abteilungen des Friedenspalastes auseinanderzuhalten". Überdies wurde bei Six beantragt, „die beiden in letzter Zeit fruchtbarsten Emigranten-Verlage: Querido-Verlag, Amsterdam und Verlag Allert de Lange, Amsterdam, durch die genannten Angehörigen des SD-Hauptamtes einer Sichtung unterziehen zu lassen". Nachdem Six und der seinerzeitige SD-Befehlshaber in Holland, SS-Standartenführer Nockemann, ihre Einwilligung zu der beantragten Aktion gegeben hatten, wurden auch der Leiter des Einsatzkommandos III, SS-Sturmbannführer Dr. Kreuzer, und der Chef der Stapo-Außenstelle Den Haag, SS-Hauptsturmführer O'gilvie, um personelle Amtshilfe gebeten. Am 17. Juni 1940 durchsuchte der SD-Trupp die beiden Verlage, verhörte das anwesende Personal und stellte Kisten mit Emigrantenkorrespondenz sicher, einen Tag später wurden mehrere pazifistische Organisationen in Den Haag und Leiden „überholt", so der PEN-Club, die „Vereeniging voor Volkenbond en Vrede" und die „New Commonwealth Society". Über die Aktion bei Allert de Lange hieß es in einer Mitteilung von Mühler und dem SS-Hauptsturmführer Karl Haß, der nach 1945 in Italien noch zu seltsamer Publizität gelangte[69]: „Wie bei der Durchsuchung der deutschen Abteilung des Allert de Lange Verlages in Amsterdam festgestellt wurde, war bisher für die Herausgabe des deutschen Emigrantenschrifttums dieses Verlages der deutsche Emigrant und Jude Dr. Landauer verantwortlich. Dr. Landauer hatte u. a. den gesamten Briefwechsel mit den führenden literarischen Vertretern der deutschen

*SD-Italienspezialist Karl Haß als Nebendarsteller
in Luchino Viscontis „Die Verdammten"*

Emigration (Thomas Mann, Stefan Zweig usw.) geführt. Aus diesem Grunde wurde von dem Unterzeichneten veranlaßt, daß Dr. Landauer verhaftet werden sollte. Als 2 Vertreter der Stapo bzw. des SD am 18. 6. 40 früh gegen 5 Uhr in der Wohnung von Dr. Landauer erschienen, wurde ihnen mitgeteilt, daß sich Dr. L. am Tage vorher aus dem Fenster gestürzt habe und daß er z. Zt. vernehmungsunfähig im Krankenhaus liege. SS-H'stuf. Haß wird, falls L. wieder vernehmungsfähig wird, die notwendigen Ermittlungen durchführen."

Die Aktion in Holland dehnte sich aus, so daß Mühler und Kunze bei Six um eine Verlängerung der Dienstreise-Genehmigung einkamen. Am 20. Juni besprachen sich die SD-Leute Mühler, Haß und Barbie über einen möglichen Einsatz gegen „mehrere wichtige zwischenstaatliche Vereinigungen, die sich in den Dienst der Kulturpropaganda, insbesondere Frankreichs und Englands, gestellt haben". In diesem Fall, wie auch bei einer weiteren Aktion gegen „jüdische bzw. emigrantische Organisationen" wurde dem SD-Führer des EK II, SS-Sturmbannführer Jäger, die Exekutive überlassen. Allgemein sei zu bemerken, so resümierte Mühler in seinem Abschlußbericht, „daß in Holland bisher noch kaum exekutiv gegen reichsfeindliche Personen bzw. Organisationen eingeschritten worden war, es mußten deshalb erst einige Widerstände aus dem Weg geräumt werden, um Aktionen durchführen zu können. Da aber sowohl Staf. Nockemann in seiner Eigenschaft als Inspekteur der Sicherheitspolizei und des SD als auch

Heinz Ballensiefen

SS-Sturmbannführer Gengenbach als oberster SD-Führer in Holland größtes Entgegenkommen zeigten, konnten die gesteckten Ziele im wesentlichen erreicht werden, bzw. konnten Anregungen gegeben werden, um die Aktionen durch die EK's zu Ende führen zu lassen".

Von solchen durchaus wirkungsvollen Einsätzen abgesehen, sah sich Six aber bald einer desolaten Personalsituation im Amt II gegenüber, während seine Auslandswissenschaftliche Fakultät mitsamt dem DAWI finanziell wie personell prosperierte. So oszillierte die Arbeit im Amt II zwischen abseitiger geisteshistorischer Feindkonstruktion, kriegsdienlicher Kartei- und Auskunftsarbeit lexikalischer Art und einem großen Sonderauftrag zur Erforschung der Hexenprozesse durch den Reichsführer SS. Von dem ursprünglichen Organogramm waren nur noch drei Gruppen („Materialerfassung", „Auswertung", „Archiv, Museum und wissenschaftliche Sonderaufträge") übriggeblieben.

Das von Paul Dittel geleitete Archiv beherbergte nicht nur die Freimaurer- und Judenmaterialien, sondern auch die Nachlässe Walther Rathenaus und des Bismarck-Opponenten Friedrich von Holstein.[70] Der SS-Hauptsturmführer Hans Schick, Dozent an der AWI-Fakultät, beschäftigte sich mit dem „älteren Rosenkreuzertum", Heinz Riegelmann erforschte das Verhältnis der europäischen Fürstenhäuser zur Freimaurerei[71], und Rudolf Levin war in der Außenstelle „Schlesiersee" für den Himmlerschen Hexenauftrag zuständig. Neuer „Judenreferent" wurde *Heinz Ballensiefen*, dessen Karriere als typisch für die von Six betreute Assistenten- und Gehilfengeneration gelten kann.

Am 24. Oktober 1912 als Sohn eines Schlossermeisters in Rauxel bei Dortmund geboren, studierte Ballensiefen nach Abitur und freiwilligem Arbeitsdienst Geschichte und Volkskunde an der Universität Berlin.[72] Noch während des Studiums kam Ballensiefen an Wilhelm Zieglers „Institut zur Erforschung der Judenfrage" im Propagandaministerium und betreute dort als wissenschaftlicher Referent Archiv und Bibliothek. Wohl auf Vermittlung des Six-Freundes Wolff Heinrichsdorff gelangte der junge „Judenspezialist" Ballensiefen ins RSHA, wurde am 1. August 1940 in die SS übernommen und am 30. Januar 1941 gleich zum Untersturmführer befördert. Am 12. Dezember 1941 promovierte er schließlich noch zum Dr. phil.

Das Referat VII B 1 b („Judentum"), so formulierte Ballensiefen, besitze durch „die Sammlung und Verarbeitung des nachrichtendienstlichen und sonstigen Materials zur Judenfrage ... eine totale Kenntnis über die gesamten Vorgänge des Judentums in der Welt".[73] Die Ergebnisse der Judenforschung im Amt VII seien „dem Amt IV zur Kenntnis zu geben, damit die exekutive Lösung der Judenfrage" durch tiefergehende Kenntnisse unterstützt werde. Es sei allerdings notwendig, „durch eine Rücksprache mit SS-Sturmbannführer Eichmann – wie bereits geplant – Amt IV auf seine eigentliche Arbeit zurückzuweisen".

Ballensiefen erarbeitete auch die geheimen „Informationsberichte zur Judenfrage", die zur ideologischen Weiterbildung ausgewählter NS-Stellen verwandt wurden, um die Arbeit am „Judenproblem" nicht erlahmen zu lassen. Im Sommer 1944 half Ballensiefen in Ungarn beim Aufbau des „Ungarischen Instituts zur Erforschung der Judenfrage" mit und nahm an der Konferenz des Auswärtigen Amtes zum Stand der „antijüdischen Maßnahmen" in Krummhübel teil. Ende Oktober 1944 „unterichtete er SS-Sturmbannführer Günther vom Amt IV B 4 und Legationsrat von Thadden über die Absicht der spanischen Gesandtschaft in Budapest, jüdische Kinder – darunter Voll- und Halbwaisen – in ihren Schutz zu nehmen und somit dem deutschen Zugriff zu entziehen".[74]

Ballensiefens Ambitionen und seine praktischen Einsätze zeigen, daß im Amt II bzw. VII durchaus keine Männer beschäftigt waren, die an der „Gewinnung eines objektiven Geschichtsbildes" arbeiteten, „um damit einer pseudowissenschaftlichen, oberflächlichen und laienhaften Propaganda" entgegentreten zu können, wie der Straßburger SS-Professor Günther Franz in Nürnberg zur Entlastung angab.

Der Agrarhistoriker Franz („Der deutsche Bauernkrieg"), Jahrgang 1902, als 28jähriger in Marburg auf eine Professur berufen, war als ehrenamtlicher Berater des Six-Amtes tätig.75 In regelmäßigen Abständen kam er nach Berlin, um mit den Referenten des Amtes VII den Stand der weltanschaulichen Forschungen zu besprechen. Ballensiefens Schrift „Juden in Frankreich", so befand Franz einer Dittel-Notiz vom 15. April 1942 zufolge, bedürfe „einer völligen Umarbeitung sowohl nach Inhalt als auch der Form nach. Ballensiefen muß sich vor allen Dingen bemühen, seine Schrift auf eine größere und wissenschaftlich einwandfreiere Quellengrundlage zu stellen".76 Eine einwandfreie Quellengrundlage war also auch dann noch gefragt, als die Vernichtungsindustrie in den Konzentrationslagern auf Hochtouren lief.

In ihrem Beharren auf formale wissenschaftliche Korrektheit und anhaltende ideologische Produktion – ungeachtet aller Schwierigkeiten mit Papierzuteilungen und realem Kriegsverlauf – waren sich die Professoren Franz und Six einig. Am 20. April 1942 besprachen Six und Dittel das Protokoll einer Arbeitstagung der Gruppe VII C mit Professor Franz, bei der zahlreiche neue Aufgaben und Themen zur Sprache gekommen waren: die „Judengesetzgebung seit der Aufklärung", die Validierung der „Judenstatistik", das „Judentum in den deutschen Parteien und Parlamenten" und der „Zionismus vom Araber her gesehen". Six gab nun die genaueren Weisungen. Für die Siedlungspläne des Judentums solle der Mitarbeiter Dr. Kellner zuständig sein und die Planung der Arbeit bis zum 20. Mai vorlegen; die Judengesetzgebung seit der Aufklärung („juristische Darstellung der Judenemanzipation") werde Obersturmbannführer Mylius übernehmen, und zwar als juristische Dissertation an der Universität Heidelberg; zum Thema „Judenstatistik" sollten nach Anweisung von Six Besprechungen mit Eichmann und Dr. Kurt Meyer von der „Reichsstelle für Sippenforschung" stattfinden. Die Namensliste jüdischer Wissenschaftler solle „gegebenenfalls in Einzelthemen zerlegt und dann durch SS-H'stuf. Levin oder SS-O'Stuf. Mahnke unter Studenten des Seminars als Dissertation vergeben werden".77

Bei aller Geschäftigkeit waren sich die Referenten des Amtes VII ihrer marginalen Position im RSHA durchaus bewußt. Erbost reagierte Levin auf eine „blöde Anzapfung" durch seinen Kollegen Ernst Merkel, der brieflich auf die Skurrilität der Hexenforschung angesichts der Kriegssituation hingewiesen hatte: „Du scheinst also den Sinn unserer Arbeit überhaupt nicht begriffen zu haben, wenn Du die Arbeit als weitabliegend bezeichnest. Ich richte an Dich jetzt die dienstliche Anfrage, ob Du gewillt bist, weiter mitzuarbeiten und die Dir übertragenen Aufgaben ausführen willst, wenn nicht, werde ich dienstliche Meldung an den Amtschef und den Chef der Sicherheitspolizei erstatten."[78]

Im Sommer 1940 war das Amt noch an einem SD-Auftrag von weit höherer praktischer Relevanz beteiligt. Damals ging es um die Planungen für einen Einmarsch deutscher Truppen in Großbritannien, die „Operation Seelöwe".

Schellenberg hat in seinen Memoiren angegeben, er habe Ende Juni 1940 den Sonderauftrag erhalten, „im Rahmen der Operationsvorbereitungen Seelöwe ein Handbuch zusammenzustellen, das den deutschen Heeresverbänden für die Besetzung wichtiger militärischer, wirtschaftlicher und politischer Gebäude – beispielsweise des Kriegsministeriums, des Foreign Office und anderer – dienen sollte. Dieser Auftrag hatte großen Aufwand an Zeit und Geld erfordert".[79] Das gesammelte Material, so Schellenberg, sei auch von „dem wissenschaftlichen Forschungsamt des RSHA geprüft"[80] und in einer Auflage von 20 000 Exemplaren gedruckt worden.

Eine von den verschiedenen Ämtern des RSHA kompilierte „Sonderfahndungsliste G. B." enthielt rund 2700 Namen von Personen, die sofort nach einem Einmarsch arretiert werden sollten. Die Liste reichte von Churchill über de Gaulle bis zu H. G. Wells und Virginia Woolf. Das „Informationsheft G. B." beschrieb den potentiellen Besatzern wichtige Industrieanlagen, Behörden und die Lokalitäten der vom RSHA ausgemachten Gegnerorganisationen in Großbritannien – jüdische Vereinigungen, die Kirche von England, die britischen Pfadfinder und natürlich den Secret Service.[81] Die Zahl der England-Spezialisten im RHSA war eher klein, und so gab es in den Fahndungs- und Informationsheften zahlreiche Kuriosa und Fehler. Dennoch waren die SD-Vorbereitungen für die Besetzung Großbritanniens umfangreich und „impressive", so der britische Regierungshistoriker Ronald Wheatley.[82]

Six gab seine Beteiligung an den Großbritannien-Planungen erstmals 1961 zu, als er im Verfahren gegen Adolf Eichmann vor dem Amtsgericht Tettnang als Zeuge gehört wurde.[83] Wheatleys Buch, in dem aus Dokumenten des RSHA-Amtes II zitiert wird, war 1958 erschienen. Im Nürnberger Prozeß hatte Six jeden Hinweis auf „Seelöwe" unterlassen, weil seine Bestellung zum SD-Kommandeur in London kaum zu der Aussage gepaßt hätte, er habe sich mit Heydrich vollständig verkracht und sei gar amtsenthoben worden.

„Im September 1940 sollte ich mit den deutschen Luftlandetruppen in England einfliegen", erklärte Six in Tettnang. „Die mir gestellte

Aufgabe war die eines Beraters in Fragen der Feldpolizei und Sicherheitspolizei bei dem von der Luftwaffe zu stellenden Oberbefehlshaber. Feldmarschall Milch hatte einen entsprechenden Mann von Heydrich angefordert. Ich war ihm genannt worden und hatte mich bei ihm vorgestellt. Anweisungen für die vorgesehene Tätigkeit in Großbritannien bestanden nicht".

Das von Wheatley beigebrachte Dokument sprach freilich eine deutlichere Sprache.[84] Demnach hatte Göring am 1. August 1940 entschieden (oder, was realistischer erscheint, Heydrich hatte Göring eine Vorlage geliefert), daß SD und Sipo nach bewährtem Muster ihre Aktivitäten zur Gegnerbekämpfung gleichzeitig mit den Invasionstruppen starten sollten. Six wurde im Namen von Göring zum Beauftragten Heydrichs in Großbritannien ernannt. Von London aus sollte Six Einsatzgruppen für andere Landesteile Großbritanniens aufstellen, um Oppositionsgruppen zu bekämpfen, weltanschauliche Gegner zu arretieren und Archivmaterialien zu beschlagnahmen.

Zum Einmarsch in Großbritannien kam es bekanntlich nicht. Hitler setzte im Einvernehmen mit Göring darauf, England durch Luftangriffe zu zermürben und für einen Friedensschluß nach deutschen Vorstellungen zu gewinnen, um sich dann gegen Rußland wenden zu können. Zwar liefen umfangreiche Landungsvorbereitungen und Planspiele in Marine, Luftwaffe und Heer[85], und ein vernichtender Schlag „gegen Engelland" wurde in der deutschen Bevölkerung allgemein erwartet.

Goebbels haderte über Wochen hinweg mit der plötzlichen Unentschlossenheit des „Führers"[86], der aber schreckte vor einem amphibischen Großunternehmen mit ungewissem Ausgang zurück. Am 30. Juni verfaßte General Jodl, der Chef des Wehrmachtführungsstabes, eine Studie über die „Weiterführung des Krieges gegen England", in der eine Landung lediglich als „ultima ratio", deren Vorbereitung aber als notwendig bezeichnet wurde, um Großbritannien friedensbereit zu machen[87]: „Diese Gedanken konnten die Billigung Hitlers finden, und am 2. Juli wurden die Wehrmachtsteile von der Entscheidung Hitlers unterrichtet, daß eine Landung in England unter bestimmten Voraussetzungen, von denen die wichtigste die Luftherrschaft sei, in Frage komme und die Vorbereitungen eingeleitet werden sollten. Am 16. Juli präzisierte Hitler diese Vorstellungen in seiner Weisung Nr. 16".[88]

Nachdem der Termin für eine mögliche Landung mehrfach hinausgeschoben worden war, faßte Hitler am 10. September den 24. des Monats als frühestmöglichen Tag der Landung („S-Tag") ins Auge. Am 13. September notierte Erich Raeder, der Oberbefehlshaber der

Marine, die augenblickliche Luftlage biete noch keine Möglichkeit, das „Unternehmen Seelöwe" durchzuführen[89], und am 17. September, also genau am Tag der Six-Beauftragung, wurde die Herausgabe eines Befehls für die Invasion von Hitler „bis auf weiteres" verschoben.

Schon in den letzten Julitagen hatte sich Hitler entschlossen, gegen den bisherigen Bündnispartner Sowjetunion zu marschieren. „Rußland Faktor, auf den England am meisten setzt", notierte Generalstabschef Halder nach einer Konferenz am 31. Juli mit Hitler auf dem Obersalzberg, „irgend etwas ist in London geschehen! Die Engländer waren schon ganz ‚down', nun sind sie wieder aufgerichtet ... Abgehörte Gespräche ... Ist aber Rußland zerschlagen, dann ist Englands letzte Hoffnung getilgt ... Entschluß: Im Zuge dieser Auseinandersetzung muß Rußland erledigt werden. Frühjahr 1941".[90]

Das SD-Engagement von Six bei der „Seelöwe"-Planung hatte sich bis in studentische Kreise herumgesprochen und an der Auslandswissenschaftlichen Fakultät den durchaus nicht falschen Eindruck genährt, der spröde Dekan sei mit diffizilen Aufgaben höchster Rangordnung beschäftigt. Man munkelte, Six habe „ein Meßtischblatt von England, und wenn wir ‚rübergehen', dann hat er das Vorauskommando"[91] (Hans Abich), er bereite den militärischen Einmarsch gleichsam „wissenschaftlich" vor.

Assistent Mahnke, der Marxismus-Sachbearbeiter im Amt II, sagte in Nürnberg aus, auf Befehl des Sipo-Chefs seien Archiv-Beauftragte des Amtes II „für kürzere oder längere Perioden mit mehr oder weniger kleinem Arbeitsstab zum Beispiel in Paris, Brüssel, Den Haag, Oslo abgestellt gewesen und haben hier an Ort und Stelle Sichtung, Auswahl und Fotokopien von entsprechenden Materialien vorgenommen".[92]

In zwei Fällen seien größere Archivkommandos in Stärke von fünf bis fünfzehn Mann gebildet worden, verstärkt durch „Fachkräfte anderer Ämter", und zwar im sogenannten „Unternehmen Seelöwe" und im Rußlandfeldzug. Mahnkes Affidavit sollte dazu dienen, das „Vorkommando Moskau" als harmlosen Einsatz zum „Schutz" von Archivalien darzustellen, belegt aber eher die starke Einbindung des Amtes II in den „Seelöwe"-Komplex.

Angesichts der Entwicklungen bei der RSHA-Gründung mag es verblüffend erscheinen, daß Heydrich ausgerechnet Six eine erhebliche Rolle bei der sicherheitsdienstlichen Arbeit in England zuwies. Die Beauftragung von Six ist jedoch im Kontext seiner Verwendung bei den SD-Einsätzen in Österreich, dem Sudetenland, der Tschechoslowakei und Polen zu sehen. Mit Werner Best war einer der maßgeblichen SD-/Gestapo-Auslandsplaner ausgefallen, und Heydrich hatte offenkundig kein Interesse daran, daß sich Six ausschließlich mit den Schießübungen bei der Waffen-SS aufhielt. Außerdem mag Heydrich gewußt haben, daß die Ernennung von Six zum SD-Kommandeur in London doch stark hypothetischen Charakter hatte, und der Entwurf der entsprechenden Anweisung war ja tatsächlich schon an dem Tag Makulatur, als er gefertigt wurde.

Zwischen „Seelöwe" und den späteren Einsatzgruppen für den Rußlandfeldzug gibt es eine direkte Verbindungslinie. Die Einsatzgruppen für das „Unternehmen Barbarossa" seien in „ihrem Stamm" auf Kommandos zurückgegangen, die schon früher für ähnliche Aufgaben in der Grenzpolizeischule Pretzsch zusammengezogen worden waren, so hat der RSHA-Amtschef Bruno Streckenbach nach dem Krieg ausgesagt:

„Es seien Kommandos gewesen, die ihm Rahmen des Unternehmens ‚Seelöwe'... eingesetzt werden sollten. Von ihnen sei zunächst noch ein Teil für den ‚Balkanfeldzug' – im April 1941 – abgezweigt worden. Relativ spät, nach seiner Erinnerung ebenfalls erst im April 1941, habe er den Auftrag erhalten, die ‚in den Kommandos in Pretzsch vorhandenen englisch sprechenden Kräfte durch russisch sprechende zu ersetzen'."[93]

Von „Seelöwe" über den Balkan zu einem Einsatzkommando in der Sowjetunion – das war auch der Weg von Franz Alfred Six in der Waffen-SS. Nach den versandeten England-Planungen setzte er seine Ausbildung zum Reserveführer fort und kam nur gelegentlich ins Amt VI oder in sein Auslandwissenschaftliches Institut, um sich über den Fortgang der Arbeit zu unterrichten. Bei der SS-Verfügungstruppe war er rasch avanciert: am 24. Juli zum Sturmmann, am 1. August zum Unterscharführer, am 14. Dezember zum Oberscharführer und Führeranwärter. Am 6. November meldete er der 1. SS-Artillerie-Ergänzungsabteilung, daß er den Unterführerlehrgang mit Erfolg bestanden habe und nunmehr zu einem „Reserveführeranwärterlehrgang" der Feldpostnummer 30629A (RFAL) kommandiert worden sei, der am 1. Februar 1941 enden werde. Am 30. Januar urteilte der Kommandeur der 1. Abteilung des Artillerieregiments der Division „Reich", Sturmbannführer Adolf Wunder: „Charakterlich gut veranlagt, ist er ein Mann mit großem Können und Wissen. Seine weltanschaulichen und politischen Vorträge bei den Batterien hinterlassen bei den Männern großen Eindruck. Militärisch ist er äußerst korrekt. Er hat sich gute artilleristische Kenntnisse angeeignet und ist eifrig bemüht, sein militärisches Wissen zu vervollständigen. Er steht auf jedem Posten seinen Mann. Zur Zeit ist Six als A(rtillerie) V(oraus)

Paul Mylius

Ko(mmando) eingeteilt. An einem Feindeinsatz hat er noch nicht teilgenommen. Six ist zum SS Führer geeignet."⁹⁴

Zwar war hatte sich Six nun von den RSHA-Querelen räumlich entfernt, ganz wohl fühlte er sich bei der Waffen-SS freilich auch nicht. Dies ist einem Brief seines Geschäftsstellenleiters im Amt II, SS-Hauptsturmführer Walter Braune, vom 13. Oktober 1940 zu entnehmen, der zugleich über die kritischen Personalverhältnisse bei der Gegnerforschung Auskunft gibt:

„Ich war doch leicht erschüttert, als ich von Mahnke einige Einzelheiten von Ihrem jetzigen Leben erfuhr. Ich hoffe, daß der erhebende Dienst, wie Sie ihn zu nennen pflegen, doch recht bald ein Ende nehmen möge oder daß Weihnachten käme. Hat sich die Erkältung, eine Folge Ihrer luftigen Behausung, ganz wieder gelegt? Wenn nicht, wünsche ich Ihnen eine recht baldige Genesung. Alle Angehörigen des Amtes II danken für Ihre Grüße und erwidern sie aufs Herzlichste. Und nun zum Dienstlichen! Hartl hat sich natürlich zurückgesetzt gefühlt und wie er mir mitteilt, hat C ihn bei einer Rücksprache am 11. 10. 40 beauftragt, mit sofortiger Wirkung die Vorbereitungen zur Überführung von II B 3 nach IV zu treffen ... Hoffen wir, daß der Verein recht bald das Feld räumt. ... Die Personalfrage ist beinah katastrophal. Vom Amt II wurden zum 16. 10. zum Kolonialkursus bis Ende November Wenzel, Werner und Rust einberufen. Ob sie anschließend dem Amt II wieder zur Verfügung stehen, ist noch unbestimmt. Nach Mitteilung von I werden alle Männer der Jahrgänge 14 und jünger zum Wehrdienst freigegeben, dafür sollen die Jahrgänge 13 und älter freigegeben werden. Das würde für II eine weitere Personalverschlechterung bedeuten. Zurück kämen evtl. Beyer und Hancke, freigegeben zum Wehrdienst würden Jonas, Kuhn, Rudolph, Fichtner, Gürtler, Biermann, Leube und evtl. Unger. Dann kann es fast nicht mehr schlimmer kommen".[95]

„Nicht so schlimm" und „Es geht gut", hatte Six, was die Gesundheitsprobleme betraf, an den Rand des Braune-Briefes geschrieben. Nach seinem Reserveführer-Lehrgang in Holland war er mit der SS-Division „Reich" im besetzten Frankreich, nahm im April 1941 am Feldzug gegen Jugoslawien teil und befand sich im Juni beim Aufmarsch gegen die Sowjetunion an der Bug-Front.[96] Am 20. April war er zum Untersturmführer der Reserve befördert worden.

Heydrich hatte bereits am 14. April den schwerbeschädigten Obersturmbannführer Paul Mylius aus dem Justitiariat des RSHA-Amtes I zum Amt VII delegiert, wo Mylius als Vertreter Six' eingesetzt wurde und den Auftrag erhielt, „mit den Reorganisationsarbeiten des Amtes VII sofort zu beginnen".[97] Es ist nicht ganz klar, ob Heydrich schon zu diesem Zeitpunkt vorhatte, Six dieses Mal persönlich für ein „Archivkommando" in der Sowjetunion einzusetzen. Kurz vor dem Beginn des deutschen Angriffs erhielt Six jedenfalls den Befehl (seinen Angaben nach von Himmler persönlich unterzeichnet), sich in Berlin zu melden. Six' Laufbahnakte verzeichnet den 15. Juni als Termin der Rückkommandierung.[98] Am 17. Juni kam es im Prinz-Albrecht-Palais zu einer Besprechung zwischen Heydrich und den für die Führung der Einsatzgruppen und -kommandos vorgesehenen Männern. Der Einsatzkommandoführer Karl Jäger, durch eine Sonderkommission des Landeskriminalamtes Baden-Württemberg einvernommen, erinnerte sich 1959 an das Treffen: „Es waren dort eine größere Anzahl SS-Führer und Stapoleiter versammelt. Ohne das behaupten zu können, dürften wir etwa 50 SS-Führer gewesen sein. Den Grund unseres Zusammenrufens sowie die Dauer der Tagung vermag ich nicht mehr anzugeben. Ich kann mich lediglich erinnern, daß Heydrich in einer Ansprache erklärte, daß im Falle eines Krieges mit Rußland die Juden im Osten alle erschossen werden müßten. Erwähnen möchte ich hierzu, daß ich mich nicht mehr erinnern kann, ob er sagte, daß *alle* Juden erschossen werden müßten, oder *die* Juden erschossen werden müßten. Ich vermag mich noch zu erinnern, daß einer der Stapoleiter daraufhin etwa wörtlich fragte: ‚Wir sollen die Juden erschießen?', worauf Heydrich in etwa antwortete, daß dies doch wohl selbstverständlich sei".[99]

In einem Geheimbrief an die für die Sowjetunion eingesetzten Höheren SS und Polizeiführer formulierte Heydrich am 2. Juli 1941: „Zu exekutieren sind alle Funktionäre der Komintern (wie überhaupt die kommunistischen Berufspolitiker schlechthin) die höheren, mittleren und radikalen unteren Funktionäre der Partei, der Zentralkomitees, der Gau- und Gebietskomitees, Volkskommissare, Juden in Partei- und Staatsstellungen, sonstigen radikalen Elemente (Saboteure, Propagandeure, Heckenschützen, Attentäter, Hetzer usw.)".[100]

Ob Six an der Besprechung im Prinz-Albrecht-Palais teilnahm, wann und in welcher Form er von dem Befehl zur Liquidierung der Juden Kenntnis erhielt, läßt sich nicht mehr feststellen. Für seine spätere Verteidigungslinie war es wichtig, zu behaupten, er habe erst am 20. Juni 1941 die Nachricht erhalten, sich im RSHA zu melden, und auch an der Aufstellung der Einsatzgruppen im Raum Pretzsch-Düben-Bad Schmiedeberg nicht teilgenommen. Nach Six' Darstellung empfing ihn Heydrich am 22. Juni bei seiner Meldung im RSHA nicht persönlich, sondern ließ durch seinen Adjutanten Ploetz Weisungen für das geplante „Vorkommando Moskau" durchgeben: Six sei nun lange genug bei der Waffen-SS gewesen, Heydrich habe vorgesehen, ihm ein Archivkommando für Moskau zu übertragen, das er entsprechend aufzustellen und vorzubereiten habe: „Die Kommandos des Einsatzstabes Rosenberg und des Bataillons Künsberg des Auswärtigen Amtes, die also auch Archivkommandos anderer Dienststellen waren, seien bereits unterwegs, und ich solle mich daher darum sorgen, daß ich möglichst als erster in Moskau eintreffen werde. Aus diesem Grunde solle ich die Verbindung mit dem Chef der Einsatzgruppe B, Nebe, aufnehmen, der für den Raum Moskau zuständig sei".[101]

Arthur Nebe, Sohn eines Volksschullehrers, hatte sich 1914 als Kriegsfreiwilliger gemeldet und war mit dem EK I ausgezeichnet worden. Nach Aspirationen auf verschiedene Berufe (unter anderem hatte Nebe ein Zahnmedizinstudium angefangen und abgebrochen) kam Nebe Anfang der 20er Jahre zur Berliner Kriminalpolizei, wo er zum Leiter des Dezernats für Rauschgiftbekämpfung avancierte. 1932 gehörte Nebe zu den Gründern der NS-Beamtenfachschaft bei der Kripo; in die NSDAP trat der deutschnationale Nebe freilich erst im Mai 1933 ein – man gab ihm später die Mitgliedsnummer seiner Frau Liesel, die bereits seit 1930 der Partei angehörte.[102]

In den Wochen vor der Aktion gegen SA und konservative Opposition hatte Nebe eng mit Heydrich kooperiert und war in die SS eingetreten. Nebe ließ sich gern mit der Balzac-Sentenz „Es gibt keine Überzeugungen, es gibt nur Umstände" zitieren. 1936 wurde er Chef der Kripo-Abteilung in Heydrichs „Hauptamt Sicherheitspolizei"; dem SD-Chef hatte der vorsichtig taktierende und in brenzligen Situationen stets magenkranke Nebe nichts entgegenzusetzen. Bei der Aufstellung der Einsatzgruppen für die Sowjetunion scheint Nebe der einzige Amtschef gewesen zu sein, der sich freiwillig für das Massenmordkommando meldete. Heydrich wies ihm die der Heeresgruppe Mitte zugeteilte Einsatzgruppe B mit den Sonderkommandos 7, 8 und 9 sowie eben das „Vorkommando Moskau" zu.

Nebe trieb seine Kommandos zu besonders intensiver Liquidationsarbeit an und hielt gleichzeitig Kontakt zu den Hitler-Gegnern in der Einsatzgruppe Mitte. Nebes Untergebener Kriminalrat Dr. Bernhard Wehner schrieb später in einer „Spiegel"-Serie über den Kripo-Chef: „Nebe ... muß sich im Offizierskasino von Smolensk mit Veuve Cliquot über das Grauen hinwegtrinken. Er trägt eine weiße Kasinojacke. Später wird er seinem Berliner Freund Viktor Schulz mit zitternder Stimme und Tränen in den Augen erzählen, wie er sich selber hinter's MG geworfen hat, weil seine Leute sich weigerten, in die hilflosen und schreienden Haufen hineinzuknallen. Der Zeuge, der Nebe hinterm MG hat liegen sehen, müßte noch gefunden werden. Aber die Psychose des Grauens, die sich nachträglich noch in persönlichen Übertreibungen Luft macht, ist typisch für Arthur Nebe, den anständigen, ehrgeizigen, ängstlichen Ausrottungshäuptling".[103]

Six wollte sich dem „Ausrottungshäuptling", der sich im Doppelspiel übte, nicht unterstellen. Dies lag wohl weniger an Skrupeln gegenüber den blutigen und kriminellen Kernaufgaben der Einsatzgruppen im Weltanschauungskrieg mit dem jüdisch-bolschewistischen Gesamtfeind als an persönlichen Differenzen der beiden RSHA-Amtschefs. Six pochte auf eine Sonderrolle seines Kommandos und verhandelte über dessen Vorrücken weitgehend selbständig mit seinem Abteilungskommandeur bei der SS-Division „Reich", Adolf Wunder, und dem Ic des Armee-Oberkommandos 4, Major i. G. Erich Helmdach.[104]

Die Querelen mit Nebe begannen offenkundig schon bei ersten Besprechungen in Warschau Ende Juni 1941 über die Funktion des „Vorkommandos Moskau". Während sich Six keine Befehle von einem „gleichrangigen" Amtschef geben lassen wollte, konnte Nebe kein Interesse daran haben, daß Six damit hätte renommieren können, „als erster in Moskau" eingerückt zu sein. Heydrich hatte in einem Telegramm vom 4. Juli bereits den Chefs der Einsatzgruppen mitgeteilt: „Erstes Vorkommando in Moskau ist mir mit sämtlichen Namen zu nennen".[105]

Six' motorisiertes „Vorkommando" umfaßte etwa zwei Dutzend „Ortskenner Moskaus", Dolmetscher, Fahrer und Hilfskräfte (Six sprach in einem Verhör von „20–25 Mann", darunter ein Dutzend

Schutzpolizisten).[106] Es wurde am 7. Juli in Minsk aufgestellt. Zuvor hatte sich Six im RSHA die nötigen Unterlagen besorgt: Gegnerkarteien, Telefonbücher, Lage- und Stadtpläne. Mitte Juli hatte Six in Minsk dann sein Personal beisammen.

In den – nicht besonders intensiv betriebenen – Ermittlungen beim Nürnberger Prozeß wurden folgende Mitglieder namentlich bekannt: Dr. Mahnke vom RSHA-Amt VII, Dr. Augsburg als Spezialist des Wannsee-Instituts, Engelhardt und Sieber, die vom Stab der Einsatzgruppe B zugeteilt wurden, Klingelhöfer und Noack vom Einsatzkommando 7 b, Luther und Farbemann vom EK 9.

Die vier letzteren waren bereits mit der Ermordung von Juden, Partisanen und anderen „Gegnern" im Raum Minsk befaßt, bevor sie zu Six' „Archivkommando" stießen. Als Stabsführer des VKM war mit dem Kriminalrat Bruno Sattler (Jahrgang 1898, NSDAP seit 22. August 1931) noch ein als Marxismus-Experte ausgewiesener Gestapo-Mann dabei, der zuvor schon Sipo-Einsätze in Wien und Paris mitgemacht hatte.[107]

Aktenkundig wurde die Six-Einheit erstmals in der „Ereignismeldung UDSSR des Chefs der Sipo und des SD" Nr. 17 vom 9. Juli 1941, in der es hieß, dem Panzer AOK 4 sei „neben dem Sonderkommando 7 a ein Vorauskommando unter Leitung von SS-Staf. Six beigegeben".[108] Zudem wird unter dem Punkt „SD-mässige Arbeit" berichtet, daß „durch Vermittlung des SS-Staf. Six in Warschau mit dem weißruthenischen Zentrum Verbindung aufgenommen und für jede weißruthenische Stadt zwei bis drei geeignete, frühere Weißruthenen"[109] nachgezogen wurden. Das Vorkommando erreichte über Tolotschino, wo Six mit dem erwähnten Ic Helmdach über das weitere Vorgehen verhandelte, am 25. Juli und zunächst nur mit sechs Mann das stark umkämpfte Smolensk. Die Ereignismeldung UdSSR Nr. 34 vom 26. Juli enthält folgende Passage:

„1.) Ein Teil des Vorauskommandos (6 Mann) befindet sich in Smolensk, NKWD-Gebäude. Smolensk ist nach Meldung des Staf. Dr. Six ebenso zerstört wie Minsk und liegt unter starkem feindlichen Artilleriefeuer und Fliegerwirkung. Zeitweilig ist die Stadt durch Angriffe des Feindes von der Rollbahn abgeschnitten. Es war daher nicht möglich, das gesamte Vorkommando nach Smolensk nachzuziehen. Ein schnelles Vorrücken ist unmöglich, da die Autobahn in der Hand des Feindes ist. Der Trupp des Vorauskommandos Moskau war bereits stärkstem Artilleriebeschuß, Bombenwurf und MG-Feuer ausgesetzt. Die dabei befindliche Infanterie hatte erhebliche Verluste, das Vorkommando wurde bisher verschont. Starke feindliche Truppen durchbrechen ständig die Rollbahn, führen Fliegerangriffe auf die Kolonnen durch und überfallen durch tollkühne Einzelkommandos die auf den verstopften Straßen stehenden Kolonnen.

2.) Weiteres Vorgehen des Vorauskommandos mit den Panzern über Smolensk hinaus ist im Augenblick nicht angebracht. Nicht nur die Männer, sondern auch die Fahrzeuge können jederzeit durch die starke Feindeinwirkung verlorengehen. Zudem sympathisiert die Bevölkerung östlich Orscha mit den von den Russen eingesetzten Partisanentruppen, die in und hinter unseren Linien systematische Zerstörungen durchführen. Zwei wichtige Aufgabengebiete heben sich für die Einsatzgruppe nunmehr deutlich ab: Die Erfassung der Partisanen, Saboteure, kommunistischen Funktionäre im rückwärtigen Heeresgebiet, da sich diese erst nach Durchzug der Fronttruppe und der Armee hervorwagen und aktiv tätig werden. Für die systematische Erfassung dieser Gegner müssen die Einsatzkommandos eingesetzt bleiben.

Dafür sprechen die bisherigen Erfolge und die dringenden Wünsche der Sicherungsdivisionen im rückwärtigen Heeresgebiet, die die Anwesenheit der Sicherheitspolizei außerordentlich begrüßen. Die zweite Aufgabe besteht in der sicherheitspolizeilichen Tätigkeit in Moskau. Es werden also die Vorauskommandos nach den Erfahrungen bei Smolensk erst dann gemeinsam mit der kämpfenden Truppe eingesetzt, wenn Moskau fällt, denn erst hier ist der persönliche Einsatz begründet und zu verantworten, wobei, wie sich gezeigt hat, jedenfalls östlich Orscha, weder wichtiges Material noch Funktionäre zu fassen sind. Es wird daher der Einsatz der Kommandos erst im Augenblick der Eroberung Moskaus erfolgen."[110]

Six' Moskau-Auftrag war mit der einsetzenden militärischen Wende gegenstandslos geworden. Am 5. August traf Nebe mit seinem Gruppenstab in Smolensk ein und nahm ebenfalls im NKWD-Gebäude Quartier. Zuvor hatte das Six-Kommando „beachtliches Material" des NKWD sichergestellt und zur Auswertung nach Berlin geschickt; das Kommando durchstreifte auch in den folgenden Wochen die Stadt und suchte in Kirchen und öffentlichen Gebäuden nach relevanten Aktenbeständen. Von Nebe wurden die Six-Männer für Verwaltungsaufgaben eingesetzt und zur Juden- wie Partisanenverfolgung herangezogen, während Six energisch versuchte, seine Befehlsgewalt über das Vorkommando zu behalten.

Offenkundig requirierte Nebe nun die aus dem Gruppenstab und den Einsatzkommandos an Six abgegebenen – und bei Exekutionen bereits „bewährten" – Kräfte wieder für die „systematische Erfassung" der Gegner (was hier bekanntlich *nicht* Karteiarbeit bedeutete). In der Ereignismeldung Nr. 73 vom 4. September hieß es dann auch, daß Gruppenstab *und* Vorkommando Moskau in der Zeit vom 22. Juni bis 20. August 144 Personen erschossen hätten, außerdem habe das VKM allein 46 Personen liquidiert, darunter 38 intellektuelle

Juden, die versucht hätten, „im neu errichteten Ghetto von Smolensk Unzufriedenheit und Unruhe" hervorzurufen.[111]

Dies war nun die Meldung, deren Interpretation im Nürnberger Einsatzgruppen-Prozeß über das Nachkriegsschicksal von Franz Alfred Six entscheiden sollte. Datierungsfragen spielten dabei eine entscheidende Rolle: Ende August hatte sich Six durch eine Meldung an den RSHA-Personalchef Streckenbach zu Gesprächen nach Berlin versetzen lassen, nachdem sich das Verhältnis zu Nebe in Smolensk laufend verschlechtert hatte und es überdies kaum mehr realistisch erschien, daß ein deutsches „Vorkommando" auf absehbare Zeit in Moskau einziehen würde.

Six gab an, er habe am 19. August die Weisung erhalten, er solle sich nach Berlin begeben.[112] In den Akten der Auslandswissenschaftlichen Fakultät findet sich freilich ein Brief, den Six von Smolensk aus an Wolff Heinrichsdorff übersandt hatte (man kommunizierte über die Edition eines neuen Hefts der „Zeitschrift für Politik") – datiert vom 20. August.[113] In ihm gibt es keinen Hinweis auf eine Abreise, die nach Six' Nürnberger Aussage ja kurz hätte bevorstehen müssen.

Von Berlin aus kehrte Six nicht wieder an die Ostfront zurück. Er nahm seine Vorlesungen an der Berliner Universität auf, eigentlich ja zum ersten Mal, und widmete sich dilatorisch der Arbeit im Amt VII, wo nun bisweilen erbeutetes Material aus „Judenbibliotheken" eintraf, die von den Einsatzgruppen in Rußland sichergestellt worden waren. So meldete Sturmbannführer Dr. Sandberger im Januar 1942 aus Reval die Beschlagnahme der Bibliothek des jüdischen Arztes und Kunstsammlers Dr. Genss, und Regierungsdirektor Mylius teilte ihm mit, die „Frage der Zuständigkeit des Einsatzstabes Rosenberg" befinde sich momentan „noch in der Regelung" – man möge die „Bibliotheksangelegenheit in der Schwebe" halten.[114] Am 27. Februar 1942 telegraphierte SS-Sturmbannführer Braune vom Amt VII nach Reval („dringend sofort vorlegen"): „Ich bitte, die Judaika für RSHA Amt VII zu verpacken u. falls möglich abzusenden, oder zumindest so zu lagern, daß Einsatzstab Rosenberg keinen Einblick in diesen Teil des Materials erhält".[115]

Solche Streitigkeiten zwischen den Kulturplünderern konnten den SS-Oberführer Six allerdings kaum mehr fesseln. Im Frühjahr 1942 kam er mit dem mächtigsten Mann im Außenministerium, dem Unterstaatssekretär Martin Luther, in Kontakt, der eine Fachkraft für eine energischere Nachwuchsausbildung im NS-Sinne suchte. Und Heydrichs Tod im Juni 1942[116] hatte den Weg für einen Wechsel vom RSHA zum Auswärtigen Amt freigemacht.

VII.

„Ad majorem Sixi gloriam"

Im Auswärtigen Amt: 1942–1945

In Ribbentrops Außenamt habe nur noch Unterstaatssekretär Martin Luther etwas zu sagen, schrieb SS-Hauptamtschef Gottlob Berger am 17. April 1941 an Heinrich Himmler: „Alle Männer des AA, die der Schutzstaffel freundlich gegenüber stehen, sagen übereinstimmend, ohne sich gegenseitig zu kennen, daß der Reichsaußenminister durch Luther und einige Kreaturen desselben so in eine Sackgasse gedrängt worden sei, aus der er wahrscheinlich nicht mehr herauskomme".[1] Damals galt Luther, Chef der Abteilung Deutschland, noch als einer der wenigen gefährlichen Opponenten der SS im Außenministerium. Luther hatte Ribbentrop soweit beeinflussen können, daß dieser in den Balkanstaaten hohe Führer der eigentlich bedeutungslosen SA zu Botschaftern ernannte, um den Einfluß von SS und SD zu kontern: So residierte Manfred Freiherr von Killinger seit Juli 1940 in Preßburg und danach in Bukarest, Hanns Elard Ludin übernahm im Januar 1941 Killingers Preßburger Mission, Siegfried Kasche wurde im April 1941 Gesandter in Agram und Dietrich von Jagow ging im Juli 1941 nach Budapest.

Martin Julius Luther war im Auswärtigen Amt Exponent der traditionellen, eher plebejisch orientierten Parteibasis – der Goldfasane, der Gauleiter, der SA-Restbestände – und sperrte sich mit diesem Fundament für einige Zeit gegen das Vordringen der SS im Außenamt.[2] Minister Ribbentrop, selbst SS-Obergruppenführer, bewunderte zwar den Aufbau des Himmlerschen Ordens und förderte die personale Okkupation seines Ministeriums durch die Schutzstaffel, hatte aber auch nichts dagegen, daß Luther mit seinem spezifischen Kurs eine weitere Option eröffnete und zumindest formal eine Machtbalance garantierte.

Luther, im Dezember 1895 in Berlin geboren, hatte sich 1914 als Freiwilliger zum Kriegsdienst gemeldet. Nach dem Ende des Krieges betätigte sich der Leutnant der Reserve mit wechselndem Erfolg in diversen Im- und Exportgeschäften, unterhielt eine Möbelspedition und trat am 1. März 1932 in die NSDAP ein. Als lokaler NS-Funktionär in Zehlendorf, wo er unter anderem die Wirtschaftsberatungsstelle beim Bezirksamt leitete, machte er die Bekanntschaft der Ribbentrops und erhielt den Auftrag, ihre Dahlemer Villa auszustatten. Im August 1936 wurde Luther Hauptreferent in Ribbentrops „Dienststelle", einer Institution der NS-Schattenaußenpolitik mit rund 60 Mitarbeitern. Luther rekrutierte hier als Leiter der „Parteiverbindungsstelle" systematisch eine „junge Garde" loyaler Verbindungsleute in anderen Parteiorganisationen, die seine Machtstellung begründete und stützte. Mitte 1937 stellte ihn Ribbentrop allerdings kurzzeitig kalt, weil Luthers SS-Verbindungsmann Lothar Kühne einen abfälligen Bericht über die Arbeit der Ribbentrop-Dienststelle an den SD vermittelt hatte. Mit Unterstützung des sächsischen Gauleiters Mutschmann, des Reichsstudentenführers Scheel und des VOMI-Chefs Lorenz kehrte Luther 1938 wieder in die „Dienststelle" zurück.

Nach der Ernennung Ribbentrops zum Außenminister übernahm Luther im AA zunächst das Referat „Partei" und vom Mai 1940 an die neu etablierte „Abteilung Deutschland", die unter Luther umso mehr zur Schaltzentrale des Ministeriums avancierte, je schwächer der reale außenpolitische Einfluß Ribbentrops wurde. Luther gebot über die Verbindungsreferate des AA zur Partei, SS, SA, zum RSHA, über das von Franz Rademacher geleitete „Judenreferat" (D III) und den Geographischen Dienst; Referat D V kümmerte sich um Auslandsreisen prominenter Deutscher. Im August 1942 war Luthers Reich auf 12 Referate mit 190 Mitarbeitern angewachsen. Zudem hatte ihn Ribbentrop zum Chef eines „Sonderreferates" Organisation ernannt, das die Strukturen des AA im Parteisinne einordnen sollte.

Der „Reformator" des Auswärtigen Amtes war eine in vielerlei Hinsicht paradoxe Figur. Obgleich schwer herzkrank, galt er als unermüdlicher Organisator, aggressiv und gefährlich; von den adeligen und großbürgerlichen Diplomaten-Crews wurde er als ehemaliger „Möbelspediteur" in gleicher Weise verachtet wie der gewesene „Sekthändler" Ribbentrop. Christopher Browning, der Luthers Karriere analysiert hat, beschreibt ihn so: „In his pursuit of power, Luther was guided by no higher aim or mission. He never articulated any guiding principles, any future goal to be strived for. Power was used simply to gain more ... Primarily, Luther was an amoral technician of power, and it is not difficult to imagine himself at service of any regime which offered scope to his ambition".[3]

Ende 1941 erkannte Luther, daß er sich mit seiner spezifischen SA- und Parteipolitik und dem Quertreiben gegen die stets mächtiger werdende SS isoliert hatte. Zugleich begann seine enge Beziehung zu Ribbentrop brüchig zu werden, da Luther den aufwendigen Lebensstil des Reichsaußenministers mit Mißvergnügen betrachtete und sich zugleich klar wurde, daß Ribbentrops Einfluß im NS-Kraftfeld rapide zu schwinden begann. Gleichzeitig begann der SD, im besonderen Schellenberg, den unbequemen, aber dynamischen Opponenten zu umgarnen. Am 29. November 1941 wurde Luther von Heydrich als Vertreter des AA zur Wannsee-Konferenz über die „Endlösung der Judenfrage" eingeladen, die dann auch unter Beteiligung des Unterstaatssekretärs am 20. Januar 1942 stattfand.

Zu Luthers Bereich in der Abteilung Deutschland gehörte auch das Referat „Sonderbauten" (D VI). Es wurde von Luther persönlich geleitet. Hinter dem unscheinbaren Titel verbarg sich die personelle Zukunftsplanung des AA, die mit dem Bau eines „Nachwuchshauses" verknüpft war, in dem die künftigen Attachés internatsmäßig zusammengefaßt und geschult werden sollten. Für Luther hatte dieses Referat besondere Bedeutung, weil er in der Nachwuchsplanung einen Hebel sah, die von Hitler und Ribbentrop gleichmaßen kritisierte „internationale Versippung" der traditionellen Diplomatencliquen aufzubrechen und einen neuen Beamtentypus streng nationalsozialistischer Prägung im Auswärtigen Dienst zu implementieren. Das „Nachwuchshaus", so formulierte es Ribbentrop 1942, solle „Ausgangspunkt für die Erneuerung des Auswärtigen Dienstes des Großdeutschen Reiches"[4] sein.

Franz Alfred Six kam mit Luther vermutlich auf Vermittlung seines Studienkollegen Albert Prinzing in engeren Kontakt. Prinzing erinnerte sich später: „Seit meiner Berufung auf den Lehrstuhl für Volks- und Landeskunde Italiens zum Winter-Semester 1939/40 konnte ich in vielen Gesprächen das starke Interesse des damaligen Unterstaatssekretärs im Auswärtigen Amt Martin Luther an der Fakultät beobachten; er pflegte den Gedanken, die theoretische Schulung des Diplomaten-Nachwuchses in die Hände der Lehrkräfte der Auslandswissenschaftlichen Fakultät zu legen. Es war deshalb nur folgerichtig, daß Herr Luther nach Fertigstellung des Nachwuchs-Hauses im Frühjahr 1942, dessen wissenschaftliche Leitung und die Aufsicht der Nachwuchs-Ausbildung Herrn Six anbot".[5]

Albert Prinzing, noch zwei Jahre jünger als Six, hatte eine ähnlich kometenhafte Karriere im Zwischenbereich von Wissenschaft und Politik gemacht. In Stuttgart-Untertürckheim geboren, hatte der Schulfreund von Ferry Porsche Staatswissenschaft, Geschichte und Volkswirtschaft studiert und sich recht früh als Italienspezialist qualifiziert (vom Oktober 1933 bis Juni 1934 war er Rockefeller-Stipendiat in

Rom und dort „Vertrauensmann der Studierenden deutscher Staatsangehörigkeit in der Ausländerorganisation der Gruppi Universitari Fascista").[6] Erst im April 1934 in die NSDAP eingetreten, war Prinzing nach Promotion (über das Modell der australischen Wirtschaftslenkung), Habilitation und Assistentenzeit in Heidelberg Abteilungsleiter im Hamburgischen Welt-Wirtschaftsinstitut geworden und zudem noch in Ribbentrops Dienststelle beschäftigt, woher die Verbindung zu Luther rührte. 1936 hatte er in Kriecks Blatt „Volk im Werden" einen Essay über „Volk und Wirtschaft" publiziert und schon im Sommer 1938 Six in Sachen „pol. Auslandskunde" beraten.[7] Seit 1935 SS-Mitglied, wurde Prinzing am 30. Januar 1941 zum Untersturmführer, am 20. April 1941 zum Hauptsturmführer befördert. Bei Gründung der AWI-Fakultät übernahm ihn Six als Ordinarius für Volks- und Landeskunde Italiens und zog ihn 1943 auch als Italien-Referent in die Kulturpolitische Abteilung des AA nach. Nach einer weiteren Station als Kulturreferent bei der Deutschen Botschaft in Rom (Quirinal) leitete Prinzing vom Februar 1944 an das damals neu gegründete Deutsche Wissenschaftliche Institut in Venedig. Die wechselseitige Karriereförderung der beiden Heidelberger Kommilitonen Six und Prinzing sollte das Jahr 1945 überdauern.

Six, auf der Suche nach einer Erlösung aus seiner randständigen RSHA-Dienststelle, mußte die Verbindung zu einem traditionellen Ministerium und die ihm angebotene Schlüsselfunktion bei der Diplomatenschulung attraktiv erscheinen. Zugleich war der SS-Oberführer Six für Luther ein interessanter Kandidat: Six war in der Schutzstaffel fest verankert, gab aber aufgrund seiner Konfliktgeschichte und seiner zumindest formalen Fachqualifikation die Gewähr, im Auswärtigen Amt nicht lediglich als Agent des RSHA zu wirken.

Unterdessen hatte sich Ribbentrop mit Brief vom 6. Juni 1942 bei seinem Duzfreund Himmler beschwert, daß es ihm zwar gelungen sei, „durch diplomatischen Einsatz und Druck ... einige zehntausend Freiwillige aus den Volksdeutschen für die Waffen SS" zu gewinnen, er selbst aber seit der Übernahme des Auswärtigen Amtes „keinen einzigen Mitarbeiter von Format aus der SS"[8] bekommen habe. Er würde es daher nun aufrichtig begrüßen, „wenn Du mir nun auch Deinerseits, wenn nicht einige *Zehntausende*, so doch einige *Zehnte* alter Kämpfer aus der SS sofort zur Verfügung stellen würdest, das heißt also für 30, 40, 50 000 volksdeutsche Kämpfer, die wir Dir verschafft haben, 30–40–50 alte SS-Kämpfer ... Bei der allmählich ihrer Vollendung entgegengehenden Neuorganisation des Auswärtigen Amtes und Besetzung aller wichtigen Stellen mit alten Parteigenossen, wäre es im Hinblick auf die gute Zusammenarbeit meines Amtes mit der SS und unsere persönliche enge Verbundenheit mehr als bedauerlich, wenn die SS hierbei durch Abwesenheit glänzen würde."[9] Natürlich wollte der Reichsführer gerade hier nicht durch Abwesenheit glänzen, und so gehörte Six zu den ersten hohen SS-Führern, die nach Ribbentrops Interpellation ins Auswärtige Amt wechselten. Am 7. September 1942 verständigten sich SS-Obergruppenführer Karl Wolff und Martin Luther über die „Angelegenheit SS-Oberführer Six". Luther brachte dabei laut Aktenvermerk des Persönlichen Stabes RFSS zum Ausdruck, „daß die für SS-Oberführer Six vorgesehene Stellung der SS eine außergewöhnliche Einflußmöglichkeit gebe".[10] Die Entscheidung des Reichsführers, „wonach SS-Oberführer Six das Angebot des Auswärtigen Amtes annehmen und seinen Dienst dort sofort antreten soll"[11], stand danach außer Frage. Luther gab Six ein Büro im AA, und der einstige Gegnerforscher, Institutspräsident (dieses Amt behielt er bei) und Einsatzkommando-Chef arbeitete nun ein halbes Jahr an einem Diplomaten-Curriculum, bis allen Beteiligten klar wurde, daß im „totalen Krieg" (und den damit verbundenen Einziehungen möglichen AA-Nachwuchses zur Wehrmacht) der Diplomatenschulung einstweilen jede Grundlage fehlte.

Six stellte zunächst fest, „daß seit 6 Jahren überhaupt keinerlei Nachwuchs"[12] im Amt vorhanden und die Generation der 25 –35jährigen (also seine eigene) deutlich unterrepräsentiert war, was er für „außerordentlich verhängnisvoll" hielt. Seinem Nachwuchsplan zufolge sollten nunmehr Offiziere mit Kriegsauszeichnung, also „Feindbewährung", „nicht über 25 Jahre und nicht unter 21 Jahre" zum Auswärtigen Dienst herangezogen werden.

Voraussetzung für die Attachélaufbahn war die Mitgliedschaft in der NSDAP und einer weiteren Parteiformation. Six sah ein vierjähriges Parallelstudium von Jura und Auslandswissenschaften vor, schließlich sollte „nach Vorbild der Amerikaner" eine spezielle landeskundliche und Sprachausbildung gewährleistet sein. Gegen den von Luther ursprünglich vorgesehenen „militärischen Drill" im „Nachwuchshaus" habe er sich, so Six in einem Nachkriegsverhör, doch nach Kräften gewehrt und statt dessen einen Bildungsbetrieb „in einer amerikanischen Art mit viel Diskussionen, eigenen Auffassungen und Meinungen und einer gewissen Lockerheit der ganzen Zeit bis zur Schlußprüfung" vorgesehen.

Nun war es im Gespräch mit einem US-Interrogator sicherlich nützlich, von der lockeren amerikanischen Art zu sprechen, gänzlich neben der Wahrheit lag seine Aussage aber wohl nicht. Auch an der

Auslandswissenschaftlichen Fakultät war er schließlich nicht als drakonischer SS-Dogmatiker aufgetreten, er schätzte eine gewisse akademische Liberalität, sofern sie sich in den gebotenen politischen Grenzen bewegte, und achtete auch als Ausbildungsplaner des Auswärtigen Amtes darauf, nicht als „Mann Luthers" zu gelten.

Am 10. Februar 1943 wurde Unterstaatssekretär Luther verhaftet. Von Gestapo-Chef Heinrich Müller ausgiebig verhört und dann seines Amtes enthoben, kam er anschließend als privilegierter Häftling in das Konzentrationslager Sachsenhausen. Gemeinsam mit einer Gruppe junger Frondeure, angetrieben wohl von Walter Schellenberg, hatte Luther ein Dossier über Ribbentrop zusammengestellt, das diesen als größenwahnsinnig, amtsunfähig und geisteskrank darstellte.

Schellenberg berichtet in seinen Memoiren, daß er Himmler beinahe dazu bewegt habe, den Sturz Ribbentrops zu unterstützen, um eine Wende in der Außenpolitik einleiten zu können. Dann aber sei Obergruppenführer Wolff dazwischen gekommen, der den Reichsführer mit den Worten: „Aber Reichsführer, Sie können doch nicht zulassen, daß SS-Obergruppenführer Joachim von Ribbentrop, einer der Höchstrangierenden in unserem Orden, von diesem Schuft Luther ‚rausgeschmissen' wird", noch zum Sinneswandel veranlaßt haben wollte.[13]

Im Zuge der nun einsetzenden Organisationswirren wurde Six, der im AA ja kein offizielles Amt bekleidete, „gemäß Befehl des RFSS Feldkommandostelle" betreffend „Erfassung aller kriegsverwendungsfähiger SS-Führer" am 12. März 1943 wieder zur Waffen-SS eingezogen.[14] Dazu kam es freilich nicht. Am 22. März 1943 meldete das RSHA Amt I mit Schnellbrief an das SS-Personalhauptamt: „Der Reichsführer SS hat auf Vortrag entschieden, daß der SS-Oberführer Franz Alfred Six nicht zur Waffen-SS einrücken soll. S. ist mit dem heutigen Tage durch den Reichsaußenminister als Leiter der Kultur- und Informationsabteilung im Auswärtigen Amt eingesetzt worden".[15]

Six muß also bei Ribbentrop einen nachhaltig günstigen Eindruck hinterlassen haben, so daß er noch nach dem von Luther angezettelten Aufstand als Chef einer neu fusionierten Kulturabteilung brauchbar erschien.[16] Mit Six' Amtsübernahme am 1. April 1943 befand sich nun die Kommunikationspolitik des AA fest in der Hand ehemaliger NS-Studentenfunktionäre, die früher oder später ihren Weg in die SS gefunden hatten.

Seit 1939 leitete der ehemalige Kieler Gaustudentenbundsführer Paul Karl Schmidt die Presseabteilung, Gerd Rühle, SS-Mitglied seit

1926 und 1932/33 Bundesführer des NSDStB, war im selben Jahr Leiter der Rundfunkpolitischen Abteilung geworden, und Six bekam nun noch die bislang selbständige „Informationsabteilung" dazu, die im August 1939 von Ribbentrop und seinem Berater Berber für diffuse Zwecke aktueller Propaganda ins Leben gerufen worden war. Die Zahl der Abteilungen und der stete personelle und finanzielle Ausbau dieses Propaganda-Apparates zeugen zwar von dem grundsätzlichen Interesse Ribbentrops an einer eigenständigen Kommunikationspolitik des AA, die Kompetenzüberschneidungen im Haus und der alltägliche Kleinkrieg mit Goebbels' Propagandaministerium mündeten aber in lähmende Bürokratie und weitgehende Ineffizienz.

Einen gewichtigen Teil des Zeitbudgets der leitenden Mitarbeiter nahmen rituelle Expertisen und Gutachten über die stets dringend notwendige Neuordnung der Geschäftsverteilung ein. Zudem hatte der zumeist abwesende Ribbentrop (der sich entweder in „Führernähe" oder auf seinem Sommersitz in Fuschl aufhielt) mit dem Berliner Journalisten Dr. Karl Megerle noch einen eigenen „Beauftragten für Propaganda" (BfP), dem schließlich siebzehn verschiedene, zumeist länderbezogene „Informationsstellen" zugeordnet waren.

Eine Zeitlang agierte auch Luther mit der ihm eigenen Verve als „Sonderbeauftragter für Propaganda", und schließlich unterhielt noch Berber seine „Deutsche Informationsstelle" mit zwei Abteilungen.[17] Während der Kommunikationsapparat des AA also formal expandierte, wurden die Möglichkeiten einer wirkungsvollen Kommunikations- und Kulturpolitik mit der zunehmenden realpolitischen Isolation des Deutschen Reiches immer geringer.

Damit sah sich auch Six konfrontiert. Am 31. Januar 1943 hatte die deutsche 6. Armee unter General Paulus in Stalingrad kapituliert, und am 18. Februar verkündete Goebbels in seiner ebenso ekstatischen wie präzise inszenierten Sportpalast-Rede den „totalen Krieg". Der Propagandaminister entwickelte nun einen gesteigerten Haß auf Ribbentrop, dessen Ministerium er in einer Denkschrift für Hitler vom September 1944 als „zum großen Teil defätistisch und korrupt" beschrieb. Ribbentrop sei schlichtweg nicht fähig, den nach Goebbels' Ansicht notwendigen Separatfrieden mit der Sowjetunion vorzubereiten (was freilich nach allen Geschehnissen auch einer Titanenaufgabe gleichgekommen wäre). Konkret mündete der Angriff Goebbels' in der Forderung nach Abschaffung der Presse-, Rundfunk- und Kulturabteilung des Auswärtigen Amtes. Am 25. Oktober 1944 setzte Goebbels noch einmal nach, indem er Hitler darauf hinwies, daß durch die Volksgerichtshofprozesse wohl offensichtlich geworden sei, „daß das

Personal des Auswärtigen Amtes in einem gefährlich hohen Grade von Landesverrätern und politisch unzuverlässigen Elementen" durchsetzt sei.[18] Diese Attacke traf nicht den treuen SS-Führer Six, wohl aber dessen Kulturpolitisches Departement.

Die Kulturpolitische Abteilung (Kult. Pol.) des Auswärtigen Amtes war im März 1920 als Abteilung für „Deutschtum im Ausland und Kultur" etabliert worden. Als unmittelbarer Vorgänger von Six hatte vier Jahre lang der konservative Karrierediplomat Fritz Adalbert von Twardowsky gewirkt, der auf den Posten eines Generalkonsuls nach Istanbul abgeschoben wurde und in der Bundesrepublik dann eine kurze Zeit als Adenauers Pressechef tätig war. Unter Twardowsky, der ein eher traditionelles Konzept der Kulturvermittlung verfolgte, war die Stellung der Kulturabteilung soweit geschwächt worden, daß sie auf Drängen Luthers und seines Propaganda-Administrators Ewald Krümmer vollständig in der Informationsabteilung aufgehen sollte. Mit Six' Amtsantritt war diese Fusion nun formal in umgekehrter Weise erfolgt, wobei zwischen „Propaganda", „Information" und auswärtiger „Kulturarbeit" 1943 ohnehin kaum noch Trennlinien auszumachen waren. Zwar war mit der Einsetzung von Six sicherlich eine Belebung der kriegspropagandistischen Arbeit durch „Kult. Pol" angestrebt (und er selber mühte sich nach Kräften darum), für geruhsame, auf längere Wirkung zielende Kulturarbeit hätte es aber sowieso weder Raum noch Zeit gegeben. Die steten Debatten um „Europakonzeptionen" und entsprechende Sprachregelungen zur „Gewinnung der Eliten" bei den „neutralen" Nationen und Verbündeten blieben schon deshalb steril und unergiebig, weil sich der „Endkampf" des Deutschen Reiches nach Führerwillen auf rein militärischem Feld vollzog und es für „Friedensfühler" und diplomatische Finessen, wie sich zeigen sollte, überdies zu spät war. Six konnte sich also allenfalls durch hohlen Aktivismus und kurzfristige Einzelaktionen profilieren. Im Grunde tauchte der SS-Führer Six in diesen letzten zweieinhalb Jahren des nationalsozialistischen Regimes zu sehr in die Sphäre des bürokratischen Dienstbetriebes im Auswärtigen Amt ein (und kam dabei nahe in Kontakt mit Angehörigen des AA, die sich aktiv um eine Beseitigung Hitlers mühten), als daß er einen „SS-Stil" prägen oder eine neue Dynamik der Abteilung hätte auslösen können.

Kult. Pol. war, dem dualen Aufbau des Auswärtigen Amtes gemäß, in Sach- und Länderreferate aufgeteilt. Unterhalb des Generalreferates I (Sachgebiete) befanden sich Referate für die Schulen im Ausland (S), Universitäten und den akademischen Austausch (U), Wissenschaft und Vortragswesen (W), Literatur (L), Zwischenstaatliche Vereinigungen (Zw), Kunst (K), Sozialwirtschaft (Soz-Wi), Sprachen (Spr.), Archive (Arch.), Verträge und Organisationen (VO) und eine Nachrichtenzentrale (NZ). Unterhalb des Generalreferates II waren die einzelnen Länderreferate versammelt. Stellvertreter Six' und Dirigent bei Kult. Pol. war zunächst Hans-Bernd von Haeften, der im Zusammenhang mit den Ereignissen vom 20. Juli 1944 hingerichtet wurde. Er wurde vom 21. April 1944 an, eher zum Mißvergnügen von Six, durch den grobschlächtigen Gesandten I. Klasse Rudolf Schleier ersetzt, einen ehemaligen Käsegroßhändler und Leiter der Landesgruppe Frankreich der NSDAP-Auslandsorganisation. Schleier, der drei Jahre lang bei der Deutschen Botschaft in Paris in leitenden Funktionen tätig gewesen war, steuerte auch die Informationsstelle XIV („Antijüdische Auslandsinformation").

In die Personalstruktur der Abteilung konnte Six nur noch marginal eingreifen. Er zog aus dem RSHA bzw. aus seiner Fakultät nur die junge und ihm in Bewunderung ergebene Chefsekretärin Gerda Scholz und seinen Adlatus Mahnke als persönlichen Referenten nach. Zudem förderte Six im Herbst 1943 die Besetzung des Referats Kult. Pol U mit Ernst Achenbach, der zuvor die Politische Abteilung der Pariser Botschaft geführt hatte und nach 1945 als FDP-Politiker und Aktivist für eine „Generalamnestie" noch nachhaltig von sich reden machen sollte. Nennenswert waren die Verquickungen von AWI-Fak., Auswärtigem Amt und den „Deutschen (Wissenschaftlichen) Instituten" (DWI bzw. DI) im Ausland, die das Herz- und Kernstück der NS-Kulturpolitik bildeten.

Karl Epting, Leiter des DI in Paris, hatte 1943 an der AWI-Fak. über „das französische Sendungsbewußtsein im 19. und 20. Jahrhundert" habilitiert.[19] Italien-Spezialist Prinzing war, wie erwähnt, von der AWI-Fak. über die Berliner AA-Zentrale 1944 in die Leitung des DWI in Venedig gelangt. Professor Donath, DWI-Chef in Tokio, wurde Professor für Japankunde an der Auslandswissenschaftlichen Fakultät.

Die Deutschen Wissenschaftlichen Institute waren in Kooperation zwischen AA und dem Erziehungsministerium von 1940 an in rascher Folge als kulturelle und repräsentative Stützpunkte in den besetzten, verbündeten und neutralen Ländern gegründet worden – zumindest in jenen, die man überhaupt für „kulturfähig" hielt. Auf die Eröffnung des DWI in Bukarest im April 1940 folgten Institute in Paris, Sofia, Belgrad, Brüssel, Kopenhagen, Madrid, Budapest, Athen, 1943/44 dann in Stockholm, Helsinki, Lissabon, Venedig, Preßburg, Zagreb und Sarajewo. 1944 gebot Six über 293 Mitarbeiter an den Deutschen

Wissenschaftlichen Instituten[20], und am 18. Februar 1945 wurde noch feierlich ein Deutsches Institut in Mailand eröffnet, während im bombenumtosten Berlin die Kult. Pol.-Zentrale kaum noch arbeitsfähig war.

Den DWIs stand in der Regel ein namhafter Professor als Präsident auf Zeit vor, während die Aufgaben des Direktors und Geschäftsführers von jüngeren NS-Akademikern wahrgenommen wurden. Die Institute verfügten über Abteilungen für Wissenschaft, den akademischen Austausch, Sprachen, Bibliothek und Organisation, in größeren Ländern wurden auch Zweigstellen in der Provinz eingerichtet. Der materielle und personelle Einsatz für diese Zentren deutscher Kulturvermittlung, die zwischen einer eher unaufdringlich-schöngeistigen Arbeit und den eigentlich erstrebten propagandistischen Effekten lavieren mußten, war beträchtlich und wurde auch oder gerade in Zeiten des militärischen Rückzugs aufrechterhalten. „Mit kulturpolitischen Mitteln", so betonte der Gesandte Langmann gegen die Abbaubestrebungen Goebbels', ließen sich „schwache Perioden vorübergehend überbrücken"[21], und für Six war in einem Grundsatzerlaß vom 8. Februar 1944 über die „Kulturpolitik im totalen Krieg" (eigentlich ein Widerspruch in sich) die kulturelle Präsenz „sichtbarster Ausdruck unserer Zuversicht und unseres Vertrauens in die Zukunft".[22] Und zusätzlich zu allgemeinen Proklamationen der Standhaftigkeit wollte Six als gelernter SD-Mann die Institute auch stärker in die „Flüsterpropaganda" einbeziehen, wie er auf der Kulturreferententagung im Mai 1944 in Paris kundtat.

Er reiste jetzt ohnehin viel herum, mehr als jemals zuvor in seinem Leben. Ende September 1942 hatte er, noch als RSHA-Amtschef und „im Auftrag des Reichsführers SS", in Oslo einen Vortrag vor Vidkun Quisling und „führenden Männern Norwegens" halten können. Im Namen des „NS Förers" Quisling war er dazu vom Nsjonal Samling-Generalsekretär Fuglesang eingeladen worden. Six referierte über die „Freimaurerei in Norwegen", wozu ihm Untersturmführer Pösch vom Amt VII den Text aus erbeutetem Logenmaterial vorbereitete.[23] Interessant an dieser Norwegen-Tour ist im übrigen nicht das Referat, sondern die Tatsache, daß Six durch Albert Prinzing telegraphisch nach Berlin zurückbeordert wurde, weil ihn der Reichsaußenminister zum Essen eingeladen habe[24] – ein Beleg dafür, daß Prinzing für Six' Kontakt zu Ribbentrop maßgeblich war.

Six' Reisen in das Schattenreich sinnloser Kulturpropaganda setzten mit Vehemenz dann zu Beginn des vorletzten Kriegsjahres ein.[25] Im Januar 1944 ging es nach Spanien und Portugal, am 15. Februar 1944 fuhr Six in Begleitung von Achenbach, Blahut und Mahnke zur pompösen Eröffnung des neuen DWI nach Venedig, Anfang März folgte eine einwöchige Inspektion (mit Mahnke) in Budapest und Preßburg. Am 21. März fuhr Six noch einmal nach Ungarn, im April hielt er einen Vortrag in Kopenhagen, im Mai gab es die Kulturreferenten-Tagung in Paris. Für den Juni, Juli und November 1944 sind Dienstreisen nach Stockholm nachweisbar. Im August 1944 besuchte Six für zwei Wochen die deutschen Vertretungen in Bern, Genf und Zürich, im Dezember 1944 fand in Wien wieder eine einwöchige Kulturreferenten-Tagung statt, und noch im März 1945 stand ein Vortrag in Kopenhagen auf dem Plan, wo der einstige Amtschef-Kollege Werner Best als „Reichsbevollmächtiger" ausharrte.[26]

Die meisten dieser Touren dienten dazu, die kulturpolitische Arbeit der DWIs und deutschen Botschaften an Ort und Stelle in Augenschein zu nehmen und darüber hinaus generell die Moral der Außenposten zu kontrollieren. Bei dem deutschen Botschafter in Schweden, Hans Thomsen, hinterließen die Kontrollbesuche des SS-Führers einen nachhaltig negativen Eindruck. Gleich nach Ribbentrop, so stellten die Spezialisten des State Departments bei einem Thomsen-Verhör im September 1945 fest, galt die Antipathie Thomsens vor allem Six:

„Six, he said, was a dangerous and unscrupulous man who, he hoped, would be taken by the Allies and would receive the treatment he deserved. Six often visited Stockholm and submitted unfavourable reports in Berlin concerning Thomsen himself, Frau Thomsen and the poor morale of the Legation in general. It was for this reason that Thomsen was called to Berlin in November 1944 and, after waiting two weeks to see Ribbentrop, was told by him that he must be careful to keep both himself and his Legation in line. Six's visits to Stockholm were, Thomsen said, of only several days' duration each, and were primarily for the purposes of reviewing the morale of the Legation ... Thomsen did not believe that Six had any contacts in Sweden except formal ones with Swedish officials ...".[27]

Auch der Kulturattaché an der Deutschen Boschaft in Brüssel, Baron Joseph von Mentzingen, zeigte sich, was Six betraf, „generally detested". Six hatte Brüssel nicht besucht, sondern von Mentzingen nach Berlin einbestellt, wo dieser, jedenfalls seinem Nachkriegsverhör zufolge, nicht einmal zu Wort gekommen sei. Statt dessen habe ihn Six („a bumptious, preposterous, small, fat man") zwanzig Minuten lang angebrüllt, „in a voice loud enough to carry an audience of two hundred".[28]

Die Akten der Kulturpolitischen Abteilung aus den letzten Kriegsjahren sind im April 1945 weitgehend und planmäßig vernichtet worden. Die erhalten gebliebenen Bestände reichen dennoch aus, um einen hinreichenden Einblick in Six' Tätigkeitsfeld zu geben. Er war an zahlreichen propagandistischen „Einsätzen" beteiligt, die erheblich über den angestammten Arbeitsbereich von Kult. Pol hinausgingen; hektischer Aktionismus, zunehmende Realitätsferne, mitunter auch reine Beschäftigungstherapie und Ratlosigkeit angesichts der monomanischen Führerdirektiven kennzeichneten den Arbeitsalltag.

Im April 1943 waren für den „Großen Plan", eine breit angelegte antibolschewistische Propaganda-Aktion in Spanien, „Flüsterparolen" zu entwickeln.[29] Nach der „Neubewilligung von Mitteln" für den „Großen Plan" war der „weitere Ausbau der lokalen Flüsterorganisationen sofort in Angriff" genommen worden, wie Six mittels „Geheimer Reichssache" übermittelt wurde. Außerdem wurden „getarnte" Materialien und Flugschriften für die Verbreitung in Spanien fabriziert, was immerhin den dortigen Botschafter Hans Heinrich Dieckhoff in Entzücken versetzte:

„Lieber Herr Six! Die Aktion ‚5 Minutes before Victory' war ein so großer Erfolg, daß ich nicht verfehlen möchte, Ihnen auch persönlich meine Freude über das Ergebnis zum Ausdruck zu bringen. Wie schon aus der Berichterstattung der Botschaft hervorgeht, konnten Papierbeschaffung, Druck und Verteilung der 50 000 Exemplare in so kurzer Zeit durchgeführt werden, daß die Wirkung schlagartig in ganz Spanien einsetzte, was selbstverständlich die Nachfrage außerordentlich steigerte, so daß ein Nachstoßen durch die Flugblattaktion kaum noch notwendig war. Die Auflage ist erschöpft und aus allen Teilen Spaniens laufen ununterbrochen neue Anforderungen ein. Es ist, wie von allen Seiten einmütig festgestellt wird, einer unserer größten propagandistischen Erfolge, wobei auch die Tarnung so gut aufrecht erhalten werden konnte, daß auch jenen, die aufgrund der Tendenz des Buches die deutsche Quelle vermuteten, keinerlei konkrete Anhaltspunkte zur Verfügung stehen; das geht so weit, daß selbst zahlreiche Mitglieder der eigenen Botschaft über die Hintergründe der Veröffentlichung völlig im unklaren sind."[30]

Im Juni 1943 holte Six im Auftrag des AA-Staatssekretärs Steengracht „inoffiziell Erkundigungen über den Stand des Wlassow-Komplexes" ein.[31] Offensichtlich war das Auswärtige Amt über den General Wlassow und die Legitimität seiner Truppen nicht sonderlich gut informiert, und Six wurde aufgrund seiner SD-Kontakte vorgeschickt, um den Status quo zu eruieren. Six' Vermerk ist aufschlußreich, weil er sein Bemühen offenlegt, möglichst defensiv die diffuse Gemengelage rund um den „Wlassow-Komplex" und die mögliche Unterstützung von Autonomiebewegungen auf dem Territorium der Sowjetunion zu schildern und sich auf diesem verminten Gelände möglichst vorsichtig zu bewegen.

Die Organisation einer russischen Befreiungsarmee, so Six, sei propagandistisch vom OKW im sowjetischen Hinterland ausgewertet worden, „worauf tatsächlich eine Steigerung der Überläuferzahl eingetreten sein soll. Darüber hinaus tauchten jedoch für die sowjetische Front bestimmte Flugblätter auch in den rückwärtigen Heeresgebieten auf und wurden hier unkontrolliert, z. B. in Smolensk, angeschlagen. In einer ziemlich unkontrollierten Entwicklung kam es im weiteren Verlauf zur Bildung von Nationalkomittees, ohne daß hierzu eine ausdrückliche Erlaubnis von höheren Instanzen vorlag".

Reichsminister Rosenberg vom Ostministerium habe an seinem Geburtstag zwar die Bildung von „provisorischen Nationalkomitees" gebilligt, falls nicht nur die Russen, sondern auch die übrigen Nationalitäten Berücksichtigung fänden. Die Zivilverwaltung in den besetzten Gebieten habe, im Gegensatz zur Wehrmacht, die Bildung der Komitees wiederum abgelehnt, Generalfeldmarschall Keitel sei es hingegen notwendig erschienen, „die Komitees wenigstens in wirtschaftlich-propagandistischer Hinsicht einzusetzen, um Stimmungsrückschläge in landeseigenen Verbänden und der Ostbevölkerung abzufangen und die weitere Hilfe in vermehrtem Umfang sicherzustellen". Das OKW arbeite, so der Six-Bericht auf der Grundlage dieser Weisungen weiter, während in den Reichskommissariaten die Bildung von Nationalkomitees „vollkommen inopportun" sei, nachdem Reichsminister Rosenberg „nach seinem letzten Besuch im Führerhauptquartier keine positiven Anweisungen hinsichtlich dieses Komplexes" gegeben habe.

Seinem Bericht hatte Six einen Artikel aus der schwedischen Zeitung „Göteborgs Posten" beigefügt, in dem unter der Überschrift „Ein deutsches Schwächezeichen" über eine mögliche Wandlung der Rußlandpolitik spekuliert wurde. Die Deutschen, so das Blatt, seien dahinter gekommen, daß Rußland allein mit der Wehrmacht nicht besiegt werden könne. Bislang hätten die Deutschen Rußland lediglich als ein „riesiges Kolonialgebiet" betrachtet, das mit dem Recht des Siegers vom Dritten Reiche ausgebeutet werden sollte. In gewissem Sinne sei es erstaunlich, daß die Deutschen nicht früher versucht hätten, „ein Quislingregime in Rußland zu errichten". Das wirklich Bedeutungsvolle im Zusammenhang mit der Wlassow-Armee und dem Wandel der Ostpolitik sei aber „das Zugeständnis, daß Deutschland mit der Aufgabe, die Sowjetherrschaft militärisch zu besiegen, nicht fertig geworden" sei und nun versuche, „die Sowjetherrschaft mit Hilfe russischer Kräfte zu zersplittern".

Mitte 1943 gingen aber sowohl der „Führer" als auch sein Gefolgsmann Six vom – wie auch immer zu erzielenden – „Endsieg" aus – Stellungnahmen zu deutschen „Schwächezeichen", noch dazu in umworbenen neutralen Ländern, sollte kein Vorschub geleistet werden. So empfahl im Ergebnis auch der vorsichtige Six, daß der Wlassow-Komplex „für eine Behandlung in der Auslandspropaganda zurückzustellen" sei.[32]

Am 13. Juli 1943 informierte Six den in Ankara residierenden Botschafter Franz von Papen über einen Vorgang „im Zusammenhang der nach Ihrer (Papens) Berichterstattung so außerordentlich erfolgreichen deutschen Schutzimpfaktion in der Türkei".[33] Six wußte „aus unbedingt zuverlässiger, aber vertraulicher Quelle", daß ein Minister Parker vom Kriegspropagandaamt in Istanbul, offenbar ohne Zustimmung der US-Botschaft, „eine halbe Million Dosen Typhus-Impfstoff aus einer als fragwürdig bezeichneten Quelle in Syrien" bestellt habe. Selbst die amerikanische Botschaft befürchte nun, daß durch solche Aktionen ein schlechtes Licht auf spätere amerikanische Impfstoff-Lieferungen fallen würde. Gewiß werde von Papen, schrieb Six, „die Kenntnis dieses Tatbestandes für das vertrauliche Gespräch mit interessierten türkischen Persönlichkeiten willkommen sein" und sich eventuell auch „für eine vorsichtige Flüsterpropaganda" eignen, bei der „am besten wohl das Gewicht auf das leichtfertige Gebaren Parkers" gelegt werden sollte.

Einen Monat später wurde Six vom Stab RAM aufgetragen, sich um den „geheimen Nachdruck" eines Schreibens an den abtrünnigen italienischen Regierungschef Marschall Badoglio zu kümmern, das in die Hände des Botschafters von Mackensen geraten war: „Der Herr Reichsaußenminister bittet sie nunmehr, diesen Brief in 3000 Stück drucken zu lassen. Dabei soll auf die Wahl der richtigen Type, des richtigen Papiers usw. besonders geachtet werden, damit auf keinen Fall der deutsche Ursprung des Nachdrucks zu erkennen ist. Der Herr Reichsaußenminister bittet sie deshalb, auch einen Sachverständigen der Geheimen Staatspolizei zuzuziehen und sein Urteil darüber zu hören, ob der deutsche Ursprung des Druckes zu erkennen ist oder nicht".[34] Hier war Six offenkundig als Verbindungsmann zum RSHA gefragt, der sich um die technische Abwicklung der Fälschungsaktion bemühen sollte.

Näher am angestammten Aufgabengebiet der Abteilung Kult.Pol lag der Fall Höfken-Hempel, immerhin auch als „Geheime Reichssache" eingestuft.[35] Hier ging es um die Frage, ob die Künstlerin Höfken-Hempel weiterhin zu offiziellen Anlässen ins Ausland gelassen werden sollte, nachdem sie über „Staatsoberhäupter und Regierungsmitglieder uns verbündeter Länder ... wiederholt ungehörige Geschichten ausgestreut" habe, wie Six zusammenfaßte. Der Fall liege so eindeutig, daß „schon mit Rücksicht auf den ungarischen Reichsverweser die Reise nicht zugelassen" und schon gar nicht der „Herr RAM" damit befaßt werden könne. Offenkundig erwartete der ungarische Reichsverweser Frau Höfken-Hempel zur Überreichung einer Büste in Budapest und sollte vor der nach Ansicht des AA peinlichen Begegnung bewahrt werden.

So ging es im Grenzbereich zwischen Diversion, Kulturpropaganda, „Großem Plan" und Höfken-Hempel in einem fort – mal kümmerte sich Six darum, daß Reichsminister Rust leider „vorläufig keine Möglichkeit mehr sehe, bei den Rumänen gesellschaftlich zu verkehren und daß er dasselbe von seinen Abteilungs-Direktoren erwarte", mal um die „Verweigerung der Einreise für vier deutsche Vortragende bzw. Künstler von Seiten Schwedens" und mögliche Gegenmaßnahmen[36], und noch am 9. Januar 1945 hielt es Six in der längeren Aufzeichnung für zweckmäßig, „den Patriarchen Gavrilo und damit die serbische Orthodoxie in die antibolschewistische Front einzuspannen"[37], um mit Unterstützung des Patriarchen „eine nationalserbische Einheitsfront gegen die Sowjetpolitik auf dem Balkan" zu errichten.

Mit gewohnter Energie entwickelte sich Six in den Jahren 1943/44 zu einem vielseitig verwendbaren Propaganda-Taktiker. Für Ribbentrops Beauftragten für Propaganda (BfP) Megerle bedeutete dies, daß er sich als persönlicher Kommunikationsberater des RAM mit einem neuen Faktor im ohnehin vollkommen unübersichtlichen Feld der Auslandspropaganda auseinandersetzen mußte. Der Briefverkehr zwischen Megerle und Six war frostig.

Megerle sah sich – aufgrund seiner Nähe zu Ribbentrop – als weisungsbefugt und nutzte die Kulturpolitische Abteilung auch als Ideenlieferant für seine propagandistischen „Stoßaktionen", bei denen monatlich unter einem bestimmten Thema oder Slogan unbedingte Siegeszuversicht und pax germanica vermittelt wurden. Für die Stoßaktion Mai 1943 hieß die Parole „30 Millionen Brutto-Register-Tonnen versenkt"[38]. Die von Six gezeichneten Vorschläge dazu lauteten:

„Das Motiv soll im wesentlichen auf die Tatsache der 30 Mill. Br. Reg. Tonnen selbst konzentriert werden. Es sind infolgedessen Einzelentwürfe zu machen:
a) 30 Millionen Br. Reg. Tonnen bedeuten das Fünffache der englisch-amerikanischen Baukapazität (Rückfrage bei Megerle)

b) 30 Millionen Br. Reg. Tonnen ist um 12 Millionen mehr als die Engländer bei Kriegsausbruch besaßen
c) 30 Millionen Br. Reg. Tonnen bedeuten so und so viel Arbeitsstunden an Schiffahrtsproduktion und Frachtproduktion (die vollständige Arbeitsleistung des englischen Volkes in der Zeit vom ...)
d) 30 Millionen Br. Register Tonnen bedeuten den Ausfall von 70 000 Seeleuten (nur Engländer und Amerikaner), stehen im Verhältnis ... zu ... im Vergleich zum Friedensstandard der britischen Handelsmarine.
e) 30 Milllionen Br. Reg. Tonnen bedeuten einen Frachtraum, der in Güterwagen umgerechnet einen Zug von der Erde bis zum Mond bilden würde.
f) 30 Millionen Br. Reg. Tonnen bedeuten so und so viel mehr, als bisher an Rußland geliefert wurde (?)
g) Abschluß Grundthese:
Da damit die Verluste die Neubauten ständig übertreffen, können die wachsenden Versenkungen nicht mehr eingeholt werden. Letzten Endes müssen wir den Krieg gewinnen".

Diese eigentümliche Tonnage-Theorie sollte laut Six' Weisung bis zum 5. Mai vom England/USA-Referenten bei Kult. Pol., Alexander Werth, „in Form gebracht" werden. An publizistischen Mitteln waren Wandzeitungen („Abstimmung mit WPr übernimmt Herr Richter"), Faltblätter, Klebemarken, ein Sonderstempel der Reichspost und – in Abstimmung mit dem Reichsverkehrsministerium – Aufschriften auf Eisenbahnwaggons vorgesehen. Für den Juni 1943 schlug Kult. Pol. vor, den 22. Juni als „Jahrestag des europäischen Freiheitskampfes gegen die Überflutung Europas durch den Bolschewismus" zu propagieren. Hier waren eine „Zeitschrift Katyn", eine „Schaufensterpropaganda-Aktion", ein „neutrales anti-englisches Flugblatt" und eine „Bildzeitschrift mit jeweiliger seitenmäßiger Gegenüberstellung der Kulturwerte" avisiert.

Am 24. Mai 1943 teilte Six dem „BfP" einige Vorschläge zur „Zersetzungspropaganda für die kommunistische Arbeiterbewegung" mit. Six hatte zuvor mit dem RSHA kommuniziert und den Plan für einen neuen getarnten (pseudo-)kommunistischen Sender entwickelt, der in der Nähe der schweizerischen oder französischen Grenze aufgestellt werden sollte, „um feindliche Peilungen zu irritieren". Kühl schrieb Megerle aus Fuschl zurück: „Auf Ihre Notiz vom 27. d. M. betreffend Auflösung der Komintern möchte ich Ihnen nur kurz mitteilen, daß ich gegen Maßnahmen der vom RSHA notwendig erachteten Art, welche die Einheiten (sic) der kommunistischen Bewegung im Ausland sprengen sollen, naturgemäß nichts einzuwenden habe. Jedoch bin ich aus propagandistischen Gründen daran interessiert, daß diese Maßnahmen nicht eine Form annehmen, durch welche die Stalin'sche These von der Auflösung der 3. Internationale und ihrer Sektionen im Ausland bewahrheitet wird. Dies war auch der Sinn der Ihnen neulich von VLR von Schmieden mündlich gemachten Mitteilung".

Ein Six-Vermerk für seine Referenten Mahnke und Richter vom 17. Juni 1943 zeigt, daß Megerle zumindest zu diesem Zeitpunkt seine strategische Stellung in der Nähe des RAM auszunutzen verstand und Six sich den Direktiven Megerles widerwillig, aber doch weitgehend beugen mußte. Megerle habe betont, so gab Six weiter, „daß der Herr RAM in der Zukunft nicht nur die ruhige, gleichmäßige Propaganda wolle, sondern er Wert darauf lege, ebenso wie es das Promi mache, bestimmte Schlager zu finden, die auch in der deutschen Presse zum Niederschlag kommen könnten". Six delegierte die Arbeit an solchen „Schlagern" auch gleich an Richter, Mahnke und den alten publizistischen SD-Mitarbeiter Giselher Wirsing. Überdies, so Six, sei mit Megerle die Frage der religiösen Propaganda in Spanien besprochen worden, nachdem der Herr RAM hier einiges zu kritisieren hatte. Six war freilich der Ansicht, „daß die Position der deutschen Propaganda in Spanien nicht schwach sei, sondern ganz gut".

Außerdem sei es die Abteilung Kult. Pol gewesen, die auf eine Belebung der religiösen Propaganda in Spanien gedrängt habe: „Der Leiter Kult. Pol. hätte weitgehende Besprechungen mit SS-Gruppenführer Kaltenbrunner, Staatssekretär Klopfer und der Parteikanzlei gehabt und habe aufgrunddessen einen sehr eingehenden Plan zur Belebung der religiösen Propaganda gemacht". Megerle habe nun auch noch Abteilungsleiter Wagner von Inland II in diesen Vorgang eingeschaltet, der aber „hierfür nicht zuständig" sei. Six forderte nun Mahnke auf, „den Bericht über die religiöse Propaganda sehr eingehend mit klaren Vorschlägen auszustatten, da dieser Bericht dem Minister selbst vorgelegt werden muß und ihn von der Wichtigkeit unserer Aktion überzeugen muß. In dem Bericht ist noch zu bemerken, daß die Feldgeistlichenfrage und die Entsendung von hohen Geistlichen gesondert und von Fall zu Fall behandelt werden müsse, um für unsere religiöse Infiltrationspropaganda erst einmal freie Hand zu haben".

Six war also wieder beim propagandistischen Handwerk gelandet – nun freilich ausgerichtet auf die große, weite Welt –, mit dem er sich zehn Jahre zuvor in seiner Dissertation auseinandergesetzt hatte. Im verhältnismäßig ruhigen Heidelberg konnte Six den erfolgreichen innenpolitischen Kampf der NSDAP feiern, jetzt stand das Regime, selbst zerfallen in zahllose Fraktionen, Zirkel und Cliquen, in Rückzugsgefechten gegen eine kaum überschaubare Armada militärischer Gegner. An jenem Tag, an dem Six offiziell als Leiter der Kulturpolitischen Abteilung eingesetzt wurde, konnte er im Stimmungsbericht seiner SD-Kollegen lesen, daß ein Großteil der Bevölkerung, und zwar „in allen Schichten", sich bewußt sei, „daß frühere Verlautbarungen und Mitteilungen der Führungsmittel, die günstige Schlüsse auf die politische und militärische Weiterentwicklung zuließen, durch die Ereignisse der letzten Monate und Wochen überholt worden seien und die Kriegslage sich gerade jetzt stark umschichte. Es habe sich *alles viel komplizierter gestaltet, als man es sich jemals gedacht habe.* So sehr man auf die Führung vertraue und so groß der Einsatzwille für den positiven Ausgang des weiträumigen und von kaum übersehbaren Faktoren bestimmten Weltkampfes sei, so sehr suche man nach einer Leitlinie, nach einem ‚*roten Faden' durch die Vielfalt der Einzelgeschehnisse, die auf einen* hereindrängen."³⁹

Six' Glaube an die Legitimität des großgermanischen Supremats im vereinten Europa, die Elite-Herrschaft der SS, an die geistesphilosophische Begründung nationalsozialistischer Wissenschaft und das antidemokratische Führerprinzip war fest und ehrlich, darauf beruhten Karriere und Weltbild. Es gibt keine Hinweise darauf, daß sich Six – anders als etwa Walter Schellenberg – konkret mit Planungen für ein Deutschland ohne Hitler beschäftigt und bei seinen Auslandsreisen erhebliche „Friedensfühler" zu alliierten Unterhändlern und Geheimdiensten ausgestreckt hat. Aber er war natürlich intelligent genug, um die inneren Widersprüche des NS-Systems und die miserable militärische Lage zu realisieren. Six' Haltung in den beiden letzten Kriegsjahren läßt sich mit den Reflexionen des Propagandaministers vergleichen, der inständig beim „Führer" eine straffere Innenpolitik, Personalwechsel in entscheidenden Positionen (Ribbentrop, Göring, Rosenberg) und außenpolitische Alternativen (Beendigung des Zweifrontenkrieges) anmahnte, aber am grundsätzlichen Genie Hitlers und dem irgendwie durch glückliche Schicksalfügung noch zu erzielenden Endsieg, jedenfalls bis kurz vor Toresschluß, nicht ernsthaft zu zweifeln wagte.

Six hatte zweifelsohne mitbekommen, daß sich Schellenberg – mit Billigung Himmlers – um die Möglichkeit eines Separatfriedens mit den Westalliierten mühte. Etwa im Juli 1944, so erinnerte sich Mahnke später, sei es zu einem Mittagessen mit Schellenberg, dessen Referenten Dr. Schmitz, Six und Mahnke gekommen, bei dem man sich über solche Optionen ausgetauscht habe⁴⁰. Mitte 1944 waren zudem Alexander Werth und Anton Böhm, Referenten in der Kulturpolitischen Abteilung, in Six' Privatvilla in der Thielallee einquartiert worden, weil ihre eigenen Domizile durch Bombentreffer zerstört worden waren. Werth, Sohn eines Admirals, Ende 1934 für kurze Zeit von der Gestapo im Columbia-Haus inhaftiert und dann für fünf Jahre als Anwalt in London tätig, war Studienkollege und enger Vertrauter des „Widerstandsdiplomaten" Adam von Trott zu Solz. Der Österreicher Böhm war einige Zeit Hauptschriftleiter des rechtskatholischen Organs „Die schönere Zukunft" gewesen und vom Auswärtigen Amt als Osteuropa-Spezialist angeworben worden. Damit war Six in einer Wohngemeinschaft mit zwei veritablen Vertretern früherer SD-„Gegnergruppen" gelandet.

Werth, zusammen mit Trott unter Staatssekretär Keppler einer der maßgeblichen Organisatoren des „Indien"-Sonderreferates der seinerzeitigen Informationsabteilung, hat 1957 in einem Dossier über die Widerstandsarbeit Trotts auch das Verhalten von Six und Mahnke wohl korrekt analysiert[41]:

„Die Stellung von Six zu Trott, zu mir und anderen Angehörigen der Informationsabteilung (IA), die mit Trott befreundet waren und deren allgemeine Einstellung zum Regime im Laufe der Jahre ohnehin bekannt geworden war, ist bis zum Ende des Krieges zweideutig geblieben. Six hat zwar nach der Verhaftung von Trott am darauffolgenden Tage während der üblichen Referentenbesprechung im großen Saal der IA um 11 Uhr folgendes erklärt: ‚Leider hat die Informationsabteilung des Auswärtigen Amtes zwei Schweine in ihren Reihen gehabt. Der Staat hat zugeschlagen und wird diese beiden Schweine so behandeln, wie sie es verdient haben. Damit ist für mich der Fall erledigt. Wir gehen zur Tagesordnung über'. Diese Bemerkung hat ihm keiner verziehen und ist auch der Grund dafür gewesen, daß wir ihn nach dem Kriege nicht wiedergesehen haben, obgleich er sich mehrfach darum bemüht hat, wieder Konkakt mit allen oder einigen von uns aufzunehmen. Trotzdem ist es, auch nach Zeugnis von Horst Mahnke, durchaus wahrscheinlich, daß er sich für mich und im gewissen Maße auch für Leipoldt und Richter bei seinen politischen Freunden eingesetzt hat".

Dies müsse Six allerdings „nicht zum Heiligen machen", so Werth weiter, weil dieser gewußt habe, daß nach einer erweiterten Verhaftungsaktion die Abteilung Kult. Pol. mangels qualifizierten Personals „hätte zumachen können". Six habe dieses Motiv sowohl ihm als auch Dritten gegenüber ein paar Mal angesprochen, „aber häufig mit der Drohung verbunden, daß, wenn ich – nachdem er sozusagen mein

Leben gerettet habe – nicht in seinem Sinne auf die Dauer tätig wäre, er mich der politischen Polizei ausliefern müsse … Dennoch muß ich der Gerechtigkeit halber feststellen, daß Six rein tatbestandsmäßig mir wahrscheinlich das Leben mitgerettet hat. Er wäre auch bei Trott aus den oben geschilderten Motiven heraus zu gleichem bereit gewesen. Nur war die Last der formalen Beweise gegen Trott zu stark, als daß man von Six hätte erwarten können, sich stärker als geschehen für Trott einzusetzen".

Adam von Trott zu Solz war die dominierende intellektuelle Figur in der Kulturpolitischen Abteilung. Er wurde wie Six im August 1909 geboren, aber damit – von der gemeinsamen Arbeit bei Kult. Pol abgesehen – erschöpften sich die biographischen Kongruenzen auch schon. Trotts Vater war der preußische Kultusminister August von Trott zu Solz, die Familie ließ sich bis in das 13. Jahrhundert zurückverfolgen. Durch seine Großmutter mütterlicherseits, Anna Jay von Schweinitz, war Adam von Trott zu Solz ein direkter Nachkomme von John Jay, dem ersten Obersten Richter der Vereinigten Staaten.[42]

Er hatte bereits 1931 eine beachtliche Dissertation über Hegels Staatsphilosophie verfaßt und arbeitete in den Jahren 1931–1933 als Rhodes-Stipendiat in Oxford. 1937/38 reiste Trott über Nordamerika in den Fernen Osten, wo er unter anderem an einer (dann nicht vollendeten) Studie über die „chinesische Staatsauffassung" arbeitete. Trott verfügte über einen immensen internationalen Bekanntenkreis und war ein leidenschaftlicher Amateurdiplomat. Im Juni 1939 hatte er gar auf Vermittlung von Lord Astor eine direkte Unterredung mit dem britischen Premier Neville Chamberlain über einen möglichen deutsch-britischen Interessenausgleich und agierte damit in einer Sphäre, die Six zeitlebens fremd blieb. Trotts Freund Werth schildert, daß sich Trotts Regimegegnerschaft Anfang 1943 („und das ist gleichzeitig der Zeitpunkt, in dem in Deutschland der Verlust Stalingrads und damit der Verlust des deutsch-sowjetischen Krieges bekannt wurde") von ursprünglich „rein philosophischen Unterhaltungen" zur „illegalen Tätigkeit" gewandelt habe.

Trotts Weltläufigkeit, seine aristokratische Erscheinung und Debattierkunst nötigten dem SS-Aufsteiger Six Respekt und geheime Bewunderung ab, so wie er auch dem Luftwaffenoffizier Harro Schulze-Boysen mit Ehrfurcht begegnet war. Six mag realisiert haben, daß sich in solchen Persönlichkeiten das Elitekonzept der SS weit eher materialisierte als in der Schutzstaffel selbst. Während er sich mühselig und als Zuarbeiter seiner Vorgesetzten nach oben hatte durchbeißen müssen, folgte die persönliche Politik der Trotts und Schulze-Boysens offensichtlich festgefügten inneren Idealen, die mit der faden Gegnerdogmatik nichts zu tun hatten.

Über das Verhältnis von Trott zu Six gibt es widersprüchliche Darstellungen. Die Publizistin Margret Boveri schilderte, Six habe für sie selbst als „großer Nazi" gegolten, damit sei er „unbesehen und von vornherein erledigt" gewesen. Trott hingegen habe in Six „außer dem Nazitum den Menschen" gesehen, „seine Gabe des Disponierens, seine Tatkraft, und sagte zu mir: ‚Sie sollten ihn kennenlernen'."[43] Franz Josef Furtwängler, von Trott ins Indien-Referat verpflichtet, erläuterte 1951, Trott habe mit Six zusammengearbeitet, um seine eigenen Ziele verfolgen zu können – „‚ad majorem Sixi gloriam', wie er es nannte. Six war geräuschvoll, sprunghaft und linienlos. Daraus ergaben sich für den gewandten Trott sowohl Möglichkeiten als auch zahlreiche Schwierigkeiten. Über die letzteren seufzte er einmal mit den Worten: ‚Franz Josef, ich hab es schwer – der Kerl erinnert mich an einen schlecht dressierten Polizeihund'."[44]

Im Januar 1941 hatte Trott die russische Emigrantin Marie („Missie") Wassiltschikow als persönliche Sekretärin in seine Indien-Gruppe verpflichtet. 1917 in St. Petersburg geboren, mußte die Tochter des Fürsten Illarion und der Fürstin Lydia Wassiltschikow als kleines Mädchen mit ihrer Familie im Frühjahr 1919 Rußland verlassen und war über Frankreich und Litauen im Januar 1940 nach Berlin gekommen, wo sie zunächst beim „Drahtlosen Dienst" Anstellung fand. Die verarmte, aber sehr ansehnliche junge Fürstin erhielt schnell Zugang zu den traditionellen Diplomatenkreisen und zur „Berliner Gesellschaft" und hielt ihre Gespräche und Erlebnisse in einem Tagebuch fest. Das Wassiltschikow-Tagebuch, nach „Missies" Tod (sie starb 1978 in London an Leukämie) dann zunächst in Großbritannien publiziert, stellt die primäre Quelle zu Six' Arbeit und Verhalten im Auswärtigen Amt dar.[45] Marie Wassiltschikow arbeitete zunächst in den angestammten Räumen der alten Informationsabteilung, in der Kurfürstenstraße 1935/36, dann im Gebäude der ehemaligen polnischen Botschaft in der Rauchstraße, schließlich vom Januar 1944 an im schlesischen Krummhübel, wohin angesichts des Flächenbombardements, das Berlin nun fast täglich traf, große Teile des AA ausgelagert wurden.

Bei der Bewertung der Tagebücher ist zu berücksichtigen, daß besonders die mit dem 20. Juli 1944 zusammenhängenden Passagen erst nach 1945 in Form gebracht wurden. Überdies stand die explizit negative Haltung der Trott-Vertrauten gegenüber dem SS-Führer Six von vornherein fest, zumal Wassiltschikow schon 1941 für einige Monate den berüchtigten SS-Aktivisten Franz Walter Stahlecker[46] als Chef der Informationsabteilung erlebt hatte, der mit Schaftstiefeln, Reitpeitsche und Schäferhund ins Büro zu kommen pflegte. Ihre Beobachtungen sind dennoch so aussagekräftig und präzise, daß die zentralen, Six betreffenden Eintragungen hier wiedergegeben werden sollen[47]:

„*Mittwoch, 5. Januar 1944:* Ich lief Dr. Six, dem neu berufenen Chef der Informationsabteilung, über den Weg. Er wünscht, mich morgen um ein Uhr zu sehen. Abgesehen davon, daß wir ihn, so gut es geht, meiden, da er ein hoher SS-Offizier und ein Schwein ist, paßt es mir auch schlecht, da ich in die Kirche will, denn morgen ist russisch-orthodoxer Weihnachtstag.

Donnerstag, 6. Januar: (...) Six zeigte sich sehr besorgt um meine Gesundheit und riet mir, die Pille zu nehmen, die auch Churchill gerettet hat (der im vorigen Winter in Casablanca an Lungenentzündung erkrankt war). Dann wendete er sich ernsteren Themen zu, betonte, daß jetzt von allen totaler Kriegseinsatz verlangt werde, und drohte allen Drückebergern mit Versetzung in Munitionsfabriken oder als Straßenbahnschaffner. Er schloß seine Ansprache mit dem Befehl, daß ich mich so bald wie möglich nach Krummhübel begeben solle. Was ist er doch für ein widerlicher Kerl! (...)

Samstag, 5. Februar: (...) Alex (Werth) ist ein gescheiter und außergewöhnlich anständiger Mann, zum Glück für uns wurde er, nachdem er ausgebombt worden war, bei unserm obersten Chef, Dr. Six, einquartiert. Diesen hassen und verachten wir alle, aber Alex kann, solange er dort den Fuß in der Tür hat, gelegentlich Einfluß nehmen. Vieles ist seither nicht mehr ganz so unangenehm wie früher. (...)

Krummhübel, Freitag, 31. März: Fieberhafte Tätigkeit in der ganzen Abteilung, da sich Dr. Six für übermorgen angesagt hat und in Begleitung von Judgie Richter und einigen anderen hohen Beamten beabsichtigt, sämtliche Chalets und Gasthäuser zu inspizieren. Anläßlich dieses wichtigen Ereignisses ist plötzlich sogar wieder Kohle herbeigezaubert worden; unsere Baracken sind praktisch zum ersten Mal in diesem Winter wieder geheizt. Überdies hat der Tannenhof einen frischen Anstrich erhalten, und man hat sogar Teppiche ausgebreitet. In seiner Aufregung hat Büttner einen Tagesbefehl erlassen, daß wir am Sonntag von neun bis zwölf Uhr an unseren Schreibtischen zu sitzen hätten. Man könnte glauben, der Papst käme. (...)

Sonntag, 2. April: (...) Alles stand nervös herum und wartete auf das Erscheinen des Großmoguls. Ich saß mit Bruns und einer Berliner Kollegin draußen auf der Veranda in der Sonne, wurde aber von Büttner herbeizitiert, da er angeblich Bildtexte mit mir zu besprechen wünschte. Wir waren noch damit beschäftigt, als eine von Dr. Six angeführte Prozession eintrat, hinter ihm Judgie Richter, der aussah, als habe er Magenschmerzen, dann Böhm, Blahut und Six' Sektretärin, Frau Seuster, samt den Krummhübeler Potentaten wie Betz. Die Berliner Herren sahen zerzaust aus; an Glatteis und Schnee nicht gewöhnt, waren sie auf dem Weg hinauf offensichtlich einige Male hingefallen. Alle mußten sich auf der Veranda versammeln, wo Büttner, zu unser aller Verlegenheit, eine endlose Rede über unsere ‚enorm wichtige' Tätigkeit vom Stapel ließ. Welche Farce! Als Six ihn schweigend ansah, wurde er verwirrt und begann zu stammeln. Ich stand im Hintergrund an die Tür gelehnt. Als Büttners Ansprache beendet war, sprach Six ein paar Worte über die Notwendigkeit, mehr Platz für das Bildarchiv zu schaffen – mit anderen Worten, für mich! Dann trotteten sie alle wieder den Hügel hinunter, während wir uns zum Skilaufen aufmachten. In den nächsten drei Tagen wird Six woanders tätig sein, so daß wir unbelästigt bleiben; für Mittwoch hat er allerdings einen weiteren Inspektionsrundgang angekündigt. (...)

Donnerstag, 6. April: Heute morgen wurde ich gebeten, nach dem Kaffee bei Dr. Six anzutreten, da er unter vier Augen mit mir sprechen wolle. Mir war nicht ganz klar, was mit ‚nach dem Kaffee' gemeint war. Zum Glück traf ich Six auf dem Weg zum Mittagessen. Er blickte ostentativ auf seine Armbanduhr. Hatte ich zu früh Pause gemacht? Man weiß nie, woran man bei ihm ist. Es ist schwierig, bei Leuten wie ihm den rechten Ton zu treffen und die abgrundtiefe Abneigung und Furcht hinter einer Maske von Schneid und Wurstigkeit zu verbergen. Später kam Judgie vorbei, um mir zu sagen, daß wir beide um fünf Uhr erwartet würden. Welche Erleichterung, nicht mit Six allein sein zu müssen! Im Tannhof wurden wir von ihm persönlich empfangen. Er bot uns Gebäck, Kaffee und Cognac an, und dann diskutierten wir über allgemeine Fragen – falls man es überhaupt als Diskussion bezeichnen kann. Im allgemeinen setzt er jedem Einwand ein Ende, indem er ziemlich platt darauf hinweist, daß er der höchstbezahlte Mann in unserem Unternehmen sei und daher sein Wort den Ausschlag gebe.

Berlin, Mittwoch, 26. April: Schlage mich mit der Bildgestaltung einer neuen Zeitschrift herum, die Dr. Six herausbringen will. (...)

Freitag, 28. April: (...) Im Büro waren alle sehr zappelig; ‚Luftgefahr 15 – höchste Alarmstufe'. Dies bedeutet einen unmittelbar bevorstehenden schweren Angriff. Überraschenderweise passierte gar nichts. Um zwei Uhr nachmittags schlugen Dr. Six und Alex Werth vor, daß ich sie in den Ausländischen Presseclub begleiten solle, wo wir während des Essens Berufliches besprechen könnten (...) Der Gesandte Schmidt, der Chef von Hans-Georg Studnitz, war ebenfalls anwesend. Er verträgt sich nicht mit Six – aber wer tut das schon? Um ihn zu ärgern, kam Schmidt vorbei, schüttelte mir die Hand und flüsterte deutlich hörbar: ‚Erzählen Sie ihm ja nicht, worüber wir in Krummhübel gesprochen haben' (...)

Freitag, 16. Juni: Dr. Six ist in Stockholm, und ich muß nun seine Rückkehr abwarten. Dies geschieht häufig: er gerät in Wut und zitiert mich aus Krummhübel herbei; wenn ich ankomme, hat er meist vergessen, worum es ging, und ich kann es mir dann für ein paar Tage bequem machen. Judgie Richter regt sich auf, daß uns Six unaufhörlich auf diese Weise belästigt, aber Adam Trott hält unsere Probleme für Lappalien im Vergleich zu seinen eigenen Sorgen, und er hat vollkommen recht. (...)

Samstag, 17. Juni: Dr. Six kehrte heute zurück und zitierte Judgie Richter und mich sofort in sein Büro, um die neue illustrierte Zeitschrift, an deren Herausgabe er denkt, zu besprechen. Er scheint sich nicht bewußt zu sein, daß die technischen Voraussetzungen für Publikationen dieser Art, gleichviel ob illustriert oder nicht, gar nicht mehr existieren, da alle Leute, die hierzu notwendig wären, längst eingezogen worden sind; so redet man nur im Kreise herum.

Berlin, Dienstag, 27. Juni: (...) Ich versicherte Six, daß der Zug entgleist sei; die Schrecken des heutigen Tages schienen ihn jedoch sanfter gestimmt zu haben, und so war er höflich. Wie ich öfter höre, tobt er hinter meinem Rücken, aber wenn ich ihm dann gegenüberstehe, ist er stets zuvorkommend. Adam Trott spricht über ihn mit eiskaltem Haß, wir dürften nie vergessen, was er repräsentiert, einerlei wie freundlich er sich gebärde. Six für seinen Teil scheint widerwillig einzusehen, was für ein außergewöhnlicher Mann Adam ist; irgendwie ist er fasziniert von ihm, ja fürchtet ihn sogar. Inzwischen ist Adam der einzige in seiner unmittelbaren Umgebung, der nie Angst hat, seine Meinung zu sagen. Er behandelt Six mit unendlicher Herablassung, und dieser läßt es sich merkwürdigerweise gefallen. (...)

Donnerstag, 29. Juni: Heute morgen um elf Uhr fand eine große Konferenz statt. Dr. Six führte den Vorsitz, ich saß zwischen Adam Trott und Alex Werth am andern Ende des langen Tisches (...) Zwischen den jeweiligen Wutausbrüchen unseres Chefs ließ Adam sarkastische Bemerkungen fallen, die von allen Anwesenden brav geschluckt wurden. Ich bewundere, wie er Six widerspricht. Nach einer Weile verschränkte er die Arme und schlief ein. Unterdessen bereitete ich mich innerlich auf Six' Angriff vor. Alex Werth flüsterte mir ermutigende Worte zu, erinnerte mich an eine meiner Freundinnen, Frau Dr. Horn, die jedesmal, wenn sie angebrüllt wurde und nicht wußte, wie sie den Redefluß eindämmen sollte, einfach aufstand und so laut sie konnte ‚Herr Gesandter Six!' schrie, worauf er völlig verdutzt innehielt. Obgleich ich als letzte auf der Liste stand, bekam ich auch noch mein Fett ab. Six' Traum war eine Art deutsches Reader's Digest, für das er in Krummhübel eine eigene Druckerei einrichten wollte. Ich würde seine Erwartungen ständig enttäuschen, indem ich mich damit herausredete, daß alle Techniker beim Militär seien – dabei ist dies die reine Wahrheit. Wie üblich bei einer Unterredung, die über drei Stunden dauert, kam nichts Konkretes heraus. (...)

Samstag, 22. Juli: (...) Adam warf sich auf das Sofa, wies auf seinen Hals und sagte: ‚Ich stecke bis hierher drin'. Er sah entsetzlich aus. Wir unterhielten uns flüsternd. Sein Anblick machte mich noch unglücklicher. Ich sagte es ihm. Ja, antwortete er, aber für mich bedeute es nicht mehr als den Verlust meines Lieblingsbaums im Obstgarten, während für ihn alles, worauf er gehofft hatte, verloren sei. Das Haustelephon klingelte: unser Chef, Dr. Six, wünschte ihn zu sehen. Wir verabredeten uns für den Abend. (...) Er war bei Six gewesen und hatte versucht, ihn von der Fährte abzubringen. Adam sah wie der Tod aus. (...) Adam sagte, daß Alex Werth über alles Bescheid wisse und auch, was zu tun sei, falls er verhaftet würde. Er glaubt, daß Dr. Six einen Verdacht hegt, denn er dränge ihn ständig, in die Schweiz zu fahren. Ich bestand ebenfalls darauf, daß er reisen solle und zwar unverzüglich. Aber er weigert sich seiner Frau und seiner Kinder wegen. Er sagt, wenn sie ihn verhafteten, würde er alles ableugnen – nur um freizukommen – und es noch einmal zu versuchen. (...)

Dienstag, 25. Juli: Judgie ahnt offenbar immer noch nichts. Er berichtet, daß Adam der täglichen Besprechung in der Zentrale des A. A. in der Wilhelmstraße beigewohnt habe. Unterdessen sei die Gestapo hier gewesen und habe wissen wollen, wo Adam sei. Die Sekretärin habe versucht, davonzuschlüpfen, um ihn zu warnen, aber man habe sie daran gehindert und ihr nicht erlaubt, das Zimmer zu verlassen. So sei Adam ihnen geradewegs in die Falle gelaufen. Staatssekretär Keppler – ein hoher Nazi im A. A., der die Abteilung Freies Indien unter sich gehabt hatte – habe ihn um ein Uhr zum Essen im „Adlon" erwartet. Vorläufig scheint Dr. Six an Adams Entlassung interessiert zu sein; er hat seinen Adjutanten ausgeschickt, um festzustellen, worauf die Anklage lautet. Ich bezweifle allerdings, daß er diese Einstellung beibehalten wird. (...)

Donnerstag, 27. Juli: Heute sagte mir Judgie Richter, daß Adam

Trotts Fall schlecht stehe. Der zuständige Untersuchungsrichter, der alles Beweismaterial bearbeitet, hat dem Adjutanten von Dr. Six bestätigt, daß Listen gefunden wurden. Adam habe Staatssekretär im Auswärtigen Amt werden sollen! Six scheint immer noch versuchen zu wollen, ihn freizubekommen. Alex Werth liegt ihm deswegen Tag und Nacht in den Ohren. Jedenfalls verschlimmert er Adams Lage im Augenblick nicht. Sie hoffen, daß es ihnen gelingen wird, eine neutrale ausländische Macht zur Intervention zu bewegen, aber ich glaube, etwas Derartiges würde Adam nur noch mehr gefährden. (...)
Berlin, Montag, 31. Juli: (...) Überhaupt ist festzustellen, daß mich Dr. Six seit Adam Trotts Verhaftung ungewöhnlich rücksichtsvoll behandelt; dies geht so weit, daß ich einen Augenblick lang sogar versucht war, mit ihm über Adam zu sprechen. Judgie Richter flehte mich jedoch an, es zu unterlassen. In Wirklichkeit sei Six wütend und erkläre, Adams Verhaftung habe die ganze Abteilung in Verruf gebracht. Andererseits habe er Adams Namen in der Öffentlichkeit nie erwähnt; die einzige Ausnahme war eine Besprechung, bei der er erklärte: ‚Wir haben zwei Schweinehunde unter uns gehabt', womit Adam und Haeften gemeint waren. Wahrscheinlich hielt er es für notwendig, wenigstens einmal öffentlich Stellung zu nehmen. Ansonsten erwähnt er die beiden nie."

Soweit die Wassiltschikow-Notate, die sich direkt mit Six auseinandersetzen. Trott und Hans-Bernd von Haeften verurteilte der Volksgerichtshof unter Freisler am 15. August zum Tode. Während von Haeften sofort hingerichtet wurde, verhörte die Gestapo Trott außerhalb Berlin noch weitere elf Tage lang, bevor er am 26. August in Plötzensee barbarisch gehenkt wurde.

Tatsächlich hatte Mahnke, den Six vorschickte, sich mit Schellenberg darüber beraten, ob die Hinrichtung Trotts „mit dem Hinweis auf gewisse Möglichkeiten einer zukünftigen Funktion Trotts beim Auftreten bestimmter politischer Situationen"[48] verhindert werden könnte. Schellenberg war damit offenkundig bei Himmler nicht durchgedrungen.

Six hatte schon im Fall der Schulze-Boysen/Harnack-Gruppe erlebt, wie die Aufdeckung eines weitverzweigten Widerstandszirkels dem Renommee einer von ihm geleiteten Institution Schaden zufügen konnte. Er mußte daran interessiert sein, die Blamage für die Kulturpolitische Abteilung (und damit für ihn selbst) möglichst gering zu halten. Darüber hinaus war ihm daran gelegen, politisch gefährdete Personen wie Alexander Werth auf sich zu verpflichten, um in seinem

Hans F. Richter
Minden/Westf.
Linden Str. 9.

Eidesstattliche Erklärung.

Ich, Hans F. Richter, Minden/Westf., Linden Str.9., geb. 21.3.1901., gebe hierdurch die folgende eidesstattliche Erklärung ab :

Ich bin von Beruf Export-Kaufmann und wurde am 8.Mai 1940 auf Grund meiner Sprach- und Uebersee-Kenntnisse in das Auswärtige Amt kriegsdienstverpflichtet.

Dr. Horst Mahnke lernte ich im Jahre 1942 kennen, als er in das Auswärtige Amt versetzt wurde. Ich hatte im Laufe der folgenden Jahre fast täglich mit ihm zu tun in seiner Eigenschaft als persönlicher Referent meines Vorgesetzten.

Innerhalb unserer Abteilung hatte sich ein Freundeskreis gebildet, der in erster Linie aus Adam von Trott, H. von Haeften, Dr. Alexander Werth, H.Th. Leipoldt und mir selbst bestand.

Nach dem 20. Juli 1944 wurden die beiden erstgenannten Männer verhaftet und auch später hingerichtet. Dr. Mahnke hat sich, trotz der für ihn damit verbundenen Gefahr, sehr für die Verhafteten eingesetzt.

Unter anderem schrieb er einen Brief an den im SS Hauptamt tätigen Schellenberg, einen Mann mit weitreichendem Einfluss, mit dem Ziel, die Hinrichtung Trotts mit dem Hinweis auf gewisse Möglichkeiten einer zukünftigen Funktion Trotts beim Auftreten bestimmter politischer Situationen zu verhindern. Dieses Schreiben hatte den Teilerfolg, dass die Hinrichtung Trotts im Gegensatz zu den übrigen Verurteilten aufgeschoben wurde, bis Himmler die Hinrichtung persönlich verfügte.-

Darüber hinaus hat Mahnke sich sehr dafür eingesetzt, dass die Verhaftung weiterer Persönlichkeiten unseres Freundeskreises, besonders die von Dr. Alexander Werth, unterblieb.

Dr. Mahnke war keinesfalls ein überzeugter Nazi, sondern seit Beginn unserer Bekanntschaft kritisierte er scharf die meisten Massnahmen der nationalsozialistischen Regierung. Er unterhielt sich auch oft mit mir darüber, dass nur mit Gewalt diesem Terror-System ein Ende bereitet werden könne.

Dr. Mahnke hat sich stets als fairer und anständiger Mann erwiesen, dem ich keine unehrenhafte Handlung zutrauen würde.

Seine Tätigkeit innerhalb der Abteilung war in erster Linie verwaltungstechnischer Art.

Ich versichere, dass ich niemals der Partei oder einer ihrer Gliederungen angehört habe, ausgenommen einer Kollektiv-Mitgliedschaft bei der DAF während meiner Dienstverpflichtung im Ausw. Amt, von der ich aber lediglich durch Einbeziehung der Mitgliedsbeiträge erfuhr.

Minden, den 6. November 1947

Hans F. Richter

Eidesstattliche Erklärung von Hans F. Richter

professionellen Umfeld überhaupt noch Reste qualifizierter Kommunikation aufrechterhalten zu können.

Denn er war nun ein einsamer Mann geworden. Außer Mahnke hatte er keinen wirklichen Vertrauten, dem SD-Führungszirkel war er eigentlich entfremdet, und die SS spaltete sich ohnehin in verschiedene

Gruppen auf, die sich jeweils eigene Gedanken darüber machten, wie man der drohenden Kapitulation begegnen sollte. Seine abrupten, von „Missie" Wassiltschikow geschilderten Stimmungsschwankungen resultierten nicht nur aus dem grundsätzlichen Persönlichkeitsbild, sondern waren auch Reaktionen auf den objektiven Verlust von Wertorientierung und politischer Verankerung. Leute wie Trott, Richter, Leipoldt und Werth (der überdies noch mit SS-Obergruppenführer Lorenz verwandt war), standen ihm gegen Kriegsende wahrscheinlich näher als Kaltenbrunner oder Heinrich Müller, aber der Graben zwischen ihm, dem bekannten SD-Ideologen, und dem Widerstandszirkel im AA war einfach zu tief, als daß es zum Schluß noch zu einer konkreten Zusammenarbeit hätte kommen können.

Eine Veränderung des weltanschaulichen Gegnerbildes war bei Six ohnehin nicht festzustellen. Das betraf besonders die „Judenpolitik", sein altes Spezialgebiet. Am 25. Oktober 1943 war Six in einer Aufzeichnung für Staatssekretär Steengracht seinem einstigen Amtskollegen Werner Best beigesprungen, nachdem dieser unter Druck geraten war, weil vor einer größeren antijüdischen Aktion die meisten dänischen Juden nach Schweden hatten fliehen können. Six urteilte im Sinne Bests, zusammenfassend sei festzustellen, „daß seit der Judenaktion am 1./2. 1943 das Land Dänemark entjudet ist und daß damit die Judenfrage künftig konstruktive Lösungen des deutsch-dänischen Verhältnisses" nicht mehr belasten werde. Deshalb dürfte „das zahlenmäßig geringe Ergebnis der Festnahmen und Deportationen ... weniger ins Gewicht fallen".[49]

Im Januar 1944 ordnete Six an, daß die bisher erschienenen Nummern von Ballensiefens Informationsberichten zur Judenfrage aus dem RSHA-Amt VII „zur Neuerrichtung des vernichteten Archivs des Auswärtigen Amtes" verwandt werden sollten. Mylius sandte daraufhin 17 Berichte ins Haus Tannenhof nach Krummhübel.[50] Der eigentliche Anlaß für Six' Inspektionsbesuch in Krummhübel, den Wassiltschikow schildert, war eine Tagung der „Judenreferenten und Arisierungsberater" an den deutschen Botschaften, die von dem Gesandten Schleier für den 3./4. April 1944 einberufen worden war.

Dort sollten sich die Judenreferenten über den Stand der antijüdischen Propaganda austauschen. Schleier erläuterte laut Protokoll zu Beginn der Tagung, daß der „Führer" Weisung gegeben habe, „in verstärktem Maße den Kampf gegen das Judentum und für die Aufklärung über dessen Rolle im gegenwärtigen Krieg" aufzunehmen. Als konkrete Projekte schlug Schleier „eine Wanderausstellung auf Schienen oder motorisiert" vor, einen „antijüdischen Abreißkalender besonders für die Staaten Südosteuropas" und, wieder einmal, „die Einrichtung eines großen Archivs über alle Probleme der Judenfrage in personeller und sachlicher Hinsicht".⁵¹

Dann folgte ein Referat von Six über die „politische Struktur des Weltjudentums". Der eigentliche Kraftquell des Judentums in Deutschland und Europa, so Six, sei das Ostjudentum. Allerdings habe das Judentum in Europa „seine biologische und gleichzeitig seine politische Rolle ausgespielt", denn „die physische Beseitigung des Ostjudentums entziehe dem Judentum die biologischen Grundlagen". Heute sei das Judentum durch seine Vereinigung mit den drei Großmächten gekennzeichnet: in der Sowjetunion durch die weltanschauliche Kombination mit dem Bolschewismus, in England durch das Eindringen in die Führungsschicht und in den Vereinigten Staaten durch Schlüsselstellungen in der Großfinanz. Deshalb müsse die Judenfrage international „zu einer Lösung gebracht werden".

Die Ausführungen von Legationsrat von Thadden und SS-Hauptsturmführer Ballensiefen zum Stand der „antijüdischen Exekutiv-Maßnahmen" wurden wegen ihres geheimen Charakters nicht in das Protokoll aufgenommen. Man darf aber annehmen, daß im abgelegenen und verschneiten Riesengebirge recht offen über die Deportationen in Ungarn und den Massenmord in den Vernichtungslagern gesprochen wurde.

Nach Heydrichs Tod versuchte sich Six auch direkt bei Himmler ins Gespräch zu bringen. Im Juni 1943 hatte er unverzüglich an den Reichsführer gemeldet, daß ihm der Herr RAM seine Bestallungsurkunde zum Gesandten I. Klasse und Ministerialdirigenten am Tage seines Geburtstages im Führerhauptquartier überreicht und dabei „große Zufriedenheiten mit der bisherigen Arbeit" zum Ausdruck gebracht habe.⁵² Fortan übersandte er regelmäßig Materialien und Arbeitsproben an Himmlers Chefadjutanten Rudolf Brandt in die Feldkommandostelle des Reichsführers SS, wo freilich weder Himmler noch Brandt dazu kamen, Mitteilungen über die religiöse Lage in Spanien (Mai 1943), ein durchaus interessantes Materialpaket zur „Entstehung des Luftkrieges gegen die Zivilbevölkerung" (Juli 1944) oder „die bisher erschienenen Nummern des Buchauswertungsdienstes der Kulturpolitischen Abteilung" (Dezember 1944) eingehender zu studieren. Am 5. Februar 1945 erreichte Six noch ein Schreiben von Standartenführer Brandt, wo dem „lieben Oberführer" mitgeteilt wurde, daß man vom Buchauswertungsdienst „lediglich flüchtig" habe Kenntnis nehmen können, aber dankbar wäre, wenn auch die künftigen Nummern zur Feldkommandostelle geschickt werden könnten.⁵³

Brandt hatte noch gar nicht mitbekommen, daß Six noch eine weitere Stufe der SS-Führerdienstgrade erklommen hatte. Am 30. Januar 1945 war Six von Himmler zum Brigadeführer befördert worden – das entsprach dem Rang eines Generalmajors der Wehrmacht. Um diese Beförderung hatte sich Six intensiv bemüht und dabei die Unterstützung von VOMI-Chef Lorenz gefunden, der schon im Mai 1944 in Sachen Six beim Chef des SS-Personalhauptamtes, Christian von Herff, vorstellig geworden war. Herff antwortete seinem Duzfreund Lorenz, er habe festgestellt, „daß der SS-Oberführer Prof. Dr. Six Chef des Amtes VII im Reichssicherheitshauptamt ist. Ich möchte Dich bitten, wegen einer Beförderung des Six Dich unmittelbar an SS-Obergruppenführer Kaltenbrunner zu wenden. Kaltenbrunner ist in diesen Dingen etwas empfindlich und legt Wert darauf, daß man ihn selbst anspricht. Ich glaube aber kaum, daß er einer Beförderung zustimmen wird, denn an der Beförderung seiner eigenen Amtschefs dürfte Kaltenbrunner wohl selbst in erster Linie interessiert sein".[54]

Nachdem man sich darüber klar geworden war, daß Six gar nicht mehr hauptamtlich im RSHA tätig war, stimmte Kaltenbrunner der Beförderung von Six „im Hinblick auf seine politischen Verdienste und seine jetzige Stellung im Auswärtigen Amt" zu und leitete den Vorgang an Himmler weiter. Bei AA-Staatssekretär Steengracht war Six wiederum im Juli 1944 eingekommen, um seine Beförderung zum Ministerialdirektor nach Besoldungsgruppe B 4 durchzusetzen: „Meine sämtlichen Partner im RMVuP und Reichserziehungsministerium", argumentierte Six, „sind in den letzten Jahren rangerhöht worden, so daß die Erledigung meiner Angelegenheit auch im Interesse meiner Arbeit liegen müßte".[55]

Am 23. Oktober 1944 wurde Six in eine B4-Planstelle eingewiesen („mit Wirkung vom Freiwerden der Stelle an"), mußte sich aber noch am 25. Januar 1945 beim AA-Personalchef Schröder beschweren, weil die Umstellung der Besoldung noch nicht vorgenommen worden war.[56] Sein B4-Gehalt konnte Six jetzt allerdings kaum noch ausgeben; lediglich die Mahlzeiten im Auslandspresseclub, der in Ribbentrops Privatdomizil in die Lentzeallee verlegt worden war, boten Abwechslung im trostlosen letzten Kriegswinter. Schon im August 1944 hatte Six von den 197 Mitarbeitern der Kulturpolitischen Abteilung auf Drängen des „Reichsbevollmächtigten für den totalen Kriegseinsatz", Goebbels, rund 60 zum Dienst in der Wehrmacht oder für andere kriegswichtige Aufgaben freigeben müssen. Die in der Hauptstadt verbliebenen Mitarbeiter verbrachten ihre Zeit bald häufiger in Luftschutzbunkern oder auf Irrwegen durch das ausgebrannte Berlin als an ihren Schreibtischen. Zuletzt arbeiteten bei Kult.Pol in Berlin noch rund 20 Personen in einem Ausweichquartier Im Dol 2–4, wo sich die Abhörstelle des AA befand, ganz in der Nähe von Six' Haus in der Dahlemer Thielallee.[57]

Irgendwann in den ersten Tagen des April 1945 machten sich Six und Mahnke auf den Weg nach Garmisch-Partenkirchen, wo noch ein „Dienststab Süd" des Auswärtigen Amtes unter Leitung des Gesandten von Rintelen amtierte und überdies der Reichsstudentenführer Gustav Adolf Scheel als Gauleiter wirkte. Six war nach den glaubwürdigen Aussagen von Mahnke gesundheitlich schwer angeschlagen und nahe am Nervenzusammenbruch.[58] Am 17./18. April traf der SD- und Gestapo-Referent Walther Kolrep, zuletzt als wissenschaftlicher Hilfsarbeiter für religiöse Propaganda bei Kult. Pol tätig, Six und Mahnke in Garmisch. Eine gute Woche später wurden sie dort von Gleb Umnov, einem russischen Mitarbeiter des RSHA Amtes III, gesichtet. In ihrer Begleitung sei Emil Augsburg gewesen, erzählte Umnov später dem militärischen US-Geheimdienst; Six habe geäußert, er sei in einer „offiziellen Mission" nach Feldkirch nahe der Schweizer Grenze unterwegs. Anfang Mai befanden sich Six und Mahnke dann in Salzburg, wo Reichsstudentenführer Gustav Adolf Scheel als Gauleiter residierte. Dort begegnete ihnen ein ehemaliger Student der Auslandswissenschaften – Hans Abich, der seit März 1944 in Salzburg sein juristisches Referendariat ableistete. Die beiden SS-Führer fragten Abich, ob er einen Radioapparat, den sie mitgenommen hatten, gegen einen Rucksack oder Tornister eintauschen könnte. Abich organisierte einen Tornister vom Hausmeister seiner Untermietwohnung: „Ich brachte ihnen diesen Tornister und fragte: Was wollen Sie jetzt machen? Six war still. Mahnke sagte so etwas wie: Wir gehen nordwärts, antizyklisch, so etwas in der Richtung. Und ich bin schon in der Tür, da macht der Six den Mund auf ... Es hat mich ziemlich bewegt, deshalb kann ich das wörtlich wiedergeben. Er fragte: Sagen Sie, Herr Abich, was glauben Sie, wann wird unsereiner wieder publizieren können? Ich war erstmal nur erstaunt, und wußte nichts zu sagen, weil ich dachte, mein Gott, woran denkt der denn, der will doch sein Leben retten. Six fragte: Fünf Jahre? Ich wollte jetzt keine Kalkulationen machen und da kam der Mahnke, der lockerer war, zu Hilfe und sagte: Wenn überhaupt, 20 Jahre. Ich ging mit einiger Verlegenheit."[59]

In zerlumpter Zivilkleidung tauchten Six und Mahnke in den Untergrund ab. An einer Isarfähre zwischen Landshut und Freising trennten sich die Wege des Brigadeführers und seines Referenten. Zur gleichen Zeit bereitete sich ein junger amerikanischer Politikwissenschaftler, Mitarbeiter der Research & Analysis-Abteilung des Office of Strategic Services (OSS), auf seinen Einsatz im besetzten Deutschland vor. Er hieß Bruce Lannes Smith und sollte schon bald die Fahndung nach Franz Alfred Six leiten.

VIII.
„In a state of chronic tension"
Die Verhöre und der Nürnberger Prozeß: 1945–1948

Im November 1945 verhörte Bruce Lannes Smith, Mitarbeiter des neuen „State Department Propaganda Investigation Team", im Heidelberger CIC-Gefängnis vier Tage lang die Six-Sekretärin Gerda Scholz. Sie war im Mai 1945 mit einigen Angehörigen der Protokollabteilung des Auswärtigen Amtes in Bad Gastein von amerikanischen Truppen festgenommen worden. Auf dem Weg von Berlin ins vorgesehene Gasteiner Ausweichquartier war die AA-Kolonne aus der Luft angegriffen worden; „right ring finger was shot off, and she suffered other small wounds", notierte Smith[1] über den Gesundheitszustand der jungen Frau.

Nach einem Aufenthalt im Krankenhaus von Bad Gastein kam die Sekretärin ins „Ministerial Collecting Center" nach Hessisch-Lichtenau und Fürstenhagen bei Kassel, wo sie unter US-Aufsicht mit dem Ordnen erbeuteter NS-Akten beschäftigt wurde. Sie erhielt ein Salär von monatlich 225 Reichsmark (abzüglich 20 Prozent Steuern und 15 Reichsmark Miete), freies Essen und die Erlaubnis, Briefe zu schreiben und sich in einem begrenzten Umkreis von Kassel nach Belieben zu bewegen. Am 12. Oktober 1945, als das State Department seine Suche nach Six intensivierte, wurde sie vom 307 CIC-Detachment in das Heidelberger Gefängnis gebracht.

In seinem „Interrogation Report" beschrieb Bruce Lannes Smith das Ziel des Scholz-Verhörs: „Professor Franz Alfred Six of the University of Berlin, Leiter (1943–1945) of the Kulturpolitische Abteilung of the German Foreign Office, was probably one of the most talented of the Nazi propagandists. By Nazi standards he was a highly educated man. By any standards he was alert und full of vitality and personal aggressiveness. He rose to be an SS-Brigadefuehrer, and as such liable to automatic arrest. No government intelligence agency, however, has been able to state the whereabouts of Six, his records, or his close personal associates. The following interrogation report is one of a series intended to reconstruct the picture of the Kulturpolitische Abteilung's acitivities and perhaps to furnish clues to the whereabouts of its missing leaders".[2]

Smith war Six durch ein Verhör des britischen Geheimdienstes mit Paul Dittel vom 13. September 1945 auf die Spur gekommen. Außerdem lagen dem Team des State Departments inzwischen Aussagen von Fritz von Twardowsky und Ernst Adolf Hepp (dem Pressereferenten der Deutschen Botschaft in Stockholm) vor, aus denen Smith offenkundig auf Six' Bedeutung, „vitality" und „personal aggressiveness" geschlossen hatte.[3]

Das Schnittfeld von politikwissenschaftlicher Analyse und geheimdienstlicher Arbeit war Bruce Lannes Smith vertraut. Mit Six verbanden ihn einige biographische Kongruenzen und das Interesse an Propaganda-Analyse und Kommunikationsforschung. Als liberaler Demokrat verabscheute er das von Six repräsentierte politische System freilich zutiefst. Dem Roosevelt-Anhänger Smith mußte es faszinierend erscheinen, nach einem abgetauchten „Führer" der NS-Politikwissenschaft fahnden zu können, der auch noch hohe politische und geheimdienstliche Ämter bekleidet hatte.

Smith und Six waren nahezu gleich alt. *Bruce Lannes Smith* wurde am 11. Dezember 1909 in Webster Groves (Missouri) als Sohn eines Schuldirektors und einer Grundschullehrerin geboren[4]. Die Familie zog schon bald nach Kalifornien, und Smith graduierte am Pomona College in der Nähe von Los Angeles, einer Liberal Arts School.

Er verbrachte ein Jahr in China und erwarb 1933 an der Universität von Chicago den Grad eines Philosophical Bachelors in den Fächern Politikwissenschaft und Ökonomie. Sein Lehrer war der seinerzeit schon berühmte Politologe Harold Dwight Lasswell, dessen Formel zur Analyse von Kommunikationsprozessen („Who says what to whom on which channel with what effect?") für Jahrzehnte des Feld der funktionalistischen Kommunikationsforschung strukturierte. Lasswells Dissertation „Propaganda Technique in the World War" aus dem Jahr 1926 gilt als eine der zentralen Analysen neuer Methoden der psychologischen Kriegsführung, und in den dreißiger Jahren hatte Lasswell mit Unterstützung der Rockefeller-Foundation[5] an der Library of Congress die Techniken der content analysis verfeinert.

Für Smith war Lasswell eine Art Vaterfigur[6] (sein eigener Vater war früh verstorben); 1935 publizierte Lasswell mit dem damals 26jährigen Smith und einem weiteren Co-Autor (Ralph Casey) eine Bibliographie zum Forschungskomplex „Propaganda and Promotional Activities"[7], die 1945 in erweiterter Form noch einmal aufgelegt wurde. Von seiner akademischen Tätigkeit als Instructor of Economics an der New York University war Smith zunächst zur „Special Defense Unit" des US-Justizministeriums beurlaubt worden, wo er sich mit Methoden der Kontrolle antidemokratischer Propaganda beschäftigte.[8] Er wechselte 1943 als „Senior Intelligence Officer" zur „Foreign Economics Administration" und kam 1944, wie viele andere Sozialwissenschaftler während des Zweiten Weltkrieges, zum „Office of Strategic Services" (OSS), dem Geheimdienst-Vorläufer der CIA, und hier zur ebenso legendären wie umstrittenen „Research & Analysis-Branch".[9] Dem OSS-Gründer William „Wild Bill" Donovan schwebte vor, daß die psychologische Kriegführung in der US-Armee einen ähnlichen Rang erhalten sollte wie Heer, Marine oder Luftwaffe.[10] Der Jurist Donovan, ein irischer Katholik, hatte gegen den mexikanischen Rebellen Pancho Villa gekämpft und im Ersten Weltkrieg mit dem New York Sixty-Ninth Fighting Irish National Guard Regiment an der Marnefront nahezu jede denkbare militärische Auszeichnung erhalten.

Donovan kandidierte mehrfach (erfolglos) als republikanischer Kandidat für höhere Staatsämter und schrieb Herbert Hoovers Rede anläßlich dessen Nominierung zum Präsidentschaftskandidaten 1928. Die Anwaltskanzlei des Kriegshelden, Donovan, Leisure, Newton and Irving, vertrat in den dreißiger Jahren auch reiche und einflußreiche europäische Klienten, darunter Winston Churchill. 1940 studierte Donovan, „charismatic, intellectually unconventional, a bit chubby, and certainly not elegant" (so beschreibt ihn der Yale-Historiker Robin Winks[11]), als Sonderbeauftragter der Roosevelt-Administration den Aufbau des britischen Secret Service und entwarf mit seinem „Memorandum of Establishment of Service of Strategic Information" das Modell eines zentralen US-Geheimdienstes. Am 11. Juli 1941 setzte ihn Roosevelt offiziell als „Coordinator of Information" (COI) ein. Die Behörde, aus der schließlich der OSS erwachsen sollte, wurde von Beginn an durch rivalisierende Agenturen (FBI, State Department, Armee) als überflüssig kritisiert, und es sollte sich zeigen, daß die strukturelle Konkurrenzsituation im US-Geheimdienstapparat mit der deutschen durchaus vergleichbar war.

Donovan gelang es aber unbestritten, für die geheimdienstlichen Forschungs- und Analyseaufgaben ein qualifiziertes Team von Intellektuellen und technischer Intelligenz (mit deutlicher „Ivy League"-Prägung) zusammenzustellen, für das es weder im RSHA noch in Canaris' Abwehr ein Pendant gab: „Schon nach wenigen Monaten hätte R&A den Vergleich mit den Fakultäten auch mancher renommierten Universitäten kaum zu scheuen brauchen, denn bekannte Historiker, Politikwissenschaftler, Soziologen, Wirtschaftswissenschaftler, Psychologen, Geographen und Sprachwissenschaftler von über 35

Universitäten hatten sich für die Mitarbeit in der Abteilung gewinnen lassen."[12]

Neben den „needs" der klassischen Journalistenausbildung und der kommerziellen Radioforschung wirkte die Propaganda-Analyse im Umfeld von OSS und Armee als wesentliches Ferment für die Entwicklung einer eigenständigen Kommunikationswissenschaft in den USA.

In den zahlreichen Forschungsprojekten und Verbindungsstäben fanden sich Intellektuelle und Technokraten ganz unterschiedlicher politischer Verankerungen zusammen, für einige Jahre geeint durch den antidemokratischen, totalitären Feind in der Mitte Europas: sozialistische Emigranten wie Leo Löwenthal, Franz Neumann, Herbert Marcuse oder Klaus Mann, sozialliberale Funktionalisten wie Bruce Lannes Smith und rechte Antikommunisten wie DeWitt Poole, ein Osteuropa-Experte des State Department.[13] Dieser hatte während eines Sabbatjahres 1937 in Princeton das kommunikationswissenschaftliche Zentralorgan „Public Opinion Quarterly" ins Leben gerufen hatte, leitete beim OSS die Abteilung „Foreign Nationalities" und kam 1945 als Leiter der „State Department Special Interrogation Mission" nach Deutschland.

In seiner Arbeit über den Zusammenhang von US-Kommunikationsforschung und psychologischer Kriegsführung (1945–1960) hat Christopher Simpson sechs hauptsächliche Zentren dieses Arbeitsfeldes ausgemacht: „(1) Samuel Stouffer's Research Branch of the U. S. Army's Division of Morale; (2) the Office of War Information (OWI) led by Elmer Davis and its surveys Division under Elmo Wilson; (3) the Psychological Warfare Division (PWD) of the U. S. Army, commanded by Brigadier General Robert McClure; (4) the Office of Strategic Services (OSS) led by William Donovan; (5) Rensis Likert's Division of Program Surveys at the Department of Agriculture, which provided field research personel in the United States OWI, Treasury Department, and other government agencies; and (6) Harold Lasswell's War Communication Division at the Library of Congress."[14]

Nach Erinnerung seiner Frau Chitra, die er 1945 in Deutschland kennenlernte, arbeitete Smith während des Zweiten Weltkrieges für das State Department auch an einer Datenbank über sogenannte „native Nazis" – amerikanische Sympathisanten und Unterstützer des Hitlerregimes. Wegen starker Kurzsichtigkeit, so Chitra Smith, sei „BLS" nicht zum Waffendienst in der U. S. Army herangezogen und dann erst nach dem Ende der Kampfhandlungen als Interrogation-Spezialist in Deutschland eingesetzt worden.

Smith glaubte an die Untrennbarkeit von politikwissenschaftlichem Positivismus und demokratischer Aufklärung. „Wissenschaftliche Politik" und die Verwissenschaftlichung der Propaganda-Analyse sollten totalitäre Systeme zunächst zersetzen, moderne Modelle freiheitlich-demokratischer Grundordnung exportieren und schließlich bewaffnete Auseinandersetzungen weitgehend überflüssig machen. In seiner ersten größeren Veröffentlichung hatte sich Smith 1941 für eine „Demokratiewissenschaft" im Rahmen der Propagandaforschung stark gemacht, damit Studenten nicht nur ex negativo von den technizistischen Aspekten der Propagandaanalyse beeindruckt würden.[15]

„As increasing numbers of smaller, less-developed, less contented nations", erläuterte Smith 1956 dann in einem Aufsatz für „Public Opionion Quarterly", „acquire the secrets of the atom, the emphasis upon elaborate and cautious international and cross cultural persuasion instead of force is likely to increase. The alternative might be a general holocaust".[16]

Geschult an Lasswells funktionalistischem Kommunikationsmodell und in engem Kontakt mit dem Counter Intelligence Corps, ging Smith den Fall Six mit großer Präzision und Systematik an. Die Recherchen zu den Biographien von Six und Mahnke entwickelten sich für Smith zu einer Modellstudie, mit einer politikwissenschaftlichen und nachrichtendienstlichen Reichweite über die Einzelfälle hinaus. Smith beschäftigte sich mit dem familiären Bezugssystem des einstigen SS-Führers, befaßte sich mit Six' mediokrer Dissertation und analysierte dessen Karriere, soweit es die seinerzeit zur Verfügung stehenden Informationen erlaubten, als „significant of certain major political trends of our times".[17]

Zunächst aber galt es, den verschwundenen Mann mit den vielen Titeln und Ämtern überhaupt aufzuspüren. Wertvolle Hinweise erhoffte sich Smith von Gerda Scholz. Die Sekretärin war zum Zeitpunkt des Verhörs 25 Jahre alt. Nach einer Lehre in der Berliner Handelszentrale Deutscher Kaufhäuser (1934–1937) hatte sie anderthalb Jahre als Kontoristin im Schatzamt der NS-Gauleitung Kurmark gearbeitet, bevor sie als 18jährige im Sommer 1938 bei Six gelandet und in die NSDAP eingetreten war.

Smith beschrieb sie als „petite blonde, below medium height, with grey-blue eyes, rosebud mouth, and the face of a frustrated kewpie (Puttengel) suffering from a slight vitamin deficiency ... her intelligence was extremely high, and ... her quiet voice, pleasant but unassuming manners, efficiency, good memory and very strong senses of duty would make her the perfect secretary for an extraordinarily busy academic-politician like Six; she would serve and never question."[18]

Aus dem Verhör von Gerda Scholz rekonstruierte Smith die Referate der Kulturpolitischen Abteilung, analysierte den Zusammenhang von Kult. Pol. und Auslandswissenschaftlicher Fakultät und erstellte einen ersten biographischen Index über Six' Mitarbeiter und Angehörige. In den ersten zwei Tagen der Unterredung ging Smith mit keinem Satz auf die Kernaufgabe des Verhörs ein – „to develop clues to the present whereabouts of Six". Gerda Scholz schien ihren einstigen Chef immer noch zu bewundern, und Smith hielt es für klüger, sie im unklaren darüber zu lassen, ob Six bereits gefangengenommen worden sei oder nicht, um indirekte Hinweise auf sein Versteck zu erhalten. So ging er vorsichtig der Vermutung nach, daß sich Six, Mahnke und Augsburg gemeinsam in die Schweiz abgesetzt hätten. Als gewinnbringender erwiesen sich aber schließlich die Recherchen im familiären Umfeld. Gerda Scholz hatte Hinweise auf die Adressen der Eltern und der Ehefrau Ellen (die zu jener Zeit in Hannover, Helmholzstraße 8, bei Verwandten lebte) gegeben. Smith erkundigte sich beim Mannheimer Einwohnermeldeamt und erfuhr, daß die Eltern am 5. Februar 1944 von Mannheim in das nahegelegene Dorf Mühlhausen evakuiert worden waren. Smith verhörte nun zunächst die Eltern, dann Frau Ellen und schließlich die in Heidelberg lebende angehende Kinderärztin Marianne Six, die 26jährige Schwester des Gesuchten.

Sie alle gaben an, nichts über Six' Aufenthaltsort zu wissen. Frau Ellen hatte angeblich im Radio gehört, ihr Mann sei von den Russen gefangengenommen worden – eine Aussage, die Smith sofort als Ablenkungsmanöver abtat. Ehefrau, Eltern und Schwester blieben freilich bei ihren Angaben, auch als ihnen unter Strafandrohung schriftliche Testate abverlangt wurden. Smith und der CIC setzten daraufhin den umgedrehten SS-Hauptsturmführer Walter Hirschfeld, Jahrgang 1917, auf Schwester Marianne an. Der „Spiegel" beschrieb es später in einer langen Reportage so:

„Die Familie hatte sich geschworen, niemand ein Wort zu sagen. Da klingelte es Ende Dezember 1945 bei Mariannes Vermieterin, der Kriegerwitwe Martin. Ein breitschultriger Mann in grauem SS-Ledermantel nuschelte seinen Namen und begehrte die Kinderärztin Six unter vier Augen zu sprechen. Dieses Gespräch dauerte etwa zwanzig Minuten. Zwischendurch kam Marianne mit roten Backen heraus und tuschelte aufgeregt: ‚Ein alter SS-Kamerad meines Bruders. Er will Franz helfen, vielleicht kann er ihm sogar Papiere besorgen.' Der Mann mit dem Ledermantel und dem versoffenen Gesicht gefiel Mariannes Freunden nicht. Sie aber hatte Feuer gefangen. ‚Nein, das ist ein anständiger Kerl. Er wußte sogar das Kennwort und die Stichnummer der Abteilung meines Bruders. Er hat auch schon vielen anderen geholfen und übermorgen wollen wir uns im Odeon-Keller treffen'. Die anderen rieten ab, und wollten wenigstens aufpassen, ob Marianne von dem Kellerbesuch unangefochten zurückkäme. Sie kam, war etwas nachdenklicher als sonst, machte aber bald darauf ihrer Freundin Lieselotte gegenüber eine Bemerkung, sie habe nun einen feinen Kerl gefunden, den sie wohl heiraten möchte".[19]

Der „feine Kerl" Hirschfeld, den der „Spiegel" mit Ingrimm verfolgte (wir werden noch sehen, warum), erwies sich als einer der effizientesten Undercover-Spitzel des CIC. Er lieferte unter anderem den letzten Amtschef II des RSHA, Brigadeführer Spacil, samt Adjutant und Sekretärin an den CIC aus. Emil Augsburg fiel dem Lockspitzel ebenso zum Opfer wie Horst Mahnke und Rudolf Oebsger-Röder. Smith schilderte die Six-Aktion prosaischer als der „Spiegel": „A confidential informant who had been in the SS (but who was believed to regard it as not at present a promising vocation) was placed in contact with parents, sister and wife. Exhibiting his SS tattoo, he indicated to get in touch with his former party comrades. His high intelligence, consciously ‚Aryan' appearance and obvious familiarity with Six' office (on which he had been briefed in detail by those supervising the investigation) led the relatives gradually to disclose that they had been in constant contact with Six during the past half year, and that communication among the SS fugitives was kept up by means of a courier system using young girls. These girl couriers, usually Volksdeutsche from Eastern Europe, were equipped with papers purporting to show that they were anti-Nazi Displaced Persons. Since they also spoke excellent Polish or Ukrainian, their stories would appear plausible to Allied Military Government officials."[20]

Am 17. Januar 1946 tauchten Hirschfeld und ein US-Offizier in Zivilkleidung auf dem Bauernhof in Gilserberg bei Kassel auf, wo Six unter dem Namen „Georg Becker" als landwirtschaftlicher Gehilfe arbeitete. Diesen Fluchtort hatte Six mit Hilfe von Karl Heinz Pfeffer und dessen Frau gefunden. Pfeffer war einen Tag zuvor in Gilserberg auf Initiative des „State Department Propaganda Investigation Teams" festgenommen worden.

Der Gegnerforscher befand sich gerade beim Besenbinden im Stall, als ihm ein kleiner Junge die Nachricht brachte, draußen seien einige Bekannte, die ihn sprechen wollten. „Ich hatte schon immer ein dummes Gefühl", referierte der „Spiegel" die späteren Reflexionen des SS-Führers, „daß man Frauen, gleichgültig, ob Schwester oder Frau, keine Adressen in der Illegalität geben soll ...".[21]

Six wurde gefesselt, bekam einen Sack über den Kopf und landete im Heidelberger CIC-Gefängnis. Elf Tage später wurde Assistent Mahnke, der sich gerade in der Wohnung von Six' Ehefrau Ellen aufhielt, von britischen Soldaten arretiert. Auch er wurde zunächst nach Heidelberg überführt, und man achtete dort darauf, daß er mit Six nicht in Kontakt kam, um die Konstruktion möglicher gemeinsamer Verteidigungslinien zu verhindern.

Six bekam schon einen Tag nach seiner Inhaftierung Besuch von Robert Kempner, einem früheren preußischen Ministerialbeamten, der dann als stellvertretender US-Hauptankläger bei den Nürnberger Prozessen wirkte. Ein Protokoll über das dreistündige Verhör wurde nicht geführt, wie Smith indigniert notierte; ohnehin galten Kempners im ruppigen Kumpelton und Maigret-Stil geführte Einvernahmen auch bei den Amerikanern als umstritten. Er redete die NS-Verdächtigen mit „mein Freundchen" oder „Bursche" an, stellte den Befragten die eine oder andere unangenehme Verhörfalle und drohte etwa dem einstigen AA-Unterstaatssekretär Friedrich Gaus mit einer Auslieferung an die Russen.[22] Der Direktor der Militärregierung von Württemberg-Baden nannte Kempners Fragetechniken daraufhin in einem Brief an Lucius D. Clay „foolish, unlawyer-like method(s) of interrogation".[23]

Auf Kempner folgte Bruce Lannes Smith, der sich vom 28. Januar bis zum 28. März 1946 in Heidelberg und im „Military Intelligence Service Center" im hessischen Oberursel ausnehmend mit Six und Mahnke befaßte. Die beiden SS-Führer zeigten sich kooperativ, zumal Smith auf den gefährlichen Punkt „Vorkommando Moskau" nicht näher einging und damals über die Rolle Six' in der SD-Judenpolitik kaum etwas bekannt war – so konzentrierte sich die Befragung auf die Themenkomplexe Propaganda, NS-Kulturpolitik und Auslandswissenschaftliche Fakultät. Auf besonderes Interesse stießen die Informationen über Akhmetelis geheime Osteuropa-Forschung im Wannsee-Institut – Six hielt sich hier allerdings mit Auskünften deutlich zurück.

In diese Zeit der ersten Verhöre fiel der plötzliche Tod von Six' Schwester Marianne, der noch drei Jahre später als Aufhänger für die erwähnte „Spiegel"-Story diente. Marianne Six war am 14. Februar 1946 mit schweren Vergiftungssymptomen in das Heidelberger Ludolf-Krehl-Krankenhaus eingeliefert worden, wo sie drei Tage später verstarb.[24] Der CIC und die Heidelberger Staatsanwaltschaft gingen von einem Selbstmord aus, die Verwandten und später der „Spiegel" deuteten auf Mord durch den Spitzel Hirschfeld oder gar den CIC selbst. Es sei ausgeschlossen, so Bruder Gustav Six, „daß Marianne darauf verzichtet hätte, den Verrat ihres Bruders zu rächen, sie war hart im Nehmen". Der „Spiegel" forderte streng dazu auf, den „düsteren Abschnitt nicht stillschweigend in das neue Kapitel ‚Bundesrepublik Deutschland'" zu übernehmen.[25]

Die Nachricht vom Tod seiner jungen Schwester traf Six in ohnehin depressiver Stimmung und verstärkte den Zustand psychophysischer Zerrüttung. „He lives in a state of chronic tension", urteilte Smith. Bei seiner Verhaftung, so Smith in seinem abschließenden, 179 Seiten starken Dossier, habe Six befürchtet, in dem zugebundenen Sack in einem Fluß versenkt oder von hinten erschossen zu werden. Während der Verhöre lehnte Six das Angebot von Zigaretten oder Getränken zunächst ab, weil er befürchtete, diese seien mit Drogen versetzt. Außerdem fürchtete er, wegen der Führung des Vorkommandos Moskau an die Sowjets ausgeliefert zu werden. Six sei erst 36, sehe aber fünfzehn Jahre älter aus, referierte der Interrogator zustimmend das Urteil eines alten Six-Bekannten. Mahnke berichtete folgende Six-Klage aus der gemeinsamen Flucht-Zeit: „After all those years of struggle to get an education, to build up a science, to achieve enough power to make use of science, we are now declassé, utterly declassé".[26]

Smith beurteilte Six nüchtern als „almost perfect specimen of the paranoid personality". Noch härter ging er mit Marianne Six ins Gericht: „Six's sister, the interrogators agreed, was one of the most aggressive and arrogant women they had ever seen – her lack of balance was underscored by the fact that she committed suicide by poisoning upon realizing that some statements made by her might have contributed to Six's being caught".

Von der dürftigen akademischen Qualität der Six-Dissertation und seiner germanozentrischen „Politikwissenschaft" fühlte sich der Lasswell-Schüler Smith abgestoßen. Von den 50 Fußnoten in Six' Doktorarbeit, so zählte Smith akribisch aus, hätten allein 29 auf Adolf Hitler und 10 auf Joseph Goebbels Bezug genommen. Der Autor verfüge über keinerlei Methodenkenntnisse und habe vor allem keine Ahnung von qualitativer Inhaltsanalyse. Es sei zwar nach allen Erfahrungen mit dem NS-Terrorregime zu hoffen, daß sich die Universität Heidelberg nie wieder an Bücherverbrennungen beteilige, man müsse aber Verständnis haben, wenn sie die Six-Arbeit zu verbrennen wünsche. Auch nach seiner Festnahme habe Six ständig von „deutscher Soziologie", „deutscher Auslandswissenschaft" und „public interest of the German people in umcompromisable issues" gesprochen, dagegen in dem dreiwöchigen Verhör keine einzige günstige Stellungnahme über einen nichtdeutschen Wissenschaftler abgegeben. „What would the attitude of this ‚scientist' have been if *he* had the upper hand?" fragte Smith.

Der Aufstieg („spectacular climb") von Six im NS-Staat erinnerte Smith an die Karrieren von Hitler und besonders von Goebbels. „Had German politics been kept on an even keel", analysierte der Politikwissenschaftler, „little Franz Alfred would have become a craftsman, a small tradesman, or a small or middle professional man". Im Elternhaus, so schloß Smith aus den Gesprächen mit Vater und Mutter Six, habe ein dogmatischer Glaube an völkische Stereotypen vorgeherrscht, die Familie habe freilich auch begriffen, daß eine höhere Erziehung der Kinder zur Verbesserung des sozialen und ökonomischen Status unbedingt anzustreben war. Als Werkstudent habe Six kaum Zeit gefunden, sich hinreichend mit wissenschaftlicher Literatur auseinanderzusetzen, obwohl die Universität Heidelberg auf dem Gebiet von Sozialwissenschaft und Journalistik „then one of the greatest in the world" gewesen sei. Six' Hochschulkarriere analysierte Smith dann ganz zutreffend als „one of academic impostorship, backed by the threat of terrorism on the part of his patrons in the SS". Schon Smith stellte heraus, daß Six subjektiv an seine wissenschaftliche Mission geglaubt habe: „... there is moisture in his eyes and a sincere tone in his voice as he tells of his ambitious plans to develop tremendous institutions of learning and research that would place German foreign policy on a ‚strictly scientific' basis".

Am 30. April 1946 wurde das Six-Dossier über den U. S. Political Adviser for Germany, Robert Murphy, an Trumans Außenminister James Francis Byrnes übersandt. Neun Zehntel aller „leading Nazi propagandists" seien ohne Spur verschwunden – diese Studie gebe methodische Hinweise, wie man sie aufspüren könne, teilte Murphy eingangs mit. Außerdem sei in der Arbeit von Smith die einzig bislang existierende Analyse der Kulturpropaganda des Auswärtigen Amtes enthalten; Smith liefere überdies unerwartete Informationen über das geheime Rußland-Institut und Berbers „Deutsche Stiftung für Länderkunde", und schließlich müsse man anhand der Smith-Recherchen davon ausgehen, daß Mahnke offensichtlich im „SS post-war underground" aktiv gewesen sei, indem er sich mit ehemaligen SS-Kameraden wie Oebsger-Röder (alias „Richard Ropp") an Schwarzmarktgeschäften beteiligt habe, um mit den Gewinnen ein neues SS-Netzwerk aufzuziehen. „Allied employment policy has left thousands of young, educated, aggressive Nazis with nothing to do but conspire politically and play the black market", gab Murphy dem Außenminister seine Einschätzung über die Einzelfälle hinaus bekannt.[27]

Nach seiner erfolgreichen Spürarbeit im Musterfall Six wurde Bruce Lannes Smith zum Vizedirektor der „Publications' Control Division in Military Government" in Berlin ernannt. 1948 kehrte er mit seiner Frau Chitra in die USA zurück und lehrte als Associate Professor am Washingtoner „Foreign Service Institute", bis er 1953 in der McCarthy-Ära als verdächtiger linksliberaler Sozialwissenschaftler mit den herrschenden Strukturen des State Departments in Konflikt geriet und als Associate Professor für Politikwissenschaft an die Michigan State University (East Lansing) wechselte. 1956 gab er eine neue kommentierte Bibliographie über „International Communication and Political Opinion" heraus, die Chitra Smith zuvor für die Rand Corporation bearbeitet hatte. 1957 promovierte er zum Ph. D. an der University of Chicago, nachdem er ein erstes Dissertationsprojekt Anfang der 50er Jahre (Thema: die US-Informationspolitik im besetzten Deutschland) nicht zu Ende geführt hatte. Zwei Jahre nach seiner Promotion zum Full Professor an der Michigan State University ernannt, führte er, von längeren Studienreisen nach Europa und Asien abgesehen, das ruhige Leben eines Gelehrten in der Provinz. Anfang der 70er Jahre beauftragte man ihn immerhin noch, den Fachartikel über „Propaganda" für die „Encyclopedia Britannica" zu schreiben. Smith starb 1987; seine Frau, gleichfalls lange Jahre an der Michigan State University tätig, erinnert sich daran, daß er zwanzig Jahre nach dem Fall des Dritten Reiches den Plan seiner Frau abgelehnt habe, einen Volkswagen, also ein deutsches Produkt, zu kaufen.[28]

Der Mann, den Smith festgesetzt hatte, wurde am 25. September 1947 zusammen mit 23 anderen SS-Führern im Einsatzgruppenprozeß (United States vs. Ohlendorf et. al.) angeklagt, dem „Fall IX" der Nürnberger Folgeprozesse. Die Verhandlungen im „größten Mordprozeß der Geschichte" (Robert Kempner) dauerten vom 15. September 1947 bis zum 12. Februar 1948. Am 10. April 1948 verkündete der Vorsitzende Richter Michael A. Musmanno aus Pennsylvania das Urteil. Der Prozeß und seine Vorgeschichte, die Biographien der Angeklagten und ihre Taten drangen lange Jahre (und im Grunde bis heute) nicht in das Bewußtsein der deutschen Öffentlichkeit – von der Aufregung über das Schicksal der „Landsberger" zu Beginn der 50er Jahre und dem späteren Einsatzkommandoprozeß vor dem Ulmer Schwurgericht einmal abgesehen. Schon die Hoffnung des US-Chefanklägers Telford Taylor, aus pädagogischen und zeithistorischen Gründen die Verfahrensakten der Nachfolgeprozesse in deutscher Sprache gedruckt zu sehen, erfüllte sich nicht. Lediglich Robert Kempner, am „Fall IX" als Interrogator beteiligt, publizierte die ausführliche Urteilsschrift, die viele spätere Analysen über die Mordexzesse der Einsatzgruppen vorwegnahm und von Kempner zu Recht als „hervorragendes juristisches und zeithistorisches Dokument"[29] gekennzeichnet worden ist.

Im Vorfeld des Prozesses wurde Six in Nürnberg ein halbes Jahr lang von Kempner und zwei anderen Verhörspezialisten, Rolf Wartenberg und Rudolph Pins, vernommen. Das erste dokumentierte Verhör datiert vom 10. Januar 1947 und beruhte auf den Vorarbeiten Smith', den schriftlichen Berichten der Einsatzgruppen und auf Six' SS-Personalakten, die vom US-„Document Center" nach Nürnberg gebracht worden waren. Interrogator Wartenberg fragte den Lebenslauf des Brigadeführers ab und erkundigte sich forciert nach der Tätigkeit des „Vorkommandos Moskau" (VKM):

„F(rage): Was hat ihr Sonderkommando ‚Moskau', als Aufgabe gehabt und was hat es in Wirklichkeit getan?
A(ntwort): Die Aufgabe war, ein Spezial-Kommando für Moskau aufzustellen.
F.: Ich will wissen, was die Aufgabe war.
A.: Wir hatten keinerlei Aufgabe als die Sicherstellung der Archive in Moskau.
F.: Ihre Aufgabe bestand darin, im Schaukelstuhl zu sitzen.
A.: Das war allerdings keine schöne Beschäftigung, daß wir auf Aufgaben warten mußten, denn wir wußten, daß gerade die Schlacht geschlagen wurde und wir von dem Ic immer wieder zu hören bekamen, das dauert noch sehr lange Zeit, bis wir nach Moskau kommen.
F.: Welche Verbindung haben Sie zu Nebe?
A.: Ich habe Ihnen gesagt, daß ich mich verabschiedete in dem Augenblick, zum Zeitpunkt meiner Ablösung und zwar direkt, und mit einigen Leuten seines Stabes in Smolensk, worauf ich ihm also Kenntnis meines Schrittes gab. Im übrigen hat er einen nicht sehr freundlichen Brief an Streckenbach geschrieben. Der Brief war später...
F.: Von Streckenbach?
A.: Jawohl.
F.: Sehen Sie nicht Ihre Hirnverbranntheit?
A.: Nein. Nicht einen Augenblick.
F.: Sie haben Schwierigkeiten mit Streckenbach. Sie wollen zur Truppe. Man schickt sie nicht zur Truppe. Sie machen Ihren Unterricht in Berlin und wurden befördert.
A.: Ich wurde 1938 zum letzten Mal befördert. Man kann ja in Abständen von drei Jahren befördert werden.

F.: Man kann – das, was Sie mir erzählen, das glaube ich Ihnen (nicht) – das heißt noch nicht, daß man befördert werden muß.
A.: Es tut mir leid, daß Sie mir nicht glauben!
F.: Sie tun mir ja so leid. Wieso kommt es aber dann, daß Sie doch eine recht bemerkenswerte Stellung innerhalb der Einsatzgruppe B hatten? Das ist mir nicht ganz klar. Wieso finde ich Ihren Namen in Verbindung mit der Einsatzgruppe?
A.: Das kann nicht sein."[30]

Fünf Tage nach diesem Auftakt wurde Six von Wartenberg im zweiten Verhör mit der Eröffnung konfrontiert, daß der US-Anklagebehörde die schriftlichen Berichte der Einsatzgruppe B vorlägen. Six hatte sich zu diesem Zeitpunkt bereits seine Verteidigungsstrategie zurechtgelegt. Sie bestand im wesentlichen darin, die Konfliktsituation mit Nebe zu verabsolutieren, jede Verbindung zu der Exekutionsarbeit der Einsatzgruppen zu leugnen und auf seiner frühzeitigen Abberufung nach Berlin zu beharren. Er habe am 19. August 1941 die Verantwortung für die Männer und Fahrzeuge des VKM in die Hände Nebes gelegt, der für alle späteren Aktionen des Vorkommandos verantwortlich zu machen sei („weil Nebe tot ist", wie Wartenberg logisch folgerte).[31]

Im dritten Verhör saß Six am 8. April wieder Robert Kempner gegenüber, der über das Protokoll der Krummhübeler Judenreferenten-Tagung verfügte und den Gefangenen damit in die Enge trieb, daß er ihm die Kenntnis von diesem Dokument zunächst verheimlichte. Kempner fragte Six jovial, ob er zu „den Sachen" stehe, an denen er beteiligt gewesen sei („Ich frage deshalb danach, weil bestimmte Herren ausgesagt haben, auch wenn Sie Reichsminister und sonstwas waren, sie wären nur Postboten gewesen"), worauf Six mannhaft angab, er sei bereit, für das, was er getan habe, einzutreten. Kempner wollte nun „eine kleine Probe machen" und kam auf die Zuständigkeit des Auswärtigen Amtes für „Judensachen" zu sprechen.[32] Der Beschuldigte erklärte, weder das Auswärtige Amt noch er selbst hätten jemals etwas mit der Vernichtung von Juden zu tun gehabt. Im AA sei „geflissentlich vermieden worden, über Juden-Fragen zu sprechen". Er selbst habe lediglich 1937 in München einmal eine Rede über Freimaurerei und Judenemanzipation gehalten. Kempner fragte, ob Six jemals in Krummhübel/Riesengebirge gewesen sei, was dieser abstritt. Daraufhin wurde ihm das Krummhübel-Protokoll mit dem Satz über die „physische Beseitigung des Ostjudentums" vorgehalten. Six war nun tatsächlich konsterniert und redete sich mit einer Gedächtnisschwäche heraus – ganz bestimmt aber habe er jenen Satz über das Ostjudentum nicht gesagt, außerdem sei das Protokoll vielleicht „nicht richtig".

Das Verhör endete kühl:

„F.: Wenn sie bereit sind, die Wahrheit zu sagen und nicht – wie heute – falsche Aussagen unter Eid zu machen, dann können Sie sich melden.

A.: Ich habe keine falschen Aussagen unter Eid gemacht.

F.: Lesen Sie das Protokoll, dann werden Sie selbst sehen. Ich habe 35 Minuten damit verbracht, Ihnen Sachen in den Mund zu legen, so daß Sie sich wirklich hätten erinnern können. Sie haben Stein und Bein geschworen, Sie hätten mit Juden-Sachen nichts zu tun. Sie waren nicht in Krummhübel. Das ist für heute genug.

A.: Wenn Sie mich nochmal fragen würden.

F.: Ich habe für heute genug."

Die beiden letzten Verhöre bezogen sich auf Six' (eher periphere) Verbindung zu den sogenannten „Zwischenstaatlichen Verbänden" und – am 2. Juni 1947 noch einmal durch Rolf Wartenberg – auf das konkrete Personal und die potentiellen Erschießungsaktionen durch das „Vorkommando Moskau". Six bestritt hier wenig überzeugend, jemals Kopien der Einsatzgruppen-Berichte *gesehen* zu haben, obwohl das Amt VII wie alle anderen Ämter des RSHA auf den Verteilern vermerkt war.

Am 25. Juli 1947 wurde den Anwälten der Einsatzgruppe und Kommandoführer die Anklageschrift überreicht, in der Six in allen drei in Rede stehenden Punkten (Verbrechen gegen die Menschlichkeit, Kriegsverbrechen und Zugehörigkeit zu Organisationen, die bereits im Nürnberger Hauptverfahren für verbrecherisch erklärt worden waren) beschuldigt wurde. Sechs Tage später nahm sich einer der Angeklagten, der SS-Sturmbannführer Emil Hausmann, in seiner Gefängniszelle das Leben. Die verbliebenen SS-Führer erschienen als homogene Gruppe, geformt durch den Geist der Himmlerschen Schutzstaffeln und Heydrichs SD-Bürokratie, effiziente Staatsterroristen mit überwiegend akademischer Vorbildung, seltsame Gezüchte aus Ordinarienuniversität und völkischer Soldateska. Die Angeklagten seien keine „ungebildeten Wilden, unfähig, die höheren Werte des Lebens und der Lebensführung zu schützen", schrieb Richter Musmanno in seinem Urteil. Sie hätten den „Vorteil einer beträchtlichen Ausbildung genossen", und es sei in der Tat eine der vielen bemerkenswerten Seiten des Prozesses gewesen, daß die „Schilderung ungeheurer Greueltaten ständig mit den akademischen Titeln" der Täter durchsetzt gewesen sei.³³

Neben Six kamen noch zwei weitere Angeklagte aus dem engeren Zirkel der NS-Studentenführung: der Jurist Dr. Martin Sandberger, Kommandeur der Sicherheitspolizei und des SD in Estland, und der gelernte Gymnasiallehrer Eugen Steimle aus Neu-Bulach in Württemberg, Führer der Sonderkommandos 7a und 4a.³⁴

Ohlendorf und Heinz Jost hatten einst als Six' Amtschef-Kollegen im RSHA an Heydrichs Tafelrunde gesessen; mit dem Standartenführer Erich Naumann hatte Six 1938 zwecks Beförderung Adolf Eichmanns korrespondiert. Eine größere Gruppe entstammte Werner Bests juristischem Assessoren-Nachwuchs bei der Gestapo: so Werner Braune, Gustav Noßke und Walter Blume. Waldemar Klingelhöfer, der Sohn eines deutschstämmigen Moskauer Friedhofsdirektors, war ausgebildeter Opernsänger, Lothar Fendler approbierter Zahnarzt, Ernst Biberstein hatte sich vor seiner SD-Karriere als Pfarrer seelsorgerisch betätigt.

Die Gruppe der Angeklagten repräsentierte also auch die verschiedenen „Zirkel" im SD-/Gestapo-Komplex und unterschiedliche biographische Zugänge zum weltanschaulichen Geheimdienst. Es war Otto Ohlendorf, der diese Zwangsgemeinschaft zusammen mit seinem Verteidiger Rudolf Aschenauer intellektuell zu lenken und auf eine gemeinsame Verteidigungsstrategie zu verpflichten suchte. Ohlendorf gab schneidig die Verantwortung seiner Einsatzgruppe D für rund 90 000 Exekutionen an Zivilisten zu.

Die Ermordung wehrloser Juden und Zigeuner, Frauen und Kinder eingeschlossen, sei im totalen Weltanschauungskrieg notwendig gewesen, um spätere Generationen von „Rächern" erst gar nicht entstehen zu lassen. Juden und Zigeuner seien überdies historisch als Zwischenträger in Spionageorganisationen zu verorten, und man habe sie schon aus diesen Gründen, also auch aus rein militärischen Notwendigkeiten heraus, exekutieren müssen.

Überdies berief sich Ohlendorf auf den generellen „Führerbefehl", der von dem seinerzeitigen RSHA-Personalchef Bruno Streckenbach bei der Aufstellung der Einsatzgruppen in Pretzsch und Düben im Juni 1941 verkündet worden sei.³⁵ 1972 erklärte Verteidiger Aschenauer im Rahmen der Voruntersuchungen zum Hamburger Streckenbach-Prozeß: „Heute bin ich der Auffassung, daß Ohlendorf damals in Nürnberg hinsichtlich der Übermittlung des Führerbefehls Unrichtiges gesagt hat. Auf Grund all meiner Erfahrungen aus späteren Prozessen ist mir klar geworden, daß Ohlendorf damals nur eine Vertei-

*Otto Ohlendorf als Angeklagter im Nürnberger Prozeß
gegen die Führer der Einsatzgruppen*

digungskonstruktion aufbauen wollte. Allerdings hatte ich schon damals bemerkt, daß Ohlendorf bemüht war, ein einheitliches Verteidigungsvorbringen bei den übrigen Angeklagten durchzusetzen. Ich verstand damals aber noch zuwenig von der Materie, um Ohlendorf entsprechende Vorhalte zu machen".[36]

Ohlendorf, so beobachtete ein „Spiegel"-Reporter in Nürnberg zwei Wochen vor der Urteilsverkündung, sei „ein sympathisch aussehender Mann".[37] Mittelgroß, schlank, mit braunem rechtsgescheiteltem Haar sitze er auf dem ersten Platz in der Anklagebank, wo der „Verbrecher ganz großen Stils" als unumstrittener Führer seiner Untergebenen agiere: „Es erinnert an ein Marionetten-Theater, wenn Ohlendorf seinen engeren Freunden unter den Angeklagten durch Blicke und Gesten ein ‚Ja' oder ‚Nein' als Antwort auf ihnen gestellte Fragen suggeriert. Oder wenn er bei in einem solchen Verhör gestellten verfänglichen Fragen einen eilig hingekritzelten Zettel ‚Verhör sofort abbrechen' zur Verteidigung hinüberreicht, woraufhin der Verteidiger des verhörten Angeklagten das Gericht um Vertagung auf den nächsten Morgen bittet, weil der Zeuge angeblich zu erschöpft sei".

Einige der Mitangeklagten Ohlendorfs waren durch die schriftlichen Berichte der Einsatzgruppen so schwer belastet, daß sie kaum eine andere Chance sahen, als sich Ohlendorfs Linie anzuschließen, die Einsatzgruppen hätten wegen des Führerbefehls so und nicht anders handeln müssen. Der gelernte Architekt Paul Blobel etwa hatte in der „Aktion 1005" vom Sommer 1943 an – um Spuren der Mordaktionen zu verwischen – die Leichen aus Massengräbern in der besetzten Sowjetunion wieder ausgraben und verbrennen lassen. Blobel argumentierte im Sinne Ohlendorfs, daß in den Weiten des Ostens „ein Menschenleben nichts, gewissermaßen" gegolten habe und die Opfer der Liquidationen sich erstaunlich gefaßt „in ihr Schicksal gefügt" hätten: „Ich muß sagen, daß unsere Männer, die daran teilgenommen haben, mehr mit ihren Nerven runter waren, als diejenigen, die dort erschossen werden mußten".[38]

Six war wohl der Angeklagte, der sich am schärfsten von Ohlendorfs „Verteidigungskonstruktion" distanzierte. Er wurde von Hermann Ulmer, einem jungen Nürnberger Anwalt verteidigt, der ihm von Dr. Robert Servatius, dem Advokaten Rudolf Brandts im Ärzte-Prozeß, vermittelt worden war.[39] Six und der geschickt operierende Ulmer hatten sich auf eine andere Strategie der Verteidigung verständigt, die prinzipiell darauf beruhte, jede Beteiligung an den „exekutiven Aufgaben" der Einsatzgruppen abzustreiten und einen Sonderfall Six zu konstruieren. Dies wurde schon in Ulmers „Einleitenden Ausführungen im Fall IX für den Angeklagten Dr. Franz Alfred Six" deutlich, in denen der Schuldvorwurf „seitens der Verteidigung in vollem Umfange bestritten" wurde. Ulmer trug vor,
– daß Six als Leiter des Vorkommandos Moskau nur „wissenschaftliche Aufgaben" habe übernehmen sollen, nämlich die „Sicherung von Archiven in Moskau";
– daß in der Zeit, als Six das VKM führte, dieses als „selbständige Archivsicherungsdienststelle" operiert habe, ohne jede Unterstellung oder Weisungsgebundenheit zur Einsatzgruppe B und deren Führer Nebe und seinem Stab;
– daß Six bereits am 20. August 1941 den russischen Raum verlassen habe und daher für die in den schriftlichen Meldungen erwähnten Exekutionen nicht verantwortlich gemacht werden könne. Überdies könnten die „Meldungen den Tatsachen nicht entsprechen", soweit sie für die Zeit bis zum 20. August 1941 von „Exekutivmaßnahmen oder gar Liquidierungen" durch das VKM berichteten.[40]

Diese Grundstruktur der Argumentation wurde im Verlauf des Prozesses bis hin zu Ulmers Schlußplädoyer nur noch variiert und durch zahllose Eidesstattliche Versicherungen von Six-Bekannten gestützt, in denen von Six' liberaler Einstellung als Wissenschafter und Beamter des Auswärtigen Amtes die Rede war und von den ständigen Konflikten des Angeklagten mit Heydrich, Nebe und „Gestapo-Müller". Six sei als „reiner Wissenschaftler" zu betrachten, betonte Ulmer noch einmal in seinem Plädoyer, habe seit 1939 versucht, vom SD loszukommen und sich freiwillig zur Waffen-SS gemeldet und habe vor allem „*nie* den für dieses Verfahren so bedeutungsvollen Führerbefehl erhalten". Der Angeklagte habe seine „schon in der Studentenzeit erworbene wissenschaftlich freie und tolerante Linie nicht aufgegeben oder zur Stützung nationalsozialistischer Doktrinen oder pseudowissenschaftlicher Ideologien geändert". Er sei auch im SD Wissenschaftler geblieben, „ohne Liebedienerei zu der SD-Führung".[41]

Dem US-Militärtribunal lagen weder Unterlagen aus Six' Studentenzeit noch Dokumente aus seiner Tätigkeit als Amtschef II des SD-Hauptamtes vor. Man führte einen Prozeß gegen ausgewählte Führer der Einsatzgruppen, nicht gegen das Führerkorps des SD oder des Reichssicherheitshauptamtes. Biographische Kontinuitäten waren zwar zu vermuten, aber nicht nachzuweisen. Zwar wirkte Six' Leugnungsstrategie im Großen und Ganzen wenig überzeugend, aber er kam nur einmal in ernsthafte Schwierigkeiten. Aus dem Tagebuch der ursprünglich als Zeugin der Verteidigung eingeführten Bibliotheksangestellten Veronika Vetter ging angeblich hervor, daß diese den Angeklagten noch Ende August in Smolensk gesehen haben wollte. Veronika Vetters Mann, ein Volksdeutscher, war „mutmaßlich von der NKWD anläßlich der Räumung von Smolensk erschossen worden", wie Mahnke unter dem Briefkopf „Vorkommando Moskau der Einsatzgruppe B – Sicherheitspolizei und SD" am 31. August 1941 testierte; Six hatte sie mit Aufgaben im VKM und später in der Bibliothek der Auslandswissenschaftlichen Fakultät beschäftigt. Es gelang Anwalt Ulmer jedoch, die Glaubwürdigkeit der Zeugin so nachhaltig zu erschüttern, daß die Anklage auf das Tagebuch als Beweisstück schließlich ganz verzichtete.[42]

Zwischen Ulmers einleitenden Ausführungen und dem Plädoyer zog sich der Prozeß anderthalb Jahre hin, wobei sich die Angeklagten überwiegend die jeweiligen Entlastungsargumente ihrer SS-Kameraden anhörten. Six' Fall wurde im wesentlichen an zwei Tagen verhandelt: Am 24. Oktober 1947 trat Six als Zeuge in eigener Sache im vorbereiteten Zwiegespräch mit Anwalt Ulmer auf, am 27. Oktober fand das Kreuzverhör durch den Chefankläger des Falles IX, Benjamin Ferencz, statt. Zudem durften die Verteidiger der übrigen Angeklagten noch Rückfragen stellen.

Über den 47jährigen Gerichtspräsidenten Michael Musmanno,

Richter am Pittsburgher Court of Common Pleas, schrieb der „Spiegel" damals, der „elektrisierende Jurist und Psychologe" sei ein „unerhörter Arbeiter und bei alledem ein Schöngeist", der es verstehe, „Geistesgegenwart und romanischen Sarkasmus" zu verbinden. Das „dickste Lügengewebe" einzelner Angeklagter reiße er „durch verblüffende Zwischenbemerkungen" auf, überdies besitze Musmanno „feste Bindungen zur Universalität der Geisteswissenschaften".[43]

Musmanno präsidierte in einer blauen Kapitänsuniform der US-Navy mit drei goldenen Streifen und einem Stern am Ärmel. Er hatte im Krieg einen Geleitzugzerstörer kommandiert und war als Verbindungsoffizier bei dem Kommandeur der 5. US-Armee, General Marc Clark, attachiert, über den er auch einen biographischen Essay geschrieben hatte. Als Autor von Theaterstücken und Büchern zu den verschiedensten Themen verfügte Musmanno über erhebliche literarische Ambitionen, und diese Potenz sollte sich dann auch in dem ungewöhnlichen Urteilstext niederschlagen.

Die Fähigkeit Musmannos, den argumentatorischen Verirrungen der SS-Führer mit sarkastischen Redefiguren zu begegnen, bekam besonders Six zu spüren, dessen weitschweifige professorale Erklärungen immer wieder Anlaß für trockene Anmerkungen durch den Gerichtspräsidenten gaben. „Dr. Ulmer, bevor wir uns vertagten", hob Musmanno nach einer Verhandlungspause an, „hat uns der Zeuge auf eine Weltreise mitgenommen, wir sahen ihn zuletzt in China und Afrika. Wir wollen nun versuchen, ihn zu dem Ort seines Tätigkeitsbereiches zurückzubringen, den Orten in der Anklageschrift".[44] Nachdem Six ausgesagt hatte, in Smolensk vor allem die Kirchen gegen Plünderungen gesichert zu haben, entspann sich folgender Dialog mit Musmanno:

„F.: Sie kannten den Zweck der Einsatzgruppen in diesem Gebiet. Sie kannten den Führerbefehl, oder nicht?
A.: Ich habe von diesem Führerbefehl, wie ich in meiner direkten Aussage feststellte, durch die Abordnung von Führern anderer Kommandos Kenntnis erhalten.
F.: Ja, sollen wir das so verstehen, daß, nachdem Sie einmal dorthin gekommen waren, sie sofort die Natur der Dinge änderten und anstatt Juden zum Zwecke der Hinrichtung in die Felder zu führen, anstatt Zivilbevölkerung zu unterdrücken, Sie Ihre Anstrengungen darauf richteten, daß die Kirchen wieder geöffnet wurden und die Zivilbevölkerung die größte religiöse und kulturelle Freiheit erhalten würde?
A.: Nein, Herr Präsident, ich sehe in dieser Feststellung keinen

kausalen Zusammenhang. Ich sehe keinen kausalen Zusammenhang, daß auf der einen Seite Exekutionen vorgenommen werden sollten oder vorgenommen worden sind und auf der anderen Seite der Bevölkerung Kirchen freigegeben werden.
F.: Sie haben dies freiwillig getan. Sie gaben uns eine sehr interessante Plauderei über Ihre Tätigkeiten und Sie erzählten uns, wie Sie die Fackel der religiösen Freiheit hochhielten und die Flamme des kulturellen Ausdruckes am Leben erhielten.
A.: Jawohl.
F.: Sie haben uns darüber eine ganze Rede gehalten.
A.: Jawohl, ja.
F.: Ich frage Sie nun, ob Sie Anstrengungen für die religiöse Freiheit, für kulturelle Äußerungen, für politische Freiheit machten, als Sie im Felde standen.
A.: Herr Präsident, dann muß ich in die grundsätzliche Frage meiner Stellungnahme zu dem Krieg mit Rußland und zu der Frage der Behandlung des russischen Volkes durch deutsche Truppen eingehen ... Meiner politischen Konzeption entsprach es als Deutscher, daß es unsere Aufgabe gewesen wäre, in der politischen Verwaltung dieses Landes Grundsätze der politischen Freiheit, der Wirtschaftsfreiheit und auch der religiösen Freiheit zu verleihen. Als ich die russische Grenze überschritt, war ich der festen Ansicht, daß das das politische Programm des deutschen Reiches in den besetzten Ostgebieten war, und es gehört zu den schwersten Erschütterungen meines Lebens, festzustellen – und bis zu den letzten Wochen durch die Dokumente, die mir vorher verborgen waren wie durch Besprechungen zwischen Hitler, Göring und Rosenberg, zu erkennen, daß bis zu den ersten Tagen meines Einsatzes dort statt der politischen Verwaltung nur Terror gemeint war.[45]"

Die Passage ist signifikant sowohl für Six' Aussagen als auch für die Tonlage des Prozesses. Zwar mag es durchaus sein, daß Six als NS-Auslandswissenschaftler für ein großzügigeres und konzilianteres „Ostprogramm" votierte, als es Hitler und Himmler schließlich dekretierten. Es mußte dem Gericht aber hochgradig skurril erscheinen, daß gerade ein Repräsentant des totalitären SS-Staates für politische, ökonomische und religiöse „Freiheit" im okkupierten Rußland hatte sorgen wollen.

Eine längere Kontroverse entspann sich im Six-Verhör, nachdem der Angeklagte offenbart hatte, daß er das Niederbrennen der Synagogen im November 1938 für „eine Schande und einen Skandal" gehalten habe, und dann auch noch hinzufügte, daß er sich dem Befehl, Frauen und Kinder exekutieren zu lassen – wenn er diesen Befehl erhalten hätte –, durch seinen eigenen Tod entzogen hätte. Das Gericht wollte nun Six' Stellungnahme zur Exekution wehrloser jüdischer Männer hören, worauf sich Six in langen definitorischen Klauseln über den Begriff „wehrlos" erging und Musmanno abkürzte: „Nein, nein. Wir wollen jetzt keine weiteren langen Reden. Sie sind sehr interessant, und wir genießen diese buchartigen Vorträge von Ihnen, da Sie ein Universitätsprofessor sind. Sie sind sehr interessant. Aber wir haben uns jetzt eine lange Zeit mit dieser besonderen Frage befaßt, und wir wollen keine langen Reden mehr".[46] Six gab daraufhin an, er halte Erschießungen von Männern aufgrund deren Eigenschaft, „potentieller Träger des Kampfes zu sein", nach einer Prüfung individueller Schuld für gerechtfertigt.

Dies brachte Blobels Verteidiger Dr. Heim auf den Plan, der in Six' Erklärung, dieser hätte sich dem Führerbefehl notfalls durch Selbstmord verweigert, eine Bedrohung der Ohlendorfschen Verteidigungslinie sah. Er fragte Six, ob er diese Haltung als verbindlich auch für die übrigen Angeklagten ansehe, was Six natürlich verneinte, der auf die „persönliche Willensentscheidung jedes Einzelnen" verwies. Musmanno nutzte diesen Dialog für eine Spitze gegen die neue Funktion des Zeugen als moralischer Experte: „Nun, dieser Zeuge hat sich schon verschiedene Male als sehr vielseitige Persönlichkeit gezeigt. Er hat als Angeklagter ausgesagt, er war Professor, Soldat, Journalist, Dekan, Archivsammler, und jetzt wollen Sie ihn noch als einen Experten bezeichnen; das gibt ihm 6 verschiedene Persönlichkeiten, und obwohl sein Name „Six" (6) dies zufälligerweise besagt, ist er doch nur eine einzige Person, und wenn die Frage an ihn gestellt wird, wird er lediglich als Franz Six antworten".[47]

Am 10. April 1948 zog die Riege der Angeklagten zum letzten Mal in den Nürnberger Gerichtspalast ein, um den Schuldspruch zu hören. Vierzehn SS-Führer wurden zum Tode verurteilt: Ohlendorf, Naumann, Blobel, Blume, Sandberger, Seibert, Steimle, Biberstein, Braune, Hänsch, Ott, Strauch, Klingelhöfer und Schubert. Heinz Jost und Gustav Noßke erhielten lebenslängliche Freiheitsstrafen. Six, verurteilt zu 20 Jahren Haft, gehörte zu den sechs Angeklagten, die mit einer langjährigen Zeitstrafe davonkamen. Das Gericht fand seine Aussagen wenig glaubwürdig, konnte aber „nicht mit wissenschaftlicher Gewißheit erkennen", daß Six aktiv am Mordprogramm der Einsatzgruppe B beteiligt war. Es sei jedoch, hieß es im Urteilsspruch, „augenscheinlich, daß Six ein Teil einer Organisation war, die Gewalttaten, Vergehen und unmenschliche Handlungen gegen die Zivilbevölkerung begingen".[48] Eine Revisionsinstanz gab es nicht, das Urteil war rechtskräftig.

Richter Musmannos allgemeines Resümee war ein dramatisches Epos, wobei er die Wirkung seines Textes noch steigerte, indem er hervorhob, der Ton der Urteilsbegründung sei notwendigerweise streng, „aber ohne Bitterkeit". Es könne nur beklagt werden, „daß all dieses sich ereignen konnte". Es sei gewiß, „daß noch niemals 23 Menschen vor Gericht gestellt wurden, um sich wegen der Beschuldigung zu verantworten, über eine Million ihrer Mitmenschen umgebracht zu haben", und kein Verfasser von Mordgeschichten, kein Verfasser von Schauerdramen könne jemals hoffen, „aus seiner Einbildung heraus eine Handlung zu schaffen, die das Empfindungsvermögen so stark zu erschüttern" vermöge wie das „grausame Drama dieser düsteren Banden".

Musmanno schilderte noch einmal das variantenreiche Vokabular des Abschlachtens („beseitigt", „eine Erschießungsaktion in Angriff genommen", „liquidiert", „entledigt", „unschädlich gemacht", „entsprechend behandelt", „von Juden gereinigt"), das die Berichte der Einsatzgruppen durchzog – „jede Seite dieser Berichte strotzt von Blut und ist vom Trauerrande des Elends und der Verzweiflung umgeben" –, behandelte die Anstiftung russischer Kombattanten zu Pogromen, den Raub von Kleidung und Wertgegenständen und die Exekutionsmethoden. Es mache „dem Geiste weniger Schwierigkeiten", so der Mann aus Pittsburgh, „die seltsamen Geschichten von übernatürlichen Erscheinungen hinzunehmen, wie z. B. daß Wasser bergauf geflossen oder Baumwurzeln gen Himmel gewachsen seien, als diesen Berichten, die über die Grenzen menschlicher Grausamkeit und Brutalität hinausgehen, Glauben zu schenken".

Den Argumenten des Ohlendorf-Verteidigers Aschenauer, die Massenexekutionen seien als Präventivmaßnahmen gegen einen bolschewistischen Angriff auf das Deutsche Reich gerechtfertigt (womit Aschenauer die NS-Gegnertheorien vom „jüdisch-bolschewistischen" Gesamtfeind in Nürnberg tradierte) und erlaubten die Nothilfe „jedes Beliebigen", hielt das Urteil entgegen, nach dieser Rechtsauffassung „könnte ein Bürger Abessiniens sich nach Norwegen begeben und dort einen Norweger umbringen mit der Begründung, daß er, der Abessinier, nur von dem Wunsche beseelt gewesen sei, sein Land gegen einen vermeintlichen Angriff durch den Norweger zu schützen".

Dem Urteilsspruch maß Musmanno eine besondere pädagogische Reichweite zu. Er vermied alle Erörterungen volkspsychologischer

Zusammenhänge und behandelte die Angeklagten gemäß ihrer „individuellen Schuld". Das seine Häuslichkeit „so sehr liebende deutsche Volk, das seinen kleinen Garten, mit ein paar Pflanzen darin, dem Versprechen weiter Länder jenseits des Horizonts vorziehe", solle durch das Nürnberger Tribunal erfahren, „wie es von seinen vermeintlichen Vorkämpfern betrogen" worden sei. Den zahllosen Testaten für die Angeklagten, diese seien als Menschen „anständig", „ehrlich", „freiheitsliebend", „fleißig, emsig und gutherzig" gewesen, gewann der Gerichtspräsident eine moralische Hoffnung auf Erlösung ab: „Durch den beißenden Rauch der Hinrichtungsgewehre, durch die Dämpfe der Gaswagen, durch die unausgesprochenen letzten Worte der einen Million Hingeschlachteter hindurch, haben sich die Angeklagten an die Lehren erinnert, die sie am Knie der Mutter gelernt hatten. Obzwar sie den erschreckenden Gegensatz zwischen den von ihnen verschuldeten Ereignissen von heute und jenen Lehren der Vergangenheit nicht zu sehen schienen, erkennen sie die letzteren doch immer noch als wünschenswert an. Die Tugenden sind also nicht verschwunden. Solange sie noch als die besseren Lebensregeln anerkannt werden, kann man Vertrauen in die Zukunft haben".

Die Verurteilten, Todeskandidaten wie Zeithäftlinge, wurden nach dem Ende des Prozesses in das US-War Criminal Prison Nr. 1 nach Landsberg am Lech überführt, wo Hitler einst eingesessen und „Mein Kampf" diktiert hatte. Am 4. Januar 1950 waren in Landsberg nach einer Zählung des bundesdeutschen Auswärtigen Amtes 663 Häftlinge inhaftiert.[49] Die politischen Verhältnisse hatten sich unterdessen in Deutschland wie auch global grundsätzlich neu formiert. Alle Gefangenen, so schwer ihre objektive Schuld auch sein mochte, durften auf Begnadigungen und Haftverkürzungen hoffen.

IX.
„Das Wesen des Marketing"
Die Jahre in der Bundesrepublik: 1952–1975

Am 3. November 1952 wurde Franz Alfred Six vorzeitig aus dem Landsberger War Criminal Prison entlassen. Er hatte nur viereinhalb statt der ursprünglich vorgesehenen 20 Jahre absitzen müssen. Seine Freilassung wurde durch die Großlage des Ost-West-Konfliktes und eine konzertierte innenpolitische Kampagne für eine frühzeitige Begnadigung jener NS-Täter begünstigt, die als „Kriegsverbrecher" häufig nur noch in Anführungszeichen vorkamen – und dies nicht nur bei den rechten *pressure groups*.[1]

Fünfzehn Tage nach Six' Abschied aus Landsberg tauchte sein Name in einem schwedischen Zeitungsartikel über die Konstitution eines neo-nationalsozialistischen „Führungsringes" auf, in dem er irrtümlicherweise auch noch zum früheren „SS-Obergruppenführer" befördert wurde. Der Berliner Korrespondent von „Dagens Nyheter" schrieb, die Nationalsozialisten säßen in der Bundesrepublik Deutschland zwar „noch abwartend in einem komfortablen Wartezimmer", aber sie hätten schon wieder „organisatorische Verbindungen in Form eines Führungsringes, in dem man einen Teil der aus den Jahren 1933 – 1945 bekannten Namen" wiederfinden könne.[2]

Als prominentester Aktivist „dieser Hundertmann-Gruppe" wurde Dr. Werner Naumann identifiziert, ehemals Staatssekretär im Propagandaministerium und SS-Oberführer, ein „intellektueller Nazi", jetzt „Chef der Import- und Exportfirma Cominbel in Düsseldorf". Weitere Mitarbeiter dieses Führungsringes waren laut „Dagens Nyheter" der einstige Rundfunkpropagandist und RMVP-Abteilungsleiter Hans Fritzsche, die früheren Gauleiter Josef Grohé (Köln) und Karl Florian (Düsseldorf) sowie der frühere Reichsstudentenführer Scheel und der Ex-Pressechef des Auswärtigen Amtes, Paul Karl Schmidt, beide in Hamburg ansässig.

Als Spiritus rector von FDP-Seite („deren rechter Flügel auf dem Wege zu einer neuen ‚Harzburger Front' weit fortgeschritten ist") wurde der Landtagsabgeordnete Ernst Achenbach genannt. Und im Zusammenhang mit Achenbach kam nun auch dessen einstiger Chef

Six ins Spiel: „In (Achenbachs) Essener Büro für eine Generalamnestie sind der frühere Reichskommissar in Dänemark Dr. Werner Best und der frühere SS-Obergruppenführer Professor Franz Alfred Six tätig. Außenpolitisch lehnen die Nazis den Generalvertrag und die Europa-Armee ab, weil sie Deutschland nicht genügend nationale Unabhängigkeit geben. Sie streben ein wiedervereinigtes Deutschland mit eigener Armee an, das im Spannungsfeld zwischen Ost und West die Situation zu Zugeständnissen von beiden Seiten ausnützen könnte. Auf diese Parole hofft man alle Neutralisten und Anhänger des Dritten Standpunktes in Deutschland sammeln zu können. Naumann und Konsorten lehnen den Antisemitismus als Bestandteil der kommenden Politik ab, denn dieser hat sich als schlechtes Geschäft erwiesen. Ebenso lehnt man die Propagierung eines Hitlermythos ab. Hitler wird hierfür als ungeeignet angesehen, da er auch in den Augen der meisten Nazis der Verlierer des Krieges ist."

Von der falschen Titelei abgesehen, erwies sich „Dagens Nyheter" in Sachen Six als gut informiert. Tatsächlich war Six mit dem aufstrebenden FDP-Flügelmann und Ruhrindustrie-Anwalt Achenbach wieder in Kontakt gekommen, den er ja schon früher als „most qualified young man" des Auswärtigen Amtes geschätzt hatte. Am 28. Dezember 1952 beantragte das Essener Anwaltsbüro Dr. Achenbach, Seippel, Schlottmann, Dr. Brethauer, Zweigertstraße 34, beim Bonner Auswärtigen Amt, den früheren Abteilungschef Six als Beamten zur Wiederverwendung gemäß § 131 Grundgesetz anzuerkennen „und das ihm zustehende Übergangsgehalt festzusetzen".[3]

Der Paragraph 131 des Grundgesetzes schrieb vor, daß „die Rechtsverhältnisse von Personen ..., die am 8. Mai 1945 im öffentlichen Dienste standen, aus anderen als beamten- oder tarifrechtlichen Gründen ausgeschieden sind und bisher nicht oder nicht ihrer früheren Stellung entsprechend verwendet" worden seien, durch ein Bundesgesetz zu regeln seien.

Dieses Lobby-Gesetz „zur Regelung der Rechtsverhältnisse der unter Artikel 131 des Grundgesetzes fallenden Personen", das Verwaltungsbeamte ebenso wie Wehrmachtssoldaten und (mit Einschränkungen) auch ehemalige Gestapo- und Kripoleute betraf, war am 10. April 1951 vom Bundestag bei nur zwei Enthaltungen angenommen worden und wurde in der Folge immer extensiver zugungsten der „Verdrängten" modifiziert und ausgelegt.[4]

Zum einen war also Achenbach für Six als Anwalt in Sachen Wiederverwendung und Übergangsgehalt tätig, zum anderen beschäftigte er seinen Klienten im Büro des „Vorbereitenden Ausschusses zur Herbeiführung der Generalamnestie", das wohl hauptsächlich mit Spendengeldern der Ruhrindustrie unterhalten wurde und in enger Verbindung zur nationalliberalen FDP-Erneuerungsbewegung stand. Hier traf Six auch wieder auf Werner Best, der in Dänemark zunächst zum Tode verurteilt worden war, dann aber im August 1951 aus dänischer Haft entlassen und in die Bundesrepublik überstellt wurde.[5] Der Gestapo-Organisator Best, den Achenbach auf Vermittlung des Mülheimer Industriellen Hugo Stinnes jr. in den dänischen Verfahren verteidigt hatte, avancierte rasch zum „Rechtsberater" des nordrheinwestfälischen FDP-Landesverbandes und arbeitete ausgerechnet im FDP-Arbeitskreis Entnazifizierung im NRW-Landtag mit. Außerdem hatte Best einige Thesen und Erkenntnisse zum „Deutschen Programm" der NRW-FDP beigesteuert, das im November 1952 auf dem turbulenten Emser Bundesparteitag der Freidemokraten eine gewisse Rolle spielte – „eine im hohen Ton gehaltene Phrasensammlung, gekennzeichnet vor allem durch ein eher ständisch-organisches Staats- und Gesellschaftsmodell sowie einen sich fast überschlagenden Antimarxismus".[6]

Mit diesem Manifest wollte der nationalliberale FDP-Flügel nicht weniger erreichen als die „einheitliche Haltung aller Deutschen in grundsätzlichen Fragen".[7] Als primäre Adressatengruppe dachte man, so der FDP-Landesvorsitzende Middelhauve, „an (das) große Heer der Suchenden, der Abwartenden und der Zweifelnden, an die Soldaten zweier Weltkriege und vor allem an die heranwachsende Jugend ..., die sich doch eines Tages über Kinostars und Motorräder hinaus" nach Idealen umsehen werde.[8]

Mitunter wurde auch Six als Korredakteur dieses Manifests genannt[9]; dies wohl vor allem, weil er mit Best in Achenbachs multifunktionalem Politik- und Propagandabüro saß. Schon aus Gründen der zeitlichen Abfolge ist eine intensivere Beteiligung von Six am „Deutschen Programm" ziemlich unwahrscheinlich. Für ihn mußte es eher alarmierend wirken, daß sein Name im Zusammenhang mit der Rekonstitution eines NS-Eliteclubs schon wenige Tage nach seiner Haftentlassung wieder öffentlich genannt wurde. Er hatte fast sieben Jahre seines Lebens in US-Gewahrsam und hinter den Landsberger Gefängnismauern verbracht und verspürte wenig Lust, ins politische Rampenlicht zu geraten, zumal er dadurch Gefahr lief, daß einige dunkle Punkte seiner NS-Vergangenheit, die im Nürnberger Prozeß nicht ausführlich behandelt worden waren, neu beleuchtet werden könnten. Obgleich mit Leuten wie Achenbach und Best politisch wie weltanschaulich sicherlich vollkommen d'accord, war es für Six taktisch klüger, sich aus explizit politischen Aktionen herauszuhalten. Nach dem „Dagens-Nyheter"-Artikel, bedingt auch durch die folgende, durchschlagende Aktion der britischen Besatzungsmacht gegen den Naumann-Zirkel, sollte der Name Franz Alfred Six in politischen Bezügen bis zu seinem Tod nie wieder auftauchen.

Ulrich Herbert hat in diesem Sinne analysiert, daß es für die genuinen NS-Eliten zwecks Erhaltung einer „bürgerlichen Sekurität" in der Bundesrepublik wichtig gewesen sei, „die eigene Vergangenheit abzutarnen, ja möglichst ganz vergessen zu machen" und „ein möglichst unauffälliges, angepaßtes, normales Leben zu führen, auch die Kontakte zu ehemaligen Mitarbeitern (und Mitwissern) möglichst zu vermeiden und sich jeder politisch verdächtigen Äußerung zu enthalten".[10]

Im Ergebnis könne man feststellen, „daß die ehemaligen NS-Funktionäre nach einiger Zeit in etwa die soziale Position wieder erreicht hatten, die ihren klassenspezifischen Ausgangsbedingungen vor Beginn des Dritten Reiches bzw. ihrer sozialen Herkunft und ihrer Ausbildung entsprach".

Für den Fall Six sind hier einige Differenzierungen anzufügen. Seinen sozialen Status als „Professor", „Gesandter" und „Präsident" hatte er ausschließlich der nationalsozialistischen Revolution zu verdanken, und in sein soziales Milieu vor 1933 wollte er auf keinen Fall zurück. Sein lebensweltlicher Bezug *war* die funktionale Elite des NS-Staates. Er verfügte über keine spezifische Berufsqualifikation und stand nach dem Zusammenbruch des „Dritten Reiches" zunächst ohne Vermögen und soziale Sicherheiten da. So war er auf die tätige Hilfe des „old boys network" der alten SD-Kameraden, Assistenten und AA-Kollegen angewiesen, wollte er in der Bundesrepublik sein Auskommen und eine für ihn intellektuell anregende Arbeit finden. Daß sich seine Karriere im demokratisch konstituierten Westdeutschland mit Namen wie Achenbach und Best, Höhn und Prinzing, Pfeffer, Mahnke und Oebsger-Röder verbindet, liegt sowohl in der Logik einer „Schicksalsgemeinschaft" begründet, die sich in ihrem idealistischen Streben von den Zeitläuften überrollt (und nach dem Verschwinden der Hitler, Himmler, Goebbels dekapitiert) sah, als auch im reinen biographischen Kontinuitätszusammenhang. Schließlich stellt auch das „System Landsberg" ein starkes, von der gängigen Historik bislang vernachlässigtes Sozialisationsfeld dar.

Einst hatte Baldur von Schirach vorgeschlagen, dem „Führer", der dieser Stätte seiner milden Festungshaft 1934 noch einmal einen offiziellen Besuch abgestattet hatte, die alte Gefangenenanstalt Landsberg zum Geschenk zu machen: „Die größte Jugendherberge des Deutschen Reiches sollte dort entstehen, die ‚Hitlerzelle' zum ‚Nationalheiligtum und Museum' ausgebaut werden. Zukünftig sollten ‚Bekenntnismärsche' mit 10 000 Teilnehmern über die Bühne gehen und auch während des Jahres, nicht nur zu den Parteitagszeiten, HJ-Einheiten die Stadt besuchen. Ein Besuch in Landsberg würde ein Muß für jeden Hitlerjungen werden, Übernachtungen in der ‚Führerzelle' inklusive: ‚Kein Ort in Deutschland lehrt uns mehr an Adolf Hitler glauben als Landsberg. So wird aus eurem Bekenntnismarsch aus Nürnberg ein Marsch tiefsten Glaubens an Adolf Hitler, Landsberg aber wird damit zum Wallfahrtsort der deutschen Jugend.'"[11]

Dieser Plan wurde aus Kostengründen nicht realisiert. Vom Juni 1944 an befanden sich in der unmittelbaren Umgebung von Landsberg elf Außenlager des KZ Dachau, in denen Zwangs- und Fremdarbeiter, russische Kriegsgefangene und aus Auschwitz redeportierte Juden kaserniert wurden, die unter Aufsicht der „Organisation Todt" für den Bau von Großbunkern zu Rüstungszwecken eingesetzt wurden. Der KZ-Komplex war auf „Vernichtung durch Arbeit" angelegt – als die Amerikaner Ende April 1945 Landsberg besetzten, stießen sie auf Tausende von Toten in den Massengräbern und Lagern.

Nach dem Ende der Kriegshandlungen entstand in der Kleinstadt am Lech, die heute in den Reiseführern wegen ihres von Dominikus Zimmermann „prächtig stuckierten Rathauses" aus dem frühen 18. Jahrhundert gerühmt wird, eines der größten Camps für jüdische Displaced Persons (DP's), Überlebende des Holocausts, die nach der Verschleppung ihre Heimat verloren hatten. Im März 1946 meldete der Bürgermeister von Landsberg den US-Militärbehörden, daß sich die stark angewachsene Einwohnerzahl Landsbergs aus „4729 Juden, 1513 Flüchtlingen, 773 Ausländern und 10 178 Landsbergern" zusammensetze.[12]

Vom 1. Dezember 1946 an, als die US-Militärbehörden die Festungsanstalt für das War Criminal Prison Nr. 1 requirierten, verband man in der bundesdeutschen Öffentlichkeit mit der Gruppenbezeichnung „Landsberger" vorrangig jene rund 1600 NS-Täter, die von den US-Tribunalen in Nürnberg (einschließlich der Dachauer Prozesse und dem Malmedy-Verfahren) abgeurteilt worden waren und dort mit unterschiedlicher Haftdauer bis 1958 einsaßen. Bis 1951 wurden im Hof des War Criminal Prison rund 250 Todesurteile an den „Rotjakken" (so genannt wegen ihrer spezifischen Gefängnisbekleidung) vollstreckt. Als Six in seiner Zelle saß, wurden am 8. Juni 1951 einige SD-Führer hingerichtet, die wie er selbst als Einsatzgruppenchefs tätig gewesen waren und mit denen er zum Teil in engem dienstlichen Kontakt gestanden hatte: Otto Ohlendorf etwa, der ihn 1939 in der Konkurrenz um die Führung des SD-Inland aus dem Feld schlagen konnte, oder Erich Naumann, als Nachfolger Nebes Chef der Einsatzgruppe B, dem Six 1938 seinen „Judenspezialisten" Adolf Eichmann zur dringenden Beförderung empfohlen hatte.

Den Hinrichtungen des Sommers 1951 war eine vehemente Kampagne gegen die Landberger Todesurteile vorausgegangen, die am Ort selbst in einer großen Protestkundgebung mit rund 3000 Teilnehmern am 7. Januar 1951 gipfelte, bei der unter anderem der CSU-Bundestagsabgeordnete Richard Jaeger, später einer der Verfechter der Wiedereinführung der Todesstrafe („Kopf-ab-Jaeger"), gegen die Hinrichtungspraxis der Amerikaner protestierte. Die „Frankfurter Allgemeine Zeitung" monierte gar, bei den rund 300 Gegendemonstranten handele es sich um „mit sieben Omnibussen aus dem DP-Lager Lechfeld herbeigeschaffte Ausländer".[13] Alle Petenten, Publizisten und Demonstranten, die sich bei dem US-Hochkommissar John J. McCloy für die „Landsberger" einsetzten oder Druck auf ihn ausübten, machten humanitäre Gründe geltend. Die realen Motive für die Kampagne waren jedoch überwiegend im Bereich handfester Klientelpolitik zu suchen.

Die Kirchen beider Konfessionen, im NS-Staat trotz mannigfaltiger Anpassungsversuche an den politisch-gesellschaftlichen Rand gedrängt, sahen in ihrem massiven Einsatz für die „Kriegsverurteilten" eine Chance, sich als zentrale nationale Einigungs- und Versöhnungsinstanz zu profilieren.[14]

Kirchenführer wie der Münchener Weihbischof Neuhäusler, der bayerische Landesbischof Hans Meiser, der Kölner Erzbischof Joseph Frings, der EKD-Vorsitzende Theophil Wurm oder der hannoversche Landesbischof Hanns Lilje standen bei der Bildung eines „Hilfskartells" in vorderster Linie und kooperierten bei ihren seriellen Eingaben mit prominenten Anwälten der NS-Täter, zu denen etwa der Ohlendorf-Verteidiger und rührige Anti-Landsberg-Publizist Rudolf Aschenauer, der frühere Flottenrichter Otto Kranzbühler und der Weizsäcker-Anwalt und spätere Bildungsforscher Hellmut Becker zählten. Bei den politischen Parteien war der Einsatz von FDP, DP, BHE oder WAV für die Landsberger nicht weiter verwunderlich. Das Spektrum der Politiker, die für die Handlungen der Einsatzgruppenleute biographisch-psychologisches Verständnis zeigten, reichte bis zu Carlo Schmid (SPD), der für den ihm noch aus der Referendarzeit bekannten Martin Sandberger folgendes Testat abgab: „Er war ein fleißiger, intelligenter und begabter Jurist, der auf der einen Seite dem geistigen Nihilismus der Zeit verfallen war, auf der anderen Seite aber sich krampfhaft an der Formenwelt der Bürgerlichkeit festklammerte, die die Tradition seiner Familie ausmachte. Ohne den Einbruch der Herrschaft des Nationalsozialismus wäre Sandberger ein ordentlicher, tüchtiger, strebsamer Beamter geworden wie andere auch und hätte versucht, seine Karriere aufgrund besonderer, ins Auge fallender Leistungen zu machen, denn er war offenbar ehrgeizig. Dieser Ehrgeiz hat ihn auch veranlaßt, zur SS und zum SD zu gehen ... Man sollte Martin Sandberger eine Chance geben, sich im Leben neu zu bewähren. Ich bin davon überzeugt, daß Landsberg ihn geläutert hat."[15]

Im außerparlamentarischen Raum agierten einige rührige Unterstützerkreise für die Inhaftierten, deren Bandbreite vom „Heidelberger Juristenkreis" um den IG-Farben-Verteidiger Eduard Wahl über Achenbachs Essener Amnestie-Komitee bis hin zur dubiosen, aber aufgrund einer eifrigen Petitions- und Kommunikationspolitik doch recht einflußreichen Wuppertaler „Stillen Hilfe für Kriegsgefangene und Internierte" reichte, deren Prinzipalin Helene Elisabeth Prinzessin von Isenburg sich gern als „Mutter der Landsberger" titulieren ließ. Hier wirkte RSHA-Kulturdezernent Wilhelm Spengler, hauptberuflich jetzt Lektor im Oldenburger Stalling-Verlag, als Pressewart.

Für die öffentliche Meinung in Sachen Landsberg war es zudem nicht unwichtig, daß die Redaktionsmannschaften und das Verlagsmanagement der führenden deutschen Blätter weitgehend mit „Ehemaligen" besetzt waren[16] und allgemein ein Grundton von Revisionismus und nationaler Verletztheit vorherrschte. Bei der „Zeit", deren Chefredakteur Richard Tüngel in den 50er Jahren ohnehin stetig nach rechts driftete, kommentierte etwa mit Hans-Georg von Studnitz ein Mann die Nürnberger Folgeprozesse, der zusammen mit Six und Paul Karl Schmidt führend im Ribbentropschen Propaganda-Apparat gewirkt hatte. „Es wäre zuviel verlangt", so resümierte noch 1995 der „Zeit"-Redakteur Karl-Heinz Janßen, „von der damaligen ‚Zeit'-Redaktion, die sich mit Recht als Sprachrohr der großen Mehrheit des Volkes verstand, auch noch Verständnis für die amerikanischen Anklagen zu erwarten. Ihre Perspektive war eine andere: Abwehr aller ungerechten oder unsinnigen Handlungen, die sich gegen deutsche Interessen richteten".[17]

Die Politik einer „Abwehr aller ungerechten oder unsinnigen Handlungen" ließ sich auch für die bald regierungsoffiziöse „FAZ" und die „Süddeutsche Zeitung" registrieren. Bei „Christ und Welt" übernahm 1954 mit Giselher Wirsing ein williger SD-Konfident die

Redaktionsleitung, den Six am 7. November 1938 mit der „regelmäßigen Berichterstattung" über das „Palästina-Problem" beauftragt und kurz darauf für eine USA-Tour mit „Judenmaterial" versorgt hatte. Beim „Sonntagsblatt" des Bischofs Lilje kamen die beiden „Tat"-Kreis-Publizisten Hans Zehrer und Ferdinand Fried unter. Zehrer, im „Dritten Reich" kaltgestellt, hatte nach einer mystisch religiösen Phase in der Sylter „inneren Emigration" nach 1945 und kurzzeitiger Redaktionsleitung bei der Hamburger „Welt" gleich wieder am Programm der „Deutschen Rechts-Partei" mitgearbeitet.[18] Rudolf Augsteins „SPIEGEL" verarbeitete die Nürnberger Prozesse zu entpolitisierten Kriminalgeschichten, und spätestens von 1948 an übten, wie wir noch sehen werden, einstige NS-Funktionäre und SD-Leute erheblichen Einfluß in der „Spiegel"-Redaktion aus. Kritische Stellungnahmen zur Rekonstitution von NS-Eliten im bundesdeutschen Establishment fanden sich an herausgehobener Stelle nur in der „Frankfurter Rundschau" – so im Januar 1951 eine Serie des Journalisten Michael Mansfeld über die Personalpolitik des Auswärtigen Amtes („Ihr naht Euch wieder...") und im Juni 1953 Fried Wesemanns Artikelfolge über die Naumann-Affäre („Die Totengräber sind unter uns").[19]

Mit dem Ausbruch des Korea-Krieges Ende Juni 1950 schwand auch das Verlangen der westlichen Siegermächte nach einer harten und kompromißlosen politischen Säuberung in der Bundesrepublik, da gerade die alten deutschen Führungseliten für den Kampf gegen den antikommunistischen Block und den Aufbau einer westeuropäischen Handels- und Wirtschaftsgemeinschaft gebraucht wurden – ganz so, wie es Goebbels in seinen Leitartikeln für das „Reich" schon 1944 geweissagt und der intellektuelle SS-Flügel in seinen Planspielen kalkuliert hatte. 1949 hatte sich der britische Oppositionsführer Winston Churchill ostentativ einer Spendenaktion für den in Hamburg angeklagten Generalfeldmarschall von Manstein angeschlossen, und im Februar 1948 ließ der Vorsitzende Richter im sogenannten Geiselmord-Prozeß (USA vs. List et. al.), Charles Wennerstrum, in einem Interview mit der „Chigaco Tribune" vor seinem Abflug in die USA spektakulär verlauten, das Konzept der Anklage sei „rachsüchtig", und in der Nürnberger Anklagebehörde seien vor allem Emigranten beschäftigt, die sich den „Vorurteilen und den Haßgefühlen Europas" verhaftet zeigten.[20]

Dieses also war die breite Phalanx der Realpolitiker und „Schlußstrich"-Theoretiker. Für die Elitekonstitution der frühen Bundesrepublik ist aber noch ein unbeabsichtigter Nebeneffekt des Systems

Landsberg bedeutsam: das innere Kommunikationssystem in der Festungshaftanstalt selbst. Einem Bericht des Generalobersten Hans Reinhardt aus dem Jahr 1949 zufolge[21] waren die Landsberger Zellen von 5 Uhr 30 bis 21 Uhr offen („man kann sich frei bewegen, Essen in einer Baracke in ganz nettem Saal"), und es bildete sich ein reichhaltiges Aus-, Weiterbildungs- und Kulturprogramm für die Inhaftierten heraus: „Die kulturell Interessierten können ‚Abende der Kammermusik und Dichtung' im Großen Schulsaal besuchen. Hier liest u. a. Lothar Fendler, Führer des Sonderkommandos 4 b, Gedichte von Rilke, Mörike, Goethe (‚Warum gabst du uns die tiefen Blicke'). Gespielt werden Streichquartette von Mozart. An der Violine: Siegfried Handloser, Professor und Generaloberstabsarzt, Chef des Wehrmachtssanitätswesens und Heeressanitärinspekteur, wegen Medizinversuchen an KZ-Häftlingen zu lebenslänglicher Haft verurteilt".[22]

Die Schule des War Criminal Prison wurde vom Bayerischen Staatsministerium für Unterricht und Kultus staatlich anerkannt. So konnten Häftlinge in Landsberg Verfassungsrecht oder Medizin studieren oder Buchführung, Stenographie und Fremdsprachen lernen. In Landsberg kamen sich über diese verschiedenen Bildungs- und Kommunikationssysteme Industrie-Manager, Waffen-SS-Offiziere, SD-Führer, Mediziner und Ministerialbürokraten näher – und konnten Verabredungen für eine konzertierte bürgerliche Zukunft in der bundesdeutschen Wohlstandsgesellschaft treffen, beflügelt zudem durch das vergangenheitspolitische Klima und die politisch-berufsständischen Interessengruppen.

Einer der prominenten „Landsberger" war Friedrich Flick. Er und seine Konzern-Manager Otto Steinbrinck, Bernhard Weiss, Konrad Kaletsch, Odilo Burkart und Hermann Terberger waren im „Fall V" der Nürnberger Folgeprozesse unter anderem wegen der Ausbeutung von „Sklavenarbeitern" und Arisierungen („Verbrechen gegen das Eigentum") angeklagt sowie – das betraf Flick und Steinbrinck – wegen der „weitgehenden finanziellen Unterstützung", die sie der „verbrecherischen Tätigkeit der SS" hatten angedeihen lassen. Verteidiger der Flick-Gruppe waren prominente Anwälte wie Dr. Rudolf Dix, Dr. Hans Flächsner (er hatte schon Albert Speer im Nürnberger Hauptverfahren vertreten), Otto Kranzbühler, Dr. Wolfgang Pohle, Walter Siemers sowie Dr. Horst Pelckmann (zuvor SS- und SD-Verteidiger), zu dessen Assistenten Dr. Erich Schmidt-Leichner (später „der große SL") zählte, der dann wiederum Franz Alfred Six im Berliner RSHA-Prozeß der 60er Jahre vertrat. Anwalt Siemers hatte den Generalvorhalt der Verteidigung bündig so formuliert: „Dieser erste Wirtschaftsprozeß ist kein Angriff gegen Dr. Flick und seine Mitarbeiter, sondern ein Angriff gegen die ganze deutsche Wirtschaft, gegen den Kapitalismus und gegen seine Industriellen".[23]

An einem Verfahren gegen den „Kapitalismus" und die deutsche Rüstungsindustrie hatte die Washingtoner Administration kaum noch Interesse, und so kam Flick nach neunmonatiger Verhandlungsdauer mit einem auf sieben Jahre Haft lautenden Schuldspruch davon; die Zeit der bereits absolvierten Untersuchungshaft eingerechnet. In Landsberg, so sein Biograph Ogger, „lernte der einstige Herr über 120 000 Arbeitnehmer täglich neue Fertigkeiten: Flick wurde in den ersten Wochen der Haft vorwiegend mit dem Flicken alter Knastbrüder-Hosen und Besohlen ausgelatschter Stiefel beschäftigt. Später avancierte der Flick-Schuster zum Registrator der Gefängnisbibliothek, die er jedoch sträflich vernachlässigte. Nicht ohne Schadenfreude erzählte der erneut zu Macht und Ehren gekommene Konzernmagnat einige Jahre später, daß sein Nachfolger in der Landsberger Bücherei einen Rückstand von vier Monaten habe aufarbeiten müssen".[24]

Der Bibliotheks-Nachfolger des Großindustriellen (Flick hatte mit seinen Anwälten und Mitarbeitern im übrigen schon bald in Landsberg eine Art informeller Konzernzentrale aufgebaut) hieß Franz Alfred Six. Und Flick, der ja schon zuvor die kulturellen Aktivitäten der SS großzügig unterstützt hatte – wie den Ausbau der Wewelsburg –, sagte auch dem verhältnismäßig jungen Six Hilfe bei der Resozialisierung in der Bundesrepublik zu. Zeitzeugen gaben später eine, allerdings nicht mehr zu verifizierende, Summe von 100 000 DM zum „Neuaufbau einer Existenz im Verlagswesen" an, die von Flicks Seite an Six geflossen sein soll.[25] Tatsächlich verzeichnen die Annalen des „Börsenvereins des Deutschen Buchhandels" folgenden Bundesanzeiger-Eintrag aus dem Jahr 1953: „HRA 595 – 27. 11. 53: C. W. Leske in Darmstadt. Dr. Werner Wittich ist als persönlich haftender Gesellschafter ausgeschieden. Gleichzeitig ist in die Gesellschaft als persönlich haftender Gesellschafter der Verlagskaufmann Professor Dr. Franz Alfred Six in Hamburg-Blankenese eingetreten".

So hatte sich Six' im Salzburger Gespräch mit Hans Abich und Horst Mahnke geäußerte Hoffnung, doch irgendwann „wieder publizieren" zu können, schneller als erwartet erfüllt. Im März 1950 war vom US-Hochkommissar John J. McCloy ein dreiköpfiges „Advisory Board on Clemency for War Criminals" eingesetzt worden, das die Urteilssprüche der Nürnberger Folgeprozesse im Hinblick auf mögliche Gnadenerweise überprüfen sollte. Den Vorsitz übernahm David W. Peck, Vorsitzender Richter der Ersten Berufungskammer des

Obersten Gerichtshofes des Staates New York, assistiert von Frederick A. Moran, dem Vorsitzenden des dortigen Bewährungsausschusses, und Conrad E. Snow, dem stellvertretenden Rechtsberater im State Department. Dem Ansinnen der Klientelgruppen nach einer Totalrevision der Musmanno-Urteile kamen McCloy und der Gnadenausschuß nicht nach: Die Einsatzgruppenführer Ohlendorf, Blobel, Pohl, Naumann und Werner Braune wurden als „wirkliche Verbrecher" (so Kanzler Adenauer) 1951 tatsächlich hingerichtet. Zu größeren Revisionen kam es in den Fällen Heinz Schubert (Reduktion von „Todesstrafe" auf „10 Jahre"), Willy Seibert und Walter Hänsch (von „Todesstrafe" auf „15 Jahre"), Eugen Steimle („20 Jahre" statt „Todesstrafe"), Heinz Jost und Gustav Noßke kamen mit zehn Jahren Haft statt „lebenslänglich" davon, und Six bekam die Hälfte der ursprünglichen Strafe von 20 Jahren Haft erlassen. Da sich Six bereits seit 1946 in US-Gewahrsam befand, wurde er nach Verbüßung von zwei Dritteln dieser zehnjährigen Strafe wegen guter Führung und „auf Parole" freigelassen.

Am 16. September 1952 schrieb der Pfarrer Friedrich Lettenmeyer („Amtsstelle des Evang. Anstaltspfarrers an der Gefangenen-Anstalt Landsberg/Lech") in Sachen Six an die Anfang 1950 von der Bundesregierung zur Vertretung der NS-„Kriegsverurteilten" im In- und Ausland eingerichtete „Zentrale Rechtsschutzstelle" (ZRS)[26]: Der am 3. Oktober zur Entlassung kommende Prof. Franz Alfred Six habe von dem Grenz-Durchgangslager Friedland die Mitteilung erhalten, „in seinem Fall sei § 28a des Heimkehrer-Gesetzes anzuwenden": „Die Voraussetzungen für die Gewährung des Heimkehrer-Scheines wären beim Vorliegen einer Unbedenklichkeitsbescheinigung der Zentralen Rechtsschutzstelle gegeben. Es würde dann in Friedland der Schein ausgehändigt. Six war als Untersturmführer d.R. der Waffen-SS im Rahmen eines militärischen Verbandes in Russland eingesetzt und wurde aus dieser Tätigkeit heraus von einem amerik. Militärgericht in Nürnberg verurteilt. Bei seiner Gefangennahme erhielt er von der Gewahrsamsmacht die Kriegsgefangenennummer 31G 666 41 66. Die Voraussetzungen für die Austellung der Unbedenklichkeitsbescheinigung dürften damit erfüllt sein."[27]

Die Bonner Zentrale Rechtsschutzstelle, geleitet von Dr. Hans Gawlik, dem ehemaligen Nürnberger SD-Verteidiger, antwortete dem Anstaltspfarrer, was die Abfertigung von Herrn Prof. Six in dem Entlassungslager gemäß § 28a HkG betreffe, so sei „nach den bisherigen Erfahrungen nicht anzunehmen, daß irgendwelche Schwierigkeiten eintreten werden".

Six' erste polizeiliche Meldeadresse nach seiner Entlassung aus Landsberg findet sich in Hamburg-Blankenese, Krähenhorst 5. Dies war laut Grundbucheintrag das Haus der Witwe Ida Flickenschildt geb. Ihlenfeldt, Mutter der bekannten Schauspielerin Elisabeth Flikkenschildt. Wie diese Verbindung zustande kam, ließ sich auch durch Befragung von Zeitzeugen nicht aufklären. Unklar bleibt überdies, was Six in Hamburg, wo er bis 1957 gemeldet war, konkret unternahm und in welcher Zeit er sich überhaupt dort aufhielt. Im Herbst und Winter 1952 war er schließlich in Essen für Achenbachs Amnestiekreis aktiv, und vom Herbst 1953 an wohnte er, wie sich seine Tochter Elke erinnert, hauptsächlich in Darmstadt, um sich den Verlagsgeschäften bei C. W. Leske zu widmen. Lange Zeit hielt sich das Gerücht, Six sei nach seiner Entlassung aus Landsberg hauptamtlicher Mitarbeiter der „Organisation Gehlen" geworden. Christopher Simpson gibt sogar (ohne Beleg) an, die Begnadigung von Six durch die Amerikaner sei explizit erfolgt, damit er für die „Org." arbeiten könne. Für eine längere hauptamtliche Mitarbeit Six' beim BND-Vorläufer gibt es aber kein Indiz, und Heinz Höhne strich nach näheren Erkundigungen den Namen Six aus der zweiten Auflage des Buchs „Pullach intern". Sicherlich hatte Six gute Kontakte zu Gehlen- und BND-Kreisen, da einige seiner früheren Mitarbeiter und Schüler dort ihr Geld verdienten – zum Beispiel Emil Augsburg, Rolf Oebsger-Röder und Hans „Judgie" Richter. So heißt es denn auch in der Auskunft des damaligen BND-Präsidenten Konrad Porzner, „daß Herr Prof. Six weder hauptamtlicher noch nebenamtlicher Mitarbeiter und auch nicht Quelle des Bundesnachrichtendienstes bzw. seiner Vorläuferorganisation gewesen ist. Es kann allerdings auch nicht mehr beurteilt werden, ob ehemalige Mitarbeiter der Vorläuferorganisation des Bundesnachrichtendienstes private Beziehungen zu Prof. Six unterhielten".[28]

Die Verbindung zwischen Essen und Hamburg läßt sich freilich schon vorher für den Lebensweg von Six' Mentor Reinhard Höhn nachweisen. Reinhard Heinrich August Höhn, geboren am 29. Juli 1904 in Gräfenthal/Kreis Sonnenberg, war, so das Hamburger Amt für Zentrale Meldeangelegenheiten, „am 1.11.1950 aus Essen, Hohe Buchen 9, kommend, in Hamburg Fehlandstraße 11 zur Anmeldung gelangt. Herr Höhn hat sich am 27.3.1969 nach Pöcking Krs. Starnberg, Alte Bahnhofstraße 30 abgemeldet".

Auch Höhn hatte also bei Achenbach Zwischenstation gemacht und war in Hamburg (wo er, wandlungsfähig wie immer, unter Nutzung seines Professorentitels zunächst als Heilpraktiker arbeitete)[29] länger gemeldet, als er dort tatsächlich wohnte, denn von 1957 an leitete er in Bad Harzburg die „Akademie für Führungskräfte der Wirtschaft", die schon bald als erste deutsche Adresse für Management-Training und unternehmerische Führungsmodelle von sich reden machte.[30]

Höhn war Anfang der 50er Jahre natürlich nicht der einzige Kollege aus dem Zwischenbereich von SD und sozialwissenschaftlicher *scientific community*, der sich in Hamburg aufhielt. Karl-Heinz Pfeffer edierte am Gänsemarkt 35 die renovierte „Zeitschrift für Geopolitik"; Emil Augsburg, inzwischen bei der „Organisation Gehlen" aktiv, wohnte in der Schmilinskystraße; Horst Mahnke hatte sich am 15. April 1950, aus Mehrum, Kreis Peine, kommend, unter der Adresse Fährhausstr. 18 angemeldet und war im Hamburger Freihafen als Schmuggelfahnder und Marketingmann für den Kaffee-Großhandel tätig; Gustav Adolf Scheel schließlich, der frühere Gauleiter, Reichsstudentenführer und Heidelberger Kommilitone, amtierte nunmehr als Assistenzarzt im Hamburger Rautenberg-Krankenhaus.

Die Spinne im Netzwerk der jüngeren NS-Funktionselite, die in der Bundesrepublik eine neue politische und professionelle Orientierung suchte, war aber zweifelsohne Ernst Achenbach. In den Nürnberger Folgeprozessen hatte er zunächst Fritz Martin Gajewski im IG-Farben-Verfahren und Ernst Wilhelm Bohle im Wilhelmstraßen-Prozeß verteidigt, bevor Gerüchte über seine eigene politische Vergangenheit an der Deutschen Botschaft in Paris aufkamen. Achenbach legte daraufhin seine Nürnberger Mandate nieder und konzentrierte sich auf den Aufbau seiner Essener Anwaltskanzlei, seine politische Karriere in der FDP und, gemeinsam mit dem pensionierten Juraprofessor Friedrich Grimm, auf die Kampagne für eine Generalamnestie aller „angeblichen" oder wirklichen Verbrechen, die während der „Kriegswirren" 1939–1945 vorgekommen waren. Dabei stellte Grimm, schon in den 20er Jahren Verteidiger Thyssens und Röchlings vor französischen Tribunalen, in zahlreichen Denkschriften, Pamphleten und Reden Amnestie-Analogien zwischen den Zeiten nach 1918 und denen nach 1945 her.

Achenbach verstand es mit hoher Energie und einiger Unverfrorenheit, seine Aktivitäten als „Modeanwalt der Ruhrmetropole" („Die Zeit"), Industriespendensammler für die FDP und Lobbyist der jüngeren NS-Elite zu synchronisieren. Er war der starke Mann im nordrhein-westfälischen FDP-Landesverband Anfang der 50er Jahre und hatte den Landesvorsitzenden, den dreizehn Jahre älteren Siegerländer Landsmann und Verleger Friedrich Middelhauve (1896–1966), schon bald vollständig auf seine politische Linie gebracht. Achenbach und Middelhauve sahen die FDP als rechtsnationalistische Integrationspartei, die als „dritter Block" neben SPD und CDU das Stimmenpotential der kleineren Rechtsparteien aufsaugen und den noch „abseitsstehenden", aber tatendurstigen SS- und NS-Intellektuellen einen politischen Weg in die neue deutsche Wohlstandsgemeinschaft ermöglichen sollte. Der „Generalamnestie"-Ausschuß, am 4. Oktober 1952 im Essener Saalbau öffentlich inauguriert, hatte somit auch Funktionswert für Achenbachs langfristig angelegtes FDP-Konzept. Die von Achenbach und Grimm losgetretene Kampagne verfehlte zunächst ihre Wirkung nicht. In Pfeffers „Zeitschrift für Geopolitik" hieß es 1952 in der Rubrik „Freie Aussprache": „Seit der Vorbereitende Ausschuß zur Herbeiführung der Generalamnestie, dessen Aufruf Ihrem Juniheft beilag, vor einem halben Jahr für den Gedanken der Befriedungsamnestie, der tabula rasa, zu werben begann, hat die deutsche Öffentlichkeit mit einem Echo der Bejahung geantwortet, dessen Stärke von dem Institut für Meinungsforschung ‚emnid' in Bielefeld mit 73 Prozent der Bevölkerung festgestellt worden ist. Außer den großen Verbänden der deutschen Soldaten und Handwerker haben alle deutschen Parteien sich durch führende Persönlichkeiten oder förmliche Beschlüsse für den Amnestiegedanken eingesetzt: die CDU, die FDP, die DP, der BHE und die SPD, die in ihrem neuen Entwurf eines Aktionsprogramms sagt: ‚Die SPD unterstützt die Bemühungen um eine großzügige Amnestie und um Gnadenerweise für die verurteilten Deutschen'".[31]

Es folgte noch einmal in sieben Punkten die Litanei der Analogien: Das „Kriegsgefangenen-Problem" sei mit dem „Kriegsverbrecher"-Problem identisch, ohnehin solle man, „um die Diskussion zu entgiften", von „Kriegsverurteilten" sprechen, es könne keine Differenzierung nach „leichten" und „schweren" Fällen geben, „weil Menschen, die nicht aus persönlichen Motiven und zu eigenem Vorteil gehandelt haben, ohne Rücksicht auf den Inhalt der Handlungen in völlig gleicher Weise nicht der Korrektur durch Strafleiden bedürfen bzw. gar nicht korrigiert werden können", und überhaupt wolle, „ceterum censeo", das deutsche Volk „alle seine Gefangenen zurückhaben, die seit 7 Jahren als ‚Blitzableiter' für ihr Volk gelitten" hätten.

Schon am 26. August 1950 war es in Düsseldorf zu einem ersten Treffen nach 1945 zwischen Achenbach und Goebbels' Ex-Staatssekretär Naumann gekommen[32], bei dem die Gesprächspartner unter anderem die Möglichkeit ventiliert hatten, wie man eine Unterwanderung der FDP durch ehemalige Nationalsozialisten einleiten könnte und unter welchen Umständen es möglich wäre, daß auch ein Mann wie Naumann einmal Generalsekretär der FDP werden könnte. Naumann hatte in einer Tagebuch-Notiz sogar festgehalten, daß Achenbach davon gesprochen habe, „mit nur 200 (neuen) Mitgliedern" könne man „den ganzen Landesvorstand erben". Zwar bedauerte Naumann später, „daß Achenbach durch diese Notiz in den Verdacht kommt, nationalsozialistische Geschäfte betrieben zu haben", da der Essener Anwalt stets betonte, daß ein Eintritt ehemaliger NS-Führer in die FDP „das Vertreten liberaler Gedankengänge" voraussetze, aber die reale Entwicklung des NRW-Landesverbandes und ein von Achenbach 1950 im Düsseldorfer Landtag eingebrachter Antrag auf „Generalamnestie" hatten sehr deutlich gemacht, wohin die Reise gehen sollte.

Als persönlichen Referenten hatte sich Middelhauve den SS-Standartenführer Wolfgang Diewerge engagiert, der 1941/42 im Rang eines Ministerialrats die Rundfunkabteilung im RMVP geleitet und sich durch antisemitische Traktate hervorgetan hatte. Goebbels hatte dem Blutordensträger Diewerge 1942 unter anderem die Aufgabe übertragen, einen Schauprozeß gegen Herschel Grynszpan, den Mörder des Botschaftsrats vom Rath, vorzubereiten. Diewerge war auch der Hauptverfasser des „Deutschen Programms", zu dessen Präsentation Middelhauve beim Bielefelder Landesparteitag der FDP 1951 Liszts „Les Preludes" hatte abspielen lassen, die Musik also, die im Krieg vom Propagandaministerium vor die „Sondermeldungen" des Reichsrundfunks gesetzt worden war.

Der hauptamtliche FDP-Landesgeschäftsführer Heinz Wilke hatte im NS-Staat als Chefredakteur des HJ-Blattes „Wille und Macht" gewirkt, und der Schriftleiter von Middelhauves nationalistischer Wochenschrift „Die Deutsche Zukunft", Siegfried Zoglmann, war ehemaliger SS-Obersturmführer und Mitglied der Reichsjugendführung. „Something close to 90 per cent of all full-time party officials came from National Socialist leadership", resümierte später ohne große Übertreibung der US-Historiker Kurt P. Tauber.[33]

Von 1950 bis 1952 tat Werner Naumann in zahlreichen Reden und Artikeln kund, warum man auf die ehemaligen Nationalsozialisten beim Aufbau der Bundesrepublik nicht würde verzichten können. „Obwohl die Parteigänger Hitlers verfolgt und gequält wurden", schrieb der letzte Propagandachef des „Dritten Reiches" 1952, „wie es in einem Rechtsstaat bisher nicht üblich war, obwohl man sie deklassierte und aus der Gesellschaft ausstieß, haben sie sich dennoch als ein vorbildliches Element der Ordnung, der Zuverlässigkeit und des Arbeitswillens erwiesen ... Anstatt Geheimorganisationen zu begründen, räumten sie die Trümmer fort. Als man einen ihrer Kameraden nach dem anderen hinrichtete, ballten sie zwar die Faust in der Tasche, handelten aber nicht anders, als es einer der Verurteilten mit seinen letzten Worten wünschte: ‚Es möge sich niemand auf uns berufen, es sei denn im Guten'".[34]

Die alten Nationalsozialisten seien sich, so Naumann, heute einig „in der Ablehnung der Exzesse und der höchst unangenehmen Pubertätserscheinungen, wie sie bei revolutionären Bewegungen dieser Art auf der Welt bisher leider nicht zu verhindern waren". Allerdings hätten sie die Weltlage richtig vorhergesehen, weil „der sogenannte Antifaschismus nichts anderes war, als eine geschickt getarnte Offensive für den Bolschewismus, auf die viele unserer Staatsmänner blind hereingefallen sind". Die Zeit „für eine Aktion" sei noch nicht gekommen, fügte Naumann bei einer Düsseldorfer Rede ebenfalls 1952 an, „wohl aber müssen wir uns vorbereiten, damit uns ein politisches Dünkirchen nicht ohne Schiffe zum Übersetzen findet". Der neue Stil der alten Nationalsozialisten dürfe nicht „emphatisch, propagandistisch oder superlativistisch sein, sondern streng sachlich und ernst, ein getreues Abbild unserer Lage".[35]

In der Nacht zum 15. Januar 1953 zerstörte die britische „Public Safety" unter Rückgriff auf das Besatzungsrecht die Möglichkeit eines „politischen Dünkirchen" und nahm in Hamburg, Düsseldorf und Solingen sieben NS-Geheimbündler fest, darunter Naumann selbst, Gustav Adolf Scheel und auch den Ex-Gauleiter von Hamburg, Karl Kaufmann. Während das Gros der Inlandspresse gegen diesen Angriff auf die bundesdeutsche Souveränität protestierte, hatte Kanzler Adenauer dem britischen Hochkommissar Kirkpatrick listig empfohlen, den FDP-Rechtspopulisten Achenbach gleich mit zu verhaften. Im Bundesvorstand der CDU sagte Adenauer am 22. Mai 1953, Achenbach sei „ein erledigter Mann, wenigstens für die nächsten Jahre; denn Herr Achenbach ist in der Naumann-Sache stark belastet. Mir ist es unverständlich, daß sich Herr Achenbach noch auf freiem Fuß befindet, während Herr Naumann verhaftet ist".[36]

Achenbach befand sich nicht nur auf freiem Fuß, er übernahm auch sofort nach dem Schlag der Briten die Verteidigung Naumanns. Die Bundes-FDP setzte eine Untersuchungskommission unter Leitung des damaligen Justizministers Thomas Dehler zu den nordrhein-westfälischen Vorgängen ein, die paradoxerweise zu dem Ergebnis kam, kein führendes Mitglied der FDP habe eine „belastende Verbindung zum Naumann-Kreis" unterhalten, „im übrigen" aber feststellte:

„1. Herr Achenbach hat der Gesamtpartei durch sein Verhalten schwer geschadet. Er hat nach seiner Grundhaltung niemals zu uns gehört. Sein Ausscheiden aus der FDP ist unabweislich.
2. Herr Dr. Middelhauve hat durch sein Verhalten eine Gefahr für den Bestand und das Ansehen unserer Partei gesetzt. Der gute Glaube kann ihm nicht abgesprochen werden.
3. Es besteht der Verdacht, daß der Hauptgeschäftsführer Doering es an der erforderlichen Loyalität gegenüber dem Landesvorstand und an Aufrichtigkeit in seinen Angaben hat fehlen lassen. Es ist Aufgabe des Landesvorstandes Nordrhein-Westfalen, sein Verhalten zu würdigen".[37]

Friedrich Middelhauve, dem der „gute Glaube" ja nicht abgesprochen werden konnte, wurde am 6. September 1953 wieder in den Bundestag gewählt. 1954 folgte seine Ernennung zum Wirtschafts- und Verkehrsminister und stellvertretenden Ministerpräsidenten des Landes Nordrhein-Westfalen im dritten Kabinett Arnold. Im Januar 1956 wurde Middelhauve auch wieder zum FDP-Landesvorsitzenden bestimmt. Dem „schwerknochigen Mann" und studierten Germanisten (Promotion 1921 in Köln über Adalbert Stifters „Nachsommer") hatte Paul Bourdin in der „Zeit" bescheinigt, er sei zwar europäisch gesinnt, „aber schon äußerlich von einer echten Teutschheit". Middelhauve sei „ebenso antiklerikal wie antimarxististisch, und zwar ... beides auf eine unklare, verkrampfte Art. Von Hause aus könnte er den Sozialisten wie den Katholiken nahe stehen. Aber hier sind offenbar tiefe Empfindlichkeiten verletzt worden. Die schwermütigen Westfalen, so derb und grob sie wirken, sind ja gleichzeitig von überempfindlicher Sensibilität ... Wenn er von ‚Klerikalismus' und ‚Marxismus' spricht, meint er die CDU und die SPD und macht den Eindruck, als jage er Gespenstern nach. Auch das ist westfälisch."[38]

Solche politische Phänomenologie paßte auf den Westfalen Achenbach freilich nicht. Nach dem Naumann-Skandal geriet er zwar auch in der FDP in ernsthafte Schwierigkeiten, aber schon befand sich der „politische Doppeldecker" (so sein Parteifreund Karl Moersch), der sich selbst ganz unbefangen als „liberales Weltkind" sah, wieder mitten im politischen Geschehen: Bundestagsmitglied 1957–1976, Mitglied des Europäischen Parlamentes 1962–1976 und dort Vorsitzender des Unterausschusses für Währungsfragen, 1971 in der Ära Brandt/Scheel mit dem Großen Bundesverdienstkreuz dekoriert.

Im Jahr 1956 beteiligte sich Achenbach gemeinsam mit den FDP-„Jungtürken" Döring, Scheel und Weyer am Sturz der CDU-Regierung Arnold in Nordrhein-Westfalen, während Friedrich Middelhauve aus Protest gegen den Richtungswechsel der Freidemokraten alle politischen Ämter aufgab[39] und sich auf seine Verlagsgeschäfte konzentrierte. Achenbach unterstützte die neue Ostpolitik des Kanzlers Brandt und war auch als Vertreter des Auswärtigen Bundestagsausschusses Delegationsmitglied bei Brandts berühmter Polenreise im Dezember 1970.

„Wie aber konnte es geschehen", fragte sich der Publizist (und Schüler des Münsterschen Medienforschers Walter Hagemann) Dietrich Strothmann 1974 in der „Zeit", „daß ein Mann mit solchen Flekken auf seiner Weste in der FDP und in Bonn eine Schlüsselstellung einnehmen konnte?" – und beantwortete die Frage selbst: „Er hielt Brandt und Scheel die Stange, beide waren ihm verpflichtet: Der Bundesaußenminister wollte ihn zum Dank für seine Treue und Standfestigkeit zum EG-Kommissar in Brüssel machen, der Bundeskanzler verteidigte ihn gegenüber den schon damals massiven Anschuldigungen wegen seiner NS-Vergangenheit mit der Bemerkung: Achenbach sei ‚Unrecht geschehen'."[40]

Ausgerechnet Achenbach war Anfang der 70er Jahre der Berichterstatter des Auswärtigen Bundestags-Ausschusses bei der Behandlung eines deutsch-französischen Zusatzabkommens, das es deutschen Gerichten ermöglichen sollte, NS-Tätern, die in Frankreich bereits verurteilt, aber geflüchtet oder nicht auffindbar waren, noch einmal den Prozeß zu machen. Achenbach verschleppte die Ratifizierung des Abkommens, wo er nur konnte. Im Januar 1971 besetzte eine Gruppe von Franzosen unter Führung Beate Klarsfelds sein Essener Anwaltsbüro, und im Gefolge der versuchten Entführung des ehemaligen Gestapo-Funktionärs Kurt Lischka durch Beate Klarsfeld mußte Achenbach Ende Juli 1974 seinen Posten als Berichterstatter aufgeben. Achenbach, weiterhin eine prominente Figur in der Ruhrgebiets-Gesellschaft, starb am 2. Dezember 1991 in Essen.[41]

Im Rechtsstreit Six versus Auswärtiges Amt hatte Achenbach seinen einstigen Vorgesetzten und Kollegen aus Wilhelmstraßen-Zeiten noch bis zum Jahr 1961 verteidigt – trotz seiner weiterhin guten Beziehungen zur Ministerialbürokratie allerdings ohne jeden Erfolg. Dies war nicht nur darauf zurückzuführen, daß sich das Bonner Außenamt nach den Angriffen der „Frankfurter Rundschau" und den Beratungen des nachfolgenden Bundestags-Untersuchungsausschusses Nr. 46 bei der Reintegration der alten Seilschaften nun vorsichtiger verhielt – im Gegenteil: Der SS-Karrierist Six war ja schon vor 1945 als Parvenü qualifiziert worden, und nun konnte an seinem Exempel aufgezeigt werden, daß sich das AA alten Crew-Kameraden und Pg.'s wie Hasso von Etzdorf, Herbert Blankenhorn oder Werner von Bargen nicht verschließen[42], mit einem SD-Professor aus der *lower class* aber nichts mehr zu tun haben wollte. Im Ablehnungbescheid vom 27. Oktober 1953 hieß es kühl: „Die durch Urkunde vom 26. Juni 1943 vorgenommene Ernennung des ordentlichen Professors Dr. phil. habil. Franz Alfred Six zum Gesandten I. Klasse als Ministerialdirigent sowie die durch Erlaß des AA vom 23. Oktober 1944 verfügte Einweisung in die Planstelle eines Gesandten I. Kl. der Gruppe B 4 der Reichsbesoldungsordnung bleiben bei der Feststellung seines Rechtsstatus gemäß Gesetz zur Regelung der Rechtsverhältnisse der unter Art. 131 des Grundgesetzes fallenden Personen in der Fassung vom 1. September 1953 (BGBl. I, S. 1287) unberücksichtigt."[43]

Six gehöre zu „der beträchtlichen Zahl von Personen, die dem Auswärtigen Amt ... durch Bemühungen der NSDAP zum Zwecke der Durchdringung des Beamtenkörpers aufgedrängt" worden seien, urteilte AA-Referent Dr. Pochhammer, der auch noch herausgefunden hatte, daß Six „an einem Verlag in Darmstadt beteiligt oder wenigstens tätig" sein solle.

Am 5. Juli 1954 erhoben Achenbach et. al. gegen diesen Ablehnungsbescheid Klage beim Landesverwaltungsgericht Köln, weil Six die Übernahme der Kulturpolitischen Abteilung „am Tage seines Abmarsches nach Charkow" (17. Februar 1943) von Ribbentrop „geradezu aufgenötigt" worden sei. Zwei Jahre später war in dieser Sache noch immer nicht entschieden, und das Referat 100 des AA hatte erfahren, daß das Kölner Gericht an den Fall Six nur „ungern" herangehe; bislang habe „auch das Gericht über den Werdegang des Herrn Six sich noch keine Klarheit verschaffen können". Im Februar 1957 wies die 7. Kammer des LVG Köln unter Vorsitz von Verwaltungsgerichtsdirektor Dr. Makart die Achenbach-Klage ab, stellte aber fest, daß Six vorbehaltlich der noch ausstehenden Entnazifizierungs-Entscheidung des NRW-Innenministers „die Rechtsstellung eines ordentlichen Professors z.Wv. der RBGr. H 1 b" innehabe. Von den Kosten des Rechtsstreits müsse Six zwei Drittel, das Auswärtige Amt ein Drittel tragen.

Achenbachs Berufung beim Oberverwaltungsgericht Münster verlief ebenso im Sande wie eine Anfechtungsklage gegen den Bescheid des AA vom 3. September 1958, daß auch Six' Professorenamt bei der Feststellung seines Rechtsstatus unberücksichtigt zu bleiben habe. Am 6. Januar 1961 wurde diese Anfechtungsklage schließlich zurückgezogen.

Franz Alfred Six hatte wohl schon 1953 nicht mehr daran geglaubt, einen wesentlichen Teil seines Lebensunterhaltes mit Ruhegeldern des öffentlichen Dienstes bestreiten zu können. Mit gewohntem Elan widmete er sich seiner neuen Tätigkeit als Verlagsgeschäftsführer bei C. W. Leske in Darmstadt. Dorthin hatten ihn Achenbach, Best und Höhn vermittelt, wie ein Blick in die Verlagsgeschichte deutlich macht.

C. W. Leske, zunächst in der Darmstädter Bleichstraße, von 1956 an dann in der Bismarckstraße 5 angesiedelt, geht auf den in Leipzig gebürtigen Verleger und Buchhändler Carl Wilhelm Leske (1784 – 1837) zurück.[44] Bereits als 17jähriger Geschäftsführer der Darmstädter Filiale der „Heyerschen Neuen Buchhandlung", gründete Leske 1821 die eigene „Hofbuchhandlung C. W. Leske", verlegte die „Baudenkmäler Hessens" und die „Allgemeine Kirchenzeitung" und besorgte den umfangreichen Verlag der Fürstlichen Invalidenanstalt in Darmstadt sowie die Expedition der „Darmstädter Zeitung".

Sein Sohn Carl Friedrich Julius, der 1846 den väterlichen Verlag übernahm, gewann Autoren wie Hoffmann von Fallersleben und den ungarischen Freiheitsdichter Franz Petöfi, galt bald als der „hessische Vormärzverleger" (die Annalen verzeichnen unter anderem ein an der Zensur gescheitertes Werk von Karl Marx mit dem Titel „Kritik der Politik und der Nationalökonomie") und mußte nach dem Scheitern der Revolution von 1848 nach Straßburg und Paris flüchten. Dieser Einschnitt führte zum wirtschaftlichen Niedergang des Leske-Verlages, der sich nun unter wechselnden Besitzern mit landeskundlichen Arbeiten und dem Druckereigeschäft über Wasser hielt.

Im NS-Staat war der Traditionsverlag über den Mitinhaber Dr. Werner Wittich mit der noch älteren, nämlich 1738 gegründeten L. C. Wittich'schen Hofbuchdruckei zu Darmstadt verbunden. Und in dieser Verlagsgemeinschaft waren nun einige Schriften erschienen, die durchaus reichsweite Aufmerksamkeit beanspruchen durften – allen voran die „Festgabe für Heinrich Himmler" (Wittich 1941), zu der Werner Best (der ja aus Darmstadt stammte), Reinhard Höhn und Staatssekretär Stuckart Aufsätze beigesteuert hatten. Justus Beyer, 1933 schon wissenschaftlicher Hilfsarbeiter bei Reinhard Höhn in Jena und unter Six und Spengler Referent in der Kulturabteilung des SD-Hauptamtes, war mit seiner Dissertation „Die Ständeideologien der Systemzeit und ihre Überwindung" (Wittich 1941) im Verlagsprogramm vertreten, ebenso Höhn selbst mit Monographien wie „Frankreichs demokratische Mission in Europa und ihr Ende" (1940) und „Reich – Grossraum – Großmacht" (1942). Schon 1934 hatten Höhn und Wittich in der Zeitschrift „Deutsches Recht" gemeinsam einen Aufsatz unter dem Titel „Staat, Volk, Führung als Rechtsprinzip" publiziert. Diese Verbindung wurde nun in der Bundesrepublik reaktiviert: Als Werner Wittich im November 1953 bei C. W. Leske als persönlich haftender Gesellschafter ausschied, um sich auf das Kerngeschäft seines Familienunternehmens zu konzentrieren (das 1960 dann von F. A. Brockhaus übernommen wurde), konnte Six nachrücken. 1953 wechselte auch Pfeffers monatliche „Zeitschrift für Geopolitik" vom Heidelberger Kurt Vowinckel-Verlag zu Leske, den Druck des Blattes besorgte L. C. Wittich. Herausgeber Pfeffer schrieb zum Jahrfünft der neuen Folge in gewohnt hoheitlichem Ernst, aber nunmehr ohne nationalsozialistische Aggressivität:

„Er (der Herausgeber, L. H.) hat sich darum bemüht, die Zeitschrift vor denjenigen ihrer Freunde zu schützen, die in ihr weniger nüchterne Information und ehrliche Diskussion als Gelegenheit zur Verkündung starrer Dogmen, zur Formulierung scheinwissenschaftlicher Lehrsätze oder zur Äußerung von Ressentiments suchten ... Für und Wider sollten zu Worte kommen. Nach Möglichkeit sind öffentliche Angriffe auf ‚die' Geopolitik den Lesern zur Kenntnis gebracht worden. Das Wort selbst ist überall dort umstritten, wo man es mit fixen Ideen gleichsetzt, anstatt in ihm ganz schlicht den Wunsch zu erkennen, daß die Tatsachen dieser Erde weder beim politischen Denken noch beim politischen Handeln übersehen werden sollten."[45]

Der erste Aufsatz der neuen Folge, so betonte Pfeffer noch einmal, entstammte der Feder des Nobelpreisträgers von 1950, des „schwarzen Amerikaners Ralph Bunche, dem Vermittler des Waffenstillstandes in Palästina und Leiter der Treuhandschaftsabteilung bei den Vereinten Nationen" und habe den wegweisenden Titel „Besteht noch Hoffnung auf Frieden?" getragen. Unter den Autoren der Zeitschrift finden sich viele bekannte Namen aus der reichsdeutschen Sozial- und Auslandswissenschaft: Reinhard Höhn und Günther Franz, Gerhard von Mende und Gotthard Jäschke, Karl Epting, Andreas Predöhl und Peter-Heinz Seraphim – aber auch Margret Boveri, Carl Friedrich von Weizsäcker und Bruno Kreisky.

Herausgeber Pfeffer fiel mit diesem Periodikum in der Nachfolge Haushofers nicht sonderlich auf. Das änderte sich, als C. W. Leske unter der Führung von Six zu Weihnachten 1956 Pfeffers „Handwörterbuch der Politik" („Stichworte von A bis Z, 304 Seiten, Leinen") auf den Markt brachte, ein laut Verlagswerbung „unentbehrliches Nachschlagewerk, das jeder Zeitungsleser, jeder politisch Interessierte und jeder aktive Mitarbeiter im öffentlichen Leben täglich" brauche und das überdies „in die Handbibliothek jedes Wirtschaftlers und Wissenschaftlers" gehöre. In diesem Kompendium der Pfefferschen Erfahrungssätze aus Reichssoziologie, Agrarkunde, Auslandswissenschaft und neuer Geopolitik waren besonders in den Sachgebieten „politische Anthropologie" und „Geistige Mächte und ihre Wirkungsmöglichkeiten" antijüdische Vorbehalte wieder soweit zum Vorschein gekommen, daß nach einem Rezensentenaufstand die Auslieferung des Werkes bei Leske gestoppt werden mußte.

Ansonsten wurde das Verlagsprogramm von volkswirtschaftlicher Literatur aus dem Kommunikationszirkel Reinhard Höhns bestimmt, und auch der führende NS-Publizistikwissenschaftler Hans Amandus Münster war in der Reihe „Leskes Betriebsfibeln" mit einer Darstellung der „Marktforschung" vertreten.[46]

Recht erfolgreich liefen die „Sternfahrten"-Reisebücher, die Hans Eberhard Friedrich, der als Korrespondent der „DAZ" 1940 die „umstürzende Genialität der deutschen Kriegsführung" gefeiert hatte[47], mit Unterstützung der Daimler Benz AG publizierte. Die „Spiegel"-Redakteure Heinz-Jürgen Plathner und Wilhelm Bittorf verfaßten 1956 für Leske „Die brüllende Straße", laut Verlagswerbung „das beste Buch, das je über den Motorsport und die Geschichte des Autos geschrieben wurde und in nächster Zeit geschrieben werden wird". Dr. W. Heißig informierte im gleichen Jahr in „Ostmongolische Reise" über die „ostasiatische Steppe und das Schicksal ihres einst gewaltigen Volkes der Mongolen"; Herbert Reinecker publizierte 1954 bei Leske sein später verfilmtes Kriegsdrama „Kinder, Mütter und ein General".[48]

Exkurs:
Zur Frühgeschichte des „Spiegel"

Am 10. Februar 1954 brachte der „Spiegel" eine Kurzrezension über das Werk „1954 – Der Frieden hat eine Chance" (C. W. Leske Verlag, Darmstadt. 308 Seiten, 9.80 Mark): „Die Autoren haben einen Typ globaler strategischer Buch-Reportage entwickelt, der von der Kritik durchweg freundlich aufgenommen wurde. Der nächste Krieg findet nicht unbedingt in Europa statt, ist ihre Hauptthese. Die Weltmacht-Giganten gruppieren ihre Streitkräfte derart um, daß sie die entscheidenden Schläge auf das Zentrum des Gegners ansetzen können. Die Hilfsvölker verlieren dadurch an strategischer Bedeutung."[1]

Die beiden Globalstrategen Horst Mahnke und Georg Wolff waren zumindest jenen „Spiegel"-Lesern vertraut, die sich für das Impressum des Blattes interessierten: Horst Mahnke leitete das Ressort „Internationales", Georg Wolff die Abteilung „Ausland". Daß sich mit dieser Veröffentlichung zwischen den beiden Königsberger Kommilitonen Wolff und Mahnke und ihrem ehemaligen Lehrer und aktuellen Verleger Franz Alfred Six wieder eine publizistische Verbindung ergeben hatte, blieb freilich lange Zeit im dunkeln; der „Spiegel" selbst hatte bisher kein Interesse an der Untersuchung der frühen SD-Seilschaften im eigenen Hause. Selbst für die Branchenöffentlichkeit (und wohl auch für die Kommunikationswissenschaft) blieb das Bild des „Spiegel" durch die Opposition des Herausgebers Augstein gegen die Westorientierung der Adenauer-Administration, den Kreuzzug gegen den CSU-Politiker Franz Josef Strauß und die Aufdeckung verschiedener politischer Skandale geprägt, allenfalls noch durch die vom „Spiegel" an erster Stelle repräsentierte Ambivalenz des investigativen Journalismus.

Das mentale Gründungsdatum des „Spiegel" fällt damit nicht auf den 4. Januar 1947, sondern auf den 26. Oktober 1962, als die „Spiegel"-Redaktion im Gefolge des Ahlerschen Artikels „Bedingt abwehrbereit" polizeilich durchsucht und Herausgeber Augstein anschließend für 103 Tage inhaftiert wurde. „Ein Aufschrei des Entsetzens ging durch das Land", so der Politologe Christian Raskob 1992 in einem Memorial der „Süddeutschen Zeitung", „in zahlreichen Universitätsstädten schlossen sich empörte Studenten zu Demonstrationen und Kundgebungen zusammen. Mehrere hundert zogen vor das Hamburger Untersuchungsgefängnis und demonstrierten unter Augsteins Zellenfenster ... Professoren, Dozenten, Gewerkschaftler und Schriftsteller der Gruppe 47 bestürmten die verantwortlichen Behörden und die Bundesregierung. Auch die Journalisten solidarisierten sich. Ohne die praktische Hilfe, die Hamburger Zeitungen und Zeitschriften während der Totalbesetzung leisteten, wäre das Erscheinen der nächsten Ausgabe nicht möglich gewesen"[2].

Augstein nutzte in der Folge diesen „Glücksfall" (so der Herausgeber selbst über die Auswirkungen der Aktion auf die ökonomische Prosperität des Blattes), um das Image des „Spiegel" auf die beiden Kernformeln „Sturmgeschütz der Demokratie" und „liberales, im Zweifelsfalle linkes Blatt" zu zentrieren. Die fünfzehn ersten „Spiegel"-Jahre gerieten aus dem Blickfeld. Zwar hatte sich das „deutsche Nachrichtenmagazin" schon früh auf Recherchen zu Einzelpersonen spezialisiert, die wegen ihrer politischen Vergangenheit als belastet gelten mußten, spektakulär exerziert am Beispiel des einstigen WDR-Programmdirektors und „Frühschoppen"-Moderators Werner Höfer.

Die Untersuchung der eigenen Geschichte erschien dagegen nicht opportun – schließlich gehörten die Studenten und Intellektuellen, die auf einen liberalen, im Zweifelsfalle linken „Spiegel" zählten, zur bevorzugten Klientel des Blattes. Als der Publizist und frühere „Spiegel"-Medienkolumnist Otto Köhler sich 1992 in der Zeitschrift „konkret" den Fällen Mahnke und Wolff zuwandte,[3] schwieg das Nachrichtenmagazin eisern. Auch kein anderes bundesdeutsches Blatt von Rang und Namen – mit Ausnahme der Berliner „tageszeitung" (taz) – griff seinerzeit die Geschichte auf. Dabei beruhen Stil und Wirkungsweise des „Spiegel" auf den Konstitutionsbedingungen der späten 40er und frühen 50er Jahre. Ohne eine Kenntnis der Frühgeschichte des Magazins ist seine einzigartige Stellung in der bundesdeutschen Publizistik kaum zu erklären. SS-Offiziere in leitender Funktion beim „Spiegel", und ein gutes Dutzend Redakteure und Mitarbeiter mit eindeutiger NS-Zuordnung obendrein, dies erschien denn doch zu unheimlich und *politically incorrect*, um überhaupt öffentlich diskutiert zu werden.[4]

Horst Mahnke hatte sich im April 1945 nach der Trennung von Six in Richtung Kloster Neuendorf bei Gardelegen, Hausnummer 179, durchgeschlagen, wo seine Frau Lotte, geborene Plew, mit seiner Mutter Ella, geborene Groke, lebte, „who (Ella) is now the wife of a Landwirt named Gustav Moeller", wie State-Department-Rechercheur Smith herausgefunden hatte. Der Smith-Bericht fährt fort: „His mother provided him with a Reich Reisepass (traveller's pass) belonging to her brother Georg Groke, a dancer in the Deutsches Opernhaus of Berlin, who left the pass behind, when he joined the German army ... He remained with these relatives until mid-October, when he went into the British Zone to find a home there for his wife and two children. He got in touch with his only relative in the British Zone, his brother-in-law Wilhelm Plew, of Rethmar, a village near Hannover. He also looked up Frau Franz Alfred Six, who was living in Hannover, Helmholtzstraße 8, called on Frau Alexander Werth, wife of the England-America specialist of the Kulturpolitische Abteilung, who lived in Hamburg; and visited his wife's friend, Fraeulein Herta Duwe, at Brunsbuettelskoog on the chance that she might be able to find a lodging for his family".[5]

Schließlich fand Mahnke Unterkunft für sich und seine Familie in Mehrum, Kreis Peine, und erhielt vom Mehrumer Bürgermeister einen vorläufigen Paß auf den Namen „Jörg Michael Mahnke, geboren am 1. 12. 1914, Diplom-Volkswirt" – „the latter name apparently was combined from the names of his sons, Joerg Thomas and Goetz Michael."[6]

Bis zu seiner Festnahme durch den CIC in der Nacht zum 29. Januar 1946 hatte sich Mahnke nach Erkenntnissen des Smith-Teams im Schwarzmarkthandel mit Benzin und Öl versucht und zudem eine Gruppe jüngerer Marineoffiziere, Ex-Reichsjugendführer und SD-Funktionäre im Umkreis von Lüneburg, Oldenburg und Hamburg für kommende politische Aktionen formiert – rund zwanzig Leute, wie Mahnke dem CIC-Doppelagenten Hirschfeld anvertraute, „100 % reliable". Kollaborateure bei diesem Netzwerk waren die Königsberger SD-Kameraden Theodor Christensen und Rolf Oebsger-Röder alias Richard Rupp: „One of my most trusted friends is SS-Oberstumbannführer Roeder, now called Rupp ... He is a very old Nazi fighter, one of the oldest in the RSHA ... Rupp is now living in Altenhagen bei Springe."

Smith gab die Hirschfeld-Informationen an den britischen Geheimdienst weiter, der dann Mahnke und Oebsger-Röder arretierte. Die beiden ehemaligen Six-Referenten wurden ins berüchtigte britische Spezial-Internierungslager („OSDIC") nach Bad Nenndorf verbracht, wohin der MI 5 „besonders wichtige Internierte verlegt (hatte), vor allem solche, die verdächtigt wurden, Spionage betrieben zu haben, oder von denen man sich für den Geheimdienst nützliche Informationen versprach."[7]

Im Badehaus von Bad Nenndorf wurden deutsche Gefangene geschlagen und gequält, wie auch Scotland-Yard-Beamte in einer späte-

Georg Wolff

ren Untersuchung feststellten. Im Frühjahr 1948 kam es auf Initiative des Labour-Abgeordneten Stokes zu einem Prozeß in London gegen den Lagerleiter Oberst Stevens, den Lagerarzt sowie einige Vernehmungsoffiziere und Wachen, in dem die Angeklagten – vom Lagerarzt abgesehen – allerdings freigesprochen wurden. Daß einige Internierte im Grundsatz menschenunwürdig behandelt worden waren, wurde im Londoner Verfahren nicht bestritten. So wurde Mahnke am 10. September 1948 unter Hinweis auf die strafmildernde Bad Nenndorfer Quälerei und seine „rein wissenschaftliche" Tätigkeit im Amt VII des RSHA vom Spruchgericht Benefeld-Bomlitz lediglich zu einer Geldstrafe von 400 DM verurteilt: „Er geriet in den Verdacht", heißt es im Urteilsspruch, „irgendwelchen SS-Geheim-Organisationen angehört zu haben, und wurde zur Herbeiführung seines Geständnisses mehrere Tage lang aufs Schärfste mißhandelt. Er ist in das Hospital Rotenburg überführt worden, wo er ein halbes Jahr an seinen Verletzungen darniederlag. Noch jetzt hat er als Folgen dieser Mißhandlungen Versteifungen an einem Arm und an einem Knie, die ihn bei körperlicher Arbeit behindern."[8]

Nach dem Ende seiner Internierungszeit – er war aus Bad Nenndorf noch in die britischen Lager Fallingbostel und Staumühle verlegt worden – kehrte Mahnke ins niedersächsische Mehrum zurück. Er kam mit dem im nahegelegenen Salzgitter als Tankwart beschäftigten SD-Kollegen Georg Wolff zusammen,[9] und beide fanden im Verlauf des Jahres

Personal-Bericht

des SS-Oberscharführer Georg W o l f f SD-LA Königsberg (Pr)
(Dienstgrad) (Vor- und Zuname) (Dienststelle und Einheit)

Mitglieds-Nr. der Partei: 4 982 494 SS-Nr. _____ SS-Ausweis-Nr. _____

Seit wann in der Dienststellung: 1. März 1938 Beförderungsdatum zum letzten Dienstgrad: 8.8.1939

Geburtstag, Geburtsort (Kreis): 14.2.1914 in Wittenberge

Beruf: 1. erlernter: Schriftleiter 2. jetziger: Referent beim SD-LA Kbg.

Wohnort: Königsberg (Pr), Straße: Hornstraße 9

Verheiratet: nein Mädchenname der Frau: _____ Kinder: _____ Konf.: gottglb.

Hauptamtlich seit: 1. März 1938

Vorstrafen: keine

Verletzungen, Verfolgungen und Strafen im Kampfe für die Bewegung: nein

Beurteilung

I. Allgemeine äußere Beurteilung:
 1. rassisches Gesamtbild: nordisch bestimmt
 2. persönliche Haltung: vorbildlich
 3. Auftreten und Benehmen in und außer Dienst: vorbildlich
 4. geldliche Verhältnisse: geordnet
 5. Familienverhältnisse: geordnet

II. Charaktereigenschaften:
 1. allgemeine Charaktereigenschaften: aufrecht und gerade
 2. geistige Frische: besonders ausgeprägt
 3. Auffassungsvermögen: sehr gut
 4. Willenskraft und persönliche Härte: in ausgeprägter Form vorhanden
 5. Wissen und Bildung: weit über dem Durchschnitt
 6. Lebensauffassung und Urteilsvermögen: sehr gesund
 7. besondere Vorzüge und Fähigkeiten: außerordentlich arbeitseifrig, sehr leichte Auffassungsgabe
 8. besondere Mängel und Schwächen: keine

SS-Personalbericht Georg Wolff

III. Ausbildungsgang (alte Armee, RW, Wehrmacht, Polizei, Sonderkurse ⚡⚡), innegehabte Dienststellung in der ⚡⚡:

2 jährige Dienstzeit bei der Reichswehr -5.IR. 67- Dienstgr.: Uffz. u. R.O.A.

IV. Grad und Fertigkeit der Ausbildung:
  1. im Ordnungsdienst:
     1. praktische Kenntnisse: ....
     2. theoretische: ....
  2. im Geländedienst:
     1. praktische: ....
     2. theoretische: ....
  3. im Sport:
     1. praktische: ....
     2. theoretische: ....
     3. besitzt Sportabzeichen: Br. Reichssportabzeichen
  4. Weltanschauung:
     1. eigenes Wissen: sehr gut
     2. Fähigkeit des Vortragens: gut
     3. Einstellung zur nat.-soz. Weltanschauung: klar und gefestigt
  5. Fähigkeiten und Kenntnisse im Innendienst, Disziplinarwesen und Verwaltung:

  Gesamtbeurteilung: in jeder Hinsicht Nationalsozialist

Eignung:
  1. geeignet für jetzige Dienststellung ohne Aussicht auf höhere: ....
  2. geeignet für andere Dienststellungen (welche): ....

Stellungnahme der vorgesetzten Dienststellen:

Der Inspekteur der Sicherheitspolizei und des SD in Königsberg (Pr)

Befürwortend weitergereicht.

Der Führer des SD-Leitabschnittes
Königsberg (Pr)

⚡⚡-Sturmbannführer

⚡⚡-Oberführer

1949 Anstellung als „Marktbeobachter" im Hamburger Freihafen beim „Verein der am Caffeehandel beteiligten Firmen". Die Aufgabe der beiden Marktbeobachter lag in der Abwehr des grassierenden Schmugglerwesens und in der Lobby-Arbeit für den legalen Kaffeehandel. Mit Wolff verband Mahnke die gemeinsame Königsberger Zeit und das Interesse an geisteswissenschaftlichen Themenstellungen. Georg Wolff, geboren am 14. Februar 1914, stammte aus Wittenberge bei Potsdam und war dort als 19jähriger der örtlichen SA beigetreten.[10] Nach einer Ausbildung als Schriftleiter beim Nordischen Kurier in Itzehoe, einem Semester Volkswirtschaftsstudium in Kiel, zweieinhalb Jahren Dienst bei der Reichswehr und weiteren journalistischen Anstellungen bei kleineren Lokalzeitungen kam er im März 1938 hauptamtlich zum Königsberger SD-Abschnitt und war dort parallel zu seinem zeitungswissenschaftlichen und philosophischen Studium als Leiter der Referate A–C mit der Observation der kulturellen und ökonomischen „Lebensgebiete" befaßt. Im Januar 1940 wurde Wolff zum SS-Untersturmführer befördert; der Führer des SD-Leitabschnitts Königsberg, SS-Sturmbannführer Kurt Gritschke, bescheinigte ihm „ausgezeichnete Leistungen", Wolff sei, so die Gesamtbeurteilung, „in jeder Hinsicht Nationalsozialist".

Im April 1940 rückte Wolff mit dem Einsatzkommando unter Führung des fanatischen SS-Standartenführers Franz Walther Stahlecker in Norwegen ein. Stahlecker, der zuvor als Inspekteur der SIPO und des SD in Wien und anschließend als BdS in Prag amtiert hatte, „fungierte umgehend das Gebäude des norwegischen Außenministeriums in Oslo, die ‚Victoria Terrasse', zum SIPO/SD-Hauptquartier um. Victoria Terrasse war fortan – für Norweger und Deutsche – das Synonym für die Sicherheitspolizei, in zunehmendem Maße für die Gestapo-Willkür. Von hier aus spannte die deutsche Polizei nach der norwegischen Kapitulation am 10. Juni 1940 ihre Tätigkeit gitternetzartig über das gesamte Land."[11]

Wolff blieb in Oslo bis zur deutschen Kapitulation; er war Referatsleiter in der Abteilung III (SD) beim BdS Oslo und betreute die „Meldungen aus Norwegen" an das RSHA, also die generelle politische und kulturelle Lageberichterstattung.[12] Im Juli 1943 heiratete Wolff Hanna Mähner aus dem thüringischen Cumbach-Rudolstad, die als Stenotypistin bei der Gestapo in Oslo tätig war. Der Heiratsgenehmigung durch den Reichsführer SS war ein dreijähriger, quälender Aktenkrieg mit dem Rasse- und Siedlungshauptamt der SS über die Vollständigkeit der Ahnenunterlagen vorausgegangen. Den Personalunterlagen Wolffs im Bundesarchiv liegt ein Himmler-Erlaß vom

18. Mai 1937 bei: „Ich will, daß die SS-Angehörigen eine rassisch wertvolle gesunde deutsche Familie gründen. Deshalb sind an die zukünftigen Frauen erscheinungsbildlich, gesundheitlich und erbgesundheitlich die höchsten Anforderungen zu stellen ... Die erste allgemeine Untersuchung des SS-Angehörigen und seiner zukünftigen Braut darf nur durch einen SS-Arzt vorgenommen werden. Erste allgemeine Untersuchungen durch Ärzte, die nicht der SS angehören, werden vom RFSS nicht anerkannt".

Wann genau die späteren Ressortchefs Mahnke und Wolff mit dem „Spiegel" in Kontakt kamen, ist nicht mehr genau zu ermitteln. Nach Auskunft von Hans Detlef Becker, dem Personalmanager des frühen „Spiegel" und späteren Verlagsdirektor, beginnt die Mitarbeit der beiden Six-Schüler mit Informationsleistungen für die Serie „Am Caffeehandel beteiligt" im Sommer 1950. Die wüste Artikelfolge befaßt sich mit den kriminellen Untaten der Kaffeeschmuggler und kann mithin als Erfolg der PR-Leute vom Freihafen-Kontor gewertet werden – schließlich hatten sie ihre Sicht der Dinge in den redaktionellen Teil des aufstrebenden hannoverschen Nachrichtenmagazins transportiert.

Über die „konservativste Branche der Welt", so begann die Serie, „die noch heute ihre eigene Gerichtbarkeit besitzt – was den Kaffee betrifft – und deren Kontore aussehen, als hätte sie Holbein gemalt, ist wie eine Geißel der Schmuggel gekommen. Mit einem Satz umschrieben: der Kaffeeschmuggel ist heute größer als der Kaffeehandel. Deutschlands Schmuggler verdienen heute etwa 1 000 000 000 DM (eine Milliarde) per anno. Soviel betragen die Steuern und Zölle, die sie an die Bundeskasse nicht abführen, sondern sich als ihr Verdienst in die eigene schmutzige Tasche stecken".[13]

Die „Geißel" hatte auch ein Gesicht: Als Schmuggler betätigten sich, wie die „Spiegel"-Serie deutlich machen wollte, vor allem jüdische DP's, Südländer und allerlei obskures „Grenzvolk". Sie trugen Namen wie Egidius Menegazzi, „de Süll" und „Jupp Hons" und waren „längst zu Machtfaktoren geworden, die mitten im Bundesgebiet über exterritoriale Gebiete und Domänen verfügen, eigene Panzerwagen besitzen und der Polizei siegreiche Gefechte liefern".

Die eigentliche „Spiegel"-Berichterstattung im Zusammenhang mit der Six-Gruppe, also über das Nachleben diverser SD-Zirkel in der Bundesrepublik, beginnt aber schon mit der Ausgabe vom 25. August 1949. Der „Spiegel" fragte damals detailliert nach dem plötzlichen Reichtum des SS-Hauptsturmführers a. D. Gerhard Schlemmer, des „heutigen Inhaber(s) von Konto Nr. 19 der Volksbank Schorndorf und Postscheckkonto Stuttgart 8485". Schlemmer hatte in den letzten

Tagen des Dritten Reiches einen Unteroffizier Aue kennengelernt, der sich ihm dann im US-Lager Fürstenfeldbruck unter seinem richtigen Namen vorgestellt habe:

„Ich bin SS-Oberführer Spacil, Amtschef II (Recht und Verwaltung) des Reichssicherheitshauptamtes'. ... Er habe den SS-Schatz, Geld, Juwelen und die Reichsinsignien (Zepter, Krone, Reichsapfel) im Gesamtwert von etwa 26 Mill. Mark mit einem Lastzug nach Österreich bringen lassen, gab Spacil in Stacheldrahtpsychose preis. Nur ein zuverlässiger Förster wisse außer ihm, wo der Schatz vergraben sei. Die 25 KZ-Häftlinge, die das Loch gebuddelt haben, sind aus Geheimhaltungsgründen erschossen worden. Er, Spacil, sei bereit, einen Teil dieses Geldes für seine und Schlemmers Freilassung zu opfern. Der Löwenanteil der vergrabenen Millionen solle der höheren SS-Führung den Aufbau neuer Existenzen ermöglichen. Sicher aber solle Schlemmer, wenn er die richtigen Verbindungen zu den richtigen Amerikanern herzustellen vermöge, ein reicher Mann werden. Gerhard Schlemmer, Geburtsjahrgang 1917 (Beckingen-Saar), SS-Freiwilligenjahrgang 1936, machte einen alten Kameraden aus, den SS-Untersturmführer Walter Hirschfeld. Der hatte sich dem CIC als jüdischer Mischling vorgestellt: aus Tarnungsgründen und als antifaschistisches Trojanisches Pferd sei er in die Waffen-SS gegangen."[14]

Hirschfeld war der CIC-Lockspitzel, der Six, Mahnke, Oebsger-Röder und andere SD-Kameraden an die Amerikaner verraten hatte; ihm verdankte Mahnke mittelbar seine Bad Nenndorfer Leidenszeit, und der „Spiegel" war das Forum, in dem nun abgerechnet wurde. Der „Spiegel" publizierte den CIC-Arbeitsbericht des Duos Schlemmer-Hirschfeld für die Zeit vom 25. Mai 1945–3. März 1946, in dem unter anderem diese Fahndungserfolge enthalten waren:
– „Aus Vergrabungsorten der RSHA des Amtchefs SS-Brigadeführer Spacil (sic) Gold, Brillanten, Schmuck, Dollars und englische Pfunde im vorsichtigen Werte von 26 Millionen sichergestellt und abgeliefert
– den Amtschef der RSHA, SS-Brigadeführer Spacil, gefangengenommen.
– Den Adjutanten des Spacil sowie seine Sekretärin durch Agentenarbeit gefunden und gefangengenommen ...
– Sucharbeiten als Agent nach einem SS-Hauptsturmführer Conrad, sogenannten König des Warschauer Ghettos und Verwaltungsführer bei Obergruppenführer Fegelein. Später Auffindung im französischen Gebiet, Zurückbringung und Gefangennahme.
– Im weiteren Verlaufe dieser Arbeit wurde durch die als Agent und durch die in meinem Verhör enthaltenen Informationen folgendes in verschiedenen Territorien sichergestellt:
   1. Hitlers Anzug, welchen er am 20. April getragen haben soll

2. Photoalben und Bilder der Eva Braun und Hitler
3. Privatfilme der Eva Braun vom Berghof ...
10. In der Freizeit Vernehmungen in der CIC-Dienststelle Backnang bei Stuttgart
11. Sucharbeit und Auffindung des SS-Brigadeführers Six
12. Auffindung der Mitarbeiter des Six, Mahnke und Röder, im englischen Gebiet."[15]
Als Gegenleistung für ihre Agententätigkeit, so der „Spiegel", seien Schlemmer und Hirschfeld von den US-Militärbehörden als Treuhänder bzw. Teilhaber der Lederwarenfabrik Christian Breuninger im württembergischen Schorndorf eingesetzt worden; zudem habe man das Entnazifizierungsverfahren Schlemmers („im heimatlichen Bekkingen als Schläger übel beleumundet") widerrechtlich beschleunigt. Offensichtlich zeitigte dieser „Spiegel"-Artikel noch nicht die gewünschte Resonanz, denn vier Monate später, am 29. Dezember 1949, wurde in Sachen Anti-Hirschfeld-Kampagne noch einmal im großen Stil nachgelegt: „Merkt Euch den Namen Hirschfeld", so hieß die prägende Überschrift des Artikels, der sich nun explizit mit der Verhaftung von Six, dem seltsamen Tod seiner Schwester Marianne und auch Mahnkes Nenndorf-Erlebnissen auseinandersetzte. Hier ging es nun gegen Hirschfeld und Ehefrau „Baby" Cretius ganz entschieden zur Sache: „Walter Hirschfeld, 186, Jahrgang 1917, mit rotem Wollschal und Blutwarze auf der Knollnase ... Gattin Josephine, geborene Cretius, weiland als Verkäuferin in Heidelbergs Ami-Kaufhaus noch wasserstoff-blond, heute brandrot und Inhaberin der von Hirschfeld geleiteten Dekorations- und Reklamewerkstatt Cretius ... Telefonnummer Hdlbg. 5833 ... Heute muß sich Walter mit seinem uralten 2-Liter Adler AW 66-4433 zufrieden geben, der gerade noch den Weg von Hirschfelds Feudalwohnung Hirschgasse 16 (3 mal läuten) bis zur Bergheimer Straße 111-115 schafft, wo das Cretius-Atelier von Kundigen im Hinterhof links über einen dunklen Schuppen und zwei steile Holztreppen gefunden wird ... Gerhard (Schlemmer) saß zur Entnazifizierung im Internierungslager Hoher Asperg und grämte sich, daß ausgerechnet Hirschfeld mit Barbara (Schlemmer) die Nächte in einer Stuttgarter Ami-Bar durchtanzte. Schlemmer schmiedete Scheidungspläne, ließ sie aber später fallen. Hirschfelds verpickeltes Gesicht ward in Schorndorf nicht mehr gesehen."

Schließlich erfuhr der „Spiegel"-Leser inmitten dieses SS-Getümmels auch noch, daß Agent Hirschfeld „am frechsten" dem SS-Sturmbannführer und Rußland-Spezialisten Emil Augsburg mitgespielt habe. Der habe eines Tages einen Brief seines alten Chefs Six erhalten:

Merkt euch den Namen Hirschfeld

Getrunken haben die andern

Darüber sage ich Ihnen nichts. Fragen Sie doch die Amerikaner. Im übrigen: Sie werden mit Ihren Veröffentlichungen über meine Person noch große Schwierigkeiten haben. Ich werde in süddeutschen Zeitungen klarstellen, daß Ihre Zeitung die Interessen hoher Nazis vertritt."

Walter Hirschfeld, 186, Jahrgang 1917, mit rotem Wollschal und Blutwarze auf der Knollnase, beobachtet die Wirkung seiner Drohung. Gattin Josephine, geborene Cretius, weiland als Verkäuferin in Heidelbergs Ami-Kaufhaus noch wasserstoff-blond, heute brandrot und Inhaberin der von Hirschfeld geleiteten Dekorations- und Reklamewerkstatt Cretius, zeigt sich unerschüttert, wenn Gatte Walter auf Kumpan Gerhard Schlemmer oder gar auf den sehr merkwürdigen Tod der Marianne Six angesprochen wird. „Ich habe das Mädchen nicht umgebracht", sagt Hirschfeld.

Solche Gespräche stenografiert die in London geborene aufgewachsene „Baby" mit. Sie sagt „Herr Hirschfeld" und „Sie" und meldet sich auf deutsch oder englisch, wenn ein Geschäftsfreund des früheren SS-Untersturmführer über die Telefonnummer Hdlbg 5633 zu sprechen wünscht. Familie Hirschfeld hat es gelernt, sehr vorsichtig zu sein.

Das datiert noch aus Walters goldenen Tagen in den Jahren 1945—1947. Damals drehte er als Agent provocateur des amerikanischen Nachrichtendienstes noch „ganz große Dinger", damals lieferte er mit Hauptsturmführer Gerd Schlemmer den gehobenen SS-Schatz mit den Reichs-Insignien an die Amerikaner aus. Damals brachte er den Amtschef II des Reichssicherheitshauptamtes, Brigadeführer Spaciel, mit Sekretärin und Adjudant hinter Gitter. Damals standen ihm für seine Fahrten durch die Westzonen noch der große BMW-Sport und die Ford-Limousine zur Verfügung.

Heute muß Walter mit seinem uralten 2-Liter-Adler AW 66 - 4443 zufrieden geben, der gerade noch den Weg von Hirschfelds Feudalwohnung Hirschgasse Nr. 16 (3mal läuten) bis zur Bergheimer Straße 111—115 schafft, wo das Cretius-Atelier von Kundigen im Hinterhof links über einen dunklen Schuppen und eine steile Holztreppen gefunden wird. Ob Walter Hirschfeld sich dort ungestört der Ruhe eines gesetzten Geschäftsführers erfreuen wird, hängt von der Staatsanwaltschaft Heidelberg und anderen Dienststellen ab, die darüber zu entscheiden haben, ob der Fall „Marianne Six" noch einmal aufgegriffen werden darf und soll.

Dieser Fall, in den Akten der Oberstaatsanwaltschaft Heidelberg unter „Gewaltsamer Tod" verbucht, ist noch dunkler und undurchsichtiger als alle anderen Nachkriegsschichten, in die Walter Hirschfeld hineinzuziehen ist. Ob er sich jemals ganz klären läßt, ist ungewiß, und es ist der großen Erregung und dem hohen Alter des 70jährigen Polstermeisters Alfred Six aus Mannheim U 3-12 zuzuschreiben, wenn er Walter Hirschfeld geradezu des Mordes an seiner 26jährigen Tochter, der kurz vor der Promotion stehenden Kinderärztin Marianne Six, bezichtigt.

„Wie ich das Mädel damals im Keller der Pathologie liegen sah, habe ich Rache geschworen, Rache an Hirschfeld. Er ist der Mörder!" erregt sich heute voll Mißtrauen gegen die deutschen Gerichte einen Privatdetektiv mit einer erneuten Untersuchung des Falles betraut hat.

Der Sherlock Holmes des alten Dekorateurs hat es nicht leicht, nach nahezu vier Jahren Licht in jenes Dunkel zu bringen, das schon damals für immer undurchdringlich zu sein schien und das niemand erhellen werden kann aus Angst, selbst in solches Dunkel gezogen zu werden. Trotzdem sollte der düstere Abschnitt nicht stillschweigend in das neue Kapitel „Bundesrepublik Deutschland" übernommen werden.

Bei der Familie Six erschienen Ende 1945 amerikanische CIC-Beamte und frag-

In den Sack gesteckt
Brigadeführer Six

ten eingehend nach dem Verbleib und dem derzeitigen Aufenthalt des Polstererssohnes SS-Brigadeführer Professor Dr. rer. pol. Franz Six, Gesandten im Auswärtigen Amt, Amtschef VII (Forschung) des Reichssicherheitshauptamtes, Präsident des Auslandswissenschaftlichen Instituts und Dekan der Auslandswissenschaftlichen Fakultät der Universität Berlin.

Die Nachfrage blieb ergebnislos. Familie Six behauptete, von dem Sohn und Bruder mit den vielen Titeln seit der Kapitulation nie wieder etwas gehört zu haben.

Der hatte aber die letzten Tage des Zusammenbruchs gut überstanden, hatte sich in einem zerlumpten Zivilrock aus dem Raum Salzburg gegen den Strom der nach Süden flutenden Ami-Panzer nach Norden gewandt.

„. . . Ich bin mehrfach durch die amerikanischen Kampflinien und später auch noch durch die Sperrlinien und Auffanglinien hindurch", schrieb Franz Six viele Monate später aus dem Gefängnis Nürnberg an seine Gattin Ellen Six, geborene Offenbach.

Haussuchungen und Vernehmungen bei Eltern und Schwester blieben ebenfalls ergebnislos. Die Familie hatte sich geschworen, niemand ein Wort zu sagen. Da klingelte es Ende Dezember 1945 bei Mariannes Vermieterin, der Kriegerwitwe Martin. Ein breitschultriger Mann in grauem SS-Ledermantel nuschelte seinen Namen und begehrte die Kinderärztin Six unter vier Augen zu sprechen.

Dieses Gespräch dauerte etwa zwanzig Minuten. Zwischendurch kam Marianne mit roten Bäcken heraus und tuschelte aufgeregt: „Ein alter SS-Kamerad meines Bruders. Er will Franz helfen, vielleicht kann er ihm sogar Papiere besorgen." Der Mann mit dem Ledermantel und dem verstoßenen Gesicht gefiel Mariannes Freundin nicht. Sie aber hatte Feuer gefangen. „Nein, das ist ein anständiger Kerl. Er wußte sogar das Kennwort und die Stichnummer der Abteilung meines Bruders. Er hat schon vielen anderen geholfen und übermorgen wollen wir uns im Odeon-Keller treffen"

Die anderen rieten ab und wollten wenigstens aufpassen, ob Marianne von dem Kellerbesuch unangefochten zurückkäme. Sie kam, war etwas nachdenklicher als sonst, machte aber bald darauf ihrer Freundin Lieselotte gegenüber eine Bemerkung, sie habe nun einen feinen Kerl gefunden, den sie wohl heiraten möchte.

Bald darauf sickerte es bei Mariannes Freunden durch, daß die junge Aerztin mit dem Fremden, dessen Namen niemand verstanden hatte, eine Fahrt in den Raum um Stuttgart machen wolle, „um SS-Kameraden zu helfen".

„Um ihnen die Blutgruppen-Tätowierungen unterm Arm fortzuätzen", erinnert sich heute noch Elektro-Ingenieur Heilweg, der damals häufiger Kaffee-Gast bei Marianne war und 1945 studentenübliche Kungelgeschäfte mit ihr abwickelte half. „Marianne war mehrere Tage fort. Als sie endlich wieder erschien, war sie sehr niedergeschlagen. Die zur Aetzung versammelten SS-Männer seien samt und sonders verhaftet worden und sie hätten tagelang gesessen. Mir war unverständlich, daß das Mädel auf so einen Mann hereinfallen konnte und mit ihm dann auf Reisen über nacht fortblieb."

Hirschfeld konnte tolle Dinge erzählen. Er hatte gute Beziehungen zu einer in Oesterreich operierenden Untergrundbewegung, die die politischen Erfahrungen und Auslandsverbindungen des Diplomaten-Bruders dringend benötigte.

Er könne Brigadeführer und Professor Six bei seinem Onkel Gerhard Schlemmer in dessen Lederfabrik Schorndorf (Württemberg) unterbringen, fand der Aufgetakte neue Argumente. Es wäre doch jammerschade, wenn solche Talente und Kräfte brach liegenbleiben.

Bald hatte Marianne keine Bedenken mehr und nannte dem hilfswilligen Freund Decknamen und Aufenthaltsort des gesuchten Bruders. „Ich hatte schon immer ein dummes Gefühl", erzählte Six später, „daß man Frauen, gleichgültig ob Schwester oder Frau, keine Adressen in der Illegalität geben soll . . ."

"Spiegel"-Artikel vom 29. Dezember 1949

„Ich habe in Süddeutschland wichtige Aufträge. Ich benötige Sie dringend. Kommen Sie". Augsburg stieß in Schorndorf auf Hirschfeld, der sich als Six-Beauftragter ausgab: „Augsburg trommelte seine alten Fachleute zusammen. Tolle Dinger wurden gedreht. Nicht immer einwandfrei, nicht immer ungefährlich. Aber für Six wurde es getan. Auftrag folgte auf Auftrag. Unterschrift: Six" – bis Augsburg einen Kurier zu Frau Ellen Six nach Hannover schickte, die überrascht mitteilte: „Aber mein Mann sitzt doch schon seit über einem Jahr als Gefangener in Oberursel, Nürnberg und Dachau!" Emil Augsburg und Rolf Oebsger-Röder sollten schließlich bei der „Organisation Gehlen" (bzw. beim daraus entstandenen BND) Arbeit finden, wohin auch der „Spiegel" bald exzellente Beziehungen unterhielt.

Im März 1952 wurden Horst Mahnke und Georg Wolff als Ressortleiter „Internationales/Panorama" und „Ausland" beim „Spiegel" fest angestellt. Dies war kein Fauxpas der ansonsten überzeugten „Antifaschisten"[16] Augstein und Becker, deren „politisches Bewußtsein ... noch lange nicht genug geschärft" gewesen sei, „jeden neuen Kollegen auf seine Herkunft hin zu durchleuchten". Die Akquisition von SD-Führern, Gestapo-Leuten und NS-Propagandisten durch das Redaktionsmanagement des frühen „Spiegel" lag vielmehr in der besonderen Logik des investigativen Nachkriegsjournalismus und entsprach dem politisch-publizistischen Wollen sowohl des Magazin-Gründers als auch seines Adlatus' Becker.

Im Zuge des „Spiegel"-Umzuges von Hannover nach Hamburg hatten sich Augstein und Becker einer Reihe von Redakteuren entledigt, die ihrer Meinung nach zu sehr dem besinnlichen Feuilleton verhaftet waren und den harten Kurs der Skandalierung nicht mittragen wollten: Kulturchef Hans Joachim Toll, der Chef vom Dienst Werner Hühne und die Redakteurin Hanne Walz wurden entlassen.[17]

Männer wie Mahnke und Wolff brachten hingegen spezielle geheimdienstliche Erfahrung und ein detailliertes Wissen über Stories aus dem NS-Staat mit. Augstein, bei der „Spiegel"-Gründung 23jährig, wollte mit seinem Blatt das politische Leben der Bundesrepublik nicht nur kommentieren, sondern dezidiert mitsteuern, und hatte schon früh ein mitunter pueriles Faible für große Männer (Bismarck, Friedrich der Große, Jesus Christus, Karl May) und geheime Organisationen entwickelt – letzteres heftig geteilt von Gehlen-Intimus Bekker.[18] In seiner Kommentierung näherte sich Augstein schnell dem nationalliberalen FDP-Flügel an und hoffte wie sein persönlicher Freund, der dann früh verstorbene FDP-Bundestagsabgeordnete Wolfgang Döring, daß sich die FDP möglichst schnell vom Regiment des greisen Kanzlers Adenauer abkoppeln und mit der SPD eine neue Koalition bilden würde, die dann die Adenauerschen „Rheinbund"-Orientierung liquidieren sollte.

Döring hatte sich zwar gegen alle Verdächtigungen gewehrt, er sei mit der Naumann-Gruppe eng verbunden gewesen, mußte sich im Bundestag bei seiner Jungfernrede von CDU-Seite aber noch 1957 den

Zwischenruf „Der Nazi-Döring" anhören.[19] Der Sohn eines Leipziger Versicherungsjuristen, Jahrgang 1919, war nach dem Arbeitsdienst 1938 Berufssoldat geworden. Als Kommandeur einer Panzereinheit hatte er unter anderem mit der Kampfgruppe Marcks in Afrika gegen die Briten und mit der Panzergrenadier-Division Brandenburg bei Lodz und Glogau gegen sowjetische Truppen gekämpft. 1945 war der Hauptmann a. D. Döring aus einem französischen Kriegsgefangenenlager entflohen und hatte in Mülheim an der Ruhr bei einem britischen Militärreparaturbetrieb Anstellung gefunden. Auf Vermittlung Willy Weyers war der Jungdemokrat Döring am 1. August 1950 Hauptgeschäftsführer des FDP-Landesverbandes Nordrhein-Westfalen geworden.

Seine „große Ausstrahlungskraft", so seine FDP-Biographen Dorn und Wiedner, habe ihn bei „der Ansprache junger Menschen und ehemaliger Soldaten eine entscheidende Rolle" spielen lassen.[20] Döring steuerte 1956 den Richtungswechsel der FDP in Nordrhein-Westfalen und leitete 1957 den Wahlkampf der Bundes-FDP. 1955 hatte der kantige Mann mit dem Bürstenhaarschnitt zusammen mit Middelhauve, Weyer und Scheel versucht, fünf bis sechs Millionen DM Startkapital für die Etablierung einer bundesweiten FDP-Tageszeitung aufzutreiben: „Paul Sethe, einer der profiliertesten politischen Journalisten, konnte als Chefredakteur gewonnen werden. Mit weiteren Journalisten wurden Verträge abgeschlossen und in Düsseldorf ein Grundstück gekauft. Die technischen und personellen Voraussetzungen waren schon sehr weit gediehen, als zum Jahresende 1955 der Streit mit der CDU und Konrad Adenauer immer deutlicher wurde. Einige der potentiellen Geldgeber und auch Vertreter der Banken wurden plötzlich sehr zurückhaltend gegenüber dem FDP-Zeitungsprojekt, und nach dem Regierungswechsel 1956 war die gesamte Planung geplatzt, da für die FDP eine sehr bedrohliche finanzielle Lage eingetreten war."[21]

Das FDP-Zeitungsprojekt lebte in anderer Gestalt noch einmal auf, als Augstein 1957 versuchte, neben dem „Spiegel" eine neue „Deutsche Allgemeine Zeitung" zu lancieren. Auch hier war der nationalliberale Paul Sethe als Chefredakteur vorgesehen. Die Kooperation zwischen Augstein und Döring ging freilich über Presseprojekte hinaus. Erich Mende, einer der FDP-„Jungtürken", erinnerte sich später an ein Treffen vom 20. Februar 1957, zu dem er Willy Weyer, Walter Scheel und Wolfgang Döring in sein Godesberger Haus eingeladen habe, um zu klären, ob Augstein auf der FDP-Landesliste kandidieren könne. Mende über Augstein: „Eine eiskalte, brutale Kämpfernatur von eindrucksvoller Härte, voller Ironie und bissigen Spotts. Augstein entwarf als einzige Alternative das Bild einer gegen die CDU/CSU gerichteten Mehrheit aus SPD und FDP. Dabei steigerte er sich in einen solchen Haß gegen Konrad Adenauer und Franz Josef Strauß, daß die sachlichen Überlegungen einschließlich der allgemeinen Stimmung im Land zwangsläufig zurücktraten. Das Ziel der FDP sollte eine neue Bundesregierung aus SPD und FDP mit Reinhold Maier (FDP) als Bundeskanzler sein ... Der Spiegel werde alles daran setzen, durch entsprechende Herausstellung Reinhold Maiers und Unterstützung der Liberalen dieses Ziel zu erreichen."[22]

Unabhängig von solchen direkten politischen Ambitionen, hatte Augstein schnell begriffen, daß die Publikation von *crime stories* aus dem NS-Staat und der unmittelbaren Nachkriegszeit Auflage und pekuniäre Gewinne versprach. Moralische Erwägungen wurden dabei weitgehend zurückgestellt. Beginnend mit dem 12. Mai 1949, räsonierte der erste Gestapo-Chef und SS-Standartenführer Rudolf Diels (1900–1957) in einer fünfteiligen „Spiegel"-Serie über seine Geheimdienst-Karriere. Zwar war der Göring-Vertraute Diels 1934 von Himmler und Heydrich aus dem Amt gedrängt worden, aber unter seiner Ägide hatte sich die Gestapo erst zu einer eigenständigen und personell expansiven Terror-Behörde entwickelt.

Am 29. September 1949 begann die längste Serie, die im „Spiegel" jemals erschien: „Das Spiel ist aus – Arthur Nebe" (30 Folgen), eine Geschichte der Kriminalpolizei im NS-Staat. Autor war Augsteins „Polizeireporter", der Kriminalrat und (im Rang „angeglichene") SS-Hauptsturmführer Dr. Bernhard Wehner, der in Nebes RSHA-Amt V des Referat für Kapitalverbrechen betreut hatte. Wehner arbeitete nach seiner Entlassung aus der Internierung in Bad Harzburg als Kraftfahrer bei der britischen Besatzungsadministration. Anschließend hatten ihn die Briten dazu eingesetzt, gegen Bad Harzburger Kriminalbeamte zu ermitteln, die im Verdacht der Beteiligung an Schwarzmarktgeschäften standen. Dies erschwerte ihm später, eigenen Angaben zufolge, die Wiedereinstellung in den deutschen Kripo-Dienst.

Wehner wollte mit seiner von Augstein persönlich überarbeiteten Artikelfolge darstellen, daß die Kriminalpolizei im NS-Staat nichts mit dem SD oder der Gestapo zu tun gehabt habe – und daß also der Wiederverwendung der „alten Sherlock Holmes" vom RKPA in der Bundesrepublik nichts im Wege stehe (was auch Augstein in einem Kommentar noch einmal explizit unterstützte). Kein engerer Mitarbeiter Nebes sei überzeugter Nationalsozialist gewesen, annoncierte Wehner.[23] Er selbst war freilich schon 1931 zu NSDAP und SA gestoßen, die „Spiegel"-Leserschaft erfuhr davon nichts.[24]

Augsteins Redaktionsarbeit führte dazu, daß sich die legendären

Untaten der Massenmörder Kürten, Seefeld oder Ogorzow, der Räuber Walter und Max Götze und der Tresorknacker Gebrüder Saß mit den Einsatzgruppenverbrechen der Nebe, Ohlendorf und Blobel zum großen surrealen Pandämonium mischten. Wenig wurde verschwiegen, dafür kam alles im schnoddrigen Casino-Ton daher. Arthur Nebe war ein „anständiger, ehrlicher Ausrottungshäuptling", Heydrich hat nichts so sehr gewurmt wie seine „Abstammung", denn er hatte zwar „einen nordischen Körper, aber einen schlitzäugig vermatschten Kopf", Kaltenbrunner war immerhin „ein Mann mit Manieren, zudem ein glänzender Logiker". Wehner kam in seiner Serie, die im „Spiegel" anonym erschien, auch selbst vor. Er war an den Untersuchungen über das Attentat vom 20. Juli 1944 beteiligt und traf den lädierten Diktator in der Wolfsschanze: „Hitler hakte (Wehner) mit dem linken Arm unter, ging mit ihm den Korridor entlang und fragte ihn: ‚Was sagen Sie zu dem Wunder, daß mir nichts passiert ist? Ist es nicht ein Wunder?' – ‚Doch, mein Führer', sagte Wehner daraufhin innerlich ernüchtert, ‚es ist ein Wunder.'"[25]

Zu den möglichen Folgen eines gelungenen Attentats ließ Augstein auch dieses im Wehner-Text stehen: „Der einzige Revolutionär unter den Putschisten, der Graf Stauffenberg, war bei allen menschlichen und geistigen Qualitäten ein politischer Wirrkopf. Wäre dieser eindrucksvolle Organisator zum Zuge gekommen, stünden die Russen heute nicht an der Elbe, sondern mindestens am Rhein."[26]

Wehner amtierte von 1954 an wieder als Chef der Düsseldorfer Kriminalpolizei und redigierte lange Jahre das Fachblatt „Kriminalistik". Einer der von Wehner und Augstein zur Wiederverwendung empfohlenen „Sherlock Holmes" war SS-Sturmbannführer a. D. Dr. Walter Zirpins, 1933 Ermittler in Sachen Reichstags-Brandstiftung, 1940/41 als Kripo-Chef im Ghetto Litzmannstadt (Lodz) am Raub von Gold und Wertsachen aus jüdischem Besitz beteiligt, danach stellvertretender Referatsleiter I b 3 („Lehrplangestaltung der Schulen") im RHSA und im März 1945 noch letzter Hamburger Kripo-Chef. 1951 wurde Zirpins Leiter des Referates 24 (Kriminalpolizei) im niedersächsischen Innenministerium. Wie Wehner betätigte sich der spätere Experte für Fragen der Wirtschaftskriminalität als Informant und Autor für den „Spiegel" – so bei der Exklusivstory „Wir fangen Halacz" im „Spiegel" vom 19. Dezember 1951.[27]

Am 31. August 1950 brachte das Nachrichtenmagazin einen (wohl von Wehner verfaßten) Artikel über den Besitzer des Braunschweiger Nachtclubs „strohhalm", Zenobjucz Messing, der beschuldigt wurde, in Lodz als Gestapo-Spitzel tätig gewesen zu sein. Messing wurde so

Bernhard Wehner

beschrieben: „Wer Messing von früher kennt, etwa aus dem ‚Groschenkeller' in Berlin, aus Litzmannstadt, Warschau, Lübeck oder aus den besten strohhalm-Tagen, erkennt den langen ‚Siggi' nicht wieder. Da sind zwar noch die stechenden, seit einer Typhus-Erkrankung leicht schielenden Augen, die typische Mund- und Kinnpartie und die schwarze, immer ins Gesicht fallende Mähne. Aber Messing, der sich seit 1945 einen schwarzen Schnurrbart wachsen ließ, ist zu einem 52-Kilo-Wrack abgemagert, dem die Haut ... wie eine nasse Hose um die Oberschenkel schlottert". Informanten des „Spiegel" für die Messing-Geschichte war eine ganze Reihe von Gestapo- und SD-Beamten (die früher, wie das Magazin kundtat, in der Schenke „Zur gemütlichen Ecke" ihr Lodzer Stammlokal hatten): so der Wirtschaftsreferent Dr. Gerhard Stabenow, der Schweriner Stapo-Leiter Ludwig Oldach oder der Gestapo-Kommissar SS-Hauptsturmführer Oskar Hein („inzwischen zum Handel übergesattelt").

Am 24. Januar 1951 erschien im „Spiegel" eine Geschichte über den Verbleib der Goebbels-Tagebücher und den wieder aufgetauchten Staatssekretär Naumann. Informant war hier Goebbels' einstiger „Pressechef für den totalen Kriegseinsatz", Wilfred von Oven, Autor des wüsten Werkes „Mit Goebbels bis zum Ende".[28] Augstein persönlich gab ihm, der dem Nachrichtenmagazin „eine Nacht lang Interna aus seiner Zeit als Goebbels' Pressereferent" (so das „Spiegel"-Heft zum 50jährigen Bestehen des Blattes) erzählt hatte, ein publizistisches

Empfehlungsschreiben für eine Tätigkeit in Südamerika mit, als von Oven 1950 aus Deutschland übersetzte und für lange Zeit eine wichtige Figur in der rechtsgerichteten deutschen Kolonie in Buenos Aires wurde. 1951 arbeitete von Oven als Südamerika-Korrespondent für das Hamburger Blatt.

Schon vorher hatte der „Spiegel" seltsame Analysen aus Südamerika publiziert: Als der Bonner Minister Carl Spiecker, ein früherer Zentrumsmann, 1950 von der Adenauer-Regierung auf eine Sondierungstour nach Argentinien und Brasilien geschickt wurde, kritisierte der „Spiegel" das ungeschickte Auftreten des Diplomaten. Spiecker habe nämlich zuerst dem linken „Argentinischen Tageblatt" ein Interview gegeben, weil er dessen „Schriftleiter Dr. Ernst Feder vom früheren Pariser Tageblatt aus seiner Emigrantenzeit in Frankreich" gekannt habe.[29] Das war für den „Spiegel" ein Fauxpas, der in der deutschen Kolonie in Buenos Aires äußerst unangenehm aufgefallen sei: „Feders Tageblatt aber ist in Argentinien umstritten. Die Zeitung forderte während des Krieges gellend die politische Liquidierung der Deutschen und vertrat noch bis vor Monaten laut die These der deutschen Kollektivschuld."[30]

Eigentlich ging es in der Geschichte über den Goebbels-Nachlaß aber nicht um von Oven oder seinen Adjutanten-Kollegen Günter Schwägermann („An der Ostfront hatte ihm der Iwan mit dem Gewehrkolben ein Auge aus- und den Schädel eingeschlagen"), sondern um Werner Naumann. Er hatte, so der „Spiegel"-Bericht, „als am demokratischen Aufbau beteiligter Illegaler den Lebensunterhalt für seine siebenköpfige Familie (verdient) und tauchte, nach vorsichtigem Ausfahren des Sehrohrs, vor nicht allzu langer Zeit wieder auf. Seitdem läuft er wieder mit voller Überwasserfahrt. Kurs: geläuterter Nationalsozialismus". Naumann hatte sich nach dem Exodus des Großdeutschen Reiches als Maurergeselle verdingt, bevor er als Geschäftsführer der deutsch-belgischen Exportfirma Cominbel, die dem Ex-Propagandaoffizier Herbert Lucht und seiner Frau Lea gehörte, in Düsseldorf wieder eine halbwegs standesgemäße Anstellung fand. Zu Luchts Frau Lea hatte Dr. Naumann engere Beziehungen geknüpft, politisch wie privat. Der „Spiegel" über Lea Lucht: „Für Konzessionen ist sie nicht zu haben, denn sie ist die Tochter eines belgischen Generals. Die sweet seventeen, das Backfischalter, hatte sie gerade hinter sich, als im östlichen Nachbarland Hitler zur Macht kam. Sie konnte sich der magischen Ausstrahlungskraft seiner Ideen ebensowenig entziehen wie ihr Landsmann Leon Degrelle und verschrieb sich dem Nationalsozialismus mit zarter Haut und seidenglänzenden dunklen Haaren..."[31]

Nach der britischen Verhaftungsaktion vom Januar 1953 war Augsteins Magazin aufgebracht – nicht wegen der NS-Geheimbündelei, sondern wegen der nach Meinung des Magazins unangemessen harten Aktion der Briten, die nur auf außenpolitische Geländegewinne gezielt hätten: „Der Kreis war eher eine NS-Erinnerungsgemeinde und eine braune Hilfe, die Stellungen vermitteln wollte. Der Kreis war weder geschlossen noch ein Kreis im geometrischen Sinne, dessen Punkte – sprich Mitglieder – vom Mittelpunkt gleich weit entfernt waren. Die meisten der etwa hundert Gesinnungsfreunde waren nur durch gelegentliche Besuche und Korrespondenzen verbunden."[32]

Augsteins Blatt interpretierte auch die Ergebnisse der Blücher-Kommission auf seine Weise: „Goebbels' Staatssekretär Naumann hat trotz erklärter Absicht bis zu seiner Verhaftung den Landesverband Nordrhein-Westfalen der FDP noch nicht in einen ‚Rhein-Ruhr-Gau' einer NS-FDP umwandeln können ... Daß sich Franz Blücher bei seinem Vorgehen gegen den rechten Parteiflügel britischen Nau-Nau-Telephonabhörmaterials bediente, nagt an den Herzen vieler jüngerer und aktiver Funktionäre ebenso wie die Enttäuschung über die Hilfe, die (Justizminister) Thomas Dehler dem Vizekanzler hierbei leistete".[33]

Ein 50-Punkte-Papier der Briten über die Aktivitäten des Naumann-Kreises kanzelte der „Spiegel" ab: Es werde über „einflußreiche Verbindungen mit Ruhrindustriellen" schwadroniert, „also über all das, was in ausländischen Augen untrennbar zu einem revanchelüsternen pangermanischen Reich gehört. Einzelne Namen der Beteiligten sind falsch geschrieben".[34] Und am 17. Juni 1953 meldete das Magazin, in der NRW-Industrie herrsche Verstimmung über die Kaltstellung von Anwalt Achenbach in der FDP, der bislang die Verbindung zwischen Großspendern und den Freien Demokraten hergestellt habe. Einzelne Geldgeber aus der Wirtschaft seien bereits zur CDU abgewandert.

Den verhafteten Naumann, der wenig später zu offen rechtsradikalen Parteien überwechselte, bedachte der „Spiegel" erkennbar mit Milde und Nachsicht. Sefton Delmer, der Star der britischen „schwarzen Propaganda", dem im September 1954 eine Titelgeschichte gewidmet wurde, sei „mehr als einmal freundlich empfangener Gast im Heim von Werner Naumann (‚Nau-Nau') und dessen Gefährtin Lea (‚Slikki') Lucht gewesen", hatte sich aber offenbar als nicht besonders dankbar erwiesen. „Spiegel"-Leser mußten sich darüber nicht wundern, wurde Sefton Delmer doch so präsentiert: „In Gummistiefeln, Größe 47, stapft ein menschlicher Koloß von 114 Kilo über die taufeuchten Weiden von Valley Farm in Essex, um ein halbes Dutzend ausgerissener Schweine zurück in den Pferch zu treiben ... Bis heute blieb unerforscht, in welchem Ausmaß es der zügellosen Phantasie dieses einen Mannes, gepaart mit abgrundtiefem Zynismus und verspieltem Intellekt, gelungen ist, die Widerstandskräfte des Dritten Reiches zu lähmen, zu zersetzen, oder sogar in den Dienst der Alliierten zu stellen."[35]

Schon Mitte 1952 hatte der „Spiegel" in der Gerüchte-Rubrik „Hörensagen" seinen Lesern vermittelt, das „Büro Gehlen" werde den „durch den Generalvertrag verbrieften alliierten Exodus aus Deutschland unbeschadet überstehen".[36] General Reinhard Gehlen, einst Chef der Abteilung „Fremde Heere Ost" im Oberkommando des Heeres, 1945 mit Akten und Mitarbeitern in den Dienst der Amerikaner übergewechselt, habe sich „in den letzten Jahren als unentbehrlich erwiesen".

In McCloys Amtssitz „Deichmanns Aue" und in Adenauers Palais Schaumburg, wußte der „Spiegel", würden die „Berichte des eigenen CIC und der ‚Verfassungsschutz'-Ämter der Bundesrepublik beiseite geschoben", wenn „Gehlen-Berichte" kämen.[37] Aus der besonders von Redaktionsmanager Becker gepflegten Beziehung des Hamburger Magazins zur „Org." des Generals (dem späteren Bundesnachrichtendienst) wurde ein Geschäft auf Gegenseitigkeit: Der „Spiegel" machte Public relations für Gehlen, dafür versorgte dessen Organisation das Blatt mit Tips und gezielten Informationen, deren Verbreitung dem an politischer Steuerung brennend interessierten BND-Chef dienlich war.

Am 12. September 1954 erschien im „Spiegel" eine 14seitige Titelstory über den Spionage-General („den Sefton Delmer als Boß der ehemaligen Gestapo-boys beschrieben hat"), mit zahlreichen biographischen Details, praktischen Hinweisen („Wie wird man V-Mann in der Organisation Gehlen?") und physiognomischen Erkenntnissen: „Die sprungbereite Energie, die aus seinem Gesicht spricht, wird nach dem übereinstimmenden Eindruck aller, die ihn kennen, gemildert durch den rustikalen Charme der frischen Rötung seiner Wangen ..." Der „Legalisierung" von Gehlens Organisation, und darum ging es Becker vor allem, stehe nichts im Wege, vor allem nicht die immer in „französischen und britischen Blättern" kolportierten Geschichten über SD-Seilschaften: „Als V-Leute und Forscher stehen ehemalige SD- und Gestapo-Beamte hier und da in Gehlens Diensten", versicherte der „Spiegel" treuherzig, „da sie bei ehemaligen Kameraden auf der Gegenseite eine gute Ansprache haben und in einer Reihe von

Fällen erfolgreich in den gegnerischen Dienst eingedrungen sind. Eines aber wird Konrad Adenauer auf sein Wort nehmen können: In Gehlens Stab gibt es nicht einen einzigen SD- oder Gestapo-Mann." Nun konnte man schon rätseln, was hier mit dem Begriff „Stab" gemeint war. 1971 publizierte der „Spiegel" eine Geschichte des Bundesnachrichtendienstes, recherchiert von den Redakteuren Hermann Zolling und Heinz Höhne, die sich etwas näher an der historischen Wirklichkeit orientierte: „Gehlen zögerte nicht lange, die ehemaligen Funktionäre des nationalsozialistischen Polizeiapparates in seine Dienste zu nehmen. Zwar ließ er später seinen Hofchronisten Jürgen Thorwald die Version verbreiten, ‚aus Grundsatz' habe Gehlen auf jedweden SS-Mann ‚verzichtet'; in Wahrheit nahm er ab Sommer 1950 zahlreiche Männer aus dem Schattenreich der SS. Und es boten sich ihm viele an, denn allein Gehlen schien Schutz vor den alliierten Fahndern zu bieten."[38]

Die enge Verbindung von „Spiegel" und Gehlens BND dokumentierte sich auch dadurch, daß jener Artikel, der die „Spiegel"-Affäre 1962 auslöste, vor der Publikation vom BND „gegengelesen" wurde. Der „Spiegel" war freilich nicht das einzige Blatt, das mit dem BND verwoben war. Gehlen hatte erkannt, wie wertvoll eine enge Kooperation mit führenden Meinungsblättern sein konnte, um seine Einschätzung der politischen Verhältnisse (besonders des Ost-West-Konfliktes) öffentlich plazieren zu können. Im Mai 1961 schrieb der „Welt"-Chefredakteur Hans Zehrer in diesem Sinne an seinen Verleger Axel Springer: „Lieber Axel, ich hatte eben ein längeres Gespräch mit den Gehlen-Leuten, das politisch ganz interessant war. Dabei wurde mir ein Gruß von Gehlen selber bestellt, sowie das ausdrückliche Angebot, er sei jederzeit bereit, uns wieder, wie schon einmal, einen offenen Lagebericht geben zu lassen, so, wie sie der Geheimdienst festgestellt hätte."[39]

Für den „Spiegel" ergaben sich aus der *strategischen Kooperation* mit den diversen Geheimdienst-Fraktionen des Dritten Reiches zahlreiche Informationen, die exklusiv an die Leserschaft weitergegeben werden konnten. Man erfuhr als „Spiegel"-Käufer, daß sich Mussolini-Befreier Otto Skorzeny mit Walter Schellenberg versöhnt habe und daß die beiden nun „mit Geldern von Perón antikommunistische Kader"[40] aufbauten, daß dem Reichsstudentenführer Scheel von der iranischen Kaiserfamilie „die Leitung einer Klinik in Persien" angeboten worden sei[41], daß Werner Naumann vor seiner Verhaftung gerade dabei gewesen sei, gemeinsam mit Skorzeny „ein Geschäft über die Lieferung von Beton und Zement für ein Bauprojekt auf den Kanarischen

Inseln abzuwickeln"[42], und daß der ehemalige SS-Sturmbannführer Giselher Wirsing mit dem einstigen Gesandten Otto von Hentig im Auftrag des US-Geheimdienstes die „Idee von Deutschland als einer US-Kolonie erbrochen"[43] hätte. Im Heft 34/1954 hieß es sogar ganz offen: „Ein ehemaliger Beamter des Reichssicherheitshauptamtes hat vertraulich mitgeteilt, daß Otto John etwa im September 1943 – zu einer Zeit, als er schon für den britischen Nachrichtendienst arbeitete – das Amt VI (Auslandsnachrichtendienst) in Himmlers Reichssicherheitshauptamt aufgesucht und sich freiwillig und unaufgefordert zur Mitarbeit im Ausland angeboten habe. Johns Kontakt zum Amt VI habe von einer Jugendfreundschaft mit einem Angehörigen dieses Amtes hergerührt, der dem gleichen Wiesbadener Sportverein angehört hatte wie John selbst. Die Mitarbeit Johns sei allerdings vom Amt VI abgelehnt worden."[44]

Angesichts der Vielzahl von SS-Leuten und NS-Propagandisten, die zu den Mitarbeitern des „Spiegel" zählten (wie etwa der frühere Pressechef des AA, Paul Karl Schmidt alias Paul Carrell, und sein Kollege Lohse, Leiter des „Auslandspresseclubs" unter Ribbentrop, später Berlin-Büroleiter des „Spiegel"), kann die Selbsteinschätzung des Blattes aus dem Jahr 1997, der „Spiegel" sei „immerdar ein antifaschistisches Geschütz (gewesen), von Beginn an", nur als gravierender Fall von Realitätsverlust und kollektiver Verdrängung klassifiziert werden.[45]

Eher schon kann festgehalten werden, daß sich der „Spiegel" im Sinne des Middelhauveschen Modells um die effiziente Integration von Nationalsozialisten in die bundesdeutsche Gesellschaft verdient gemacht hat. Der Fall „Spiegel" bestätigt die Regel ständischer Kontinuität, die für den gesamten deutschen Nachkriegsjournalismus und die sozialen und politischen Institutionen überhaupt gilt. Das Blatt bediente sich des Know-hows der kriminellen NS-Personnage ebenso, wie dies die US-Geheimdienste bei den deutschen „Ostexperten" und Raketenforschern taten. Das Image einer unbefleckten, in Sachen NS-Kontinuität nicht betroffenen Institution hat das Blatt allerdings wesentlich länger tradieren können als diejenigen, die Objekt seiner vergangenheitspolitischen Abrechnungen wurden[46].

* * *

Der junge „Spiegel"-Redakteur Wilhelm Bittorf, seit Dezember 1950 im Auslandsressort des Blattes tätig, hatte Six Mitte der 50er Jahre einmal getroffen, als dieser seinen Ex-Referenten Mahnke im Hamburger Pressehaus besuchte. Anschließend ging man gemeinsam noch auf ein Bier in die bekannte Journalistenpinte „Fiete Melzer". Six, so erinnert sich Bittorf, habe ihn „irgendwie an Albert Speer erinnert – Allroundinteresse, angenehme Ausstrahlung".[47] Auch Mahnke und Wolff erschienen Bittorf als „witzig und dynamisch, im Casinoton auftretend, wie viele alte Nazis sympathisch einnehmend". 1957 finden sich Aufsätze von Bittorf und Six in dem bei Leske edierten Sammelband „Der Werbeleiter im Management" – einer Publikation in der Reihe „Lebendige Wirtschaft" der „Deutschen Volkswirtschaftlichen Gesellschaft", deren Programm so lautete: „Keine Theorie – die Sorgen und Erfordernisse des Lebens finden hier ihren Niederschlag. Keine Dogmatik – Aufgeschlossenheit nach allen Seiten kommt hier zum Ausdruck. Kein starres Festhalten an Standpunkten, so richtig sie auch im Augenblick sein mögen – ein ständiges Anpassen an das, was die Umstände erfordern, gilt vielmehr als Richtschnur."[48]

Während Bittorf, später auch als Mitbegründer der „Stuttgarter Schule" des dokumentarischen Fernsehens zu Rang und Namen gelangt, über die neuesten Ergebnisse der tiefenpsychologischen Motivforschung US-amerikanischer Provenienz referierte, beschäftigte sich Dr. Franz Alfred Six, Friedrichshafen, auf knappen viereinhalb Seiten mit der Stellung des Werbeleiters in der Unternehmensorganisation. Die „Entwicklung des Käufermarktes großen Stiles" als Folge der Steigerung des Lebensstandards und der Automatisierung und Großserienfertigung habe „den modernen Marketing-Manager geschaffen". Der nur vom Text oder der Graphik herkommende Spezialist werde abgelöst „durch den Allround-Man, dessen wichtigste Eigenschaften schnelles Konzipieren, gutes Koordinieren und zusammenfassendes Organisieren sind. Der Werbeleiter kann je nach der Größe des Unternehmens oder der dynamischen Führung Kontrollorgan des Unternehmenschefs als Marktanalytiker, Helfer des Verkaufsleiters oder auch Spitzenpersönlichkeit für Marktforschung, Verkaufsförderung, Werbung und Verkauf als Marketing-Manager sein. In jedem Fall muß er aber ... am Gedankenhaushalt des Unternehmens teilnehmen, d. h. Produktion und Entwicklung kennen, über den Markt unterrichtet sein und die Organisation des Absatzes bestimmen".[49]

Damit hatte sich Six im wesentlichen selbst beschrieben. Aus dem Planer einer SD-Weltanschauungslehre war nun der „Allround-Man" des modernen Marketing geworden. Während die Grundqualifikationen gleich blieben – eben „schnelles Konzipieren, gutes Koordinieren und zusammenfassendes Organisieren" –, hatte sich die wissenschaftliche Orientierung nun zumindest an der terminologischen Oberfläche verändert: Die alte SD-Perspektive wurde mit dem Set der amerikanischen Werbe- und Marktforschung in Einklang gebracht. Die zunehmende Vervollkommnung der statistischen Erhebungsmethode, so Six, habe „die Resultate der quantitativen Marktforschung verbessert. Dazu sind nun aus der Sozialwissenschaft und der Seelenkunde Erfahrungen gewonnen worden, das Verhalten der Konsumenten auch in ihren unbewußten Gewohnheiten zu lenken. Diese sogenannte Motivforschung geht davon aus, daß der Konsument im allgemeinen gefühlsbetont ist und daß es darauf ankommt, solche in der Tiefe ruhenden Motive durch die Werbung nach außen zu bringen".[50]

So wurden Mitte der 50er Jahre Peter F. Drucker, Vance Packard und Ernest Dichter zu Leitpublizisten des neuen deutschen Marketings aus dem Geiste der alten SD-Organisation, durchsetzt mit einem spezifischen paramilitärischen Jargon, den Reinhard Höhn in seiner Bad Harzburger Akademie entwickelte. Höhn propagierte – von Clausewitz ausgehend – die „Führung mit Stäben in der Wirtschaft", so der Titel eines der bekanntesten Werke aus der Harzburger Publikationsfabrik. Der moderne Wirtschaftslenker sollte nach Höhn wesentliche Teile der strategischen Arbeit auf teilselbständige „Stäbe" verlagern, ohne dabei freilich unternehmerische Verantwortung abzugeben – eine Lehre, die Höhn wohl auch aus seiner persönlichen Erfahrung mit dem NS-Führerstaat entwickelt hatte.

Ansonsten blieb das in den 60er Jahren viel diskutierte „Harzburger Modell" eher diffus; Höhn verfaßte als Wirtschaftsprofessor eine Unzahl deskriptiver und praktizistischer Literatur („Die Stellvertretung im Betrieb", „Die Sekretärin im Management", „Das Unternehmen in der Krise", „Die erfolgreiche Leitung einer Betriebsversammlung", „Wofür wird die Unternehmensführung bezahlt?"[51]), in Seminaren wurde der dernier cri des *scientific management* präsentiert. Vor allem aber diente die Akademie in ihrer Frühphase als Relaisstation für Stellenbesetzungen im mittleren und gehobenen Management, von der NS-Belastete und „Kriegsverurteilte" profitieren konnten.

Für Six war die Beschäftigung mit Fragen des Marketings und der Absatzwirtschaft keine theoretische Übung. 1956 hatte ihm sein alter Duzfreund Albert Prinzing einen gutdotierten Beratervertrag bei einem neuen Unternehmen angetragen, der „Porsche Diesel Motorenbau GmbH" in Friedrichshafen. Der Wirtschaftswissenschaftler und Italienspezialist Prinzing war von 1948 bis 1956 in Zuffenhausen als kaufmännischer Geschäftsführer bei Porsche zunächst „entscheidend an der Entwicklung der einstigen Konstruktionsfirma zum führenden Sportwagenhersteller beteiligt", wie es 1986 in einer Würdigung der „Porsche-Chronik" zu Prinzings 75. Geburtstag hieß.

Mit Datum vom 1. Januar 1956 sollte Prinzing als Geschäftsführer dann mit Kapital des Mannesmann-Konzerns und Porsche-Knowhow die Porsche-Diesel-Motorenbau („PD") am Bodensee aufbauen, die auf dem Gebiet der Ackerschlepper-Produktion das Erbe der renommierten Allgaier-Werke antrat. Allgaier im schwäbischen Uhingen gab den Schlepperbau auf und konzentrierte sich auf die Werkzeugherstellung. Der Name Allgaier erschien aber zunächst weiterhin auf den in Friedrichshafen fabrizierten Schleppern, so daß der erste Werbeslogan 1956 hieß: „Nimm lieber einen Allgaier Porsche-Diesel Schlepper!" Am 3. August 1956 wurde auf dem Werksgelände am Bodensee das Richtfest für vier neue Produktionshallen in Stahlbauweise mit 16 000 Quadratmetern überdeckter Fläche gefeiert, und zunächst ließ sich das Geschäft auch gut an: Die Zahl der von rund 1100 Mitarbeitern bei „PD" produzierten Schlepper stieg von 9465 (1956) auf 18 500 (1959).

Nach Deutz und vor den Unternehmen Eicher, Fendt, Hanomag und IHC belegte Porsche-Diesel Ende der 50er Jahre Platz zwei der Zulassungsstatistik. Anfang der 60er Jahre verschärfte sich aber durch den Marktzutritt ausländischer Konkurrenten wie Massey-Ferguson, David Brown und John Deere die Situation auf dem Schleppermarkt, außerdem hatte Porsche-Diesel die Konstruktion neuer, leistungsstärkerer Schlepper vernachlässigt.[52] 1963 beschloß die Mannesmann-Führung, den Schlepperbau, der „nie so recht in das Produktionsprogramm des Konzerns paßte"[53], einzustellen; Prinzing wechselte als stellvertretendes Vorstandsmitglied zur AEG und wurde 1967 Geschäftsführer der Osram GmbH in Berlin.

Franz Alfred Six war seit dem 24. April 1957 in dem Kur- und Erholungsort Kressbronn, Weinbergstraße 14, nahe bei Friedrichshafen gemeldet, wo es sich durchaus angenehm leben ließ. Seine Arbeit als Werbeleiter bei Porsche-Diesel, offiziell als „Verkaufsförderung" (VF) ausgewiesen, war ein Fulltime-Job, wie der ehemalige „PD"-Personalchef Dr. Klaus Huegel bestätigt.[54] Die ohnehin ökonomisch nicht sonderlich lukrativen Geschäfte bei Leske betrieb Six bis 1960 noch nebenbei, zuletzt als „alleiniger Inhaber der Firma"[55], bis Middelhauve den Verlag kaufte und den Firmensitz nach Opladen verlegte. Persönlich haftender Gesellschafter war in der Phase des Übergangs für kurze Zeit Dr. Brethauer, Partner in der Anwaltskanzlei Dr. Achenbach, Seippel, Schlottmann, Dr. Brethauer, Zweigertstraße 34 in Essen.

„PD"-Personalchef Huegel (das Kürzel wurde wegen der vielen Akademiker in der Geschäftsleitung auch mit „Professoren – Doktoren" übersetzt) beschreibt Six als „großen Schaffer, sehr vital, ideenreich, aber auch schwierig, weil sehr ehrgeizig". Zu einem ähnlichen Urteil kommt der Karlsruher Unternehmensberater Rolf Praetorius, der Six aus der Porsche-Diesel-Zeit kannte und mit ihm gemeinsam in den 60er Jahren nebenamtlich als Dozent an Höhns Akademie tätig war. Six habe „förmlich vor Wissen und Gedankenreichtum gesprudelt", sei „überhaupt nicht verschlossen gewesen" – ein „hochintelligenter Mann, sehr aktiv". Über die Zeit von 1933 bis 1945 habe Six allerdings kaum geredet, nur über seine Aufgaben bei der „Operation Seelöwe" – daran sei übrigens ein gemeinsames Beratungsprojekt bei Massey Ferguson gescheitert, weil die Briten Six als einen der „Seelöwe"-Planer identifiziert hätten[56].

Nach dem Ende von Porsche-Diesel arbeitete Six in Essen als selbständiger Unternehmensberater, wobei er seine Erfahrungen bei Porsche-Diesel und seine guten Kontakte im Netzwerk ehemaliger SD-Freunde nutzen konnte, die – wie Prinzing und Höhn – inzwischen zu den Trägern des ökonomischen Aufschwungs in der Bundesrepublik zählten. 1968 legte Six, gespeist aus „den Erfahrungen einer jahrzehntelangen Beratung namhafter deutscher Unternehmen und aus der Vortragstätigkeit in speziellen Seminaren an der Akademie für Führungskräfte der Wirtschaft in Bad Harzburg", ein 161seitiges Lehrbuch zum „Marketing in der Investitionsgüterindustrie" (Untertitel: „Durchleuchtung, Planung, Erschließung") vor. Es erschien in Höhns Reihe „Taschenbücher zur Betriebspraxis" und war über weite Strecken auch Höhns Ansatz verpflichtet.[57] „Mit der Entdeckung des Verbrauchers", schrieb Six, „endet die überlieferte Geisteshaltung des Unternehmers, sich nur als Fabrikant zu sehen, und es beginnt die bewußt in allen Teilen minuziös betriebene Vertriebspflege und die Ausrichtung der Produktion auf die Verbraucherwünsche. Das heißt, der Markt erhält nun Vorrang vor der Fertigung. Das Produkt wird zur Problemlösung, der Unternehmer sucht den Verbraucher, dessen Probleme und dessen Wünsche."[58]

Six erhob mit seinem Buch den Anspruch, „aus der Praxis für die Praxis" zu schreiben, und so enthielt die in trockener Diktion verfaßte Schrift auch vorwiegend Checklisten, Fallbeispiele und definitorische Strukturierungen. „Wie die wissenschaftliche Kriegsführung, so verlangt die wissenschaftliche Betriebsführung den Stab", hieß es auch hier wieder mit Bezug auf Höhn[59]; zum Verständnis der Analogie von Strategie und Taktik seien „die militärischen und politischen Inhalte auf den wirtschaftlichen Bereich derart zu übertragen, daß Strategie als die Lehre vom Gebrauch der Marktkampagnen zum Zweck der

Markterschließung, Taktik als die Lehre vom Gebrauch der Organisationseinheiten des Vetriebs in der Marktkampagne verstanden wird".[60]

1971 erschien eine zweite Auflage des Werkes, und Six kündigte darin noch eine „Darstellung des integrierten Marketing" an, zu deren Abschluß er allerdings aus gesundheitlichen Gründen nicht mehr kam.

Ganz unbehelligt von seiner Vergangenheit als Chef der SD-Gegnerforschung verlief das Nachkriegsleben des erfolgreichen Marketingspezialisten allerdings nicht. Im Juni 1959 wurde Six auf Betreiben der ein Jahr zuvor etablierten Ludwigsburger Zentralstelle zur Verfolgung von NS-Verbrechen verhört[61], weil er in den Verdacht geraten war, 1942 an der Exekution von Juden im Raum Ostrina beteiligt gewesen zu sein; hier stellte sich aber heraus, daß es sich tatsächlich um eine Verwechslung handelte: Der Gesuchte war ein anderer Waffen-SS-Offizier, der zufällig auch „Franz Six" geheißen hatte.

Am 24. Mai 1961 lud man Six als Zeugen im Eichmann-Prozeß zu einer Aussage vor das Amtsgericht Tettnang, wo er über seine Zusammenarbeit mit Eichmann befragt wurde. „Bis jetzt war ich der Auffassung", testierte Six, „daß Eichmann mir in der Abteilung fremde Weltanschauung von Mitte 1937 bis Kriegsausbruch 1939 unterstellt war. Nachdem mir die Urkunden Nr. 1169 und 1513 vorgehalten wurden, halte ich es für richtig, daß Eichmann im Jahre 1938 nach Wien versetzt wurde, und daß er mir von dieser Versetzung an nicht mehr unterstand ... Der allgemeine Eindruck war der, daß Eichmann nicht nur unter dem Befehl Müllers stand, sondern daß er schon ein Stück neben ihm stand. Müller war als einer der übelsten Antreiber bekannt und ich möchte sagen, daß sich die beiden gut getroffen haben".[62]

Von 1963 an ermittelte dann eine elfköpfige Gruppe der Berliner Staatsanwaltschaft, gestützt auf Akten und Geschäftsverteilungspläne des Reichssicherheitshauptamts, umfassend gegen leitende Angehörige des RSHA wegen der Einsatzgruppenmorde, der Beteiligung an der „Endlösung" der Judenfrage und Verbrechen an Kriegsgefangenen.[63] Hier geriet auch Six, vor allem wegen seiner Anwesenheit bei den RSHA-Amtschefbesprechungen 1939/40, ins Visier der Fahnder. Seit Oktober 1966 anwaltlich vertreten durch den „großen SL", Erich Schmidt-Leichner, berief sich Six nun auf Erinnerungslücken und seinen schlechten gesundheitlichen Allgemeinzustand; er verweigerte schließlich generell die Aussage. Im Gegensatz zu Werner Best und Reinhard Höhn hatte er auch Historikern oder Journalisten über seine führende Rolle im SD nie Auskunft gegeben – Six kapselte diesen Teil seines Lebens im Inneren ab.[64]

Am 12. September 1968 wurde das RSHA-Ermittlungsverfahren gegen Six eingestellt. Im Rahmen des fortdauernden Verfahrens gegen Werner Best wegen der Einsatzgruppenverbrechen in Polen wurde der 61jährige Franz Alfred Six, wohnhaft Essen-Stadtwald, Ahornstraße 26, am 29. März 1971 von 10 Uhr 30 bis 15 Uhr noch ein letztes Mal als Zeuge gehört. Die Anhörung blieb unergiebig; er habe, so Six, „zwei apoplektische Störungen vor drei Jahren und vor ca. sechs Wochen gehabt, die nach ärztlicher Aussage mein Erinnerungsvermögen beeinträchtigen".

Six hatte sich nach 27jähriger Ehe 1967 von seiner Frau Ellen scheiden lassen und wenig später in Essen seine Sekretärin Sybille Lachemann, Jahrgang 1938, geheiratet. Im September 1974 wurde auch seine zweite Ehe vor dem Landgericht Essen geschieden. Nach der Trennung von seiner zweiten Frau hielt sich der schwer herzkranke Six eine Zeitlang in Urbach/Rems auf, wo seine Stieftochter Heide in das Bootsbau-Unternehmen Massag, Austraße 17, eingeheiratet hatte. Bereits 1972 hatte Six von einem Südtiroler Porsche-Händler ein Grundstück in Kaltern an der Weinstraße (Caldaro) erworben, der Hauptgemeinde des südlichen Überetsch, deren einzelne Gemarkungen sich um einen kleinstädtischen Kern mit Bürgerhäusern und Ansitzen von Edelleuten aus dem 17. und 18. Jahrhundert gruppieren – „ein harmonisches Zusammenleben mit der stolzen Betonung einer gemeinsamen Landsmannschaft", wie ein Lokalhistoriker stolz konstatiert.[65] Hermann Giesler, als Star-Architekt im NS-Staat Konkurrent Albert Speers um Hitlers Gunst, hatte hier für Six am Eisenburger Weg ein lichtes Haus mit Blick auf die Südtiroler Bergwelt entworfen.[66]

Am 9. Juli 1975 verstarb Franz Alfred Six in Bozen. Er war 65 Jahre alt geworden. Die Leiche wurde vom Beerdigungsinstitut Großmann nach Kaltern überführt, wo Six zwei Tage später auf dem Dorffriedhof beerdigt wurde. Für den September 1996 kündigte die Kalterner Gemeindeverwaltung an, das Grab aufzulassen, da sich seit geraumer Zeit niemand mehr um die Pflege der letzten Ruhestätte des Gegnerforschers gekümmert habe.[67]

Anmerkungen

I. Vorbemerkung

1 Klaus Mann: Der Wendepunkt. Ein Lebensbericht, Reinbek bei Hamburg 1984, S. 213 (zuerst 1949)
2 Der bislang einzige Aufsatz über Six entstand im Rahmen eines Projekts zur Vorgeschichte der deutschen Kommunikationswissenschaft; Regina Urban/Ralf Herpolsheimer: Franz Alfred Six (geb. 1909), in: Arnulf Kutsch (Hg.): Zeitungswissenschaftler im Dritten Reich. Sieben biographische Studien, Köln 1984, S. 171–213
3 Lutz Hachmeister: Mein Führer, es ist ein Wunder, in: die tageszeitung vom 27. Dezember 1996

II. „Durch Tod erledigt"

1 Staatsanwaltschaft Braunschweig, Ermittlungsverfahren wegen Mordes an Freiherr von Ketteler und wegen Verdachts der Anstiftung zum Mord an Prof. O. Spann in Wien im März 1938, Einstellungsvermerke vom 4. April 1987 und 13. Juni 1994, hier S. 4. Herrn Oberstaatsanwalt Reinhardt bin ich für die Einsicht in die Einstellungsvermerke dankbar. Alle weiteren Angaben zum Fall Ketteler, soweit nicht anders gekennzeichnet, stammen aus diesen Vermerken der Braunschweiger Staatsanwaltschaft.
2 vgl. dazu Peter Black: Ernst Kaltenbrunner. Vasall Himmlers: Eine SS-Karriere, Paderborn 1991, S. 119 (zuerst Princeton, N. J., 1984)
3 Zum sogenannten Papenkreis siehe Heinz Höhne: Mordsache Röhm. Hitlers Durchbruch zur Alleinherrschaft 1933–1934, Reinbek bei Hamburg 1984, S. 231 ff.
4 Fritz Günther von Tschirschky: Erinnerungen eines Hochverräters, Stuttgart 1972, S. 103
5 ebd.
6 zit. nach Tschirschky, op. cit., S. 165. Die weiteren Angaben zur Papen-Affäre folgen der Darstellung Tschirschkys.
7 vgl. dazu das Standardwerk von George C. Browder: Foundations of the Nazi Police State. The Formation of Sipo and SD, Lexington, Kentucky 1990, bes. S. 139–147
8 Im Zuge der Annexion Österreichs wurde dann ein neues Referat II 225 in Six' Zentralabteilung „Lebensgebietsmäßige Auswertung" etabliert.
9 Nachkriegsbericht des SS-Obersturmbannführers Jacobi, Zentralstelle Ludwigsburg, 414 AR – Z 70/76. Dem Bericht sind auch die folgenden Zitate entnommen.
10 zu Göttsch siehe George C. Browder: Hitler's Enforcers. The Gestapo and the SS Security Service in the Nazi Revolution, New York/Oxford 1996, S. 188

("Main department head SS Captain Werner Göttsch was one of the previously described unemployed 1932 recruits from Kiel").
11 Aussage Werner Göttsch bei der Zentralstelle Ludwigsburg, 11. Juni 1974, 110 AR 613/74. Göttsch wohnte damals wieder in seiner Geburtsstadt Kiel in der Alten Lübecker Chaussee.
12 Brief Artzt an Ministerialrat Dr. Kothny, Österreichisches Bundesministerium für Inneres, Generaldirektion für öffentliche Sicherheit, 20. Juni 1974, Zentralstelle Ludwigsburg, I–110 AR 1265/70
13 Vernehmungsprotokoll Raffael Spann, 8. Juli 1974, Zentralstelle Ludwigsburg, 10.140/3 – 18/74
14 Schreiben der Staatsanwaltschaft Braunschweig an den Verf., 4. Juli 1994
15 Staatsanwaltschaft Braunschweig, Einstellungsvermerk (Ergänzung) vom 13. Juni 1994, S. 76
16 Gottfried von Nostitz: Abschied von den Freunden (Mskr.), IfZ, ZS 1273, Bl. 10
17 vgl. Jochen von Lang: Das Eichmann-Protokoll. Tonbandaufzeichnungen der israelischen Verhöre, Wien 1991, S. 31
18 Brief Hipplers an den Verf., 12. Dezember 1995
19 Gespräch des Verf. mit Hans Abich, 30. Oktober 1990, Transskript.
20 Leopold von Caprivi: Erinnerungen 1933–45 (Auszüge, unveröff. Mskr.), IfZ, ZS 3070
21 Jürgen Matthäus: „Weltanschauliche Forschung und Auswertung". Aus den Akten des Amtes VII im Reichssicherheitshauptamt, in: Jahrbuch für Antisemitismusforschung 5, Frankfurt/New York 1996, S. 287–330, hier S. 293
22 Christopher Simpson: Blowback. America's Recruitment of Nazis and its Effects on the Cold War, New York 1989, S. 47. Simpson ordnet Six überdies dem Amt VI des RSHA zu, in dem er nie tätig war. Selbst in der jüngsten Auflage von Tom Bower: Blind Eye to Murder. Britain, America and the Purging of Nazi Germany – A Pledge Betrayed, London 1997 (zuerst 1981) taucht Six sogar als doppelte Person im Register auf („Six, Dr Alfred", „Six, Franz").
23 Hans-Jürgen Döscher: Das Auswärtige Amt im Dritten Reich. Diplomatie im Schatten der „Endlösung", Berlin 1987, S. 193
24 Serge Klarsfeld: Vichy – Auschwitz. Die Zusammenarbeit der deutschen und französischen Behörden bei der „Endlösung der Judenfrage" in Frankreich, Nördlingen 1989, S. 49
25 Robert M. W. Kempner: SS im Kreuzverhör. Die Elite, die Europa in Scherben brach, Hamburg 1987, S. 362
26 Götz Aly/Susanne Heim: Vordenker der Vernichtung. Auschwitz und die deutschen Pläne für eine neue europäische Ordnung, Frankfurt/M. 1993, S. 354 (zuerst Hamburg 1991)
27 Heinz Höhne: Der Orden unter dem Totenkopf. Die Geschichte der SS, Augsburg 1992, S. 12 (zuerst München 1967)
28 Shlomo Aronson: Reinhard Heydrich und die Frühgeschichte von Gestapo und SD, Stuttgart 1971 (gekürzte und überarbeitete Fassung der Diss. von 1967), vgl. auch ders.: The Beginnings of the Gestapo System: The Bavarian Model in 1933, Jerusalem 1969
29 Browder, op. cit. (1996), S. 3. Browders zweites Buch zur Geschichte von SD und Gestapo enthält eine konkrete Analyse von Personal und Selbstbild der Sicherheitspolizei sowie einige ausführliche Bemerkungen zu Six als Leiter des

SD-Presseamtes, vgl. S. 179/180 und 195/196. Browder hat fast drei Jahrzehnte lang Dokumente zum NS-Polizeistaat recherchiert und ist heute Professor an der New York State University. Seine Arbeiten haben in Deutschland über die geschichtswissenschaftlichen Fachkreise hinaus bezeichnenderweise kaum Aufmerksamkeit gefunden – jedenfalls bislang nicht.

30 Günther Deschner: Reinhard Heydrich. Statthalter der totalen Macht (Esslingen 1977, 3. Aufl. 1992) ist eine erste publizistische Annäherung, die aber das reichlich vorhandene Quellenmaterial kaum auswertet. Außerdem ist fraglich, ob Heydrich „eines jener technokratischen Genies (war), die erst ihr Auftrag mit einem positiven oder negativen Vorzeichen versieht" (Deschner, op. cit., s. 13). Angekündigt ist eine umfassende Heydrich-Biographie aus der Feder Charles W. Sydnors, vgl. Richard Breitman: Der Architekt der „Endlösung". Himmler und die Vernichtung der europäischen Juden, Paderborn etc. 1996 (zuerst 1991), S. 8

31 Ulrich Herbert: Best. Biographische Studien über Radikalismus, Weltanschauung und Vernunft, 1903–1989, Bonn 1996, S. 16

32 Herbert, op. cit., S. 17

33 Michael Wildt: Die Judenpolitik des SD 1935 bis 1938. Eine Dokumentation, München 1995 (Schriftenreihe der Vierteljahreshefte für Zeitgeschichte, Bd. 71); vgl. auch ders.: Das Führungskorps des Reichssicherheitshauptamtes. Versuch einer Kollektivbiographie, Mskr. 11 S. (zum Forschungsprojekt einer biographischen und generationellen Analyse der RSHA-Führer)

34 Gerhard Paul/Michael Mallmann (Hg.): Die Gestapo. Mythos und Realität, Darmstadt 1995; für den Kontext einer Kontinuitätsanalyse darin besonders relevant der Aufsatz von Gerhard Paul: Zwischen Selbstmord, Illegalität und neuer Karriere. Ehemalige Gestapo-Bedienstete im Nachkriegsdeutschland, op. cit., S. 529 ff. Eine umfassende Studie über die Personalstruktur der Gestapo bleibt nach wie vor Desiderat.

35 Ulrich Brochhagen: Nach Nürnberg. Vergangenheitsbewältigung und Westintegration in der Ära Adenauer, Hamburg 1994; Norbert Frei: Vergangenheitspolitik. Die Anfänge der Bundesrepublik und die NS-Vergangenheit, München 1996

36 Kurt P. Tauber: Beyond Eagle and Swastika. German Nationalism since 1945, 2 Bde., Middeltown 1967

37 FAZ vom 17. 9. 1996. In einem Artikel zur Affäre um den Aachener Germanisten Hans Schwerte (alias SS-Hauptsturmführer Dr. Hans Ernst Schneider) schrieb Raulff (FAZ vom 23. Mai 1997) freilich, bei den Historikern mache „sich ein gewisser Überdruß an der strukturalen Betrachtungsweise" breit; dagegen komme jetzt „der Einzelne als Täter und Opfer, vor allem aber als Untertan" wieder in den Blick. Ob man auf diesem Wege aber „auch der historischen Wahrheit" näherkomme, sei „eine andere Frage". Zur Affäre Schneider/Schwerte siehe Hans König/Wolfgang Kuhlmann/Klaus Schwabe (Hg.): Vertuschte Vergangenheit. Der Fall Schwerte und die NS-Vergangenheit der deutschen Hochschulen, München 1997, wo Six, der mit dem „Ahnenerbe"-Referenten Schneider in peripherem Kontakt gestanden hatte, als „Direktor bei Porsche und Mitarbeiter des Bundesnachrichtendienstes" firmiert; op. cit., S. 28

38 Eberhard Jäckel/Jürgen Rohwer (Hg.): Der Mord an den Juden im Zweiten Weltkrieg. Entschlußbildung und Verwirklichung, Frankfurt/M. 1987, S. 242

39 Die große öffentliche Resonanz auf Goldhagens Arbeit kann natürlich nicht

allein mit dem Verweis auf mediale Strategien begründet werden. Unstrittig ist aber, daß die Kontroverse strategisch inszeniert und Goldhagen von der „Zeit" erfolgreich als Popstar der Holocaustforschung lanciert wurde, der mit vorgeblich rigider Moralität gegen eine relativierende Schar graumäusiger Zunfthistoriker antrat. „Eine Woche lang reiste der Autor der Holocaust-Studie durch Deutschland. Die Tournee wurde zum Triumphzug", meldete die „Zeit" am 13. September 1996. Der „Spiegel" hatte den zeithistorischen Scoop verpaßt, nahm Goldhagen verspätet dann doch auf den Titel und rächte sich im August 1997 post festum mit der Geschichte „Goldhagen – ein Quellentrickser" (Heft 33/1997, S. 156ff.), in der er das deutsche Publikum mit einem harten Anti-Goldhagen-Aufsatz des „Palästina-Spezialisten" Norman Finkelstein aus dem „Londoner Intellektuellenblatt New Left Review" bekannt machte. Goldhagen, so prophezeite der „Spiegel", werde „ebenso rasch ins Abseits geraten, wie er das Rampenlicht auf sich zog". Die Kontroverse verendete schließlich in persönlichen Schmähungen. Vgl. jetzt auch die Passionsschrift von Richard Chaim Schneider: Fetisch Holocaust. Die Judenvernichtung – verdrängt und vermarktet, München 1997 und Julius H. Schoeps (Hg.): Ein Volk von Mördern? Die Dokumentation zur Goldhagen-Kontroverse um die Rolle der Deutschen im Holocaust, Hamburg 1996; darin auch noch einmal die gänzlich mißratene erste Annäherung des „Spiegel"-Herausgebers an das Sujet: Rudolf Augstein: Der Soziologe als Scharfrichter, op. cit., S. 106–109 (zuerst im „Spiegel" vom 15. April 1996)

40 Daniel Jonah Goldhagen: Hitlers willige Vollstrecker. Ganz gewöhnliche Deutsche und der Holocaust, Berlin 1996, hier S. 15 ff.

41 Im konventionellen akademischen Ritual erweist sich die eigentliche Normalisierung der Judenvernichtung. Vgl. als vorläufigen Höhepunkt der binnenakademischen Kontroverse das „Spiegel"-Interview mit Christopher Browning über die verzögerte Besetzung einer Professur für Holocaust-Forschung an der Harvard University: „Ein Anschein von Unsauberkeit", Der Spiegel 31/1997, S. 164f.

42 Goldhagen, op. cit., S. 668

43 Goldhagen, op. cit., S. 202

44 Hildegard von Kotze/Hellmut Krausnick (Hg.): Es spricht der Führer. Sieben exemplarische Hitlerreden, Gütersloh 1967, S. 281

45 zit. nach Dietz Bering: Die Intellektuellen. Geschichte eines Schimpfworts, Stuttgart 1978, S. 110

46 Bering, op. cit., S. 135

47 Alan Bullock: Hitler und Stalin. Parallele Leben, Berlin 1991, S. 198. Zur häufig paradoxen Definition von Intellektualität (mit ihrer sozialen, kulturellen und politischen Begriffsdimension) siehe auch die Studie von Christophe Charle: Vordenker der Moderne. Die Intellektuellen im 19. Jahrhundert, Frankfurt/M. 1997 sowie Pierre Bourdieu: Die Intellektuellen und die Macht, Hamburg 1991 und Georg Bollenbeck: Bildung und Kultur. Glanz und Elend eines deutschen Deutungsmusters, Frankfurt/M./Leipzig 1994. Für die akademisch gebildete NS-Elite ist der Widerspruch zwischen anti-intellektuellem Ressentiment und dem Wunsch nach historischer Geltung durch intellektuelle Produktion ganz allgemein kennzeichnend. Da der totalitäre Staat den „kritischen Intellektuellen" (im Sinne der Deyfusards) grundsätzlich nicht toleriert, muß er durch den herrschaftskonform agierenden Experten ersetzt werden, der aber zugleich be-

stimmte Formen des intellektuellen Habitus übernimmt. Hinzu kommt die Schwierigkeit, die eigene Rolle als weltanschaulicher Präzeptor (oder als Consigliere des Weltanschauungsführers) mit der Affinität totalitärer Bewegungen zu den akklamierenden Massen in Verbindung zu bringen. Die sich daraus ergebenden permanenten Widersprüche und Paradoxien lassen sich in den Tagebüchern Goebbels' und in den Karrieren der „SS-Intellektuellen" (Six, Höhn, Best, Ohlendorf) präzise nachweisen. Vgl. auch Zygmunt Bauman: Unerwiderte Liebe. Die Macht, die Intellektuellen und die Macht der Intellektuellen, in: Ute Daniel/Wolfram Siemann (Hg.): Propaganda. Meinungskampf, Verführung und Sinnstiftung 1789–1989, Frankfurt/M. 1994, mit deutlichen Hinweisen auf die Rolle der technischen Kommunikationsmedien bei der Transformation der intellektuellen Typen.
48 vgl. auch Jeffrey Herf: Reactionary Modernism. Technology, Culture, and Politics in Weimar and the Third Reich, Cambridge 1996 (zuerst 1984), der überzeugend nachgewiesen hat, daß reaktionäre Ideologie und technokratische Modernität im NS-System zusammenfielen. Herfs These müßte für den Bereich der Kulturwissenschaften noch genauer untersucht werden.
49 State Department Propaganda Investigation Team, Interrogation Report Gerda Scholz, 29. November 1945, IfZ, MA 1300/3, S. 5
50 vgl. z. B. zur konstitutiven Bedeutung akademisch geschulter Mitarbeiter beim US-„Office of Strategic Services" (OSS) Robin Winks: Cloak & Gown. Scholars in the Secret War, 1939–1961, New Haven/London 1996, 2. Aufl. (zuerst 1987)
51 Andreas Pfenning: Vom Nachteil und Nutzen der Soziologie für die Politik, Volk im Werden 7 (1939), S. 126
52 Sonderarchiv Moskau 701-1-12, Bl. 9
53 Historische Kommission des Reichsführers SS, Abschlußbericht 1939, S. 63, Sonderarchiv Moskau 701-1-24
54 vgl. Gerhard Botz: Die Eingliederung Österreichs in das Deutsche Reich, Wien 1977, Nachdruck der 2. Aufl. Wien 1988
55 Sonderarchiv Moskau, 700-1-12, Bl. 10
56 ebd.
57 op. cit., Bl. 23 ff. Alle folgenden Zitate nach dem fortlaufenden Aktenbestand im Sonderarchiv Moskau.
58 Zu Koppe (1896–1975) siehe Ruth Bettina Birn: Die Höheren SS- und Polizeiführer. Himmlers Vertreter im Reich und in den besetzten Gebieten, Düsseldorf 1986. Koppe wurde noch im April 1945 zum Höheren SS- und Polizeiführer Süd mit Dienstsitz in München ernannt. „Nach dem Krieg lebte Koppe unter dem Namen Lohmann als Fabrikdirektor in Bonn. 1961 wurde seine Identität entdeckt, er wurde festgenommen. 1966 stellte die Staatsanwaltschaft Bonn das Verfahren gegen ihn wegen seiner schlechten Gesundheit ein", siehe „Koppe, Wilhelm", in: Enzyklopädie des Holocaust, Bd. 2, Berlin 1993, S. 795
59 Siehe dazu die in jeder Hinsicht herausragende Arbeit von Helmut Heiber: Walter Frank und sein Reichsinstitut für Geschichte des neuen Deutschland, Stuttgart 1966
60 Später u. a. Führer des Einsatzkommandos 7 a in der Sowjetunion, vgl. Helmut Krausnick: Hitlers Einsatzgruppen. Die Truppen des Weltanschauungskrieges 1938–1942, Frankfurt/M. 1985, S. 322
61 Sonderarchiv Moskau, 701-1-29, Bl. 40. Edmund von Glaise-Horstenau, Jahr-

gang 1882, war Minister ohne Geschäftsbereich bzw. Innenminister im Kabinett Schuschnigg; 1941–1944 Bevollmächtigter General der deutschen Wehrmacht in Kroatien, 20. Juli 1946 Selbstmord im Lager Langwasser bei Nürnberg. Vgl. die Tagebucheintragung Goebbels' vom 20. April 1937: „Ein paar Unterredungen. Mit dem österreich. Innenminister Glaise-Horstenau. Ein nationaler deutscher Mann. Man kann sich offen mit ihm aussprechen. Ich sage ihm alles, was ich auf dem Herzen habe. Im Auftrag des Führers, daß Restauration für Deutschland den casus belli bedeuten würde. Das macht auf ihn ganz tiefen Eindruck"; Elke Fröhlich (Hg.): Die Tagebücher von Joseph Goebbels. Sämtliche Fragmente, München u. a. 1987

III. „Als gäb' es nichts Gemeines auf der Welt"

1 Walter Jellinek, geboren 1885 in Wien als Sohn des Staats- und Völkerrechtlers Georg Jellinek, Professor fur Staats- und Verwaltungsrecht in Kiel und Heidelberg (dort von 1929 an), 1935 zwangspensioniert, nach 1945 wieder in Heidelberg lehrend und dort 1955 gestorben.
2 Joseph von Eichendorff: Die Romantiker in Heidelberg, in: Michael Buselmeier (Hg.): Heidelberg-Lesebuch. Stadt-Bilder von 1800 bis heute, Frankfurt/M. 1986, S. 49–56, hier S. 49 f.
3 Clemens Brentano an Sophie Brentano-Mereau, 15. August 1804, in: Buselmeier, op. cit., S. 22
4 Jean Paul: Briefe aus Heidelberg, in: Buselmeier, op. cit., S. 79–84, hier S. 80
5 Joseph Goebbels: Michael. Ein deutsches Schicksal in Tagebuchblättern, München 1929, hier zit. nach Buselmeier, S. 251. Zu Goebbels' Studienzeit in Heidelberg siehe vor allem Hans-Dieter Müller: Der junge Goebbels. Zur ideologischen Entwicklung eines politischen Propagandisten, Phil. Diss., Freiburg/Brsg. 1973; Ralf Georg Reuth: Goebbels, München 1990, S. 48 ff. sowie die etwas exaltierte, aber aufschlußreiche Studie von Claus-Ekkehard Bärsch: Erlösung und Vernichtung. Dr. phil. Joseph Goebbels. Zur Psyche und Ideologie eines jungen Nationalsozialisten, München 1985 und Gerhard Sauder: Goebbels in Heidelberg, in: Karin Buselmeier/Dietrich Harth/Christian Jansen (Hg.): Auch eine Geschichte der Universität Heidelberg, Mannheim 1985, S. 307–314
6 Franz Alfred Six: Die politische Propaganda der NSDAP im Kampf um die Macht, Heidelberg 1936, S. 3
7 vgl. dazu Hubert Treiber/Karol Sauerland (Hg.): Heidelberg im Schnittpunkt intellektueller Kreise. Zur Topographie der „geistigen Geselligkeit" eines „Weltdorfes": 1850–1950, Opladen 1995, in dem sich u. a. Aufsätze über die Webers, den George-Kreis, die osteuropäischen Intellektuellen oder Erich Rothacker finden. Dem Verhältnis der etablierten akademischen Elite zu den NS-Aktivisten in der Studentschaft widmet sich in einigen Passagen Christian Jansen: Die Liberalität der Universität Heidelberg und ihre Grenzen, in: Treiber/Sauerland, op. cit., S. 515–541, der feststellt, daß die Heidelberger Gelehrtenschaft über einen „opportunistischen Interessenrepublikanismus" nicht hinausgekommen sei. Zum Bewußtsein der akademischen „Mandarine" siehe auch Helene Tompert: Lebensformen und Denkweisen der akademischen Welt Heidelbergs im Wilhelminischen Zeitalter, Lübeck 1969

8 Staatsarchiv Nürnberg, KV Prozesse Fall 9, ZB 1 („The United States of America vs. Otto Ohlendorf et. al."), S. 1335
9 vgl. BAP/BDC, SSO Six
10 Hans Coppi: Harro Schulze-Boysen – Wege in den Widerstand. Eine biographische Studie, Koblenz 1993, S. 89
11 vgl. z. B. Michael Balfour: Der Kaiser. Wilhelm II. und seine Zeit, Berlin 1996 (zuerst 1964), S. 367
12 Margret Boveri: Der Verrat im 20. Jahrhundert. Reinbek bei Hamburg 1976, S. 31 (zuerst 1956)
13 Herbert Reinecker: Ein Zeitbericht unter Zuhilfenahme des eigenen Lebenslaufs, Erlangen/Bonn/Wien 1990, S. 44; zu Reinecker siehe auch Horst Pöttker/Rolf Seubert: Glückseliger Dämmerzustand. Herbert Reinecker über ‚Junge Adler' und seine Vergangenheit im Nationalsozialismus im Gespräch, in: medium 3/1988, S. 37–42 und Rolf Seubert: Vom HJ-Propagandisten zum Fernseh-Guru. Herbert Reinecker im Spiegel seines „Zeitberichts", in: medium 3/1990, S. 21–26
14 Reinecker, op. cit., S. 15
15 Reinecker, op. cit., S. 52. Reinecker wurde 1914 in Hagen/Westf. als Sohn eines aus Ostpreußen stammenden Zugschaffners geboren. Der Vater kam früh durch einen Bahnunfall ums Leben. Abitur Frühjahr 1934, danach Chefredakteur eines regionalen HJ-Blattes in Münster. 1935 Chefredakteur „Der Pimpf" (Jungvolkzeitschrift der Reichsjugendführung) in Berlin. Seit Ende der 30er Jahre zudem Autor von Theaterstücken und Filmdrehbüchern, u. a. „Junge Adler" für die Ufa (zusammen mit Wolfgang Liebeneiner und Alfred Weidenmann); 1940ff. Kriegsberichter bei der Waffen-SS in Norwegen, Schweden, Karelien, Flandern, in der Normandie und an der Ostfront, Februar 1945 bei der Heeresgruppe Weichsel, zudem Redakteur der HJ-Illustrierten „Junge Welt" in Berlin. Nach Kriegsende freier Autor u. a. in Landstuhl, Hamburg, Hannover (dort gescheiterte Bewerbung beim „Spiegel"), Hörspiele für den NWDR. In den 50er Jahren Drehbücher u. a. für „Canaris" (Regie: Alfred Weidenmann), Romane u. a. „Kinder, Mütter und ein General". Seit den 60er Jahren der erfolgreichste Fernsehautor Deutschlands mit den Serien „Der Kommissar" und „Derrick" für das ZDF. Redundanzen im Stil und stete Versuche fundamentaler Deutungsmuster des menschlichen Verhaltens sind Reinecker-typisch.
16 Heinz Bude: Bilanz der Nachfolge. Die Bundesrepublik und der Nationalsozialismus, Frankfurt/Main 1992, S. 84
17 Herbert 1996, op. cit., S. 43 ff.
18 Günther E. Gründel: Die Sendung der Jungen Generation. Versuch einer umfassenden revolutionären Sinndeutung der Krise, München 1932, zit. nach Herbert, op. cit., S. 117
19 Helmut Lethen: Verhaltenslehren der Kälte. Lebensversuche zwischen den Kriegen, Frankfurt/M. 1994, eine Analyse der „neusachlichen Literatur" in der Weimarer Republik: „Wenn stabile Aufenthalte der Konvention wegfallen, Diffusion der vertrauten Abgrenzungen, Rollen und Fronten gefürchtet wird, antwortet die symbolische Ordnung mit einem klirrenden Schematismus, der allen Gestalten auf dem Feld des Sozialen Konturen verleiht. Alle Phänomene – vom Körperbau bis zum Charakter, von der Handschrift bis zur Rasse – werden klassifiziert", op. cit., S. 10f.

20 vgl. z. B. Gudrun Brockhaus: Schauer und Idylle. Faschismus als Erlebnisangebot, München 1997
21 Reinecker, op. cit., S. 22
22 Für zureichende Definitionen generationeller Gruppen ist daher eine breitere biographisch-empirische Basis und eine konkrete Analyse der Kommunikations- und Rezeptionsmuster erforderlich. Zudem ergeben sich kumulative Effekte durch die Gleichzeitigkeit von konsentierter völkischer Basis und interner Fraktionierung im Gefüge der NS-Herrschaft.
23 BAP/BDC, SSO Six
24 Reifezeugnis Six, Archiv der Lessingschule Mannheim
25 StA Nürnberg, KV Prozesse Fall 9. ZB 1, S. 1335
26 ebd.,vgl. dazu auch die hellsichtige Tagebucheintragung des jüdischen Romanisten Victor Klemperer am 25. August 1942: „Ich hielt jahrelang den Nationalsozialismus für ganz unoriginell, ganz auf Italien, Rußland, USA zurückgehend. Ich bin jetzt anderer Meinung. Was heißt originell? Eine absolute Originalität gibt es nicht. 1) Man hat gesagt, es gibt ganz wenige Tragödienthemen. Ebenso gibt es ganz wenige Grundgedanken, die sich uranfänglich überall vorgefunden haben müssen, sobald sich aus den allgemeinen, primär gegebenen Instinkten, Gefühlen, Ängsten, Begehrungen Gedanken herausschälen, in dem Augenblick also, wo sich der Mensch vom Tier absondert wie das Feste vom Flüssigen. Alles andere ist Entwicklung, also nicht mehr ganz neu. Von Ikarus bis zum Bombenflieger, erst recht von Plato bis zu Bergson etc. 2) Das Geheimnis der Zeitbestimmung, der „erfüllten Zeit", des In-der-Luft-Liegens. Entdeckungen werden gleichzeitig gemacht, Philosophisches taucht da und dort gleichzeitig auf: Es „lag in der Zeit", „man war soweit" … Originalität liegt in der Art des Adaptierens, in der Verschmelzung des Überkommenen oder Gleichzeitigen mit der eigenen Persönlichkeit, mit dem markanten Zuge des einzelnen Volkes"; Victor Klemperer: Ich will Zeugnis ablegen bis zum letzten. Tagebücher 1942–1945, Berlin 8. Aufl. 1996 (zuerst 1995), S. 224
27 vgl. Herbert Hoffmann: Im Gleichschritt in die Diktatur? Die nationalsozialistische „Machtergreifung" in Heidelberg und Mannheim 1930 bis 1935, Frankfurt/M./Bern/New York 1975
28 zit. nach Michael H. Kater: Studentenschaft und Rechtsradikalismus in Deutschland 1918–1933. Eine sozialgeschichtliche Studie zur Bildungskrise in der Weimarer Republik, Hamburg 1975, S. 11
29 ebd.
30 Kater, op. cit., S. 13; vgl jetzt auch Michael Grüttner: Studenten im Dritten Reich, Paderborn etc. 1995, besonders das Kapitel I: „Studenten als nationalsozialistische Avantgarde", S. 19–50 sowie Geoffrey J. Giles: Students and National Socialism in Germany, Princeton 1985 und besonders für Heidelberg Norbert Giovannini: Zwischen Republik und Faschismus. Heidelberger Studentinnen und Studenten 1918–1945, Weinheim 1990
31 Christian Jansen: Auf dem Mittelweg nach rechts. Akademische Ideologie und Politik zwischen 1914 und 1933, in: Buselmeier et. al., op. cit., S. 163–194, hier S. 184; vgl. auch ders.: Professoren und Politik. Politisches Denken und Handeln der Heidelberger Hochschullehrer 1914–1935, Göttingen 1992
32 Zu Lenards „arischer Physik" siehe Alan D. Beyerchen: Wissenschaftler unter Hitler. Physiker im Dritten Reich, Frankfurt/M./Berlin/Wien 1982 (zuerst New Haven/London 1977), S. 115–145

33 Vgl. dazu Carsten Klingemann: Das „Institut für Sozial- und Staatswissenschaften" an der Universität Heidelberg zum Ende der Weimarer Republik und während des Nationalsozialismus, in: ders.: Soziologie im Dritten Reich, Baden-Baden 1997, S. 120–158
34 Eike Wolgast: Die Universität Heidelberg und die nationalsozialistische Diktatur, in: Joachim Felix Leonhardt (Hg.): Bücherverbrennung. Zensur, Verbot, Vernichtung unter dem Nationalsozialismus in Heidelberg, Heidelberg 1983, S. 33–53, hier S. 33
35 Zum Fall Gumbel siehe Wolfgang Benz: Emil J. Gumbel. Die Karriere eines deutschen Pazifisten, in: Ulrich Walberer (Hg.): 10. Mai 1933. Bücherverbrennung in Deutschland und die Folgen. Frankfurt/M. 1983, S. 173 ff.; Klingemann, op. cit., S. 121 ff. und ausführlicher Christian Jansen: Der Fall Gumbel und die Heidelberger Universität 1924–1932, unveröff. Mskr., Heidelberg 1981
36 Karl Jaspers: Der Heidelberger Geist, in Buselmeier 1986, op. cit., S. 204–209, hier S. 209
37 Rainer Eisfeld: Ausgebürgert und doch angebräunt. Deutsche Politikwissenschaft 1920–1945, Baden-Baden 1991, S. 81. Auch die folgenden Zitate nach Eisfeld 1991, pass.
38 Giovannini 1990, op. cit., S. 195; vgl. auch Six' Handlungsanweisung zur „Vorbereitung des Führerschulungskurses der Heidelberger Studentenschaft im Winter-Semester 1934/35" (StA Würzburg, RSF I * 001.389): „In dem Mittelpunkt des Führerschulungskurses 1934/35 soll die Stellung Deutschlands in der Welt stehen. Zur Kenntnis der Stellung Deutschlands in der Welt ist die Kenntnis der politischen, kulturellen und wirtschaftlichen Lage der Völker Voraussetzung ... Die Vorträge werden grundsätzlich von Studenten oder jungen Assistenten gehalten ... Aus jedem Vortrag ist ein Auszug von 7 Schreibmaschinenseiten zu machen, der bis 25. August zu übersenden ist an: F. A. Six, Heidelberg, Hauptstr. 234. Zu jedem Vortrag sollen 2 bis 3 kurze Leitschriften angegeben werden, welche die Kursteilnehmer während der Ferien durcharbeiten."
39 Nach Berechnungen von Giles, op. cit., S. 94, hatte der NSDStB im Dezember 1932 reichsweit 8800 Mitglieder.
40 op. cit., S. 161
41 Kurzbiographie Feickerts in Grüttner, op. cit., S. 507
42 Andreas Feickert: Studenten greifen an! Nationalsozialistische Hochschulrevolution, Hamburg 1934, in der Hanseatischen Verlagsanstalt, einem prominenten Verlagsort für die jüngere NS-Ideologieproduktion, erschienen und „Den Kameraden" gewidmet; hier S. 7
43 ebd.
44 op. cit., S. 8
45 op. cit., S. 11
46 op. cit., S. 21
47 op. cit., S. 23
48 Grüttner, op. cit., S. 270
49 StA Würzburg, RSF, II 220, S. 1; auch die folgenden Zitate aus diesem elfseitigen Skript.
50 zit. nach Jansen 1985, 188 f.; Willy Andreas (1884–1967), 1912 Habilitation über „Geschichte der Verwaltungsorganisation und Verfassung Badens" in Marburg, 1914 außerordentlicher Professor an der TH Karlsruhe, Freiwilliger

im Ersten Weltkrieg, 1923 Professur in Heidelberg. „A. galt in den 20er Jahren als liberaler Demokrat, war aber zugleich ausgesprochen national eingestellt u. engagiert für den Anschluß Österreichs. 1932/33 Rektor, arrangierte er sich im Dritten Reich mit dem NS u. wurde 1946 aus dem Amt entfernt, 1948 wieder eingesetzt u. 1949 emeritiert; in der Folgezeit lehrte er bis 1959 in Tübingen und Freiburg"; Rüdiger vom Bruch/Rainer A. Müller (Hg.): Historikerlexikon. Von der Antike bis zum 20. Jahrhundert, München 1991, S. 6 f.

51 Ulrich Wagner: Die NS-Bewegung in Heidelberg bis 1933, in: Leonhardt 1983, S. 15–32, hier S. 19 (Abdruck eines Aufrufes aus dem „Heidelberger Student" v. 22. Mai 1935)

52 Wolgast, op. cit., S. 37

53 vgl. dazu die Aufstellung von Arno Weckbecker: Gleichschaltung der Universität? Nationalsozialistische Verfolgung Heidelberger Hochschullehrer aus rassischen und politischen Gründen, in: Buselmeier et. al., op. cit., S. 273–292 und Birgit Vezina: Die „Gleichschaltung" der Universität Heidelberg im Zuge der nationalsozialistischen Machtergreifung. Jur. Diss. Heidelberg 1982

54 Biographische Angaben nach UA Heidelberg, PA v. Eckardt, B 3099, Bl. 26 ff., vgl. auch Albrecht Ackermann: Das Institut für Zeitungswesen (Zeitungswissenschaft) an der Universität Heidelberg 1927–1945, in: Rüdiger vom Bruch/Otto B. Roegele: Von der Zeitungskunde zur Publizistik. Biographisch-institutionelle Stationen der deutschen Zeitungswissenschaft in der ersten Hälfte des 20. Jahrhunderts, Frankfurt/M. 1986, S. 143–180. Eckardt wurde 1946 wieder als außerordentlicher Professor für Soziologie an die Universität Heidelberg berufen und leitete auch von 1947–1960 das rudimentäre „Institut für Publizistik". Er begegnete der rekonstituierten Zeitungswissenschaft bzw. Publizistik mit deutlicher Reserve. Vgl. den aufschlußreichen Schriftwechsel zwischen Eckardt und dem Münsteraner Publizistikprofessor Walter Hagemann über mögliche Kooperationen und die Unterstützung einer Stellenbewerbung (Universität Mainz) des seinerzeitigen Hagemann-Mitarbeiters Wilmont Haacke, in: UA Heidelberg, Rep. 13, 161. Eckardt schrieb am 9. Februar 1948 in Sachen Haacke an Hagemann: „... so tut es mir ungemein leid, Ihnen bei Ihren Bemühungen um Dr. Wilmont Haacke nicht behilflich sein zu können. Ich kenne den Herrn nicht, habe mich jedoch mit seinen Schriften beschäftigt und glaube grundsätzlich, daher für den Verfasser der ‚Feuilletonkunde' nicht eintreten zu können. Meiner Auffassung nach können wir bei der studierenden Jugend nur dann auf Lauterkeit der Gesinnung pädagogisch hinwirken, wenn wir einen überaus strengen Maßstab an das Schrifttum legen. Bestimmte Taten des Geistes haben eben Konsequenzen, die man nicht fortdisputieren kann". Ähnliche Vorhalte äußerte Eckardt in Sachen des Münchener Zeitungskundlers Karl d'Ester (dieser habe ihn bei der amerikanischen Militärregierung in München zu denunzieren versucht) und Emil Dovifat (dessen Publikationen während des NS-Zeit „zumindest etwas ungeschickt" gewesen seien).

55 Kopie des Artikels in UA Heidelberg, PA v. Eckardt, Bl. 37
56 PA v. Eckardt, Bl. 26 ff.
57 PA v. Eckardt, Bl. 38
58 PA v. Eckardt, Bl. 54
59 vgl. dazu u. a. Lutz Hachmeister: Theoretische Publizistik. Studien zur Geschichte der Kommunikationswissenschaft in Deutschland, Berlin 1987; Vom

Bruch/Roegele, op. cit.; Arnulf Kutsch: Max Webers Anregung zur empirischen Journalismusforschung, in: Publizistik 33 (1988), S. 5–31; Kurt Koszyk: Zeitungskunde in der Weimarer Republik, in: Hermann Fünfgeld/Claudia Mast (Hg.): Massenkommunikation. Ergebnisse und Perspektiven, Opladen 1997, S. 29–49; Hans Bohrmann: Grenzüberschreitung? Zur Beziehung von Soziologie und Zeitungswissenschaft 1900–1960, in: Sven Papcke (Hg.): Ordnung und Theorie. Beiträge zur Geschichte der Soziologie in Deutschland, Darmstadt 1986, S. 93 ff.; Achim Baum: Journalistisches Handeln. Eine Kritik der Journalismusforschung, Opladen 1994. Eine integrierte Darstellung zur Entstehung der universitären Kommunikationswissenschaft bzw. Medienforschung, die auch den internationalen Kontext einbezöge, steht noch aus.
60 dazu Hachmeister, op. cit.
61 Karl Bücher: Gesammelte Aufsätze zur Zeitungskunde, Tübingen 1926, S. 377
62 vgl. Bettina Maoro: Die Zeitungswissenschaft in Westfalen 1914–1945. Das Institut für Zeitungswissenschaft in Münster und die Zeitungsforschung in Dortmund, München etc. 1987, S. 131 ff.; Bernhard Schäfers (Hg.): Soziologie und Sozialismus, Organisation und Propaganda. Abhandlungen zum Lebenswerk von Johann Plenge. Stuttgart 1967
63 Albrecht Ackermann/Martina Bruck: Wilhelm Waldkirch. Ein Verleger als Zeitungswissenschaftler, in: Vom Bruch/Roegele, op. cit., S. 181–192
64 Ackermann/Bruck, op. cit., S. 192
65 Ackermann 1986, op. cit., S. 157
66 op. cit., S. 155
67 Klaus-Ulrich Benedikt: Emil Dovifat. Ein katholischer Hochschullehrer und Publizist, Mainz 1986, S. 110
68 vgl. Hans von Eckardt: Ein Buch und seine fehlenden Leser, in: Zeitungswissenschaft 6 (1931), S. 93–96
69 vgl. Kutsch, op. cit.
70 Bernhard Obst: Das Ende der Presse-Enquete Max Webers. Der Heidelberger Professoren-Prozeß von 1912 und seine Auswirkungen auf die deutsche Zeitungswissenschaft, in: Vom Bruch/Roegele, op. cit., S. 45–62
71 Anstellungsvertrag Six in: UA Heidelberg, Rep. 13, 130 (Institut für Zeitungswesen)
72 Giovannini 1985, S. 294
73 Auszüge aus Scheels Rede in: Heidelberger Tageblatt vom 18. Mai 1933. Zu Scheel, dem führenden Verbindungsmann zwischen NS-Studentenschaft und SD, gibt es bislang kaum brauchbare Literatur, vgl. die hagiographische Zusammenstellung von Georg Franz-Willing: „Bin ich schuldig?". Leben und Wirken des Reichsstudentenführers und Gauleiters Dr. Gustav Adolf Scheel 1907–1979. Eine Biographie, Leoni am Starnberger See 1987
74 Hans Bohrmann/Arnulf Kutsch: Der Fall Walther Heide. Zur Vorgeschichte der Publizistikwissenschaft, in: Publizistik (20) 1975, S. 805–808
75 zit. nach Maoro 1987, S. 283
76 UA Heidelberg, Rep. 13, 151
77 Six an Heide, 6. Januar 1934, ebd.
78 UA Heidelberg, Rep. 13, 151
79 Bericht über die Sitzung des Präsidialausschusses des Deutschen Zeitungswissenschaftlichen Verbandes am 5. Februar 1934, UA Heidelberg, Rep. 13, 116
80 Der Heidelberger Student 6/1934 vom 16. Februar. Das Blatt erschien damals

im 73. Halbjahr in einer Auflage von 4500 Exemplaren und wurde von der Heidelberger Druckerei Winter technisch betreut. Die Redaktionsadresse war das Seminarienhaus in der Augustinergasse 15.

81 Tipke wechselte später auf den Posten des Leiters des Pressestelle beim Reichsstudentenführer in München; die Pressestelle war offenkundig der NSDAP-Reichsleitung in der Briennerstraße 45 zugeordnet. Vgl. Tipke an Six in Sachen Reichsberufswettkampf der deutschen Studenten, 7. 12. 1936, StA Würzburg RSF III * A – 2/2.5

82 Als Rolf Seeligers Enquete „Doktorarbeiten im Dritten Reich" Mitte der 60er Jahre auch Six erreichte, ließ dieser durch seinen Anwalt mitteilen, der korrekte Titel der Dissertation laute „Die öffentliche Meinung und das politische Bewußtsein der Parteien zwischen 1918 und 1933". Die Dissertation sei in einem Umfang von rund 300 Seiten von den Professoren Bergsträsser (Soziologie), Jellinek (Völkerrecht und Staatslehre), Andreas (Geschichte) und Adler (Publizistik) angenommen worden. Der veröffentlichte Pflichtdruck umfasse lediglich ein Sechstel des ursprünglichen Umfangs. Für diese Angaben findet sich im Universitätsarchiv Heidelberg kein Beleg. Rolf Seeliger: Doktorarbeiten im Dritten Reich. Dokumentation mit Stellungnahmen (Braune Universität, Heft 5), München 1966

83 Six, op. cit., S. 5. Alle folgenden Zitate aus der veröffentlichten Fassung von Six' Dissertation.

84 vgl. zum Fall Bergsträsser: Klingemann, op. cit., hier S. 87

85 vgl. dazu im einzelnen und mit weiteren Beispielen Klingemann, op. cit., S. 133 ff.

86 Klingemann, op. cit., S. 88

87 z. B. Eisfeld, op. cit.; Carsten Klingemann konnte den „Widerspruch" im Handeln Bergsträssers nicht aufkären, da ihm „der Rektor der Universität Heidelberg jede Einsicht in Personalakten verweigerte" – offenkundig generelle Politik der Universität Heidelberg, da auch die Bitte des Verfs. um Einsicht in die Promotionsakte des Six-Kommilitonen Albert Prinzing negativ beschieden wurde.

88 UA Heidelberg, H-IV-757/34

89 Bergsträssers Gutachten widerlegt eindeutig die in Fn. 82 referierte Nachkriegs-Darstellung von Six.

90 Zu Krieck und seinem Einfluß auf das Selbstverständnis der Heidelberger SA-Studenten siehe die allerdings dem biographischen Objekt über Gebühr zugetane Arbeit von Gerhard Müller: Ernst Krieck und die nationalsozialistische Wissenschaftsreform, Weinheim 1978 und, erheblich distanzierter, Hermann Giesecke: Hitlers Pädagogen. Theorie und Praxis nationalsozialistischer Erziehung, Weinheim/München 1993, S. 31–74. Kriecks Fibel „Nationalpolitische Erziehung", 1932 publiziert, wurde „für die nächsten Jahre zu einer politisch-pädagogischen Bibel für nationalsozialistisch orientierte Studenten und Lehrer"; Giesecke, op. cit., S. 43

91 Wahrscheinlich identisch mit dem späteren Pressereferenten der deutschen Vertretung in Belgien, vgl. Peter Longerich: Propagandisten im Krieg. Die Presseabteilung des Auswärtigen Amtes unter Ribbentrop, München 1987 (Studien zur Zeitgeschichte, Bd. 33)

92 UA Heidelberg Rep. 13 ungeordn.

93 ebd., Brief Adler an Liebe v. 22. August 1934

94 UA Heidelberg, Rep. 13, 104
95 StA Nürnberg, KV Prozesse, Fall 9, ZB 1, S. 1326f.
96 StA Nürnberg, KV Prozesse, Fall 9, Affidavit Eschmann v. 3. November 1947, Dokumentenbuch Six II, S. 49–52
97 ebd., Affidavit Walz v. 11. 10. 1947, Dokumentenbuch Six I, S. 73–74
98 ebd., Affidavit Rudolf Müller v. 29. 12. 1947, Dokumentenbuch Six III, S. 17–19

IV. „Abends Zusammensein im ‚Blutgericht'"

1 zit. nach Wolfgang Michalka (Hg.): Deutsche Geschichte 1933–1945. Dokumente zur Innen- und Außenpolitik, Frankfurt/M. 1993, S. 110f.
2 vgl. Karl Kurth: DZV-Tagung in Königsberg, in: Zeitungswissenschaft 12 (1937), S. 497–500
3 Ablaufplan der Tagung in: UA Heidelberg, Bestand Institut für Zeitungswesen, ungeordn.
4 vgl. dazu u. a. Arnulf Kutsch: Rundfunkwissenschaft im Dritten Reich. Geschichte des Instituts für Rundfunkwissenschaft der Universität Freiburg, München 1985; ders.: Karl Oswin Kurth (1910–1981), in: ders. (Hg.): Zeitungswissenschaftler im Dritten Reich. Sieben biographische Studien, Köln 1984, S. 215–243; Hans Amandus Münster: Publizistik, Leipzig 1939; und vor allem die fortlaufenden Fach- und vereinspolitischen Berichte in dem von Heide gesteuerten Fachorgan „Zeitungswissenschaft".
5 jeweils zit. nach Elke Fröhlich (Hg.), op. cit.
6 zu Heides APB siehe auch Longerich, op. cit., S. 252f.; ein Etatentwurf für die Jahre 1941/42 findet sich in BAK R 55/277. Eine zusammenfassende Auswertung der für Geschichte und Funktion des APB relevanten Bestände im Bundesarchiv und im Politischen Archiv des Auswärtigen Amtes steht noch aus.
7 vgl. Wolfgang Müsse: Die Reichspresseschule – Journalisten für die Diktatur? Ein Beitrag zur Geschichte des Journalismus im Dritten Reich, München u. a. 1995; zur Vorgeschichte auch die ausgezeichnete Arbeit von Joachim Heuser: Zeitungswissenschaft als Standespolitik. Martin Mohr und das „Deutsche Institut für Zeitungskunde" in Berlin, Münster/Hamburg 1994
8 Zeitungswissenschaft 9 (1934), S. 228f.
9 Zeitungswissenschaft 9 (1934), S. 512–513
10 Zeitungswissenschaft 13 (1938), S. 482
11 zit. nach dem neunseitigen Manuskript, UA Heidelberg Rep. 13, 69, hier S. 2. Die Rede schließt mit einem im Tonfall charakteristischen Zitat Ernst Kriecks: „Kennzeichen junger Wissenschaft ist einmal der Mut zu radikalem Durchstoß auf ihrem Gebiet, das Aufräumen mit verholzten Vorstellungen und eingefrorenen Begriffen, zum anderen aber die Kraft der Weite: zum Überspringen der überlieferten Fachschranken, aus dem vorgefundenen Ganzen die Wirklichkeit heraus zu gestalten". Dies war genau das Wissenschaftsprogramm Six', das er mit großer Zähigkeit in praxi zur Geltung brachte.
12 op. cit., S. 9
13 ebd.
14 Lebenslauf Six vom 7. März 1935, BAK/BDC SSO Six
15 Exemplare des Pressedienstes und des „Deutschen Studenten" in StA Würzburg, Bestand RSF und im IfZ München, MA 130/86938.

16 Grüttner, op. cit., S. 336ff., vgl. auch Michael H. Kater: The Reich Vocational Contest and Students of Higher Learning in Nazi Germany, in: Central European History 7 (1974), S. 225–261
17 StA Würzburg, RSF III * A – 2/2,5
18 ebd.
19 Im Dezember 1937 hatte die Rektorenkonferenz in Marburg die „primitive und dilettantische Natur" des RBWK kritisiert, durch den die Studenten nur von der eigentlichen Arbeit abgehalten würden, vgl. Giles, op. cit., S. 257; zu Kubach siehe Beyerchen, op. cit., S. 200f. Der gelernte Mathematiker Kubach, geboren am 21. Mai 1912 in Heidelberg, war 1934 bis 1936 Hauptamtsleiter Wissenschaft in der Heidelberger Studentenschaft und stellv. Gaustudentenbundsführer in Baden; seit 1935 ehrenamtlicher Mitarbeiter des SD, 1940/41 bevollmächtigter Vertreter des Reichsstudentenführer Scheel, 1944 SS-Stubaf., 1944/45 Stabsführer des NSDozB.; seit Januar 1945 vermißt und 1957 amtlich für tot erklärt, vgl. Grüttner, op. cit., S. 509
20 vgl. zu dessen Biographie Kutsch 1984, op. cit.
21 Das Dokument wurde von Carsten Klingemann bei seinen Forschungen zum RBWK entdeckt; von Elisabeth Noelle-Neumann freundlicherweise dem Verf. zur Verfügung gestellt. Noelle-Neumanns Publizistik im NS-Staat, u. a. beim „Reich", sowie die antijüdischen Tendenzen in ihrer Dissertation haben immer wieder Kontroversen evoziert, vgl. zuletzt Christopher Simpsons These vom „continuing distrust of racial, ethnic, and cultural diversity" im Werk Noelle-Neumanns, ders.: Elisabeth Noelle-Neumann's „Spiral of Silence" and the Historical Context of Communication Theory, Journal of Communication 46 (1996), S. 149–173. Noelle-Neumann war ihrem eigenen Lebenslauf (angefertigt 1939 für die Reichsschrifttumskammer) zufolge während ihres zeitungswissenschaftlichen Studiums in München Zellenleiterin der „Arbeitsgemeinschaft nationalsozialistischer Studentinnen" und in Berlin „Mitglied der Gaustudentenführung". Zur autobiographischen Interpretation siehe jetzt Elisabeth Noelle-Neumann: Über den Fortschritt der Publizistikwissenschaft durch Anwendung empirischer Forschungsmethoden, in: Arnulf Kutsch/ Horst Pöttker (Hg.): Kommunikationswissenschaft – autobiographisch. Zur Entwicklung einer Wissenschaft in Deutschland, Opladen 1997 (Sonderheft Publizistik 1/1997), S. 36–61, hier S. 40: „Als ‚Zellenleiterin' begründete ich eine Arbeitsgemeinschaft mit etwa 14 anderen Studentinnen zu dem Thema ‚Presseanalyse'. Wir trafen uns einmal in der Woche in dem Blockhaus, das ich in München-Obermenzing bewohnte. In diesem Wintersemester 1936/37 arbeitete ich fast ununterbrochen, vom Münchner Fasching sah ich so gut wie nichts. Ich beteiligte mich am Reichsberufswettkampf der Studenten und wählte das Thema ‚Analyse von Leitartikeln der Deutschen Allgemeinen Zeitung (DAZ) Berlin', denn ich wußte, daß ich nur mit einer besonderen Leistung eine Chance hatte, das DAAD-Stipendium für das Jahr 1937/38 zu gewinnen". Noelle-Neumann erhielt allerdings trotz der negativen Beurteilung ihrer Arbeit ein DAAD-Stipendium für ein Studium an der Journalism School der Universität von Missouri. Vgl. auch die Beurteilung der jungen Journalistin Noelle-Neumann durch ihre damalige „Reich"-Kollegin Christa Rotzoll: „Als ich zum ‚Reich' kam, war ‚die Noelle' noch ein junges Mädchen, doch als Hochbegabte schon Legende. Wegen eines von ihr ausgetauschten und zu vorteilhaften Roosevelt-Fotos war sie auf höhere Weisung rausgeschmissen wor-

den. Sie hatte viel gekonnt, auch wurde ihr viel nachgesagt. Sie sei gar keine echte Frau, fand ein nicht zu leckerer Mädchenjäger, dessen Werbung sie anscheinend überhört hatte. Manche fanden sie auch überehrgeizig: ‚Die redet über eine Reportage, als ob sie ein Kind bekommen sollte.' Nur: Zu den Nazis hätte sie kein noch so Übelwollender gerechnet. Innerhalb des Blattes sowie des noch von vielen alten Ullsteinern bevölkerten Verlagshauses achtete man scharf auf Unterscheidungen"; Christa Rotzoll: Frauen und Zeiten. Porträts, München 1991 (zuerst Stuttgart 1987), S. 134. Siehe allerdings auch den frühen Noelle-Artikel in „The Columbia Missourian" vom 24. November 1937, dem die Redaktion den Titel „A Nazi Version" gegeben hatte. Darin schrieb die damals 21jährige: „Finally, National-Socialism, is the reaction to the loss of national pride, to complete helplessness of a disarmed Germany amidst feverishly rearming nations, to the disappearance of national self-preservation, to the rapidly decreasing birth rate, to overruling of the cultural and economical life through extending influence of the jews by the fact that in Germany after the war about 70–90 per cent of the key positions in medicine, law, the press, the theatre were in the hand of the jews, although they constituted only one per cent of the population".

22 Hamburg 1937. Die folgenden Zitate stammen aus dieser Druckfassung der Rede.

23 So der damalige Chefredakteur des „Berliner Tageblattes", Paul Scheffer, vgl. Norbert Frei/Johannes Schmitz: Journalismus im Dritten Reich, München 1989, S. 45 ff.; zu Schwarz van Berk siehe dort S. 168–173; eine Analyse der Elitestrukturen im NS-Journalismus (einschließlich der SS-Kriegsberichterstatter) wäre ein lohnendes Forschungsthema.

24 Nachgedruckt als Werbung in der Druckfassung, op. cit.

25 Deutscher Verlag für Politik und Wirtschaft GmbH, Berlin W 50, 42 S.

26 StA Nürnberg, KV Prozesse Fall 9, A 17, S. 1339

27 BAK/BDC SSO Six

28 Heiber 1966, op. cit., S. 881

29 op. cit., S. 882

30 UA Heidelberg Rep. 13, 130

31 Zur Personalstruktur des REM siehe ausführlich Heiber, op. cit.

32 Die folgende Darstellung nach den Unterlagen in den Promotions- und Habilitationsakten Six im UA Heidelberg (Phil. Fak. 1933/34 IIb, H-IV-757134; III, 5a, Nr. 210b; StaWi.-Fak. H-VI- 891) sowie dem Personalakt Six im Archiv der Humboldt-Universität Berlin, n. pag.

33 In diesem Rahmen leistete aber die NS-Zeitungswissenschaft durchaus brauchbare systemkonforme Hilfsdienste, etwa bei der Verfestigung anitjüdischer Stereotype. Vgl. zum Beispiel den Auftrag Walther Heides an den münsterschen Institutsleiter Hubert Max, „die Biographie von Paul Julius Reuter in einzelnen Punkten aktenmäßig zu erforschen" (Max an Heide, 20. 7. 1939, IfP Münster, NL Max, n. pag.). Max arbeitete bei diesem Auftrag mit dem Reichsverband der Deutschen Zeitschriftenverleger und der „Reichsstelle für Sippenforschung" zusammen. „Zusammenfassend", so Max an Heide, „bemerke ich folgendes: Der Beweis, daß Reuter ursprünglich Israel Beer Josaphat geheißen hat, kann als erbracht angesehen werden ... Die Anlagen 88 bis 101 sind eine Photokopie der im Preußischen Geheimen- und Hauptarchiv in Bln.-Dahlem aufgefundenen ‚Acta des Kgl. Polizei-Präsidii zu Berlin betreffend den jüdi-

schen Glaubensgenossen Handlungs-Commis Israel Josaphat von Cassel, 1844'. In dieser Akte gibt Josaphat in einem Gesuch um Aufenthaltsgenehmigung selbst an, am 27. 7. 1816 in Kassel als Sohn des Rabbiner Samuel Josaphat und dessen Frau Betty geb. Sander geboren zu sein.

34 vgl. Benedikt, op. cit., S. 211 ff.
35 Kopien der Schriftsätze Heides und Dovifats in UA Heidelberg, Rep. 13, 18
36 ebd.
37 IfP Münster, NL Max, ungeordn.; auch die folgenden Zitate aus dem im Nachlaß Max befindlichen Briefwechsel, vgl. auch Maoro, op. cit., S. 399 ff. und dies./Dirk Neugebauer: Hubert Max (1909–1940), in: Kutsch 1984, op. cit., S. 127–165
38 Hans-Georg Klose: Zeitungswissenschaft in Köln. Ein Beitrag zur Professionalisierung der deutschen Zeitungswissenschaft in der ersten Hälfte des 20. Jahrhunderts, München etc. 1989, S. 222
39 Biographische Abgaben nach der Promotionsakte Bömer im UA Münster (Nr. 791), BAK/BDC Bömer sowie Heuser, op. cit., S. 243 f.
40 Zeitungswissenschaft 1942, S. 431 ff.
41 Maoro 1987, op. cit., S. 146
42 BAP//BDC, PA Bömer
43 UA Humboldt-Universität, PA Six
44 zit. nach Heide 1942, S. 438. Bömer war ursprünglich von Dietrich für die Leitung der Abteilung Auslandspresse vorgeschlagen worden, vgl. die entsprechende Goebbels-Tagebuchnotiz (in: Fröhlich, op. cit.) vom 5. Februar 1938
45 vgl. die Darstellung bei Longerich, op. cit., S. 140 f.; aus der Sicht eines amerikanischen Auslandskorrespondenten: Howard K. Smith: Feind schreibt mit. Ein amerikanischer Korrespondent erlebt Nazi-Deutschland, Frankfurt/M. 1986, S. 196 (zuerst London 1942): „Dr. Bömer hatte die Angewohnheit, zu viel und zu laut zu reden, wenn er besoffen war, was des öfteren vorkam".
46 Leon Poliakov/Joseph Wulf: Das Dritte Reich und die Juden. Dokumente und Berichte, Wiesbaden 1989, S. 505 (zuerst Berlin 1955)
47 National Archives Washington, NA T–175/411/2934847; vgl. Browder 1996, op. cit., S. 179 f.
48 Eisfeld, op. cit., S. 127
49 StA Nürnberg, Six-Dokumentenbuch I, Affidavit Walz vom 11. Oktober 1947, S. 73
50 IfP Münster, NL Max, privatdienstl. Korrespondenz
51 -pke. (Gerhard Papke): Dr. Walz habilitiert, in: Zeitungswissenschaft 14 (1939), S. 623 f.
52 IfP Münster, NL Max, privatdienstl. Korrespondenz
53 Klingemann, op. cit., S. 136
54 Interrogation Gerda Scholz, op. cit.; biographische Angaben zu Mahnke nach BAK/BDC, PA Mahnke und den Akten seines Spruchkammerverfahrens, BAK, Z 42 II/2325; siehe auch Heiner Wember: Umerziehung im Lager. Internierung und Bestrafung von Nationalsozialisten in der britischen Besatzungszone Deutschlands, Essen 1991, S. 98 f.
55 BAP Z/C 15037, Bd. 17
56 Relevante Dokumente dazu in USHRIA RG-15.007 M, Reel 9/107 (104 Seiten Aktensplitter aus dem Bestand des RSHA-Referates II B 5). Mahnke hatte im Auftrag von Six die Arbeit der „Englandkommandos" im RSHA koordiniert

und die Karteiarbeit überwacht, die zur Vorbereitung potentieller Festnahmen von „weltanschaulichen Gegnern" im Falle einer Besetzung Großbritanniens geleistet wurde.

57 Biographische Angaben zu Oebsger-Röder nach seiner Promotionsakte im UA Leipzig (Phil. Fak. Prom. 1686)
58 publiziert 1936 im Universitätsverlag von Robert Noske, Leipzig. Die folgenden Zitate stammen aus dieser Druckfassung der Diss.
59 BAK/BDC, PA Oebsger-Röder
60 Zst. Ludwigsburg, Ermittlungsverfahren gegen Dr. Oebsger-Röder u. a. wegen Mordes (NSG), 203 AR – Z 313/59, hier Dok. 22 Js 156/61, S. 5; vgl. auch Christian Jansen/Arno Weckbecker: Der „Volksdeutsche Selbstschutz" in Polen 1939/40, München 1992 (Schriftenreihe der Vierteljahrshefte für Zeitgeschichte, Bd. 64), S. 171
61 in BAK/BDC Oebsger-Röder
62 Zu Oebsger-Röders Einsatz siehe den „Spiegel"-Artikel „Unternehmen Zeppelin" (Heft 47/1992, S. 115–119). Bei dem vom RSHA-Amt VI gesteuerten „Unternehmen Zeppelin" wurden 1942/43 unter russischen Kriegsgefangenen Freiwillige für Agenteneinsätze hinter den Linien der Roten Armee geworben und eingesetzt. Gefangene, die von diesen häufig selbstmörderischen Kommandos zurückkehrten, wurden vom SD in der Regel liquidiert oder „nach Auschwitz zur Sonderbehandlung überstellt".
63 BAK/BDC Oebsger-Röder, Abschrift FS Gruppe VI E an VI A 3, gez. Waneck, SS-Sturmbannführer, mit dem Hinweis, daß Oebsger-Röder, „obwohl er als völliger Nichtkenner des Raumes hierhergekommen" sei, sich „in kürzester Zeit in geradezu erstaunlichem Maße eingearbeitet" habe, so daß „er bald einer der wertvollsten Mitarbeiter des Amtes VI in Ungarn" geworden sei. Oebsger-Röder starb bei einem Spaziergang am 21. Juni 1992 in München an Herzversagen.
64 IfZ München MA 1300/3, State Department Propaganda Investigation Team, Interrogation Report Six/Mahnke, File No. 820.02a BLSmith/dmb, die Einschätzung der Rolle Mahnkes auch in dem vorgeschalteten Brief Robert Murphys (US Political Adviser for Germany) an State Department v. 30. Juni 1946, S. 3
65 Korrespondenz im Rahmen des Ermittlungsverfahrens der Zst. Ludwigsburg, op. cit.
66 Urban/Herpolsheimer, op. cit., S. 194
67 StA Würzburg, RSF II 17
68 ViW 1936, S. 370–375 bzw. ViW 1938, S. 419–427
69 vgl. z. B. Wilhelm Classen: Das Ausland und die nationalsozialistische Wissenschaft, ViW 1937, S. 113–121; ders.: Politische Auslandskunde, ViW 1936, S. 134–139; Hans-Joachim Beyer: Zur Lage der auslandsdeutschen Volksforschung, ViW 1937, S. 404–410; ders.: Sudetendeutsche und Tschechen im Völkerrecht, ViW 1938, S. 269–279
70 ViW 1937, S. 12–28, vgl. auch ders.: Das Ende der Ost-Ideologie, ViW 1938, S. 515–524 und ders.: Deutsche Wissenschaft und Sowjetunion, ViW 1937, S. 77–86
71 Schriftwechsel dazu in StA Würzburg, RSF II 17
72 ViW 1937, S. 493 ff.
73 StA Würzburg, RSF 176

74 ebd.; Kubach hatte die redaktionelle Leitung der „Zeitschrift für die gesamte Naturwissenschaft" im Frühjahr 1937 übernommen. „Die Zeitschrift wurde ... zum offiziellen Organ der Reichsfachgruppe Naturwissenschaft und zum inoffiziellen Sprachrohr der Anhänger der arischen Physik. Die redaktionelle Ankündigung von Kubachs Übernahme der Leitung wurde gegenüber einer Fotografie von Lenard plaziert"; Beyerchen, op. cit., S. 201
75 StA Würzburg, RSF II 17
76 ViW 1940, S. 122 ff.
77 Michael H. Kater: Das „Ahnenerbe" der SS 1935–1945. Ein Beitrag zur Kulturpolitik des Dritten Reiches, Stuttgart 1974, S. 16
78 Kater, op. cit., S. 18
79 Kater, op. cit., S. 28
80 Urban/Herpolsheimer, op. cit., S. 203
81 BAK, R 73/14779
82 Zur Entstehungsgeschichte der „Auslandswissenschaftlichen Fakultät" liegen bereits zwei detaillierte politikwissenschaftliche Arbeiten vor: Ernst Haiger: Politikwissenschaft und Auslandswissenschaft im „Dritten Reich" – (Deutsche) Hochschule für Politik und Auslandswissenschaftliche Fakultät der Berliner Universität 1940–1945, in: Gerhard Göhler und Bodo Zeuner (Hg.): Kontinuitäten und Brüche in der deutschen Politikwissenschaft, Baden-Baden 1991, S. 94–136 und Eisfeld, op. cit., S. 139–163. Zum Anruf Heydrichs bei Wacker siehe Eisfeld, op. cit., S. 142
83 Dazu ausführlich Heiber, op. cit.; Höhn war nicht, wie Eisfeld, op. cit., S. 143, annimmt, im SD-Hauptamt „Six' Vorgänger als Amtschef ‚Gegnerbeobachtung'"; Six übernahm nach Höhns Abgang lediglich dessen Zentralabteilung II 2 („Lebensgebietsmäßige Auswertung") in seinen Leitungsbereich.
84 Kopie in PA Six, Archiv der Humboldt-Universität; Behrendt befand sich gegen Kriegsende in einem von Gunter d'Alquen befehligten Kommandozug, der nach Angaben von Herbert Reinecker, op. cit., S. 163, ausgerüstet worden war, „um den Restkrieg bis in die Alpenfestung hinein propagandamäßig, rundfunktechnisch begleiten zu können ... Der Zug setzte sich in Bewegung, mit d'Alquen, dem neuernannten General der Propagandatruppen, und einem Stab von ausgewählten Leuten, Sekretärinnen, Technikern und militärischen Führern. Er fuhr, um es auf den kürzesten Nenner zu bringen, aus dem Kriege heraus, langsam und in ruhigen Nachtfahrten sich gegen Süden bewegend, Österreich zu". Behrendt und Reinecker schlugen sich schließlich gemeinsam von Kärnten aus ins Ruhrgebiet durch.
85 PA Six, Archiv der Humboldt-Universität, darin auch die im folgenden zitierten Aktenstücke.
86 Friedrich Wichtl war einer der zahlreichen obskuren deutschen Anti-Freimaurer-Publizisten. Vgl. ders.: Freimaurer-Morde. „In der Freimaurerei ist es erlaubt zu töten!", Wien 1920 und ders.: Weltfreimaurerei, Weltrevolution, Weltrepublik. Eine Untersuchung über Ursprung, Verlauf und Fortsetzung des Weltkrieges und über das Wirken des Freimaurerbundes in der Gegenwart, München/Berlin 1943.
87 Haiger, op. cit., S. 120
88 BAP/ZStA, 49.02, DAWI Bd. 16, Bl. 4
89 Eisfeld, op. cit., S. 22
90 Heuser, op. cit., S. 125

91 Haiger, op. cit., S. 116
92 Eisfeld, op. cit., S. 139; das Einvernehmen zwischen Scurla und Six war Voraussetzung für die rasche Etablierung der Auslandswissenschaft. Beide kannten sich wahrscheinlich schon aus der Reichsstudentenführung.
93 vgl. BAP/BDC Akhmeteli sowie Simpson 1989, op. cit., S. 50. Siehe auch Michael Burleigh: Germany turns eastwards: A study of Ostforschung in the Third Reich, Cambridge 1988, der allerdings Akhmeteli und die SD-Ostanalysen unerwähnt läßt.
94 Dazu ausführlich Eisfeld, op. cit., S. 31 ff. und Steven Korenblatt: The Deutsche Hochschule für Politik. Public Affairs Institute for a New Germany, Diss. Chicago 1978
95 Eisfeld, op. cit., S. 58
96 Fröhlich, op. cit., S. 3599
97 Haiger, op. cit., S. 118, etwas widersprüchlich die Feststellung von Haiger, S. 121, „Presse und Propaganda" hätten schon deshalb im Lehrangebot der AWI-Fak. gefehlt, „weil das RMVP die Institutionalisierung wissenschaftlicher Propagandistenausbildung ablehnte". Six' Assistent Walz erhielt aber 1940 ausdrücklich einen Lehrauftrag für Presse und Propagandakunde.
98 Archiv der Humboldt-Universität, PA Six. Danach auch die folgenden Zitate.
99 Aly/Heim, op. cit., S. 122
100 vgl. Maoro, op. cit., S. 122
101 Interrogation Six/Mahnke, op. cit., S. 129
102 Friedrich Berber: Zwischen Macht und Gewissen. Lebenserinnerungen, hg. von Ingrid Strauß, München 1986, S. 113
103 BAP Zwischenarchiv Dahlwitz-Hoppegarten, Z/R 540, Akte 17, Six an Heydrich, 30. November 1939
104 Zu Wirsing und Ernst Wilhelm Eschmann als Mitarbeiter des Heidelberger „Instituts für Sozial- und Staatswissenschaften" (InSoSta) siehe Klingemann, op. cit., S. 124 ff.
105 Franz Alfred Six: Das Deutsche Auslandswissenschaftliche Institut im Jahre 1941, in: Zeitschrift für Politik 31 (1941), S. 733–739, hier S. 739
106 Dazu Korrespondenz von Six u. a. mit Prof. Dr. Boehringer (Präsident des Deutschen Kulturinstituts in Athen), Dr. Schmaus (Direktor des Deutschen Wissenschaftlichen Instituts in Belgrad), Prof. Dr. Mönch (Direktor des Deutschen Instituts in Belgien, Brüssel) und Prof. Dr. Freyer (Präsident des Deutschen Wissenschaftlichen Instituts in Budapest) aus den Jahren 1943/44 mit der Bitte um Mitarbeit „geeignet erscheinender Persönlichkeiten", in: BAP/ZStA, 49.02, DAWI Bd. 28
107 BAP/ZStA, 49.02, DAWI Bd. 12, Bl. 32
108 BAP/ZStA, 49.02, DAWI Bd. 14, Bl. 245 f.
109 ebd., Bl. 230 f.
110 Otthein Rammstedt: Deutsche Soziologie 1933–1945. Die Normalität einer Anpassung, Frankfurt/M. 1986
111 Karl-Heinz Pfeffer: Die deutsche Schule der Soziologie, Leipzig 1939, S. 3
112 Pfeffer, op. cit., S. 9
113 Karl-Heinz Pfeffer: Begriff und Methode der Auslandswissenschaften, in: Jahrbuch der Weltpolitik 1942, S. 875–951, hier S. 876
114 StA Nürnberg, Affidavit Pfeffer vom 13. Oktober 1947, Six Dokumentenbuch I, S. 77.

115 abgedruckt in Leon Poliakov/Joseph Wulff: Das Dritte Reich und seine Denker, Wiesbaden 1989 (zuerst Berlin 1955), S. 99
116 StA Nürnberg, Affidavit Schönemann vom 24. September 1947, Six-Dokumentenbuch I, S. 85
117 StA Nürnberg, Affidavit Grewe vom 9. Oktober 1947, Six-Dokumentenbuch I, S. 84
118 StA Nürnberg, KV Ankl. Fall 9, A 17, S. 1388
119 Günter Weisenborn: Harro und Libertas, in: Regina Griebel/Marlies Coburger/Heinrich Scheel: Erfaßt? Das Gestapo-Album zur Roten Kapelle. Eine Foto-Dokumentation, Halle/S., S. 277–280, hier S. 278
120 vgl. dazu Griebel et. al., op. cit.
121 op. cit., S. 244
122 BAP/ZStA, 49.02, DAWI 1 a, Bl. 10
123 BAP/ZStA, 49.02, DAWI Bd. 7, Bl. 28 f.
124 BAP/ZStA, 49.02, DAWI Bd. 14, Bl. 462, Six an Heinrichsdorff, 6. Dezember 1941; Wolff Heinrichsdorff, geboren am 23. September 1909 in Marienburg/Westpreußen als Sohn des Taubstummenlehrers Alwin Hinrichsdorff und seiner Ehefrau Jenny, hatte in Berlin, Königsberg, Graz und Hamburg Jura, Volkswirtschaft und Zeitungswissenschaft studiert. Seit 1930 Mitglied des NSDAP, gehörte er zu den radikalen NS-Studentenführern an der Universität Hamburg (1931–1933 AStA-Vorsitzender). 1934 Tätigkeit im Presseamt der Deutschen Studentenführung und Adjutant des Reichsführers der Deutschen Dozentenschaft. Promotion in Hamburg im Mai 1936 über „Die liberale Opposition in Deutschland seit dem 30. Juni 1933 – dargestellt an der Entwicklung der Frankfurter Zeitung", anschließend Referent und Schriftleiter in der Dortmunder „Akademie für Landesforschung und Raumplanung". August 1937–März 1939 Schriftleiter bei der Westfälischen Landeszeitung „Rote Erde" in Dortmund. Vom 1. April 1939 an Leiter des (marginalen) Berliner „Instituts zur Erforschung der Judenfrage", das dem RMVP angegliedert war und Ministerialrat Wilhelm Ziegler unterstand. SS seit 30. Juni 1939, 9. November 1942 Beförderung zum Hauptsturmführer. Seit 1941 Referent für politische Publikationen im Ministerbüro des RMVP. Angaben nach BAP/BDC SSO Heinrichsdorff
125 BAP/ZStA, 49.02, DAWI Bd. 8, Bl. 99
126 BAP/ZStA, 49.02, DAWI Bd. 8, Bl. 463
127 BAP/ZStA, 49.02, DAWI Bd. 8, Bl. 621 f.
128 BAP/ZStA, 49.02, DAWI Bd. 8, Bl. 624
129 BAP/ZStA, 49.02, DAWI Bd. 8, Bl. 278 f.
130 BAP/ZStA, 49.02, DAWI Bd. 6, Bl. 393
131 BAP/ZStA, 49.02, DAWI Bd. 13, Bl. 219
132 BAP/ZStA, 49.02, DAWI, Bd. 6, Bl. 483
133 Franz Alfred Six: Reich und Westen, Berlin 1940, S. 7
134 Robert Edwin Herzstein: When Nazi Dreams Come True. The Third Reich's Internal Struggle Over the Future of Europe After a German Victory. A Look at the Nazi Mentality 1939–1945, London 1982, S. 42; vgl. auch Hans Werner Neulen: Europa und das 3. Reich. Einigungsbestrebungen im deutschen Machtbereich 1939–1945, München 1947 und die freilich heute ergänzungsbedürftige Studie von Lothar Gruchmann: Nationalsozialistische Großraumordnung. Die Konstruktion einer deutschen Monroe-Doktrin, Stuttgart 1962 (Schriftenreihe der Vierteljahreshefte für Zeitgeschichte, Bd. 4)

135 Franz Alfred Six: Der Wandel des europäischen Staatensystems zum Weltstaatensystem, in: Zeitschrift für Politik 34 (1944), S. 1–21, hier S. 21
136 Franz Alfred Six: Europäische Schicksalsgemeinschaft, in: Zeitschrift für Politik 35 (1945), S. 35 f.; mit der Titelei hatte Six nicht einmal so unrecht: bei der Gruppe handelte es sich in der Tat um eine Schicksalsgemeinschaft.
137 Unredigierte Protokolle der Tagungen in BAP/ZStA, 49.02, DAWI Bd. 1., passim
138 Archiv der Humboldt-Universität, PA Six
139 Zur Rolle der Frauen in der SS siehe jetzt Gudrun Schwarz: Eine Frau an seiner Seite. Ehefrauen in der „SS-Sippengemeinschaft", Hamburg 1997
140 IfZ München, State Department Interrogation Team, Verhör Gerda Scholz, op. cit.
141 BAK/BDC, SSO Six

V. „Der Todfeind aller rassisch gesunden Völker"

1 Zur Geschichte und Funktion des „Schwarzen Korps": Helmut Heiber/Hildegard von Kotze (Hg.): Facsimile-Querschnitt durch das Schwarze Korps, Bern/München o. J.; William Combs: The Voice of the SS: A History of the SS Journal „Das Schwarze Korps", New York 1986
2 Das Schwarze Korps, Heft 9–13, als 20seitige Broschüre im Eher-Verlag, München/Berlin, kurz darauf separat publiziert. Daß der Text auf starke Wirkung bei den jungen NS-Eliten angelegt war, zeigt auch seine (auszugsweise) Verbreitung durch den Pressedienst der Deutschen Studentenschaft (DSt.).
3 Herbert, op. cit., S. 133 ff.
4 vgl. dazu ausführlicher Browder 1996, op. cit., S. 175 ff. Die jeweilige Personalstärke des SD-Hauptamts bzw. des RSHA, also der Berliner Zentrale, und die Personalbewegungen in den Ämter und Abteilungen lassen sich jetzt anhand der Bestände im Sonderarchiv Moskau umfassend rekonstruieren; vgl. z. B. Stabsbefehl für das SD-Hauptamt Nr. 3/37, gez. SS.-Brif. Taubert, betr. Signzeichnung, Sonderarchiv Moskau 500/3/327; Telefonverzeichnis des Sicherheits-Hauptamtes Ausgabe 1939, ebd.; Telefonbuch des RSHA, Juni 1943, SM 500/1/52.
5 Sipo und SD warben im übrigen ganz offen um jungen Nachwuchs; vgl. den Artikel „Dienst für Volk und Staat", in: Das Schwarze Korps vom 18. Mai 1940, S. 11: „Der Chef der Sicherheitspolizei und des SD. gibt bekannt, daß ab sofort Abiturienten unmittelbar nach bestandener Reifeprüfung bis zu ihrer Einberufung zum Reichsarbeitsdienst, zur Wehrmacht oder Waffen-SS bei den Dienststellen der Sicherheitspolizei (Geheime Staatspolizei und Kriminalpolizei) und des Sicherheitsdienstes des Reichsführers SS zur informatorischen Beschäftigung zugelassen werden können. Voraussetzung für die Zulassung ist die SS-Fähigkeit". Der ganzseitige Artikel war mit Bildern zu den Themen Judenfrage, SD-Fachbücherei, Einwandererzentralstelle Nordost und Verbrechensbekämpfung im Reichskriminalpolizeiamt versehen.
6 Dies wurde z. B. von seinem Stellvertreter Werner Best tief bedauert; vgl. den Brief Bests, inzwischen Verwaltungschef beim Militärbefehlshaber in Frankreich, an Heydrich vom 15. April 1942, auszugsweise in Herbert, op. cit., S. 318 f.

7 Gitta Sereny: Das Ringen mit der Wahrheit. Albert Speer und das deutsche Trauma, München 1995, S. 378
8 Walter Schellenberg: Aufzeichnungen. Die Memoiren des letzten Geheimdienstchefs unter Hitler, Wiesbaden/München 1979 (zuerst London 1956), S. 36
9 Hildebrandt avancierte später zum Höheren SS- und Polizeiführer in Danzig und (1943) zum Chef des SS-Rasse- und Siedlungshauptamtes; er wurde im Nürnberger Nachfolgeprozeß, Fall VIII, zu 25 Jahren Haft verurteilt.
10 Zu den Konflikten mit Frick siehe Günter Neliba: Wilhelm Frick. Der Legalist des Unrechtsstaates. Eine politische Biographie, Paderborn etc. 1992, S. 247 ff.
11 George C. Browder: Die Anfänge des SD. Dokumente aus der Organisationsgeschichte des Sicherheitsdienstes des Reichsführers SS, in: Vierteljahreshefte für Zeitgeschichte 27 (1979); S. 299-324
12 vgl. Anm. 4
13 StA Nürnberg, Affidavit Best vom 29. November 1947, Six Dokumentenbuch I, S. 27 f.
14 StA Nürnberg, KV Ankl. Prozesse, Fall 9, A 17, S. 1382
15 vgl. Hermann Neuberger: Freimaurerei und Nationalsozialismus. Die Verfolgung der deutschen Freimaurerei durch völkische Bewegung und Nationalsozialismus 1918-1945, Hamburg 1980 (zuerst Phil. Diss. München 1977), S. 42
16 vgl. Enzyklopädie des Holocaust, op. cit., „Oberg, Carl, Albrecht (1897-1965)", Bd. 2, S. 1057
17 Herbert, op. cit, S. 148
18 Werner Best 1936, S. 128
19 Zu Albert und Mehlhorn siehe Browder 1996, op. cit., S. 121 bzw. S. 116 f.; zu Mehlhorns Rolle bei den SD-Provokationen zum Beginn des Polen-Feldzuges Höhne 1992, op. cit., S. 240 ff.
20 BAP/BDC SSO Behrends
21 Browder 1989, op. cit., S. 14
22 Bradley F. Smith/Agnes Peterson (Hg.): Heinrich Himmler. Geheimreden 1933-1945 und andere Ansprachen, Berlin/Wien 1974, S. 167
23 ebd.
24 siehe zur Biographie Schwarz-Bostunitschs, über den Himmler lange Zeit seine schützende Hand hielt: Rafail S. Ganelin/Michael Hagemeister: Das Leben des Gregor Schwarz-Bostunitsch, in: Karl Schlögel (Hg.): Russische Emigration in Deutschland 1918-1941, Berlin 1995, S. 201-218. Schwarz-Bostunitsch brachte es durch die Protektion Himmlers bis zum SS-Standartenführer; Schwarz-Bostunitsch habe sich durch „politisch instinktlose Geschmacklosigkeiten ... als SS-Führer unmöglich gemacht", hatte Heydrich noch am 19. Juni 1941 an den Reichsführer gemeldet (BAK NS 19/870)
25 Sonderarchiv Moskau 500/1/396
26 Heydrich, op. cit., S. 3
27 Siehe dazu jetzt ausführlich Wildt 1995, op. cit.
28 BAP/BDC SSO Six
29 Browder 1979, op. cit., S. 310
30 ebd.
31 Zur Geschichte und Organisation der Freimaurer siehe Dieter A. Binder: Die diskrete Gesellschaft. Geschichte und Symbolik der Freimaurer, Graz/Wien/Köln 2. Aufl. 1995 (zuerst 1988). Daß den Freimaurern von seiten der völki-

schen und nationalsozialistischen Verschwörungstheoretiker eine paranoide Aufmerksamkeit entgegengebracht wurde, heißt natürlich nicht, daß freimaurerische Vereinigungen kein Einflußpotential besäßen; vgl. etwa Thankmar von Münchhausen: Laboratorium der Mittelschicht. Die französischen Freimaurer und die Politik, in: FAZ vom 18. Mai 1995

32 Adolf Eichmann: Ich, Adolf Eichmann, hg. von Rudolf Aschenauer, Leoni am Starnberger See 1980, S. 73

33 Seine Aufsatzsammlung „Studien zur Geistesgeschichte der Freimaurerei" bezeichnete Six 1942 als „Niederschlag eines abgeschlossenen Anliegens des Verfassers, die Freimaurerei nicht populär-wissenschaftlich in ihren äußeren Formen zu bestimmen, sondern sie in die Gesamterscheinung der politischen Geistesgeschichte einzuordnen" (S. 176). Six und seine Forscher definierten die Freimaurerei einerseits als „zwischenvölkisch-bürgerliche Organisation des politischen Liberalismus", andererseits als „säkularisiertes Christentum"; ebd., S. 10f. Als internationale Erscheinung sei die Freimaurerei auch dann nicht überwunden, „wenn sie durch eine einzelne Nation besiegt wurde".

34 Der Hinweis auf Rang findet sich im handschriftlichen Lebenslauf Herbert Hagens, BAP/BDC, SSO Hagen. Die biographischen Angaben nach BAP/BDC SSO Rang.

35 vgl. Christoph Graf: Politische Polizei zwischen Demokratie und Diktatur. Die Entwicklung der preußischen Politischen Polizei vom Staatsschutzorgan der Weimarer Republik zum Geheimen Staatspolizeiamt des Dritten Reiches, Berlin 1983, S. 282 ff.

36 vgl. etwa die von Erich Ehrlinger gezeichnete Ausarbeitung von SD-HA I 31 über den Publizisten Ernst Niekisch vom 22. März 1937 an die Reichsschrifttumskammer und das Geheime Staatspolizeiamt (II P 1); BAK R 58/753

37 BAP/BDC SSO Spengler

38 Six-Bericht an Heydrich, op. cit.

39 Heiber/v. Kotze, op. cit., S. 60f.

40 Heiber/v. Kotze, op. cit., S. 67

41 vgl. Andreas Koenen: Der Fall Carl Schmitt. Sein Aufstieg zum „Kronjuristen" des Dritten Reiches, Darmstadt 1995, S. 651 ff.

42 BAK R 58/854

43 ebd.

44 dazu Höhne, op. cit., S. 263 ff. und S. Payne Best: The Venlo Incident, London etc. 1950. Goebbels schrieb mit Datum vom 18. November 1939 in sein Tagebuch: „An der holländischen Grenze hat unsere S. S. den Europa-Leiter des secret service gekascht. Unsere Jungens haben sich als Staatsfeinde getarnt und damit dieses Dreckstück an die Grenze gelockt. Jetzt haben wir den Kerl und nun muß er ausbluten"; Fröhlich (Hg.): op. cit.

45 BAP, Zwischenarchiv Dahlwitz-Hoppegarten Dok. P 298/1

46 BAK, R 58/1089

47 Sonderarchiv Moskau 500/1/3, SD-Hauptamt I/111, Befehl 76/36 betr. Nachrichtenerfassung.

48 publiziert bei Wildt 1995, op. cit., S. 73 ff. nach Sonderarchiv Moskau 500/1/907

49 Biographische Angaben nach BAP/BDC SSO Ehrlinger

50 Hauptstaatsarchiv Düsseldorf Rep. 242/297

51 BAP/BDC SSO Hagen

52 Zur Beziehung Hagens zu Eichmann siehe Hans Safrian: Die Eichmann-Männer, Wien/Zürich 1993, S. 36 ff.
53 BAP/BDC SSO von Kielpinski
54 BAP/BDC SSO Dittel
55 BAP/BDC SSO Burmester, Augsburg
56 Berlin/München, Eher-Verlag 1936, 44 S. Die folgenden Zitate aus dieser Druckfassung.
57 Zum esoterisch-romantischen Zirkel um den Lyriker Stefan George siehe Stefan Breuer: Das Syndikat der Seelen. Stefan George und sein Kreis, in: Treiber/Sauerland (Hg.), op. cit., S. 328 ff.
58 Heinz Boberach (Hg.): Meldungen aus dem Reich. Die geheimen Lageberichte des Sicherheitsdienstes der SS, Herrsching 1984, Band 2, S. 155
59 ebd.
60 Biographische Angaben und der folgende Schriftwechsel mit Himmler nach BAP/BDC SSO Behrends.
61 „SS-Männer, darauf sind wir stolz", in: Das Schwarze Korps, 8. Februar 1940
62 von Lang 1991, op. cit., S. 31
63 Eichmann, op. cit., S. 84
64 vgl. das von Six als „Amtschef II" am 21. September 1937 gezeichnete „Vorschlags-Protokoll des Führerkorps von II 2"; BAP/BDC SSO von Kielpinski; Otto Ohlendorf zeichnete als „H'Abtlg. Ltr. u. Stabsführer II 2".
65 vgl. dazu Heiber 1966, op. cit.
66 Rekonstruiert nach Sonderarchiv Moskau 500/3/327
67 Die Differenzen im „ideologischen Stil" zwischen Höhn und Six sind freilich etwas überpointiert bei Browder 1996, op. cit., S. 196: „Leaders like Six who were preoccupied with the purification of Germany would neither allow nor appreciate the distinctions Höhn sought".
68 BAP, Zentrales Parteiarchiv der SED, PSt. 3/230
69 BAP, DOK P 298/1
70 ebd.
71 BAK R 58/991
72 vgl. Bernd Wegner: Hitlers Politische Soldaten: Die Waffen-SS 1933–1945. Studien zu Leitbild, Struktur und Funktion einer nationalsozialistischen Elite, Paderborn 1982
73 Höhne, op. cit., S. 301
74 Höhne, op. cit., S. 302
75 Höhne, op. cit., S. 320
76 Uwe Dietrich Adam: Judenpolitik im Dritten Reich, Düsseldorf 1972, S. 201
77 vgl. BAK R 58/623 über ein Treffen in Nürnberg am 6. September 1937 zwischen Adolf Eichmann und dem Hauptschriftleiter des „Stürmer", Pg. Wurm, mit dem Ziel, „genaue Nachrichten über die Tätigkeit der in Amerika sitzenden jüdischen Boykottorganisationen zu bekommen".
78 Wildt, op. cit., S. 63
79 Wildt, op. cit., Dokument I, S. 66 f.
80 vgl. dazu jetzt Magnus Brechtken: „Madagaskar für die Juden". Antisemitische Idee und politische Praxis 1885–1945, München 1997 (Studien zur Zeitgeschichte, Bd. 53)
81 Tom Segev: Die siebte Million. Der Holocaust und Israels Politik der Erinnerung, Reinbek bei Hamburg 1995 (zuerst Jerusalem 1991), S. 45

82 BAK R 58/612
83 ebd.
84 zu von Bolschwings Nachkriegskarriere im Dienst von CIC/CIA siehe Simpson 1988, S. 252–263; der „Zuträger Pg. Otto v. Bolschwing" galt in Six' Gegnerforschungs-Abteilung schon bald als suspekt; vgl. den Bericht Herbert Hagens an Six vom 15. Mai 1937 (BAP Zwischenarchiv Dahlwitz-Hoppegarten Dok P 298/1): „Die in der Anlage beigegebenen Berichte über die ‚Alltreu' und die ‚Ecuador-Auswanderungsprojekte' wurden den Obengenannten (d. s. Hagen und Eichmann, L. H.) bei einer Unterredung mit dem als Zuträger tätigen Pg. v. Bolschwing übergeben. Wie schon im Antrag auf Verhängung von Telephon- und Briefüberwachung v. Bolschwings näher ausgeführt wurde, konnte v. B. ohne unser Wissen das Amt mit einem Passierschein betreten, obgleich ihm der Aufenthalt untersagt ist". Angesichts des Mangels an Zuträgern und „Fachleuten" für die jüdische Auswanderung wurde der Kontakt zu von Bolschwing dennoch über längere Zeit aufrechterhalten.
85 Die Gegnerbeobachtung des Referates II 112 ging, häufig eher dilettantisch, über reine „Judenfragen" hinaus, vgl. die Aktennotiz Schröders vom 15. Februar 1936 für die Freimaurer-Abteilung II/111: „In Linz a. d. Donau besteht u. a. eine freimaurerisch-theosophische Gründung. Es ist der Kreis um den „Wunderdoktor" Zeileis. In Oberösterreich ist z. Zt. ein großer Skandal von Leuten, die sich aufgrund des § 175 strafbar gemacht haben sollen, in welchem auch Zeileis verwickelt ist. Es wird vermutet, daß von diesen Kreisen internationale Verbindungen zu derart kompetenten Kreisen bestehen, u. a. auch zu Eduard VIII von England, der ja auch homosexuell sein soll, und über diesen zur Freimaurerei. Eine Zeitschrift ‚Die Freundschaft', die in Berlin erscheinen soll, wird an die Adressen solcher Leute gesandt"; BAK R 58/544
86 Wildt, op. cit., Dokument 8 (BAK R 58/991), S. 94 f.
87 Wildt, op. cit., Dokument 9 (BAK R 58/956), S. 95 ff.
88 Wildt, op. cit., Dokument 17 (Sonderarchiv Moskau 500/3/322), S. 124 f.; Hagen betonte in diesem Referat unter Rekurs auf den Befehl Himmlers zur „Funktionstrennung" von SD und Gestapo (15. Dezember 1937), das Referat II 112 habe demnach „die volle Verantwortung in der Bearbeitung der Judenfrage übernommen".
89 Zu Dannecker siehe Claudia Steur: Theodor Dannecker. Ein Funktionär der Endlösung, Essen 1997 (Phil. Diss. Stuttgart 1995)
90 BAK R 58/991
91 BAK R 58/544
92 ebd.
93 BAK R 58/991
94 Dokument v. 16. Juni 1937, gez. Ehrlinger, in: BAP/BDC SSO Six
95 wiedergegeben in Wildt, op. cit., Dokument 14, S. 118–120
96 BAK R 58/991
97 BAK R 58/954
98 BAK R 58/623
99 ebd.
100 BAK R 58/954, siehe dazu auch Safrian, op. cit., S. 28 f.
101 BAP, Zwischenarchiv Dahlwitz Hoppegarten, Dok. P 298/1; vgl. auch BAK R 58/565

102 BAK R 58/565
103 BAK R 58/984
104 BAK R 58/984
105 ebd.; dazu auch Goebbels: „Hinkel berichtet mir, wie Göring ihn abgekanzelt hat. Alles andere als schön. Er tut mir etwas leid, wenn er auch eine Molluske ist. Dabei ist der ganze Gründgens-Laden vollkommen schwul. Ich verstehe da Göring nicht. Mir kribbelt es in den Fingern. Ich würde nicht so stillhalten wie Hinkel. Und wenn ich dabei verreckte"; Fröhlich (Hg.), op. cit., Tgb.-Eintragung vom 21. Januar 1938
106 ebd.
107 zit. nach Botz 1988, op. cit., S. 29
108 Eichmann 1980, op. cit., S. 85
109 zit. nach Helmut Krausnick: Hitlers Einsatzgruppen. Die Truppen des Weltanschauungskrieges 1938–1943, Frankfurt/M. 1985, S. 13 (zuerst 1981); vgl. auch Reinhard Heydrich: Aufbau und Entwicklung der Sicherheitspolizei im Lande Österreich, in: Das Schwarze Korps vom 21. April 1938, S. 3 f.
110 USHRIA RG 15.007 M, Reel 11/150, auch die folgenden Zitate aus diesem Aktenbestand
111 BAK R 58/996
112 BAK R 58/991
113 BAK R 58/982
114 ebd.
115 Safrian, op. cit., S. 37
116 Zu den Umbesetzungen in der Abteilung II 112 nach dem Weggang Eichmanns siehe die Aktennotiz Hagens vom 10. Mai 1938, BAK R 58/612; SS-Scharf. Hagelmann übernahm das Dannecker-Referat II 1121, SS-Scharf. Döscher, der vom Oberabschnitt Ost für II 112 angefordert war, könne „zur Bearbeitung der Sudetendeutschen Frage eingesetzt werden", SS-H'Scharf. Hartmann könne „in den Verwaltungsdienst abgehen".
117 BAK R 58/613
118 ebd.
119 BAK R 58/982; in diesem Bestand noch mehrere aufschlußreiche Briefe Eichmanns an Hagen.
120 BAK R 58/613
121 BAK R 58/486
122 ebd.; Yehuda Bauer (Freikauf von Juden? Verhandlungen zwischen dem nationalsozialistischen Deutschland und jüdischen Repräsentanten von 1933 bis 1945, Frankfurt/M. 1996, S. 413) schreibt, „damals (d. h. im Frühjahr 1938, L. H.) war Eichmann schon verantwortlicher Referent für jüdische Angelegenheiten bei der Gestapo. Als Abteilung der Sicherheitspolizei gehörte sie zum Sicherheitsdienst (SD), den Reinhard Heydrich führte". Das Zitat zeigt die Schwierigkeiten, die auch Historiker von einigem Rang gewöhnlich mit der komplexen Konstruktion von Sipo und SD haben. Weder war Eichmann im Frühjahr 1938 Gestapo-Referent, noch gehörte die Gestapo jemals zum SD.
123 BAK R 58/991
124 BAK R 58/486
125 BAK R 58/991

VI. „Möglichst als Erster in Moskau"

1 StA Nürnberg, KV Prozesse Fall IX, Six-Dokumentenbuch I, Affidavit Albert v. 29. September 1947
2 StA Nürnberg, op. cit., Affidavit Best v. 29. September 1947
3 StA Nürnberg, op. cit., Affidavit Scherrer v. 3. September 1947
4 ebd.
5 StA Nürnberg, op. cit., Affidavit Neumann v. 4. September 1947. Insgesamt umfaßte das erste von vier Six-Dokumentenbüchern allein 39 Testate für Six.
6 Walter Schellenberg, op. cit., S. 27
7 ebd.
8 Höhne, op. cit., S. 353
9 zu Josts Karriere siehe David Kahn: Hitler's Spies. German Military Intelligence in World War II, New York 1978, S. 251 ff.
10 Schellenberg, op. cit., S. 182
11 Herbert, op. cit., S. 150
12 IfZ München, MA–557
13 ebd.
14 zu Wirsings SD-Kontakten siehe Otto Köhler: Ein stets williger Mitarbeiter des SD – Vom Eichmann-Kollegen zu Christ und Welt: Giselher Wirsing, in: ders.: Unheimliche Publizisten. Die verdrängte Vergangenheit der Medienmacher, München 1995, S. 290–327. Wirsings bekannteste Schrift war die die antiamerikanische Monographie „Der maßlose Kontinent. Roosevelts Kampf um die Weltherrschaft", Jena 1942, mit einer Auflage von rund 140 000 Exemplaren.
15 IfZ München, MA–557
16 BAK R 58/991
17 ebd.
18 BAK R 58/996
19 ebd.
20 BAP, Zwischenarchiv Dahlwitz-Hoppegarten, Z/R 521, Akte 9, gez. 2 – Stbf. Rp. (Rapp)/H., Geheime Reichssache, 22. 5.1939
21 ebd.
22 BAP, Zwischenarchiv Dahlwitz-Hoppegarten DOK/P 15658; vgl. zur Rolle des SD bei den Vorbereitungen des Polen-Feldzuges auch Alwin Ramme: Der Sicherheitsdienst der SS. Zu seiner Funktion im faschistischen Machtapparat und im Besatzungsregime des sogenannten Generalgouvernements in Polen, Berlin o. J. (1970)
23 Biographische Daten nach BAP/BDC SSO Emil Augsburg
24 Höhne, op. cit., S. 204
25 ebd.
26 Der Spiegel v. 29. 12. 1949
27 IfZ München, MA 1300/1, Interrogation Six/Mahnke, op. cit.
28 BAK R 58/544
29 ebd.
30 BAK R 58/612
31 IfZ München, MA 438, Vermerk Schellenbergs v. 2. September 1939
32 ebd.
33 ebd.

34 BAK R 58/826; die folgenden Zitate aus diesem 29seitigen Schellenberg-Memorandum.
35 vgl. zu diesen Vorgängen Herbert, op. cit., S. 233
36 Schützenhilfe erhielt Six hingegen durch ein Memorandum des regionalen SD-Führers Lothar Beutel (Sipo- und SD-Führer im Bereich des Höheren SS- und Polizeiführers Süd) vom 10. August 1939. Beutel befürchtete, daß durch den Zusammenschluß die Stellung des alten SD im RSHA „von einem totalen Nachrichtendienst von Partei und Staat zu einem speziellen Nachrichtendienst und Auswertungskörper der Staats- und Kriminalpolizei" reduziert werde. Er schlug daher die Ernennung von SD-„Reichsinspekteuren" für zentrale Sach- und Personalfragen vor. Für Personalfragen war Best, für Erziehung und Nachwuchs Albert, für den Auslandsnachrichtendienst Jost und für den Inlandsnachrichtendienst Six vorgesehen. Die Inspekteure sollten laut Beutel einen persönlichen Stab für den SD-Chef bilden, „der ihm die Garantie bietet für eine einheitliche Personalpolitik in den ihm unterstellten Ämtern und in gleicher Weise für eine einheitliche sachliche Linie"; USHRIA 15.007 M, Reel 8/93 („Geheime Reichssache, 4 Ausfertigungen"). SS-Brigadeführer Beutel hatte u. a. als Chef der Einsatzgruppe IV im Polenfeldzug amtiert, zu seiner SD-Karriere siehe auch Browder 1996, op. cit., S. 110 und 169.
37 zu Ohlendorf siehe Hanno Sowade: Otto Ohlendorf – Nonkonformist, SS-Führer und Wirtschaftsfunktionär, in: Ronald Smelser/Rainer Zitelmann: Die braune Elite. 22 biographische Skizzen, Darmstadt 1990, S. 188–200, und Ludolf Herbst: Der Totale Krieg und die Ordnung der Wirtschaft. Die Kriegswirtschaft im Spannungsfeld von Politik, Ideologie und Propaganda 1939–1945, Stuttgart 1982
38 USHRIA 15.007 M, Reel 8/91
39 ebd.
40 ebd.
41 USHRIA, 15.007 M, Reel 23, 295; die folgenden Zitate aus diesem Aktenbestand, der einen guten Eindruck von den Personaltransfers und hektischen Planspielen bei der Gründung des RSHA vermittelt.
42 Spengler hatte sein eigenes Memorandum zur Etablierung einer neuen, selbständigen Kulturabteilung im künftigen RSHA verfaßt; siehe USHRIA 15.007 M, Reel 5, 43. Spengler definierte „Kultur" als „Selbstverwirklichung der deutschen Art in sichtbaren Kulturgütern, die schöpferische Umsetzung und Verwirklichung der im Blute eingeborenen Werte in die sichtbare kulturelle Leistung und Tat, dargestellt in der Gesamtausformung des Lebens des deutschen Menschen". Spengler sah in seinem Referat 9 Referate vor: Volksbiologie (nicht zufällig an erster Stelle), Volkstum, Erziehung, Kulturpolitik und Wissenschaftsplanung, Geisteswissenschaft und ideologische Gruppen, Naturwissenschaft und Technik, Kunst, Öffentliche Führungsmittel, Religiöses Leben.
43 USHRIA, 15.007 M, Reel 5/44
44 ebd.
45 ebd.
46 Auch Karl Döscher, geboren am 4. Oktober 1913, kam aus Kiel. Die verfügbaren Daten über diesen letzten „Judenreferenten" in Six' Bereich sind nicht sehr ergiebig. Er hatte die Höhere Schule bis zur Unterprima und eine Kaufmannslehre absolviert. 1. August 1932 Eintritt in die NSDAP und SA, SS seit 1. Mai 1934, bis 1938 in der Abt. II 112 beim SD-Oberabschnitt Ost, SS-UStuf.

10. September 1939, SS-OStuf. 20. April 1940. Er war laut Vorschlag zur Geschäftsverteilung des Amtes II dort als Sachbearbeiter Judentum vorgesehen. Als Six am 18. Dezember 1939 um eine „Herreichung von Stichpunkten" für die RSHA-Amtschefbesprechung vom 20. Dezember bat, antwortete Döscher mit einem aufschlußreichen Vermerk über die „Endlösung des deutschen Judenproblems". Es ergebe sich die Frage, „ob ein Judenreservat in Polen geschaffen werden soll oder ob die Juden im zukünftigen Gouvernement Polen untergebracht werden sollen". In diesem Zusammenhang wäre auch eine „endgültige Entscheidung zu fällen, ob die Judenauswanderung im Hinblick auf die Schaffung des Reservates weiterhin durchgeführt wird". Döscher weiter: „Außenpolitisch wäre ein Reservat außerdem ein gutes Druckmittel gegen die Westmächte. Vielleicht könnte hierdurch bei Abschluß des Krieges die Frage der Weltlösung aufgeworfen werden". (BAK R 58/544); in der BAP/BDC-Akte Döscher finden sich nach 1940 keine Einträge mehr.

47 BAK R 58/612
48 vgl. dazu den Bericht des SS-Hauptscharführers Kunze (Abt. II 122) betr.: Auslandsarbeit der neuen Abteilung unter Leitung von SS-Stubaf. Dr. Knochen, undatiert mit Bezug auf Befehl Dr. Knochen v. 30. September 1939, USHRIA 15.007 M, Reel 14, 198
49 BAK R 58/612
50 BAP, Zwischenarchiv Dahlwitz-Hoppegarten, Z/R 920, Akte 62; die folgenden Zitate aus diesem Bestand.
51 USHRIA 15.007 M, Reel 5/44
52 BAP, Zwischenarchiv Dahlwitz-Hoppegarten, Z/R 758, Akte 7; auch die folgenden Angaben aus diesem Bestand.
53 vgl. auch die zahlreichen Six-Vermerke am 5. und 6. Januar 1940, die auf eine Amtschefbesprechung vom 4. Januar folgten. Six reklamierte hier unter Berufung auf Aussagen Heydrichs das „Führungsreferat aller Kirchenfragen" für sein Amt II und wies den abtrünnigen Spengler darauf hin, daß Heydrich „nochmals ausdrücklich entschieden" habe, daß die „Verbindungsstelle Leipzig als ein Auskunftsinstrument für das Reichssicherheitshauptamt dem Amt II unterstellt und angegliedert" werde; USHRIA 15.007, Reel 20/270
54 BAP, Zwischenarchiv Dahlwitz-Hoppegarten, DOK/P 298/2
55 ebd., auch die folgenden Angaben aus diesem Dossier.
56 Die weiteren Teilnehmer waren Heinz Jost, Heinrich Müller, Walter Schellenberg und Heydrichs Adjutant Hans-Hendrik Neumann
57 BAP, Zwischenarchiv Dahlwitz-Hoppegarten, Z/R 521, Akte 9
58 Kopien in BAP/BDC SSO Six
59 IfZ München, MA 433. Die folgenden Zitate aus diesen Protokollen.
60 vgl. dazu Robert L. Koehl: RKFDV. German Resettlement and Population Policy 1939–45. A History of the Reich Commission for the Strengthening of Germandom, Cambridge 1957
61 Best zit. nach Herbert, op. cit., S. 233
62 Zst. Ludwigsburg, Aussage Buchardt v. 26. 4. 1961 vor dem Oberstaatsanwalt beim Landgericht Frankfurt/M., ZSt. Ludwigsburg 202 AR Z 152/59. Buchardt, geboren 1909 in Riga, hatte am 23. Januar 1933 in Jena zum Dr. jur. promoviert. Nach einer Tätigkeit als Journalist in Lettland kam er im Sommer 1935 als Abteilungsleiter an das von Theodor Oberländer geleitete Institut für Osteuropäische Wirtschaft an der Universität Königsberg und lernte in dieser Zeit nach

eigenen Angaben auch Six kennen. Im Frühjahr 1937 wurde Buchardt Abteilungsleiter am Wannsee-Institut. November 1939 bis Frühjahr 1941 Tätigkeit an den Einwandererzentralstellen in Gotenhafen, Posen und Konstanza sowie SD-Referent, Abt. III, beim Kommandeur der Sipo und des SD in Lublin. 1944 Beförderung zum SS-Obersturmbannführer. Buchardt wurde nach Kriegsende vom OSS als Osteuropa-Spezialist geschätzt, vgl. sein Dossier beim US Army Intelligence and Security Command, Fort Meade, Maryland, XE 077406 D 216906, zitiert bei Simpson, op. cit., S. 373. Simpson hatte Buchardts Frau im Mai 1984 interviewt. Zum Zeitpunkt seiner Aussage wohnte Buchardt in Heidelberg und war Geschäftsführer der Bau-Finanz GmbH in Mannheim.

63 Ramme, op. cit., S. 115
64 Korrespondenz dazu in BAP/BDC SSO Six
65 ebd.
66 ebd.
67 BAP, Zwischenarchiv Dahlwitz-Hoppegarten, DOK/P 298/1
68 USHRIA 15.007 M, Reel 9, 110. Die folgenden Angaben nach dieser Akte.
69 zur Karriere von Haß (1912 in Kiel geboren, in einigen Dokumenten auch Hass), der seine SD-Laufbahn in Six' Presseamt begonnen hatte, siehe Der Spiegel 4/1997, S. 70ff. („Ich war wertvoll für die"). Der Italienspezialist Haß war 1943 in Schellenbergs Amt VI gewechselt. Im März 1944 gehörte er dem SS-Kommando an, das 355 italienische Geiseln in den Ardeatinischen Höhlen nahe Rom erschoß. Nach 1945 arbeitete Haß für den US-amerikanischen und italienischen Geheimdienst. Am 13. November 1953 ließ ihn seine Frau amtlich für tot erklären. In den 60er Jahren spielte er in Luchino Viscontis „Die Verdammten" und anderen Kinofilmen kleine Nebenrollen – hauptsächlich als SA- oder SS-Mann. Im Zusammenhang mit dem Prozeß gegen den SS-Hauptsturmführer Erich Priebke in Rom wurde Haß 1997 zu zehn Jahren und acht Monaten Haft verurteilt, die angesichts seines hohen Alters zur Bewährung ausgesetzt wurden.
70 Zu dem umfangreichen und disparaten Archivbestand des Amtes VII, der sich auch aus Übernahmen anderer RSHA-Ämter sowie erbeuteten Beständen komponiert, siehe jetzt den Bestand USHRIA 15.007 M.
71 Zur Freimaurer-Forschung des Amtes VII siehe den tendenziösen, aber recht vollständigen Bericht des Historikers Günther Franz, StA Nürnberg, KV-Prozesse Fall 9, Six-Dokument Nr. 45, Affidavit Franz v. 15. November 1947 und Affidavit Schick v. 5. Dezember 1947, Six-Dokument Nr. 47
72 BAP/BDC SSO Ballensiefen sowie USHRIA 15.007 M, Reel 10, 132, Akte Ballensiefen
73 Matthäus, op. cit., S. 301
74 ebd.
75 zur Biographie Franz' siehe Heiber 1966, op. cit., S. 180–187 sowie Winfried Schulze: Deutsche Geschichtswissenschaft nach 1945, München 1993 (zuerst 1989), S. 26; Franz amtierte von 1953 an als Herausgeber der rechtsorientierten Rezensionszeitschrift „Das historisch-politische Buch"; vgl. auch Günther Franz: Persönlichkeit und Geschichte. Aufsätze und Vorträge, Göttingen 1977
76 Matthäus, op. cit., S. 311
77 Matthäus, op. cit., S. 312ff.
78 Matthäus. op. cit., S. 315
79 Schellenberg, op. cit., S. 107

80 ebd.
81 Ronald Wheatley: Operation Sea Lion. German Plans for the Invasion of England 1939–1942, Oxford 1958, S. 122 ff..
82 Wheatley, op. cit., S. 124
83 Amtsgericht Tettnang I Ars 180/61, Kopie im IfZ München
84 Die Originalfassung von Wheatleys Dissertation kann nach Auskunft der Oxforder Bodleian Library auch vierzig Jahre nach ihrer Entstehung noch nicht eingesehen werden („totally restricted"). Die gedruckte Fassung enthält keine Quellenangaben. Eine Recherche im Public Record Office gab keine Hinweise auf einen möglichen Fundort der von Wheatley zitierten Dokumente des RSHA-Amtes II.
85 vgl. Karl Klee: Dokumente zum Unternehmen Seelöwe, Göttingen 1959, Peter Schenk: Landung in England. Das geplante Unternehmen „Seelöwe". Der Beginn der amphibischen Großunternehmen, Berlin 1987
86 vgl. John Lukacs: Churchill und Hitler. Der Zweikampf 10. Mai–31. Juli 1940, München 1990, S. 261 f.
87 Denkschrift Jodls in Klee, op. cit., S. 228
88 Schenk, op. cit., S. 22
89 Klee, op. cit.
90 zit. nach Lukacs, op. cit., S. 282 f.
91 Interview des Verf. mit Hans Abich, op. cit.
92 StA Nürnberg, KV Prozesse Fall IX, Six-Dokumentenbuch III, Affidavit Mahnke vom 30. Dezember 1947, S. 1 ff.
93 Krausnick, op. cit., S. 122 f.
94 BAP, Zwischenarchiv Dahlwitz-Hoppegarten, DOK P 298/2
95 USHRIA 15.007 M, Reel 20/270
96 vgl. zum genauen Marschweg der Division „Das Reich" Otto Weidinger: Das Reich II, 1940–1941, Winnipeg/Manitoba 1995; vom 12. Juli 1940 bis zum 15. Dezember 1940 war die Division, bestehend im wesentlichen aus den Regimentern „Deutschland", „Germania" und „Der Führer", in den Niederlanden stationiert und dort hauptsächlich mit Übungs- und Küstensicherungsaufgaben beschäftigt. Am 3. Dezember 1940 wurde die Division kurzfristig in „Deutschland" umbenannt, erhielt aber kurze Zeit später wieder ihren angestammten Namen. Am 13. Dezember besuchte Himmler den Divisionsstab in Apeldoorn, zwei Tage später marschierte die Division durch die winterlichen Vogesen nach Vesoul (Haute Saône, Hauptquartier im Château de Navenne) nach Südfrankreich ab, wo sie mit „Okkupationsaufgaben" beschäftigt war und bis zum 31. März 1941 blieb. Über München, Wien und Budapest erreichte „Das Reich" am 9. April 1941 die jugoslawische Grenze. Die Kampfhandlungen in Jugoslawien dauerten vom 11. bis 18. April 1941. Nach einer Ruhephase in Österreich (das Artillerieregiment war im Steyr-Enns-Gebiet stationiert) wurde die Truppe mit Eisenbahnzügen im Zeitraum vom 5.–13. Juni 1941 nach Polen zur Vorbereitung des Rußland-Feldzuges verbracht. Six' konkrete Rolle bei den Okkupationseinsätzen und den Kampfhandlungen in Jugoslawien geht aus den zur Verfügung stehenden Materialien nicht hervor.
97 BAP, Zwischenarchiv Dahlwitz-Hoppegarten, DOK/P 298/2
98 BAP/BDC SSO Six, REM Personalakte
99 zit. nach Hans Heinrich Wilhelm: Rassenpolitik und Kriegführung. Sicherheitspolizei und Wehrmacht in Polen und der Sowjetunion, Passau 1991, S. 187

100 zit. nach Krausnick, op. cit., S. 135
101 StA Nürnberg, KV Prozesse Fall IX, A 17, S. 1344; zu Künsberg siehe jetzt: Ulrike Hartung: Raubzüge in der Sowjetunion. Das Sonderkommando Künsberg 1941–1943, Bremen 1997. Künsbergs Karriere weist Parallelen zu Six' Laufbahn auf: Eberhard Freiherr von Künsberg, geb. 2. September 1909 in Speyer, NSDAP 4. Juni 1929, 1930–1932 Kreisleiter des NSDStB, Studium der Rechtswissenschaften in München bis 1934, 30. September 1934 hauptberuflich Führer der 15. SS-Reiterstandarte Regensburg; 1. Mai 1936 bis April 1937 Referent in Rosenbergs Außenpolitischem Amt der NSDAP, 1. 4. 1937 Gerichtsreferendar, 1. Mai 1938 geschäftsführender Direktor in der Leitung der Reichsorganisation „Das braune Band von Deutschland", 14. März 1939 ins Angestelltenverhältnis des Auswärtigen Amtes übernommen. Juli 1939 Legationssekretär. Am 17. August 1941 zum Sonderführer der Waffen SS im Range eines Majors ernannt. Das Sonderkommando Künsberg, so Ulrike Hartung, op. cit., S. 13, „ist aufgrund des Auftrages des Auswärtigen Amtes bei dem Überfall auf Polen, die Gebäude der feindlichen und neutralen diplomatischen Vertretungen in Warschau zu sichern, gebildet worden. Das gesamte Aktenmaterial des polnischen Außenministeriums wurde für das Auswärtige Amt abtransportiert". Weitere Einsätze der personell und technisch gut ausgestatteten Künsberg-Truppe in Frankreich, Norwegen, Holland und Belgien. Heydrich verhielt sich gegenüber Künsbergs Ansinnen, für die SS arbeiten zu wollen, offenkundig reserviert und bevorzugte seine bewährten SD-Kräfte. Die „Gruppe Künsberg" wurde im August 1941 schließlich dem SS-Führungshauptamt direkt unterstellt; Künsberg erhielt die Befugnisse „eines selbständigen Bataillon-Kommandeurs"; Hartung, op. cit., S. 15
102 vgl. Rudolf Augstein/Bernhard Wehner: Das Spiel ist aus – Arthur Nebe, Glanz und Elend der deutschen Kriminalpolizei, in: Der Spiegel Heft 40/1949 ff. Die 30teilige „Spiegel"-Serie über die Geschichte der Reichskriminalpolizei erschien später noch einmal geringfügig überarbeitet in Buchform; Bernhard Wehner: Dem Täter auf der Spur, Bergisch-Gladbach 1982
103 Augstein/Wehner, op. cit., Der Spiegel Heft 5/1950, S. 25
104 vgl. StA Nürnberg, KV Prozesse Fall IX, A 17, S. 1355 ff.
105 Krausnick, op. cit., S. 153
106 StA Nürnberg, KV Prozesse Fall IX, Ankl. Interr. S 232, S. 39
107 zur Biographie Sattlers siehe Graf, op. cit., S. 378
108 zit. nach BAP, Zwischenarchiv Dahlwitz-Hoppegarten, DOK P 298/2
109 ebd.
110 BAK R 58/215, Kopien auch im IfZ München
111 BAK R 58/216
112 StA Nürnberg, KV Prozesse Fall IX, A 17, S. 1363. Nach seinen eigenen Angaben in Nürnberg hatte Six am 20. August morgens um 6 Uhr Smolensk verlassen. Er sei dann von Orscha aus mit einem Transportflugzeug direkt nach Berlin geflogen, wo er sich bei Streckenbach gemeldet habe.
113 BAP/ZStA 49.02, DAWI Bd. 6
114 BAP, Zwischenarchiv Dahlwitz-Hoppegarten, Z/R 540, Akte 20
115 ebd.
116 vgl. dazu Stanislav F. Berton: Das Attentat auf Reinhard Heydrich vom 27. Mai 1942. Ein Bericht des Kriminalrats Heinz Pannwitz, in: VfZ 33 (1985), S. 668–706; zur Nachfolgefrage Peter Black, op. cit., S. 143 ff. Himm-

ler leitete das RSHA nach Heydrichs Tod bis zum 30. Januar 1943 selbst, sein Stellvertreter war in dieser Zeit Bruno Streckenbach. Walter Schellenberg, op. cit., S. 259, empfand das Berliner Staatsbegräbnis für Heydrich „wie eine Schaustellung aus der Zeit Cesare Borgias", der „Daily Telegraph" sprach am 8. Juni 1942 von einem „Verbrecherbegräbnis im pompösen Chicago-Stil", zit. nach Deschner, op. cit., S. 293

VII. „Ad majorem Sixi gloriam"

1 BAK NS 19/2789; vgl. auch Döscher 1987, op. cit., S. 205 ff.
2 vgl. Christopher R. Browning: Unterstaatssekretär Martin Luther and the Ribbentrop Foreign Office, in: Journal of Contemporary History 12 (1977), S. 313–344 und Hans-Jürgen Döscher: Martin Luther – Aufstieg und Fall eines Unterstaatssekretärs, in: Ronald Smelser/Enrico Syring/Rainer Zitelmann (Hg.): Die braune Elite II. 21 weitere biographische Skizzen, Darmstadt 1993, S. 179–192
3 Christopher R. Browning: The Final Solution and the German Foreign Office. A Study of Referat D III of Abteilung Deutschland 1940–43, New York/London 1978, S. 28
4 Döscher 1987, op. cit., S. 208
5 StA Nürnberg, KV Prozesse Fall IX, Affidavit Prinzing vom 10. Oktober 1947, Six-Dokumentenbuch I, S. 71.
6 BAP/BDC SSO Prinzing; vgl. auch Klingemann 1996, op. cit., S. 141 f.
7 Klingemann, op. cit., S. 141, mit Bezug auf BAP, Zwischenarchiv Dahlwitz-Hoppegarten, Z/B I 1240.
8 Kempner 1987, op. cit., S. 312
9 ebd.
10 BAP/BDC SSO Six
11 ebd.
12 StA Nürnberg, KV Prozesse Ankl. Interrog., Nr. S 232, Verhör Six v. 14. Mai 1947 durch Rudolph Pins. Die weiteren Zitate nach dieser Six-Aussage.
13 vgl. zur Biographie Wolffs Jochen von Lang: Der Adjutant. Karl Wolff: Der Mann zwischen Hitler und Himmler, Frankfurt/M./Berlin 1989 (zuerst 1985); zur Schellenberg-Episode Döscher 1993, op. cit., S. 186 ff.
14 BAP/BDC SSO Six
15 ebd.
16 vgl. die Tagebucheintragung Ulrich von Hassells v. 20. April 1943: „Ribbentrop ist jetzt ganz rabiat geworden. Er haßt das ganze alte AA (an dem auch ich viel auszusetzen hatte, aber anders als R.). Diels, den ich neulich auf einer Fahrt mit Wagemann nach Magdeburg ... sah, erzählte neben tollen Dingen, die er mit den sogenannten Gesandten in Bukarest und Sofia erlebt hatte, daß R. gesagt hätte (an Hitler), es komme im auswärtigen Dienst nur auf die Gesinnung an, er wolle 40 SS-Leute, 40 SA-Leute und 40 HJ-Führer haben und das Amt neu besetzen. Dementsprechend sind die letzten Änderungen im AA vor allem als Schlag gegen das alte Beamtentum zu beurteilen", in: Die Hassell-Tagebücher 1938–1944. Aufzeichnungen vom andern Deutschland, Berlin 1988, S. 363
17 vgl. zum Organisationsaufbau im einzelnen Longerich 1987, op. cit.
18 zit. nach Longerich, op. cit., S. 147

19 vgl. zu Epting: Eckard Michels: Das Deutsche Institut in Paris 1940–1944. Ein Beitrag zu den deutsch-französischen Kulturbeziehungen und zur auswärtigen Kulturpolitik des Dritten Reiches, Stuttgart 1993 (Studien zur modernen Geschichte, Bd. 46), S. 19ff; und Eptings autobiographische Arbeiten: Karl Epting: Aus dem Cherche-Midi. Pariser Aufzeichnungen 1947–1949, Bonn 1953; ders.: Generation der Mitte, Bonn 1953
20 Michels, op. cit., S. 55
21 PAA, Kult.Pol. Bd. R 60657
22 PAA, DBP 1115 a; mit Erlaß vom 18. Mai 1943 hatte Six Heiraten von Mitarbeitern der Deutschen Wissenschaftlichen Institute mit Ausländern als unerwünscht bezeichnet, da der deutsche Charakter der Institute sonst in Gefahr gerate; vgl. Michels, op. cit., S. 168. Zu Six' Absicht, das Berliner DAWI als zentrales Führungsinstitut der DWIs zu etablieren, siehe ebd., S. 169f.
23 USHRIA 15007 M., Reel 23, 300
24 ebd.
25 vgl. zu den Dienstreisen BAP/ZStA 09.01; ebd. Vol. Nr. 755
26 zu Bests Rolle in Dänemark Herbert, op. cit., S. 323–400
27 IfZ München, MA 1300/3; State Department Special Interrogation Mission, Verhör Thomsen durch Randolph Higgs und Rebecca Wellington, 15. September 1945
28 IfZ München, MA 1300/2; State Department Special Interrogation Mission, Verhör v. Mentzingen durch Rebecca Wellington, 12. Oktober 1945
29 BAP/ZStA, Ausw. Amt, 09.01, Nr. 69276/69277, Geheime Reichssache
30 ebd.
31 BAP/ZStA, 09.01, Nr. 69288; die folgenden Zitate aus dieser Akte.
32 vgl. auch Himmlers Einstellung zum Wlassow-Komplex: „Ich habe in der ganzen Angelegenheit der Wlassow-Propaganda wirklich Angst bekommen. Ich bin nie pessimistisch und rege mich wirklich nicht leicht über etwas auf. Diese Sache aber schien mir gefährlich ... Und dann kommen die Gedanken des Herrn Wlassow: Rußland ist noch niemals durch Deutschland besiegt worden. Rußland kann nur durch Russen besiegt werden. – Dazu bietet sich das russische Schwein, Herr General Wlassow an. Diesem Mann wollen nun manche Greise bei uns eine Millionen-Armee in die Hand drücken. Diesem unzuverlässigen Burschen wollen sie Waffen und Gerät in die Hand geben, damit er vielleicht gegen Rußland losgeht, vielleicht auch eines Tages, was sehr wahrscheinlich gewesen wäre, gegen uns."; Himmler-Rede vom 6. Oktober 1943 in Posen, Smith/Peterson, op. cit., S. 164
33 BAP/ZStA, 09.01, Nr. 69288
34 ebd.
35 ebd.
36 BAP/ZStA, 09.01, Nr. 69563
37 PAA R 60657
38 BAP/ZStA, 09.01, Nr. 69288; die folgenden Zitate aus dieser Akte.
39 Boberach, op. cit., Bd. 13, S. 5033
40 IfZ München, MA 1300/3, Verhör Six/Mahnke, op. cit., S. 505
41 BAK NL 416 Trott zu Solz, Bd. 5, die folgenden Zitate aus dem 13seitigen Werth-Bericht.
42 zur Biographie Trotts siehe Henry O. Malone: Adam von Trott zu Solz. Werdegang eines Verschwörers 1909–1938, Berlin 1986

43 Boveri, op. cit., S. 211
44 Franz Josef Furtwängler: Männer, die ich sah und kannte. Hamburg 1951, S. 227
45 Die Berliner Tagebücher der Marie „Missie" Wassiltschikow 1940–1945, 2. Aufl. Berlin 1991 (zuerst 1985)
46 „Stahlecker, Franz Walter", in: Enzyklopädie des Holocaust, op. cit., Bd. 3, S. 1367f. Stahlecker, Jahrgang 1900, NSDAP seit 1932, war 1934 zum Leiter der Württembergischen Politischen Polizei ernannt worden. 1938 SD-Führer des SD-Oberabschnitts Donau, Befehlshaber der Sipo und des SD in Böhmen und Mähren, Mai 1940 in gleicher Funktion in Norwegen, Juni 1941 SS-Brif. und Führer der Einsatzgruppe A, Herbst 1941 Befehlshaber der Sipo und des SD im Reichskommissariat Ostland, am 23. März 1942 von sowjetischen Partisanen getötet.
47 Alle folgenden Zitate aus Wassiltschikow, op. cit.
48 Eidesstattliche Erklärung Hans F. Richter, in: BAK ZS 42 II/2325; Richter unterhielt seinerzeit ein Übersetzungsbüro in Minden/Westf. und arbeitete (so jedenfalls George H. Wassiltschikow im Epilog zu den Tagebüchern seiner Schwester Missie) von 1949 an für die Organisation Gehlen.
49 PAA, Büro Staatssekretär, Dänemark 4
50 BAP, Zwischenarchiv Dahlwitz-Hoppegarten, DOK P 298/1
51 Schriftwechsel und Protokoll der Krummhübeler Tagung dokumentiert in Leon Poliakov/Joseph Wulf: Das Dritte Reich und seine Denker, Wiesbaden 1989, S. 158ff. (zuerst 1955)
52 PAA, ZA 1, Bd. 16
53 Kopien des Schriftwechsels in BAP/BDC SSO Six
54 ebd.
55 PAA Personalakte Franz Alfred Six
56 ebd.
57 IfZ München, Interrogation Gerda Scholz, op. cit.
58 Die folgenden Angaben nach IfZ München, Interrogation Gerda Scholz und Interrogation Six/Mahnke, op. cit.
59 Interview des Verf. mit Hans Abich, op. cit.

VIII. „In a state of chronic tension"

1 IfZ München, Interrogation Gerda Scholz, op. cit., S. 5
2 ebd.
3 IfZ München, Interrogation Hepp und Twardowsky durch Rebecca Wellington und Peter Harnden; Interrogation Twardowsky übermittelt durch DeWitt C. Poole am 3. Oktober 1945. Peter Harnden heiratete später „Missie" Wassiltschikow.
4 Biographische Angaben nach U.S. Department of State, Biographic Register, 1945, S. 267f.; Auskunft University of Chicago, Dept. of Political Science vom 30. Juni 1997, New York University, Faculty of Arts and Science, 30. Juni 1997; Curriculum vitae in Michigan State University, University Archives & Historical Collections, PA B. L. Smith
5 Zum Einfluß der Rockefeller-Foundation auf die US-Kommunikationsforschung siehe Bett Gary: Communication Research, the Rockefeller Founda-

tion, and Mobilization for the War on Words, 1938–1944, in: Journal of Communication 46 (1996), S. 124–148; vgl. auch ders.: American Liberalism and the Problem of Propaganda: Scholars, Lawyers, and the War on Words, 1919–1945, Diss. University of Pennsylvania 1992

6 vgl. auch Smiths biographische Reminiszenz: The Mystifying Intellectual History of Harold D. Lasswell, in: Arthur Rogow (Hg.): Politics, Personality and Social Science in the Twentieth Century. Essays in Honor of Harold D. Lasswell, Chicago 1969

7 Minneapolis: University of Minnesota Press for Social Science Research Council, 1935

8 vgl. Bruce Lannes Smith: Democratic Control of Propaganda through Registration and Disclosure, in: Public Opinion Quarterly 6 (1942), S. 27–40 und POQ 7 (1943), S. 70–719

9 vgl. dazu Petra Marquardt-Bigman: Amerikanische Geheimdienstanalysen über Deutschland 1942–1949, München 1995 (Studien zur Zeitgeschichte, Bd. 45); Robin Winks, op. cit., und vor allem Barry M. Katz: Foreign Intelligence. Research and Analysis in the Office of Strategic Services 1942–1945, Cambridge, Mass./London 1989. Leiter von R&A war der Historiker William L. Langer; vgl. dessen Autobiographie: In and Out of the Ivory Tower, New York 1977

10 vgl. zur Biographie Donovans jetzt die präzise Zusammenfassung von Clayton D. Laurie: The Propaganda Warriors. America's Crusade Against Nazi Germany, Lawrence/Kansas 1996, S. 68 ff. sowie Thomas F. Troy: Donovan and the CIA: A History of the Establishment of the CIA, Frederick, Md. 1981, Bradley F. Smith: The Shadow Warriors: The OSS and the Origins of the CIA, New York 1983, Anthony Cave-Brown: The Last Hero: Wild Bill Donovan, New York 1982

11 Robin Winks: Cloak and Gown. Scholars in the Secret War, 1939–1961, New Haven/London 1996 (zuerst 1987), S. 64

12 Marquard-Bigman, op. cit., S. 25

13 Bradley F. Smith 1983, op. cit., S. 212

14 Christopher Simpson: Science of Coercion. Communication Research & Psychological Warfare 1945–1960, New York/Oxford 1994. Simpsons in Deutschland bislang kaum rezipierte Publikation gibt wichtige Hinweise auf die Verbindung von militärisch-industriellem Komplex und US-Kommunikationsforschung, enthält aber auch steile Interpretationen zur Zerstörung substantieller Kommunikationsmodelle durch Lasswells funktionalistische Formel und deren „potential applications of the communication-as-domination zeitgeist". Vgl. auch Daniel J. Czitrom: Media and the American Mind. From Morse to McLuhan, Chapel Hill 1982, S. 122 ff.

15 Propaganda Analysis and the Science of Democracy, in: Public Opinion Quarterly 5 (1941), S. 250–259. Selbstbewußt beanspruchte Smith die Schöpfung des Begriffs „science of democracy" ex aequo mit Lasswell.

16 Trends in Research on International Communication, in: Public Opinion Quarterly 20 (1956), S. 182–195, hier S. 182

17 IfZ München, Interrogation Six/Mahnke, op. cit., S. 339

18 IfZ München, Interrogation Gerda Scholz, op. cit., S. 298

19 Der Spiegel vom 29. Dezember 1949, S. 6

20 IfZ München, Interrogation Six/Mahnke, op. cit., S. 354

21 Der Spiegel, op. cit., S. 6

22 Norbert Frei 1996, op. cit., S. 149
23 zit. nach Frei, op. cit., S. 150
24 vgl. dazu die bezeichnende Passage aus dem zweiten Verhör Kempners mit Six: Frage Kempner: „Haben Sie Kinder?", Six: „Zwei Kinder." „Wo sind sie?" „Wenn sie von Ihnen nicht gerade wieder gefangen sind, in Hannover. Nach ihrer Abreise aus Heidelberg wurde meine Familie über ein Jahr unter allerschwersten Umständen im Gefängnis rumgezogen. Die Kinder auch. Meine Schwester ist in einem amerikanischen Gefängnis gestorben. Das ist vielleicht eine Aufrechnung." „Eine Aufrechnung mit fünf Millionen ist nicht möglich." „Dann fängt es vielleicht bei uns an." „Glauben Sie etwa, daß wir Gestapo-Methoden anwenden?" „Darüber habe ich keine Kenntnis, unter welchen Umständen meine Schwester in einem amerikanischen Gefängnis gestorben ist. Es war merkwürdig, die kurze Zeit, nachdem Sie weggegangen sind, daß meine Schwester sterben mußte. Das hat mich damals sehr beeindruckt". StA Nürnberg, KV Ankl. Interrog. S. 232
25 Der Spiegel, op. cit., S. 6
26 IfZ München, Interrogation Six/Mahnke, op. cit., S. 21. Auch die folgenden Zitate aus diesem Dossier.
27 Brief Murphy in IfZ München, Interrogation Six/Mahnke, op. cit., S. 338–340
28 Telefonisches Interview mit Chitra M. Smith vom 30. Juni 1996; für Smith' Mentalität siehe auch seinen Nachruf auf den UN-Generalsekretär U Thant, in: State Journal, Lansing, MI. vom 8. Dezember 1974: „U Thant was much liked for his kindness and his delicate sense of humor, but not many will think of him as a ‚brilliant' or ‚great' statesman. They won't, that is, unless they see wisdom and greatness in a lifetime of dependable gentleness and compassion, of unshakeable truthfulness, of dependable patience in putting the truth tactfully to those who cannot bear to face it, and of driving oneself to the limits of physical endurance, year after year, to promote peace and advance the economic welfare of everyone, everywhere".
29 Kempner 1987, op. cit., S. 18
30 StA Nürnberg, KV Prozesse Anklage Interrog., op. cit., S. 24 f.
31 StA Nürnberg, op. cit., S. 43
32 StA Nürnberg, op . cit., S. 49; auch die folgenden Zitate aus dem Verhör Kempner/Six.
33 Text der Urteilsbegründung in Kempner 1987, op. cit., S. 19–100. Alle folgenden Zitate der Urteilsbegründung aus diesem Nachdruck.
34 zur Biographie Steimles siehe Grüttner, op. cit., S. 512
35 Auszüge aus dem Kreuzverhör Ohlendorfs in Kempner, op. cit., S. 101 f.
36 zit. nach Wilhelm 1991, op. cit., S. 229
37 Der Spiegel vom 7. Februar 1948
38 zit. in Kempner, op. cit., S. 85
39 Schreiben Ulmers an den Verf. vom 3. November 1995
40 StA Nürnberg, KV Prozesse Fall IX, Nr. 41. Ulmers Schluß-Erwiderungs-Schriftsatz vom 29. Januar 1948, in dem diese Argumente noch einmal mit den zahlreichen Testaten unterfüttert wurden, umfaßte 109 Seiten; KV Prozesse Fall IX, Nr. 411. Hinzu kam am 2. Februar 1948 noch ein 28seitiges Plädoyer.
41 Plädoyer Ulmer, op. cit.
42 StA Nürnberg, KV Prozesse Fall IX, Six-Dokumentenbuch Nr. IV, Affidavit Mahnke vom 19. Januar 1948, Six-Dokument Nr. 62

43 Der Spiegel vom 27. März 1948, S. 5
44 StA Nürnberg, KV Prozesse Fall IX, S. 1392
45 op. cit., S. 1394
46 op. cit., S. 1434
47 op. cit., S. 1502
48 op. cit., S. 171
49 vgl. Frank M. Buscher: The U. S. War Crimes Trial Program in Germany, 1946–1955, New York/Westport/Conn./London 1989, S. 171

IX. „Das Wesen des Marketing"

1 vgl. zum Gesamtkontext Jörg Friedrich: Die kalte Amnestie. NS-Täter in der Bundesrepublik. München 1994 (zuerst Frankfurt/M. 1984)
2 dpa-Übersetzung des Artikels in Friedrich Grimm: Unrecht im Rechtsstaat. Tatsachen und Dokumente zur politischen Justiz. Dargestellt am Fall Naumann, Tübingen 1957, S. 178 f. Die folgenden Zitate aus diesem Dokument.
3 PAA, ZA 1/16. Diese Akte enthält das Verfahren Six vs. Auswärtiges Amt und wurde nach einer Intervention des Verf. beim Bundesaußenminister zur Einsicht freigegeben.
4 vgl. Frei 1996, op. cit., S. 69 ff. und Udo Wengst: Beamtentum zwischen Reform und Tradition. Beamtengesetzgebung in der Gründungsphase der Bundesrepublik Deutschland 1948–1953, Düsseldorf 1988
5 Zu Bests Nachkriegskarriere siehe Herbert 1996, op. cit., S. 403 ff.
6 Herbert, op. cit., S. 465
7 Wolfram Dorn/Wolfgang Wiedner: Der Freiheit gehört die Zukunft. Wolfgang Döring – eine politische Biographie, Bonn 1974, S. 16
8 Dorn/Wiedner, op. cit., S. 15
9 z. B. Frei 1996, S. 366
10 Herbert 1996, op. cit., S. 19
11 Martin Paulus/Edith Raim/Gerhard Zelger: Ein Ort wie jeder andere. Bilder aus einer deutschen Kleinstadt: Landsberg 1923–1958, Reinbek bei Hamburg 1995, S. 15.
12 Paulus et. al., op. cit., S. 24
13 FAZ vom 8. Januar 1951
14 vgl. Ernst Klee: Persilscheine und falsche Pässe. Wie die Kirchen den Nazis halfen, Frankfurt/M. 1991, S. 73 ff.
15 zit. nach Frei 1996, op. cit., S. 299 f.
16 vgl. Köhler 1989, op. cit., sowie Peter Köpf: Schreiben nach jeder Richtung. Goebbels-Propagandisten in der westdeutschen Nachkriegspresse, Berlin 1995 – eine allerdings sehr formalistische Analyse, da Köpf lediglich Impressa ausgewählter Publikationen vor und nach 1945 miteinander vergleicht und so auch Erik Reger oder Margret Boveri als „Goebbels-Propagandisten" anführt.
17 Karl-Heinz Janßen: Die Zeit in der ZEIT. 50 Jahre einer Wochenzeitung, Berlin 1995, S. 55; ein Beispiel dafür, daß Pressegeschichtsschreibung durch „Haushistoriker" kaum weiterhilft.
18 Ebbo Demant: Von Schleicher zu Springer. Hans Zehrer als politischer Publizist, Mainz 1971, S. 154 ff.; Manfred Jenke: Verschwörung von Rechts? Ein Bericht über den Rechtsradikalismus in Deutschland nach 1945, Berlin 1967, S. 18 f.

19 vgl. Hans-Jürgen Döscher: Verschworene Gesellschaft. Das Auswärtige Amt unter Adenauer zwischen Neubeginn und Kontinuität, Berlin 1995 (Nachdruck der Mansfeld-Artikelreihe dort S. 155 ff.)
20 Frei 1996, op. cit., S. 140
21 vgl. Klee, op. cit., S. 75
22 op. cit., S. 77
23 Günter Ogger: Friedrich Flick der Große, Bern/München/Wien 1971, S. 249
24 Ogger, op. cit., S. 254
25 Schreiben Wilhelm Höttls an den Verf. vom 24. Juli 1995; Höttl will die Höhe der Summe wiederum von Oebsger-Röder erfahren haben.
26 BAK B 305, EL 274/51
27 ebd.
28 Schreiben Konrad Porzner an den Verf. vom 17. Juli 1992; Schreiben Heinz Höhne an den Verf. vom 7. August 1993 („Franz Six war meines Wissens niemals Mitarbeiter der Organisation Gehlen ... Daß fragwürdige Skribenten wie der Stasi-Autor mit dem Decknamen ‚Julius Mader', der Six sogar zu einem ‚leitenden Mitarbeiter des BND' emporphantasierte, von Zeit zu Zeit die alte Mär mal wieder auftischten, scheint mir unerheblich".) Eine ähnliche Auskunft auch im Schreiben des Ex-KGB-Topspions im BND, Heinz Felfe, an den Verf. vom 7. November 1992 („In der Pullacher Zentrale war Six bestimmt nicht tätig").
29 vgl. Dirk van Laack: Gespräche in der Sicherheit des Schweigens. Carl Schmitt in der politischen Geistesgeschichte der frühen Bundesrepublik, Berlin 1993, S. 94
30 vgl. Reinhard Hickel: Eine Kaderschmiede bundesrepublikanischer Restauration. Ideologie und Praxis der Harzburger Akademie für Führungskräfte der Wirtschaft, in: Martin Greiffenhagen (Hg.): Der neue Konservatismus der siebziger Jahre, Reinbek bei Hamburg 1974, S. 108–154. Während mehrere deutsche Banken und Industriekonzerne sich entweder unter öffentlichem Druck oder im sicheren Gefühl der zeitlichen Beruhigung inzwischen mit ihrer Rolle im NS-Staat beschäftigt haben, gibt es kaum Forschungen zur Tradition der Management- und Organisationslehren der 50er Jahre. Vgl. z. B. die Organisationsanweisung für die Mindener Melitta-Werke, die der Konzernchef und ehemalige SS-Obersturmführer Horst Bentz unter dem martialischen Titel „Block und Blei" selbst verfaßt hatte. Darin hieß es unter anderem: „Im vorliegenden Buch ‚Block und Blei' habe ich die Organisation der Melitta-Werke festgelegt, und ich verlange, daß alle Mitarbeiter ‚Block und Blei' restlos beherrschen und immer danach handeln". (zit. nach der Auflage von 1970, Vorwort, n. pag.). Oder: „Wie alles, überwachen wir auch das Telefonieren. Es geschieht durch Mithörer, die an einigen Plätzen der Geschäftsleitung angebracht sind. Vorurteile hiergegen sind vollkommen unberechtigt" (S. 56). Die Melitta-Werke unter Bentz waren Kunden von Höhns Harzburger Akademie. Bentz selbst war von den Briten am 13. November 1945 verhaftet und bis zum 5. November 1947 im Lager Recklinghausen interniert worden; vgl. BAK Z 42 VI/1580. Vgl. auch Jürgen Jeske: Die Vergangenheit kommt zurück. Deutsche Unternehmen in der Nazizeit, in: Frankfurter Allgemeine Zeitung vom 7. August 1997
31 Zeitschrift für Geopolitik 23 (1952), S. 639 f.
32 vgl. dazu Grimm, op. cit., sowie Jörg Michael Gutscher: Die Entwicklung der

FDP von ihren Anfängen bis 1961, 2. rev. Aufl. Königstein/Ts. 1984 (zuerst 1967), S. 151 ff.; Herbert 1996, op. cit., S. 461 ff.
33 Tauber, op. cit., S. 143
34 zit. nach Grimm, op. cit., S. 241
35 op. cit, S. 248
36 Frei 1996, op. cit., S. 383
37 Grimm, op. cit., S. 213
38 Die Zeit vom 18. Mai 1956
39 vgl. zu Middelhauves ursprünglichem politischem Konzept vor allem Lothar Albertin (Hg.): Politischer Liberalismus in der britischen Besatzungszone 1946–1948. Führungsorgane und Politiker der FDP, Düsseldorf 1995
40 Die Zeit vom 19. Juli 1974
41 vgl. auch: Vom Fall Lischka zum Fall Achenbach. Unbehagen in der FDP, in: Neue Zürcher Zeitung vom 24. Juli 1974: „Daß Achenbach auf den Auftrag des Berichterstatters zum deutsch-französischen Zusatzabkommen verzichtet, ist manchem seiner Parteifreunde jetzt nicht mehr genug. Der Vorsitzende der Jungdemokraten, Schiller, hat nicht nur seinen Rücktritt als Abgeordneter, sondern seinen Ausschluß aus der Partei verlangt. Auch der frühere FDP-Politiker und heutige EG-Kommissar Dahrendorf hält Achenbach für eine Belastung und rät ihm, sich aus dem Europaparlament zurückzuziehen." Nachruf auf Achenbach u. a. in der FAZ vom 3. Dezember 1991, mit der eleganten Umschreibung: „Als Legationssekretär an der deutschen Botschaft in Paris erlebte er das Vorspiel und den Ausbruch des Zweiten Weltkrieges. Nach der Besetzung Frankreichs durch deutsche Truppen wurde er an die Deutsche Botschaft nach Paris zurückgerufen".
42 zu diesen Fällen siehe Döscher 1995, op. cit.
43 PAA ZA 1/16. Die folgenden Zitate nach dieser Akte.
44 vgl. zum folgenden Lexikon des gesamten Buchwesens (LGB 2), 2. rev. Aufl. Stuttgart 1995, hg. von Severin Corsten et. al., Bd. IV
45 Zeitschrift für Geopolitik 26 (1955), S. 770
46 Die volkswirtschaftlichen Leske-Publikationen stellten auch die Kontinuität zu Wilhelm Vershofens „Institut für Wirtschaftsbeobachtung der deutschen Fertigware" an der Nürnberger Handelshochschule bzw. (seit 1929) Hochschule für Wirtschafts- und Sozialwissenschaften her, wo Ludwig Erhard, Erich Schäfer und Horst Wagenführ als Assistenten gewirkt hatten und schließlich auch die „Gesellschaft für Konsumforschung" (GfK) entstanden war. Vershofens Nachfolger als Institutsdirektor wurde 1942 Erich Schäfer; Erhard gehörte zum Beraterkreis des SD-Amtschefs (und Staatssekretärs im Wirtschaftsministerium) Otto Ohlendorf; vgl. dazu Volker Hentschel: Ludwig Erhard. Ein Politikerleben, München/Landsberg a. Lech 1996, S. 26 ff.; Wagenführ wiederum war einer der Hauptautoren des Leske-Verlages unter Six. Verweise auf Wagenführ und Schäfer auch in der erwähnten Betriebsfibel Hans Amandus Münsters (Fibel der Marktforschung, Darmstadt 1957, S. 118). Schäfers Standardwerk „Grundlagen der Marktforschung" erschien in dritter Auflage 1953 in Middelhauves Westdeutschem Verlag.
47 Köpf, op. cit., S. 32
48 Produziert von Erich Pommer, Regie: Lazlo Benedek, Bericht über die Produktion in: Der Spiegel vom 9. März 1955, S. 33 f.

Exkurs: Zur Frühgeschichte des „Spiegel"

1 Zur Verbindung von Leske-Verlag und „Spiegel" siehe auch den Memoiren-Vorabdruck des Agenten Alexander Foote: „Lucy" contra OKH. Aus dem Kriegstagebuch eines Sowjetspions, 5. Folge in: Der Spiegel vom 31. März 1954, S. 23 ff.; wohl von Six über Mahnke an das Nachrichtenmagazin vermittelt.
2 Christian Raskob: High noon am Freitagabend, in: SZ vom 24./25. Oktober 1992
3 Otto Köhler: Offizielle Mitarbeiter, in: konkret 5/1992, S. 48–51
4 vgl. zur Tabuisierung der „Spiegel"-Frühgeschichte Roland Müller: Der kleine Unterschied. Wie erheblich ist die Spiegel-Vergangenheit?, in: Die Weltbühne 87 (1992), Heft 27, S. 807–810. Ich bin Friedemann Siering für den Hinweis auf diesen Artikel dankbar.
5 IfZ München, MA 1300/3, Interrogation Six/Mahnke
6 op. cit., S. 8 des Originals. Die folgenden Zitate aus dem Smith-Bericht.
7 Wember, op. cit., S. 96
8 op. cit., S. 98
9 Telef. Auskunft Georg Wolffs an den Verf. vom 2. November 1995
10 Die folgenden biographischen Angaben aus BAP/BDC SSO Wolff
11 Robert Bohn: „Ein solches Spiel kennt keine Regeln". Gestapo und Bevölkerung in Norwegen und Dänemark, in: Paul/Mallmann, op. cit., S. 462–481, hier S. 465; vgl. auch ders.: Schuld und Sühne. Die norwegische Abrechnung mit den deutschen Besatzern, in: ders. (Hg.): Deutschland, Europa und der Norden, Stuttgart 1993
12 Zu Wolffs Arbeit in Norwegen siehe USHRIA RG 15.007 M, Reel 10, 127 und Reel 14, 213 („SS-Obersturmführer Wolff: Die innenpolitische Situation in Norwegen")
13 Der Spiegel vom 6. Juli 1950, S. 21
14 Der Spiegel vom 25. August 1949, S. 6 f.
15 ebd.
16 Der Spiegel, Sonderausgabe 1947–1997, S. 15: „Der SPIEGEL war immerdar ein antifaschistisches Geschütz, von Anbeginn ..."
17 vgl. Leo Brawand: Rudolf Augstein, Düsseldorf 1995, S. 117 ff.
18 zu Beckers Biographie siehe Leo Brawand: Die SPIEGEL-Story. Wie alles anfing, Düsseldorf/Wien/New York 1987, S. 139 ff. Becker diente im Zweiten Weltkrieg u. a. bei der Funküberwachungskompanie 612, „die sich mit dem Auffinden, Aufnehmen und Peilen des Funkverkehrs gegnerischer Funkagenten befaßt, zwischen Nordnorwegen und dem Schwarzen Meer für das Heer operiert und direkt dem Oberkommando der Wehrmacht untersteht. Stab und Zentrale liegen im Ostseebad Cranz bei Königsberg und kommen in jeder besseren Darstellung über die Spione der ‚Roten Kapelle' vor"; Brawand 1987, S. 144.
19 Dorn/Wiedner, op. cit., S. 93, die folgenden biographischen Angaben zu Döring aus dieser Darstellung.
20 op. cit., S. 12
21 op. cit., S. 27
22 zit. nach Hersch Fischler: Spengler, Spiegel, Augstein, in: Die politische Meinung 39 (1994), S. 31–39, hier S. 32

23 „Denn das ist Nebes Verdienst, mindestens in den Augen der damaligen Kriminalisten: Er hat die Kripo durch seine servile Willfährigkeit vor der Stapo und vor mancherlei SS-Einflüssen bewahrt ... Die Leute um Nebe waren alle keine ergebenen Nationalsozialisten", in: Der Spiegel vom 1. Dezember 1949, S. 22
24 BAP/BDC SSO Wehner
25 Der Spiegel vom 22. März 1950, S. 31
26 Der Spiegel vom 23. März 1950, S. 25
27 vgl. zu Zirpins den Artikel von Hersch Fischler: Augsteins Wende?, in: Junge Welt vom 17./18. August 1996
28 vgl. Winfred von Oven: Finale Furioso. Mit Goebbels bis zum Ende, Tübingen 1974 (zuerst 1947), und ders.: Wer war Goebbels? Biographie aus der Nähe, München/Berlin 1987
29 Zum „Argentinischen Tageblatt" und zur rechten Konkurrenzzeitung „Freie Presse" siehe Holger M. Meding: Flucht vor Nürnberg? Deutsche und österreichische Einwanderung in Argentinien 1945-1955, Köln/Weimar/Wien 1992, S. 235 ff.
30 Der Spiegel vom 25. Oktober 1950, S. 31
31 Der Spiegel vom 24. Januar 1951, S. 8
32 Der Spiegel vom 21. Januar 1953, S. 6
33 Der Spiegel 19/1953, S. 8
34 Der Spiegel vom 13. Mai 1953, S. 6
35 Der Spiegel vom 8. September 1954, S. 18
36 Der Spiegel 22/1952, S. 4
37 ebd.; über die Beziehung Gehlens zu Adenauer bzw. dessen Staatssekretär Hans Globke siehe auch Arnulf Baring: Im Anfang war Adenauer. Die Entstehung der Kanzlerdemokratie, 2. Aufl. München 1982 (zuerst 1971), S. 67 ff.; zur Geschichte der „Org." allgemein Mary Ellen Reese: Organisation Gehlen. Der Kalte Krieg und der Aufbau des deutschen Geheimdienstes, Reinbek bei Hamburg 1992 (zuerst Fairfax/Virginia 1990)
38 Der Spiegel 20/1971, S. 140 (9. Fortsetzung der Serie „Pullach intern. Die Geschichte des Bundesnachrichtendienstes); in dieser Folge Hinweise auf die „Org."-Mitarbeit von SS-Leuten wie Willi Krichbaum (ehem. Chef der Geheimen Feldpolizei), Friedrich Panzinger (Gruppenleiter im RSHA-Amt IV unter Heinrich Müller), Fritz Schmidt (Ex-Chef der Gestapo-Leitstelle Kiel), Emil Augsburg und (in der Buchfassung später revidiert) Franz Alfred Six („einer der Chefideologen des SD"). Zu den Informanten für diese Serie gehörten offenkundig Höttl und Oebsger-Röder. Vgl. auch Heinz Felfe: Im Dienst des Gegners. 10 Jahre Moskaus Mann im BND, Hamburg 1986, S. 269: „Gehlen hatte ein Gespür, wie wichtig eine gute Verbindung zur Presse und ihr Wohlwollen sein würde, schon deshalb, um von den wahren Absichten der Organisation und des BND ablenken zu können. Übrigens hat ja General Gehlen selbst in seinen Memoiren hervorgehoben, wie intim seine Verbindungen zum Nachrichtenmagazin ‚Der Spiegel' waren".
39 Demant, op. cit., S. 201
40 Der Spiegel, Heft 32/1951, S. 4
41 Der Spiegel vom 28. Januar 1953, S. 5
42 ebd.
43 Der Spiegel vom 30. April 1952, S. 33

44 Der Spiegel vom 18. August 1954, S. 3
45 Im Vorwort zum Jubiläumsheft 1997 schrieb Augstein: „Für unsere kleine Truppe aber galt der Satz: ‚Wir wollen das schreiben, was wir, hätten wir dieses Blatt nicht, anderswo lesen wollten'. Bei uns allen stand die politische Überzeugung im Vordergrund. Sie fächerte sich im Lauf der Jahre naturnotwendig auf. Eisern aber blieb der Grundsatz, vor keiner Autorität, nicht einmal vor einer befreundeten, zu kuschen. Diese Gesinnung hat den SPIEGEL groß gemacht. Sie wird ihm weiterhin voranhelfen". Die einzige Autorität, die für die eiserne Truppe, jedenfalls nach außen, tatsächlich unantastbar blieb, war der „Spiegel" selbst. Vgl. auch Klaus Kreimeier: Spiegel 50 – Geburtstag der Verdrängungskünstler, WDR-Hörfunk: Kritisches Tagebuch vom 6. Januar 1997: „Einem souveränen Blatt stünde es gut an, zur Erhellung einiger umrühmlicher Details in der Geschichte des bundesdeutschen Nachkriegsjournalismus beizutragen. Wie die Dinge liegen, ist diese Souveränität vom Spiegel nicht zu erwarten" (S. 3 des Manuskripts).
46 vgl. neben der Höfer-Affäre z. B. den „Spiegel"-Artikel „Der allein mögliche Stil" (1. Februar 1956), in dem die NS-Vergangenheit des geschäftsführenden Bundespressechefs Edmund Forschbach aufgedeckt wurde, mit dem Schlußsatz: „Bundeskanzler Adenauer, der in Moskau seine Gastgeber Bulganin, Chruschtschow und Molotow mit dem Hinweis überraschte, er hätte Adolf Hitler am liebsten mit bloßen Händen erwürgt, wenn er ihm nur begegnet wäre, beabsichtigt, diesen Mann in der nächsten Woche zum Ministerialdirektor zu befördern und endgültig als Bundespressechef zu bestallen". Forschbach hatte die Mitglieder des von ihm geführten studentischen „Cartellverbandes der Katholisch-Deutschen Studenten-Verbindungen" aufgefordert, bei der Reichstagswahl vom 12. November 1933 für die NSDAP-Liste zu stimmen und war „in schmucker SA-Uniform in den ersten rein nationalsozialistischen Reichstag eingezogen" („Spiegel").
47 Telef. Mitteilung an den Verf. vom 31. Oktober 1995
48 Reinhold Bergler/Hans Andresen (Hg.): Der Werbeleiter im Management, Darmstadt 1957, S. 6
49 op. cit., S. 330
50 op. cit., S. 331
51 jeweils im hauseigenen „verlag wwt", Bad Harzburg. Höhn publizierte zudem fleißig als Wirtschaftsanalytiker in der „Frankfurter Allgemeinen Zeitung".
52 vgl. dazu Armin Bauer: Allgaier-Schlepper, hg. von top agrar – Das Magazin für moderne Landwirtschaft und profi-Magazin für Agrartechnik, Münster 1994
53 op. cit., S. 174
54 Mitteilung an den Verf. vom 8. September 1995
55 Archiv des Börsenvereins des Deutschen Buchhandels, Bundesanzeiger 139/1960, HRA 595
56 Telef. Mitteilung an den Verf. vom 30 Oktober 1995
57 2. Aufl., Bad Harzburg 1971
58 op. cit., S. 13
59 op. cit., S. 43
60 ebd.
61 Am 17. Dezember 1959 hatte Staatsanwalt Dr. Steinbacher bei der Bonner Zentralen Rechtsschutzstelle um die Übermittlung der Entlassungsanschrift Six'

gebeten; vgl. Aktenvermerk Dr. Redenz vom 18. Dezember 1959, in: BAP B 305, EL 274/51
62 Amtsgericht Tettang I Ars 180/61
63 vgl. Herbert 1996, op. cit., S. 498 ff.
64 Nach Angaben seiner Tochter Elke hat sich Six „nie über die Jahre 1933–1945 geäußert, auch nicht im Familienkreis", Mitteilung an den Verf. vom 25. April 1997; vgl. auch Dan Bar-On: Die Last des Schweigens. Gespräche mit Kindern von Nazi-Tätern, Reinbek bei Hamburg 1996 (zuerst 1989); Barbara Heimannsberg/Christoph J. Schmidt (Hg.): Das kollektive Schweigen. Nazivergangenheit und gebrochene Identität in der Psychotherapie, Köln 1992 (zuerst 1988)
65 Gunther Langes: Überetsch und Bozner Unterland. Landschaft und Leben im unteren Etschtal, Bozen 5. Aufl. 1991, S. 96
66 vgl. Hermann Giesler: Ein anderer Hitler, Leoni am Starnberger See 1977. Giesler, Jahrgang 1897, hatte u. a. die Ordensburg Sonthofen entworfen, den Umbau des Hotels „Elephant" in Weimar geleitet und die Gauforen in Augsburg und Weimar geplant. 1938 Ernennung zum „Generalbaurat für die Neugestaltung der Stadt München", 1941 von Hitler federführend mit der architektonischen Neugestaltung der Stadt Linz betraut. Gieslers Bruder Paul amtierte als Gauleiter in München. Zur Konkurrenz Giesler/Speer siehe Sereny, op. cit., S. 274 ff.
67 Telef. Mitteilung an den Verf. vom 11. Oktober 1995

Abbildungsnachweis

Alle Abbildungen: Bundesarchiv Berlin, bis auf: Der Spiegel vom 29. 12. 1949, S. 326; Der Spiegel 4/1997, S. 224; United States Holocaust Museum Research Institute, Washington, S. 108; Institut für Publizistik, Münster, S. 70; aus: Claudia Sterr: Theodor Dannecker. Ein Funktionär der Endlösung, Essen 1997, Klartext-Verlag (Privatbesitz), S. 195; Süddeutscher Verlag, München, S. 286; Associated Press, S. 169.

Quellen und Literatur

1. Ungedruckte Quellen

Bundesarchiv Koblenz (BAK)
R 2 – Reichsministerium der Finanzen
R 21 – Reichsministerium für Wissenschaft, Erziehung und Volksbildung
R 55 – Reichsministerium für Volksaufklärung und Propaganda
R 58 – Reichssicherheitshauptamt
R 73 – Deutsche Forschungsgemeinschaft
NS 19 – Persönlicher Stab Reichsführer SS
ZS 42 – Spruchgerichte in der Britischen Zone
B 305 – Zentrale Rechtsschutzstelle Bonn
NL 416 – Nachlaß Adam von Trott zu Solz

Bundesarchiv Abteilungen Potsdam (BAP), ehem. Zentrales Staatsarchiv Potsdam (ZStA)
09.01 – Auswärtiges Amt
49.02 – Deutsches Auslandswissenschaftliches Institut
Pst. 3/320 – Zentrales Parteiarchiv der SED

Bundesarchiv Zwischenarchiv Dahlwitz-Hoppegarten
DOK P 298/1; DOK P 298/2; DOK P 15658; ZB I 1240; Z/R 521; Z/R 540; Z/R 758; Z/R 920; Z/C 15037

Bundesarchiv Abteilungen Potsdam, ehem. Berlin Document Center (BAP/BDC)
Personalunterlagen zu den SS-Offizieren (SSO) Franz Alfred Six, Herbert Martin Hagen, Michael Akhmeteli, Rudolf Levin, Horst Mahnke, Karl Döscher, Karl Burmester, Erich Ehrlinger, Hermann Behrends, Walter von Kielpinski, Paul Dittel, Emil Augsburg, Helmut Knochen, Rolf Oebsger-Röder, Georg Wolff, Fritz Rang, Albert Prinzing, Paul Mylius, Heinz Ballensiefen, Wilhelm Spengler, Bernhard Wehner, Wolff Heinrichsdorff

Politisches Archiv des Auswärtigen Amtes (PAA)
R 60657 – Aufzeichnungen und Richtlinien der Kulturpolitischen Abteilung 1942–1945
R 63948 – Kult. Pol., Organisation der Deutschen Wissenschaftlichen Institute 1940–1945
DBP 1115 a – Deutsche Kulturpolitik in Frankreich 1942–1944
ZA 1, 16 – Pensionsangelegenheit Franz Alfred Six
PA Six – Personalakte Franz Alfred Six (1943–1945)

Institut für Zeitgeschichte München (IfZ)
MA 130, MA 433, MA 438, MA 557, MA 1300/1-3, ZS 1273, ZS 3070, Eich Vernehmg.

Hauptstaatsarchiv Düsseldorf (HStAD)
Rep. 242 RSHA – Verfahren gegen Dr. Best u. a. wg. Mordes, 1 Js 12/65

Staatsarchiv Nürnberg (StAN)
KV Prozesse Fall IX (USA vs. Ohlendorf et. al.); Ankl. Interr.; Six-Dokumentenbücher I–IV

Staatsarchiv Würzburg (StAW)
RSF – Bestand Reichsstudentenführung

Sonderarchiv Moskau (Osobiy)
Fonds 500 – Reichssicherheitshauptamt/SD
Fonds 701 – Historische Kommission Reichsführer SS

United States Holocaust Research Institute/Archives (USHRIA)
RG 15.007 M – Reich Security Main Office (Amt II/VII)

Universitätsarchiv Heidelberg
Rep. 13 – Institut für Zeitungswesen
Promotions- und Habilitationsakte Franz Alfred Six; Personalakte Hans von Ekkardt

Universitätsarchiv der Humboldt-Universität Berlin
Personalakten Franz Alfred Six, Karl-Heinz Pfeffer

Universitätsarchiv Leipzig
Promotionsakte Rolf Oebsger-Röder

Universitätsarchiv Münster
Promotionsakte Karl Bömer

Archiv des Instituts für Publizistik (IfP), Universität Münster
Nachlaß Hubert Max

Michigan State University, University Archives & Historical Collections
Personalakte Bruce Lannes Smith

Zentrale Stelle der Justizverwaltungen der Länder, Ludwigsburg
110 AR – 613/74 – Ermittlungen gegen Six u. a.
202 AR –7/52/59 – Vernehmung Dr. Friedrich Buchardt
203 AR – 2/313/59 – Ermittlungsverfahren gegen Dr. Oebsger-Röder u. a. wg. Mordes
414 AR –7/70/76 – Berichte SS-O'Stubaf. Jacobi

Staatsanwaltschaft Braunschweig
305 Js 1643/80 Ermittlungsverfahren gegen Unbekannt wg. Mordes an Freiherr von Ketteler

Amtsgericht Tettnang
I Ars 180/61 – Aussage Franz Alfred Six im Eichmann-Prozeß

Archiv der Lessingschule Mannheim
Schulzeugnisse Franz Alfred Six

Archiv des Börsenvereins des Deutschen Buchhandels
Unterlagen zu den Verlagen C. W. Leske und L. C. Wittich

2. Auskünfte

Hans Abich (transskr. Interview)	30.10.1990
Gunter d'Alquen (schriftlich)	27.07.1996
Hans-Detlef Becker (schr.)	22.08.1995
Wilhelm Bittorf (telefonisch)	31.10.1995
Heinz Felfe (schr.)	07.11.1992
Jürgen Hespe (schr.)	17.07.1995
Fritz Hippler (schr.)	12.12.1995
Heinz Höhne (schr.)	07.08.1993
Wilhelm Höttl (schr.)	24.07.1995
Klaus Huegel (schr.)	08.09.1995
Hans-Dieter Jaene (tel.)	04.11.1995
Irma Nelles (schr.)	03.02.1995
Elisabeth Noelle-Neumann (schr.)	01.07.1991
Konrad Porzner (schr.)	17.07.1992
Rolf Praetorius (tel.)	30.10.1995
Elke Six (schr.)	19.11.1995/25.04.1997
Chitra M. Smith (tel.)	30.06.1996
Hermann Staub (schr.)	10.08.1995
Clarita von Trott zu Solz (schr.)	02.10.1994
Hermann Ulmer (schr.)	03.11.1995
Kurt Walz (schr.)	07.11.1995
Hanne Walz (tel.)	04.11.1995
Werner Wittich (schr.)	02.10.1995
Georg Wolff (tel.)	02.11.1995

sowie Auskünfte der Gemeinde- bzw. Einwohnermeldeämter Essen, Hamburg-Harburg, Kressbronn, Bozen und Kaltern (Caldaro).

3. Veröffentlichte Quellen und Sekundärliteratur

Achenbach, Ernst: Generalamnestie!, in: Zeitschrift für Geopolitik 23 (1952), S. 321–322.

Ackermann, Albrecht/Martina Bruck: Wilhelm Waldkirch. Ein Verleger als Zeitungswissenschaftler, in: Rüdiger vom Bruch/Otto B. Roegele: Von der Zeitungskunde zur Publizistik. Biographisch-institutionelle Stationen der deutschen Zeitungswissenschaft in der ersten Hälfte des 20. Jahrhunderts, Frankfurt/M. 1986, S. 181–192.

Ackermann, Albrecht: Das Institut für Zeitungswesen (Zeitungswissenschaft) an der Universität Heidelberg 1927–1945, in: Rüdiger vom Bruch/Otto B. Roegele: Von der Zeitungskunde zur Publizistik. Biographisch-institutionelle Stationen der deutschen Zeitungswissenschaft in der ersten Hälfte des 20. Jahrhunderts, Frankfurt/M. 1986, S. 143–180.

Adam, Uwe Dietrich: Judenpolitik im Dritten Reich, Düsseldorf 1972.

Aly, Götz/Susanne Heim: Vordenker der Vernichtung. Auschwitz und die deutschen Pläne für eine neue europäische Ordnung, Frankfurt/M. 1993 (zuerst Hamburg 1991).

Aronson, Shlomo: The Beginnings of the Gestapo System: The Bavarian Model in 1933, Jerusalem 1969.
Aronson, Shlomo: Reinhard Heydrich und die Frühgeschichte von Gestapo und SD, Stuttgart 1971 (zuerst Phil. Diss. Berlin 1967).
AutorInnenkollektiv für Nestbeschmutzung: Schweigepflicht. Eine Reportage. Der Fall Schneider und andere Versuche, nationalsozialistische Kontinuitäten in der Wissenschaftsgeschichte aufzudecken, Münster 1996, 2. Aufl.
Balfour, Michael: Der Kaiser. Wilhelm II. und seine Zeit, Berlin 1996 (zuerst 1964)
Bar-On, Dan: Die Last des Schweigens. Gespräche mit Kindern von Nazi-Tätern, Reinbek bei Hamburg 1996 (zuerst 1989).
Bärsch, Claus-Ekkehard: Erlösung und Vernichtung. Dr. phil. Joseph Goebbels. Zur Psyche und Ideologie eines jungen Nationalsozialisten, München 1985.
Bauer, Armin: Allgaier-Schlepper, Münster 1994.
Bauer, Yehuda: Freikauf von Juden? Verhandlungen zwischen dem nationalsozialistischen Deutschland und jüdischen Repräsentanten von 1933 bis 1945, Frankfurt/M. 1996.
Baum, Achim: Journalistisches Handeln. Eine Kritik der Journalismusforschung, Opladen 1994.
Bauman, Zygmunt: Dialektik der Ordnung. Die Moderne und der Holocaust, Hamburg 1992
Bauman, Zygmunt: Unerwiderte Liebe. Die Macht, die Intellektuellen und die Macht der Intellektuellen, in: Ute Daniel/Wolfram Siemann (Hg.): Propaganda. Meinungskampf, Verführung und Sinnstiftung 1789-1989, Frankfurt/M. 1994.
Benedikt, Klaus-Ulrich: Emil Dovifat. Ein katholischer Hochschullehrer und Publizist, Mainz 1986.
Benz, Wolfgang: Emil J. Gumbel. Die Karriere eines deutschen Pazifisten, in: Ulrich Walberer (Hg.): 10. Mai 1933. Bücherverbrennung in Deutschland und die Folgen. Frankfurt/M. 1983.
Berber, Friedrich: Zwischen Macht und Gewissen. Lebenserinnerungen, hg. von Ingrid Strauß, München 1986.
Bergler, Reinhold/Hans Andresen (Hg.): Der Werbeleiter im Management, Darmstadt 1957.
Bergsträsser, Arnold: Geistige Grundlagen des deutschen Nationalbewußtseins in der gegenwärtigen Krise, Stuttgart/Berlin 1932.
Bergsträsser, Arnold: Rückblick auf die Generation von 1914, in: Robert Tillmanns (Hg.): Ordnung als Ziel, Stuttgart/Köln 1954, S. 7-19
Bering, Dietz: Die Intellektuellen. Geschichte eines Schimpfworts, Stuttgart 1978.
Die Berliner Tagebücher der Marie „Missie" Wassiltschikow 1940-1945, 2. Aufl. Berlin 1991 (zuerst 1985).
Berton, Stanislav F.: Das Attentat auf Reinhard Heydrich vom 27. Mai 1942. Ein Bericht des Kriminalrats Heinz Pannwitz, in: VfZ 33 (1985), S. 668-706.
Best, S. Payne: The Venlo Incident, London etc. 1950.
Beyer, Hans-Joachim: Zur Lage der auslandsdeutschen Volksforschung, Volk im Werden 1937, S. 404-410.
Beyer, Hans-Joachim: Sudetendeutsche und Tschechen im Völkerrecht, Volk im Werden 1938, S. 169-279.
Beyer, Justus: Die Staatslehre Ernst Kriecks, in: Volk im Werden 1935, S. 290-296.
Beyer, Justus: Die Ständeideologien der Systemzeit und ihre Überwindung, Darmstadt 1941.

Beyerchen, Alan D.: Wissenschaftler unter Hitler. Physiker im Dritten Reich, Frankfurt/M./Berlin/Wien 1982 (zuerst New Haven/London 1977), S. 115–145.

Binder, Dieter A.: Die diskrete Gesellschaft. Geschichte und Symbolik der Freimaurer, 2. Aufl. Graz/Wien/Köln 1995 (zuerst 1988).

Birn, Ruth Bettina: Die Höheren SS- und Polizeiführer. Himmlers Vertreter im Reich und in den besetzten Gebieten, Düsseldorf 1986.

Bittorf, Wilhelm: Probleme und Resultate der Motivforschung, in: Reinhold Bergler/Hans Andresen (Hg.): Der Werbeleiter im Management, Darmstadt 1957, S. 310–329

Black, Peter: Ernst Kaltenbrunner. Vasall Himmlers: Eine SS-Karriere, Paderborn 1991 (zuerst Princeton, N. J., 1984).

Boberach, Heinz (Hg.): Meldungen aus dem Reich. Die geheimen Lageberichte des Sicherheitsdienstes der SS, Herrsching 1984.

Bohn, Robert: Schuld und Sühne. Die norwegische Abrechnung mit den deutschen Besatzern, in: ders. (Hg.): Deutschland, Europa und der Norden, Stuttgart 1993.

Bohn, Robert: „Ein solches Spiel kennt keine Regeln". Gestapo und Bevölkerung in Norwegen und Dänemark, in: Gerhard Paul/Michael Mallmann (Hg.): Die Gestapo. Mythos und Realität, Darmstadt 1995, S. 462–481.

Bohrmann, Hans/Arnulf Kutsch: Der Fall Walther Heide. Zur Vorgeschichte der Publizistikwissenschaft, in: Publizistik (20) 1975, S. 805–808.

Bohrmann, Hans: Grenzüberschreitung? Zur Beziehung von Soziologie und Zeitungswissenschaft 1900–1960, in: Sven Papcke (Hg.): Ordnung und Theorie. Beiträge zur Geschichte der Soziologie in Deutschland, Darmstadt 1986, S. 93 ff.

Bollenbeck, Georg: Bildung und Kultur. Glanz und Elend eines deutschen Deutungsmusters, Frankfurt/M./Leipzig 1994.

Botz, Gerhard: Die Eingliederung Österreichs in das Deutsche Reich, Wien 1977, Nachdruck der 2. Aufl. Wien 1988.

Bourdieu, Pierre: Die Intellektuellen und die Macht, Hamburg 1991.

Boveri, Margret: Der Verrat im 20. Jahrhundert, Reinbek bei Hamburg 1976 (zuerst 1956/57).

Brawand, Leo: Die SPIEGEL-Story. Wie alles anfing, Düsseldorf/Wien/New York 1987.

Brawand, Leo: Rudolf Augstein, Düsseldorf 1995.

Brechtken, Magnus: „Madagaskar für die Juden". Antisemitische Idee und politische Praxis 1885–1945, München 1997 (Studien zur Zeitgeschichte, Bd. 53).

Breitman, Richard: Der Architekt der „Endlösung". Himmler und die Vernichtung der europäischen Juden, Paderborn etc. 1996 (zuerst 1991).

Breuer, Stefan: Das Syndikat der Seelen. Stefan George und sein Kreis, in: Hubert Treiber/Karol Sauerland (Hg.): Heidelberg im Schnittpunkt intellektueller Kreise. Zur Topographie der „geistigen Geselligkeit" eines „Weltdorfes": 1850–1950, Opladen 1995, S. 328 ff.

Brissaud, André: Die SD-Story. Hitlers Geheimarmee, Herrsching 1980.

Brochhagen, Ulrich: Nach Nürnberg. Vergangenheitsbewältigung und Westintegration in der Ära Adenauer, Hamburg 1994.

Brockhaus, Gudrun: Schauder und Idylle. Faschismus als Erlebnisangebot, München 1997.

Browder, Geoge C.: Die Anfänge des SD. Dokumente aus der Organisationsgeschichte des Sicherheitsdienstes des Reichsführers SS, in: Vierteljahreshefte für Zeitgeschichte 27 (1979), S. 299–324.

Browder, George C.: Foundations of the Nazi Police State. The Formation of Sipo and SD, Lexington/Kentucky 1990.

Browder, George C.: Hitler's Enforcers. The Gestapo and the SS Security Service in the Nazi Revolution, New York/Oxford 1996.

Browning, Christopher R.: Unterstaatssekretär Martin Luther and the Ribbentrop Foreign Office, in: Journal of Contemporary History 12 (1977), S. 313–144.

Browning, Christopher R.: The Final Solution and the German Forein Office. A Study of Referat D III of Abteilung Deutschland 1940–43, New York/London 1978.

Bruch, Rüdiger vom/Otto B. Roegele: Von der Zeitungskunde zur Publizistik. Biographisch-institutionelle Stationen der deutschen Zeitungswissenschaft in der ersten Hälfte des 20. Jahrhunderts, Frankfurt/M. 1986.

Bruch, Rüdiger vom/Rainer A. Müller (Hg.): Historikerlexikon. Von der Antike bis zum 20. Jahrhundert, München 1991.

Bücher, Karl: Gesammelte Aufsätze zur Zeitungskunde, Tübingen 1926.

Bude, Heinz: Bilanz der Nachfolge. Die Bundesrepublik und der Nationalsozialismus, Frankfurt/M. 1992.

Bullock, Alan: Hitler und Stalin. Parallele Leben, Berlin 1991.

Burleigh, Michael: Germany turns eastwards: a study of Ostforschung in the Third Reich, Cambridge 1988

Buscher, Frank M: The U. S. War Crimes Trial Program in Germany, 1946–1955, New York/Westport/Conn./London 1989.

Buselmeier, Karin/Dietrich Harth/Christian Jansen (Hg.): Auch eine Geschichte der Universität Heidelberg, Mannheim 1985.

Buselmeier, Michael (Hg.): Heidelberg-Lesebuch. Stadt-Bilder von 1800 bis heute, Frankfurt/M. 1986.

Cave-Brown, Anthony: The Last Hero: Wild Bill Donovan, New York 1982.

Charle, Christophe: Vordenker der Moderne. Die Intellektuellen im 19. Jahrhundert, Frankfurt/M. 1997.

Classen, Wilhelm: Das Ausland und die nationalsozialistische Wissenschaft, Volk im Werden 1933, S. 113–121.

Classen, Wilhelm: Politische Auslandskunde, Volk im Werden 1936, S. 134–139.

Combs, William: The Voice of the SS: A History of the SS Journal „Das Schwarze Korps", New York 1986.

Coppi, Hans: Harro Schulze-Boysen – Wege in den Widerstand. Eine biographische Studie, Koblenz 1993.

Czitrom, Daniel J.: Media and the American Mind. From Morse to McLuhan, Chapel Hill 1982.

Demant, Ebbo: Von Schleicher zu Springer. Hans Zehrer als politischer Publizist, Mainz 1971.

Deschner, Günther: Reinhard Heydrich. Statthalter der totalen Macht, Esslingen 1992 (zuerst 1977).

Dorn, Wolfram/Wolfgang Wiedner: Der Freiheit gehört die Zukunft. Wolfgang Döring – eine politische Biographie, Bonn 1974.

Döscher, Hans-Jürgen: Das Auswärtige Amt im Dritten Reich. Diplomatie im Schatten der „Endlösung". Berlin 1987.

Döscher, Hans-Jürgen: Martin Luther – Aufstieg und Fall eines Unterstaatssekretärs, in: Ronald Smelser/Enrico Syring/Rainer Zitelmann (Hg.): Die braune Elite II. 21 weitere biographische Skizzen, Darmstadt 1993, S. 179–192.

Döscher, Hans-Jürgen: Verschworene Gesellschaft. Das Auswärtige Amt unter Adenauer zwischen Neubeginn und Kontinuität, Berlin 1995.

Eckardt, Hans von: Ein Buch und seine fehlenden Leser, in: Zeitungswissenschaft 6 (1931), S. 93–96.

Eichendorff, Joseph von: Die Romantiker in Heidelberg, in: Michael Buselmeier (Hg.): Heidelberg-Lesebuch. Stadt-Bilder von 1800 bis heute, Frankfurt/M. 1986, S. 49–56.

Eichmann, Adolf: Ich, Adolf Eichmann, hg. von Rudolf Aschenauer, Leoni am Starnberger See 1980.

Eisfeld, Rainer: Ausgebürgert und doch angebräunt. Deutsche Politikwissenschaft 1920–1945, Baden-Baden 1991.

Enzyklopädie des Holocaust, 3 Bde., Berlin 1993.

Epting, Karl: Otto Abetz, in: Zeitschrift für Geopolitik 24 (1953), S. 256 ff.

Epting, Karl: Aus dem Cherche-Midi. Pariser Aufzeichnungen 1947–1949, Bonn 1953.

Epting, Karl: Generation der Mitte, Bonn 1953.

Eschmann, Ernst Wilhelm: Der faschistische Staat in Italien, Breslau 1930.

Eschmann, Ernst Wilhelm: Vom Sinn der Revolution, Jena 1933.

Eschmann, Ernst Wihelm: Die Führungschichten Frankreichs, Berlin 1943.

Feickert, Andreas: Studenten greifen an! Nationalsozialistische Hochschulrevolution, Hamburg 1934.

Felfe, Heinz: Im Dienst des Gegners. 10 Jahre Moskaus Mann im BND, Hamburg 1986.

Finkelstein, Norman: Daniel Jonah Goldhagen's ‚Crazy' Thesis: A Critique of *Hitler's Willing Executioners*, in: New Left Review 1997, Heft 224, S. 39–87.

Fischler, Hersch: Spengler, Spiegel, Augstein, in: Die politische Meinung 39 (1994), S. 31–39.

Franz, Günther: Persönlichkeit und Geschichte. Aufsätze und Vorträge, Göttingen 1977.

Frei, Norbert/Johannes Schmitz: Journalismus im Dritten Reich, München 1989.

Frei, Norbert: Vergangenheitspolitik. Die Anfänge der Bundesrepublik und die NS-Vergangenheit, München 1996.

Friedländer, Saul: Kitsch und Tod. Der Widerschein des Nazismus, München 1986 (zuerst Paris 1982).

Friedrich, Jörg: Die kalte Amnestie. NS-Täter in der Bundesrepublik, München 1994 (zuerst Frankfurt/M. 1984).

Fröhlich, Elke (Hg.): Die Tagebücher von Joseph Goebbels. Sämtliche Fragmente, München etc. 1987.

Furtwängler, Franz Josef: Männer, die ich sah und kannte, Hamburg 1951.

Ganelin, Rafail S./Michael Hagemeister: Das Leben des Gregor Schwarz-Bostunitsch, in: Karl Schlögel (Hg.): Russische Emigration in Deutschland 1918 bis 1941, Berlin 1995, S. 201–218.

Gary, Brett: American liberalism and the problem of propaganda: Scholars, lawyers, and the war on words, 1919–1945, Phil. Diss. University of Pennsylvania 1992.

Gary, Brett: Communication Research, the Rockefeller Foundation, and Mobilization for the War on Words, 1938–1944, in: Journal of Communication 46 (1996), S. 124–148.

Giesecke, Hermann: Hitlers Pädagogen. Theorie und Praxis nationalsozialistischer Erziehung, Weinheim/München 1993.

Giesler, Hermann: Ein anderer Hitler, Leoni am Starnberger See 1977.

Giles, Geoffrey J.: Students and National Socialism in Germany, Princeton 1985.

Giovannini, Norbert: Zwischen Republik und Faschismus. Heidelberger Studentinnen und Studenten 1918–1945, Weinheim 1990.

Goebbels, Joseph: Michael. Ein deutsches Schicksal in Tagebuchblättern, München 1929.

Goldhagen, Daniel Jonah: Hitlers willige Vollstrecker. Ganz gewöhnliche Deutsche und der Holocaust, Berlin 1996.

Graf, Christoph: Politische Polizei zwischen Demokratie und Diktatur. Die Entwicklung der preußischen Politischen Polizei vom Staatsschutzorgan der Weimarer Republik zum Geheimen Staatspolizeiamt des Dritten Reiches, Berlin 1983.

Grimm, Friedrich: Unrecht im Rechtsstaat. Tatsachen und Dokumente zur politischen Justiz. Dargestellt am Fall Naumann, Tübingen 1957.

Große, Alfred: Wilhelm Kapp und die Zeitungswissenschaft. Geschichte der Instituts für Publizistik und Zeitungswissenschaft an der Universität Freiburg i. Br. (1922–1943), Münster/New York 1989 (Phil. Diss. Münster 1987).

Gruchmann, Lothar: Nationalsozialistische Großraumordnung: Die Konstruktion einer deutschen Monroe-Doktrin, Stuttgart 1962 (Schriftenreihe der Vierteljahreshefte für Zeitgeschichte, Bd. 4).

Gründel, Günther E.: Die Sendung der Jungen Generation. Versuch einer umfassenden revolutionären Sinndeutung der Krise, München 1932.

Grüttner, Michael: Studenten im Dritten Reich, Paderborn etc. 1995.

Gutscher, Jörg Michael: Die Entwicklung der FDP von ihren Anfängen bis 1961, 2. rev. Aufl. Königstein/Ts. 1984 (zuerst 1967).

Hachmeister, Lutz: Theoretische Publizistik. Studien zur Geschichte der Kommunikationswissenschaft in Deutschland, Berlin 1987.

Hachmeister, Sylke: Kinopropaganda gegen Kranke. Die Instrumentalisierung des Spielfilms „Ich klage an" für das nationalsozialistische Euthanasieprogramm, Baden-Baden 1992 (Phil. Diss. Münster 1991).

Haiger, Ernst: Politikwissenschaft und Auslandswissenschaft im „Dritten Reich" – (Deutsche) Hochschule für Politik und Auslandswissenschaftliche Fakultät der Berliner Universität 1940–1945, in: Gerhard Göhler und Bodo Zeuner (Hg.): Kontinuitäten und Brüche in der deutschen Politikwissenschaft, Baden-Baden 1991, S. 94–136.

Hartung, Ulrike: Raubzüge in der Sowjetunion. Das Sonderkommando Künsberg 1941–1943, Bremen 1997.

Hassell, Ulrich von: Die Hassell-Tagebücher 1938–1944. Aufzeichnungen vom andern Deutschland, Berlin 1988.

Heiber, Helmut/Hildegard von Kotze (Hg.): Facsimile-Querschnitt durch das Schwarze Korps, Bern/München o. J.

Heiber, Helmut: Walter Frank und sein Reichsinstitut für Geschichte des neueren Deutschland, Stuttgart 1966.

Heimannsberg, Barbara/Christoph J. Schmidt (Hg.): Das kollektive Schweigen. Nazivergangenheit und gebrochene Identität in der Psychotherapie, Köln 1992 (zuerst 1988).

Hentschel, Volker: Ludwig Erhard. Ein Politikerleben, München/Landsberg a. Lech 1996.

Herbert, Ulrich: Rückkehr in die Bürgerlichkeit. NS-Eliten in der Bundesrepublik, Mskr. 1994, 24 S.
Herbert, Ulrich: Best. Biographische Studien über Radikalismus, Weltanschauung und Vernunft, 1903–1989, Bonn 1996.
Herbst, Ludolf: Der Totale Krieg und die Ordnung der Wirtschaft. Die Kriegswirtschaft im Spannungsfeld von Politik, Ideologie und Propaganda 1939–1945, Stuttgart 1982.
Herf, Jeffrey: Reactionary Modernism. Technology, Culture, and Politics in Weimar and the Third Reich, Cambridge 1996 (zuerst 1984).
Herzstein, Robert Edwin: When Nazi Dreams Come True. The Third Reich's Internal Struggle over the Future of Europe after a German Victory. A Look at the Nazi Mentality 1939–1945, London 1982.
Heuser, Joachim: Zeitungswissenschaft als Standespolitik. Martin Mohr und das „Deutsche Institut für Zeitungskunde" in Berlin, Münster/Hamburg 1994.
Hickel, Reinhard: Eine Kaderschmiede bundesrepublikanischer Restauration. Ideologie und Praxis der Harzburger Akademie für Führungskräfte in der Wirtschaft, in: Martin Greiffenhagen (Hg.): Der neue Konservatismus der siebziger Jahre, Reinbek bei Hamburg 1974, S. 108–154.
Hoffmann, Herbert: Im Gleichschritt in die Diktatur? Die nationalsozialistische „Machtergreifung" in Heidelberg und Mannheim 1930 bis 1935, Frankfurt/M./Bern/New York 1975.
Höhn, Reinhard: Volksgemeinschaft und Wissenschaft, in: Süddeutsche Monatshefte 32 (1934), S. 1–36
Höhn, Reinhard/Werner Wittich: Staat, Volk und Führung als Rechtsprinzip, in: Deutsches Recht 4 (1934), S. 322–329
Höhn, Reinhard: Der Führerbegriff im Staatsrecht, in: Deutsches Recht 5 (1935), S. 296–301
Höhn, Reinhard: Volk, Staat und Reich, Volk im Werden 1936, S. 370–375.
Höhn, Reinhard: Das Heer als Bildungsanstalt, Volk im Werden 1938, S. 419–427.
Höhn, Reinhard: Reich – Großraum – Großmacht, Darmstadt 1942
Höhn, Reinhard: Frankreichs Demokratie und ihr geistiger Zusammenbruch, Darmstadt o. J.
Höhn, Reinhard: Scharnhorsts Vermächtnis, in: Zeitschrift für Geopolitik 23 (1952), S. 10 ff.
Höhn, Reinhard: Die Führung mit Stäben in der Wirtschaft, Bad Harzburg 1961
Höhn, Reinhard: Stellenbeschreibung und Führungsanweisung, Bad Harzburg 1967, 2. Aufl.
Höhne, Heinz: Der Orden unter dem Totenkopf. Die Geschichte der SS, Augsburg 1992 (zuerst München 1967).
Höhne, Heinz: Mordsache Röhm. Hitlers Durchbruch zur Alleinherrschaft 1933–1934, Reinbek bei Hamburg 1984.
Jäckel, Eberhard/Jürgen Rohwer (Hg.): Der Mord an den Juden im Zweiten Weltkrieg. Entschlußbildung und Verwirklichung, Frankfurt/M. 1987.
Jansen, Christian: Der Fall Gumbel und die Heidelberger Universität 1924–1932, unveröff. Mskr., Heidelberg 1981.
Jansen, Christian: Auf dem Mittelweg nach rechts. Akademische Ideologie und Politik zwischen 1914 und 1933, in: Karin Buselmeier/Dietrich Harth/Christian Jansen (Hg.): Auch eine Geschichte der Universität Heidelberg, Mannheim 1985, S. 163–194.

Jansen, Christian: Professoren und Politik. Politisches Denken und Handeln der Heidelberger Hochschullehrer 1914–1935, Göttingen 1992.

Jansen, Christian: Die Liberalität der Universität Heidelberg und ihre Grenzen, in: Hubert Treiber/Karol Sauerland (Hg.): Heidelberg im Schnittpunkt intellektueller Kreise. Zur Topographie der „geistigen Geselligkeit" eines „Weltdorfes": 1850–1950, Opladen 1995, S. 515 ff.

Jansen, Christian/Arno Weckbecker: Der „Volksdeutsche Selbstschutz" in Polen 1939/40, München 1992 (Schriftenreihe der Vierteljahreshefte für Zeitgeschichte, Bd. 64).

Janßen, Karl-Heinz: Die Zeit in der ZEIT. 50 Jahre einer Wochenzeitung, Berlin 1995.

Jaspers, Karl: Der Heidelberger Geist, in: Karin Buselmeier/Dietrich Harth/Christian Jansen (Hg.): Auch eine Geschichte der Universität Heidelberg, Mannheim 1985, S. 204–209.

Jenke, Manfred: Verschwörung von rechts? Ein Bericht über den Rechtsradikalismus in Deutschland nach 1945, Berlin 1967.

Kahn, David: Hitler's Spies. German Military Intelligence in World War II, New York 1978.

Kater, Michael H.: Das „Ahnenerbe" der SS 1935–1945. Ein Beitrag zur Kulturpolitik des Dritten Reiches, Stuttgart 1974.

Kater, Michael H.: The Reich Vocational Contest and Students of Higher Learning in Nazi Germany, in: Central European History 7 (1974), S. 225–261.

Kater, Michael H.: Studentenschaft und Rechtsradikalismus in Deutschland 1918–1933. Eine sozialgeschichtliche Studie zur Bildungskrise in der Weimarer Republik, Hamburg 1975.

Katz, Barry M.: Foreign Intelligence. Research and Analysis in the Office of Strategic Services 1942–1945, Cambridge, Mass./London 1989.

Kempner, Robert M. W.: SS im Kreuzverhör. Die Elite, die Europa in Scherben brach, Hamburg 1987.

Kielpinski, Walter von: Deutsche Wissenschaft und Sowjetunion, Volk im Werden 1937, S. 77–86.

Kielpinski, Walter von: Einbruch des Katholizismus in die Wissenschaft, Volk im Werden 1937, S. 12–28.

Kielpinski, Walter von: Das Ende der Ost-Ideologie, Volk im Werden 1938, S. 515–524.

Klarsfeld, Serge: Vichy – Auschwitz. Die Zusammenarbeit der deutschen und französischen Behörden bei der „Endlösung der Judenfrage" in Frankreich, Nördlingen 1989.

Klee, Ernst: Persilscheine und falsche Pässe. Wie die Kirchen den Nazis halfen, Frankfurt/M. 1991.

Klee, Karl: Dokumente zum Unternehmen Seelöwe, Göttingen 1959.

Klemperer, Victor: Ich will Zeugnis ablegen bis zum letzten. Tagebücher 1942–1945, Berlin 8. Aufl. 1996 (zuerst 1995).

Klingemann, Carsten: Das „Institut für Sozial- und Staatswissenschaften" an der Universität Heidelberg zum Ende der Weimarer Republik und während des Nationalsozialismus, in: ders.: Soziologie im Dritten Reich, Baden-Baden 1997, S. 120–158.

Klose, Hans-Georg: Zeitungswissenschaft in Köln. Ein Beitrag zur Professionalisierung der deutschen Zeitungswissenschaft in der ersten Hälfte des 20. Jahrhunderts, München etc. 1989.

Koehl, Robert L.: RKFDV. German Resettlement and Population Policy 1939-45. A History of the Reich Commission for the Strengthening of Germandom, Cambridge 1957.

Koenen, Andreas: Der Fall Carl Schmitt. Sein Aufstieg zum „Kronjuristen" des Dritten Reiches. Darmstadt 1995.

König, Helmut/Wolfgang Kuhlmann/Klaus Schwabe: Vertuschte Vergangenheit. Der Fall Schwerte und die NS-Vergangenheit der deutschen Hochschulen, München 1997.

Köhler, Otto: Offizielle Mitarbeiter, in: konkret 5/1992, S. 48-51.

Köhler, Otto: Ein stets williger Mitarbeiter des SD – Vom Eichmann-Kollegen zu Christ und Welt: Giselher Wirsing, in: ders.: Unheimliche Publizisten. Die verdrängte Vergangenheit der Medienmacher, München 1995, S. 290-327.

Köpf, Peter: Schreiben nach jeder Richtung. Goebbels-Propagandisten in der westdeutschen Nachkriegspresse, Berlin 1995.

Korenblatt, Steven: The Deutsche Hochschule für Politik. Public Affairs Institute for a New Germany, Diss. Chicago 1978.

Koszyk, Kurt: Zeitungskunde in der Weimarer Republik, in: Hermann Fünfgeld/Claudia Mast (Hg.): Massenkommunikation. Ergebnisse und Perspektiven, Opladen 1997, S. 29-49.

Kotze, Hildegard von/Hellmut Krausnick (Hg.): Es spricht der Führer. Sieben exemplarische Hitlerreden, Gütersloh 1967.

Krausnick, Helmut: Hitlers Einsatzgruppen. Die Truppen des Weltanschauungskrieges 1938-1942, Frankfurt/M. 1985 (zuerst 1981).

Kreimeier, Klaus: Spiegel 50 – Geburtstag der Verdrängungskünstler, WDR-Hörfunk: Kritisches Tagebuch vom 6. Januar 1997, Manuskript des Hörfunkbeitrags.

Ernst Krieck: Das manichäische Fünfblatt: Juden, Jesuiten, Illuminaten, Jacobiner und Kommunisten, Volk im Werden 1940, S. 122 ff.

Kurth, Karl: DZV-Tagung in Königsberg, in: Zeitungswissenschaft 12 (1937), S. 197-500.

Kutsch, Arnulf (Hg.): Zeitungswissenschaftler im Dritten Reich. Sieben biographische Studien, Köln 1984.

Kutsch, Arnulf: Karl Oswin Kurth (1910-1981), in: ders. (Hg.): Zeitungswissenschaftler im Dritten Reich. Sieben biographische Studien, Köln 1984, S. 215-243.

Kutsch, Arnulf: Rundfunkwissenschaft im Dritten Reich. Geschichte des Instituts für Rundfunkwissenschaft der Universität Freiburg, München 1985.

Kutsch, Arnulf: Max Webers Anregung zur empirischen Journalismusforschung, in: Publizistik 33 (1988), S. 5-31.

Laack, Dirk van: Gespräche in der Sicherheit des Schweigens. Carl Schmitt in der politischen Geistesgeschichte der frühen Bundesrepublik, Berlin 1993.

Lang, Jochen von: Der Adjutant. Karl Wolff: Der Mann zwischen Hitler und Himmler, Frankfurt/M./Berlin 1989 (zuerst 1985).

Lang, Jochen von: Das Eichmann-Protokoll. Tonbandaufzeichnungen der israelischen Verhöre, Wien 1991.

Langer, William L.: In and Out of the Ivory Tower, New York 1977.

Langes, Gunther: Überetsch und Bozner Unterland. Landschaft und Leben im unteren Etschtal, Bozen 5. Aufl. 1991.

Lasswell, Harold Dwight: Propaganda technique in the world war. London 1927.

Lasswell, Harold Dwight/Bruce Lannes Smith/Ralph Casey: Propaganda and Promotional Activities, Minneapolis 1935.
Lasswell, Harold Dwight: Politics: who gets what, when, how. New York 1936.
Lasswell, Harold Dwight/Bruce Lannes Smith/Ralph Casey: Propaganda, Communication and Public Opinion: A Comprehensive Reference Guide, Princeton 1945.
Laurie, Clayton D.: The Propaganda Warriors. America's Crusade Against Nazi Germany, Lawrence/Kansas 1996.
Lehmann, Klaus-Dieter/Ingo Kolassa (Hg.): Die Trophäenkommission der Roten Armee. Eine Dokumentensammlung zur Verschleppung von Büchern aus deutschen Bibliotheken, Frankfurt/Main 1996 (Sonderheft der Zeitschrift für Bibliothekswesen und Bibliographie, Bd. 64).
Leonhardt, Joachim Felix (Hg.): Bücherverbrennung. Zensur, Verbot, Vernichtung unter dem Nationalsozialismus in Heidelberg, Heidelberg 1983.
Lethen, Helmut: Verhaltenslehren der Kälte. Lebensversuche zwischen den Kriegen, Frankfurt/M. 1994.
Lexikon des gesamten Buchwesens (LGB 2), 2. rev. Aufl. Stuttgart 1995, hg. von Severin Corsten et. al.
Longerich, Peter: Propagandisten im Krieg. Die Presseabteilung des Auswärtigen Amtes unter Ribbentrop, München 1987 (Studien zur Zeitgeschichte, Bd. 33).
Lukacs, John: Churchill und Hitler. Der Zweikampf 10. Mai–31. Juli 1940, München 1990.
Malone, Henry O.: Adam von Trott zu Solz. Werdegang eines Verschwörers 1909–1938, Berlin 1986.
Mann, Klaus: Der Wendepunkt. Ein Lebensbericht, Reinbek bei Hamburg 1984 (zuerst 1949).
Maoro, Bettina: Die Zeitungswissenschaft in Westfalen 1914–1945. Das Institut für Zeitungswissenschaft in Münster und die Zeitungsforschung in Dortmund, München etc. 1987.
Marquardt-Bigman, Petra: Amerikanische Geheimdienstanalysen über Deutschland 1942–1949, München 1995 (Studien zur Zeitgeschichte, Bd. 45).
Matthäus, Jürgen: „Weltanschauliche Forschung und Auswertung". Aus den Akten des Amtes VII im Reichssicherheitshauptamt, in: Jahrbuch für Antisemitismusforschung 5, Frankfurt/M./New York 1996, S. 287–330.
Meding, Holger M.: Flucht vor Nürnberg? Deutsche und österreichische Einwanderung in Argentinien 1945–1955, Köln/Weimar/Wien 1992.
Michalka, Wolfgang (Hg.): Deutsche Geschichte 1933–1945. Dokumente zur Innen- und Außenpolitik, Frankfurt/M. 1993.
Michels, Eckard: Das deutsche Institut in Paris 1940–1944. Ein Beitrag zu den deutsch-französischen Kulturbeziehungen und zur auswärtigen Kulturpolitik des Dritten Reiches, Stuttgart 1993 (Studien zur modernen Geschichte, Bd. 46).
Müller, Gerhard: Ernst Krieck und die nationalsozialistische Wissenschaftsreform, Weinheim 1978.
Müller, Hans-Dieter: Der junge Goebbels. Zur ideologischen Entwicklung eines politischen Propagandisten, Phil. Diss., Freiburg/Brsg. 1973.
Müller, Roland: Der kleine Unterschied. Wie erheblich ist die Spiegel-Vergangenheit?, in: Die Weltbühne 87 (1992), Heft 27, S. 807–810.
Münster, Hans Amandus: Publizistik, Leipzig 1939.

Münster, Hans Amandus: Fibel der Marktforschung, Darmstadt 1957 (Leskes Betriebsfibeln, Bd. 57).

Müsse, Wolfgang: Die Reichspresseschule – Journalisten für die Diktatur? Ein Beitrag zur Geschichte des Journalismus im Dritten Reich, München etc. 1995.

Neliba, Günther: Wilhelm Frick. Der Legalist des Unrechtsstaates. Eine politische Biographie, Paderborn etc. 1992.

Neuberger, Hermann: Freimaurerei und Nationalsozialismus. Die Verfolgung der deutschen Freimaurerei durch völkische Bewegung und Nationalsozialismus 1918–1945, Hamburg 1980 (zuerst Phil. Diss. München 1977).

Neugebauer, Dirk/Bettina Maoro: Hubert Max (1909–1945), in: Arnulf Kutsch (Hg.): Zeitungswissenschaftler im Dritten Reich. Sieben biographische Studien, Köln 1984, S. 127–165.

Neulen, Hans Werner: Europa und das 3. Reich. Einigungsbestrebungen im deutschen Machtbereich 1939–1945, München 1947.

Noelle-Neumann, Elisabeth: Über den Fortschritt der Publizistikwissenschaft durch Anwendung empirischer Forschungsmethoden, in: Arnulf Kutsch/Horst Pöttker (Hg.): Kommunikationswissenschaft – autobiographisch. Zur Entwicklung einer Wissenschaft in Deutschland, Opladen 1997 (Sonderheft Publizistik 1/1997), S. 36–61.

Obst, Bernhard: Das Ende der Presse-Enquete Max Webers. Der Heidelberger Professoren-Prozeß von 1912 und seine Auswirkungen auf die deutsche Zeitungswissenschaft, in: Rüdiger vom Bruch/Otto B. Roegele: Von der Zeitungskunde zur Publizistik. Biographisch-institutionelle Stationen der deutschen Zeitungswissenschaft in der ersten Hälfte des 20. Jahrhunderts, Frankfurt/M. 1986, S. 45–62.

Oebsger-Röder, Rudolf: Vom Zeitungsschreiber zum Schriftleiter, Diss. Leipzig 1936.

Ogger, Günter: Friedrich Flick der Große, Bern/München/Wien 1971.

Oven, Winfried von: Finale Furioso. Mit Goebbels bis zum Ende, Tübingen 1974 (zuerst 1947).

Oven, Winfried von: Wer war Goebbels? Biographie aus der Nähe, München/Berlin 1987.

-pke. (Gerhard Papke): Dr. Walz habilitiert, in: Zeitungswissenschaft 14 (1939), S. 623 f.

Paul, Gerhard/Michael Mallmann (Hg.): Die Gestapo. Mythos und Realität, Darmstadt 1995.

Paul, Gerhard: Zwischen Selbstmord, Illegalität und neuer Karriere. Ehemalige Gestapo-Bedienstete im Nachkriegsdeutschland, in: Paul Gerhard/Michael Mallmann (Hg.): Die Gestapo. Mythos und Realität, Darmstadt 1995, S. 529 ff.

Paul, Jean: Briefe aus Heidelberg, in: Michael Buselmeier: Heidelberg-Lesebuch. Stadt-Bilder von 1800 bis heute, Frankfurt/M. 1986, S. 79–84.

Paulus, Martin/Edith Raim/Gerhard Zelger: Ein Ort wie jeder andere. Bilder aus einer deutschen Kleinstadt: Landsberg 1923–1958, Reinbek bei Hamburg 1995.

Petersen, Neil H. (Hg.): From Hitler's Doorstep. The Wartime Intelligence Reports of Allen Dulles 1942–1945, Pennsylvania 1996

Pfeffer, Karl-Heinz: Die deutsche Schule der Soziologie, Leipzig 1939.

Pfeffer, Karl-Heinz: Begriff und Methode der Auslandswissenschaften, in: Jahrbuch der Weltpolitik 2, S. 875–951.

Pfeffer, Karl-Heinz: Handwörterbuch der Politik, Darmstadt 1956

Pfenning, Andreas: Vom Nachteil und Nutzen der Soziologie für die Politik, Volk im Werden 7 (1939), S. 120–128.

Pöttker, Horst/Rolf Seubert: Glückseliger Dämmerzustand. Herbert Reinecker über „Junge Adler" und seine Vergangenheit im Nationalsozialismus, in: medium 3/1988, S. 37-42.

Poliakov, Leon/Joseph Wulff: Das Dritte Reich und seine Denker, Wiesbaden 1989 (zuerst Berlin 1955).

Poliakov, Leon/Joseph Wulff: Das Dritte Reich und die Juden. Dokumente und Berichte, Wiesbaden 1989 (zuerst Berlin 1955).

Rammstedt, Otthein: Deutsche Soziologie 1933-1945. Die Normalität einer Anpassung, Frankfurt/M. 1986.

Reinecker, Herbert: Ein Zeitbericht unter Zuhilfenahme des eigenen Lebenslaufs, Erlangen/Bonn/Wien 1990.

Rempel, Gerhard: Hitler's Children. The Hitler Youth and the SS, Chapel Hill/London 1989.

Reuth, Ralf Georg: Goebbels, München 1990.

Rotzoll, Christa: Frauen und Zeiten. Porträts, München 1991 (zuerst Stuttgart 1987).

Safrian, Hans: Die Eichmann-Männer, Wien/Zürich 1993.

Sauder, Gerhard: Goebbels in Heidelberg, in: Karin Buselmeier/Dietrich Harth/Christian Jansen (Hg.): Auch eine Geschichte der Universität Heidelberg, Mannheim 1985, S. 307-314.

Schäfer, Erich: Die Aufgabe der Absatzwirtschaft, Leipzig 1943.

Schäfers, Bernhard (Hg.): Soziologie und Sozialismus, Organisation und Propaganda. Abhandlungen zum Lebenswerk von Johann Plenge. Stuttgart 1967.

Schellenberg, Walter: Aufzeichnungen. Die Memoiren des letzten Geheimdienstchefs unter Hitler, Wiesbaden/München 1979 (zuerst London 1956).

Schenk, Peter: Landung in England. Das geplante Unternehmen „Seelöwe". Der Beginn der amphibischen Großunternehmen, Berlin 1987.

Schneider, Richard Chaim: Fetisch Holocaust. Die Judenvernichtung – verdrängt und vermarktet, München 1997.

Schoeps, Julius H. (Hg.): Ein Volk von Mördern? Die Dokumentation zur Goldhagen-Kontroverse um die Rolle der Deutschen im Holocaust, Hamburg 1996, 3. Aufl.

Schulze, Winfried: Deutsche Geschichtswissenschaft nach 1945, München 1993 (zuerst 1989).

Schwarz, Gudrun: Eine Frau an seiner Seite. Ehefrauen in der „SS-Sippengemeinschaft", Hamburg 1997.

Seeliger, Rolf: Doktorarbeiten im Dritten Reich. Dokumentation mit Stellungnahmen (Braune Universität, Heft 5), München 1966.

Seubert, Rolf: Vom HJ-Propagandisten zum Fernseh-Guru. Herbert Reinecker im Spiegel seines „Zeitberichts", in: medium 3/90, S. 21-26.

Segev, Tom: Die siebte Million. Der Holocaust und Israels Politik der Erinnerung, Reinbek bei Hamburg 1995 (zuerst Jerusalem 1991).

Seraphim, Peter-Heinz: Das neue „Ruhrgebiet" des Ostens, in: Zeitschrift für Geopolitik 23 (1952), S. 169ff.

Sereny, Gitta: Das Ringen mit der Wahrheit. Albert Speer und das deutsche Trauma, München 1995.

Siegfried, Klaus-Jörg: Universalität und Faschismus. Das Gesellschaftsbild Othmar Spanns, Wien 1974.

Simpson, Christopher: Blowback. America's Recruitment of Nazis and Its Effects on the Cold War, New York 1989.

Simpson, Christopher: Science of Coercion. Communication Research & Psychological Warfare 1945–1960, New York/Oxford 1994.
Simpson, Christopher: Elisabeth Noelle-Neumann's „Spiral of Silence" and the Historical Context of Communication Theory, in: Journal of Communication 46 (1996), S. 149–173
Six, Franz Alfred: Die erste Zeitschrift für Studenten, in: Zeitungswissenschaft 9 (1934), S. 543 ff.
Six, Franz Alfred: Die politische Propaganda der NSDAP im Kampf um die Macht, Phil. Diss., Heidelberg 1936.
Six, Franz Alfred: Die Presse der nationalen Minderheiten in Deutschland, Mskr. Habil. Schrift, Heidelberg 1936.
Six, Franz Alfred (Hg.): Studenten bauen auf! Reichsleistungskampf. Ein Rechenschaftsbericht, Marburg/Berlin 1936.
Six, Franz Alfred: Germanisches Erbe im deutschen Geist, Volk im Werden 1937, S. 493–502.
Six, Franz Alfred: Pressefreiheit und internationale Zusammenarbeit, Hamburg 1937.
Six, Franz Alfred: An den Freundes- und Leserkreis, in: Volk im Werden 1938, S. 553–554.
Six, Franz Alfred: Die Presse in Polen, Berlin 1938.
Six, Franz Alfred: Freimaurerei und Judenemanzipation, Hamburg 1938.
Six, Franz Alfred: Reich und Westen, Berlin 1940.
Six, Franz Alfred: Freimaurerei und Christentum. Ein Beitrag zur politischen Geistesgeschichte, Hamburg 1940.
Six, Franz Alfred: Das Deutsche Auslandswissenschaftliche Institut im Jahre 1941, in: Zeitschrift für Politik 31 (1941), S. 733–739.
Six, Franz Alfred: Studien zur Geistesgeschichte der Freimaurerei, Hamburg 1942.
Six, Franz Alfred: Rußland als Teil Europas, in: Zeitschrift für Politik 32 (1942), S. 50–54.
Six, Franz Alfred: Das Einheitsbewußtsein Europas, in: Zeitschrift für Politik 32 (1942), S. 285–304.
Six, Franz Alfred: Das Reich und Europa. Eine politisch-historische Skizze, Berlin 1943.
Six, Franz Alfred: Die Binnenkriege des europäischen Kontinents und der Einigungskrieg der Gegenwart, in: Zeitschrift für Politik 32 (1943), S. 1–27.
Six, Franz Alfred: Der Wandel des europäischen Staatensystems zum Weltstaatensystem, in: Zeitschrift für Politik 33 (1944), S. 1–21.
Six, Franz Alfred: Europäische Schicksalsgemeinschaft, in: Zeitschrift für Politik 35 (1945), S. 35 f.
Six, Franz Alfred: Der Werbeleiter in der Unternehmensorganisation, in: Reinhold Bergler/Hans Andresen (Hg.): Der Werbeleiter im Management, Darmstadt 1957, S. 330–334.
Six, Franz Alfred: Marketing als Aufgabe der Unternehmensführung. Mskr. Friedrichshafen 1960.
Six, Franz Alfred: Marketing in der Investitionsgüterindustrie. Durchleuchtung, Planung, Erschließung, Bad Harzburg 1971 (Taschenbücher zur Betriebspraxis der Akademie für Führungskräfte der Wirtschaft, Bd. 6).
Smith, Bradley F./Agnes Peterson (Hg.): Heinrich Himmler. Geheimreden 1933–1945 und andere Ansprachen, Berlin/Wien 1974.

Smith, Bradley F.: The Shadow Warriors: The OSS and the Origins of the CIA, New York 1983.
Smith, Bruce Lannes: Propaganda Analysis and the Science of Democracy, in: Public Opinion Quarterly 5 (1941), S. 250–259.
Smith, Bruce Lannes: Democratic Control of Propaganda through Registration and Disclosure, in: Public Opinion Quarterly 6 (1942), S. 27–40; Teil 2 in: POQ 7 (1943), S. 707–719.
Smith, Bruce Lannes: Scientific and Semi-Scientific Literature on War Information and Censorship, in: Journalism Quarterly 20 (1943), S. 1–20.
Smith, Bruce Lannes: Communications Research on Non-Industrial Countries, in: Public Opinion Quarterly 16 (1952), S. 527–538.
Smith, Bruce Lannes: Trends in Research on International Communication, in: Public Opinion Quarterly 20 (1956), S. 182–195.
Smith, Bruce Lannes/Chitra M. Smith: International Communication and Political Opinion: A Guide to the Literature, Princeton 1956.
Smith, Bruce Lannes: Indonesian-American Cooperation in Higher Education, East Lansing 1960.
Smith, Bruce Lannes: The Mystifying Intellectual History of Harold D. Lasswell, in: Arnold A. Rogow (Hg.): Politics, Personality and Social Science in the Twentieth Century. Essays in Honor of Harold D. Lasswell, Chigaco 1969.
Smith, Howard K.: Feind schreibt mit. Ein amerikanischer Korrespondent erlebt Nazi-Deutschland, Frankfurt/M. 1986 (zuerst London 1942).
Sowade, Hanno: Otto Ohlendorf – Nonkonformist, SS-Führer und Wirtschaftsfunktionär, in: Ronald Smeler/Rainer Zitelmann: Die braune Elite. 22 biographische Skizzen, Darmstadt 1990, S. 188–200.
Steur, Claudia: Theodor Dannecker. Ein Funktionär der Endlösung, Essen 1997 (Phil. Diss. Stuttgart 1995).
Szyszka, Peter: Zeitungswissenschaft in Nürnberg (1919–1945). Ein Hochschulinstitut zwischen Praxis und Wissenschaft, Nürnberg 1990.
Tauber, Kurt P.: Beyond Eagle and Swastika. German Nationalism since 1945, 2 Bde., Middletown 1967.
Tompert, Helene: Lebensformen und Denkweisen der akademischen Welt Heidelbergs im Wilhelminischen Zeitalter, Lübeck 1969.
Treiber, Hubert/Karol Sauerland (Hg.): Heidelberg im Schnittpunkt intellektueller Kreise. Zur Topographie der „geistigen Geselligkeit" eines „Weltdorfes": 1850–1950, Opladen 1995.
Troy, Thomas F.: Donovan and the CIA: A History of the Establishment of the CIA, Frederick, Md. 1981.
Tschirschky, Fritz Günther von: Erinnerungen eines Hochverräters, Stuttgart 1972.
Urban, Regina/Ralf Herpolsheimer: Franz Alfred Six (geb. 1909), in: Arnulf Kutsch (Hg.): Zeitungswissenschaftler im Dritten Reich. Sieben biographische Studien, Köln 1984, S. 171–213.
Vezina, Birgit: Die „Gleichschaltung" der Universität Heidelberg im Zuge der nationalsozialistischen Machtergreifung. Jur. Diss. Heidelberg 1982.
Wagner, Ulrich: Die NS-Bewegung in Heidelberg bis 1933, in: Joachim Felix Leonhardt (Hg.): Bücherverbrennung. Zensur, Verbot, Vernichtung unter dem Nationalsozialismus in Heidelberg, Heidelberg 1983, S. 15–32.

Weckbecker, Arno: Gleichschaltung der Universität? Nationalsozialistische Verfolgung Heidelberger Hochschullehrer aus rassischen und politischen Gründen, in: Karin Buselmeier/Dietrich Harth/Christian Jansen (Hg.): Auch eine Geschichte der Universität Heidelberg, Mannheim 1985, S. 273-292.

Wegner, Bernd: Hitlers Politische Soldaten: Die Waffen-SS 1933-1945. Studien zu Leitbild, Struktur und Funktion einer nationalsozialistischen Elite, Paderborn 1982.

Wehner, Bernhard: Dem Täter auf der Spur, Bergisch-Gladbach 1982.

Weidinger, Otto: Das Reich II. 2nd SS Panzer Division Das Reich, 1940-1941, Winnipeg/Manitoba 1995.

Weisenborn, Günter: Harro und Libertas, in: Regina Griebel/Marlies Coburger/Heinrich Scheel: Erfaßt? Das Gestapo-Album zur Roten Kapelle. Eine Foto-Dokumentation, Halle/S., S. 277-280.

Wember, Heiner: Umerziehung im Lager. Internierung und Bestrafung von Nationalsozialisten in der britischen Besatzungszone Deutschlands, Essen 1991.

Wengst, Udo: Beamtentum zwischen Reform und Tradition. Beamtengesetzgebung in der Gründungsphase der Bundesrepublik Deutschland 1948-1953, Düsseldorf 1988.

Wheatley, Ronald: Operation Sea Lion. German Plans for the Invasion of England 1939-1942, Oxford 1958.

Wichtl, Friedrich: Freimaurer-Morde. „In der Freimaurerei ist es erlaubt zu töten!", Wien 1920.

Wichtl, Friedrich: Weltfreimaurerei, Weltrevolution, Weltrepublik. Eine Untersuchung über Ursprung, Verlauf und Fortsetzung des Weltkrieges und über das Wirken des Freimaurerbundes in der Gegenwart, München/Berlin 1943.

Wildt, Michael: Das Führungskorps des Reichssicherheitshauptamtes. Versuch einer Kollektivbibliographie, Mskr. 11 S., Hamburg 1996.

Wildt, Michael: Die Judenpolitik des SD 1935 bis 1938. Eine Dokumentation, München 1995 (Schriftenreihe der Vierteljahreshefte für Zeitgeschichte, Bd. 71).

Wilhelm, Hans Heinrich: Rassenpolitik und Kriegsführung. Sicherheitspolizei und Wehrmacht in Polen und der Sowjetunion, Passau 1991.

Willing, Georg Franz: „Bin ich schuldig?" Leben und Wirken des Reichsstudentenführers und Gauleiters Dr. Gustav Adolf Scheel 1907-1979. Eine Biographie. Leoni am Starnberger See 1987.

Winks, Robin: Cloak & Gown. Scholars in the Secret War, 1939-1961, New Haven/London 1996, 2. Aufl. (zuerst 1987).

Wirsing, Giselher: Der maßlose Kontinent. Roosevelts Kampf um die Weltherrschaft, Jena 1942.

Witkop, Philipp (Hg.): Kriegsbriefe gefallener Studenten, München 1928.

Wolff, Georg: Afrika darf nicht fallen, in: Zeitschrift für Geopolitik 24 (1953), S. 599ff.

Wolff, Georg: McCarthy oder die Grenzen der USA, in: Zeitschrift für Geopolitik 25 (1955), S. 396ff.

Wolgast, Eike: Die Universität Heidelberg und die nationalsozialistische Diktatur, in: Joachim Felix Leonhardt (Hg.): Bücherverbrennung. Zensur, Verbot, Vernichtung unter dem Nationalsozialismus in Heidelberg. Heidelberg 1983, S. 33-53.

Zechlin, Egmont: Das europäische Weltbild und die Entdeckung Amerikas, in: Zeitschrift für Politik 32 (1942), S. 745–761.
Ziegler, Wilhelm: Einführung in die Politik, Berlin 1927.
Ziegler, Wilhelm: Die Judenfrage in der modernen Welt, Berlin 1937.
Ziegler, Wilhelm: Das hessische Zonengrenzgebiet – im Schatten der Konjunktur, in: Zeitschrift für Geopolitik 1956, Heft 2, S. 25 ff.

Personenregister

Abich, Hans 9, 21, 130, 230, 269, 303
Achenbach, Ernst 247, 249, 294–297, 300, 305–313, 333, 339
Adam, Uwe Dietrich 180
Adenauer, Konrad 97, 246, 304, 309, 316, 327–329, 332–335
Adler, Hans-Hermann 61, 66, 73–75, 88–90
Adler, Viktor 193
Ahlers, Conrad 316
Akhmeteli, Michael 125, 137, 205, 216
Albert, Karl Wilhelm 18, 34, 150, 177, 196, 199, 201
d'Alquen, Gunter 22, 159, 160–162
Aly, Götz 23
Amann, Max 138
Andreas, Willy 51–53, 55, 73
Anschütz, Gerhard 87
Arendt, Hannah 24
Arnold, Karl 310 f.
Aronson, Shlomo 23
Artzt, Heinz 16, 18
Aschenauer, Rudolf 285, 292, 299
Augsburg, Emil 170, 205 f., 236, 269, 276 f., 305 f., 325–327
Augstein, Rudolf 301, 316 f., 327–331, 333

Badoglio, Pietro 252
Baeumler, Alfred 122, 134
Ballensiefen, Heinz 225–227, 266 f.
Ballin, Albert 40
Balthasar, Desider 171
Barbie, Klaus 224
Bargen, Werner von 312 f.
Baschwitz, Kurt 69
Bauer, Wilhelm 69
Becker, Carl Heinrich 124
Becker, Hans Detlef 323, 327, 334
Becker, Hellmut 299
Behrends, Annchen 174

Behrends, Hermann 151, 163, 173–177, 183
Behrends, Johann 174
Behrendt, Karl-Horst 119
Benz, Richard 171
Berber, Friedrich 21, 129, 245
Berger, Gottlob 239
Bergsträsser, Arnold 45, 47, 69, 72 f., 76, 103
Bertkau, Friedrich 99
Bertram, Adolf Johannes 12
Best, Stuart Payne 202
Best, Werner 8, 18, 24 f., 35, 42, 144, 149–151, 167, 193, 198 f., 208 f., 213, 216–219, 221, 230, 249, 266, 285, 295–297, 313, 341 f.
Bethmann Hollweg, Theobald von 40
Beutel, Lothar 158
Beyer, Herbert 178
Beyer, Justus 178, 233, 313
Biberstein, Ernst 285, 291
Biermann, Martin 233
Bismarck, Otto Fürst von 120, 129, 140, 225, 327
Bittorf, Wilhelm 315, 336 f.
Blahut, Theodor 249, 261
Blankenhorn, Herbert 312
Blobel, Paul 287, 291, 304, 330
Blücher, Franz 333
Blume, Walter 285, 291
Bochow, Walter 19
Boehm, Max Hildebert 125
Bohle, Ernst Wilhelm 306
Böhm, Anton 257, 261
Böhme, Horst 17–20
Bolschwing, Otto von 184, 187, 196
Bömer, Karl 73, 78, 94 f., 97–101, 122
Bork, Arthur 177
Bosch, Robert 12
Bose, Herbert von 12–14
Böttticher, Eduard 89–91
Bourdin, Paul 310

Boveri, Margret 41, 259, 314
Brand, Max 149f., 157
Brandi, Karl 139
Brandt, Rudolf 267f., 287
Brandt, Willy 310f.
Braun, Eva 325
Braun, Otto 54
Braune, Walter 232, 238
Braune, Werner 285, 291, 304
Brentano, Clemens 38
Brentano-Mereau, Sophie 38
Breuninger, Christian 325
Brinkmann, Carl 55, 59, 68, 89f.
Brochhagen, Ulrich 25
Browder, George C. 23, 148, 151, 156
Browning, Christopher 27, 240
Bruck, Werner Friedrich 98
Brüning, Heinrich 12
Brunst, Klaudia 9
Buch, Eva-Maria 136
Buchardt, Friedrich 221
Bücher, Karl 57f.
Bude, Heinz 42
Bullock, Alan 29
Bülow, Bernhard Fürst von 40
Bunche, Ralph 314
Bürckel, Josef 33, 196
Burkart, Odilo 302
Burmester, Karl 170, 200
Büttner, Walter 260f.
Byrnes, James Francis 280

Canaris, Wilhelm 145, 273
Caprivi, Leopold von 21
Casey, Ralph 272
Chamberlain, Neville 220, 258
Chamberlain, Houston Stewart 42
Christensen, Theodor 318
Churchill, Winston 228, 260, 273, 301
Ciano, Graf Galeazzo 192
Clark, Marc 289
Clausewitz, Carl von 338
Clay, Lucius D. 278
Coppi, Hans 40
Coudenhove-Kalergi, Richard Nikolaus Graf 193
Creutzer, Georg Friedrich 38
Crinis, Max de 202

Curtius, Ludwig 45

Daladier, Edouard 220
Daluege, Kurt 148, 219
Dannecker, Theo 185f., 194, 206
Darré, Richard Walther 16, 115
Davis, Elmer 274
Déat, Marcel 141
Degrelle, Leon 332
Dehler, Thomas 309, 333
Delmer, Sefton 333f.
Dichter, Ernest 338
Dieckhoff, Hans Heinrich 250
Diels, Rudolf 329
Dietrich, Otto 78f., 96–101
Diewerge, Wolfgang 308
Dittel, Paul 170, 194, 225, 227
Dix, Rudolf 302
Dollfuß, Engelbert 32f., 36
Donovan, William 273f.
Döring, Wolfgang 310, 327f.
Dorn, Wolfram 328
Döscher, Hans-Jürgen 23
Döscher, Karl 214
Dovifat, Emil 57, 59f., 79, 93–95, 97, 99f., 103, 105, 122
Drucker, Peter F. 338
Duwe, Herta 318

Eberstein, Karl Freiherr von 147
Eckardt, Karl August 88, 159
Eckardt, Hans von 52–56, 59–62, 68, 76
Edrich, Viktoria 147
Ehlich, Hans 178
Ehrlinger, Elisabeth 167f.
Ehrlinger, Erich 22, 24, 164f., 167, 178, 197, 205
Eichendorff, Joseph von 38
Eichmann, Adolf 7, 21f., 24, 150, 157, 168, 177, 179, 181, 183, 185–189, 194–197, 206, 214, 220f., 227f., 285, 299, 341
Eilers, Gerhard 178
Einstein, Albert 47
Eisenmenger, Walter 186
Elze, Walter 122
Engel, Wilhelm 88
Engelhardt, Adam 236

Epting, Karl 247, 314 f.
Eschmann, Ernst Wilhelm 76, 128 f., 136
d'Ester, Karl 57, 68, 79
Etzdorf, Hasso von 312

Feder, Ernst 332
Feder, Gottfried 15, 44
Fegelein, Hermann 324
Fehrle, Eugen 55
Feickert, Andreas 48–50, 74, 82
Fendler, Lothar 285, 302
Ferencz, Benjamin 288
Fernau, Joachim 142
Fichtner, Heinz 233
Filbert, Alfred 219
Fish-Harnack, Mildred 135
Flächsner, Hans 302
Flick, Friedrich 302 f.
Flickenschildt, Elisabeth 305
Flickenschildt, Ida 305
Florian, Karl 294
Formis, Rudolf 162
Forst, Willi 191
Forsthoff, Ernst 91 f., 129
Frank, Hans 16, 101
Frank, Walter 36, 119, 161, 177, 186
Franz, Günther 226 f., 314
Franz, Karl 10
Frei, Norbert 25
Freisler, Roland 264
Frick, Wilhelm 147
Fried, Ferdinand 301
Friedländer, Saul 26
Friedrich II. 103, 139, 327
Friedrich, Hans Eberhard 315
Friese, Rudolf 11
Frings, Joseph 299
Fritzsche, Hans 294
Funk, Walter 66
Fürstenberg, Freiherr von 16
Furtwängler, Franz Josef 259

Gahrmann, Theo 193
Gajewski, Martin 306
Galen, Clemens A. Graf von 12
de Gaulle, Charles 228
Gaus, Friedrich 278
Gawlik, Hans 278

Gehlen, Reinhard 327, 334 f.
Gerullis, Georg 92
Geschke, Hans Ulrich 20
Giesler, Hermann 342
Glaise-Horstenau, Edmund 37
Glass, Fridolin 32
Glatzel, Alfons 177
Goebbels, Joseph 14, 29, 39, 42 f., 46, 63 f., 66, 69, 78, 85, 88, 93, 96 f., 100 f., 125, 145 f., 154, 173, 191, 197, 229, 245, 248, 268, 279 f., 297, 301, 307 f., 331–333
Goethe, Johann Wolfgang 302
Goldhagen, Daniel Jonah 25–27
Gollnow, Herbert 136
Gorazza, Heinz 172
Göring, Hermann 10, 14, 33, 100, 147, 191, 197 f., 219, 229, 256, 290, 329
Göttsch, Werner 17 f., 162
Grabenhofer, Anton 11
Grabowsky, Adolf 125
Greifelt, Ulrich 138
Grewe, Wilhelm 129, 134 f.
Grimm, Friedrich 306 f.
Gritschke, Kurt 322
Groh, Wilhelm 52, 55, 87 f., 90, 92, 120
Grohé, Josef 294
Groke, Georg 318
Groß, Walter 190
Groth, Otto 62
Grynszpan, Herschel 308
Gumbel, Emil Julius 46, 47, 54, 63
Günther, Hans F. K. 122
Günther, Rolf 226
Gustav Adolf 139
Gustloff, Wilhelm 188

Habsburg, Otto von 37
Hadamovsky, Eugen 73
Haeften, Hans-Bernd von 247, 264
Hagemann, Walter 311
Hagen, Herbert Martin 22, 103, 168 f., 178–181, 185 f., 188–190, 192, 194, 196 f., 204–206, 214
Haegert, Wilhelm 124
Haiger, Ernst 123
Halder, Franz 168, 230

Hammer, Helmut 68
Hancke, Kurt 233
Handloser, Siegfried 302
Hänsch, Walter 291, 304
Harlan, Veit 191
Harmjanz, Heinrich 88, 222
Harnack, Arvid 135, 264
Hartl, Albert 178, 221, 232
Hartmann, Richard 187
Hartung, Fritz 121 f.
Haß, Karl 177, 223 f.
Haushofer, Albrecht 128, 134 f.
Haushofer, Karl 128, 314
Hausmann, Emil 284
Herfurth, Edgar 58
Hegel, Georg Wilhelm Friedrich 38, 258
Heiber, Helmut 87, 127
Heide, Walther 57, 63–66, 68, 77–81, 84, 88, 93–98, 101, 104, 109
Heiden, Konrad 163
Heilmann, Horst 135
Heim, Susanne 23
Hein, Oskar 331
Heinrich I. 139 f.
Heinrich, Walter 16
Heinrichsdorff, Wolff 136 f., 139, 226, 236
Heinrichssohn, Ernst 168
Heinze, Wolfram 178
Heisenberg, Werner 106, 162
Heller, Hermann 125
Hellpach, Willy 58
Helmdach, Erich 235 f.
Hengelhaupt, Erich 178
Henting, Otto von 336
Hepp, Ernst Adolf 272
Herbert, Ulrich 8, 24 f., 42, 144, 203, 297
Herdeg, Walter 178
Herff, Christian von 268
Herfuth, Edgar 58
Hertz, Friedrich 189
Heß, Rudolf 97, 148, 179
Heydrich, Elisabeth, geb. Kranz 146
Heydrich, Lina, geb. von Osten 147
Heydrich, Reinhard 7, 10 13–15, 17–20, 23, 28, 31, 33–37, 75, 84, 87 f., 101, 113, 118–119, 123, 144–165, 170, 173, 175–177, 179, 182 f., 187 f., 192 f., 197–203, 206–210, 213 f., 216–222, 228–231, 233–235, 238, 241, 267, 284 f., 288, 329 f.
Heydrich, Bruno 146
Hilberg, Raul 180
Hildebrandt, Richard 147
Himmler, Heinrich 10, 14, 23, 31–33, 36, 87, 92 f., 110, 115, 118, 140, 144, 146–148, 151–155, 158 f., 162, 165, 176, 180, 201, 203, 214, 218, 221, 225, 233, 239, 242, 244, 256, 264, 267 f., 284, 290, 297, 313, 322, 329, 336
Hindenburg, Paul von Beneckendorff 14 f., 20
Hinkel, Hans 190 f.
Hippler, Fritz 21, 72
Hirschfeld, Josephine, geb. Cretius 325
Hirschfeld, Walter 276–278, 318, 324–326
Hitler, Adolf 12, 14 f., 17, 20, 29, 33, 35 f., 40 f., 43 f., 51 f., 62, 69–71, 77, 88, 107, 124, 136, 141, 146, 148, 154, 181, 192, 202, 205, 218, 221, 229 f., 241, 245, 256, 279 f., 290, 293, 295, 297 f., 308, 324 f., 330, 332, 342
Höfer, Werner 317
Hoffmann von Fallersleben, August Heinrich 313
Hohlfeld, Johannes 162
Höhn, Reinhard Heinrich August 22, 24, 31, 35, 87 f., 103, 113, 119, 144, 151, 159–162, 164 f., 177 f., 219, 297, 305 f., 313–315, 337, 340 f.
Höhne, Heinz 23, 180, 305, 335
Holborn, Hajo 125
Hollmann, Wolfgang 96
Holstein, Friedrich von 225
Hoover, Herbert 273
Hoppe, Willy 122 f., 126–128
Hörbiger, Attila 191
Horkheimer, Max 47
Horn, Ernst 114

Höttl, Wilhelm 20
Huber, Franz Josef 33
Huegel, Klaus 339
Hühne, Werner 327

Ilges, Walter 149, 162, 181 f.
Isenburg, Helene Elisabeth Prinzessin von 300

Jäckh, Ernst 125
Jacob, Berthold 163
Jacobi, Walter 15 f., 178, 205
Jaeger, Richard 299
Jäger, Karl 224, 233
Jagow, Dietrich von 239
Jahnke, Kurt 66
Janßen, Karl-Heinz 300
Jäschke, Gotthard 314
Jaspers, Karl 45 f.
Jay von Schweinitz, Anna 258
Jay, John 258
Jellinek, Camilla 39
Jellinek, Walter 38, 73, 76
Jerosch, Ernst 162
Jodl, Alfred 229
Jöhlinger, Otto 124
John, Otto, 336
Joos, Josef 12
Jost, Heinz 18, 125, 164, 177, 198, 202, 206, 212–214, 216, 218, 285, 291, 304
Josten, Kurt 14
Juettner, Hans 199
Jung, Edgar Julius 12–15, 42

Kaiser, Friedhelm 73
Kaletsch, Konrad 302
Kaltenbrunner, Ernst 10, 33, 165, 175, 255, 266, 268, 330
Kapp, Wilhelm 66, 68
Kasche, Siegfried 239
Kater, Michael 45, 115
Kaufmann, Karl 309
Keitel, Wilhelm 251
Kellner, Walter 227
Kempner, Robert 23, 278, 281–283
Keppler, Wilhelm 33, 257, 263
Kerr, Alfred 63
Ketteler, Goswin Freiherr von 11

Ketteler, Wilhelm Emanuel Freiherr von 10–19
Kielpinski, Walter von 113, 168, 178
Kiesewetter, Bruno 128 f.
Killinger, Manfred Freiherrr von 239
Kirkpatrick, Sir Ivone 309
Klarsfeld, Beate 168, 311
Klarsfeld, Serge 23, 168
Klein, Fritz 12
Klingelhöfer, Waldemar 183, 236, 285, 291
Klopfer, Gerhard 255
Knochen, Helmut 22, 162, 178, 194, 202, 212, 214, 218
Knopf, Alfred 53
Kobelinski, Hans 87, 147
Koch, Adolf 60 f.
Koch, Franz 121–123
Köhler, Otto 317
Kohrt, Ellen 143
Kohrt, Heide 143
Kolrep, Walther 269
König, René 171
Koppe, Wilhelm 35 f.
Kranz, Elisabeth 146
Kranzbühler, Otto 299, 302
Kreisky, Bruno 314
Krieck, Ernst 44, 74, 113 f., 144, 242
Kröger, Heinz 178
Krosigk, Lutz Graf Schwerin von 12
Krümmer, Ewald 246
Kubach, Fritz 83, 114
Kühne, Lothar 240
Kühnelt-Leddhin, Erich M. R. 171
Kunwald, Gottfried 193
Kunze, Horst 223 f.
Kurth, Karl Oswin 83

Lachemann, Sybille 342
Lammers, Hans Heinrich 127
Langbehn, Carl Julius 191
Lasswell, Harold Dwight 272, 274 f.
Lederer, Emil 47, 54, 59
Leetsch, Hans 178
Leffler, Paul 150
Lehmann, Ernst Herbert 122, 138
Lenard, Philipp 45, 106
Lenin, Wladimir I. 62
Leske, Carl Friedrich Julius 313

Leske, Carl Wilhelm 303, 305, 313
Lettenmeyer, Friedrich 304
Levin, Rudolf 132, 136, 143, 225, 227
Ley, Robert 16
Liebe, Max 74
Likert, Rensis 274
Lilje, Hanns 299, 301
Lischka, Kurt 168, 198, 206, 311
Loesch, Karl-Christian von 129, 138
Lohse, Günter 336
Lorenz, Werner 175 f., 240, 266 268
Löwenthal, Leo 274
Lucht, Lea 332 f.
Lucht, Herbert 332
Lüddecke, Theodor 73
Ludin, Hanns Elard 239
Luther, Martin Julius 238–246

Mackensen, Hans-Georg von 252
Mähner, Hanna 322
Mahnke, Ella, geb. Groke 317
Mahnke, Götz Michael 318
Mahnke, Horst 22, 103, 105–108, 112, 132 f., 206, 227, 230, 232, 236, 247, 249, 255–257, 264 f., 269, 275–280, 288, 297, 303, 306, 316–319, 322–325, 327, 336 f.
Mahnke, Jörg Thomas 318
Mahnke, Lotte 317
Mahraun, Arthur 40, 87
Maier, Reinhold 329
Mallmann, Klaus-Michael 25
Mann, Heinrich 171
Mann, Klaus 7, 274
Mann, Thomas 224
Mannheim, Karl 46, 54, 60
Mansfeld, Michael 301
Manstein, Erich von 301
Marcuse, Herbert 274
Mariaux, Franz 12
Marx, Karl 313
Matthäus, Jurgen 22
Max, Hubert 95 f., 104
McCloy, John J. 299, 303 f., 334
McClure, Robert 274
Megerle, Karl 245, 253–255
Mehlhorn, Herbert 18, 34, 150, 177
Meiser, Hans 299
Meißner, Otto 14

Mende, Erich 312
Mende, Gerhard von 314
Mentzingen, Joseph von 249
Merkel, Ernst 227
Messing, Zenobjucz 330 f.
Meyer, Alfred 179
Meyer, Kurt 227
Michels, Robert 69
Middelhauve, Friedrich 296, 306–308, 310 f., 328, 336, 339
Milch, Erhard 229
Mildenstein, Leopold Itz Edler von 180 f., 183 f.
Moeller van den Bruck, Arthur 42
Moeller, Gustav 317
Moersch, Karl 310
Moran, Frederick A. 304
Mörike, Eduard 302
Mozart, Wolfgang Amadeus 302
Muckermann, Friedrich 171
Müller, Heinrich 135, 156, 162, 193, 198, 206, 209, 213 f., 218, 244, 266, 288, 341
Müller, Rudolf 76, 83
Münster, Hans Amandus 77 f., 83, 93, 97, 109 f., 315
Murphy, Robert 280
Musmanno, Michael A. 281, 284, 288 f., 291 f.
Mussolini, Benito 32, 335
Mutschmann, Martin 240
Mylius, Paul 227, 232, 238, 266

Naujocks, Alfred 162, 202
Naumann, Erich 33, 194 f., 285, 291, 297, 299, 301, 304, 307–310
Naumann, Friedrich 125
Naumann, Werner 294 f., 308 f., 327, 331–333, 335
Nebe, Arthur 24, 198, 213, 218, 234 f., 237 f., 282 f., 288, 294, 329 f.
Neuhäusler, Franz 299
Neumann, Franz 274
Neumann, Hans-Hendrik 200
Neumann, Sigmund 125
Niekisch, Ernst 171
Noack, Egon 236
Noelle-Neumann, Elisabeth 83, 93

Noßke, Gustav 285, 291, 304
Nostitz, Gottfried von 21

O'gilvie, Hans 223
Oberg, Carl Albrecht 150, 168
Oebsger-Röder, Rudolf (Rolf) 103, 105, 107, 109–112, 277, 280, 297, 305, 318, 324, 327
Offenbach, Ellen 143
Ogger, Günter 303
Ohlendorf, Otto 24, 103, 164, 169, 207, 209f., 212–214, 218, 281, 285–287, 291f., 299, 304, 330
Oldach, Ludwig 331
Oldenburg-Januschau, Freiherr von 14
Ott, Eugen 291
Oven, Wilfred von 331f.

Packard, Vance 338
Palme, Anton 124
Papen, Franz von 10, 12–15, 19f., 252
Patzschke, Hellmuth 34, 36, 178
Paul, Gerhard 25
Paulsen, Peter 222f.
Paulus, Friedrich 245
Peck, David W. 303
Pelckmann, Horst 302
Perón, Juan 335
Petersen, Julius 171
Petöfi, Franz 313
Pfeffer, Karl Heinz 133f., 139, 141f., 277, 297, 306f., 314f.
Pfenning, Andreas 31
Pins, Rudolph 282
Pischel, Barbara 132
Plaichinger, Julius 150
Planetta, Otto 32–34
Plathner, Heinz-Jürgen 315
Plenge, Johann 58, 69
Plew, Lotte 105, 317
Plew, Wilhelm 318
Ploetz, Hans-Achim 200, 234
Poetzsch-Heffter, Friedrich 87
Pohl, Oswald 304
Pohle, Wolfgang 302

Polkes, Feivel 187f.
Polte, Friedrich 20, 33f.
Poole, De Witt C. 274
Porsche, Ferry 241
Porzner, Konrad 305
Praetorius, Rolf 340
Predöhl, Andreas 314
Prinzing, Albert 22, 241f., 247f., 297, 338–340
Prix, Josef 10
Prößdorf, Werner 206

Quisling, Vidkun 166, 248, 251

Radbruch, Gustav 46, 47
Rademacher, Franz 183, 240
Raeder, Erich 229
Rang, Fritz 157–159
Rapp, Albert 37
Raskob, Christian 316
Rath, Ernst vom 308
Rathenau, Walter 45, 225
Rauff, Walter 218f., 221
Raulff, Ulrich 25
Reden, Erich von 178
Rediske, Michael 9
Reeder, Hans Herbert 68
Reichenau, Walter von 14
Reinecker, Herbert 41f., 315
Reinhardt, Hans 302
Remarque, Erich Maria 63
Remmele, Adam 59
Reusch, Paul 12
Ribbentrop, Joachim von 21, 100, 124, 129, 239–245, 248f., 253, 256, 268, 312, 336
Richter, Hans („Judgie") 254f., 257, 261–266, 305
Richter, Rudolf 178
Riegelmann, Heinz 225
Rienhardt, Rolf 138f.
Riesch, Ludwig 153
Rilke, Rainer Maria 302
Röchling, Ernst 306
Röhm, Ernst 13f., 28, 32, 150f.
Roosevelt, Franklin D. 272f.
Rörig, Fritz 122
Roselius, Ludwig 58
Rosenberg, Alfred 44, 81, 95, 99,

124, 134, 154, 179, 238, 251, 256, 290
Rudolph, Hans W. 233
Rühle, Gerd 244
Rust, Bernhard 88, 124, 253
Rust, Heinz 231

Sachau, Eduard 124
Salmuth, Hans von 168
Sandberger, Martin 111, 238, 285, 291, 299 f.
Sattler, Bruno 236
Sauckel, Fritz 141
Scharschmidt, Clemens 125
Scheel, Alfred 59, 61
Scheel, Gustav Adolf 62, 65, 68, 96, 113 f., 144, 240, 269, 294, 306, 309, 335
Scheel, Walter 310 f., 328
Schellenberg, Walter 20, 24, 146, 162 f., 188, 198, 201–203, 206–208, 213, 216, 228, 241, 244, 256, 264, 335
Schelsky, Helmut 134
Scherrer, Ursula 199 f.
Schick, Hans 225
Schirach, Baldur von 40, 44, 297
Schleier, Rudolf 247, 266
Schlemmer, Barbara 325
Schlemmer, Gerhard 323–325
Schmid, Carlo 299
Schmidt, Paul Karl („Paul Carrell") 100, 244, 262, 294, 300, 336
Schmidt-Leichner, Erich 302, 341
Schmidt-Leonhardt, Rudolf 66
Schmitt, Carl 160 f.
Schmitz, Wilhelm 257
Scholz, Gerda 30, 105, 143, 200, 247, 271, 275 f.
Schönemann, Friedrich 129, 135
Schreiber, Georg 178 f.
Schröder, Hans 268
Schröder, Kuno 181, 183 f.
Schubert, Heinz 291, 304
Schultze, Walter 96, 113
Schulte, Gerd 178
Schulz, Viktor 235
Schulze-Boysen, Harro 40, 135, 258, 264

Schulze-Boysen, Libertas 136
Schultze, Walter 96, 113
Schultze-Pfaelzer, Gerhard 69
Schuschnigg, Kurt von 33, 36, 192–194
Schüßler, Wilhelm 122
Schuster, Ernst 89 f., 92
Schwaebe, Martin 79, 97
Schwägermann, Günter 332
Schwarz van Berk, Hans 86
Schwarz-Bostunitsch, Gregor 153
Scurla, Herbert 124–128, 141 f.
Seibert, Willi 178, 193, 291, 304
Seibold, Hermann 178
Seipel, Ignaz 37
Seiss-Inquart, Arthur 33, 34, 220
Seraphim, Ernst 206
Seraphim, Peter-Heinz (Heinrich) 206, 314
Servatius, Robert 287
Sethe, Paul 328
Siemers, Walter 302
Sievers, Wolfram 114–116, 221 f.
Simpson, Christopher 23, 274, 304
Six, Alfred 42
Six, Anna Maria, geb. Schwindt 43
Six, Elke 143, 305
Six, Ellen 143, 276, 278, 327, 342
Six, Johann Ferdinand 42
Six, Marianne 276–279, 325
Six, Sybille 18, 342
Skorzeny, Otto 335
Smith, Bruce Lannes 270–272, 274–282, 317 f.
Smith, Chitra M. 274, 281
Snow, Conrad E. 304
Spann, Othmar 15–20, 31, 44, 171
Spann, Raffael 16–18, 20
Speer, Albert 302, 337, 342
Spengler, Oswald 42
Spengler, Wilhelm 35, 158, 164, 169 f., 178, 193, 211 f., 214, 300, 313
Spiecker, Carl 332
Sprenger, Jakob 162
Springer, Axel 335
Springorum, Friedrich 12
Stabenow, Gerhard 331

Stahlecker, Franz Walther 24, 33, 196f., 260, 322
Stalin, Josef 29, 125
Stapel, Wilhelm 162
Stauffenberg, Claus Schenk Graf von 330
Steengracht, Gustav Adolf Baron 250, 266, 268
Steimle, Eugen 285, 291, 304
Stein, Günter 193f.
Steinbrinck, Otto 302
Stephan, Werner 100
Steyer, Kurt 178
Stinnes, Hugo (jr.) 296
Stouffer, Samuel 274
Strasser, Gregor 40, 151
Strauch, Eduard 291
Strauß, Franz Josef 316, 329
Streckenbach, Bruno 215, 231, 238, 282, 285
Stresemann, Gustav 63
Strothmann, Dietrich 311
Stübel, Karl-Julius 178
Stuckart, Wihelm 37, 161, 313
Studnitz, Hans-Georg von 262, 300
Suharto, Kemusu 112
Sündermann, Helmut 79, 96

Tauber, Kurt P. 25, 308
Taubert, Siegfried 163
Taylor, Telford 281
Terberger, Hermann 302
Thadden, Eberhard von 226, 267
Thomsen, Hans 249
Thorwald, Jürgen 335
Thyssen, Fritz 306
Tipke, Rudolf 65f.
Toll, Hans Joachim 327
Traub, Hans 68
Treviranus, Gottfried Reinhold 12
Trott zu Solz, Adam von 257–259, 262–264, 266
Trott zu Solz, August 258
Truman, Harry S. 280
Tschirschky, Fritz Günther von 12–14
Tuchler, Kurt 183
Tucholsky, Kurt 63, 160
Tüngel, Richard 300

Turowski, Ernst 214
Twardowsky, Fritz Adalbert von 246, 272

Übersberger, Hans 122
Ulmer, Hermann 199, 287–289
Ulrich, Hans-Walter 178
Umnov, Gleb 269

Vahlen, Theodor 94
Verweyen 171
Vetter, Veronika 288

Wacker, Otto 52, 88, 122f.
Wagner, Eduard 219
Wagner, Friedrich 72, 142, 255
Wahl, Eduard 300
Waldberg, Max von 39
Waldkirch, Wilhelm 58f., 61
Walz, Hanne 327
Walz, Kurt 72, 76, 96, 103–105, 112, 136
Warlimont, Walter 168
Wartenberg, Rolf 282–284
Wassiltschikow, Illarion 259
Wassiltschikow, Lydia 259
Wassiltschikow, Marie „Missie" 259, 264, 266
Weber, Alfred 52–54, 59f., 76
Weber, Max 46, 60f.
Wehner, Bernhard 235, 329, 330
Weiß, Bernhard 46
Weiss, Bernhard 302
Weizsäcker, Carl Friedrich von 314
Wells, H. G. 228
Wennerstrum, Charles 301
Wenzel, Alfred 232
Werkgartner, Anton 11
Werth, Alexander 254, 257f., 260–264, 266, 318
Wesemann, Fried 301
Wessely, Paula 191
Weyer, Willy 310, 328f.
Wheatley, Ronald 228f.
Wichtl, Friedrich 121
Wiedner, Wolfgang 328
Wildt, Michael 8, 25, 181, 186, 197
Wilhelm II. 40, 140
Wilke, Heinz 308

Wilkens, Josef 64, 66, 80
Willing, Willi 100, 126, 128 f.
Wilson, Elmo 274
Winkelnkemper, Peter 97
Winks, Robin 273
Wirsing, Giselher 131, 204, 255, 300, 336
Wirth, Hermann 115
Wisliceny, Dieter 179, 185, 187
Wittich, Werner 303, 313 f.
Wittje, Curt 159
Wlassow, Andrej A. 250, 252
Woermann, Ernst 175
Wolf, Martin 178
Wolf, Otto 12
Wolff, Georg 316 f., 319–323, 327, 337
Wolff, Hanna, geb. Mähner 322
Wolff, Karl 243 f.
Wolgast, Eike 45
Woodman, Dorothy 163
Woolf, Virginia 228
Wunder, Adolf 231, 235
Wurm, Theophil 299
Wüst, Walter 116
Wynneken, Gustav 54

Zechlin, Egmont 129, 135
Zehrer, Hans 301, 335
Ziegler, Wilhelm 122, 127–130, 226
Zimmermann, Dominikus 298
Zirpins, Walter 330
Zoglmann, Siegfried 308
Zolling, Hermann 335
Zweig, Arnold 160
Zweig, Stefan 224

Geschichte bei C. H. Beck

Norbert Frei
Vergangenheitspolitik
Die Anfänge der Bundesrepublik und die NS-Vergangenheit
2., durchgesehene Auflage. 1997. 464 Seiten. Leinen

David A. Hackett (Hrsg.)
Der Buchenwald-Report
Bericht über das Konzentrationslager Buchenwald bei Weimar
2. Auflage. 1997. 456 Seiten mit 2 Abbildungen und 1 Karte. Gebunden

Karl-Heinz Janßen/Fritz Tobias
Der Sturz der Generäle
Hitler und die Blomberg-Fritsch-Krise 1938
1994. 320 Seiten mit 14 Abbildungen. Gebunden

Nuto Revelli
Der verschollene Deutsche
Tagebuch einer Spurensuche
Aus dem Italienischen von Friederike Hausmann
1996. 198 Seiten. Gebunden

Peter Steinbach/Johannes Tuchel (Hrsg.)
Widerstand in Deutschland 1933–1945
Ein historisches Lesebuch
2. Auflage. 1997. 358 Seiten mit 38 Abbildungen.
Broschierte Sonderausgabe

Freya von Moltke
Erinnerungen an Kreisau
1930–1945
19. Tausend. 1997. 138 Seiten mit 20 Abbildungen. Leinen

Verlag C. H. Beck München

Geschichte bei C. H. Beck

Michael A. Meyer (Hrsg.)
Deutsch-Jüdische Geschichte der Neuzeit
Herausgegeben im Auftrag des Leo Baeck Instituts.
Mitwirkung: Michael Brenner

Band I: Tradition und Aufklärung
1996. 390 Seiten mit 53 Abbildungen und 6 Karten.
Von Mordechai Breuer und Michael Graetz. Leinen

Band II: Emanzipation und Akkulturation 1780–1871
1996. 402 Seiten mit 46 Abbildungen und 3 Karten.
Von Michael Brenner, Stefi Jersch-Wenzel und Michael A. Meyer. Leinen

Band III: Umstrittene Integration 1871–1918
1997. 428 Seiten mit 50 Abbildungen und 4 Karten.
Von Steven M. Lowenstein, Paul Mendes-Flohr, Peter Pulzer
und Monika Richarz. Leinen

Band IV: Aufbruch und Zerstörung 1918–1945
1997. 429 Seiten mit 48 Abbildungen und 3 Karten.
Von Avraham Barkai und Paul Mendes-Flohr,
mit einem Epilog von Steven M. Lowenstein. Leinen

Hagen Schulze
Kleine deutsche Geschichte
Mit Bildern aus dem Deutschen Historischen Museum
2., durchgesehene Auflage. 1998. 276 Seiten mit 122 Abbildungen,
davon 60 in Farbe. Gebunden

Heinrich August Winkler
Weimar 1918–1933
Die Geschichte der ersten deutschen Demokratie
2., durchgesehene Auflage. 1994. 709 Seiten. Leinen

Gregor Schöllgen
Geschichte der Weltpolitik von Hitler bis Gorbatschow
1941–1991
1996. 573 Seiten mit 14 Abbildungen. Leinen

Verlag C. H. Beck München